한일 조약 자료집(1876~1910)
- 근대외교로 포장된 침략

일제침탈사
자료총서 01

한일 조약 자료집
(1876~1910)
– 근대외교로 포장된 침략

동북아역사재단 편

발간사

　일본 제국주의의 식민 침탈에서 벗어난 지 75년이 되었지만, 그 역사가 아직도 한일 관계에서 큰 걸림돌로 작용하고 있습니다. 21세기에 들어 일본 정부의 독도 영유권 주장은 점차 도를 더해 가고 있으며, 최근에는 일제의 강제동원 문제와 한국 대법원 판결, 일본군'위안부' 문제 해결 방안 등으로 갈등이 불거졌습니다. 급기야 그 불이 무역 분쟁, 안보 문제까지 옮겨 붙었습니다.

　한일 간의 역사 문제는 우선, '식민 지배'라는 역사를 어떻게 볼 것인가라는 역사 인식에서 기인합니다. 우리는 언제나 오늘날의 입장에서 과거의 역사를 바라보고, 다시 미래로 나아갑니다. 과거 침략의 역사를 미화하면서 평화로운 미래를 얘기하는 것은 불가능합니다. 식민 지배로 인한 잘못을 인정하고 반성하지 않으면 다시 전쟁이 일어날 위험성이 있고, 인권을 존중하지 않는 군국주의 부활을 획책할 수도 있습니다. 따라서 역사를 보는 미래지향적 인식이 필요합니다. 그리고 이 인식을 한일 양국이 공유해야 할 것입니다.

　지금의 한일 역사 문제는 '과거'의 '사실'이 명확하게 규명되지 않은 것에서도 연유한 점이 있습니다. 해방된 이후 일제강점기에 대한 개인적인 연구는 다수 이루어졌으나, 학계나 정부 차원에서 식민 지배의 실상을 체계적으로 연구 정리하고, 관련되는 자료집을 모아 정리하지 못하였습니다. 지금까지 항일, 독립운동사에 대한 연구와 자료집은 많이 출간되었지만, 일제의 통치 자체를 정리하지 못한 것입니다.

　또한 일제의 식민 침탈의 실상을 국민에게 알리고 교육하는 것도 체계적이지 않았습니다. 초등학교에서 고등학교에 이르는 학교의 역사 교육은 나름대로 성과가 있었지만, 학교를 떠난 이후의 일반 시민교육에는 사실 무관심하였습니다. 그러자 최근에는 일제의 한반도 강점과 식민 지배로 인한 피해를 부정하는 인식 아래, 일제강점기에 한반도가 근대화되었고, 수탈이나 강제동원은 꾸며진 이야기라고 주장하는 책이 시중에 나오기도 했습니다. 역사 인식이 명확하지 않았던 일부 국민들이 여기에 호기심을 가졌고, 또한 이를 넘어 찬동하는 사태도 일어났습니다. 이런 책에서 부정한 것은 일제 침탈의 역사뿐만 아니라 항일 독립운동의 역사, 나아가 우리 민족사 전체였습니다.

우리 학계는 일찍부터 일제 침탈의 역사를 체계적, 객관적으로 정리해야 한다는 점을 잘 알고 있었지만, 차일피일 미루다가 너무 많은 시간이 흐르게 되었습니다. 이에 더 늦기 전에 우리 재단이 중심이 되어 한국학계의 힘을 모두 모아 일제침탈사 연구를 집대성하고, 관련된 자료를 수집하여 체계적으로 정리하고, 일제 침탈 실상을 바로 알리기 위한 국민 대상의 교양서 발간을 기획하게 되었습니다. 2020년부터 사업을 시작하였고, 앞으로 몇 개년에 걸쳐 이를 수행할 예정입니다. 일제침탈사 편찬 사업은 크게 세 부분으로 나누어, (1) 일제 침탈의 전모를 학문적으로 정리한 연구총서(50권), (2) 문호개방 이후 일제강점기에 이르는 기간의 일제 침탈 자료총서(100여 권), 그리고 (3) 일반 국민이 일체 침탈을 올바르게 알 수 있는 주제를 쉽게 풀어쓴 교양총서(70여 권)로 구성하고자 합니다.

그동안 일제의 침탈상을 밝히려는 연구가 없었던 것은 아닙니다. 관련 자료집도 여러 방면에서 편찬된 바 있습니다. 그러나 모든 분야를 망라해 학계의 연구 성과를 종합하고 관련 자료를 편찬하는 일은 이번이 처음입니다. 무엇보다 일반 시민들이 과거 제국주의 시대 우리가 겪었던 침략과 수탈의 역사를 또렷하게 직시할 수 있게 하는 종합 자료집은 드물었습니다. 따라서 정치·경제·사회·문화 등 모든 방면에 걸쳐 침탈의 역사를 알기 쉽게 기록하고 그에 대응한 자료를 모아 번역함으로써 시민들에게 일제 식민 지배의 실체와 침탈의 실상을 전하고자 합니다.

이렇게 기획한 이 자료집은 1876년 조일수호조규부터 1910년 강제 병합조약에 이르기까지 한일 양국 간에서 체결된 조약을 수록하였습니다. 그동안 한일 간의 조약을 다룬 자료집은 많았으나, 개항부터 병합에 이르는 과정을 통시적으로 다룬 경우는 없었습니다. 또한 일본 측 사료에 의거하는 경우도 많았습니다. 이에 이 자료집에서는 해당 시기의 조약을 망라했을 뿐만 아니라 한국 측 사료를 적극 활용하여 이를 번역, 해제하였습니다. 이러한 성격의 자료집은 근대 한일 관계사 연구의 기초가 될 뿐만 아니라 민간 교육에서도 이용 가능한 최초의 자료집이라고 할 수 있습니다. 이 자료집을 통해 외교 차원에서 수행된 일본 제국주의의 침략 과정이 밝혀지기를 기대합니다.

2020년 8월

동북아역사재단

이사장 김도형

책머리에

2020년 8월은 '한일 병합조약'으로부터 110년이 되는 해이다. 이해를 맞이하여 『한일 조약 자료집(1876~1910) - 근대외교로 포장된 침략』을 출간하게 된 의의는 결코 작지 않다. 이 자료집은 1876년의 「조일수호조규」부터 1910년의 「강제 병합조약」까지 한일 간에 체결된 조약들(협정, 협약 등)을 망라하였다. 「조일수호조규」를 체결함으로써 한일 양국이 '근대적 국제관계'를 수립했다면, 「강제 병합조약」은 양국을 '제국주의적 지배 관계'로 변모시켰다. 이 때문에 전자와 후자는 상반된 관계로 이해되기도 한다. 「강제 병합조약」으로 인해 근대적 국제 관계가 파괴되고 제국주의적 식민 지배가 자행되었기 때문이다. 그러나 이는 동전의 양면 중 한 측면만 이야기하는 것이다. 「조일수호조규」와 「강제 병합조약」으로 상징되는 '근대'와 '제국주의'는 결코 상반된 현상이 아니기 때문이다.

이 자료집에서 다루는 조약들이 '제국주의적 침략 과정'을 보여 준다는 사실 자체가 이미 근대와 제국주의의 '상관관계'를 증명하고 있다. 1876년 이후 한일 양국은 근대적 외교 관계로 접어들었다. 즉 불평등이나 침략성은 근대 외교라는 형식으로 이루어졌던 것이다. 그러한 의미에서 근대는 결코 제국주의와 분리될 것이 아니라 결부된 현상으로 봐야 한다. 이 점이 학계에서 인식된 지는 오래되었지만, 일반 수준의 역사 인식에까지는 반영되지 못하고 있는 것처럼 보인다. 예컨대 일본에서는 여전히 메이지유신으로 찬양되는 '근대'와 청일전쟁 이후 공식 식민지를 갖게 된 자국의 '제국주의' 역사를 분리해서 보는 인식이 널리 통용되고 있다.

이러한 실정으로 볼 때 이 자료집이 갖는 의의는 더욱 심중해진다. 한일 간 이른바 '근대'가 시작한 시기부터 외교 차원에서 이루어진 '제국주의' 양상을 규명한 이 자료집은, 기존의 역사 이해를 더 정교한 모습으로 발전시키는 데 이바지할 것이기 때문이다. 나아가 그것이 한일 관계를 화해로 이끌어 가는 역사 인식의 출발점이 되기를 간절히 바란다.

이 자료집은 한일 간 조약들을 분야별로 나누어 자료와 해제를 달았지만, 다소의 예외도 있다. 첫째, Ⅲ장에 수록된 「인천 일본거류지 확장에 관한 주한각국사신 의정서」(1897. 11. 26.)

의 경우 '한일 간' 체결된 조약은 아니지만, 일본의 조계(거류지) 확장 시도를 보여 주는 중요한 협약으로 이를 수록하였다. 둘째, Ⅵ장에 수록된 「재한국 일본인의 경찰사무에 관한 협정」(1907. 10. 29.)과 「재한국 외국인의 경찰사무에 관한 협정」(1909. 4. 9.)의 경우 '조약'에 해당하지만, 「한국 경찰사무 위탁에 관한 각서」(1910. 6. 24.)와 관련성이 매우 높기 때문에 이와 함께 해제하여 '관련 문서'로 수록하였다. 마지막으로 Ⅶ장에 수록된 「고문 용빙에 관한 협정서」의 경우 판본의 차이가 중요한 정치적 함의를 갖기 때문에 원문에 '일문'과 '국한문'을 함께 수록하였다.

이 자료집의 토대는 2018~2019년도에 다져졌다. 2018년도에 처음으로 근대 한일 간 조약을 망라한 자료집을 만드는 계획이 수립되었고 이에 따라 조약문의 입력 및 번역이 수행되었다. 당시 연구책임자는 재단에 계셨던 김종학 선생님이 맡았다. 이어 2019년도에는 재단의 서종진 연구위원이 집필진과의 연락 및 해제 작업을 진행하였다. 이러한 토대 위에 이 책이 발간되었지만, 과분한 책임에 허덕인 일이 한두 가지가 아니었다.

먼저 한국 및 일본 자료를 조사하여 조약문의 수록 상황 및 누락된 조약이 없는지 확인했다. 이 작업은 서울대 동양사학과 박사과정 황수경, 고려대 한국사학과 석사과정 권용수, 이정도에게 도움을 받았다. 한편 기존에 입력, 번역, 해제된 내용에 대해서도 미흡했던 부분을 보완하였다. 조약 원문의 경우 조인서를 기준으로 재수집하였고 조인서가 없을 경우 자료조사로 파악한 수록 상황을 토대로 재선정했다. 이를 기준으로 기입력·번역된 내용을 검수했는데, 검수 작업은 재단의 선지수 전문연구원이 맡아 줬다. 해제는 전적으로 집필진 선생님들의 도움을 받았다. 때로는 무모한 편찬 책임자의 뜻에 무한한 전문성과 열정으로 답해 주신 최덕수, 한철호, 현명철, 김종학, 박한민, 조국 선생님께 진심으로 경의를 표한다. 또한 이 모든 과정을 잘 이끌어 주신 재단의 남상구 소장님께도 감사드린다. 그 외 도움을 주신 모든 분들께 이 자리를 빌려 감사의 마음을 전한다.

2020년 8월
동북아역사재단
연구위원 이경미

차례

발간사   4
책머리에   6

I. 개관   13

II. 조선의 국제적 지위에 관한 조약   23

1. 조일수호조규   25
2. 조일수호조규부록   51
3. 제물포조약 및 조일수호조규속약   69
4. 한성조약   91

III. 조계(거류지)에 관한 조약   105

   1. 부산 일본조계에 관한 조약   107

   2. 원산 일본조계에 관한 조약   121

   3. 조선 한행리정에 관한 조약   139

   4. 인천 일본조계에 관한 조약   161

   5. 인천제물포각국조계장정   179

   6. 절영도 및 월미도의 부지 조차에 관한 조약   195

   7. 인천 일본거류지 확장에 관한 주한각국사신 의정서   209

   8. 진남포목포각국조계장정 및 군산포마산포성진각국조계장정   223

   9. 마산포전관일본거류지협정서   267

   10. 청진 토지관리에 관한 협정서   279

IV. 통상·어업·금융에 관한 조약   289

   1. 조일통상장정(1876)   291

   2. 석탄 저장과 운반 약정   309

   3. 조일통상장정(1883)   321

   4. 조일통상장정속약(1883, 1889)   357

   5. 조선 연해에서 발생한 일본인 범죄에 관한 조약   373

   6. 조일양국통어장정   385

7. 한일양국인민어채구역조례	405
8. 일시대부금에 관한 계약	417
9. 어업에 관한 협정	429
10. 한국 중앙은행에 관한 각서	443

V. 교통·전신·운수에 관한 조약 455

1. 표류 선박 및 인민에 관한 조약	457
2. 부산 해저전선 설치에 관한 조약	473
3. 부산 해저전선 설치에 관한 속약	495
4. 한국 통신기관 위탁에 관한 협정	519
5. 한국 연해 및 내하의 항행에 관한 약정서	541
6. 압록강 두만강 삼림경영에 관한 협동약관	561

VI. 경찰·사법에 관한 조약 581

1. 한국 사법 및 감옥 사무 위탁에 관한 각서	583
2. 한국 경찰 사무 위탁에 관한 각서	597

VII. 국권 침탈에 관한 기본조약　　　　　　　　619

1. 잠정합동조관 및 조일양국맹약　　　　　　　　621
2. 한일의정서　　　　　　　　641
3. 고문 용빙에 관한 협정서　　　　　　　　661
4. 을사늑약　　　　　　　　681
5. 정미조약(한일협약)　　　　　　　　699
6. 강제 병합조약　　　　　　　　715

조약 출처 일람　　　　　　　　732
찾아보기　　　　　　　　734

일러두기

1. 조약문 이미지는 한국 측 조약문의 원본(한문, 국한문)을 기준으로 실었으며 필요한 경우에 일문 등 추가하였다.

2. 원문의 출처는 조인서를 기준으로 선정하였다. 조인서가 한일 양측의 사료에서 확인될 경우 한국 측 사료를 활용했으며(ex. 규장각 〉 JACAR), 조인서가 없을 경우 적절한 사료에서 선정하였다.

3. 원문 출처 표기에서 '奎'는 규장각한국학연구원, '古貴'는 국립중앙도서관, 'JACAR'는 일본 아시아역사자료센터를 의미한다.

4. 원문의 공백은 □로 표시하였다.

5. 원문의 할주(割註)는 【 】로 표시하였다.

6. 번역문의 날짜는 원문의 표기(연호, 원호)를 그대로 따랐다.

7. 이 자료집에 수록된 다른 조약이 해제에서 언급될 경우, 첫 번째로 나오는 곳에 수록된 장(章)과 조약 번호를 표시하였다. ex. 「조일수호조규」[※Ⅱ-1]

8. 인명 및 지명은 다음과 같이 표기하였다.
    한국: 한글명(한자) ex. 김홍집(金弘集), 부산(釜山)
    외국: 원어의 한글 발음[원어명] ex. 이노우에 가오루[井上馨], 고베[神戶]

9. Ⅲ-10에 수록한 「청진 토지관리에 관한 협정서」의 경우 조약명칭은 '취극서'로 되어 있으나 한국어 표현에 맞게 '협정서'로 바꾸었다.

10. 한행(閑行)과 간행(間行)은 한일 양측 사료에서 혼용되었는데, 한자 표기는 그대로 두되 한글 표기는 '한행'으로 통일하였다.

11. '金宏集'(김굉집)은 한자는 그대로 두되 '김홍집'으로 일괄 표기하였다.

I

개관

최덕수 | 고려대학교

한국과 일본 양국은 1876년 「조일수호조규」 체결 이후 1910년 「강제 병합조약」에 이르기까지 주권 문제를 비롯하여 다양한 분야에 걸쳐 서로의 관계를 규정하는 조약을 체결하였다. 이 자료집은 개항 이후 근대 한일 간 외교 관계의 전개 과정을 양국 간에 체결되었던 기본 조약과 협정과 협약 등을 통시적으로 고찰함으로써 근대 일본의 조선 침략 과정을 총체적으로 규명하기 위한 것이다. 이를 위해 「조일수호조규」 체결부터 「강제 병합조약」에 이르기까지 한일 간에 체결된 조약을 대상으로 검토를 진행하였다.

대체로 지금까지 「조일수호조규」를 비롯한 근대 한일 간 조약 연구는 한일 간의 중요한 정치적 사건의 사후 처리와 관련된 조약을 주로 검토 대상으로 하였다. 강화도사건 이후 임오군란과 갑신정변, 청일전쟁, 러일전쟁 등을 축으로 전개된 정치적 관계 변화를 축으로 한 것이었다. 이 자료집은 주요한 정치·외교적 관계 조약을 축으로 한 기존 연구 성과를 충분히 활용하면서도, 분석 대상을 경제·사회 분야로까지 확대하고 있다. 근대 한일 간에 체결된 조약을 조선의 국제적 지위, 조계(거류지), 통상·어업·금융, 교통·전신·운수, 경찰·사법, 국권 침탈 등 총 6개 분야로 확장하여 정리하였다. 공식 조약문 외에도 특정 조약 체결 과정에서 한일 정부 간에 오고 간 중요 문서와 그것에 준하는 외교문서 및 정책 의도를 이해하는 데 도움이 되는 보고문과 관련 인물들의 서한류 등을 수집하여 조약의 협상 및 체결 과정을 입체적으로 재구성하였다.

자료집은 국내 학계의 최신 연구 성과를 바탕으로, 이번 공동 연구에서 발굴한 관련 사료를 적극적으로 반영하여, 메이지유신 이후 서구 근대의 문명적 외교 명분 뒤에 감춰진 일본의 침략적 속성을 총체적으로 밝히고, 동시에 한국의 주체적 인식과 대응을 드러내고자 하였다. 구체적인 검토 과정에서는 일차적으로 기존 연구에서 종종 확인되었던 일본 측의 일방적 해석에 의해 조약문이 왜곡되어 적용되는 경우에 유의하였다. 한국 측 조약문의 원본(한문, 국한문)과 일어본의 의미 차이를 분석하고, 양국의 조약 원문을 대조하여 사후 날조가 있었는지 검토하였다. 특히 조약의 역사적 배경과 내용 파악의 정확성을 확보하면서, 나아가 조약의 조인 과정과 명칭, 비준 절차 등 외형적 형식에 대해서도 검토하였다.

이 자료집의 대상이었던 조약에 대한 해제 작업 내용을 구체적으로 제시하면 다음과 같다. 해제의 서술 순서는 간략한 개요(1)를 제시하고, 조약의 배경(2)과 체결 과정(3)을 먼저 서술하였다. 배경으로는 양국의 정책 결정 과정에 왕복한 정부의 중요 훈령을 포함하였다. 체결 과정의 최종 단계인 조인과 비준 과정도 면밀히 검토하였다. 조약문의 내용(4) 검토 부분에 있어서는 일차적으로 각 조관별 내용을 소개하고, 조약 원문 가운데 한문본과 일문본의 차이에 유의하였다. 본 조약문 내용 분석에 이어 조약의 역사적 의의(5)를 정리하고, 관련 문서 (6)를 선별하여 게재하였다. 끝으로 해제 작성 과정에서 필자들은 관련 분야의 최신 연구 성과를 면밀히 검토하였으나, 해제의 편제상 본문에서 각주를 생략하게 되어 관련 논문을 제시하지 못하고 참고 문헌으로 대체하였다.

자료집의 구성은 Ⅰ장 개관을 포함해 전체 Ⅰ~Ⅶ장으로 구성하였다. Ⅱ장에서는 1876년 조일수호조규 이후 조선이 서양의 국제법 질서에 등장하였던 과정, 곧 조선의 국제적 지위 정립에 관한 조약을 수록하였다. 대상 조약은 「조일수호조규」, 「조일수호조규부록」, 「조일수호조규속약」, 「제물포조약」, 「한성조약」 등이며, 해제는 현명철 선생님이 맡아 주었다. 내용 분석에 있어 강조되었던 점을 예시하면 다음을 들 수 있다. 「조일수호조규」는 일차적으로 메이지 정부가 성립하면서 어긋난 한일 간의 외교를 일단 회복시켰다는 의미를 갖는다. 메이지 정부가 성립하면서 국시로 나타난 대외 팽창과 국권 확장을 이루기 위한 조선 침략의 의도로 군함을 동원하고 무력시위를 하였지만, 일본이 문명주의에 입각하여 근대 국제법적 틀을 가지게 되었고 또 가지려고 노력하였던 시기였음은 수호조규가 체결될 수 있었던 호조건이었다. 근대 국제법이 국가의 강함과 약함에 관계없이 국가의 평등권을 인정하고 있었기 때문이며, 전근대적인 명호를 따져 원한을 만드는 것보다는 평등을 표방하여 실리를 찾아야 한다는 외무 관료의 발언이 관철되었기 때문이다. 국가 상호의 외교 의례도 19세기에 들어서서는 엄격하게 정해지므로 영의정과 태정대신이 동격으로 상정되었다. 물론 일본 내부의 반발을 고려해 조선 국왕과 메이지 천황이 동격이라는 말은 언급되지 않았던 것도 주목된다.

모든 조약이 그렇듯이 「조일수호조규」 역시 위기임과 동시에 기회이기도 하였다. 「조일수호조규」가 260여 년의 역사를 가진 한일 간의 국교를 갱신하여 양국 정부가 직접 교섭을 한 '정치적 선언'의 성격이라면, 조약 체결과 개항장 선정, 왜관 처리 등 세부적인 사항 일체를 규정한 제11관에 유의할 것을 지적하였다. 또한 「조일수호조규부록」은 「조일통상장정(1883)」과 함께 「기유약조」를 대신하는 새로운 조약으로 더욱 주목되고 엄밀히 분석할 필요가 있다고 지적하였다.

Ⅲ장에서는 조계(거류지)에 관한 조약을 수록하였다. 대상이 된 조약은 「부산구조계조약」, 「원산진개항예약」, 「원산진거류지지조약서」, 「의정조선국한행리정약조」, 「조선국한행리정약조부록」, 「조선국인천구조계약조」, 「인천제물포각국조계장정」, 「조차절영도지기약단」, 「조차월미도지기약단」, 「인천 일본거류지 확장에 관한 주한각국사신 의정서」, 「진남포목포각국조계장정」, 「군산포마산포성진각국조계장정」, 「마산포전관일본거류지협정서」, 「청진 토지관리에 관한 협정서」 등이며, 해제는 조국 선생님이 맡아 주었다.

이들 조약의 체결은 개항을 통해 일본인이 조선 영토에 들어와 살면서 그들의 근거지를 확보해 나갔던 과정이라 할 수 있다. 「조일수호조규」에서는 부산 이외 2개 항구를 개방한다는 선언적인 내용밖에 없었다. 이 조항에 근거하여 인천과 원산을 개방하는 과정과 일본의 전관 조계가 설치되는 과정, 이후의 조계지 확장과 추가 개항장 설정 과정 등을 분석하였다. 분석을 진행한 결과 초기 일본의 조계 획득은 전통적인 조일 관계의 변용 속에 이루어졌으나, 이후 일본은 자신이 서구와 맺은 불평등조약 내용을 유리한 형태로 조선에 적용하는 방식을 보이기도 했다(한행리정). 일본 주도의 조계 개발, 확장에 대한 열강과의 조율(인천항 매립지), 혹은 갈등과 경쟁(마산포)을 통해 일본의 이권을 확장하였으며, 최종적으로 조선의 식민 지배에 이르는 일본의 국권 침탈 행위와 연동하며(청진) 조선에서의 조계 설정과 개발이 추진되었음을 규명하였다.

일례로 「인천제물포각국조계장정」은 인천 조계 내의 토지 경매, 대차 방식과 함께 외국인 자치기구와 관련한 규정을 담고 있었다. 이는 일본, 청 등의 전관 조계 이외에 각국 외국인이 잡거하는 공동 조계에서의 규칙으로 이후 다른 개항장에서 성립한 조계장정의 기반이 되었다. 공동 조계 내에 실제 거주하는 외국인 가운데 구미인은 극히 일부였으며 대부분은 일본인이었다. 각국 조계의 여러 민정 사무는 각국 영사의 입회하에 조계 내 토지를 보유한 지주 가운데 3인을 선출해 구성하는 각국거류지회(Municipal Council, 紳董公司)에서 처리하도록 결정되었는데, 조계 내 지세 결정 및 수취, 사용뿐 아니라 치안과 보건, 위생, 도로 건설 및 수리 업무, 관련 규칙 제정에 이르기까지 광범위한 권한을 행사할 수 있었음을 지적하였다.

Ⅳ장에서는 「조일수호조규」 체결 이후 조약 체제의 후속 과정 중 통상과 어업, 금융 등에 관한 조약을 수록했다. 대상 조약은 「조일통상장정(1876)」, 「석탄 저장과 운반 약정」, 「조일통상장정(1883)」, 「조일통상장정속약(1883, 1889)」, 「처판일본인민재약정조선국해안어채범죄

조규」, 「조일양국통어장정」, 「한일양국인민어채구역조례」, 「일시대부금에 관한 계약」, 「어업에 관한 협정」, 「한국 중앙은행에 관한 각서」이며 해제는 박한민 선생님이 맡아 주었다. 기존 연구에서는 불평등조약으로서의 「조일수호조규」의 성격을 관세조약을 둘러싼 논의에 집중하는 경향이 있었다. 그러나 실제로 개항 이후 조선인들의 경제생활 변화는 무역 일반에 대한 범위를 넘어 경제활동 전반에 걸친 것이었다. 자료집에서는 일반적인 통상무역 관련 조항에 대한 검토를 넘어서 육로무역에서의 5% 세율을 균점받으려 한 「조일통상장정속약(1883,1889)」을 비롯하여, 어업과 관련된 협정, 나아가 대부금과 한국은행 설립과 관련된 금융 관련 협약까지 분석 대상을 확대하였다. 구체적으로는 조선국 연안에서 일본인의 수산자원 채취에 대한 개방과 조약 체결을 둘러싼 협상 과정 등도 함께 다루어야 한다는 것을 보여 주었다. 연안 어민들의 생계와 직결된 조항은 어업협정 등이었다.

    그동안 통어 문제를 다룬 연구에서는 주로 양국이 체결한 조약문 내용을 소개하는데 그치는 경우가 많았다. 여기서는 외교사료관에 소장되어 있는 관련 문서를 활용하여 조약을 체결하기 전까지 조일 양국의 협상 담당자, 외무성과 대장성 등의 정부 부처에서 현안이 되는 문제를 어떻게 논의하고 의사에 반영하고 있었는지를 검토하였다. 어업 문제를 논의할 때 일본 정부에서는 조선과 청국이 체결한 「조청상민수륙무역장정」의 관련 조관을 의식하고 있었는데, 그러한 점은 「조일통상장정(1883)」 제41관의 어채 관련 구역 설정에서 잘 드러났다. 비단 어업 문제만이 아니었다. 일본은 무역 문제에서도 청국과 러시아가 각각 조선과 협약한 육로무역 규정을 의식하면서 그것이 자국의 해상무역에 손해를 미치지 않도록 두 가지의 속약을 체결하기도 했다. 비교적 짧은 내용의 협약이기는 하나, 조선을 둘러싸고 전개되던 육로와 해상 무역에서 일본이 결코 손해를 보지 않으려는 장치를 마련하고 있었다는 점은 주목해서 볼 부분이다. 1904년 러일전쟁이 발발하고 전후에 통감부를 설치하는 시점부터 일본은 자국 어민들의 조업 가능 지역을 한반도 전역으로 확장해 나갔다. 이 시기에 반포한 조례나 협정은 일본 내각 차원에서 초안 검토와 정무적 판단을 마친 후, 한국 정부와의 형식적인 협상을 거치면서 약간의 자구를 수정하는 정도에 그치고 있었다. 「어업에 관한 협정」을 체결하는 과정은 그러한 사실을 명확하게 보여 주는 사례로, 어업 문제 전반을 일본인에게 유리하게 개편해 나가는 과정이기도 했다. 이것은 대부금 대여와 한국은행 설립과 같은 금융 영역에서도 마찬가지였다. 경제적으로 한국을 일본에 예속시켜 나가는 과정에서 협약이나 계약을 일본 측에서 주도적으로 기초하고, 한국 내각의 형식적인 승인을 거치도록 관철시켜 나가는 패턴이 광범위하게 나타나고 있었던 것이다.

V장에서는 개항 이후 서구 근대 문명의 유입 통로이며, 조선 사회의 근대적 변화를 초래했던 근대적 인프라 건설과 유입 과정에 대한 조약을 수록하였다. 대상은 「판리표류선척장정」, 「부산구설해저전선조관」, 「부산구설해저전선조관속약」, 「한국 통신기관 위탁에 관한 협정」, 「한국 연해 및 내하의 항행에 관한 약정서」, 「압록강 두만강 삼림경영에 관한 협동약관」이며 해제는 한철호 선생님이 맡아 주었다. 통신과 전신, 그리고 내륙 수로 개방까지 검토 범위를 확장하였다. 특히 전신선 부설 관련 조항은 전신선의 정치·경제·군사적 운용과 관련하여 분석을 진행하였다. 즉 전신선 부설과 운영은 임오군란과 갑신정변, 그리고 청일·러일전쟁 시기 동아시아의 정치적인 변동과 긴밀히 관련된 것이었다.

구체적인 사례로 「부산구설해저전선조관」, 「부산구설해저전선조관속약」, 「한국 통신기관 위탁에 관한 협정」을 들 수 있다. 이 세 조약은 조선과 일본을 잇는 해저전선 설치 및 운용에 대한 조약과 해저전선으로 대표되는 통신 기관에 대한 모든 권한을 일본에게 위탁하는 내용을 담고 있는 한국 전신 및 통신의 침탈 약사다. 1883년 3월의 「부산구설해저전선조관」은 한국이 외국과 맺은 최초의 통신 설비 조약이다. 이 조약을 맺게 된 배경에는 1882년 임오군란이 있었다. 임오군란이 일어나자 급히 일본으로 돌아온 일본 공사관원이 나가사키[長崎]에 입항하여 임오군란의 전말을 외무성에 타전했는데 임오군란이 일어난 지 일주일이 지난 시점이었다. 이 소식을 뒤늦게 접한 일본은 한국을 상대로 적절한 배상을 고민하면서 한편으로 한국에서 일어나는 변란에 빠르게 대응할 통신수단 구축이 필요하다는 것을 알았다. 조선 역시 전신 기술 부족으로 설비할 수 없었던 빠른 통신수단의 필요성을 절감하는 계기가 되었다. 「부산구설해저전선조관」은 조선 내에서 정치·경제적 이익을 위한 일본의 주도로 이루어졌다. 조선의 부산과 일본의 나가사키를 연결하고 여기서 발생하는 일본의 토지 이용료 면제 그리고 타국과 타회사에 해저선을 설치할 수 없게 만드는 대항쟁리(對抗爭利) 불허, 조선이 해외전선을 설치할 때 일본 통신국과 연결하여 처리하도록 하고 전신선 보호를 위한 법률에 관한 사항이 포함되어 있다. 1885년 12월의 「부산구설해저전선조관속약」은 「부산구설해저전선조관」 체결 이후 조선과 청이 「의주전선합동(서로전선)」을 체결하자, 대항쟁리가 발생한다는 이유로 체결된 후속 조약이다.

일본은 러일전쟁이 발발하자 한국의 통신 시설이 부실하다는 명분으로 이를 일본에게 위탁할 것을 요구하는 「한국 통신기관 위탁에 관한 협정」을 강요하였다. 이 조약은 대한제국 내 모든 통신 기관에 대한 위탁과 이를 관리할 주체 및 통신 기관과 관련된 토지와 건축물에 이르기까지 모든 권리가 명시되어 있다. 이들 조약의 특징은 개항 후 한국 내 취약했던 통신 시설을 간파한 일본이 임오군란과 갑신정변 등을 경험하면서 자국민 보호와 빠른 정보 획득을 위해 한국 정부에게 자신들이 덴마크 대북부전신회사(大北部電信會社)와 체결한 유사한 조약을 한국에 강요했다는 것이다. 이들은 이 조약을 통해 한국 내 통신 시설 설비를 독점화했으며, 그에 따른 토지 및 통신선 보호를 위한 군대 동원 등을 자유롭게 할 수 있었다. 또 청과 이익을 다투는 전선 설치를 불허함으로써 자국의 이익을 최대화하고자 했다. 마지막에는 한국 통신 시설을 자국에게 위탁시키는 조약까지 강요하게 되었던 것이다.

Ⅵ장에서는 공식 병합 이전 일제가 대한제국의 사법권 및 경찰권을 강탈한 과정에 관한 조약을 수록했다. 대상은 「한국 사법 및 감옥 사무 위탁에 관한 각서」와 「한국 경찰 사무 위탁에 관한 각서」이며 해제는 김종학 선생님이 맡아 주었다. 사법권과 관련해서는, 1907년 「정미조약(한일협약)」 체결을 계기로 신규 임용된 판검사 가운데 일본인이 차지하는 비중이 각각 72%, 90%까지 급증하는 등 이미 일제가 이를 장악하고 있었다. 그런데도 굳이 「한국 사법 및 감옥 사무 위탁에 관한 각서」를 교환해서 공식적으로 사법권 및 감옥 사무를 위탁시킨 것은 1909년 일본의 대한정책이 보호국화에서 강제병합으로 전환됨에 따라 기존에 한국이 서양 열강에 허용한 영사재판권(치외법권)을 철폐하기 위해서였다. 관련 문서로 수록된 이토 히로부미[伊藤博文]가 가쓰라 다로[桂太郞] 내각총리대신에게 보낸 서한과 후루야 히사쓰나[古谷久綱] 통감비서관의 의견서가 이를 잘 보여 준다. 경찰권의 경우, 「한국 경찰 사무 위탁에 관한 각서」로 일제는 대한제국의 경찰기구를 일원화함과 동시에 경찰권을 완전히 탈취했다. 또한 이를 계기로 일제는 이른바 헌병경찰제도를 완성했다. 일제의 헌병경찰은 치안 유지 업무와 관련하여 총독의 지휘·감독을 받으면서 일반 경찰 업무까지 광범위하게 수행하는 등 세계적으로 유례를 찾기 어려운 독특한 성격을 지녔다. 헌병경찰은 1910년대 일제 무단통치의 핵심 수단이 되었는데, 아카시 모토지로[明石元二郞]의 서한 등 부록으로 수록된 여러 관련 문서는 그 창설 배경과 기능 등을 이해하는 데 도움이 될 것이다. 사법권과 경찰권은 대한제국에 남은 마지막 '국권'이었으며, 그 탈취와 함께 대한제국은 사실상

식민지로 전락하였다.

Ⅶ장에서는 러일전쟁 이후 한국병합에 이르는 국권 침탈 시기의 조약을 수록하였다. 대상 조약은 청일전쟁 시기의 「잠정합동조관」과 「조일양국맹약」, 러일전쟁 시기 이후의 「한일의정서」, 「고문 용빙에 관한 협정서」, 「을사늑약」, 「정미조약(한일협약)」, 「강제 병합조약」이며 해제는 최덕수가 맡았다. 국권 침탈 시기(1904~1910)의 조약에 대한 이해와 인식은 현재 첨예하게 대립하고 있는 한일 간 과거 청산 문제의 출발점이 되고 있다. 특별히 국권 탈취와 관련한 5개 조약에 대해서는 '병합 100년'을 전후한 시기에 국내외 학자들에 의해 조약의 체결 절차 및 형식의 불법성 등에 대해 집중적인 연구와 논쟁이 진행되었다. 이 자료집에서는 병합 100년에 즈음하여 동북아역사재단에서 펴낸 『조약으로 본 한국병합-불법성의 증거들-』(이태진·이상찬 저, 2010)을 바탕으로 최근 관련 연구 성과를 반영하였다. 주권 침탈의 출발점이 되었던 「한일의정서」와 「고문 용빙에 관한 협정서」는 최소한의 형식과 내용조차 갖추지 못한 효력이 없는 조약이었다. 조약이 기본적으로 갖추어야 할 전권대신 위임장과 조약 체결 이후 비준 절차 등이 편의적으로 생략되었는데, 이처럼 형식이 결여된 것은 일본 측이 처음부터 한국 황제나 대신들의 반대가 완강할 것을 예상했기 때문이었다.

대표적인 사례로 「을사늑약」의 경우 정식 조약이 거쳐야 할 위임 조인 비준의 세 절차 가운데 어느 것 하나 거치지 않았고, 「강제 병합조약」은 비준 절차가 결여되었을뿐더러 순종황제가 비준을 거부하였던 사실이 드러났다. 일제는 러일전쟁 이후 주권 침탈 과정의 중대한 계기였던 「한일의정서」와 「을사늑약」 그리고 「강제 병합조약」의 경우 사후에라도 비준 절차를 형식적으로 확보하려 했었다. 특히 「강제 병합조약」은 국권 침탈 시기에 체결되었던 다른 조약들과 달리 위임과 조인 과정 그리고 비준 단계를 외형적으로 충실히 갖추려 했었다. 이 같은 시도는 일본 측도 조약 체결 과정의 불법성을 인지하고 있었던 조치였다 할 것이다.

조선은 「조미수호통상조약」(1882)과 「조영수호통상조약」(1883)을 필두로 열강과 대등한 조약을 체결하였던 주권국가였다. 또한 청일전쟁의 선전포고문과 「청일강화조약」의 제1조, 그리고 러일전쟁의 선전포고문 등에서 일본은 전쟁의 명분이 '동양 평화'와 '조선의 자주독립'임을 천명하였다. 러일전쟁 초기 조선과 체결한 「한일의정서」 제1조와 제3조에서도 '대한제국의 영토와 영토 보전'을 확실히 보증하고 있었다. 「한일의정서」 이후 「강제 병합조약」에 이르는 시기 일본은 청일전쟁 이후 「잠정합동조관」을 비롯한 여러 조약문에서 천명했던 '조선의 독립과 영토 보전'을 부인하는 모순에 직면하였다. 자료집에서는 주권 침탈 과정에서 체결되었던 조약 체결 과정과 비준 과정에서의 불법성을 검토하고 일제가 열강들로부터 조선의 보호국화와 병합을 승인받기 위해 열강과 체결하였던 조약에 대해서도 폭넓게 검토하였다.

II

조선의 국제적 지위에 관한 조약

1. 조일수호조규
2. 조일수호조규부록
3. 제물포조약 및 조일수호조규속약
4. 한성조약

1
조일수호조규
朝日修好條規

조일수호조규 | 1876년 조선이 일본과 맺은 수호조규. 메이지 정부가 성립하면서 어긋났던 한일 간의 외교를 회복하여 전쟁을 방지하고 국가 간 직접 외교를 이룬 것으로 개항의 시발점이 되었다.

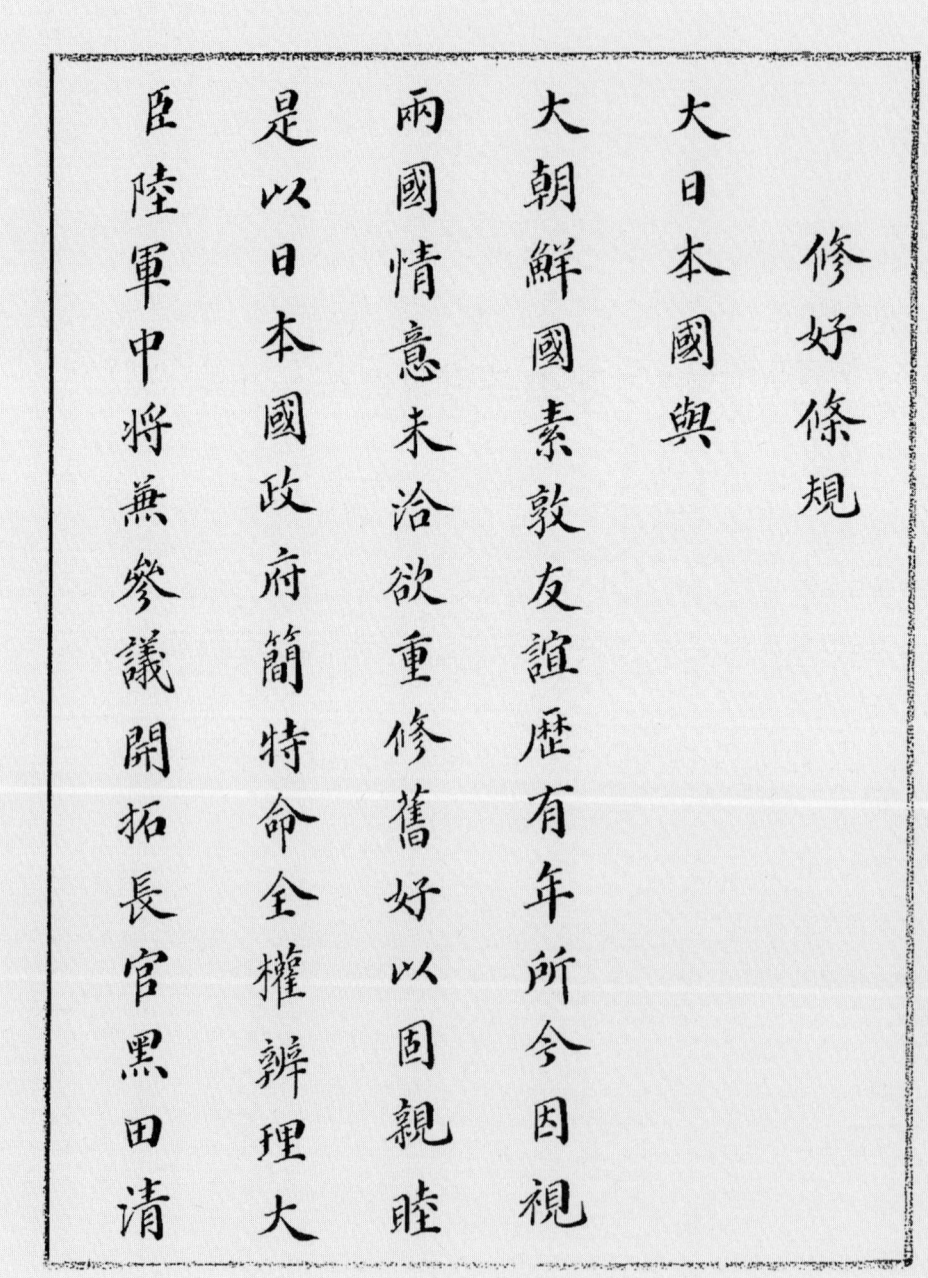

修好條規

大日本國與
大朝鮮國素敦友誼歷有年所今因視
兩國情意未洽欲重修舊好以固親睦
是以日本國政府簡特命全權辨理大
臣陸軍中將兼參議開拓長官黑田清

원문

修好條規

大日本國與大朝鮮國素敦友誼歷有年所今因視兩國情意未洽欲重修舊好以固親睦是以日本國政府簡特命全權辨理大臣陸軍中將兼參議開拓長官黑田淸隆特命副全權辨理大臣議官井上馨詣朝鮮國江華府朝鮮國政府簡判中樞府事申櫶副總管尹滋承各遵所奉諭旨議立條款開列于左

第一款
朝鮮國自主之邦保有與日本國平等之權嗣後兩國欲表和親之實須以彼此同等之禮相待不可毫有侵越猜嫌宜先將從前爲交情阻塞之患諸例規一切革除務開擴寬裕弘通之法以期永遠相安

第二款
日本國政府自今十五個月後隨時派使臣到朝鮮國京城得親接禮曹判書商議交際事務該使臣駐留久暫共任時宜朝鮮國政府亦隨時派使臣到日本國東京得親接外務卿商議交際事務該使臣駐留久暫亦任時宜

第三款
嗣後兩國往來公文日本用其國文自今十年間別具譯漢文一本朝鮮用眞文

第四款
朝鮮國釜山草梁項立有日本公舘久已爲兩國人民通商之區今應革除從前慣例及歲遣船等事憑遵新立條款措辨貿易事務且朝鮮國政府須別開第五款所載之二口准聽日本國人民往來通商就該地賃借地基造營家屋或僑寓所在人民屋宅各隨其便

第五款
京圻忠清全南慶尙咸鏡五道中沿海擇便通商之港口二處指定地名開口之期日本曆自明治九年二月朝鮮曆自丙子年二月起算共爲二十個月

第六款
嗣後日本國船隻在朝鮮國沿海或遭大風或薪粮窮竭不能達指定港口卽得入隨處沿岸支港避嶮補缺修繕船具買求柴炭等其在地方供給費用必由船主賠償凡是等事地方官民須特別如意憐恤救援無不至補給勿敢吝惜倘兩國船隻在洋破壞舟人漂至隨處地方人民卽時救恤保全稟地方官該官護還其本國或交付其就近駐留本國官員

第七款
朝鮮國沿海島嶼巖礁從前無經審撿極爲危嶮准聽日本國航海者隨時測量海岸審其位置深淺編製圖志俾兩國船客以得避危就安

第八款
嗣後日本國政府於朝鮮國指定各口隨時設置管理日本國商民之官遇有兩國交涉案件會商所在地方長官辨理

第九款
兩國旣經通好彼此人民各自任意貿易兩國官吏毫無干預又不得限制禁阻倘有兩國商民欺罔衒賣貸借不償等事兩國官吏嚴拏該逋商民令追辨債欠但兩國政府不能代償

第十款
日本國人民在朝鮮國指定各口如其犯罪交涉朝鮮國人民皆歸日本官審斷如朝鮮國人民犯罪交涉日本國人民均歸朝鮮官查辨各據其國律訊斷毫無回護袒庇務昭公平允當

第十一款
兩國旣經通好須另設立通商章程以便兩國商民且倂現下議立各條款中更應補添細目以便遵照條件自今不出六個月兩國另派委員會朝鮮國京城或江華府商議定立

第十二款
右十一款議定條約以此日爲兩國信守遵行之始兩國政府不得復變革之永遠信遵以敦和好矣爲此約書二本兩國委任大臣各鈐印互相交付以昭憑信

大朝鮮國開國四百八十五年丙子二月初二日
　　大官判中樞府事申櫶 ㊞
　　副官都摠府副摠官尹滋承 ㊞
大日本國紀元二千五百三十六年明治九年二月二十六日
　　特命全權辨理大臣陸軍中將兼參議開拓長官黑田淸隆 ㊞
　　特命副全權辨理大臣議官井上馨 ㊞

출처: JACAR Ref. B13091001400

번역문

수호조규

대일본국과 대조선국은 본디 우의를 두텁게 하여 세월을 지냈다. 지금 양국의 정의(情意)가 미흡함을 보게 되었으므로 옛 우호를 다시 닦아 친목을 굳게 다지고자 한다. 이에 일본국 정부는 특명전권변리대신 육군중장 겸 참의개척장관 구로다 기요타카와 특명부전권변리대신 의관 이노우에 가오루를 가려 뽑아 조선국 강화부에 파견하고, 조선국 정부는 판중추부사 신헌과 부총관 윤자승을 가려 뽑아 각자 받은 유지(諭旨)를 준수하여 조관을 의논하고 아래에 열거한다.

제1관
조선은 자주국이며 일본국과 평등한 권리를 갖는다. 금후 양국이 화친의 실(實)을 표하고자 하면 모름지기 피차 동등한 예의로써 상대하며 추호도 침범하여 넘거나 시기하여 싫어함이 있을 수 없다. 마땅히 먼저 장차 종전에 교정(交情)을 저해한 우환이던 여러 관례와 규칙을 일체 혁제하고 넉넉하고 널리 통하는 법규를 넓히기에 힘써 서로 영원한 안녕을 기한다.

제2관
일본국 정부는 지금부터 15개월 후 수시로 사신을 조선국 경성에 파견하여 예조판서와 친히 접하여 교제하는 사무를 상의할 수 있다. 해당 사신이 머물면서 오래 있을지 잠시 있을지는 모두 시의에 맡긴다. 조선국 정부는 또한 수시로 사신을 파견하여 일본국 도쿄에 이르게 해 외무경과 친히 접하여 교제하는 사무를 상의할 수 있다. 해당 사신이 머물면서 오래 있을지 잠시 있을지는 또한 시의에 맡긴다.

제3관
이후 양국이 왕래하는 공용문은 일본은 그 국문을 사용하되, 지금부터 10년간은 별도로 한문으로 번역한 글 1통을 갖추며, 조선은 진문(眞文)을 사용한다.

제4관
조선국 부산의 초량항은 일본 공관이 세워져 있고 오랫동안 이미 양국 인민이 통상하는 구역이 되었다. 지금 마땅히 종전의 관례 및 세견선 등의 일을 혁제하고 새로 세운 조관에 준하여 무역사무를 처리한다. 또 조선국 정부는 제5관에 기재한 2곳의 항구를 개항해 일본국 인민이 왕래하면서 통상하게 하며, 해당 지역에서 땅을 빌려 집을 짓거나 혹은 인민들이 있는 집에 임시로 살고자 한다면 각각 그 편의를 따라 들어주도록 한다.

제5관

경기·충청·전라·경상·함경 5도의 연해 중에서 통상이 편리한 항구 2곳을 선택하여 지명을 지정한다. 항구를 여는 기한은 일본력 메이지 9년 2월, 조선력 병자년 2월부터 기산하여 모두 20개월로 한다.

제6관

이후 일본국 선척이 조선국 연해에서 큰 바람을 만나거나 혹은 장작과 식량이 떨어져서 지정한 항구에 도달할 수 없으면 어느 연안이든지 항만에 들어가 위험을 피하고 부족한 것을 보충하고 배를 수선하고 장작과 숯을 구입할 수 있다. 그 지방에서 공급한 비용은 반드시 선주가 배상해야 한다. 무릇 이러한 일들은 지방의 관민이 모름지기 특별히 인휼히 여기고 구원하려는 뜻을 더하여 보급에 감히 인색해서는 안 된다. 또한 양국의 선척이 바다에서 파괴되어 승선원이 어느 지방에든지 표류하면 지방 인민은 즉시 구휼하여 보전하고 지방관에게 알려야 한다. 해당 관원은 그 본국으로 호송하여 돌려보내거나 혹은 그 근방에 주재하고 있는 본국 관원에게 넘겨준다.

제7관

조선국 연해의 섬과 암초는 종전에 자세히 조사한 적이 없어 지극히 위험하므로 일본국의 항해자가 수시로 해안을 측량해 그 위치와 깊이를 재고 지도를 편제하여 양국 선객으로 하여금 위험을 피하고 편안할 수 있도록 한다.

제8관

이후 일본국 정부는 조선국이 지정한 각 항구에서 수시로 일본국 상민을 관리하는 관원을 설치한다. 만약 양국이 교섭할 안건이 있을 때에는 그 지역 지방장관과 만나서 처리한다.

제9관

양국이 이미 우호를 통했으니 피차 인민은 각자 뜻에 따라 무역을 하며, 양국 관리는 추호도 이에 간여하지 않으며 제한을 설정하거나 금지할 수 없다. 만약 양국 상민이 속여서 팔거나 빌려서 갚지 않는 등의 일이 있으면 양국 관리가 엄중히 해당 통상민을 취조하여 빚이나 모자란 것을 갚도록 한다. 단, 양국 정부가 이것을 대신 갚을 수는 없다.

제10관

일본국 인민이 조선국이 지정한 각 항구에 재류하면서 만약 죄를 범해 조선국 인민과 교섭해야 하는 것은 모두 일본 관원에게 귀속시켜 심의하고 처단한다. 만약 조선국 인민이 죄를 범해 일본국 인민과 교섭해야 하는 것은 모두 조선 관원에게 귀속시켜 조사·처리한다. 각자 국법에 의거하여 신문하고 처단하되 추호도 두둔하고 편드는 일 없이 공평하고 사리에 맞음을 보여 주도록 힘써야 한다.

제11관

양국이 이미 우호를 통했으니 모름지기 따로 통상장정을 설정하여 양국 상민에게 편리하게 해야 한다. 아울러 현재 논의해 만든 각 조관 가운데 다시 마땅히 세목을 보완하거나 첨가하여 조건에 따라 준수하는 것을 편하도록 한다. 지금으로부터 6개월을 넘기지 않고 양국은 따로 위원을 파견하여 조선국 경성 혹은 강화부에서 만나 상의하고 정하도록 한다.

제12관

위의 11관은 논의해 정한 조약이니 이날을 양국이 믿어 지키고 준행하는 처음으로 삼는다. 양국 정부는 이를 다시 바꿀 수 없으며 영원히 믿고 준수하여 화호를 돈독히 해야 할 것이다. 이를 위해 본 조약서 2통을 작성하여 양국 위임대신이 각각 조인하고 상호 교부하여 믿고 의지할 것을 밝힌다.

대조선국 개국485년 병자 2월 2일
  대관 판중추부사 신헌 ㊞
  부관 도충부부총관 윤자승 ㊞
대일본국 기원 2536년 메이지 9년 2월 26일

특명전권변리대신 육군중장 겸 참의개척장관 구로다 기요타카 ㊞
특명부전권변리대신 이노우에 가오루 ㊞

해제

1. 개요

「조일수호조규」는 1876년 2월 강화도에서 한국(조선)과 일본(메이지 정부)이 맺은 조약이다. 한국은 접견 대관 판중추부사 신헌(申櫶)과 접견 부관 도총부부총관 윤자승(尹滋承)이, 일본은 특명전권변리대신 참의 구로다 기요타카[黒田清隆]와 부전권변리대신 의관 이노우에 가오루[井上馨]가 대표로 회담했다.

구로다는 도쿄[東京]에서 출발하기 전 교섭 결렬에 대비하여 전쟁 준비를 완료할 것을 주문하였고, 아울러 서양 열강이 국외 중립을 선언하며 전쟁이 일어나면 국제법에 따라 일본의 '의거'임을 부각하도록 하였다. 이에 따라서 조선정토사단(朝鮮征討師團)이 구성되어 수뇌부가 임명되었다. 출병 시의 기지인 시모노세키[下關]로 육군경 야마가타 아리토모[山縣有朋]를 비롯한 수뇌부가 집결하였다. 출병은 교섭 결렬 3일 이내로 정해졌다.

구로다 사절단은 1876년 1월 6일 도쿄를 출발하여 호위함대 6척과 병력 800여 명을 거느리고 부산에 정박하였다가 조선 서해안을 측량하면서 올라가 25일 남양부 도리도 앞바다에서 회합하였고, 2월 4일에는 항산도에 정박하여 무력을 과시하였다. 조선의 지방관은 일본 함대가 정박하는 곳마다 문정을 하고 상황을 서울로 보고하였다. 조선 조정은 강화부의 방어를 엄히 하였으며 부녀자들과 어린이들을 모두 피난시켰다. 전쟁에 대비하여 전국의 포수들을 소집하고 병력을 수도 방위로 재편한 것은 물론이었다.

전쟁 위기 속에서 회담은 예상외로 순조롭게 진전을 보아 2월 11일 1차 회담에서 2월 27일 조인에 이르기까지 16일 만에 12개 조항으로 구성된 「조일수호조규」가 맺어졌다. 당시 조선은 이를 막부 시절의 우호 관계를 회복(중수구교)한 조약이라고 평가하였고, 메이지 일본은 무위를 보여 주어 쇄국 조선을 개항시킨 조약이라고 선전하였다. 세부적인 사항 일체를 훗날의 협상(「조일수호조규부록」[※Ⅱ-2]과 「조일통상장정(1883)」[※Ⅳ-3])으로 넘긴 점에서 큰 틀에서 정치적 선언 성격의 조약이라는 평가가 점차 일반적이 되고 있다.

2. 배경

조선 후기, 조선은 일본 에도막부와 통신사 외교로 상징되는 우호적인 관계를 유지하고 있었다. 이를 양국 외교 담당자들은 성신지교(誠信之交)라고 불렀다. 그러나 막부 말기, 일본의 개항과 반막부 세력이 성장하면서 일본에서는 대조선 외교에 대한 비판이 일어났다. 그동안의 관계는 대마주가 조선에 '조공'을 하는 형태로 이는 일본의 치욕이라는 것이었다. 반막부 세력은 막부 외교 실책 중 하나로 간주하여 막부 공격의 빌미로 삼았다. 메이지 성립기 일본 내부에서의 막부 vs 반막부 갈등은 나아가 반한 감정으로 변화하였다. 개항으로 말미암아 조선과의 무역 이익이 급감하여 경제적 파산에 직면하였던 대마주는 이러한 대립을 이용하고자 하였다. 즉, 경제적으로 자립할 수 없었던 번의 구조가 이러한 한일 관계(치욕)를 초래하였기 때문에 대마주에 대한 원조가 시급하다고 주장하고 원조 요구의 논리로 활용하였다. 도요토미 히데요시[豊臣秀吉]에 대한 높은 평가와 맞물려 소위 '막부 말기의 정한론'이 일어난 것은 이러한 정치 변화의 산물이었다.

막부가 무너지고 난 후 메이지 정부는 막부 시절의 대조선 외교 관계를 '구폐(막부 시절의 폐단)'로 명확히 규정하였다. 신생 메이지 정부는 대마주에 명하여 왕정복고를 알리는 동시에 구폐를 척결하도록 지시하였다. 대마주는 조선이 준 감합인(도서)을 반납하고 메이지 정부가 주조한 신인(新印)을 찍은 노인(路引, 도항증명서)을 발급하는 한편, 대마도주의 외교적 지위를 격상함으로써 조공 관계라는 비난을 없앨 수 있다고 생각했다. 물론 여태까지와 마찬가지로 조선과의 외교·무역권은 그대로 유지하려는 생각이었다.

1868년 12월 대마도주는 왕정복고를 알리는 대차사를 파견하였다. 대차사는 노인과 서계에 조선이 준 도장이 아닌 메이지 정부가 주조한 신인을 사용하겠다는 것과 '대마주 태수 평의달'의 직함을 '좌근위소장 대마주 태수 평조신의달'로 변경하겠다는 것, 대마도주가 예조 참판과 등대하겠다는 등의 내용을 알렸다. 그 이유로 왕정복고를 들었음은 당연하다. 나아가 지금까지의 외교·무역 관계를 '사교(私交, 사사로운 교제)'였다고 규정하고, 메이지 정부의 엄명이므로 자신들의 주장을 조선이 받아들여야 하며, 이를 거절하면 전쟁이 발생할 수 있다고 위협하였다. 지금까지의 외교를 '사교'라고 주장한 대마주의 발언은 동래부를 격앙시켰다. 동래부는 외교적 응징도 검토하였으나 도발에 말려들어서는 안 된다는 것과 변혁기에 대마주의 효용 가치를 생각하여 오히려 달래고 포용하는 전략을 구사하였다.

대수대차사 서계 수리를 둘러싼 갈등은 기존의 외교 관계를 '성신지교'라 생각하고 이를 유지해야 한다는 동래부와 기존의 외교 관계를 '구폐'라고 규정하여 이를 바꾸고자 하였던 대마주의 대립이었다. '메이지 정부가 국교 수립을 요청하였지만, 동래부가 쇄국을 내세워 거부하였기 때문에 대립이 생겼다'라는 왜정 시대 이래의 이해는 정치적 선전으로 왜곡된 것이다.

동래부는 메이지 정부의 태도와 막부 붕괴 소식에 당혹해했다. 동래부는 대마주의 요구가 이치에 맞지 않는다고 달래면서 전통적 교린을 강조하여 서계 수정을 책유하였다. 정권이 바뀌어도 외교 관계는 변함없이 유지되어야 한다고 주장하였다. 동래부는 격식에 맞는 서한을 가지고 온 세견선과 표민영래선에 대해서는 전통적 관례에 따른 융숭한 접대를 해 주는 한편, 격식에 어긋난 서한을 소지한 세견선과 표민송환선은 접대를 하지 않고 관례에 합당한 서한을 가져올 때까지 무시하는, 원칙에 입각한 전략을 택하였다. 경제적 어려움에 처해 있었던 대마주는 굴복하지 않을 수 없었다. 접대를 받지 못하는 것은 바로 경제적 손실을 의미했기 때문이다. 그리하여 메이지 정부가 성립하고서도 대마주는 전통적인 도서(인)를 사용한 노인과 서계를 세견선과 표류민선에 발급하여 전통적인 관례를 유지하였다. 메이지 정부 외무성 내에서는 대마주가 정부의 지시를 이행하지 못하고 있다는 비판이 생겨났다. 이러한 비판은 대마주에 대한 불신과 더불어 일본의 황위를 인정하지 않는 조선에 대한 분노로 변화하여 반한 감정이 더 높아졌다.

1871년 폐번치현 이후 일본 외무성은 세견선 폐지에 대한 보상을 지급하여 외교에 관한 일체를 외무성이 장악하였다. 대마주에는 외무성 출장소를 설치하였으며, 조선과의 외교 단절을 피하려고 전 대마주 번주인 소 요시아키라[宗義達]를 외무대승으로 임명하였다. 조선과의 외교 창구가 외무성으로 한정된 것이었다. 한편 왜관의 대마주 상인들은 폐번치현 후에도 조선과의 무역을 독점적으로 계속 유지할 방안을 모색하였고, 동래부 상인들도 이를 지지하였다. 봉진과 증답의 형식을 갖는 공무역(세견선 무역)은 외무성의 눈을 피하여 한동안 지속되었다. 세견선 무역이 지속되고 있음을 찰지(察知)한 외무대승 하나부사는 1872년 9월 왜관에 건너와 전격적으로 세견선 폐기와 대관소 폐지, 대관들의 강제 귀국과 재판에 회부, 그리고 표류민 송환에서 영래 서계 폐지를 단행하였다. 이로써 양국의 전통적 외교 의례, 즉 조선 후기 한일 관계 시스템은 일본에 의해 일방적으로 붕괴되었다.

  동래부는 왜관에 들어온 일본 외무 관료에 대해 일본이 봉건제를 폐지하고 군현제를 시행하였다고 해도 한일 관계 시스템은 이전의 모습으로 복원할 수 있으며 또 복원해야 한다고 주장하였다. 군현제하의 대마주 지방관청과 동래부가 외교와 무역을 담당하는 것이 타당하다는 주장이었다. 왜관에 외무성 관리들이 들어온 것도 폐번치현 소식을 알고 있었기 때문에 쫓아내지는 않았다. 동래부는 왜관 폐쇄 카드를 보이면서도 조선의 국법과 조약에 따른다면 누구라도 접대할 것이라고 천명하였다.

  왜관의 외무성 관리는 세견선 폐지는 국가의 명령이므로 타협할 수 없고 무역에 서계는 필요 없다고 주장하며 자유무역을 주장하였다. 동래부는 세견선이 오지 않으면 접대하지 않겠다고 맞섰다. 세견선 무역은 일본에 더 큰 이익을 주는 것이기 때문에 결국은 일본이 굴복할 것을 기대한 것이다. 외무성은 표류민 송환에도 영래차왜와 서계를 보내지 않았다. 따라서 불가피하게 표류민 송환에 대한 접대도 폐지되었다. 그야말로 무상 송환이 시작된 것이다. 세견선 폐지와 표류민 송환에서 서계가 없어진 것은 왜관의 중요한 기능인 접대 기능이 마비되었음을 의미했다. 결국 임관(훈도와 별차)들은 임소에서 철수하였으며, 소통사만 남아서 외무성 관료들과 협상을 하고, 동래 상인들이 그동안의 인맥을 활용하여 무역하는 모습이 전개되었다. 즉 외교 관계의 격이 낮아진 것이다.

  왜관의 외무성 관원들은 침략 거점인 왜관을 유지하라는 외무성의 명령에 따라 우호를 표방하였다. 조선의 출입국 국법을 준수하고 조선이 준 도서를 찍은 노인을 발행해 선박을 왕래시켰고, 선박들은 조선의 문정에 순응했으며 표류민을 꾸준히 송환함으로써 명분을 축적해 나갔다. 다만 모든 선박이 비선 노인을 소지하여 입항하였음은 주목된다. 비선은 서계가 필요 없었으며, 접대가 없었기 때문이다. 외무성 대마주 출장소는 모든 선박에 비선 노인만을 발급하였다. 왜관의 외무성 관원들은 조선이 요구하는 전통으로의 회귀는 불가하며 접대를 원하지 않는다는 태도를 보였다. 경제적 약자가 아님을 과시한 것이다. 아울러 조선은 군사적으로 일본의 상대가 되지 않음을 보여 주고자 노력하였다.

조선은 신생 메이지 일본을 이해하려고 노력하였지만, 막부의 멸망과 메이지 정부의 수립, 그리고 대마주의 소멸이라는 일본의 변화를 인정하기에는 좀 더 시간이 필요했다. 대마도 사람들이 돌아간 후 왜관은 점차 쇠퇴하였다. 인원수도 500여 명에서 70여 명으로 줄어들었고 폐가(廢家)도 증가하였다. 일본에서는 정한론 정변(1873)과 사가[佐賀]의 난을 거쳐 타이완 침공을 단행하였으며, 조선도 이 정보를 심각하게 받아들였다.

일본의 타이완 침공은 당연히 청일 양국의 대립을 초래하였다. 이 대립을 서양 열강 특히 영국은 환영하였다. 주청 영국 공사 웨이드[Thomas F. Wade]는 일본을 편들어 중개에 나섰다. 결국 청국은 영국의 압력에 굴복하여 '일본의 출병이 백성을 보호하기 위한 정당한 행동'이라고 인정하고 배상금 50만 냥을 지급하여 타협하였다. 국제법적으로 유구민이 일본 백성으로 간주된 것이며, 유구 처분의 법적 근거가 마련된 것이었다. 웨이드는 전권대신 오쿠보 도시미치[大久保利通]에게 "일본의 위엄을 청국 정부에 보여 준 쾌거이다. (중략) 일본이 일본다움을 서구에도 잘 보여 주었다(중략). 조선에 착수할 때는 원조하겠다"라고 조선에 진출하도록 충동질하고 있었다. 영국은 러시아가 조선반도를 제압할 경우를 경계하고 있었다. 그리하여 빠른 시기부터 일본을 영국의 세계 전략에 포함하려고 하였다. 병인양요와 신미양요로 조선을 개항시키는 데 실패한 서양 열강은 일본이 조선을 개항시키기를 기대하였다.

점차 일본과의 긴장이 높아지고 있었다. 왜관에서는 여전히 한일 양국이 갈등 관계에 빠지게 된 원인을 상대방의 책임으로 돌리고 있었다. 메이지 정부의 강경파는 여론 조작을 통하여 조선과의 전쟁이 불가피하다고 선동하였고, 일본의 지식인들도 심지어는 서양 열강도 이에 동조하였다. 점차 분위기는 험악해지고 전쟁은 가시화되고 있었다. 이를 해결하고 두 나라 사이의 교섭을 재개하기 위한 합의가 고종 친정 이후 모색되었다. 고종은 서양 열강의 동향과 일본의 변화에 관해 관심이 있었으며, 청국에서 귀국한 사절들을 통해 정보를 획득하고 있었다. 고종은 신임 동래 부사와 훈도에게 전쟁을 피하고 우호를 회복하도록 주문하였다.

이러한 분위기를 바탕으로 왜관에서 암행어사의 부관(대범곡)과 일본 외무성 관료(모리야마 시게루[森山茂]) 사이에 양국의 외교가 단절된 이유와 해결 방안에 대해 심도 있게 논의되었고, 대등한 외교를 유지한다는 합의를 바탕으로 신임 훈도 현석운(玄昔運)과 별차 현제순(玄濟舜)

이 부임하면서 해결책이 도출되기도 하였다(1874. 9). 금위대장 조영하도 친서를 모리야마에게 보내어 도해역관 파견을 제안하기도 하였다. 그러나 모리야마는 강경파였으며, 대등한 외교보다는 전쟁을 통한 일본 우위의 조약 체결을 우선시해 조선이 양보할 때 더 몰아붙여야 한다고 생각했다. 한일 양국의 인식에 큰 차이가 있었음은 당연한 일이었다.

현석운-모리야마의 타협이 겨우 이루어져 일본은 조선에 서계를 보내왔으나 이 서계는 양국 간 합의를 준수하지 않은 것이었으며 당시의 국제법에도 어긋난 것이었다. 근대 국제법은 국가의 강함과 약함에 관계없이 국가의 평등권이 인정되었다. 국가 상호의 외교 의례도 19세기에 들어서서는 엄격하게 정해진 것이다. 그러나 일본이 조선에 보낸 서계는 전근대적인 우월감을 바탕으로 한 것이었다. 조선 국왕을 일본 태정대신과 동격으로 삼아 조선을 하위의 국가로 자리매김하고자 한 것은 조선에 사대를 요구한 것과 다름없었다. 외무대승 소 요시아키라의 서계도 일방적으로 조선이 대수대차사 서계를 접수하지 않은 것에 대한 원망과 비난, 접수하지 않은 것이 간악한 무리가 중간에서 옹폐한 것이라는 인식, 도서의 반납, '대일본', '황상' 등의 자구 사용, 훈도를 넘어서 왜관 관수와 동래 부사의 등대, 소 요시아키라가 예조참판과 등대하려고 하는 등 대수대차사를 통해 이루려고 하였던 욕심을 그대로 드러내어 지난 합의를 무시한 내용이었다[※관련 문서-1·2]. 게다가 모리야마가 전통적 서계 접수 의례를 무시하겠다고 주장하였다.

동래부는 비록 서계 접수를 명받기는 하였으나 동래부의 재량으로는 도저히 받아들일 수 없으므로 중앙의 지휘를 얻어야 한다고 접수 연기를 요청하였다. 모리야마는 서계가 즉시 수리되지 않은 것에 분노하여 접수 연기는 외교 관계를 거절한 것이며 일본에 치욕을 준 것이라고 주장하였다. 그는 전쟁 구실을 얻은 것으로 간주하는 보고를 하였다. 이후 일본은 모리야마의 강경책을 받아들여 전쟁을 통한 해결을 도모하게 되었다.

부산에는 드디어 일본 군함이 조선의 국법을 어기고 입항하기 시작하였다. 그들은 단속에 나선 부산진의 전선(戰船)을 얕보았으며, 조약이 없으므로 조약을 어긴 것도 아니라고 우기고 만일 조선이 공격한다면 전쟁을 불사하겠다는 태도를 보였다. 해군의 열세는 명확하였다. 부산진과 좌수영의 전선은 일본의 화륜선을 감당할 수 없었으므로 전쟁이 일어나면 일단 내륙으로 후퇴하여 육상 전투로 돌입할 수밖에 없는 실정임을 서로 잘 알고 있었다. 전쟁하고자 하였던 일본과 전쟁을 회피하고자 하는 조선의 입장이 명확히 나타나는 시기였다. 정부로부터 먼저 전단을 벌여서는 안 된다는 명령을 받은 동래부는 이들을 달랬다. 조선이 전쟁을 피하고자 함을 파악한 일본의 태도는 점차 과감해져 (양력) 1875년 5월에는 운요호가, 6월에는 다이니테이보[第二丁卯]호가 왜관 앞바다에 입항하였으며, 테이보호는 문정을 위해 훈도와 수행원 18명이 승선하였을 때 군사훈련을 하여 무력을 과시하기도 하였다. 나아가 1875년 9월에는 운요호가 서해안을 북상하여 강화도 앞바다에서 영종진을 파괴하는 등 전쟁을 도발하였다(운요호사건).

일본은 운요호사건을 보고받고, 조선이 왜관을 폐쇄할 것으로 생각하여 왜관에서의 철수를 준비하고 전쟁 여론을 불러일으켰다. 10월 3일에는 일본 군함 가스가[春日]함이, 27일에는 모슌[孟春]함이 부산에 입항하여 예포와 답례포를 발사하였으며, 11월 9일에는 일본 해군 병사가 설문을 벗어나 초량리로 난입하여 조선의 반응을 살피고, 12월 13일에는 일본 해병대 58명이 무장을 하고 설문 밖으로 나와 조선 병사들과 충돌을 일으키는 등 전쟁을 기정사실화하려고 도발하였다. 조선이 무력을 사용하기를 바란 행동이었다.

운요호사건에 대한 왜곡된 정보로 전쟁불가피론(정한 여론)이 일본 열도를 뒤덮었다. 하지만 단시간 내에 승리할 수 있다는 확신이 없었고 전쟁 명분이 부족하다는 점, 청국의 개입 가능성, 조-청 연합군과 전쟁을 벌이게 되었을 때 장기전에 대한 부담감, 그리고 일본 내부의 분열과 서양 열강의 여론 등을 고려한 온건파의 주장도 강력하였다. 무엇보다 조선 조정이 인내를 갖고 평화적 해결을 모색하였기에 평화적 해결 방안은 남아 있었다. 왜관에서 보낸 외무 관리들의 보고도 극단적인 방법이 필요하지 않다고 하였다. 조선에서도 척왜론이 등장하여 전쟁이 불가피하다는 여론도 있었으나 조정은 전쟁은 최후의 수단이며 마지막까지 인내하고 먼저 전쟁을 일으키지 말 것을 강력히 명령하고 있었다.

이 시점에서 전권변리대신 구로다 사절의 파견이 이루어졌다. 변리대신이라고 함은 작년 일본이 서계를 보냈으나 조선이 모리야마를 응접하지 않은 이유와 운요호사건이 발생한 이유를 변리하기 위함이라고 밝혔다. 이는 국사(國使)를 파견하지 않고 전쟁을 벌이는 것이 타당하지 않다는 의견이 반영된 것이며, 1868년 메이지 정부 성립 이래 국사(황사) 파견론이 드디어 실현된 결과이기도 하였다. 국사가 파견되어 수호 요청이 거부되면 전쟁으로 직결된다는 것이 당시 여론이었다. 구로다 파견을 오랜 외교적 교섭 과정의 연속에서 파악하지 않고 오직 운요호사건과 직결시키는 것에 대해서는 적절한 비판이 필요하다.

3. 체결 과정

구로다 사절 파견에 앞서서 관수의 역할을 담당한 바 있었던 외무 관리 히로쓰 히로노부[広津弘信]가 부산에 도착하여 훈도에게 일본 정부가 전권변리대신을 파견한다고 전하였다. 훈도는 즉시 상경하여 이 사실을 조정에 알렸다. 구로다 사절단은 1876년 1월 6일 도쿄를 출발하여 부산에 정박하였다가 25일 남양부 도리도 앞바다에서 회합하였고, 2월 4일에는 항산도에 정박하여 무력을 과시하였다. 조선은 강화부의 방어를 엄히 하였으며, 부녀자들과 어린이들을 모두 피난시켰다. 전쟁이 일어날 가능성이 매우 컸기 때문에 전국의 포수들을 소집하고 병력을 수도 방위로 재편한 것은 물론이었다. 2월 5일 모리야마가 응접 절차와 숙소 문제를 사전 협의하기 위해 상륙하여 접견 부관 윤자승과 예비 회담을 했다. 윤자승은 이미 묘당의 지시를 받고 있었으므로 사절단의 숙소를 마련해 주었으며, 땔감과 작목 등도 모두 아끼지 않고 제공하였다. 설령 전쟁이 발발하더라도 예의는 다하여 구실은 주지 않겠다는 의도였다. 이는 74년 이래 조선의 일관된 태도였다.

2월 11일 제1차 회담이 열렸다. 구로다는 모두 발언에서 "양국에서 대신을 파견한 것은 대사(大事)를 변리하기 위한 것이며, 또 구호를 중수하기 위한 것"이라고 회담 의제를 밝혔다. 대사란 운요호사건에 대한 책임과 외무성 서계가 수리되지 못한 책임 문제를 따져 보자는 것이었다. 구로다는 먼저 운요호사건을 언급하였다. 일본 국기를 게양한 일본 함대를 조선이 공격한 것은 조선에 책임이 있다는 논리였다. 그러나 신헌은 예법을 무시하고 사전 통고 없이 조선의 방수 지역을 무단 침범한 운요호에 책임이 있다고 반박하였으며 영종진을 파괴한 책임을 추궁하였다. 이 사실은 국제법적으로 보더라도 운요호의 과실이 명백하였기 때문에 구로다는 더는 언급할 수 없었다. 그래서 두 번째 문제, 즉 작년 외무성 서계를 받지 않은 사실에 대해 추궁하였다. 이에 대해 신헌은 "여러 가지 이유와 오해가 있었기 때문이며, 이제 조약을 맺으려는 자리이므로 논쟁을 반복할 필요는 없으니 거슬러 제기하지 말자"라고 덮어 버렸다. 그동안 외교적 갈등에 대해 시비를 가리는 것은 싸움만 더 커질 것이기 때문에 일본도 이해하였다. 두 가지 대사를 더 따져 볼 이유가 없어졌으므로 이제 남은 것은 중수구교를 이루는 것뿐이었다. 구교를 회복하는 데 조선이 양보할 수 없는 선이 명호의 문제였다. 설령 전쟁을 감내하더라도 조선을 일본의 하위에 두는 조약은 맺을 수 없었다.

다음 날 2월 12일 제2차 회담이 열렸다. 모리야마가 부산에서의 교섭 경위를 적은 문서를 들고 와 설명하였고, 구로다도 메이지 6년의 정변(정한론 정변, 1873)과 사가의 난(1874)을 언급하며 전쟁을 피하려면 조약을 맺어야 한다고 역설하였다. 그러고는 13개 조관으로 된 조규 초안을 제시했다. 조규 초안은 바로 정서되어 조정으로 보내졌는데 역시 명호의 문제는 피할 수 없었다. 조규 초안은 조약 체결권자를 '일본 황제 폐하'와 '조선 국왕 전하'로 적시하고 있었기 때문이다. 신헌은 이는 대등하지 않으므로 각각 '일본국'과 '조선국'으로 고쳐야 한다고 주장했다.

2월 19일 신헌은 문병을 온 미야모토[宮本]와 노무라[野村]를 만나 조규 초안의 각 조관을 심의하였다. 일본 대표단도 조선에서 문제를 일으키기를 원치 않았고 국제법에 대한 이해가 있었기 때문에 명호의 문제는 예상외로 쉽게 일본이 양보하였다. 이로 말미암아 조약 심의 과정은 비교적 순탄하였다. 정부에서 초안을 검토한 공식 문서는 20일 도착하였다. 신헌이 요구한 바와 정부가 요구한 바가 거의 같았다는 사실은 흥미롭다. 조규 책자를 정서할 때가 되어서 일본이 국왕의 친필 서명을 요구하여 난관에 부딪쳤다. 이 역시 강경파 모리야마의 오해와 책동이라고 판단한 신헌은 모리야마를 배제하는 데 성공하여 결국 2월 27일 연무당에서 신헌과 구로다가 조약에 서명하였다. 2월 11일 1차 회담이 열린 후 16일 만의 일이었다. 일본 사절은 28일 강화부를 떠났으며, 신헌과 윤자승은 3월 1일 어전에 복명하였다.

4. 내용

「조일수호조규」는 대마주를 매개로 하는 기존의 전통적인 관계에서 벗어나 예조와 외무성이 직접 외교를 이룬 것으로 새로운 조약을 가능하게 만드는 시발점이 되었다. 또한 메이지 정부가 성립하면서 조선을 하위 국가로 자리매김하고자 하였던 의도를 벗어나 기존의 적례(대등지례)를 관철하여 근대 국제법에 따른 국가의 평등권을 인정한 조약이었다. 또 메이지 정부의 잘못된 '구폐 개혁' 의도로 어긋났던 한일 간 외교를 회복시켰다는 의미도 갖는다.

일본의 군사적 행동과 압력, 전쟁 여론과 무력시위 등을 살펴볼 때 전쟁을 피하려고 맺은 조약으로서는 선방한 내용이 되었음을 지적할 수 있다. 실제로 신헌은 일본이 거창하게 군함을 이끌고 오는 등 일을 벌였지만, 명호(외교 관계)를 따져 조선을 하위 국가로 삼겠다고 고집하지도 않았고, 세견선의 이익보다 더 많은 이익을 요구하지도 않았다고 만족감을 표현했다. 「조일수호조규」가 양국의 수호를 선언한 것에 불과했지만, 뒤이은 조약들을 통해 조선은 점차 근대적 조약 체계 속으로 편입되었다. 조약의 각 조목을 분석하면 다음과 같다.

전문을 보면 이 조약의 성격이 '중수구교', 즉 옛 우의를 다시 닦아 친목을 굳게 다지는 것임을 표명한 것에 좀 더 주의할 필요가 있다. 기존의 역사 이해가 「조일수호조규」를 기점으로 역사적 단절, 즉 쇄국과 개국으로의 변화를 강조해 왔기 때문이다. 그러나 조선이 개국을 염두에 두게 된 것은 제2차 수신사 귀국 후의 일이므로 이러한 이해는 좀 더 신중할 필요가 있다. 전문에는 "대조선국과 대일본국은 원래 우의가 두터웠으나 근년에 양국의 정의가 미흡하여 다시금 구교를 수복하고 친목을 도모하고자 하여 구로다와 신헌이 조약을 맺었다"라고 되어 있다. 따라서 왜관에서의 접대가 중단된 이후 갈등을 해소하는 실마리를 마련하였다는 점에서 연속적 측면이 더 중시되어야 할 것이다.

일본이 가져온 전문 초안 원안은 '대일본국 황제 폐하'와 '조선국 국왕 전하'로 표기하였으나, 조선의 요구에 따라서 '대일본국'과 '대조선국'으로 대등하게 바뀌었다. 이 과정이 순탄하였음은 주목된다. 명호의 문제는 왜관에서의 오랜 협상을 통해 합의되지 않았던 쟁점이었고, 반면에 서로의 주장을 잘 알고 있었기 때문이었다. 근대 국제법에 의해 국가의 평등권이 인정되고 있었던 것이 순탄한 타협을 가능하게 하였다. 조선은 국제적으로 일본과 대등한 교린의 지위를 관철하였고, 일본도 상위의 국가임을 조규에 포함하고자 고집하지 않았다. 그동안의 갈등을 파악하고 있었던 신헌은 이를 매우 만족하게 생각하였다.

제1관은 "조선국은 자주의 나라로 일본국과 평등의 권을 보유하며, 피차가 동등한 예의로 접대한다"라고 선언한 것으로, 조선도 전면 동의하였다. 대등한 관계를 규정하는 것은 일반적인 조약 체결에서는 전제 사항이므로 조선을 '자주의 나라'라고 표현한 것을, '조선에 대한 청국의 종주권을 부인하려는 의도'로 해석하기도 한다. 그러나 1869년 대수대차사 서계에서 보이듯 메이지 정부 성립 후 일본은 황제국을 자칭하며, '황', '칙' 등의 자구를 사용하며 조선을 하위 국가로 대접하고자 한 지난날의 교섭 과정에서 조선이 강하게 반발하여 생긴 갈등을 이해해야 한다. 위 규정은 조선의 강력한 요구로 설정된 것이었고, 조선은 적례(대등한 관계) 상태로 회복한다는 선언으로 이해하였기에 당연히 동의하였다. 적례 명시는 이전의 교섭에서 조선이 꾸준히 요구해 왔던 것임을 중시할 필요가 있다. 일본이 이에 동의한 것은 근대 국제법이 국가의 강함과 약함에 관계없이 국가의 평등권을 인정하고 있었기 때문이며, 전근대적인 명호를 따져 원한을 만드는 것보다는 평등을 표방하여 실리를 찾아야 한다는 외무 관료의 발언이 관철된 것으로 파악된다. 국가 상호의 외교 의례도 19세기에 들어서는 엄격하게 정해지므로 영의정과 태정대신이 동격으로 상정되었다. 물론 일본 내부의 반발을 고려하여 조선 국왕과 일본 국왕(메이지 천황)이 동격이라는 말은 언급되지 않았던 것도 주목된다. 아마 이러한 언급이 있었다면 일본 내에 사절단에 대한 비판이 불같이 일어났을 것이다. 미일화친조약의 제1조가 "일본과 합중국은 그 인민이 영세불후의 화친을 체결하여, 장소·사람에 차별을 하지 않는다"로 되어 있음과 비교된다.

제2관은 외교사절 파견에 관련된 규정이다. 즉 일본은 15개월 후에 수시로 사신을 파견하고, 경성에서 예조판서의 친접을 받아 교제 사무를 상의하며, 해당 사신은 잠시 머물 수도 즉시 귀국할 수도 있다. 조선 정부도 언제든지 사신을 도쿄[東京]에 파견하여 외무경의 친접을 받아 교제 사무를 상의하며, 역시 잠시 머물 수도 즉시 귀국할 수도 있다고 규정하였다. 그 이전에는 통신사가 일본의 초청을 받아 일본으로 향하여 에도(도쿄)에 도달하였으나 일본의 사절은 왜관을 벗어날 수 없었기 때문에 일본의 고관은 파견되지 않았었다. 일본의 국사를 조선이 받아들이지 않았던 관례를 개정한 것으로 일본이 힘을 기울인 조항이다.

원안에는 "일본 측은 15개월 후에 사신을 파견하고, 시의에 따라서 경성에서 병권대신에게 친접하고, 조선 측은 수시로 파견하여 외무성 귀관에게 친접한다"고 되어 있었다. 이 역시 일본이 아직 명호 문제에 연연하고 있음을 알 수 있다. 하지만 평등의 예를 주장하는 조선의 수정안과 전문 및 제1관의 취지에 따라 '예조판서'와 '외무경'으로 정리되었다. 이는 1875년 훈도와 합의한 바가 준수된 것이며, 당시 근대 국제법의 의례와 일치한다. 또한 경성에 공사관을 둘 의도였으나 조선이 반대하였으므로 사신 주류의 기간은 상황에 따르기로 타협하였다.

제3관은 양국 왕복 문서의 언어에 관한 규정이다. 일본은 일본문을 사용하되 앞으로 10년간 한문 번역본을 첨부하고, 조선은 진문을 사용한다는 규정이다. 원래는 일본은 일본문을, 조선은 한문을 사용하자고 일본이 요청하였으나 조선 측이 한문을 부본으로 첨부할 것을 요구하였기 때문에 일본이 10년의 과도기를 두고 받아들인 것이었다. 한문과 진문이 같은 것일 텐데 외교문서에서 같은 항목에 다르게 표기된 외교적 의미가 무엇일지 흥미롭다.

제4관은 부산항 개항에 관한 규정이다. 기존의 왜관 무역의 폐단을 고쳐서 새롭게 조관을 맺어 무역한다는 규정이다. 초량 및 5관에 따라 새로 개항할 항구에 일본인의 통상과 토지 임차, 가옥 축조와 임차를 허용하는 조항이다. 왜관을 당시에 '일본 공관'이라고 표현한 것은 주목된다. 대마주와 교역하던 시절에 왜관은 동래부가 관할하는 접대소였다. 외무성 관원이 도착한 후, 1873년 히로쓰를 관수(공관장)로 인식하려고 하였던 메이지 외무성의 의도를 조선이 받아들여 준 것이다. 조선은 앞으로 일본 공관이 될 것이기 때문에 구태여 따지지 않았던 것 같다. 대신 조선은 세견선과 공무역 폐지를 명기하도록 요구하여 관철시켰다. 이 규정으로 오랫동안 동래부를 괴롭힌 접대 문제가 해결되었으며, 접대소로의 왜관은 종언을 맞이하였다. 「조일수호조규부록」과 「조일통상장정(1883)」이 이 조관을 보충한다.

제5관은 부산 외에 2개 항구를 20개월 후에 개방한다는 내용이다. 원안은 "부산과 영흥, 그리고 다른 한 곳을 개항하라"는 요구였으나 타협 결과 어느 곳이든 2개 항구를 개항하는 것으로 규정되었다. 일본이 영흥을 개항장으로 요구한 것은 전쟁이 발발했을 때 상륙 지점을 의식한 것이었다. 메이지 정권 수뇌부 일부에서는 영흥에 상륙하여 북에서 침공한다면 5만의 병력으로 100일 만에 전쟁을 끝낼 수 있다는 견해가 있었다. 이는 임진왜란의 실패를 반면교사로 삼아 새로운 침공로를 모색한 것이라고 한다.

제6관은 표류민 구조에 관한 규정이다. 이는 이미 시행되고 있는 관례를 규정한 것이라 말할 수 있다. 일본은 조선인 표류민을 나가사키로 보내 조선 왜관으로 송환하였으며, 조선은 일본인 표류민을 왜관으로 보냈다. 다만 여기서 비용을 선주가 부담한다는 규정은 새로운 규정이므로 주목된다. 막부 시절에는 대마주가 표류민을 송환해 오면 동래부가 융숭한 접대를 하였고, 가선(표민영래선)으로 송환될 경우에는 비용을 넉넉하게 주었었다. 그 후 표민 영래차왜와 서계가 없어지면서 접대가 없어졌고, 송환 비용이 문제가 되었다. 또 표류민선 수리비를 표착지 정부가 부담해 왔던 관례가 있었는데, 1873년 4월에 송환된 의주·강진 표민선에 대해 메이지 정부 외무성이 국제관례에 어긋난다고 해서 청국 표류민과 동등하게 처리해야 한다고 수리비를 부담시킨 일이 있었다. 이에 대해 동래부가 표민 문정을 통해 이 사실을 알고 왜관의 외무 관료에게 질의하였고, 왜관의 외무 관료가 조선을 자극하지 않기 위해 전통적 관례를 따라 줄 것을 상신하여 결국 9월에 수리비를 환불해 준 일이 있었다. 외무성 내에서 무상 송환을 문제삼는 목소리가 있었다. 조선 역시 표민 송환에 대해 넉넉한 보상을 해 온 전통이 있었으므로 이에 반대할 아무런 이유가 없었음은 물론이다.

제7관은 조선 연안 측량에 관한 규정이다. 양국 선객의 안전한 항해를 위해 연안을 측량하고 도지(圖誌)를 작성해야 한다는 것이다. 그런데 일본국 항해자가 측량 회사나 일본 상인이 아니라 군함이었다는 사실은 조·일 간에 다양한 문제를 야기하였다. 이렇게 작성된 각종 탐사 지도가 조선 연근해에서 발생한 전투에 활용되는 해도(海圖)가 되었음은 말할 나위가 없다. 일본은 서양, 특히 영국의 지원을 얻어 측량술을 발전시키고 해도를 작성하였는데, 조선이 직접 해도를 작성하게 하지 않고 자신들이 직접 측량하겠다고 나선 것은 다른 외국과의 조약에는 없는 특이한 점이었다. 따라서 제7관이 어떠한 의도에서 누구의 제안으로 초안이 작성되었는지 초안 작성 과정을 살펴볼 필요가 있다.

제8관은 일본 관리관의 조선 개항장 주재에 관한 규정으로 조선은 이의 없이 승낙하였다. 이는 왜관에 관수를 두어 일본인들을 통솔·관리하게 하였던 전통과 일치하기 때문이었다.

제9관은 양국 상민의 자유 거래를 규정한 것인데, 조선은 만약 양국의 상민이 속여서 물건을 판 경우에는 관리가 개입할 수 있도록 요구하여 관철시켰다.

제10관은 개항장에 거주하는 일본인에 대한 영사재판권으로 조선이 승인하였다. 여기에 대해 불평등조약이라는 견해가 우세하나, 실증 연구는 영사재판 자체가 가진 불평등성에 대해 의문을 제기하고 있음도 주목된다. 또한 영사재판에서 불평등성의 유무를 논하기보다 '서로 다른 문화를 가진 사람들의 분쟁 해결 수단'으로서의 기능적 측면에 주목해야 할 필요성 또한 지적되고 있다. 조선이 이를 받아들인 것이 오랜 관례와 일치하기 때문이었다. 즉 왜관에서 일본인이 죄를 범하였을 때 동래부는 대마주에 처벌을 요청하였지 직접 체포하여 처벌하지 않았다. 영사재판은 일방적으로 자국에 유리하게 행사할 경우 국제사회에서 고립될 가능성이 크고 반발을 초래하기 때문에 오히려 자국민에게 엄격하게 적용되는 경우도 많았다.

제11관은 본 조규를 조인한 후 6개월 이내에 양국 위원이 서울 혹은 강화부에서 통상장정을 체결하기로 약정한 것이다. 조선은 바로 심의하여 장정할 것을 요구했지만 일본이 연기를 요청해 조선이 동의하였다. 조선은 11관과 관련해 6개의 부가조항을 제출했다. 이는 상평전 사용 금지, 미곡 교역 금지, 외상 선매 금지를 위한 물품 교환, 서양인 혼입 금지, 아편과 서학 엄금, 망명을 위해 고의로 표류한 자의 본국 송환 등이었다. 이 조항들은 서양 세력의 침투를 경계하면서 기존의 왜관 무역의 폐해를 시정하려는 의도였다. 여기에 대해 미야모토는 서양인 혼입 금지와 서학·아편 금지를 인정하는 증서를 제출했다. 이 조항은 이해 7월 미야모토 이사관이 파견되어 「조일수호조규부록」과 「조일통상장정(1883)」을 체결하면서 구체화된다.

제12관은 조약서 교환에 관한 내용이다. 애초 일본은 최혜국대우 조항을 요구하였으나 조선이 일본 이외의 나라와 조약을 체결할 의사가 없다고 거절하여 철회되었다.

5. 의의

「조일수호조규」는 메이지 정부가 성립하면서 어긋난 한일 간의 외교를 일단 회복시켰다는 의미를 가지며, 대마주를 매개로 하는 기존의 전통적인 관계에서 벗어나 국가 간 직접 외교를 이룬 것이었다. 또 새로운 조약 체결, 즉 개항을 가능하게 만드는 시발점이 되었다.

물론 메이지 정부가 성립하면서 국시로 나타난 대외 팽창과 국권 확장을 이루기 위한 조선 침략 의도는 여전히 유지되었음을 무시해서는 안 된다. 조선이 구로다 사절을 거부하거나 수호조약을 맺지 않았다면 전쟁으로 확대되었을 것임도 예측할 수 있었다. 하지만 문명주의에 입각하여 근대 국제법적 틀을 가지게 되었고, 또 가지려고 노력하였음은 수호조규가 체결될 수 있었던 호조건이었다. 근대 국제법이 국가의 강함과 약함에 관계없이 국가의 평등권을 인정하고 있었기 때문이며, 전근대적인 명호를 따져 원한을 만드는 것보다는 평등을 표방하여 실리를 찾아야 한다는 외무 관료의 발언이 관철되었기 때문이다. 국가 상호의 외교 의례도 19세기에 들어서서는 엄격하게 정해지므로 영의정과 태정대신이 동격으로 상정되었다. 물론 일본 내부의 반발을 고려해 조선 국왕과 메이지 천황의 동격이라는 말은 언급되지 않았던 것도 주목된다. 모든 조약이 그렇듯 「조일수호조규」 역시 위기임과 동시에 기회이기도 하였다. 조약 체결 이후 일본에서는 반한 감정이 누그러지고 점차 조선의 부국강병을 도와주어야 한다는 견해가 성장하는 것도 확인된다. 조선에서도 개전론이 약화되고 경계론으로 바뀌었다.

「조일수호조규」는 선언적 성격이 강했다. 일본 사절은 그렇게 쉽게 조약이 맺어질 것으로 생각하지 못했던 것 같다. 전쟁이냐 평화냐의 선택을 강요하는 행동이었기 때문이다. 따라서 「조일수호조규」는 훗날의 「조일수호조규부록」과 「조일통상장정(1883)」 등을 통해 조약으로서의 구체적 모습을 확보하는 과정이 필요했다.

양국의 국교 정상화로 일본은 조선 문제를 반정부 세력이 책동의 도구로 이용하는 것을 차단할 수 있었다. 정한론 정변(메이지 6년의 정변)에서 물러난 사이고 다카모리[西鄕隆盛] 등이 이끈 반정부 세력이 명분을 잃고 세이난 전쟁에서 메이지 정부가 승리할 수 있었던 이유 중의 하나가 되었다. 또한 2개 항구의 추가 개항, 조선 연해 측량권, 편무적 영사재판권 등을 얻을 수 있었으며, 또한 국제사회에서 일본의 외교 역량이 성장하였음을 보여 줄 수 있었다.

조선으로서는 당연히 전쟁을 피할 수 있었음이 가장 큰 성과였다. 아울러 운요호사건에 대해 사죄와 배상을 요구하는 일본을 논리적으로 배제하여 외교 역량을 보여 주었으며, 명호에 얽매여 진전이 없었던 오랜 협상을 단번에 해결하여 적례의 원칙을 확립하였다는 점, 또한 일본이 거창하게 군함을 동원하고 큰 비용을 사용했지만, 경제적인 보상 요구를 피하였다는 점 등이 당시 회담에 임하였던 조선 측 요인들이 만족한 이유였다.

「조일수호조규」를 「미일수호조약」과 비교해 보면, 같은 12개 조로 되어 있다. 차이는 해안 측량권을 주었으며 최혜국대우가 없는 것이 두드러진다. 아울러 유보 범위가 일본은 70리를 허용했고, 조선은 훗날 「조일수호조규부록」에서 10리를 허용했다[※관련 문서-3]. 아울러 청국이 영국에 허용한 난징조약은 패전 조약이므로 홍콩 할양, 5항 개항, 배상금 1,200만 달러와 아편 보상금 600만 달러 지불 등 가혹한 내용이었던 것과 비교된다. 전쟁을 일으킨 후 조약을 맺었을 경우와 비교하여 「조일수호조규」를 맺은 의의를 평가할 필요도 있다.

6. 관련 문서

1) 태정대신 산조 사네토미[三條實美]가 모리야마에게 내린 훈령(1875. 2.)

이번에 조선국에 파견됨에 따라 그 나라에서 응접할 때 주의하여야 할 조목들
一, 그 나라가 만약 독립을 칭하고 양국의 군주가 등대하여 교통하여야 한다고 주장한다면, 그 뜻을 상신하여 지령을 기다릴 것.
一, 그 나라가 만일 스스로 청국의 속방이라고 칭하여 모든 일을 청국에 물어야만 한다고 주장하면, 이 역시 그 뜻을 상신하여 지령을 기다릴 것.
一, 그 나라가 독립을 칭하고 청국에 속한다고 주장하지 않고, 그 나라 국왕과 우리 태정대신,

우리 외무경과 예조판서를 적주로 하여 구의를 닦고 싶다면, 그 뜻을 받아들여 상담할 것.

출처: 『大日本外交文書』 권8, #19

2) 조선이 접수를 거부했던 외무대승 소 시게마사[宗重正]의 서계(1875. 3.)

대일본국 외무대승 소 시게마사가 조선국 예조참판 합하께 글을 드립니다.

예전에 우리 황상께서 친정하셔서 막부를 폐지하고 태정관을 복구하였으며 봉건을 혁파하고 군현을 만드셨으며, 또한 외무성을 설치하여 외교를 관장하게 하였고, 세습 관직을 모두 없앴으며, 시게마사 또한 쓰시마도주와 좌근위 소장의 직임, 그리고 귀국과의 교제 직무에서 해임된 다음에 다시 현관(외무대승)에 임명되었음은 이미 여러 차례 가인을 통해 알려드린 바가 있었습니다. 외무성에서도 관원을 파견하여 동래 부사 양 사또에게 타일러 우리나라의 성의를 알렸습니다만 귀국이 이를 준엄하게 거절하여 받아들이지 않았습니다. 인의(隣誼)에 반하고 구호를 저버린 지 이제 7년, 불령한 시게마사가 현관에 임명되어 칙의를 현양하지 못하고 안으로 사민의 격노를 일으켰으니 참담하고 부끄럽고 귀국 때문에 개탄하고 괴이하게 여깁니다.

(중략)

이에 우리 외무경께서 예조판서에게 드리는 서계를 작성하고, 이사관 모리야마 시게루와 부관 히로쓰 히로노부로 하여금 동래부로 가서 사또를 만나 그것을 전달하여 심교를 상량하게 하셨으니, 귀국은 마땅히 정성껏 접대하고 속히 사신을 파견하여 만세토록 변하지 않는 맹약을 정해야 할 것입니다. 지극한 바람을 이기지 못하여 거듭 진술합니다. 귀국이 과거에 주조하여 보낸 도서 3개를 함께 반납합니다.

출처: 『大日本外交文書』 권8, #16

3) 미일화친조약의 내용

제1조
일본와 합중국은 그 인민이 영세불후의 화친을 맺어 장소·사람의 차별이 없게 한다.

제2조

일본 정부는 시모다[下田]와 하코다테[箱館] 두 항구를 미국 선박이 땔감·식료·석탄 등 결핍품을 조달받을 수 있도록 입항을 허가한다. 시모다항은 조약 조인 직후부터, 하코다테항은 내년(1855) 3월부터 열도록 한다. 공급 물품의 가격표는 일본 관리가 넘겨주며 대금은 금은전(金銀錢)으로 지급한다.

제3조~제4조

(표류민 규정)

제5조

합중국의 표류민, 기타의 사람들이 얼마간 시모다나 하코다테에 머물 때, 나가사키[長崎]에서 중국인이나 네델란드인처럼 감금되거나 갑갑하게 취급되지 않고, 시모다항 내의 섬 주위 7리(한국 이정으로는 70리≒28km) 안에서 마음대로 배회할 수 있도록 허락한다. 하코다테항은 나중에 정하도록 한다.

제6조~제8조

(물품 조달과 지급 방법)

제9조

(최혜국대우 조항) 일본 정부가 미국인에게 허락하지 않은 바를 외국인에게 허락해 주었을 경우에는 미국인에게도 같이 허락해 주어야 한다. 위 담판은 유예하지 않는다.

제10조

합중국선은 강풍에 조우하였을 경우를 제외하고는 시모다·하코다테 이외의 항구에 함부로 입항하지 않는다.

제11조

양국 정부의 연락을 위해 조인 18개월 후에 합중국 관리를 시모다에 파견한다.

제12조

이 약정을 양국은 굳게 지켜야 한다. 합중국 대통령은 의회의 추인을 얻어 국서를 일본국 대군에게 보내며, 이 역시 18개월을 넘지 않고 쇼군이 허용한 바의 약조를 교환한다.

출처: 『大日本外交文書』 권8, #16

[참고 문헌]

- 『倭使日記』奎貴 16034, v.1-v.14 14권(1875~1880)
- 外務省調査部 編, 1938~1940, 『大日本外交文書』, 日本國際協會.
- 현명철(2003), 『19세기 후반의 대마주와 한일 관계』, 국학자료원.
- 김홍수(2010), 『한일 관계의 근대적 개편 과정』, 서울대학교 출판문화원.
- 신헌 지음·김종학 옮김(2010), 『沁行日記』, 푸른역사.
- 최덕수 외(2010), 『조약으로 본 한국 근대사』, 열린책들.
- 李穗枝(2016), 『朝鮮の対日外交戦略』, 法政大学出版局.
- 酒井裕美(2016), 『開港期朝鮮の戦略的外交 1882~1884』, 大阪大学出版会.
- 동북아역사재단 한일관계연구소 편(2017), 『조일수호조규-근대의 의미를 묻다』, 청아출판사.
- 현명철(2019), 『메이지 유신 초기의 조선 침략론』 교양총서 13, 동북아역사재단.

- 윤소영(2003), 「조일수호조규의 역사적 위치」, 『한일 관계사연구』 18.
- 이근관(2004), 「조일수호조규(1876)의 재평가 – 전통적 동아시아 국제질서의 관점으로부터」, 『서울국제법연구』 11-2.
- 현명철(2016), 「기유약조 체제의 붕괴 과정에 대하여」, 『한일 관계사연구』 54.
- 박한민(2017), 「조일수호조규 체제의 성립과 운영 연구」, 고려대학교, 박사학위 논문.
- 현명철(2019), 「막말 정치사와 한일 관계관의 변화」, 『한일 관계사연구』 65.

2
조일수호조규부록

朝日修好條規附錄

조일수호조규부록 | 1876년 8월 「조일수호조규」에서 규정하지 못한 내용을 구체화한 것으로, 표류민 처리 문제와 부산 개항장(선창에서 10리 이내)에서의 자유로운 무역 등을 규정하였으며 반면 일본인의 내지 진출을 금하였다.

修好條規附錄

日本國政府曩遣特命全權辨理大臣陸軍中將兼參議開拓長官黑田清隆特命副全權辨理大臣議官井上馨詣朝鮮國朝鮮國政府派大官判中樞府事申櫶副大官都摠府副摠管尹滋承會同于江華

원문

修好條規附錄

日本國政府曩遣特命全權辨理大臣陸軍中將兼參議開拓長官黑田淸隆特命副全權辨理大臣議官井上馨詣朝鮮國朝鮮國政府派大官判中樞府事申櫶副大官都摠府副摠管尹滋承會同于江華府日本曆明治九年二月廿六日朝鮮曆丙子年二月初二日協議妥辨互相調印今照其修好條規第十一款旨趣日本國政府委任理事官外務大丞宮本小一詣朝鮮國京城朝鮮國政府委任講修官議政府堂上趙寅熙會同擬議其所定立條款開列于左

第一款
各港口駐留日本國人民管理官於朝鮮國沿海地日本國諸船致敗緊急得告地方官經過該地沿路

第二款
使臣及管理官所發之文移書信郵致費銀事後辨償或雇人民專差各從其便

第三款
在議定朝鮮國通商各口日本國人民之租賃地基居住者須與地主商議以定其額屬官地者納租與朝鮮國人民同如夫釜山草梁項日本舘從前設有守門設門從今廢撤一依新定程限立標界上他二港口亦照此例

第四款
嗣後於釜山港口日本國人民可得間行道路里程自埠頭起筭東西南北各直徑十里(朝鮮里法)爲定至於東萊府中一處特爲往來於此里程內日本國人民隨意間行可得賣買土宜及日本國物産

第五款
在議定朝鮮國各口日本國人民可得賃雇朝鮮國人民若朝鮮國人民得其政府之允准來於日本國亦無礙

第六款
在議定朝鮮國各口日本國人民如病故可得撰適宜之以埋葬一依草梁遠近爲之

第七款
日本國人民可得用本國現行諸貨幣與朝鮮國人民所有物交換朝鮮國人民用其所交換之日本國諸貨幣以得買日本國所產之諸貨物以是在朝鮮國指定諸口則可得人民互相通用朝鮮國銅貨弊日本國人民得使用運輸之事兩國人民敢有私鑄錢貨者各用國律

第八款
朝鮮國人民所買得於日本國人民貨物或其贈遺之各物隨意使用無妨

第九款
從修好條規第七款所載有日本國測量船放小船測量朝鮮國沿海或際風雨或潮退不能歸本船該處里正安接近地人家如有需用物品自官辦給追後計償

第十款
朝鮮國未曾與海外諸國通信而日本則異于此修好經年所締盟有友誼嗣後諸國船舶爲風波所窘迫漂到沿邊地方則朝鮮國人民須於理無不愛恤之該漂民望送還于其本國朝鮮國政府遞致各港口日本國管理官送還于本國

第十一款
右十款章程及通商規則共有與修好條規同一權理兩國政府可遵行之無敢有違然而此各款中若兩國人民於交際貿易實踐有認頓爲障碍不可不釐革則兩國政府速作議案前一年報

知之以協議改立

大日本國紀元二千五百三十六年明治九年八月二十四日
　　理事官外務大丞宮本小一 ㊞
大朝鮮國開國四百八十五年丙子七月初六日
　　講修官議政府堂上趙寅熙 ㊞

출처: JACAR Ref. B13091002200

번역문

수호조규부록

일본국 정부는 이전에 특명전권변리대신 육군중장 겸 참의개척장관 구로다 기요타카와 특명부전권변리대신 의관 이노우에 가오루를 파견해 조선국에 이르도록 하였고, 조선국 정부는 대관 판중추부사 신헌과 부대관 도총부부총관 윤자승을 파견하여 강화부에서 같이 만나 일본력 메이지 9년 2월 26일, 조선력 병자년 2월 2일에 협의하고 타당하게 처리해 상호 조인하였다. 지금 그 수호조규 제11관의 취지에 따라 일본국 정부는 이사관 외무대승 미야모토 오카즈를 위임해 조선국 경성에 이르도록 하고 조선국 정부는 강수관 의정부 당상 조인희를 위임해 같이 만나고 정해 세운 조관을 헤아리고 의논해 아래에 열거한다.

제1관
각 항구에 주재하는 일본국 인민과 관리관은 조선국 연해 지방에서 일본국의 여러 선박이 파선되어 긴급해지면 지방관에게 알리고 해당 지역의 연로를 거쳐 갈 수 있다.

제2관

사신 및 관리관이 발송하는 공문과 서신을 우편으로 보낸 비용은 사후에 변상하거나 인민을 고용하여 보낼 수 있으니 각각 그 편의에 따른다.

제3관

논의해 정한 조선국의 통상하는 각 항구에서 일본국 인민이 땅을 빌려 거주하려면 지주와 상의하여 그 금액을 정한다. 관청에 속한 땅은 조선인 인민과 동일한 조세를 납부한다. 부산 초량항의 일본관은 종전에 수문(守門), 설문(設門)을 설치했으나 지금부터 철폐하고 새로 정한 정한(程限)에 따라 경계 위에 표식을 세우며, 다른 두 항구 역시 이러한 예에 따른다.

제4관

사후 부산항에서 일본국 인민이 통행할 수 있는 도로의 이정(里程)은 부두로부터 기산하여 동서남북 직경 10리(조선의 이법(里法))로 정한다. 동래부 중 한 곳만은 특별히 이 이정 내에서 일본국 인민은 뜻에 따라 통행하면서 토산물과 일본국 물산을 매매할 수 있다.

제5관

논의해 정한 조선국의 각 항구에서 일본국 인민은 조선국 인민을 고용할 수 있으며, 조선국 인민은 정부의 허가를 얻으면 일본국에 왕래하더라도 무방하다.

제6관

논의해 정한 조선국의 각 항구에서 일본국 인민이 만약 병으로 사망하였을 때는 적당한 지역을 선정하여 매장할 수 있으나 초량 원근의 예에 따른다.

제7관

일본국 인민은 본국의 현행 여러 화폐로 조선국 인민의 소유물과 교환할 수 있고, 조선국 인민은 교환한 일본국의 여러 화폐로 일본국에서 생산한 여러 화물을 살 수 있으니, 이로써 조선국이 지정한 여러 항구에서 양국 인민 상호 간에 통용할 수 있다.

조선국의 동화를 일본국 인민은 사용하고 운수할 수 있다. 양국 인민이 감히 전화(錢貨)를 사사로이 주조하는 자가 있다면 각각 그 국가의 법률을 적용한다.

제8관
조선국 인민은 일본국 인민으로부터 구입한 화물이나 증여받은 물품을 마음대로 사용해도 무방하다.

제9관
수호조규 제7관에 기재된 바에 따라 일본국의 측량선이 작은 배를 보내 조선국 연해를 측량하다가 바람과 비를 만나거나 혹은 썰물이 되어 본선에 돌아갈 수 없으면 해당 장소의 이정(里正)은 근처의 인가에 편안히 머물도록 하며 필요한 물품이 있으면 관청에서 지급하고 추후에 계산하여 상환한다.

제10관
조선국은 아직 해외 여러 나라와 통신을 하지 않고 있으나 일본국은 이와 달리 수호한 지 여러 해 되어 체맹(締盟)한 우의가 있다. 이후 여러 나라의 선박이 풍파로 곤경에 빠져 연해 지방에 표류하게 되면 조선국 인민은 모름지기 이치에 따라 규휼하지 않으면 안 된다. 해당 표류민이 그 본국 송환을 원하면 조선국 정부는 각 항구의 일본국 관리관에게 조치하여 본국으로 송환한다.

제11관
위의 제10관 장정 및 통상 규칙은 모두 수호조규와 동일한 권리를 가진다. 양국 정부는 이를 준수해야 하며 감히 위반함이 없을 것이다. 그러나 이 각 조관 중에 만약 양국 인민이 교제 무역을 실천함에 있어 장애가 되어 부득이하게 고쳐야 한다는 점이 인정된다면 양국 정부는 신속히 논의할 안건을 작성하여 1년 전에 통지하여 협의하고 개정하도록 한다.

대일본국 기원 2536년 메이지 9년 8월 24일

　　　　이사관 외무대승 미야모토 오카즈 ㊞
　대조선국 개국 485년 병자 7월 6일
　　　　강수관 의정부 당상 조인희 ㊞

‖ 해제

1. 개요

　1876년 8월 24일 「조일수호조규」[※Ⅱ-1] 제11관에 의해 「조일통상장정(1883)」[※Ⅳ-3] 협상을 위해 일본에서 파견된 이사관 미야모토 오카즈[宮本小一]와 조선의 강수관 조인희(趙寅熙) 사이에 「조일통상장정(1883)」과는 별도로 체결된 조약이다. 이는 「조일수호조규」에서 규정하지 못한 내용을 구체화한 것이었다.

　「조일수호조규」는 260여 년의 역사를 가진 한일 간의 국교를 갱신하여 양국 정부가 직접 교섭을 한 '정치적 선언'이라는 성격을 가지며, '오랜 우호 관계를 회복'한다는 점에 큰 의미를 두었다. 쓰시마를 매개로 하는 조약이 파기되고 양국 정부가 직접 외교를 담당한다는 점에서는 합의를 하였지만, 통상조약 체결과 개항장 선정, 왜관 처리 등 세부적인 사항 일체를 제11관의 규정으로 훗날의 「조일통상장정(1883)」으로 넘겼기 때문에 「조일수호조규부록」은 「조일통상장정(1883)」과 함께 「기유약조」를 대신하는 새로운 조약으로 파악된다.

　처음 일본이 가져온 부록에는 제1관 서울에 일본 공사관의 설치, 제2관 공사와 가족들의 국내 여행의 자유, 제5관 개항장에서 100리(약40km)의 유보 지역 설정이 포함되어 있었다. 여기에 대해 치열한 저항과 논쟁이 있었다. 결국 제1관과 제2관은 폐기되어 대체되고 제5관의 유보 지역 거리는 10리로 결정되어 일본의 요구가 1/10로 축소되었다. 일반적인 인식과는 달리 일본이 상당한 양보를 한 것이었음은 명확하다. 미야모토는 교섭 과정에서 조선과 타협하려는 태도를 견지하였다. 따라서 조선에서 반대하는 공사주경(公使駐京)과 내지통상(內地通商)

을 강요하지 않고 물러섰던 것이다. 참고로 이때 폐기된 조항은 「제물포조약」[※Ⅱ-3]이 맺어지는 1882년 8월 30일, 「조일수호조규속약」[※Ⅱ-3]으로 관철된다.

2. 배경

1876년 「조일수호조규」 체결 당시, 외무대승 미야모토의 우호적 태도는 신헌에게 높은 평가를 받았다. 그 후 수신사 김기수(金綺秀)가 도쿄에 갔을 때에도 책임자로서 수완을 발휘하여 성의를 보였기에 수신사 김기수도 미야모토의 인품을 높이 평가하였다.

「조일수호조규」를 맺고 난 조정은 즉시 수신사 김기수를 파견하였다. 조선 조정이 「조일수호조규」를 어떻게 인식하였던 것인지는 수신사를 통해 일본에 보낸 서한 내용을 통해 알 수 있다. 수신사가 지참한 예조판서의 서한에는 그동안의 의심이 풀린 일로 만족을 표현하고 있다. 메이지 일본의 등장으로 풀릴 것 같지 않았던 외교적 문제, 즉 조선을 하위 국가로 간주하려는 메이지 정부의 의도가 단순 오해로 인한 의심이었다고 합의·치부된 것이었다. 수신사가 지참한 예조참판의 서한에도 두 나라 사이의 의심은 대마주와 동래부에서 잘못 전달된 말 때문이라고 규정하고, 「조일수호조규」로 말미암아 오해가 풀려 우호를 이루게 되었다고 기뻐하고 있다. 「조일수호조규」를 막부 시절의 좋았던 우호 관계를 메이지 정부에서도 유지하자고 양국이 합의한 것으로 인식하고 있는 것이다. 수신사를 파견하는 정부의 인식도 앞서의 구로다 사절 파견을 전적으로 우호를 맺기 위한 것이었다고 해석하고 있으며, 수신사 파견은 여기에 대한 답방으로 규정하고, 이번만 사절을 파견하고 앞으로는 동래부에서 왜관을 통해 서계를 전달하려는 의도를 갖고 있음을 확인할 수 있다. 이는 「조일수호조규」를 중수구교의 조약 이상으로 생각하고 있지 않음을 명확히 보여 준다.

수신사 김기수도 구호(舊好)를 유지하고 국가 위신을 손상하지 않는 것(국체를 보존하는 것)을 자신의 가장 중요한 사명으로 인식하였다. 새로운 문물을 받아들여 국체를 흔드는 일은 수신사 김기수나 조선의 학자들이 원하는 일이 아니었다. 그들로서는 개화 문물의 탐색은 절실한 과제가 아니었다. 만일 일본인들이 권한다면 굳이 거절하지는 않겠지만, 먼저 보려 하지 않겠다는 기본 마음가짐이 곳곳에 나타난다. 일본의 거듭된 문물 시찰 요청을 아주 소극적으로 행하거나, 수행원들에게 통행패(목패)를 나누어 주지 않았던 모습, 배에 타고 있었던 서양 기사를 하선시킨 일화, 서구 문물에 대한 부정적인 견해, 그리고 개항에 부정적인 복명 보고 등은 당시 조선 지식인의 일반적인 경향과 자기 인식을 알 수 있다.

수신사가 일본 체재 중에 미야모토 이사관이 서울로 파견되어 통상장정을 논의할 것임이 서신으로 수신사에게 전해졌다. 수신사는 6월 28일 부산에 도착하였고 복명하였다. 수신사가 귀국하고 얼마 되지 않아서 미야모토 이사관이 도착하였다.

미야모토는 1876년 7월 서울에 도착하여 고종을 알현하였고 조선 조정은 그를 환대하였다. 그는 서적을 지참하여 "이 서적들은 경서도 있지만 근래에 저술한 책으로 현재 반드시 필요한 서물(書物)이므로 귀 정부에 헌상하고자 한다"라고 예조에 증정하였다. 이는 일본의 무력만을 경계하고 일본의 지성을 무시하고 있었던 조선 지식인들에게 일본의 이미지를 쇄신할 수 있었던 것으로 보인다. 경서 4종 161책, 지도·지리서 12종, 포술서 9종 30책, 의서 5종 16책, 자연과학 1종 7책, 신문 6부, 공법서 6책, 역사서 10책, 수호조규 3본 등이었다.

그는 청수관(지금의 금화초등학교 부근)에 머물렀는데, 처음 그가 궁궐로 들어갈 때에는 연도의 집집마다 문과 창호를 모두 닫아 경계하는 모습을 보였으나 며칠 후 고별을 위해 예조에 갈 때에는 구경꾼들이 거리에 가득 나와 호의를 보였을 정도로 그는 회담 과정에서 진심으로 조선을 위한다는 입장을 보여 주었으며 많은 부분을 양보하여 두 나라 사이의 의심을 없애기 위해 노력하였음이 인정된다.

3. 체결 과정

8월 2일 고종을 알현한 미야모토는 8월 5일 강수관 조인희를 만나 수호조규부록의 대강을 보여 주고, 8월 7일 「수호조규부록안」을 제출하였다. 「수호조규부록안」은 13조관으로 이루어져 있었다. 이 중에서 쟁점이 된 것은 제1관, 제2관, 제5관이었다. 제1관은 서울에 일본 공사관의 설치, 제2관은 공사와 가족들의 국내 여행의 자유, 제5관은 개항장에서 100리(약40km)의 유보 지역 설정이 포함되어 있었다. 강수관은 이를 반대하여 치열한 논쟁이 있었다.

8월 10일 제4차 회담에서 조인희는 "공사관은 서울에 둘 수 없다(公使館不可留住京城事)", "개항처의 유보 거리는 오직 초량관의 사례에 따라야 한다(開港處行進程限一依草梁館事)", "여러 곳의 행상은 허락할 수 없다(各處行商不可許施事)"라는 각서를 제출해 조선 정부의 의지를 전하였다. 미야모토는 일본의 예를 들어 각국 공사가 도쿄에 공사관을 설치하고 있다고 설득했으나, 조인희는 일본 사신은 10~15년에 한 번 서울에 올라오도록 하고 통상 문제는 개항장 지방에서 관리들이 만나 처리하자고 주장하였다. 미야모토는 8월 13일 안면이 있던 판중추부사 신헌과 공조판서 윤자승을 만나 협조를 요청했으나 그들 역시 아직은 시기상조라는 입장이었다.

일본과의 국교를 회복한 것에 만족한다는 조선 조정의 분위기를 파악한 미야모토는 더 이상 강요하지 않고 제1관을 철회하였다. 제1관이 철회됨에 따라서 외교관의 내지 통행권을 요구하는 제2관도 자동적으로 철회되었다. 제5관 후반부의 '각처 행상'도 조인희가 수호조규에 규정되지 않았다고 거부하자 철회하였다. 전반부의 유보 구역과 관련하여 미야모토가 받은 훈령은 100리로 확대하되 조선이 단축을 요구하면 50리까지 허락하라는 것이었다. 그러나 조선은 그곳에 사는 인민들의 이산을 고려하여 왜관 내로 한정하고자 하여 대치하게 되었다. 미야모토는 동래부와 마산항까지 왕래를 허용하자고 타협안을 제시하였고, 조인희는 마산 왕래는 불가하다고 하여 결국 왜관에서 동래부 왕래라는 타협안을 도출하였다. 결국 제1관과 제2관은 폐기되어 대체되고 제5관의 유보 지역 거리는 10리로, 일본이 요구한 것의 1/10로 결정되었다. 미야모토는 교섭 과정에서 조선과 타협하려는 태도를 견지하였다. 따라서 조선에서 반대하는 공사주경과 내지통상을 강요하지 않고 물러섰던 것이다. 이리하여 8월 23일 의견 일치를 보았으며, 8월 24일 조인희와 미야모토 사이에 「조일수호조규부록」과 「조일통상장정(1883)」이 조인되었다.

4. 내용

전문은 「조일수호조규」의 취지에 따라 이사관 외무대승 미야모토가 경성에 도착하여 강수관 조인희와 협상하여 다음과 같이 조관을 정하였다는 내용이다.

제1관은 각 항구에 주재하는 일본인 관리관이 조선국 연해 지방에서 일본국 선박이 파선하였을 경우 긴급히 지방관에게 알려 해당 지역으로 갈 수 있다는 내용이다. 과거에는 일본국 선박이 파선하게 되면 그 지역 조선 지방관이 역관을 보내거나 부산진 별차의 도움을 얻어 문정을 하고, 수리가 가능하면 수리하여 직접 돌려보내고, 수리가 불가능할 경우에는 선주의 동의를 얻어 소각하고, 사람들은 왜관으로 인계하였다. 물론 세견선 등 왜관으로 향하는 배는 조선 수군이 이들을 이끌고 방수 범위를 경계로 릴레이 형식으로 왜관에 인계하였었다. 제1관의 조항은 기존의 관례를 새롭게 표현한 것으로 관리관의 역할이 기존에는 수동적이었는데 능동적으로 바뀐 것이 주목된다. 예전의 왜관 관수가 지방관의 도움을 얻어 직접 표착지로 갈 수 있도록 허락한 것이다. 과거에는 일본 선박이 표착한 사실을 왜관 관수는 조선이 알려 주어야 알 수 있었다. 이는 전신의 발달을 반영한 것으로 표류 상황을 눈으로 확인하던 시대에서 전신으로 확인하는 시대로 이동해 가는 것을 보여 준다고 할 수 있다.

원래 제1관은 수호조규 제2관의 규정을 근거로 일본국 공사의 서울 상주에 관한 내용이었으나 조선은 그 내용은 사절의 일시적 체류를 의미한 것이라고 강력히 반발하여 결국은 철회되고, 위와 같이 표류 선박에 대한 구호를 위해 일본 관리관이 표착지까지 통과할 수 있도록 변형된 것이다. 일본인 관리관의 주재는 「조일수호조규」 제8관의 규정에 따른 것이다.

제2관은 사신 및 관리관이 발송한 공문과 서신을 우편으로 보낸 비용은 사후 처리하여 갚거나 조선 인민을 고용하여 보낼 수 있다는 내용이다. 우편제도의 필요성을 강조한 것으로 보인다. 이 조항은 차후 경성을 비롯한 조선 각지에 수신인이 있을 경우를 상정하여 설정된 것이었음을 알 수 있다. 한동안 조선으로 전달되는 공문과 서신은 기존의 관례대로 사신이 관리관을 통해 임역에게 전하면 임역이 처리하였다. 미야모토가 가지고 온 원래 초안의 제2관은 공사의 내지 여행과 가족 동반에 관한 규정이었다. 하지만 제1관이 철회되었기 때문에 제2관 역시 철회될 수밖에 없었고, 공문과 서신의 전달에 관한 규정으로 이처럼 바뀌었다.

제3관은 토지의 조차 문제와 경계를 규정한 것이다. 즉 조선국의 통상 항구에서 일본국 인민이 땅을 빌려 거주하는 것은 지주와 상의해 그 액수를 정하고, 관청에 속한 땅은 조선국 인민이 내는 세금과 같은 액수로 사용할 수 있다는 것과 부산 초량항의 수문과 설문을 철폐하고 새로 정한 거리의 한도에 의거한 표식을 경계 위에 세운다는 내용이다. 다른 두 항구도 역시 이러한 예를 따른다고 규정하였다.

이는 기존 접대소로서 존재하였던 왜관의 성격이 완전히 바뀌었음을 확인한 조항이라는 점에서 주목된다. 이는 수호조규 제4관의 규정을 구체화한 것이었다. 수문과 설문 철폐도 일본인의 자유로운 이동을 보장하는 점에서 또한 과거와는 구별된다. 이로 인해 기존의 객사나 임소, 복병소, 시탄소 등이 의미를 상실하게 되었으며, 일본인들이 왜관에서 부산진까지 활동의 자유를 인정받게 되었다.

제4관은 부산항에서 일본국 인민이 통행할 수 있는 도로의 거리는 선창으로부터 기산하여 동서남북 각 직경 10리(조선 거리 약 4km)로 정하며, 이 거리 내에서 일본국 인민은 뜻에 따라 통행하면서 토산물 및 일본국 물산을 매매할 수 있다는 규정이었다. 세견선에 의한 헌상과 증답의 형태로 수행된 공무역이나, 개시일을 정하여 동래 상인이 왜관에 입관하여 행하였던 사무역 규정이 변화한 것이었다. 이로 말미암아 일본 상인은 제3관과 아울러 직경 10리의 공간에서 마음대로 상행위를 할 수 있게 되었으며, 제한적이지만 동래부에도 출입할 수 있게 되었다.

처음 미야모토가 가져온 초안[※관련 문서-1]에는 개항장에서의 거리를 약 40km로 정하도록 지시를 받았으며, 조선이 단축을 요구하면 20km까지 양보하도록 지시를 받은 바 있었다. 하지만 부산진과 동래부를 정탐할 것을 꺼려 한 조선의 강경한 대응과 가능하면 갈등을 피하고자 하였던 미야모토의 양보로 10리(약 4km)로 결정되었다. 대신에 이 거리를 벗어나지만 동래부에 들어가 상행위를 할 수 있도록 동래부에 시장을 허용하였다.

기존에 개시대청(開市大廳)과 수문에서 겨우 행해졌던 무역이 왜관에서 부산진에 이르는 광범한 지역(초량-두모포-개운포)에서 할 수 있게 되었고, 동래부에도 출입할 수 있게 되었음을 의미한다. 일본이 요구했던 100리를 1/10인 10리로 축소시킬 수 있었던 점은 개항을 준비할 수 있는 시간을 벌었다는 점에서 주목되며, 외교적 협상이 성공적으로 진행되었음을 보여 준다. 100리로 확대되는 것은 1882년 임오군란으로 말미암아 속약이 맺어지고 난 다음의 일이다.

제5관은 조선국의 각 항구에서 일본인이 조선인을 고용할 수 있다는 규정이며, 또 일본에 조선인이 고용되어 들어갈 수 있다는 규정이다. 처음에는 조선 인민이 자유롭게 일본에 도항할 수 있도록 의도했으나 조선의 요청으로 조선 정부의 허가가 필요한 것으로 제약하였다.

제6관은 개항장에서 일본국 인민이 만약 병으로 죽으면 적당한 지역을 선정하여 매장할 수 있다는 규정이다. 이미 두모포 왜관 시절에도 일본인들은 묘역을 설치한 바가 있었고, 왜관의 일본인들이 1년에 두 번(춘사일, 백중절) 참배를 위해 왜관을 벗어나 두모포로 향하였음은 알려진 바이며, 반대로 조선인들이 표류하여 사망하였을 경우 시신이 송환되는 것이 원칙이었지만 일본에서 매장된 경우도 있었다. 따라서 이 조항도 쉽게 받아들여졌다.

제7관의 규정은 개항장에서 일본 화폐를 사용해 조선국 인민이 가진 물건과 교환할 수 있으며, 조선국 인민도 교환한 일본국의 여러 화폐를 사용해 일본국에서 생산한 여러 화물을 구매할 수 있다는 규정이다. 또한 조선국 동화도 일본국 인민이 운반하고 사용할 수 있다고 규정하였다. 이 규정에서 개항장에서 일본 화폐가 통용된 것을 지적하여 대표적인 불평등 조약으로 규정하는 연구도 있다. 그러나 일본 상인의 조선 화폐 사용을 추가하여 조선 상인이 일본 상인에게 종속되지 않도록 하였음을 주목할 필요가 있다. 실제 양국 무역에서 결제는 조선 동전(상평통보)이 주로 활용되었다. 조선 국내에서는 일본 화폐가 통용되지 않았기 때문에 상인들은 결제 수단으로 상평통보를 요구하였던 것이다. 이런 구조로 말미암아 일본 상인은 수출한 만큼만 수입할 수 있어서 양국의 무역수지는 대체로 균형을 유지했다. 따라서 일본 화폐의 통용을 '화폐 주권의 침해'로 해석하는 것은 당시의 무역 실상에서 지나친 해석이다.

제8관은 조선국 인민이 일본국 인민으로부터 사서 얻은 화물이나 선물로 받은 각 물건은 마음대로 사용하여도 무방하다는 규정이다. 이는 혹시라도 일본에서 들어와 조선인에게 전달된 물품이 압류당하는 경우를 방지하고 무역을 확대하기 위한 조치였다.

제9관은 일본국 측량선에 대한 보호를 규정하고 있다. 즉, 수호조규 제7관에 기재한 바에 따라서 일본국 측량선이 작은 배를 조선국 연해에 측량하려고 보내거나 혹은 바람과 비를 만나거나 혹은 썰물이 되어 본선에 돌아갈 수 없으면 해당 장소에서 가까운 인가에서 편안히 머물 수 있도록 하며, 만약 필요한 물품이 있으면 관청에서 처리하여 지급하고 추후에 정산한다고 규정하였다. 이는 원래 초안 제10관에서 "본선에 돌아갈 수 없을 경우 인가에 수시로 투숙할 수 있다. 그리고 선내에서 필요한 물품을 구입할 수 있다"로 되어 있었던 것을 일본인이 측량이나 물품 구매를 핑계로 각지를 돌아다니면서 문제를 일으키는 것을 막고자 관아에서 조치하는 것으로 수정한 것이다.

제10관은 일본인이 아닌 외국인 표류민에 대한 규정이다. 외국 선박이 풍파 때문에 조선 연해 지방에 표류하게 되었을 경우에도 구휼하도록 규정하였다. 즉, 조선국은 아직 개국을 하지 않아서 해외의 여러 나라와 통교가 없지만, 일본은 개국한 지 여러 해가 지났기 때문에 이 경우 외국 표류민의 송환은 조선국 정부가 각 항구의 일본국 관리관에게 넘겨주어 일본국으로 송환하면, 일본이 해당국의 관원에게 송환하도록 규정하였다.

제11관은 위의 제10관 장정 및 통상 규칙이 모두 수호조규와 더불어 동일한 권리가 있음 규정한 것이다. 또한 각 조관 가운데 만약 양국 인민이 교제 무역을 실천하는 데 장애가 생겨 부득이 고쳐야 할 점이 인정된다면 양국 정부는 신속히 논의할 안건을 작성하여 1년 전에 이를 통지해 협의하고 개정하도록 한다고 규정되었다.

5. 의의

이상을 종합해 보면, 「조일수호조규」가 양국의 대등한 관계를 정치적으로 선언한 것에 비해서 부록은 실지로 조선인이 일본에 진출하여 무역을 영위하지 않을 것이기 때문에 일본인의 활동이 중심이 되어 있음을 알 수 있다. 조선 정부는 개항장에서의 자유로운 무역은 보장하되, 일본인의 내지 진출은 극력 차단했다고 평가할 수 있다. 「조일수호조규」와 「조일수호조규부록」은 전통적인 접대소로서의 왜관의 모습이 근대적인 개항장으로 변화하는 내용을 명확하게 보여 주는 규정이라 할 수 있다. 특히 조선의 외교적 노력에 의해 서울에 일본 공사관이 설치되지 못하였고, 따라서 공사와 가족들이 국내 여행의 자유를 인정받지 못했다는 점과 개항장 유보 거리를 4km로 설정한 것 등은 당시 조선의 외교가 주체적이었음을 보여 준다. '일본의 협박에 굴복하여 맺어진 불평등조약'이라는 평가는 학문적으로 재검토할 필요가 있다.

6. 관련 문서

1) 미야모토가 가지고 온 수호조규부록의 초안

제1관
이후 양국 수도에 설치할 사신의 관사는 적당히 인민의 집을 빌리거나 땅을 빌려서 관사를 건축할 수 있다.

제2관
사신과 권속 수행원 및 각 항구에 재류하는 일본 관리관은 조선 내지를 경과할 수 있다.

제3관
사신 및 관리관이 각 지역에 보내는 편지는 자비로 우송하거나 해당 인민을 고용할 수 있다.

제4관
의논하여 정해진 조선의 통상장에서 일본 인민이 그 땅을 빌릴 때에는 각 지주와 상의하여 가격을 정한다. 조선 정부에 속한 땅은 조선 인민이 그 땅을 빌렸을 때 납부하는 같은 액수의 세금을 내고 거주할 수 있다. 부산 초량항에는 종래 일본 공관 주위에 관문이 있어서 일본인의 출입을 통제하였으나 지금 이를 철폐하는 것을 조선 정부는 허락한다. 그 외 두 항구도 관문을 설치하여 출입을 막아서는 안 된다.

제5관
정해진 개항장에 있는 일본 인민은 부근 지방을 여행할 수 있으며, 도로의 이정은 그 부두를 기점으로 계산하여 직경 10리(일본 이정)로 한다. 이 거리에 도달하는 곳의 지명은 그 지방관과 관리관이 의논하여 정한다. 이 거리 내에서 일본 인민은 자유롭게 다니고 여관에 숙박하며 물품을 구입할 수 있다.

제6관

정해진 조선 항구에서 일본 인민은 조선 인민을 고용하거나 조선 인민을 일본으로 보낼 수 있으며, 범죄 등 장애가 없으면 조선 정부는 이를 억류해서는 안 된다.

제7관

정해진 개항장에서 일본 인민이 만일 사망하였을 때에는 적당한 토지를 선택하여 매장할 수 있다.

제8관

일본국 인민은 일본의 화폐를 활용하여 조선 인민의 소유물을 구입할 수 있으며, 조선인도 그 화폐를 이용하여 일본인의 화물을 구입할 수 있도록 개항장에서는 각 인민이 서로 통용할 수 있다.

제9관

조선국 인민이 일본국 인민으로부터 취득한 제 물품은 마음대로 사용할 수 있다.

제10관

개항장에 다른 외국인이 일본인의 적을 빌려서 거주하거나 상행위를 하는 것은 조선 정부가 이를 엄하게 금지한다.

제11관

수호조규 제7관의 규정에 따라 일본 측량선이 조선 연해를 측량할 때 필요에 따라 조선 인민의 집에 숙박하거나 혹은 배 안에서 필요한 물품을 그 땅에서 매입할 수 있다.

제12관

조선국은 제외국과 통신을 하지 않고 일본국은 제외국과 체맹하여 우호가 있으므로 이후 조선국 연안에 외국선이 파선하거나 표류하였을 때에 조선 인민이 이를 자비로운 마음으로 구원하고 이들을 일본에서 온 관헌에게 순부하여 표류민들이 본국에 송환되기를 원할 때에는 일본 관헌은 이를 승낙하여야 한다.

제13관

위 제12관은 통상규칙이나 수호조규와 동일한 권한을 갖고 있으므로 양국 정부는 이를 준행해야 한다. 각 조관 중 양국 인민이 실제로 교제 무역을 행함에 장애가 있어서 개혁을 필요로 할 때에는 양국 정부가 그 대책을 작성하여 1년 전에 알려서 협의하여 결정한다.

대조선국 개국 485년 병자

출처: 『日本外交文書』 권9, 211~213쪽

[참고 문헌]

- 김흥수(2010), 『한일 관계의 근대적 개편 과정』, 서울대학교 출판문화원.
- 최덕수 외(2010), 『조약으로 본 한국 근대사』, 열린책들.
- 김흥수(2017), 「조일수호조규 부속조약의 재검토」, 『한일 관계사연구』 57.
- 박한민(2017), 『조일수호조규체제의 성립과 운영 연구』, 고려대학교, 박사학위 논문.
- 현명철(2017), 「제1차 수신사행의 외교사적 위치」, 『한일 관계사연구』 56.

3
제물포조약 및 조일수호조규속약
濟物浦條約 및 朝日修好條規續約

제물포조약 | 1882년 8월, 임오군란의 사후 처리로 맺은 조약이다. 군란에 대한 전보금을 일본에 지불하고 일본 군대의 한성 주둔을 인정하였다.

조일수호조규속약 | 임오군란 이후 일본이 무역의 편의를 도모한다는 명목으로 체결한 조약이다. 개항장 유보 범위를 10리에서 100리로 늘리는 데 동의하고 공사관원의 내지 여행권을 허가하였다.

朝鮮曆六月九日 日本曆七月廿三日之變 朝鮮兇徒侵襲日本公使館 職事人員致多罹難 朝鮮國聘日本陸軍教師亦被慘害 日本國為重和好妥當議辦 卽約朝鮮國實行下開六欵及別訂續約二欵 以表懲前善後之意 於是兩國全權大臣記名蓋印 以昭信憑

朝鮮國與日本國嗣後為益表親好便貿易茲訂定續約二款如左

第一

元山釜山仁川各港開行里程今後擴為四方各五十里朝鮮里法期二年後 自條約批准之日起算周歲為一年 更為各百里事

원문

1. 제물포조약

【朝鮮曆六月九日日本曆七月廿三日】之變朝鮮兇徒侵襲日本公使館職事人員致多罹難朝鮮國所聘日本陸軍敎師亦被慘害日本國爲重和好妥當議辦卽約朝鮮國實行下開六款及別訂續約二款以表懲前善後之意於是兩國全權大臣記名蓋印以昭信憑

第一
自今期二十日朝鮮國捕獲兇徒嚴究渠魁從重懲辦事
日本國派員眼同究治若期內未能捕獲應由日本國辦理

第二
日本官胥遭害者由朝鮮國優禮瘞葬以厚其終事

第三
朝鮮國撥支五萬圓給與日本官胥遭害者遺族並負傷者以加體卹事

第四
因兇徒暴擧日本國所受損害及護衛公使水陸兵費內五十萬圓由朝鮮國塡補事
每年支十萬圓待五個年淸完

第五
日本公使舘置兵員若干備警事
設置修繕兵營朝鮮國任之
若朝鮮國兵民守律一年之後日本公使視做不要警備不妨撤兵

第六

朝鮮國特派大官修國書以謝日本國事

大朝鮮國開國四百九十一年七月十七日

大日本國明治十五年八月三十日

朝鮮國全權大臣李裕元 ㊞

朝鮮國全權副官金宏集 ㊞

日本國辨理公使花房義質 ㊞

출처: JACAR Ref. B13091006000

2. 조일수호조규속약

朝鮮國與日本國嗣後爲益表親好便貿易玆訂定續約二款如左

第一

元山釜山仁川各港間行里程今後擴爲四方各五十里【朝鮮里法】期二年後【自條約批准之日起算周歲爲一年】更爲各百里事

自今期一年後以楊花鎭爲開市場事

第二

任聽日本國公使領事及其隨員眷從遊歷朝鮮內地各處事

指定遊歷地方由禮曹給照地方官勘照護送

右兩國全權大臣各據

諭旨立約盖印更請

批准二個月內【朝鮮開國四百九十一年 □月 日本明治十五年 □月】於日本東京交換

大朝鮮國開國四百九十一年七月十七日

大日本國明治十五年八月三十日

朝鮮國全權大臣李裕元 ㊞

朝鮮國全權副官金宏集 ㊞

日本國辨理公使花房義質 ㊞

출처: JACAR Ref. B13091005000

‖ 번역문

1. 제물포조약

【조선력 9월 6일, 일본력 7월 23일】의 사변은 조선의 흉도들이 일본 공사관을 습격하여 공사관원들이 많은 화난을 당했고, 조선국이 초빙한 일본 육군 교사도 역시 참혹하게 살해 당했다. 일본국은 화호(和好)를 중히 하기 위하여 타당하게 협의 처리한 바, 즉 조선국은 아래의 6관 및 따로 정한 속약 2관을 실행할 것을 약속하여 징벌과 선후 처리의 뜻을 표시하였다. 이에 양국 전권대신은 조인하여 신빙할 근거로 삼는다.

제1관
지금으로부터 20일 이내에 조선국은 흉도들을 잡고 수괴를 엄히 징계한다.
일본국은 인원을 파견하여 함께 조사하고 처리한다. 만약 기한 내로 잡지 못하면 마땅히 일본국이 판단해 처리한다.

제2관
일본 관리로서 피해를 당한 사람은 조선국이 우예(優禮)로서 장례를 후하게 치른다.

제3관
조선국은 5만 원을 지불하여 일본 관리와 피해자들의 유족 및 부상자들을 특별히 돌봐 준다.

제4관
흉도의 폭거로 인하여 일본국이 받은 손해 및 공사를 호위한 수군과 육군의 비용 중에서 50만 원을 조선국에서 전보(塡補)한다.
매년 10만 원씩 지불하여 5개년에 완전히 청산한다.

제5관
일본 공사관에 약간의 군사를 두어 경비하게 한다.
병영을 설치하고 수리하는 것은 조선국이 맡는다. 만약 조선국의 병민(兵民)이 법률을 지켜 1년 후에 일본 공사가 경비가 불필요하다고 여기면 철병하여도 무방하다.

제6관
조선국은 특별히 대관을 파견해 국서를 전달하고 일본국에 사과한다.

대조선국 개국 491년 7월 17일
대일본국 메이지 15년 8월 30일

조선국 전권대신 이유원 ㊞
조선국 전권부관 김홍집 ㊞
일본국 변리공사 하나부사 요시모토 ㊞

2. 조일수호조규속약

조선국과 일본국은 사후 더욱 친교를 표하고, 무역의 편의를 위해서 여기에 속약 2관을 설정함이 다음과 같다.

제1관
원산·부산·인천 각 항의 한행리정(間行里程)을 앞으로 확장하여 사방 50리(里)로 하고【조선의 리법(里法)】 2년 후를 기하여【조약 비준일부터 기산하여 만 1년을 1년으로 한다】 다시 100리로 한다. 지금부터 1년 후를 기하여 양화진을 개시장(開市場)으로 한다.

제2관
일본국 공사, 영사 및 그 수행원들은 조선 내지의 각처를 여행할 수 있다.
유역(遊歷)할 지방을 지정하며, 지방관은 예조에서 발급한 조회문을 살펴 호송(護送)한다.

이상은 양국 전권대신들이 각각 유지(諭旨)에 의거하여 조약을 맺고 다시 비준을 청하여 2개월 내(조선 개국 491년 □월, 일본 메이지 15년 □월)에 일본 도쿄에서 교환한다.

대조선국 개국 491년 7월 17일
대일본국 메이지 15년 8월 30일

조선국 전권대신 이유원 ㊞
조선국 전권부관 김홍집 ㊞
일본국 변리공사 하나부사 요시모토 ㊞

해제

1. 개요

임오군란 직후 「제물포조약」 6관과 「조일수호조규속약」 2관이 맺어졌다. 조선 측에서는 전권대신 이유원(李裕元)과 전권부관 김홍집이 회담에 임하였고, 일본에서는 변리공사 하나부사 요시모토[花房義質]가 나왔다. 일본은 임오군란을 계기로 「제물포조약」을 맺어 군란에 대한 전보금과 일본 공사관을 보호할 명목으로 군사 주둔권, 그리고 사죄 사절의 파견을 얻어 냈을 뿐만 아니라 군란 사후 처리와는 상관없는 「조일수호조규속약」을 맺어 조선이 계속 거부해 오던 유보 범위의 확장과 양화진 개시, 공사관원들의 내지 여행권 확보를 달성하였다.

2. 배경

1876년 2월의 「조일수호조규」[※Ⅱ-1], 8월의 「조일수호조규부록」[※Ⅱ-2]과 「조일통상장정(1883)」[※Ⅳ-3]으로 일본과의 외교는 정상화되었고 새로운 관계가 설정되었다. 기존의 쓰시마를 매개로 한 외교 관계에서 벗어나 국가(정부) 간의 직접 외교가 시작되었다. 메이지 정부가 '대외 팽창'과 '국권 확장'을 국시로 삼았으므로 조선 침략의 의도는 여전히 존재하였으나, 「조일수호조규」가 맺어지고 수신사 김기수가 일본에 파견되었을 때, 그리고 미야모토 오카즈[宮本小一]가 조선에 파견되었을 때를 검토하면, 일본이 문명주의에 입각하여 선의를 강조하였고 침략성을 부정하면서 우호를 통한 국권 확장의 가능성을 탐색하였다고 판단된다.

조선은 일본과의 외교가 정상화된 것에 만족하였으며 개국을 서두르지 않았다. 조선은 부산 훈도를 변찰관으로 개칭하고 변찰관으로 하여금 일본과의 외교를 담당하게 하였다. 이후 외무성 7등 출사 곤도 마스키[近藤真鋤]는 초량 왜관 관리관으로 부임하였으나 변찰관은 관리관 대하기를 훈도가 관수를 대하던 예로 대하였다. 다만 일본의 요구에 따라서 동래 부사 홍우창(洪祐昌)이 직접 조약을 관리하는 모습을 보였다.

이후 하나부사가 일본 공사의 서울 주재와 다른 개항장 선정을 위해 입경하였으나 회담은 순조롭지 못하였고, 조선 예조는 1877년 12월, 공사주경, 개항지 선정 등을 거절하는 답신을 보냈다. 점차 일본 여론은 대조선 외교가 잘못되고 있는 것은 아닌가 하고 비판의 시선을 보냈다. 초조한 일본 외무성은 1878년에는 동래부 세관 설치를 반대하여 행동에 나서 부산 세관의 세수를 중지시켰으며, 1879년에는 힘으로 개항을 촉진하기 위해 군함을 이끌고 제물포가 적합하다고 주장하고, 나아가 원산 개항을 주장하였다.

결국 1879년 7월 조선 조정은 원산 개항을 허용하고 제물포 개항은 불허한다고 하여 원산 지역의 유생들이 원산 개항을 반대하는 시위를 벌이다 유배되기도 하였다. 1879년 8월 30일 원산 개항 예약 의정이 조인되었다. 1880년 4월에 초량 공관이 부산 영사관으로 개칭되어 곤도 마스키가 영사로 부임하였으며, 5월에는 원산에 일본 영사관이 개관하였고, 원산 영사로 마에다 겐키치[前田獻吉]가 부임하였다. 이때 미 해군제독 슈펠트[Robert W. Shufeldt]가 수호조약을 요구하며 부산항에 정박하였으나 동래부는 거부하였다. 6월에는 프랑스 군함이 부산에 와서 통상을 요구하였으나 역시 거절당하였다. 아직 조선은 개국할 의도가 없었던 것이다.

조선 조정이 개국을 고려한 것은 제2차 수신사 귀국 이후였다. 1880년 7월에 서울을 출발한 제2차 수신사 김홍집 일행은 10월에 귀국하였다. 수신사는 이동인(李東仁)을 동행하여 개국을 상신하였으며,『사의조선책략』을 올렸다. 이에 따라 어전회의가 열리고 조선 조정은 개국을 결정하였다. 개국이 결정되었지만 이에 대한 반발이 그치지 않았다.『조선책략』은 필사되어 전국 유생들에게 전달되었고, 이에 따라 조야에서 반대 상소가 잇달았다. 특히『조선책략』을 가져온 김홍집을 탄핵하는 소리가 높았다.

정부는 통리기무아문을 설치하여 서양의 언어를 공부하도록 준비하였으며, 청국에 영선사를, 일본에 참획관과 조사시찰단을 파견하여 개항 준비를 추진하였다. 정부 내에서는 김옥균, 박영효(朴泳孝) 등을 중심으로 한 개화파의 정치적 기반이 강화되었다. 통리기무아문 설치, 군제 개편, 조사시찰단 파견 등 많은 개화 정책이 추진되었다.

개화 정책은 개화에 대한 인식을 확산시키는 역할을 하였으나 다른 한편으로는 적대적 저항을 초래하기도 하였다. 영남만인소를 비롯하여 척사상소가 끊이지 않았다. 1881년 5월에 조사시찰단이 부산을 출발하고 별기군이 창설되는 등 개국으로 큰 선회가 이루어졌다. 6월에는 '척사윤음'을 발표하여 척사 상소를 종식시키고자 하였다. 그러나 8월에 경기·강원·충청·전라 4도의 유생들이 개화 정책 반대 상소를 일으켰고, 9월에는 이재선 역모 사건이 발생하는 등 국론은 척사와 개화로 크게 분열되었다. 11월에는 영선사가 출발하였다.

영선사 김윤식은 리홍장과 「조미수호조약」 체결을 논의하였으며, 리홍장은 조선을 속국으로 명문화하고자 하였다. 1882년 5월 딩루창(丁汝昌)과 마젠중(馬建忠) 등이 「조미수호조약」 체결 예비 교섭을 위해 인천에 도착하였으며, 미국 전권위원 해군제독 슈펠트도 인천에 도착하였다. 5월 22일, 신헌과 슈펠트 사이에 「조미수호통상조약」이 맺어져 개국이 기정사실화되었으며, 6월에는 「조영수호조약」과 「조독수호통상조약」이 조인되었다.

1882년 7월, 서울에서 구식 군대가 군란을 일으켰다. 1881년 군제 개편 이후 신식 군대인 별기군이 창설되자 구식 군인들이 차별 대우를 받았기 때문이었다. 군란에는 서울 시민들이 합세하였으며, 별기군 교관 호리모토 레이조[堀本禮造] 등을 살해하고 일본 공사관을 포위 습격하였다. 이는 개화 정책이 민중의 적대적 저항을 초래하고 있었음을 보여 준다. 공사관 방어가 불가능하다고 판단한 일본 공사 하나부사는 공사관에 불을 지르고 인천을 거쳐 탈출하였다. 구식 군인들은 대원군을 찾아가 동료들의 억울함을 호소하였다. 대원군이 국정을 장악하여 통리기무아문을 폐지하고 삼군부를 부활시키는 등 개화 정책을 폐지하기 시작하였다. 척사 운동을 전개하였던 이만손(李晩孫) 등 유배자 887명에게 특사를 내려 풀어주었다. 개화 정책을 추진하였던 조정 관리들은 군란을 진압하기 위해 청국에 파병을 요청하였다. 청국은 이 기회를 틈타서 조선을 속국으로 명문화하고자 하였다. 청국은 마젠중[馬建忠]과 딩루창[丁汝昌]을 보냈고 그들은 8월 10일 인천 월미도에, 뒤이어 오장경 등이 김윤식과 함께 4,000여 명의 병사를 이끌고 20일 남양에 도착하였다.

한편, 하나부사의 보고를 받은 일본 정부는 긴급 각의를 열어 군사력을 동원해 조선 문제에 대처하기로 결정하였다. 8월 8일에는 후쿠오카에 혼성 여단을 편성하고 수송선을 대기시키는 등 개전에 대비하였다. 일본은 하나부사를 파견하여 교섭에 임하게 하면서 군함 4척과 수송선 3척, 보병 1개 대대와 육전대 150명으로 호위케 하였다. 청국과의 전쟁도 불사한다는 입장이었다.

8월 9일 주일 청 공사는 속방 보호를 위해 조선에 파병하고 일본 공사관을 보호하겠다고 일본에 통보하였다. 이는 조선을 보호국으로 삼겠다는 선언이었고,「조청상민수륙무역장정」의 기본 틀이었다. 이에 대항하여 11일 일본 외무경 대리는 일본은 조선을 독립국으로 인정하며 조선 내의 일본 공사관은 청국의 보호가 아니라 스스로 보호하겠다고 반박하였다. 이는 국제법 학자들의 의견을 참고한 것이었다[※관련 문서-1].

8월 12일 인천에 도착한 하나부사는 인천에 머물 것을 요청하는 조선 정부의 의향을 거절하고 8월 20일 고종을 알현하고 영의정 홍순목에게 8개 조항을 제출하였다. 대원군은 일본과의 교섭을 지연시키기 위해 교섭을 맡은 영의정 홍순목(洪淳穆)에게 왕비의 국상을 맡겨 서울을 떠나게 하였다. 하나부사는 향후 양국 관계가 단절된다면 이는 조선의 책임이라고 최후통첩을 보냈다. 대원군은 21일 청국의 마젠중에게 일본 공사의 요구 조건을 서면으로 전달하고 입경하여 조정해 줄 것을 요청하였으나, 청군은 8월 26일 대원군을 청국 군함으로 납치하는 데 성공하였고, 뒤이어 군란에 가담하였던 장병들을 색출하여 처형하였다.

조선의 국제적 위상은 임오군란과 청국에 의한 군란 진압으로 순식간에 자주와 종속의 경계선에 놓이게 된 것이었다. 30일 이유원과 하나부사는 제물포 일본 군함 함상에서「제물포조약」6관과「조일수호조규속약」2관을 체결하였다.

3. 체결 과정

8월 12일 인천에 도착한 하나부사는 인천에 머물 것을 요청하는 조선 정부의 의향을 거절하고 8월 20일 고종을 알현하고 영의정 홍순목에게 8개 조항을 제출했다. 이는 다음과 같다.

1. 지금으로부터 15일 이내에 흉도의 거괴와 당여를 체포하여 중벌로 다스릴 것.
2. 피해자에 대해서는 예를 다해 장례를 후히 할 것.
3. 3만 원을 지불하여 피해자 유족과 부상자를 지원할 것
4. 흉도의 폭거에 의해 일본이 입은 피해 및 출병 준비에 소요된 일체의 경비를 배상할 것.
5. 원산, 부산, 인천 등 각 항구의 한행 거리를 사방 100리로 할 것. 새로 양화진을 개시하고 함흥,

대구 등지에 통상을 허할 것.
6. 일본 공사, 영사 및 그 수행원과 권솔 등의 내지 통행을 허락할 것.
7. 지금으로부터 5년간 일본 육군 1대대를 일본 공사관 호위를 위하여 주둔시킬 것. 단, 병영을 설치하고 유지하는 비용은 조선 정부가 부담할 것.
8. 대관을 특파하여 국서로 일본에 대해 사죄할 것.

하나부사는 이 요구에 대한 회답 기일을 3일 후인 23일 정오로 제시하는 등 강경한 태도를 보였다. 대원군은 일본과의 교섭을 지연시키려고 민비의 국상 중이라는 이유를 들어 교섭을 맡은 영의정 홍순목에게 산능간심봉표를 맡겨 서울을 떠나게 하였다. 조선의 회답 연기 요청에 대해 하나부사는 앞으로 양국 관계가 단절된다면 조선의 책임이라며 최후통첩을 보냈다.

대원군은 21일 청국의 마젠중에게 일본 공사의 요구 조건을 서면으로 전달하고 입경하여 조정해 줄 것을 요청하였으나, 청군은 오히려 8월 26일 대원군을 청국 군함으로 납치하여 군란을 진압하였다. 군란에 가담했던 장병들도 색출 처형되었다. 조선의 국제적 위상은 임오군란과 청국에 의한 군란 진압으로 순식간에 자주와 종속의 경계선에 놓이게 되었다.

교섭은 새로운 국면에 접어들었다. 조선 정부는 8월 27일 영의정 이유원을 전권대신, 김홍집을 부관으로 임명하여 본격적인 회담에 들어갔다. 교섭은 일본이 제시한 8개 조항에 대해 의견을 조율하는 것으로 시작되었다. 쟁점이 된 것은 ① 흉도 처벌, ② '배상금' 지급, ③ 일본군 주둔, ④ 한행리정 및 통상 지역에 관한 것이었다.

우선 흉도 처벌에 대해 일본의 요구는 15일 이내에 흉도와 그 우두머리를 잡아 징벌한다는 것이었다. 그러나 15일이라는 기한, 주모자 처벌 및 처리 과정에서 양국의 의견 차가 있었다. 조선은 군란으로 자신들도 피해를 입었을 뿐 아니라 인민들을 징벌한다면 또 다른 반란이 일어날 수 있다고 흉도 처벌에 12개월의 기한을 요구하였다. 그러나 일본이 신속한 처리를 요구하며 물러서지 않아 결국 5일 늦춘 20일 이내로 결정되었다.

둘째, 배상금 지급 문제에 대하여 일본은 피해 일본인에게 5만 원의 배상금 지급에 더하여 자국이 받은 피해와 일본 군대의 출병 비용이라는 명목으로 50만 원이라는 거액의 배상금을 요구하였다. 이 액수는 조선으로서는 부당한 것이었으므로 계속 감액을 주장하였으나 일본은 받아들이지 않았다. 대신에 광산 채굴권과 전신 가설 이권을 조선이 허용한다면 감액하겠다고 나섰다. 조선은 이를 받아들일 수 없었다. 조선은 '배상'이라는 단어의 삭제를 요구하였다. 하나부사가 이끌고 온 군대는 자신의 호위를 위한 것인데 조선이 이를 배상할 수 없다고 반박하였던 것이다. 결국 부족함을 채운다는 의미의 '전보(塡補)'라는 용어를 사용하기로 했다. 50만 원의 전보금은 매년 10만 원씩 5년에 걸쳐 지불하기로 하였으며, 지불 방법은 사죄사절단이 도쿄에 머물 때 다시 논의하기로 하였다. 1884년 11월 일본은 공사 다케조에 신이치로[竹添進一郎]를 통해 잔액 40만 원을 탕감한다고 전하였다.

셋째, 일본군 주둔에 대해 일본은 5년 동안 일본 육군 1개 대대가 일본 공사관을 호위하겠다고 주장하였다. 이에 대해 조선 정부는 공사관 호위병의 주둔을 반대하였다. 현재 청일 양국 군대가 주둔하고 있는 상황에서 양국 사이에 충돌 위험이 있다는 이유를 들었다. 결국 공사관 주둔 병력의 규모는 '약간의 군대'로 변경되었다.

넷째, 개항장의 한행리정과 통상 지역의 문제이다. 일본은 한행리정을 10리에서 100리로 변경하고 새로이 양화진을 개시할 것, 일본 공사관원이 자유롭게 내지 여행을 할 수 있도록 할 것을 요구하는 등 「조일수호조규」 체결 이후 양국 간의 외교 현안을 군란을 빌미로 관철하고자 하였다. 조선은 대구·함흥의 통상 지역 요구에 대해서는 완강하게 반대하였으며, 한행리정은 현재 조선의 민심을 고려하여 당분간 20~30리로 하고, 양국 인민들의 이해가 증진되면 그때 범위를 확장하자고 제안하였으며, 양화진의 개시도 인심이 진정된 후 다시 의논하자는 입장을 보였다. 이에 대해 일본은 대구·함흥의 통상 요구는 철회하고, 양화진 개시와 한행리정 확장, 내지 여행에 관한 조항을 관철시켰다.

8월 28일과 29일 양일에 걸친 교섭을 통해 양측은 8월 30일 「제물포조약」과 「조일수호조규속약」을 체결하였다.

4. 내용

제1조의 규정에 따라 9월 11일 양국 관리가 입회한 가운데 손순길, 최봉규, 공치원 등 3명이 모화관 앞에서 효수되었으며, 제2조와 제3조의 규정에 따라 5만 원이 지급되었다. 제4조

의 전보금은 사죄 사절(전권 박영효)이 일본에 도착하여 5년을 연장하여 10년간 5만 원씩 지불하기로 결정하였으며, 1884년 40만 원이 탕감되었다. 제5조는 일본군 주둔권을 인정한 것이었다. 이로 말미암아 일본은 공사관 경비라는 명목으로 해외에서 최초로 자국 군대의 주둔을 인정받게 되었다. 이에 따라서 1개 대대 병력이 파견되어 공사관을 호위하였으며, 1883년 8월에 1개 중대로 감축되었다. 이 중대는 1884년 갑신정변에 참여하였다. 제6조에 따라 박영효를 정사로 한 수신사(제4차) 일행이 일본으로 향하였다. 그들은 임오군란의 사후 수습뿐만 아니라 개화 정책에 필요한 정보 수집과 청국의 속방화 정책에 반대하고 독립국임을 대외적으로 인정받기 위한 외교 활동에도 주력하였다.

1876년 미야모토 이사관이 「조일수호조규」 제11관에 의해 통상장정 협상을 위해 파견되었을 때, 제2관 공사와 가족들의 국내 여행의 자유, 제5관 개항장에서 100리(약 40km)의 유보지역 설정이 포함되어 있었다. 치열한 논쟁 끝에 제2관은 폐기되어 대체되고, 제5관의 유보지역의 거리는 10리로 일본이 요구한 1/10로 결정되었는데, 이는 미야모토가 교섭 과정에서 조선과 타협하려는 태도를 견지하였기 때문으로 이해된다. 일본은 이후 꾸준히 한행리정의 확대를 요구해 왔고, 임오군란을 계기로 100리를 관철한 것이다. 나아가 양화진을 개시장으로 설정하는 데 성공하였다. 제2관 역시 「조일수호조규」 제11관에 의해 통상장정 협상을 위해 파견된 이사관 미야모토 오카즈[宮本小一]가 가져온 초안에 제2관 공사와 가족들의 국내 여행의 자유가 있었다. 이것이 공사관 설치 자체가 반대에 부딪혀서 철회되었었는데 1882년 8월 30일, 「조일수호조규속약」으로 관철되었다.

5. 의의

하나부사는 임오군란을 이용하여 「제물포조약」을 맺어 군란에 대한 전보금을 얻어 냈을 뿐만 아니라 공사관 경비라는 명목으로 해외에서 최초로 자국 군대의 주둔을 인정받게 되었다. 또한 군란의 사후 처리와는 상관없는 「조일수호조규속약」을 맺어 조선 측이 계속 거부해 오던 유보 범위 확장과 양화진 개시, 공사관원들의 내지 여행권 확보를 달성하였다. 이러한 일본의 요구는 미야모토가 1876년 「조일수호조규부록」을 맺기 위해 왔을 때 제시하였던 바였으나 조선이 거부함으로 취소되었다가 6년 만에 다시 성립된 것이었다. 공사관 설치와 내지 여행권, 그리고 100리의 유보 거리가 확정된 것이다. 조선으로서는 6년의 유예기간을 거쳐 「조미수호통상조약」과 임오군란을 계기로 부산·원산·인천 개항장 설치와 유보 거리 100리, 그리고 공사관원들의 내지 여행권을 인정하게 된 것이다.

6. 관련 문서

1) 임오군란 처리에 관한 보아소나드 의견서(1882. 8. 13.)

이노우에 청국이 조선 사건에 관하여 군함 및 병사를 파견하며, 그 목적이 첫째는 조선의 폭도를 진압하는 것이요, 또 하나는 자신들의 속국에 있는 일본 공사관을 보호하기 위한 것이라고 우리 주청 공사에게 전보로 알려왔고, 외무성은 그 사실을 오늘 알았다. 이에 관련하여 의견을 듣고자 질의한다. 청국은 일찍부터 조선을 속국으로 간주하였으나 내정에는 간섭하지 않았다. 청국의 위 조치에 대해 일본은 어떠한 처치를 행하는 것이 좋겠는가.

보아소나드 내 의견으로는 청국이 일본을 보호하겠다고 한 것에 대해서는 후의에는 감사하지만 원래 일본은 조선을 독립국으로 인정하고 현재의 조약도 청국을 경유하지 않고 오로지 조선과 상대해서 체결하였으며, 그 공사도 베이징 주재 공사가 이를 겸임하는 것이 아니고, 특히 조선 경성에 공사관을 두어 공사를 주재시켜 교제해 왔으므로 처음부터 청국의 간섭에 구애되지 않았다. 지금의 사건에서도 일본은 감히 청국의 보호를 빌리지 않고 우리는 스스로 우리 공사관과 인민을 보호할 것이라고 말해야 한다. 청과 조선과의 문제는 일본이 관계하지 않겠다고 대답해야 한다. 다만 청국이 일본과 조선 사이에 개입하려는 것은 결코 허용해서는 안 된다.

이노우에 일본과 조선과의 관계는 여태까지 청국의 간섭을 받은 적이 없으며, 금회의 사건에 있어서도 역시 청국의 간섭을 필요로 하지 않음은 물론이다. 그런데 이번의 통지에 답하기에 단순히 '스스로 보호'한다는 데 머무르고, 우리 공사관 및 인민은 우리가 보호할 것이라고 답하는 것이 적절하다고 하는데, 여기에 더하여 우리나라는 조선을 독립국으로 인정하고 지금까지 조선과의 교제에 청국과 관계없다고 쌍방의 도리를 함께 들어 답하는 것은 어떠한가.

보아소나드 좋은 생각이다. 우리 공사관 및 인민은 우리가 이를 보호할 것이므로 청국의 간섭을 필요로 하지 않는다고만 말하면 언사에 취미가 없다. 따라서 말을 부드럽게 해서 좋은 결과를 얻기 위해서는 말을 양쪽으로 걸쳐서 우리가 원하는 바는 이미 조선 정부에 대해 요구하였고, 여기에 만족할 결과가 나온다면 가하다. 그러나 청국이 우리를 만족시키고자 진력해 준다면 크게 만족할 것이라고 대답하는 것도 좋겠다.

이노우에 우리가 만족할 만한 보상을 얻을 수 있다면 이번의 사건은 넘어가도 좋다. 그러나 장래에 청국이 조선이 자기들의 속국임을 인정하라고 한다면, 여태까지 일본은 조선과 조약을 맺었고, 조선을 완전한 독립국으로 인정하여 청과 관계없었는데, 이처럼 관계가 생기는 것은 불가하다. 당신의 생각은 어떠한가.

보아소나드 일본은 조선 정부에 대해 만족할 만한 조치를 구하는 것이며, 청 정부에 대해 요구한 것이 아니다. 그러므로 일본과 조선 사이에 개입하여 청국 정부가 이 일에 관계하기를 바라지 않는다면 그냥 무시하면 된다. 그러나 청국이 단지 조선 정부를 위한 행위에 한한다. 예를 들자면 타이완에서처럼 영국 공사가 진력하여 청국 정부가 50만 달러를 일본 정부에 주어 사건을 마무리한 예가 있지만 이때 영국이 청국에게 타이완의 권리를 달라고 한 적이 없다. 또 청국이 조회를 하기 전에 일본 정부는 조선 정부에 요구하여 두지 않으면 안 된다.

이노우에 타이완에서 영국 공사의 진력 운운은 지금 조선에서 청국 정부가 간섭하고자 하는 것과 예가 다르다. 청국은 조선을 속국으로 삼고자 하기 때문에 이를 간섭하는 것이라고 명언하고 있다.

보아소나드 그렇다 하더라도 문제는 없다. 일본은 청국을 개의치 않으면 된다. 결코 걱정할 이유가 없다. 일본은 조선을 독립국으로 인정하였고, 일본이 조선에 대한 것은 모든 외국에 있어서도 마찬가지이다. 일본은 조선과 교제하는 데 있어서 일찍이 청국의 손을 거치지 않았다. 일본은 조선을 독립국으로 인정하여 스스로 조약을 체결한 것이므로 어디까지나 청국의 간섭을 신경 쓸 필요가 없이 일직선으로 나아가 조선에 대해 만족할 만한 조치를 요구하는 것이 가하다. 예를 들면 터키와 이집트 관계는 청국과 조선의 관계보다 더 크다. 하지만 이집트인이 폭거를 행한다고 해서 영국과 프랑스는 터키에 신경을 쓰지 않고 바로 이집트에 향하여 조치를 요구한다. 그러므로 조선 사건에 대해 청국이 간섭하고자 해도 청국에는 일없다고 말하고 무시하는 것이 가하다.

이노우에 청국이 이미 조회하였다면 우선권을 놓치게 된다는 당신의 설명이 있었다. 그러면 일본 정부가 만약 시기를 놓치고 청국 정부에 우선권을 빼앗겼을 경우에는 어떻게 해야 하는가.

보아소나드 그러면 전쟁을 하거나 혹은 친목을 더욱 강화해야 한다. 만약 일본 정부의 뜻이 주전(主戰)에 있다면 이 방침에 따라 계획의 순서를 정해야 한다. 만일 뜻이 주화(主和)에 있다면 그 뜻대로 계획을 세워야 한다. 그러므로 주전이냐 주화냐에 따라 크게 방침이 달라질 것이다. 감히 묻는다. 일본 정부의 뜻은 개전에 있는가 친목에 있는가.

이노우에 이는 나도 알지 못한다. 또 화전의 선택은 청국 사정에 관계하기도 한다. 그러므로 오늘날 청국의 사정은 아직 분명하지 않다.

보아소나드 그 답은 당연하다. 그러나 이번 일은 소위 '비온 뒤에 땅이 굳어진다'는 말과 같이 이로 인해 청국과의 친목이 더욱 깊어질 만하다. 요청에 따라 본인의 의견을 정리하여 개진하면 다음과 같다. 내가 생각하기에 현재 일본이 가장 두려운 상대는 러시아다. 청국은 일본과 전쟁을 해도 러시아만큼 해독을 주지 않는다. 왜냐하면 청국은 일본과 천연의 동맹국이다. 청국은 일본과 인종, 문자, 풍속, 종교 등을 같이 한다. 도저히 구미에 대해 동양의 위세를 보이려면 일청 양국이 협동하지 않으면 안 된다. 또한 금일 구미인은 청국과 일본 보기를 항상 멸시하고 내려다보기 때문에 일본과 청국의 협동은 더욱 긴요하다. 그러므로 현재 일청 양국의 협동을 목적으로 하지 않으면 안 된다고 생각한다. 또 금일 러시아가 조선에 손을 뻗치지 않는 것은 필경 국내 허무당 때문이다. 만약 내치가 정비된다면 바로 조선에 손을 뻗칠 것임은 필연이다. 이미 북으로는 사할린을 취하고 조선국의 항구를 한두 곳 접수할 것이다. 지금 일본과 청국 사이에는 서로 좋아할 수 없는 부분이 있다. 이 연유는 청국이 질시심을 가지고 있으며, 일본은 소국이지만 급격히 진보하고 있어서 청국이 따라잡기 어려운 위치에 있기 때문이다. 세계의 대세를 보면 일청 양국은 동양에서 떨어질 수 없으며, 아시아가 분열하여 화합하지 않으면 구미에 대항할 수 없다. 양국의 협동은 가장 긴요하다고 말할 수 있다. 금일 만약 일본 정치가가 일본·청국·조선 3국이 동맹을 맺는다면 소위 '도깨비 방망이'가 되어 러시아에 대항하는 것도 결코 두려울 일은 아니다.

이노우에 여기에 또 하나의 문제가 있다. 일본이 곤란한 것은 청국은 항상 공법을 따르지 않고 하나의 규정만을 고집한다. 이번 조선 사건에 있어서도 이 전보의 내용과 같이 뜻을 관철하고자 한다. 타이완 사건에서도 그러하며, 유구 사건에서도 그러하였다. 그것은 다름이 아니라 청일수호조규 제2관의 규정으로 쌍방의 영토를 서로 침범하지 않는다는 규정인데, 항상 이를 가지고 논한다. 그러므로 조선에서도 일본이 병사를 파견한다면, 즉 청국의 속국을 침략한다고 말하여 논란을 일으킬 것임이 틀림없는데 그때는 어찌하면 좋을까.

보아소나드 : 그것은 문제가 되지 않는다. 만일 청국이 그러한 말을 한다고 해도 그것은 청국의 형편에 불과하며, 일본은 조선을 독립국이라고 인정하고 청국을 의지하지 않고 조약을 맺지 않았는가. 그러므로 만일 일본이 청국의 본토를 침략할 경우는 문제가 되지만 조선은 그와 다르다. 여기에 귀하의 질문에 대한 대답을 정리한다면, 일본은 조선을 독립국으로 인정하여 조약을 맺었고 여태까지 조선과의 교제를 청국의 손을 거치지 않았으므로 오늘날 청국이 간섭을 하든 말든 우리는 이를 신경쓰지 않고 법대로 한다. 일본은 청국과 대화할 필요가 없으며 조선에 만족할 만한 배상을 요구할 뿐이다. 그러나 내가 생각하기에 아차하면 일본은 청국을 적대하려고 하는데 이는 좋은 책략이 아니다. 청국은 러시아와 크루지아 사건이 있었고, 러시아를 원망하고 있다. 그러므로 일본은 청국과 화친하기 쉽고 일청이 협동하여 구미에 대항하는 것을 득책으로 삼아야 한다.

이노우에 반속국이어도 외국과 조약을 맺는 권리가 있는가. 다시 말하면 외국과 조약을 맺는 것은 자주국인 증거로 할 수 있는가. 또 반주반속의 국가가 외국과 조약을 맺고 그 조약국과 분쟁이 생겼을 경우 그 보호국은 여기에 간섭할 권리가 있는가.

보아소나드 일반적으로 반속국은 화친조약을 맺을 권리를 갖지 않는다. 만일 그렇지 않으면 반속국에 대해 관할권을 갖는 나라는 더욱 유력한 다른 맹약을 통해 그 관할권을 잃어버릴 위험이 있다. 그러므로 을(乙)국이 병(丙)국의 간섭 없이 타국인 갑(甲)국과 화친조약을 맺는다는 사실은, 즉 을국이 독립국임을 추정하는 근거가 된다. 혹은 을국이 병국의 속국이라고 해도 이는 감호를 벗어났기 때문에 외국과의 조약을 전결한 것이다. 만일 조약국 갑이 을국이 병국의 속국임을 모르고 선의를 가지고 조약을 맺었을 경우, 을국은 병국의 속국이며, 이는 조약 체결 시에도 속국이었다는 증거를 확실히 보여 주기 전까지는 갑국은 그 조약을 유지하고 이를 이행할 수 있다. 증거를 확실하게 보여 주기 전에는 사기를 당한 바, 갑국은 의연 조약을 갖고, 해당 조약의 위배를 고소할 수 있다. 이집트는 이 문제에 대한 선례가 될 수 있다. 터키에 대해 이집트는 속국이 확실하지만 세상에 알려지지 않았다(터키와 이집트 사이에 비밀조약이 있었기 때문이다). 이집트는 어느 시점까지 외국과 바로 조약을 체결하였다. 프랑스, 영국 등과도 누차 조약을 맺었다. 그리하여 이들 여러 나라는 조약을 이행하기 위해 보증을 얻기 위해 또 이집트의 재정을 정돈하기 위해 이집트의 정무에 여러 차례 간섭하였다. 그러므로 질문에 대해서는 확정된 법칙이 없다고 할 수 있다.

보아소나드 만약 반속국이 외국과 조약을 전결하고, 외국과 중대한 분쟁이 발생하였을 경우, 관할국 혹은 보호국은 해당 조약 체결 시에 그 권리에 대해 항론을 하지 않았다면 여기에 간섭할 수 없다. 그 조약은 전적으로 비밀이 없어야 하며 그 집행에는 관할국 혹은 보호국이라고 자칭하는 병국은 침묵하였기 때문에 이미 해당 조약을 인가한 것이 된다. 그러므로 해당 조약이 장래 집행되는 것에 대해 혹은 위배로 인한 배상에 대해 간섭할 수 없다. 그러나 보호국은 분쟁 양국에 친의상 간섭하는 것도 당연한 일이다. 보호국은 속국으로 하여금 그 조약을 완전히 이행하라고 독촉할 수 있다. 하지만 분쟁 당사국의 담판에 개입·요구할 수는 없다. 만일 이러한 경우에는 피해국으로 사기의 피해를 입은 것뿐만 아니라 파약국으로 하여금 저항하도록 부추긴 것에 해당한다. 조선 문제는 이와 같은 이론과 법리의 관점과는 다르다고 본다. 만국공법은 수많은 나라에서 민법과 같이 구성된 것이 아니다. 이 문제에 관하여 선례로 적합한 일은 없다. 왜냐하면 일본과 조선의 관계 및 조선과 청국과의 관계와 같은 동일한 정황은 세계에 아직 없기 때문이다. 일본은 조선과 청국과의 관계에 대해서는 이미 충분히 알고 있다. 왜냐하면 일본은 지난 6년 전(1876)에 이 사정을 몰랐기에 특별히 베이징에 특명전권공사를 파견하였으며, 동시에 조선에도 공사를 파견하였다. 청국에 보낸 특명 전권공사는 이미 복명서를 편찬하였을 터이며, 복명서는 외무성 기록에 저장되었을 터이다.

1882년 8월 13일 보아소나드 (서명)

출처: 『大日本外交文書』 권15, 169~173쪽

[참고 문헌]

- 김흥수(2010), 『한일 관계의 근대적 개편 과정』, 서울대학교 출판문화원.
- 최덕수 외(2010), 『조약으로 본 한국 근대사』, 열린책들.
- 박한민(2017), 「조일수호조규체제의 성립과 운영 연구」, 고려대학교, 박사학위 논문.

4
한성조약

漢城條約

한성조약 | 1885년 1월, 갑신정변의 사후 처리를 위해 체결된 조약이다. 일본군의 정변 책임을 추궁하지 못하고 일본군민 피해에 대해 사죄를 표하였다.

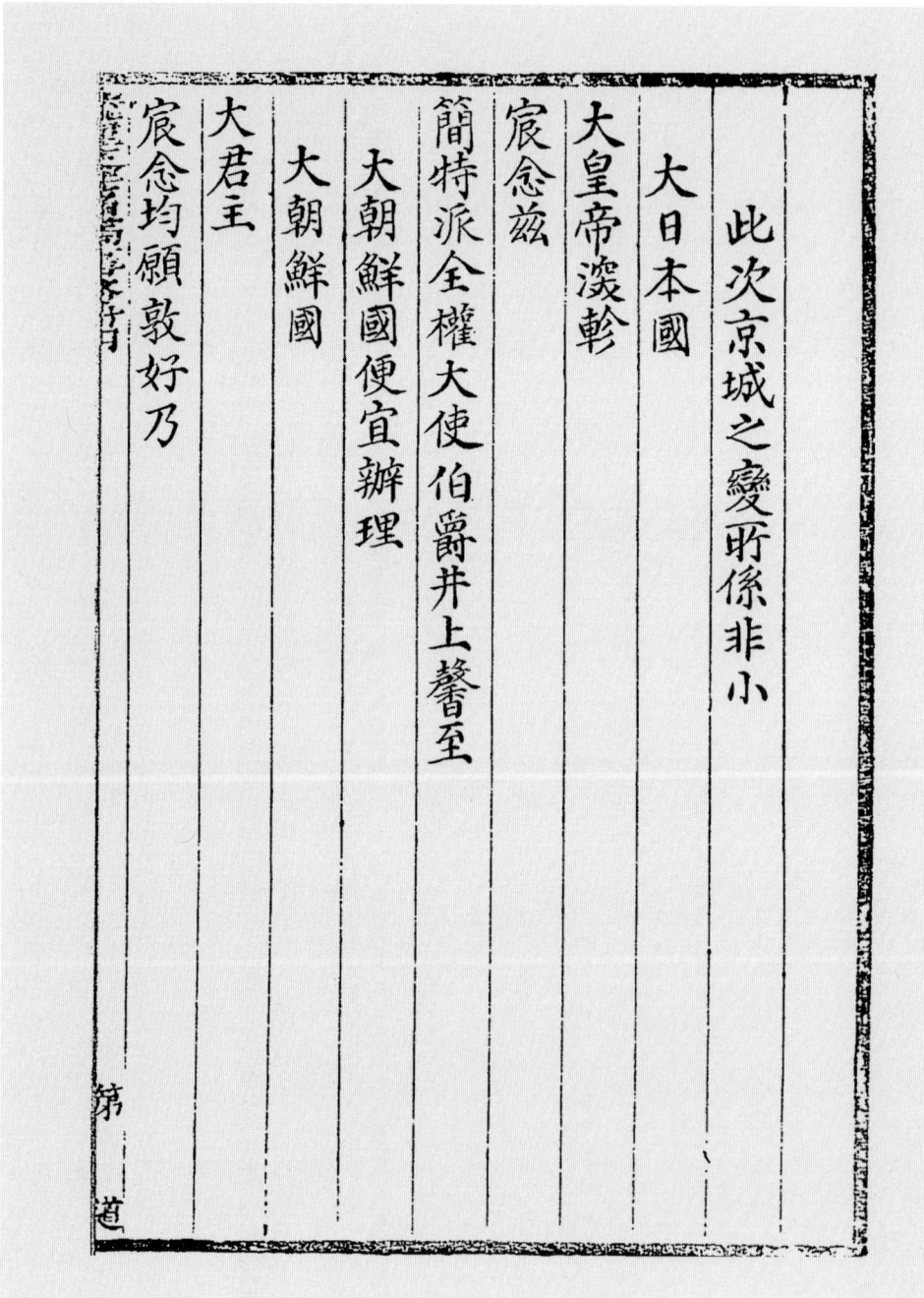

한성조약(한문)

원문

此次京城之變所係非小大日本國大皇帝深軫宸念玆簡特派全權大使伯爵井上馨至大朝鮮國便宜辦理大朝鮮國大君主宸念均願敦好乃委金宏集以全權議處之任命以懲前毖後之意兩國大臣和衷商辦作左約款以照好誼完全又以防將來事端玆據全權文憑各簽名鈐印如左

第一
朝鮮國修國書致日本國表明謝意事

第二
恤給此次日本國遭害人民遺族幷負傷者曁塡補商民貨物毀損掠奪者由朝鮮國撥支拾壹萬圓事

第三
殺奚磯林大尉之凶徒査問捕拿從重正刑事

第四
日本公舘要移新基建築當由朝鮮國交附地基房屋足容公舘曁領事舘至其修築增建之處朝鮮國更撥交貳萬圓以充工費事

第五
日本護衛兵幷營舍以公舘附地擇定照壬午續約第五款施行事

大朝鮮開國四百九十三年十一月二十四日
　　特派全權大臣左議政金宏集 ㊞

大日本明治十八年一月九日
　　特派全權大使從三位勳一等伯爵井上馨 ㊞

別單
一 約款第二第四條金圓以日本銀貨算須期三個月於仁川撥完
一 第三條凶徒處辦以立約後二十日爲期

大朝鮮開國四百九十三年十一月二十四日
　　特派全權大臣左議政金宏集 ㊞
大日本國明治十八年一月九日
　　特派全權大使從三位勳一等伯爵井上馨 ㊞

출처: JACAR Ref. B13091006600

번역문

이번 경성 사변*은 관계되는 바가 적지 않으므로 대일본국 대황제는 깊이 생각하고 이에 특파전권대사 백작 이노우에 가오루를 대조선국에 파견해 편의로 처리하게 하며, 대조선국 대군주는 돈독한 우호를 진심으로 염원하여 김홍집에게 전권을 위임해 의결할 것을 임명하고 지난 일을 교훈 삼아 뒷날을 조심한다. 양국 대신은 마음을 합해 상의하여 아래의 약관을 만들어 우의가 완전하다는 것을 밝히며, 또한 장래에 사건이 발생하는 것을 방지한다. 이에 전권 문빙(文憑)에 의거하여 각각 아래와 같이 기명 날인한다.

---

* 갑신정변을 말함

제1조
조선국은 국서를 일본국에 보내 사의(謝意)를 표명한다.

제2조
금후 일본국의 해를 입은 인민의 유족 및 부상자를 휼급(恤給)하고, 아울러 상민의 화물이 훼손·약탈된 것을 전보(塡補)하기 위하여 조선국은 11만 원을 지불한다.

제3조
이소바야시 대위를 살해한 흉도를 조사·체포하고 중형으로 처벌한다.

제4조
일본 공관을 새로운 곳으로 옮겨 신축하는 것은 마땅히 조선국에서 기지와 방옥을 교부하여 공관 및 영사관으로 사용할 수 있도록 한다. 그 수축과 증건에는 조선국이 다시 2만 원을 지불하여 공사비에 충당한다.

제5조
일본 호위병의 영사는 공사관의 부지(附地)로 택정하되 임오속약 제5관에 비추어 시행한다.

대조선 개국 493년 11월 24일
　　　　특파전권대신 좌의정 김홍집 ㊞
대일본국 메이지 18년 1월 9일
　　　　특파전권대신 종삼위 훈일등 백작 이노우에 가오루 ㊞

별단
1. 약관 제2조, 제4조의 금원(金圓)은 일본 은화로 계산하고, 3개월을 기해 인천에서 완불할 것.
2. 제3조의 흉도를 처리하는 것은 입약 후 20일을 기한으로 할 것.

대조선 개국 493년 11월 24일
    특파전권대신 좌의정 김홍집 ㊞
대일본국 메이지 18년 1월 9일
    특파전권대신 종삼위 훈일등 백작 이노우에 가오루 ㊞

‖ 해제

1. 개요

1885년 1월 9일, 조선 전권대신 김홍집과 일본 특명전권대사 이노우에 가오루가 갑신정변의 사후 처리를 위해 체결한 조약이다. 일본군의 정변 책임을 추궁하지 못하고 일본군민 피해에 대해 사죄를 표하였다.

2. 배경

1882년 10월, 조영하, 김홍집, 어윤중 등이 중국 톈진[天津]에서 「조청상민수륙무역장정」을 의정하였고, 청국이 조선을 보호국으로 삼고자 하는 의도는 노골적으로 과시되었다. 일본은 이에 대해 종주권을 주장하는 청국에 대해서 정면으로 따지면 전쟁에 이르게 될 것이라고 생각하여 이를 무시하는 태도를 취하고자 하였다. 조선과 새로 조약을 체결한 미·영·독·불 4개국이 조선을 독립국으로 공인하면 「조청상민수륙무역장정」의 내용은 무시될 수 있을 것이며, 오히려 최혜국대우를 주장하는 근거로 삼을 수 있다는 계산이었다.

수신사 박영효 일행은 일본 유학생을 남기고 17만 원의 차관 협정을 맺었다. 1883년 2월 인천항이 개항되었고, 조계가 확정되었다. 3월에는 「부산구설해저전선조관」[※V-2]이 조인되었으며, 태극기가 국기로 제정되어 전국에 반포되었다. 청국의 간섭에도 불구하고 개화 정책은 진행되었다. 5월 초대 주한 미국 공사 푸트[Lucius H. Foote]가 인천에 도착하였으며, 7월에는 민영익(閔泳翊)을 전권으로 하는 사절단이 미국으로 출발하였다. 12월에는 해관 세칙이 반포되었으며, 미국에 라이플총 4,000정을 발주하였다. 1884년 2월, 통리군국아문은 친군영에 광산 채굴을 허락하여 그 이익을 군비를 충당하도록 하였으며, 5월에는 민영목이 상소한 해방책 7조의 실시가 명령되었다.

「조청상민수륙무역장정」으로 청국 상인들이 종주국 신민으로 서울에 들어와 거주·통상을 하게 되면서, 육의전을 비롯한 재래 상인들이 타격을 받았으며, 주둔하는 군대의 횡포도 있어서 반청 감정이 점차 일어났다. 아울러 수신사 박영효가 일본에 갔을 때 일본은 군사, 재정, 산업 등 각 방면의 시찰을 호의로 안내하였기에 청국의 간섭을 물리치고 독립을 강고히 하기 위해서는 일본에 의지할 필요가 있다는 인식이 성장하였다.

1884년 여름, 청국과 프랑스 사이에 베트남 문제를 둘러싸고 전쟁 조짐이 보이자, 서울에 주둔하고 있던 청군 3,000명 중 절반이 베트남 전선으로 이동하였다. 10월 말, 일본 공사 다케조에 신이치로[竹添進一郎]가 귀국하였고, 그는 외무독판 김홍집을 만나 세계 대세와 청불 간의 긴박한 정세를 통론하고, 귀아문(외무아문)에 청국의 노예 노릇을 하는 사람들이 여러 명(數人) 있다고 하니 주선하기 부끄럽다고, 동 협판(차관) 김윤식에 대해서는 그대는 한학에 조예가 깊고 청국을 따르려는 뜻이 있다고 들었는데 어찌 청국에 가서 벼슬을 하지 않느냐고 야유하여 청국을 종주국으로 섬기는 태도를 비판하였다고 한다. 김옥균이 그를 방문하였을 때에는 만약 타국이 귀국의 개혁을 원조하겠다면 어떤 태도를 취할 것인가 하고 물어 일본이 조선의 국정 개혁에 원조할 방침임을 시사하였다. 다케조에는 임오군란의 보전금 40만 원을 포기하면서 이를 조선국의 양병 비용으로 사용하도록 하고, 증기선 1척과 산포 2문 등의 무기를 기증하였다. 11월 2일, 다케조에가 국왕을 알현하여 주언(奏言)하기를 임오 보전금 잔금 40만 원을 양병 비용으로 기증하는 것이니 독립 건설 자금으로 사용하도록 하고, 청국으로부터 독립을 도모하며, 대원군의 환국을 요구하고, 구미의 법에 따라 조선 내정을 개혁하여 자주독립을 도모하도록 권하고, 이것이 일본의 소망이라고 하였다.

또한 공사의 직분은 그 주재국 군주의 곁을 떠나지 않고 진퇴를 같이 하는 것이 만국의 공례라고 말하면서 자신도 만일 사변이 일어나 친서나 친유로서 요청이 있을 경우 군주의 체면을 보전하기 위해서 극력 보호를 다할 것임을 천명하였다. 개화파 인사들도 일본의 힘을 빌어서 청국으로부터 이반하여 독립을 성취하고자 하는 여론이 있었다.[※관련 문서-1, 2] 급진 개화파 인사들은 정변을 추진하였고 일본의 지원을 약속받았다.

1884년 12월 4일 갑신정변이 일어났다. 조선 민중은 정변을 일본의 침략과 연결하여 이해하였다. 정변의 주범이 개화파 난당과 일본인이라 여겼던 것이다. 민영목, 민태호, 조영하 등이 피살되었다. 개화당은 신내각을 조직하고 14개 혁신정강을 반포하였다. 그러나 청국군의 창덕궁 공격으로 일본군이 패주하였으며, 개화당 정권은 붕괴하였고, 김옥균 등은 일본 공사관에 피신하였다가 인천을 거쳐 일본으로 망명하였다. 정변은 3일 만에 실패하였고, 새로운 내각을 구성한 조선 정부는 각국 공사관에 이 사건은 김옥균 등의 간신이 왕명을 사칭해 일본 공사의 보호를 요청하고 대신들을 타살한 것이라고 알리고, 정변에 간여한 일본에 항의하였다. 일본은 책임을 모두 회피하고 오히려 피해 일본인의 전보금, 정변 당시 불탄 일본 공사관 건축비 지불, 살해범 처벌 등을 요구하였다. 1885년 1월 9일 「한성조약」이 체결되었다.

서울 한복판, 국왕이 거처하던 창덕궁에서 청국 군대와 일본 군대가 교전하였던 것은 청일전쟁이 발생할 수 있음과 조선에서 전쟁이 발생한다면 조선이 그 피해를 고스란히 입을 우려가 있음을 실감하게 하였다. 조선은 최악의 상황을 막으려면 기존의 청국과의 관계를 훼손하지 않으면서도 일본이 앙심을 품게 해서는 안 된다고 판단하였다.

3. 체결 과정

정변이 마무리되자, 조선 정부는 일본 공사에게 정변에 관여된 것을 항의하였다. ① 국왕이 일사래위(日使來衛)를 요청한 교지는 엉터리라는 것 ② 일본 공사는 군대를 동원하여 국왕을 감시하고 외부와 차단하여 간신의 흉행(兇行)을 도왔다는 것 ③ 일본 공사가 간신을 도왔기 때문에 군민이 격분해 일본 공사관을 부득이하게 공격한 것이므로 조선 정부의 책임이 아니라는 것 ④ 인천으로 도망하여 일본인의 보호하에 있는 김옥균, 박영효 등을 체포하여 인도할 것 등이었다.

조선 정부는 다케조에 공사에게 정변 개입에 대한 책임을 물었으나, 다케조에는 조선 국왕이 와서 호위해 달라(日使來衛)는 친필 조서를 보내왔기에 그 요청에 응한 것이라고 주장했다.

조선 정부는 변란 사실을 일본 정부에 알리고 교섭하기로 결정했다. 그리하여 12월 14일, 전권대사 외아문 참의 서상우(徐相雨)와 전권부대신 외아문 협판 묄렌도르프를 일본에 파견하여 다케조에 공사의 정변 개입을 항의하고 김옥균 등 망명자의 송환을 요구하였다. 문제 해결은 전권대사로 파견된 외무경 이노우에 가오루의 손에 맡겨지게 되었다.

일본 국내에서는 공사나 일본군이 쿠데타에 관여한 사실은 감춰지고, 청군의 습격과 일본 거류민이 참살된 것에 대해서만 크게 보도되었기 때문에 조선과 청에 대한 주전론이 크게 일어났다. 12월 29일의 자유당 기관지 『자유신문(自由新聞)』은 "우리 일본제국을 대표하는 공사관을 불태우고 잔혹하게 우리 동포를 학살한 청을 용서할 수 없다. 중국 전토를 무력으로 유린해야 한다"는 논설을 게재하였으며, 후쿠자와 유키치[福澤諭吉]의 『시사신보(時事新報)』도 "베이징[北京]으로 진군(進軍)해야 한다"고 주장하였다. 여타의 신문들도 모두 청국이 잘못하였음을 논하였다. 고치[高知]현에서는 의용병단이 조직되었으며, 일본 육군의 주류인 사쓰마[薩摩] 파벌도 파병에 대비하여 움직였다.

1885년 1월 6일, 일본 특명전권대사 이노우에 가오루[井上馨]는 호위병을 이끌고 고종을 알현하여 갑신정변 사후 처리를 위한 회담을 강요하였다. 고종은 이를 승인하고 김홍집을 전권대신에 임명하였다. 김홍집은 이노우에와 세 차례 담판을 진행하였다. 중요한 논의 사항은 갑신정변과 일본 정부의 연관성, 김옥균 송환 문제, 일본인 피해에 대한 배상 등이었다.

첫 회담에서는 정변에 대한 일본 공사의 책임을 명기한 조선 정부의 위임장 문구가 논란이 되었다. 조선은 이노우에가 파견되기 전 다케조에 공사 사이에 오간 문서를 교섭의 기초로 삼아 '일본 공사가 역당의 모의를 잘못 들은 것이 유감이다'라는 문구를 삽입하였다. 이에 이노우에는 정변이 어떻게 일어났는지 모르며, 다케조에 공사는 정변의 주모자들과 아무런 관련이 없다는 입장만 내세웠다. 이노우에 전권은 서로 논란이 되고 있는 부분은 넘어가고, 명백한 사실, 즉 '조선 국내에서 일본인이 살해당한 것', 그리고 '일본 공사관이 소실된 것'만을 대상으로 교섭할 것을 주장하였고, 김홍집은 최종적으로 여기에 동의할 수밖에 없었다.

1885년 1월 9일 「한성조약」이 체결되었다. 조선 국왕의 사죄, 일본인 사상자에 대한 보상금, 일본 공사관 신축 비용 부담 등이 논의되었다. 일본은 다케조에 공사에게 소환 명령을 내림으로써 조선의 요구를 받아들였다. 1월 1일 한성에 들어온 청국 북양부대신[吳大澂] 리훙장이 종주국으로서 조일 간의 교섭을 감시하고 간섭하고자 하였으나 김홍집과 이노우에는 이를 거부하였다. 철병 문제에 대해서 이노우에는 청일 양국 간 교섭으로 처리하겠다고 언급하였다.

4. 내용

「한성조약」은 본 조약 5개 조문과 별단 2개 조문으로 이루어져 있다. 조선국의 사의 표명(제1조), 피해 일본인에 대한 전보금 지급(제2조), 일본 대위 살해자 처벌(제3조), 일본 공사관 재건비 부담(제4조), 일본 호위병의 영사 제공(제5조)이 그것이다. 별단으로는 지불은 은화로 3개월 내에 인천에서 지불한다는 내용과 흉도 처리는 20일 이내로 한다는 것이다.

제1조는 조선 정부가 일본 정부에 사의를 표명한다는 것이다. 다케조에 공사가 일본군을 이끌고 정변에 개입하였음에도 갑신정변에 대한 처리는 조선 측이 사죄를 하는 형태로 결말이 났다. 조선 정부는 서상우를 특파전권대신, 묄렌도르프를 특파전권부대신으로 임명하여 국서를 전달하였다.

제2조는 피해 일본인에 대한 전보금으로 11만 원을 지불한다는 내용이다. 일본인 피해는 총 38명이었는데, 주로 조선 민중의 공격을 받고 희생된 민간인이었으며, 2명이 전투에서 사망한 일본 군인이었다. 조선 정부는 3개월 후인 1885년 3월에 우선 2만 5천 원을 지불하고, 1885년 8월에 2만 5천 원을, 1886년 1월에 나머지 8만 원을 모두 상환하였다. 여기에는 제4조의 일본 공관 신축비 2만 원이 포함된 것이므로 모두 13만 원이 된다.

제3조는 이소바야시[磯林] 대위를 살해한 흉도를 처벌한다는 내용이다. 이소바야시는 일본 공사관 소속 육군 보병 대위로 공사관 추계 정찰 일정에 따라 서울을 출발해 관동 지방을 유력하고 돌아오던 중 남대문 밖 청파에서 반일 감정이 고조된 군중에게 살해당했다. 조선 정부는 이소바야시 대위를 살해한 범인으로 충청도 천안에 거주하는 김태홍과 경기도 과천의 땔감 장수 원한갑을 체포해 1885년 1월 29일 일본 공사관원이 지켜보는 가운데 처형하였다.

제4조는 일본 공관을 신축하고 공사비 2만 원을 지불한다는 내용이다. 일본 공사관은 서대문 밖 청수장을 청사로 사용하다가 임오군란으로 소실되자 1884년 교동 박영효의 저택

을 매수하여 11월에 준공하였는데, 12월 갑신정변으로 소실되었다. 이후 이 조항에 의거하여 1885년 1월 진고개 근처(현 충무로 2가)에 공사관을 신축 이전하였다.

제5조는 일본 호위병의 영사를 공사관의 부지로 택정하여 조선이 설치 및 수리를 담당한다는 내용이다. 이전 일본군 병영은 공사관에서 떨어진 진고개에 주둔하고 있었으나 이 조항으로 부대의 주둔처가 공사관 부지 안으로 옮겨졌으며, 「제물포조약」[※Ⅱ-3] 제5조에 따라서 설치와 수리는 모두 조선이 맡는 것으로 하였다.

5. 의의

「한성조약」은 일본군의 정변 가담을 추궁하지 못하고 오로지 조선의 잘못에 대한 사죄를 표하는 내용이 되고 말았다. 이는 '일사내위(日使來衛)'의 교서가 위조된 것이라고 해도 조선에서 위조한 것이기 때문에 일본에 책임을 물을 수 없다는 일본의 주장을 무시하기 어려웠기 때문이었다. 또한 정변을 조속히 수습해야 하는 상황에서 문제를 확대하기 어려웠던 상황도 이해된다. 청일 양군의 충돌을 해결하고자 조선 조정은 양국군의 즉시 철수를 요청하였으며 일본 상민 살상 사건에 관계된 청국군 지휘관의 처벌을 요청했다. 그러나 청국은 일본이 먼저 전투를 벌였으며, 일본이 쿠데타 세력을 도운 것이라 주장하고 일본 상민 살상에 청국군의 관여를 인정하지 않았다. 결국 힘없는 조선으로서는 빨리 문제를 해결하고 주권을 회복하는 것이 초미의 관심사가 될 수밖에 없었다. 뒤이어 1885년 4월 톈진조약이 맺어졌다. 그 결과 1885년에서 1894년 청일전쟁이 일어나기까지 조선에서 청일 양국군은 철수하였다.

6. 관련 문서

1) 4차 수신사 민영익과 주일 영국 공사 파크스와의 대화(1882. 10. 16.)

민영익은 청국 황제가 내린 2통의 상유에 언급하였다. (중략)

그 한 통은 대원군의 귀국을 허락하지 않는다고 선고한 것이었다.

민영익 대원군을 배제한 것은 조선에 나쁜 것은 아닙니다만, 이러한 처리는 국가의 치욕입니다. 조선의 내정에 이처럼 간섭할 권리는 청조에는 없습니다.

파크스 말씀하신 바는 청조의 설명과도 또 조선 국왕이 최근 서양 각국에 보낸 서한에서 청조에의 종속을 선언한 것과도 일치하지 않는 것 같습니다만.

민영익 그 서한을 곡해해서는 곤란합니다. 거기에는 '조선은 내정·외교 모두 자주이다'라고도 선언하고 있기 때문입니다. (중략) 청조에 대한 조선의 조공 관계는 일정한 의례에 한정된 것으로, 청조는 조선의 내정에 간섭하지 않았습니다. 그러므로 최근 청조의 행위는 구례에 반하는 것입니다.

이렇게 언급하여 서양 여러 나라와 직접적인 관계를 시작하자고, 최근 맺은 조약이 신속하게 비준될 것을 희망하였다.

파크스 국왕이 행동으로 보여 준 호의는, 외국인을 조선에서 후대하겠다는 약속이라고 봐도 좋은지요?

민영익 아직 조심할 필요는 있습니다. 서민은 외국인에게 호의를 갖고 있지 않으므로 무례를 범할지도 모르겠습니다. 정부도 최선을 다하겠습니다만 유감스럽게도 약체이기 때문입니다. 아무쪼록 외국 열강에는 관대하게 부탁합니다.

파크스 그렇다면 청조의 원조가 있는 것이 좋지 않습니까?

민영익 천만에요. 조선인은 지금 청조의 간섭에 참을 수 없습니다.

출처: FO46/288 Parks to Granville No.145, Confidential, Oct. 16, 1882

2) 조선의 지위(1882. 12. 29.)

(상략) 조선의 지위는 이렇습니다. 자국민을 통치하는 데 필요하지 않기 때문에 군대를 갖

지 않았고, 그로 인하여 청조의 제압에 대항할 수 없었으며, 청국이 시키는 대로 하지 않을 수 없었습니다. 알고 계시겠지만 서양 제국과의 조약 초고에는 '조선은 청국의 속방이지만 내정·외교는 자주이다'라고 선언하는 조관이 있었습니다. 이 조관은 조약 조인 내용에서는 제외되었습니다만, 그 문면은 그대로 조약 체결국의 원수에게 조선 국왕이 보낸 서한에 옮겨졌습니다. 국왕의 독립된 지위를 이처럼 선언한 것은, 청조의 완전한 승인·동의를 거친 것입니다. 그럼에도 불구하고 청국은 지금 조선의 내정·외교에 온갖 방법을 동원하여 간섭을 하려 하고 있으며, 국왕으로부터 그 주권을, 정부로부터 행동의 자유를 빼앗고자 하고 있습니다.

출처: FO46/290, Parks to Granville, No.176 Confidential Dec. 29, 1882

[참고 문헌]

- 김용구(2004), 『임오군란과 갑신정변』, 서울 원출판사.
- 최덕수 외(2010), 『조약으로 본 한국 근대사』, 열린책들.
- 박한민(2017), 「조일수호조규체제의 성립과 운영 연구」, 고려대학교, 박사학위 논문.
- 신기석(1959), 「甲申政變과 韓·淸·日 外交關係」, 『國際法學會論叢』 4-1.

III

조계(거류지)에 관한 조약

1. 부산 일본조계에 관한 조약
2. 원산 일본조계에 관한 조약
3. 조선 한행리정에 관한 조약
4. 인천 일본조계에 관한 조약
5. 인천제물포각국조계장정
6. 절영도 및 월미도의 부지 조차에 관한 조약
7. 인천 일본거류지 확장에 관한 주한각국사신 의정서
8. 진남포목포각국조계장정 및 군산포마산포성진각국조계장정
9. 마산포전관일본거류지협정서
10. 청진 토지관리에 관한 협정서

1
부산 일본조계에 관한 조약

釜山口租界條約

부산구조계조약 | 「조일수호조규」와 「조일수호조규부록」에 따라 1877년 1월 30일 부산의 일본인 거류지 설정에 관한 기반을 마련한 조약이다.

爲相考事朝鮮國慶尙道東萊府所管草梁項一區古來爲日本國官民居留之地其幅員如圖中舊稱東舘區內家屋著赤色者三宇係朝鮮國政府搆造日本曆明治九年十二月十二日朝鮮曆丙子年十月二十七日日本國管理官近藤眞鋤會同朝鮮國東萊府伯洪祐昌照遵兩國委員曩所議立修好條規附錄第三款旨趣自今約地基納租歲金五十圓每歲抄完濟翌年租額家屋則日本曆明治十年一月三十日朝鮮曆丙子年十二月十七日再經協議除舊稱裁判家者外以朝鮮國政府所搆貳宇與日本國政府所搆舊稱改船所及倉庫等六宇交換以充兩國官民之用嗣後當屬朝鮮國政府家屋七宇則黃色爲輪廓以昭其別

釜山居留地借入約定
調印書

韓 三

相考ナス事朝鮮國慶尚道東萊府ノ所管草梁項ノ一區ハ古来日本國官民ノ居留地トス其幅員ハ圖ノ如シ圖中舊稱東舘區内ノ家屋赤色ヲ著ハス者ハ朝鮮國政府ノ搆造ニ係ルナリ日本曆明治九年十二月十二日朝鮮曆丙子年十月二十七日日本國管理官近藤眞鋤朝鮮國東萊府伯洪祐昌ト會同シ兩國委員裏ニ議立スル所ノ修好條規附錄第三款ノ旨趣ニ照遵シ自今地基租ヲ納ル歲ニ金五拾圓毎歲抄翌年租額ヲ完淸スルヲ約ス家屋ハ則日

18. 釜山草梁日居留地區管理約條 (案)(原1冊)

高宗　13年11月　日
西紀1876年12月　日

朝鮮國慶尙道東萊府所管草梁項一區,古來爲日本國官民居留之地,其幅員如畵,圖中家屋,著赤色者十一字,皆係朝鮮國政府構造,依例無納租貸也,日本國管理官近藤眞鋤,朝鮮國東萊府使洪祐昌,會於某地,照遵兩國委員曩所議定修好條規附錄第三款旨趣,自今約地基納租歲金五拾圓,每歲抄完淸翌年租額,家屋則日本國政府出價金　圓,盡買取之,更以黃色爲輪廓者四字,再約爲朝鮮國政府之有,以其一充海關,而四字所在之地基亦屬焉,其他道路溝渠,皆賴日本國政府之經理保存,如船舶則固屬海關,其修補之,亦爲海關所任也,因倂錄之,副以地圖,互鈐印,以防他日之紛紜,如是.

大日本國　紀元二千五百三十六年　明治九年十二月　日
　　　　　　　　　　　　　　　管理官　近藤眞鋤

부산구조계조약(조약안)　　　　출처:『구한국외교문서 일안』권1, #18, 19~20쪽

원문

爲相考事朝鮮國慶尙道東萊府所管草梁項一區古來爲日本國官民居留之地其幅員如圖圖中舊稱東舘區內家屋著赤色者三宇係朝鮮國政府構造日本曆明治九年十二月十二日朝鮮曆丙子年十月二十七日日本國管理官近藤眞鋤會同朝鮮國東萊府伯洪祐昌照遵兩國委員曩所立修好條規附錄第三款旨趣自今約地基納租歲金五十圓每歲抄完淸翌年租額家屋則日本曆明治十年一月三十日朝鮮曆丙子年十二月十七日再經協議除舊稱裁判家者外以朝鮮國政府所搆貳宇與日本國政府所搆舊稱改船所及倉庫等六宇交換以充兩國官民之用嗣後當屬朝鮮國政府家屋七宇則黃色爲輪廓以昭其別地基亦屬焉【但地基以朱劃之】其他地基道路溝渠悉皆歸于日本國政府之保護修理船艙則朝鮮國政府修補之因倂錄副以地圖互鈐印以防他日之紛拏如是

大朝鮮國丙子年十二月十七日 東萊府伯 洪祐昌 ㊞
大日本國明治十年一月三十日 管理官 近藤眞鋤 ㊞

출처: JACAR Ref. B13091003000

번역문

상고하건대 조선국 경상도 동래부 소관의 초량항 일 구역은 예로부터 일본국 관민이 거류한 땅이었다. 그 폭원(幅員)은 그림과 같다. 그림 중 구칭 동관 구내의 가옥을 적색으로 칠한 3동은 조선국 정부가 지은 건물이다. 일본력 메이지 9년 12월 12일, 조선력 병자년 12월 27일 일본국관리관 곤도 마스키가 조선국 동래 부사 홍우창과 회동하여 양국 위원들이 앞서 의논하여 세운 수호조규부록 제3관의 취지에 비추어 지금부터 지조를 납부하여 1년에 금 50엔으로 매해 연말에 다음 해 조액을 완납할 것을 약정한다. 가옥은 일본력 메이지 10년 1월 30일, 조선력 병자년 12월 17일부터 재차 협의를 거쳐 구칭 재판가(裁判家)를 제외하고는 조선 정부가 세운 2동을 일본국 정부가 세운 구칭 개선소(改船所) 및 창고 등 6동과 교환하여 양국 관민의 쓰임에 충당한다. 금후 마땅히 조선국 정부에 속하는 가옥 7동은 황색으로 윤곽을 표시해 그 차별을 밝힌다. 부지도 역시 여기에 속한다[단, 부지는 주색으로 이를 구획한다]. 그 외의 부지, 도로, 개천은 모두 일본국 정부의 보호 수리에 귀속하고 선창은 조선국 정부가 이를 보수 수리한다. 이로 인해 지도를 첨부하여 함께 기재하고 서로 조인함으로써 후일의 분란을 방지함이 이와 같다.

대조선국 병자년 12월 17일 동래 부사 홍우창 ㊞
대일본국 메이지 10년 1월 30일 관리관 곤도 마스키 ㊞

‖ 해제

1. 개요

「조일수호조규」[※Ⅱ-1]와 「조일수호조규부록」[※Ⅱ-2]에 따라 부산의 일본인 거류지 설정에 관한 기반을 마련한 조약으로, 1877년 1월 30일(음력 12월 17일) 동래 부사 홍우창(洪祐昌)과 일본 관리관 곤도 마스키[近藤眞鋤]가 체결, 조인하였다. 일본 외무성 외교사료관에 일본어와 한문본 조인서 원본이 소장되어 있다. 일본 소장 원본은 일본 외무성 괘지의 일본어, 동래부 괘지의 한문본으로 구성되어 있으며 사후에 붙여진 것으로 보이는 표제는 '부산거류지차입약정(釜山居留地借入約定)'으로 되어 있다. 조약명과 관련하여, 일본 측이 편찬한 조약집에는 일본어, 한문본에 따라 각각 '부산항거류지차입약서(釜山港居留地借入約書)'와 '부산구조계조약(釜山

口租界條約)'으로 되어 있다. 한문본의 조약명은 『조선왕조실록』의 기록과 일치하나, 조약 초안을 수록한 『구한국외교문서 일안』에 따르면, 한문본 조약명은 '부산초량일거류지구관리조약(안)(釜山草梁日居留地區管理條約(案))'으로 한문본에도 '거류지'와 '조계'가 혼용되고 있음을 알 수 있다. 다만 위의 조약안은 일본 측이 조선에 제시한 한문본이라는 견해도 있어, '거류지', '조계'의 명칭 사용에 대해서는 차후 보다 면밀한 검토가 요구된다. 동 조약의 체결로 '초량왜관'의 '거류지'화가 공식적으로 명문화되었다.

2. 배경

「부산구조계조약」은 「조일수호조규」와 「조일수호조규부록」의 규정에 따라 구체적인 거류지 설치방안을 마련한 조약이다. 그 배경을 검토하기 위해서는 「조일수호조규」와 「조일수호조규부록」의 관련 규정에 대한 교섭 과정에서부터 살펴보아야 한다.

조선은 일본에 대한 전통적인 교린정책하에 1678년 초량항에 왜관을 설치하였으며 일본과의 교섭창구 역할은 쓰시마번[対馬藩]이 맡았다. 초량왜관은 용두산을 중심으로 동관과 서관으로 분류되었는데 동관에는 일본인의 관리를 총괄하는 관수의 집무소인 관수왜가(館守倭家), 양국 간의 분쟁 사건을 담당한 재판왜가(裁判倭家), 양국의 교역 장소인 개시대청(開市大廳)의 삼대청이 있었다. 그 밖에 거류 일본인들이 필요에 따라 지은 각종 건물들이 존재하였으나, 왜관의 주요 시설들은 조선 정부가 건설했으며 수리와 관리도 조선 정부가 담당하였다. 쓰시마번에서 파견한 관리들에게도 왜관 체류비를 제공하는 등 왜관은 실질적으로 조선 정부가 운영하였고 쓰시마번은 그 사용허가를 받은 것에 불과했다고 할 수 있다.

에도막부가 붕괴하고 수립된 메이지 정부는 쓰시마번을 통한 기존의 대조선 관계를 새롭게 구축하고자 하였다. 1871년 폐번치현(廢藩置縣)에 따라 쓰시마번은 이마리[伊萬里]현에 부속되었고 쓰시마[對馬] 번주 소 시게마사[宗重正]는 외무성 외무대승으로 임명되어 조선과의 연락사무를 담당하게 하였다. 서계 접수를 둘러싼 양국 간 교섭이 원활히 진행되지 않자 1872년 5월 26일 외무성 관리 사가라 마사키[相良正樹]와 관수 후카미 마사카게[深見正景]는 왜관을 나와 직접 동래성에 입성하여 동래 부사와의 회견을 요구하기도 하였으나(왜관난출)

결국 동래 부사와의 회견은 성사되지 못했다.

한편 왜관난출이 단행된 시기에 일본 정부는 부산 초량왜관의 사무를 외무성 소관으로 하는 방침을 정하였다. 옛 쓰시마번 세력이 일본의 대조선 관계에서 영향력을 잃고 배제된 것이다. 이후 일본 외무성은 초량왜관을 접수하기 위한 조치를 본격적으로 착수한다. 이해 8월 외무대승 하나부사 요시모토[花房義質]에게 왜관 접수를 명하였고 이를 통해 쓰시마번이 담당해 온 대조선 외교권을 중앙정부에 귀속시키고자 하였다. 다만 초량왜관의 관사와 대관소를 종전대로 둘 것이라는 지침에서 알 수 있듯, 대조선 창구로서 왜관의 중요성을 인식하여 이를 철폐하고자 한 것은 아니었다.

그런데 이 같은 일본의 행동은 왜관을 어디까지나 객관(客館)으로써 실질적으로 운영해 온 조선 정부와 아무런 협의도 하지 않은 채 이루어진 일방적이고 불법적인 조치였다. 조선 정부는 이러한 일본의 조치에 항의하며 구교(舊交) 준수를 요구하는 강경한 자세를 견지했다. 결국 하나부사는 교섭을 진전시키지 못하고 귀국하였으며 이듬해인 1873년, 일본 외무성은 7등 출사 히로쓰 히로노부[廣津弘信]를 파견하여 왜관을 외무성 관할하의 '대일본국 공관'으로 개칭하고 관수 후카미 마사카케를 면직하였다. 이후 일본의 대조선 방침은 외교적 교섭보다 군사적 위협을 통한 양국 관계의 재구축을 노골적으로 드러내게 된다. 결국 운요호사건을 구실로 일본 정부는 조선에 개항을 강요하기로 결정하고 구로다 기요타카[黑田淸隆]를 전권변리대사로 파견,「조일수호조규」를 체결한다. 체결 과정에서 왜관의 처리 문제 또한 논의되었는데, 기존의 왜관 관리가 조선 측의 경비 부담으로 이루어진 것이 지적되어 종래의 관례를 '혁제'한다는 내용을 삽입하기로 양국이 협의하였다. 일본은 기존의 왜관 관리가 조선 측에 불리했음을 역설하였고 조선 또한 왜관에 소요되는 제반 비용을 줄이고 지세를 납부하게 한다는 점에서 관련 내용을 조규에 삽입하고자 했던 것이다. 이에 따라「조일수호조규」제4관을 통해 초량왜관을 양국인의 다년간 '통상지'로 규정하고, 이후 종전의 관례를 '혁제'하여 무역사무를 처리한다는 조문이 수립되었다.

3. 체결 과정

「조일수호조규」 및 부록이 체결된 후 1876년 10월 31일 곤도 마스키가 부산 주재 관리관에 임명되어 부산 개항에 대한 구체적인 협의가 시작되었다. 11월 13일, 외무경 데라지마 무네노리[寺島宗則]는 관리관 곤도에게 동래 부사와 대등한 자격으로 교섭에 임하도록 하고 왜관의 가옥 처분 및 지조 납부 문제를 포함한 교섭 사안에 대해 지시를 내렸다. 11월 24일 하나부사와 함께 부산에 도착한 곤도는 12월 6일 훈도 현석운(玄昔運)과 회담을 갖고, 같은 달 12일과 13일에는 동래 부사 홍우창과 회담을 이어 갔다.

12월 6일 회담에서 곤도는 일본인 거류지 설정과 관련해 「조일수호조규부록」의 수문·설문 철거 규정의 이행, 지조 문제, 유보 규정, 해관 설립, 왜관 내의 가옥 처분 등의 안건을 제출하였다. 조선 측은 수문·설문 철거에 대해 동의하면서도 조선인들의 출입을 관리하기 위한 조선인 관리(陪通詞)를 재판왜관에 두고자 했다. 지조의 납입액수에 대해서는 조선 측에서 50엔을 먼저 제시하였다. 이는 같은 해 8월 미야모토 오카즈[宮本小一] 이사관과 강수관 조인희(趙寅熙)가 「조일수호조규부록」 체결을 위한 담화 중에 일본 측이 제시한 7, 80엔보다 낮은 액수였다.

12월 12일과 13일 회담에서는 6일 회담에서 결정된 사안을 재차 확인하고, 논쟁이 되었던 유보 규정을 위한 측량 방법 등이 주로 논의되었다. 유보 규정과 관련해서는 양측의 의견이 대치되어 결국 합의를 보지 못했다. 한편, 거류지 내의 도로 정비에 관한 일본 측 초안이 12일 회담에서 제출되었다. 초안의 구체적인 내용은 확인되지 않으나, "도로는 귀국이 보수해야 할 의무가 있으나 이 같은 사소한 일로 귀 정부를 번잡하게 하는 일은 매우 송구하기에 우리가 보수를 할 것이다"라고 하여, 거류지 내의 행정권 획득을 조선 측에 대한 시혜적 조치와 같이 취급한 것을 알 수 있다.

이상의 회담을 통해 거류지 설정을 포함한 구체적 실행 방안에 대한 논의가 일단락되어 하나부사는 12월 25일 귀국하고, 이듬해 1월 30일에 「부산구조계조약」 조인이 이루어졌다.

4. 내용

초량왜관을 일본 고래의 거류지로 규정하고 매년 50원의 지조를 납부할 것을 규정하였다. 가옥 처분에 대해서는 조선 측이 지은 삼대청 중 재판왜가를 제외한 개시대청, 관수가 두 채와 종래 거류 일본인들이 필요에 따라 지은 창고, 선박의 검문소 건물 등 6동을 교환하기로 하였다. 그 밖에 조선 측에 속하는 건물 7동을 명확히 구별하고 선박장의 유지보수는 조선이 맡기로 하였다. 다만 도로, 개천, 택지의 유지보수는 일본이 담당하기로 규정하였다.

5. 의의

조문 내용에서 우선 주목되는 점은 「조일수호조규」와 「조일수호조규부록」에 규정된 부산 개항 관계 조목과의 미묘한 용어 차이이다. 즉 「조일수호조규」 제4관에서 '양국 인민의 통상지'로 기술된 부산 초량항이 '일본 관민의 거류지'로 바뀌었다. 조선이 정한 통교 규정에 따라 관리, 유지되었던 초량왜관의 역사적 배경이 무시되고, 근대적 거류지로 초량항을 명문화한 것이다. 가옥 처분과 지조 납부에 관한 내용도 위와 같은 맥락에서 설정되었다. 일본은 회담에서 정해진 대로 연액 50엔의 지조를 납부하여 초량왜관 부지 11여만 평을 영구 임대하게 되었다. 이는 일본인과 지주가 직접 교섭을 통해 지조를 지불하는 것으로 규정한 「조일수호조규부록」 제3조의 토지 대차 방법과는 차이를 보인다. 개인 간 거래 방식을 정부 간 임차 관계로 바꾸어 일본 정부가 일괄적으로 초량왜관 부지를 임대하도록 규정함으로써 토지에 대한 일본의 지배권을 강화하여 부산항을 일본전관거류지로 삼는 근거를 마련한 것이다. 이후 1880년 일본 영사관이 설치되면서 영사관 관할하에 일본인에 대한 지소대차가 시행되었다[※관련 문서-1]. 또한 거류지 내의 도로, 개천, 택지의 유지보수를 일본이 담당하여 조선 측의 관리 권한을 제한하였으며 지방행정권의 일부를 일본에 위임하는 결과를 낳았다. 거류지 내의 지권 발행도 일본 영사가 독점하여 일본인이 아닌 외국인에게 가옥을 대여할 시 일본 영사의 허가를 받도록 하였다. 조선이 각국과 조약을 체결한 뒤에도 일본의 전관 거류지는 각국 공동 거류지가 아닌 외국인이 '잡거'하는 거류지로 남은 것이다[※관련 문서-2].

6. 관련 문서

1) 「지소대차규칙(地所貸渡規則)」(1880. 6. 제정, 1894. 9. 개정)

제1조

무릇 지소를 대차하고자 하는 자는 구명(區名), 정명(町名), 번호(番號)를 갖춘 도면을 첨부하여 출원 허가를 받아야 한다.

이미 허가된 땅이라 하더라도 만일 사토(沙土)를 없애거나 도랑을 파거나 우물을 만드는 등 모든 원형을 개변하고자 할 때에도 또한 마찬가지이다.

제2조

무릇 대차지는 1가구 1인 1택지에 한한다. 다만 상업상의 형편에 의해 외부에 첨지(添地)를 필요로 하는 자는 사실 조사 후에 허가가 있을 것이다.

제3조

지소 대차를 허가한 이상은 상당한 수수료를 납부하여 대차인에게 토지권을 부여한다. 다만 당분간은 종래대로 한다.

제4조

이미 대차 허가를 얻은 지소는 모두 대차인이 적절히 소유를 일임하나 재래의 수목(樹木)은 출원 허가 후에 이를 벌목해야 한다.

제5조

지소 대차인은 대차 허가일로부터 30일 이내에 지대를 개발하고 6개월 이내에 가옥을 건축해야 한다. 만일 30일 이내에 지대를 개발하지 않거나 또는 6개월 이내에 가옥 건축에 착수하지 않을 경우 대차의 효력을 상실한다.

제6조

대차지를 양도할 경우 쌍방이 연서(連署)하여 지권(地券)의 이름 변경을 출원해야 한다. 다만 유산 상속에 관계된 것은 상속인 및 2인 이상의 친척, 혹은 보증인이 연서해야 한다.

(이상)

(부산 영사관 제정 제규칙에 의함)

출처: 『釜山府史原稿』 권12, 35~36쪽

2) 부산항의 일본인 거류지를 외국인 잡거지로 하는 일에 관한 상신(1884. 2. 6.)

친전(親展) 제7호
조선국 부산항의 우리 거류지를 외국인 잡거지로 하는 일에 관한 상신

조선국 부산항(釜山港) 우리 거류지는 지금으로부터 200여 년 전 우리 엔포[延寶] 6년(1678) 소[宗] 쓰시마노카미[對馬守]가 조선 정부로부터 빌려 점유한 바입니다. 메이지 9년(1876)에 이르러 우리나라는 새로이 조선과 수호조규를 체결하게 되어 그 이후 매년 은화 50원을 납부하고 토지의 경영, 보존 비용을 모두 우리나라가 인수한다는 약속으로 계속하여 일본인 거류지가 되었고 우리 영사가 전관(專管)해 온 것입니다. 그런데 작년 이래 조선의 기운이 갑자기 개방되어 이미 미국, 독일, 영국 등 각국과 조약을 체결하고 통상하게 되었으므로 각 개항장에서 각각 체맹국인의 거류지를 설치하게 될 것입니다. 그런데 조선 정부의 내정은 이러한 비용을 감당할 수 없는 상황도 있어 우리 공사에게 부산항 우리 거류지에 외국인을 잡거하게 해 줄 수는 없는가라는 취지의 내용을 내밀히 말하였습니다. 또한 미국 영국 등의 공사들도 마찬가지로 잡거를 희망하는 의사가 있다는 내용도 들었습니다. 그러므로 잘 생각해 본 바, 해당 지역은 앞서 말씀드린 대로 수백 년 이래 점유한 사실도 있기에 차후에도 의연히 보지(保持)하기 어렵지 않을 것입니다. 그러나 목하 우리가 잡거와 관련된 사안을 승낙하지 않으면 조선 정부도 어쩔 수 없이 다른 곳에 외국인 거류지를 개설하지 않으면 안 됩니다. 그렇게 될 경우 그 위치는 마치 우리 거류지의 문호(門戶)에 해당하는 장소가 될 것은 틀림없습니다. 만일 그렇지 않다 하더라도 다른 곳에 한 거

류지를 세울 경우는 마찬가지로 우리 거류지를 통과하는 상로(商路)를 방해하여 우리 상민의 불이익이 됨은 말할 것도 없는 것입니다. 때문에 우리 거류지 인민들 또한 잡거를 희망하는 데 이르렀습니다. 그러므로 이 기회에 그 청구에 응하여 우리 거류지 잡거의 사안을 승낙하는 편이 상리상(商利上)은 물론이거니와 정략상(政略上)으로도 쌍방에 호의를 보이는 일단이 될 가장 좋은 방법이라 생각합니다. 다만 외국인 잡거를 승낙함에는 두 가지 방법이 있습니다. 갑(甲)은 우리 거류지를 고쳐 외국인 공동의 잡거지로 하는 것, 을(乙)은 우리 거류지 내에 외국인을 잡거하게 하는 것입니다. 이상의 두 안 중 어느 쪽으로 귀결되어도 상관없습니다만, 을안은 혹 주권의 허명(虛名)을 장악하는 것으로 이후의 번잡함을 감당할 수 없는 폐해가 없다고 말하기 힘듭니다. 오히려 점유의 실을 버리더라도 새로이 공동 잡거지로 하는 편이 신의에 합치하고 온당함을 얻을 수 있다고 생각합니다. 이에 그 뜻을 포함하여 별지의 훈장에 갑, 을 두 방안의 약정안을 첨부하여 임시대리공사 시마무라 히사시[島村久]에 포달하고 그곳에서 외국 위원과 협의, 결정하게 할 것입니다. 이상의 내용을 상신합니다.

메이지 17년(1884) 2월 6일
외무경대리 참의(參議) 이토 히로부미[伊藤博文]
태정대신 산조 사네토미[三條實美] 귀하

상신한 대로 할 것
메이지 17년 2월 21일

출처: JACAR Ref. B12082508400

[참고 문헌]

- 다보하시 기요시 지음, 김종학 역(2013), 『근대 일선관계의 연구(상)』, 일조각.
- 신헌 지음·김종학 역(2010), 『심행일기』, 푸른역사.
- 전성현(2018), 「'租界'와 '居留地' 사이 – 개항장 부산의 일본인 거주지를 둘러싼 조선과 일본의 입장 차이와 의미」, 『한일 관계사연구』 62.
- 현명철(2013), 「對馬藩 소멸 과정과 한일 관계사」, 『동북아역사논총』 41.

2
원산 일본조계에 관한 조약
元山津開港豫約 및 元山津居留地地租約書

원산진개항예약 | 1879년 8월 30일에 체결된 조약으로, 원산의 거류지 면적 및 지조, 묘지, 입항 및 해관 신고 등을 규정하였다.

원산진거류지지조약서 | 1881년 8월 4일에 체결된 조약으로, 종래 납부하던 지조액을 기준으로 한 규정을 초량왜관의 지조 납입 금액을 기준으로 일괄 연 50엔으로 결정하였다.

元山津開港豫約

第一款

朝鮮政府 朝鮮曆庚辰三月 日本曆明治十三年五月 以後當爲日本人民貿易開咸鏡道元山津其居留地扵長德山及其西面海處定之地基幅員據草梁館實測

第二款

居留地租仍其地從前之租額更加除

譯漢文

為相考事朝鮮國咸鏡道德源府管下元山港日本國人民居留地基幅員總如日本曆明治十二年十月十日日本國代理公使花房義質發於朝鮮政府之圖式元山津開港豫約第二款玄居留地租仍其地從前之租額更加除計算第三款奕載兩政府經費以議定雖然居留地之為經營可以漸作之而難朝年月則加除計算者甚不易行故令日本國總領事前田獻吉商議朝鮮國德源府使金爲秀居留地租姑依金山港例約每歲納金五拾圓但每歲抄完清翌年租額可以漸作者則不後煩朝鮮政府之經費又居留地外長德山北烽燧臺下日本人墓地一區公道以南此租額約每歲納金壹圓但納租期同前為此立約鈐印互相交付以昭憑信

若數年之後欲改正之則須付兩國協議又居留地內道路橋梁修築等除照會德源府使未至落成者外其

朝鮮曆辛巳七月初十日　德源府使　金綺秀 [印]

日本曆明治十四年八月四日　總領事　前田獻吉 [印]

원문

1. 원산진개항예약

元山津開港豫約

第一款
朝鮮政府【朝鮮曆庚辰三月日本曆明治十三年五月】以後當爲日本人民貿易開咸境道元山津其居留地於長德山及其西面海處定之地基幅員據草梁館實測

第二款
居留地租仍其地從前之租額更加除計算第三款所載兩政府經費以議定

第三款
經始日本人居留地爲朝鮮政府之任故兩國委員會同商議榛蕪磊塊之可芟除道路橋梁之可架造者朝鮮政府爲措辦之但安排宅地修理街路等日本政府任之

第四款
居留地近傍以無碍之地爲日本人墓地租額照其地從前所入納之

第五款
朝鮮政府築成埠頭起自長德山西海岸至長德島加意修以便于貨物卸載及舩舶繫泊朝鮮各種舩舶亦呈單海關照納舩租得繫泊于此內其於本國各地方直屬往來運輸固無有禁阻朝鮮人搭日本舩往來開港各口時其居住姓名所持物貨具報海關自海關可發給准單但呈單具報務主簡易要無違宮本理事官明治九年八月卄九日書翰旨趣
埠頭至長德島之事追後察地形量事勢隨宜議定之

第六款
朝鮮政府置海關於埠頭撿查輸出入物貨關前設廠舍以充于撿查之時避風雨霑濕

第七款
日本人間行里程當依釜山港例定以四方十里若禁行地湧珠里銘石院在十里內則當於無妨地補之到德源府如東萊府例
但元山津及葛麻浦之道若在里程之內而有禁行之處宜另開一路以便通行

以上七款內更要審撿者則當就其地商定之

출처: JACAR Ref. B13091004000

2. 원산진거류지지조약서

爲相考事朝鮮國咸鏡道德源府管下元山港日本國人民居留地基幅員總如日本曆明治十二年十月十日日本國代理公使花房義質所致於朝鮮政府之圖式元山津開港豫約第二款云居留地租仍其地從前之租額更加除計算第三款所載兩政府經費以議定雖然居留地之爲經營可以漸作之而難豫期年月則加除計算者甚不易行故今日本國總領事前田獻吉商議朝鮮國德源府使金綺秀居留地租姑依釜山港例約每歲納金五拾圓但每歲抄完清翌年租額若數年之後欲改正之則須付兩國協議又居留地內道路橋梁修築等除照會德源府使未至落成者外其可以漸作者則不復朝鮮政府之經費又居留地外長德山北烽燧臺下日本人墓地一區【爲烽燧臺下公道以南】此租額約每歲納金壹圓但納租期同前爲此立約鈐印互相交付以照憑信

朝鮮曆辛巳七月初十日 德源府使 金綺秀 ㊞
日本曆明治十四年八月四日 總領事 前田獻吉 ㊞

출처: JACAR Ref. B13091004600

‖ 번역문

1. 원산진개항예약

제1관

조선 정부는 【조선력 경진년 3, 일본력 메이지 13년 5월】 이후 마땅히 일본 인민의 무역을 위하여 함경도 원산진을 개항한다. 그 거류지는 장덕산 및 그 서쪽 해안에 이를 정하고 부지 폭원(幅員)은 초량관의 실측에 의거한다.

제2관

거류지의 지조(地租)는 그 땅의 종전의 지조액을 따르며 새로 제3관에 기재된 양국 정부의 경비를 가감하여 계산해서 의정한다.

제3관

일본인 거류지 착공은 조선 정부의 책임으로 한다. 따라서 양국 위원들이 회동해 상의하여 무성한 잡목과 돌무지를 제거해야 하는 것과 도로와 교량을 조성해야 하는 것은 조선 정부가 이를 조치한다. 단, 택지를 안배하거나 도로를 수리하는 등은 일본국 정부가 이를 책임진다.

제4관

거류지 근방의 지장이 없는 땅은 일본인의 묘지로 하고 조액은 그 땅의 종전의 징수에 비추어 이를 납부한다.

제5관

조선 정부는 장덕산 서쪽 해안으로부터 장덕도까지 부두를 쌓고 유의하여 때때로 수리하여 화물의 하선, 적재 및 선박이 정박하는 데 편리하게 한다. 조선의 각종 선박도 역시 해관에 단자를 제출하고 선조(船租)를 납부하면 이 안에 정박할 수 있다. 그 본국의 각 지방에서 곧바로 왕래하며 운수하는 것은 진실로 금지할 수 없다. 조선인이 일본선에 탑승하고 개항한 각 항구에 왕래할 때에는 그 거주지와 성명, 소지물을 해관에 보고해야 해관으로부터 허가증을 발급받을 수 있다. 단, 제출하는 단자와 보고서는 되도록 간이함을 주로 하고 미야모토 이사관의 메이지 9년 8월 29일 자 서간의 취지에 어긋남이 없도록 한다. 부두를 장덕도까지 이르는 문제는 추후에 지형을 살펴보고 형편에 따라 이를 의정한다.

제6관
조선 정부는 해관을 부두에 설치하고 수출입하는 화물을 검사한다. 해관 앞에 막사를 설치하여 검사 시 비바람에 젖는 것을 피하는 데 쓴다.

제7관
일본인 한행리정은 마땅히 부산항의 예에 의하여 사방 10리로 정한다. 만약 통행을 금지한 지역인 용주리와 명석원이 10리 내에 있으면 마땅히 무방한 지역으로 이를 보충하고 덕원부에 이르는 것은 동래부의 예와 같이 한다.
단, 원산진 및 갈마포의 도로가 만약 이정 안에 있어서 통행을 금지한 곳이 있으면 마땅히 따로 한 길을 개방하여 통행에 편리하게 한다.

이상 7개 조관 중 다시 자세히 살펴야 할 것은 마땅히 그 지역에 따라 이를 상의하여 결정한다.

2. 원산진거류지지조약서

상고하건대 조선국 함경도 덕원부 관하 원산항 일본국 인민의 거류지 부지의 폭원(幅員)은 모두 일본력 메이지 12년(1879) 10월 10일 일본국 대리공사 하나부사 요시모토가 조선 정부에 바친 도식(圖式)과 같다. 원산진개항예약 제2관에 거류지 지조(地租)는 그 땅의 종전의 조액(租額)에 따라 새로 제3관에 기재된 양국 정부의 경비를 가감하여 계산하고 의정한다고 하였으나 거류지의 경영은 점진적으로 하여야 하므로 미리 연월을 기약하기 어려우니 가감하여 계산한다는 것은 매우 시행하기가 용이하지 않다. 따라서 지금 일본국 총영사 마에다 겐키치가 조선국 덕원부사 김기수와 상의하여 거류지 지조는 부산항의 예에 의하여 매년 금 50엔을 납부하기로 약정한다. 단, 매해 전년 말에 이듬해의 조액을 완납한다. 만약 수년 후 이를 개정하려고 할 때에는 모름지기 양국 협의에 붙여야 한다. 또 거류지 내 도로, 교량의 수축 등은 덕원부사에 조회하여 아직 낙성되지 않은 것을 제외하고는 점진적으로 할 것은 조선 정부의 경비를 번거롭게 하지 않는다. 또 거류지 밖의 장덕산의 북쪽 봉수대 아래의 일본인 묘지 1구【봉수대 아래의 공도(公道) 이남이다】의 조액은 매년 금 1엔을 납부할 것을 약정한다. 단, 조세를 납부하는 기일은 전과 같다. 이를 위하여 협약을 맺고 조인하여 상호 교부하여 신빙을 밝힌다.

조선력 신사년 7월 10일 덕원부사 김기수 ㊞
일본력 메이지 14년 8월 4일 총영사 마에다 겐키치 ㊞

해제

1. 개요

부산항 이외의 개항장 선정에서 조선과 일본은 수차례 교섭을 거쳤다. 동해안의 개항장은 일본이 애초에 요구했던 함흥이 아닌 원산항으로 결정되었다. 원산의 거류지 면적 및 한행리정은 초량왜관의 예에 따랐고 지조, 묘지, 입항 및 해관 신고 등을 규정한 「원산진개항예약」이 1879년 8월 30일에 체결되었다. 개항 2년 뒤에는 지조와 관련해 구체적인 규정을 담은 「원산진거류지지조약서」를 1881년 8월 4일에 체결하였다. 이를 통해 종래 납부하던 지조액을 기준으로 한 규정을 초량왜관의 지조 납입 금액을 기준으로 일괄 연 50엔으로 결정하였다.

2. 배경

「조일수호조규」[※Ⅱ-1] 체결에 이르는 담판 과정에서 일본 측이 제출한 조규안 제5관은 부산 이외에 영흥부의 해구를 15개월 후에, 경기·충청·전라·경상 가운데 한 곳을 20개월 후에 개항할 것을 명기하였으나, 조선 측의 반대로 영흥이 삭제된 채, 「조일수호조규」 제5관은 부산 이외의 2항을 20개월 이내에 정하는 것으로 규정되었다.

개항장 선정 및 기타 현안에 대한 교섭을 위해 하나부사 요시모토[花房義質] 대리공사가 조선에 파견되었다. 하나부사에 내려진 외무성의 1877년 9월 19일 자 훈령은 두 항구 중 동안(東岸)에는 함경도 영흥부로 지정할 것, 새로운 개항장 거류지의 규칙은 부산을 전례로 삼을 것을 지시했다. 12월 1일, 하나부사와 반접관 홍우창(洪祐昌)의 교섭이 시작되었다. 교섭이 난항을 이루자 하나부사는 영흥부 대신 함경도 문천군 송전리를 개항할 것을 제안하였다. 이에 조선 측은 송전리 역시 능침의 소재지임을 이유로 반대하였다. 12월 11일 회담에서 문천 개항은 결렬되었으나 조선 측에서는 그 대안으로 문천군과 안변부 중간에 위치한 덕원부의 원산진 개항을 제의했다. 하나부사는 원산이 영흥만 바깥에 있다는 이유로 거절했으나 이후 원산을 실측하여 송전리 대신에 개항해도 무방하다고 보았다. 다만 개항장 선정에 관해서는 확실한 결정을 보지 못한 채 교섭이 끝났고 하나부사는 이듬해 1월 20일 귀조, 복명하였다.

1878년 4월 28일, 시나가와[品川]를 출발한 군함 아마기[天城]가 동해안을 측량하였다. 전해 12월에 하나부사와 홍우창의 교섭에서 논의된 원산진 개항을 전제로 한 측량이 실시된 것이었다. 5월 9일 원산(덕원)에 도착 후 본격적인 측량이 시작되었고 조선 정부는 덕원 지방 연해 측량을 저지하고자 했으나 아마기함은 이를 거부하고 약 한 달간 측량을 마치고 나가사키로 회항하였다. 이듬해에는 재차 하나부사에게 조선 파견 명령이 내려지고 경성에 도착한 하나부사와 강수 겸 반접관 홍우창 사이에서 개항에 관한 교섭이 6월 18일부터 시작되었다. 이후 수차례 진행된 교섭에서 원산 개항이 확정되고 관련 조문을 규정한 조약이 체결되었다.

3. 체결 과정

1879년 3월 14일, 하나부사 대리공사에게 재차 조선 파견 명령이 내려졌다. 3월 31일 도쿄를 출발하여 4월 23일 부산에 도착한 하나부사는 이후 금강 어귀, 아산, 인천 등의 항구를 조사한 뒤 통진부에 상륙해 경성으로 향하였다. 하나부사는 홍우창과의 교섭에서 능묘 소재지에 대한 침범 금지를 조건으로 원산 개항을 요구하였다. 결국 7월 8일, 원산 개항이 확정되고 주변의 유보 지역 등 상세 항목에 대해서는 실지 조사 이후에 결정하기로 협의가 이루어졌다. 7월 10일 교섭에서 하나부사는 원산개항의정서안을 조선 측에 전달하였고 다음 날인 11일에 강수관이 내방하여 조목별 심의가 이루어졌다. 제1관에서는 개항 시기를 1880년 3월에서 5월로 연기할 것과 제7관에서 통행금지 표식을 세운 지역을 제외하고 덕원부 관내의 자유로운 이동을 규정한 내용을 부산의 전례에 따라 10리로 한정하는 것 등이 주요 안건이 되었다.

원산 개항의 세목에 대해서는 8월 17일 거류지 면적, 묘지 선정 지역, 한행리정 등에 관한 조선 측의 대안이 제시되었다. 이를 검토한 하나부사는 원안의 제1관, 제7관의 내용을 양보하여 거류지의 넓이를 '초량관의 실측도'에 의거하기로 하고, 한행리정 역시 부산항의 전례에 의거하기로 하였다. 8월 26일 강수관 홍우창이 일본 측 수정안에 대해 동의하면서 28일에 원산개항의정서가 작성되었다. 이는 기명 조인 없이 한문으로 작성된 '예약(豫約)'으로, 8월 30일(음력 7월 13일)에 예조판서 심순택(沈舜澤)이 하나부사에게 동의 결정 서한을 보냄으로써 조인은 효력을 갖게 되었다.[※관련 문서-1] 한편 거류지의 지조는 양국 정부의 거류지 경비를 가감하여 새롭게 제정하기로 규정되었다. 이에 따라 1881년 8월 4일 거류지지조약서가 체결되었는데, 부산항의 예에 따라 매년 50엔을 납부하는 것으로 하였다.

4. 내용

전체 7조로 구성된 원산개항의정서는 앞서 개항된 부산의 전례에 따른 내용을 중심으로 하고 있다. 즉, 제1조에서 개항장의 부지(地基) 폭원을 초량관의 실측에 따르기로 한 점, 제7조에서 일본인의 한행리정을 부산과 같이 사방 10리로 정한 점 등이 명기된 것이다. 그 밖에 거류지 정비에 관한 비용 분담, 해관에서의 신고 방법 및 물품 조사에 관해 규정하였다.

거류지지조약서에서는 지조를 부산과 같이 매년 50원으로 정하고 이후 개정이 필요할 때에는 양국의 협의를 거치도록 하였다. 또한 거류지 밖에 위치한 일본인 묘지에 대해서도 1엔의 지조를 납부하기로 규정하였다.

5. 의의

원산항은 부산에 이어 두 번째로 개항이 이루어졌다. 총영사 마에다 겐키치[前田獻吉]가 1881년 2월 12일에 이노우에 가오루[井上馨] 외무경에게 보고한 원산항 개항 경황에 따르면, 일본 거류민에 대한 현지인의 거부감이 크지 않아 거류지 상인들이 마음껏 시장에서 물품을 구입할 수 있는 상황임을 전하고 있다[※관련 문서-2]. 일본 상인들이 저가의 한국산 곡물을 구입하고자 하여 한전(韓錢)이 등귀하는 현상도 나타났으며, 원산항의 1880년 수출입품 원가는 24만 7250엔 67전 2리, 수출은 13만 5880엔 79전으로 1만 1천여 엔의 수입 초과가 발생하였다. 당시 거류 일본인 수는 209인(남녀 각각 163인, 46인)이었다.

다만 원산은 개항장으로서의 지리·기후적 조건이 좋지 못하여 거류지 내에서의 통상이 중심이 되었다. 초기 입식자들 일부는 귀국하거나 부산으로 되돌아갔고 일부는 인천 개항 이후 인천으로 옮겨 가며 1882~1884년 사이에 거류민 수가 크게 줄었으나 1885년경부터 조금씩 증가하는 추세를 보였다. 개항장으로서 원산의 지위는 무역항보다 러시아 남하를 봉쇄한다는 군사적 요충지로서의 기능에 있었다. 이는 원산 개항 방침을 정한 후 데라지마 무네노리[寺島宗則] 외무경이 하나부사에게 보낸 훈령에서 "이 항구는 단순히 무역에 긴요할 뿐 아니라 접양인방(接壤隣邦)의 병비에 관해 장래 양국의 이해에 관계되는 곳"이라 한 점을 통해서도 단적으로 드러난다. 실제로 원산항은 청일전쟁이 발발한 뒤 일본군의 상륙 거점 중 하나였으며 조계 안에는 원산수비대가 주둔하며 청일전쟁의 후방기지 역할을 하였다.

6. 관련 문서

1) 원산개항에 관한 하나부사의 보고(1879. 9.)

하나, 원산진 개항 결의의 시말은 저들 최초 숭봉(崇奉)의 땅이라 운운하며 거부하였어도 반복 토론, 설유 끝에 마침내 승낙을 받았습니다. 이에 거류지 정돈을 위해서도 다소의 시일을 필요로 하고 거가(居家) 조영 등에도 엄한(嚴寒)을 피하지 않을 수 없다고 생각하여 오는 메이지 13년 5월부터로 정하여 예약안 7건을 기초하여 보였습니다. 그 제1관 중에 "거류지기(居留地基)는 사방 8정(町)(조선2리)으로 장덕산과 그 서쪽 바다에 면한 곳으로 한다", 또한 제7관 "일본인은 용주리(湧珠里), 명석원(銘石院) 등 표식을 세운 금행지를 제외하고는 덕원부 관내를 마음대로 한행할 수 있다. 다만 윤허를 받지 않았다면 관아, 인가에 들어갈 수 없는 것은 물론이다" 등의 내용은, 저들이 이를 모두 부산의 예에 따르고 싶다고 주장함에 대해 그 정기(程期)를 확충하는 것이 간친(懇親)을 보이는 좋은 증거라 이야기하며 수차례 풍유(風諭)하였음에도 이미 성약(成約)이 있기에 강제로 밀어붙일 수도 없어 마침내 부산의 예에 따르는 것으로 결정한 것입니다.

제2관 지세(地稅)는 실지(實地)의 양상이 미심(未審)하므로 제3관 규정의 거류지 경시(經始), 도로 수리 등 양 정부의 경비를 후일에 더하거나 빼어 계산하고 이후 결정하도록 하여 지금 그 액수를 정하지는 않은 것입니다. 제5관 부두 축성은 지도에 따르면 장덕산에서 장덕도에 이르는 약 8정(丁) 정도입니다. 이에 부두를 접하면 매우 안전한 항구의 형태를 이룰 것이므로 축조를 상담함에 이르렀습니다. 저들은 부두 축조에 이의가 없었지만 장덕도에 이르는 것에 대해 그 공사가 매우 커져서 많은 비용이 필요할 것이라 하여 예약하기 어렵다고 하였습니다. 이에 어쩔 수 없이 실지 검사 후 우선 그 절반을 축조하고 남은 부분은 차차 축조하는 것으로 논의했습니다. 어쨌든 실지에서 결정하기로 하였습니다. 또한 저들 이상의 조관 가운데 조선 선박 부두 내에 계박 및 동 인민이 우리 선박에 탑승하여 각 개항장에 왕래하는 것 등에 대해 처음에는 그 폐해가 크다며 거절하였으나 토론, 설유 끝에 또한 실지의 날에 이르러 관리관과 협의하여 해가 없는 방법으로 정할 것으로 하였습니다. 이 예약은 곧 대략를 약정한 것으로 자세한 것은 실지에서 상정(商定)할 것입니다. 때문에 별도의 조인을 하지 않았고 다만 예조판서와 왕복 서한으로 상황을 종결하였습니다.

(중략)

하나, 내년 5월 원산을 개항한다는 약속을 한 이상 본년 내에 일단 저 땅에 가서 거류지, 부두 장소 등 실지 조사를 하여 개항 시 통상에 차질이 생기지 않도록 미리 준비해 둘 것입니다. 다만 저들 정부가 이번에 전 수신사 김기수를 덕원부에 임명하여 위원을 겸해 이미 취임하고 오로지 소관의 도착을 기다리고 있다고 하므로 신속히 출발해 각각 결정하여 정리하고자 합니다. 저들의 땅에서 체류하는 것은 대략 일주간은 넘지 않을 심산입니다.

출처: 『日本外交文書』 권12, #124, 부속서1

2) 원산 개항 경황 보고(1881. 1.)

원산항 개시는 매우 번성하고 있다고 전해 들었습니다만, 그 처음 개항 때에는 내외인의 정호(情好)가 어떠한지 헤아리기 어려웠기 때문에 부산의 예에 따라 개시 날은 우리 거류인이 돌아다니지 않도록 해 두었습니다. 그런데 이곳은 부산과 같이 연래의 폐습(弊習)이 없기 때문인지 장날에 가서 일을 보고 왔으나 저들로부터 우리를 거절하는 일은 없었다고 합니다. 이에 지난 겨울 12월 6일 개시를 시작으로 시장의 실황을 탐지(探知)하기 위해 본관과 속관(屬官) 등이 수차례 해당 지역에 가서 경험해 보니 매우 붐비고 사람들이 오가는 것이 1,000명 이상이라 생각되었습니다. 그런데 화물주는 우리를 거절하지 않을 뿐아니라 도리어 사들일 것을 권하였습니다. 그 가운데 일시 갈등이 발생한 일도 있었습니다만, 오늘에 이르러 인민은 자유로이 나가 물건을 팔고 있으며 대두(大豆) 등은 장날마다 100석 이상도 사모으고 있는 상황으로, 개시의 날에 우리 인민의 외출을 혐기(嫌忌)하는 폐해는 일소되었습니다. 별지의 본항 개황서를 통해서도 명료하게 아실 것입니다.

하나, 일본물산전람소(日本物産展覽所)는 지난 11월 3일 천장절(天長節)*이었기에 임시로 개장했을 때에 한국인이 내관한 자가 1,300명이었습니다. 그후 12월 1일부터 개장하여 28일까지 내관인은 1,438명, 올해 1월에 이르러 대저 매일 70명의 평균 관객이 있었습니다. 그러나 아직 이에 크게 감촉하여 구매를 염두에 둔 자는 없습니다. 자세한 것은 이 또한 경황서에서 확인하실 수 있습니다.

1881년 2월 12일
재한(在韓) 원산항 총영사 마에다 겐키치(前田獻吉)
외무경(外務卿) 이노우에 가오루(井上馨) 귀하

별지

메이지 14년(1881) 원산항 경황(景況) 제1호

원산진 개시의 경황은 원래 이곳에 상하 2곳의 시장이 있어 5일, 10일에 서로 시장을 열었으며 위에 시장이 열리면 아래에는 열리지 않았습니다. 또한 비구름이 있는 날에도 반드시 열린다고 합니다. 시장이라 칭하는 것은 우리나라에서 말하는 히로코지[廣小路]와 같이 시가에 별도로 넓은 공터가 있어 장날에는 원근에서부터 다양한 화물을 가지고 와서 각자 가게를 여는데 마치 작은 시가에 닮아 있습니다. 원산의 각 가게는 대부분 문을 닫고 이곳에 출장와서 각색의 잡화물을 판매하는데 목면(木綿), 종이류, 마포(麻布), 견(遣)**, 담뱃대, 묵필, 빗, 식기 등 헤아릴 수 없이 많으나 모두 하등품입니다. 잡화품은 중국산이 많으며 곡물, 어류, 과일, 도기류, 주물, 생우(生牛) 등은 길가에 나열하고, 곡물은 쌀, 조, 대두, 소두, 찰벼(糯), 쌀, 보리 등으로 대저 포대에 넣은 것으로 5, 6되에서 2말 내외로 보입니다. 그런데 한 사람이 여러 개의 포대를 가지고 오는 자가 있는데 그 수가 무릇 100인 이상이 됩니다. 때문에 1석의 곡물을 얻기 위해 여러 명으로부터 사 모으게 되며 시장의 활기참은 우리의 연시(年市)***를 방불케 합니다. 오가는 사람은 1천 명이 넘는 것으로 생각되고 모

---

* 일본의 축일. 천황 탄생일로 메이지 시기에는 11월 3일(태양력 채용 이후, 메이지 5년 1872년까지는 음력 9월 22일)이었다.
** 견(絹)의 오기로 보임.
*** 연 1~2회 열리는 정기시.

두 남자로 부인은 극히 드뭅니다. 우리 인민이 나가 물건을 사려고 해도 조금도 거절하지 않을뿐더러 도리어 저들이 권유하기도 합니다. 부인 또한 마찬가지입니다. 이전에 우리에게 팔 것을 거절한 자가 있어 이를 추구하니 혹 변찰관(辨察官)으로부터 엄격한 추궁이 있다든가, 통사(通事)로부터 포달이 있다든가 하였기에 저들에게 조회하니 결코 그러한 일은 없었다고 합니다. 그중에는 이미 매입하고자 상담 중에 주변에서 일본인에게는 그 가격으로 팔아서는 안 되며 얼마간 더 비싼 가격으로 팔아야 한다고 방해하는 자도 있었습니다. 드물게는 불시에 와서 우리 인민을 치는 자도 있었습니다. 지난 12월 16일, 야노 요시테쓰[矢野義徹]의 종자 후지타 다마키치[藤田玉吉]가 심하게 눈썹 위를 맞아 길이 1촌 정도의 깊이로 뼈가 드러나는 상처가 나 이튿날인 17일 덕원부사에게 조회하여 수차례 왕복을 거듭하였습니다. 그런데 다마키치는 얼마 지나지 않아 전쾌(全快)하였고 또한 그가 맞은 날 우리 인민의 손으로 통상을 방해한 자 2, 3명을 구인하여 변찰관에게 넘겨 처분하게 하였습니다. 개시 날에는 우리 순사를 출장케 하여 보호하고 저들도 소리(小吏)가 순찰하여 그 후는 흩어져 방해하는 자가 없어졌습니다. 오늘에 이르러서는 우리 거류 상민은 마음껏 시장에 가서 물품을 구입할 수 있습니다. 이번 입항 우편선에는 다소의 곡물을 수입하고자 합니다.

원산 시장 곡물 및 생우의 물가는 대략 다음과 같습니다.

      하나, 백미 일환(一丸) 우리 4, 5되로 일정치 않음. 한전(韓錢) 90~100문 우리 지폐 27~30전.

      하나, 소두 일환 우리 4, 5되로 일정치 않음. 한전 70문 우리 지폐 21전.

      하나, 대두 일환 우리 4, 5되로 일정치 않음. 한전 30~35문 / 우리 동화(銅貨) 9~10전 5리.

      하나, 소맥 일환 우리 4, 5되로 일정치 않음. 한전 50문 / 우리 지폐 15전.

      하나, 대맥 일환 우리 4, 5되로 일정치 않음. 한전 30문 / 우리 동화 9전.

      하나, 조(粟) 일환 우리 4, 5되로 일정치 않음. 한전 70문 / 우리 지폐 21전.

      하나, 미강(米糠) 일환 우리 4, 5되로 일정치 않음. 한전 15문 / 우리 동화 4전 5리.

      하나, 생우(生牛) 일두(一頭) 한전 50관문(貫文) / 우리 지폐 15원에서 18원.

하나, 원래 곡물은 평소 거류지를 왕래하는 한국인에게 위탁해도 저들 관리가 인정한 바가 아니라면 엄벌을 받는다고 하여 용이하게 가져오지 못하였습니다. 때문에 양미(糧米)를 구하기 위해 통사(通事)에게 의뢰해 왔습니다. 그런데 드물게 다른 한국인으로부터 직접 매입할 수 있어 통사가 주선한 바와 비교하면 쌀 1되당 한전 8, 9문 정도 염가입니다. 그러나 우리 상인 가운데 상등(上等)의 자는 처음에 염가인 쌀을 무리하게 사는 것을 권하지 않습니다. 왜냐하면 다소 양미를 염가에 구입한다고 하더라도 만일 저들 관리의 눈에 띄게 된다면 다른 일에 기대어【항상 고용해 두는 한국인에게 죄를 물어 거류지에 들어오는 것을 허락하지 않는 등은 이 또한 그 일단입니다】통상상(通商上) 다양한 방해를 일으킬 우려가 있기 때문입니다.

하나, 한전(韓錢)은 날로 달로 부족해져서 현재 거류지 내에 우리 지폐와 교환비는 1원당 330문 3푼(관례 30%라고 합니다)입니다만 이는 명목뿐으로 교환은 매우 어렵습니다. 이곳은 원래 조선에서 드문 개시장입니다만 물건으로 물건을 교환하는 일이 많고 동전 거래는 적기 때문입니다. 원산 시중에서도 동전을 다수 축적한 자는 없다고 합니다. 이에 더하여 곡물은 우리 내지보다 특별히 염가이기에 이를 매입하여 매도하고 물건을 손해보며 매입한 곡물로 이익을 보는 자가 있으므로 특히 그 동전이 등귀하기에 이른 것입니다. 현재 시험삼아 지폐 1원에 250문으로 바꾸고자 하여도 10관문의 수를 일시에 얻는 것은 용이하지 않다고 할 수 있습니다. 그러므로 상업에 관여하지 않는 자는 불편하여 곤란함을 알 수 있습니다.

하나, 지난 메이지 13년 중【5월 개항 이후를 말합니다】수출입품 원가 합계 383,131원 46전 2리이며 내역은 다음과 같습니다.

하나, 247,250원 76전 2리 수입.

그 가운데 12,811원 12전 5리 국내산 / 234,439원 54전 7리 외국산

하나, 135,880원 79전 수출.

비교

하나, 111,369원 88전 2리 수입이 수출을 초과하는 분.

이 차액은 수입후 선박 간에 현품 및 교환품 모두 상호의 손에 축적되어 자유로운 것으로 간주함.

하나, 작년 중 상선(입항 출항) 9척, 톤수 합 2,370톤.

이 가운데 아키쓰시마[秋津洲] 1,146톤 1척은 개항 시 관용의 목재 등을 적재하였고 상품(商品)은 적재하지 않음.

하나, 거류 인구 209명【남자 163명 여자 46명】. 이 중 관원 및 부속원 73명【남자 53명 여자 20명】.

하나, 무역상 특별한 이변 없음. 사금(砂金), 우피(牛皮)는 변함 없이 지참하여 오고 곡물 또한 조금씩 구입하여 운반하고 있음. 지난 11월 7일 입한한 도카이마루[東海丸] 선박에 원가 173,747원 10전 5리의 물품을 수입하여 이제는 대체로 매입한 것이기에 우편선의 내착을 희망함.

하나, 일본물산전람소는 지난 11월 3일 천장절에 임시 개장하였는데 한국인으로 내관한 자가 1,300명, 그후 12월 1일부터 개장하여 28일까지 내관자 1,438명, 본년 1월에 이르러 대체로 하루 평균 70명의 내관자가 있다고 합니다. 그러나 아직 물품을 보고 구매를 염두에 두는 자가 없다고 합니다. 드물게 작은 칼이나 옥젓가락, 약품 캔이나 부채, 붓 등을 원하는 자가 있으나 필경 판매품이 아니기에 상인의 이름을 가리켜 구입할 수 있는 장소를 알려 주어도 그 집에 가서 구매하는 자는 적습니다. 또한 우리 상인은 아직 이 전람소를 위해 저들로부터 주문을 받은 자가 없으며 처음 개장한 날에 가격 40원 정도의 도기, 꽃병을 보고 그 가격을 물은 자가 있기는 하나 구매하지는 않았다고 합니다. 관객은 물품의 제조와 기술 여하에는 주의를 기울이지 않고 장중의 천장을 보고 있는 자가 많다고 합니다【해당 장소의 구조는 2중의 천장으로 유리창을 통해 햇빛을 끌어옵니다】.

하나, 지난 겨울 11월 7일 비가 눈으로 바뀌었는데 이는 거류지 개시 이래 처음으로 눈을 본 것입니다. 그러나 근방의 산들은 수일 전부터 설경을 띄고 있었습니다. 이후 22일 밤에 조금씩 눈이 내려 24, 25, 26일에 눈이 왔습니다. 특히 25일부터 26일 아침까지 눈바람이 심하여 거류지 방파제 및 기타 상가의 담장 등은 곳곳이 파손되었습니다. 관사는 다행히 무사합니다. 이 눈은 깊이가 1척 정도는 되나 진정된 후에는 7, 8촌 정도로 기억합니다. 후에 12월 14일에 매우 적은 눈이 내렸고 본년 1월 7일 눈이 내렸으나 잠깐 후에 모두 사라졌습니다.

하나, 한기는 매우 격렬하여 관청의 통로에 둔 온도계는 정오에 27, 28도(섭씨 약 -2.7도)까지 내려가며 서북풍을 맞습니다. 관사는 화기(火氣) 없는 실내로 정오에 19도(섭씨 약 -7.2도)까지 내려가기도 합니다. 기름은 물론 계란도 얼 정도이며 기둥에 건 시계는 대체로 활동이 정지됩니다. 술통도 입구 주변은 얼어 있으며 목욕을 끝내고 머리를 빗질하면 곧바로 얼음을 깎아내리는 듯합니다. 이 같은 혹서가 연일 이어지는 가운데 돌연 정오에 40도(섭씨 약 4.4도)의 온기를 발하기도 합니다. 기후의 불순함이 실로 심합니다.

메이지 14년(1881) 1월 상원(上院)[*]

출처: 『日本外交文書』 권14, #147, 부속서

[참고 문헌]

- 高尾新右衛門 編(1916), 『元山發展史』.

- 日本外務省 編(1949·1951), 『日本外交文書』 第12·14卷, 日本国際連合協会.

- 다보하시 기요시 지음, 김종학 역(2013), 『근대 일선관계의 연구(상)』, 일조각.

- 孫禎睦(1982), 『韓國開港期 都市變化過程硏究-開港場·開市場·租界·居留地』, 一志社.

- 高秉雲(1987), 『近代朝鮮租界史の研究』, 雄山閣出版.

- 西野玄(2001), 「開港期初期, 外務省の居留地設置政策-釜山居留地の設置から仁川開港まで」, 『韓国言語文化研究』 1.

---

* 상원(上元)의 오기로 보인다. 음력 정월 보름(15일).

3
조선 한행리정에 관한 조약

議訂朝鮮國閒行里程約條 및 朝鮮國閒行里程約條附錄

의정조선국한행리정약조 | 「조일수호조규속약」에 따라 확대된 한행리정 50리의 구체적인 범위를 정한 조약이다.

조선국한행리정약조부록 | 「조일수호조규속약」 비준 2년 뒤 한행리정을 100리로 확대하기로 한 규정에 따라 그 구체적인 범위를 정한 조약이다

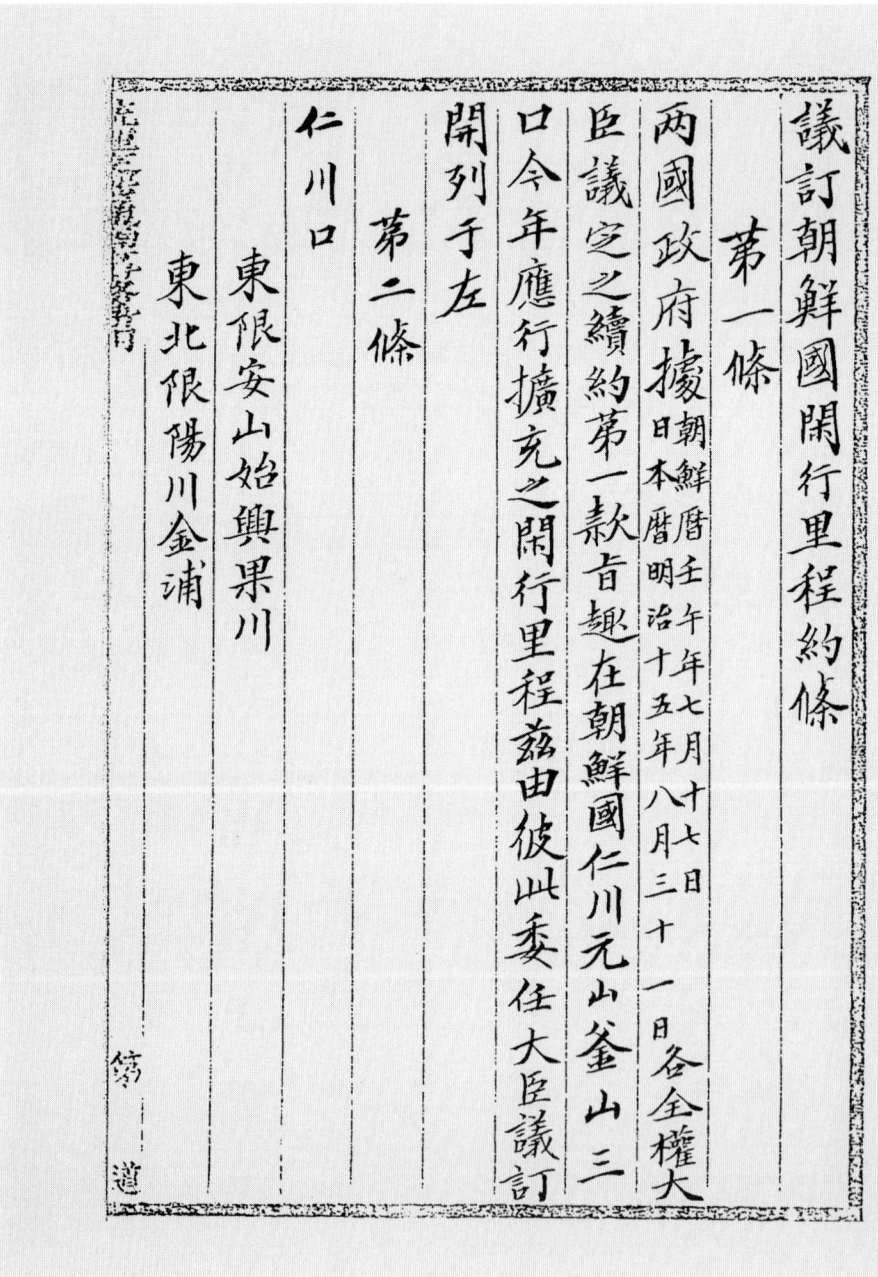

議訂朝鮮國開行里程約條

第一條

兩國政府據朝鮮曆壬午年七月十七日日本曆明治十五年八月三十一日各全權大臣議定之續約第一款旨趣在朝鮮國仁川元山釜山三口今年應行擴充之開行里程玆由彼此委任大臣議訂開列于左

第二條

仁川口

東限安山始興果川
東北限陽川金浦

朝鮮國間行里程取極約書

第一條

兩國政府ハ日本曆明治十五年八月三十一日各全權大臣ノ議定シタル續約第一款ノ旨趣ニ依リ朝鮮國仁川元山釜山ノ三港ニ於テ今年可取廣間行里程ノ雙方委任ノ大臣協議ノ上左之通定メタリ

第二條

仁川港

東ハ安山始興果川ヲ限ル

朝鮮國間行里程約條附錄

茲據朝鮮曆癸未年六月二十二日 日本曆明治十六年七月二十五日 所訂本約第三條兩國委員會同議定今年再行擴充之里程境界開列于左

仁川口
　南限南陽水原龍仁廣州
　東限京城東中浪浦
　西北限坡州交河道津江華
　西南限永宗大阜小阜各島

元山口

朝鮮國間行里程取極約書附錄

茲ニ日本曆明治十六年六月二十五日
ニ朝鮮曆癸未年六月二十二日取極タル

本約書第三條ニ據リ今年更ニ擴開スヘキ間行
里程ノ境界ヲ兩國委員會同議定シテ左ニ開列
ス

仁川港

南ハ南陽水原龍仁廣州ヲ限ル
東ハ京城東中浪浦ヲ限ル
西北ハ坡州交河通津江華ヲ限ル

원문

1. 의정조선국한행리정약조

議訂朝鮮國閒行里程約條

第一條
兩國政府據【朝鮮曆壬午年七月十七日日本曆明治十五年八月三十一日】各全權大臣議定之續約第一款旨趣在朝鮮國仁川元山釜山三口今年應行擴充之閒行里程玆由彼此委任大臣議訂開列于左

第二條
仁川口
    東限安山始興果川
    東北限陽州金浦
    北限江華島
元山口
    西限德源府管轄馬息嶺
    南限安邊府管轄古龍池院
    北限文川郡管轄業加直
釜山口
    東限機長
    西限金海
    南限鳴湖
    北限梁山
以上所定各地境界應由兩國官吏會同立標以明四方限止

第三條
朝鮮曆甲申年日本曆明治十七年再行擴充之里程境界應俟屆期由兩國委員議定以作此約附錄

第四條
此里程內聽日本人隨意放銃打獵但接近人家之處及朝鮮政府制禁處所不可放銃

第五條
如有日本人在此里程內行暴或踰越境界者應由地方官吏拿管送交日本領事館或攔留於該處行報領事官請辦但攔留或送致之際不可虐遇苛待其攔留視往來領事館之時刻爲限

第六條
在此里程內如有朝鮮人對日本人行暴者應由地方官即送派吏救護嚴罰其行暴人

第七條
過有日本人閒行之際日暮不能歸或道中有疾病事故不能行走者沿路人民當聽其請雇用轎馬或令歇宿其家等懇切相待但其轎馬費及歇宿錢等由有日本人完算

第八條
朝鮮政府應將第四條以下各條出示曉諭里程內鄉村及道路俾人民一切遵奉

玆兩國委任大臣記名蓋印以昭信守

大朝鮮國開國四百九十二年六月二十二日
　　　全權大臣督辦交涉通商事務閔泳穆 ㊞
大日本國明治十六年七月二十五日

全權大臣辨理公使竹添進一郎 ㊞

2. 조선국한행리정약조부록

朝鮮國間行里程約條附錄

玆據【朝鮮曆癸未年六月二十二日日本曆明治十六年七月二十五日】所訂本約第三條 兩國委員會同議定今年再行擴充之里程境界開列于左

仁川口
　　南限南陽水原龍仁廣州
　　東限京城東中浪浦
　　西北限坡州交河通津江華
　　西南限永宗大阜小阜各島

元山口
　　北限永興
　　西限文川終境
　　南限淮陽通州

釜山口
　　東限南倉
　　北限彦陽
　　西限昌原馬山浦三浪倉

南限天城島

茲兩國委任大臣記名蓋印作爲朝鮮國間行里程約條附錄以昭信守

大日本國明治十七年十一月二十九日
　　　委任大臣辨理公使竹添進一郎 ㊞
大朝鮮國開國四百九十三年十月十二日
　　　委任大臣督辨交涉通商事務金宏集 ㊞

JACAR Ref. B13091008600

번역문

1. 의정조선국한행리정약조

제1조
양국 정부는 【조선력 임오년(壬午年) 7월 17일, 일본력 메이지 15년(1882) 8월 31일】 각 전권대신이 의정한 속약 제1관의 취지에 근거하여 조선국의 인천, 원산, 부산 세 항구에서 마땅히 금년에 확장해야 할 한행리정(閒行里程)을 피차의 위임받은 대신들이 의정하고 다음과 같이 열거한다.

제2조
인천항
　동쪽으로 안산, 시흥, 과천까지 한다.

동북쪽으로 양천, 김포까지 한한다.

　　북쪽으로 강화도까지 한한다.

원산항

　　서쪽으로 덕원부 관할의 마식령까지 한한다.

　　남쪽으로 안변부 관할의 고룡지원까지 한한다.

　　북쪽으로 문천군 관할의 업가직까지 한한다.

부산항

　　동쪽으로 기장(機張)까지 한한다.

　　서쪽으로 김해(金海)까지 한한다.

　　남쪽으로 명호(鳴湖)까지 한한다.

　　북쪽으로 양산(梁山)까지 한한다.

이상 정한 각지의 경계에는 마땅히 양국 관리가 함께 모여 표식을 세워 사방의 한계를 명확히 한다.

제3조

조선력 갑오년, 일본력 메이지 17년(1884)에 다시 확장할 이정(里程)의 경계는 마땅히 기일이 도달하기를 기다려 양국의 위원이 의정하여 이 약조의 부록으로 삼는다.

제4조

이 이정 내에서는 일본인이 마음대로 사냥을 하면서 돌아다니는 것을 허가한다. 단, 인가에 접근한 곳과 조선 정부가 제한 금지하는 곳에서는 발포하지 못한다.

제5조

일본인이 이 이정 내에서 폭행하거나 경계를 넘어서는 자가 있을 때에는 지방 관리가 체포하여 일본 영사관에 넘기거나 혹은 해당 지역에 억류해 두고 영사관에 알려서 처리하게 한다. 단, 억류하거나 송치할 때 학대하거나 가혹한 취급을 해서는 안 된다. 억류는 영사관에 왕래하는 시간을 한도로 한다.

제6조
이 이정 내에서 조선인이 일본인을 폭행하는 자가 있을 때에는 지방관은 속히 관리를 파견하여 구호하며 그 폭행한 사람을 엄격히 처벌한다.

제7조
일본인이 통행하다가 날이 저물어 돌아갈 수 없게 되거나 혹은 도중에 질병이나 사고가 있어서 갈 수 없는 자가 있으면 연로(沿路)의 인민은 그 청을 들어 가마나 말을 고용하게 하거나 그 집에 쉬게 하는 등 정성스럽게 대해 주어야 한다. 단, 그 가마와 말의 비용과 숙박비 등은 해당 일본인이 청산한다.

제8조
조선 정부는 마땅히 제4조부터 이하 각 조항을 이정 내의 향촌 및 도로에 게시하고 타일러 인민 모두가 준수하고 받들도록 한다.
이에 양국이 위임한 대신들은 기명 조인하여 믿음을 지킨다는 것을 밝힌다.

대조선국 개국 492년 6월 22일
　　　독판교섭통상사무 민영목 ㊞
대일본국 메이지 16년 7월 25일
　　　전권대신 판리공사 다케조에 신이치로 ㊞

2. 조선국한행리정약조부록

이에 【조선력 계미년 6월 22일, 일본력 메이지 16년(1883) 7월 25일】 약정된 본 약조 제3조에 의거하여 양국 위원들이 회동하여 금년에 다시 확장할 이정의 경계를 의정하고 다음과 같이 열거한다.

인천항
  남쪽으로 남양, 수원, 용인, 광주까지 한한다.
  동쪽으로 경성, 동중량포까지 한한다.
  서북쪽으로 파주, 교하, 통진, 강화까지 한한다.
  서남쪽으로 영종, 대부도, 소부도까지 한한다.
원산항
  북쪽으로 영흥까지 한한다.
  서쪽으로 문천의 경계까지 한한다.
  남쪽으로 회양, 통천까지 한한다.
부산항
  동쪽으로 남창까지 한한다.
  북쪽으로 언양까지 한한다.
  서쪽으로 창원, 마산포, 삼랑창까지 한한다.
  남쪽으로 천성도까지 한한다.

이에 양국이 위임한 대신들이 기명 조인하고 조선국한행리정약조부록으로 삼아 믿음을 지킨다는 것을 밝힌다.

대조선국 개국 493년 10월 12일
       위임대신 독판교섭통상사무 김홍집 ㊞
대일본국 메이지 17년 11월 29일
       위임대신 판리공사 다케조에 신이치로 ㊞

해제

1. 개요

개항장을 중심으로 일정 범위 안에서 일본인들의 자유로운 활동을 보장한 한행리정(間行里程)은 「조일수호조규부록」[※Ⅱ-2] 제4관에 규정되었다. 애초 한행리정 범위는 동서남북 조선의 10리(≒일본 1리)였으나 임오군란 이후 체결된 「조일수호조규속약」[※Ⅱ-3]에서 이를 50리, 비준 후 2년 뒤 100리까지 확대하도록 규정되었다. 이에 따라 1883년 7월 25일 각 개항장의 구체적인 한행리정 범위를 정한 「의정조선국한행리정약조」가 체결되었고, 1884년 11월 29일에 「조선국한행리정약조부록」을 체결, 100리로 확대된 각 개항장의 한행리정 범위가 확정되었다.

2. 배경

「조일수호조규」[※Ⅱ-1] 체결 후, 1876년 2월 27일 미야모토 오카즈[宮本小一]가 신헌(申櫶)을 방문하여 문답이 이루어지는 가운데 한행리정과 관련한 논의가 이루어졌다. 즉, 미야모토가 "훗날 개항할 때 설문의 범위는 반드시 사방 10리로 정해야 합니다"라고 한 것에 대해 신헌은 "우리나라는 땅덩이가 작아서 10리로 경계를 정하는 문제는 논할 수 있는 바가 아니다. 하지만 그 문제는 금일 가부를 따질 필요 없으니 개항할 때 상의해서 약정할 것이다"라고 일축하며 관련 논의를 구체적인 세목을 결정하는 수호조규 부록 체결로 미룬 것이다.

이후 「조일수호조규부록」 체결을 위한 미야모토와 강수관 조인희(趙寅熙)의 담판에서 한행리정에 대한 본격적인 논의가 시작되었다. 일본이 제시한 수호조규부록 초안 제5관은 부산 개항장의 한행리정을 일본의 10리로 하였으며, 경계 내의 물품 매매를 허가할 것을 요구하였다. 일본이 주장한 한행리정 10리는 당시 일본이 서양 열강과 체결한 조약의 유보 규정에 따른 것이었다. 다만 일본이 열강과 체결한 조약에서의 유보 규정은 개항장을 중심으로 일정한 거리를 정해 그 범위 안에서 외국인의 자유로운 왕래만을 규정한 것으로, '통상' 행위를 엄격히 금지했다는 점에서 일본이 조선에 요구한 한행리정과 중대한 차이가 있었다.

일본 측 요구에 대해 조인희는 제2차 회담에서 일본 10리가 조선 100리에 해당하고 해당 범위 내의 인민을 퇴거시켜야 하는 문제가 있다며 기존 초량왜관의 경계를 한도로 할 것을 주장하였다. 이에 미야모토는 일본의 10리가 '하루 동안 사람이 걸어갈 수 있는 거리'임을 근거로 일본 측의 요구를 재차 내세웠으며 이어진 회담에서도 한행리정 범위를 둘러싼 양측의 의견은 좁혀지지 않았다.

당시 회담의 또 다른 논점이었던 공사 주차 문제로 교섭은 결렬 위기를 맞기도 했으나, 일본 측이 공사 주차에 대한 논의를 철회하며 제6차 회담이 1876년 8월 16일에 열렸다. 이때 조인희는 재차 한행리정의 조선 10리 범위를 주장하였고, 일본 측은 기존 입장에서 범위를 축소한 조선의 50리나 70리를 제안하였다. 이는 조선의 범위 단축 요구에 따라 일본의 5리까지 허락한다는 태정대신의 훈령이 이미 같은 해 6월 28일 미야모토에게 내려졌기 때문이었다. 그러나 조선 측은 이 같은 제안을 수용하지 않았고 결국 8월 24일 체결된 수호조규부록은 조선의 요구가 관철되어 한행리정은 조선 10리로 확정되었다(제4관). 다만 왜관에서 동래까지의 왕래는 예외적으로 인정되었고 한행리정 내에서의 일본 물산 매매가 허가되었다는 점에서 일본 측의 요구 또한 일정 부분 반영된 것이었다.

3. 체결 과정

「조일수호조규부록」에 규정된 한행리정은 부산에 이어 개항장으로 확정된 원산에서도 동일하게 적용되었다. 즉, 사방 조선의 10리로 하되 10리를 넘어선 덕원부까지의 왕래는 동래부와 마찬가지로 허용한 것이었다. 다만 능침이 있어 통행이 금지된 용주리, 명석원의 경우는 이를 대신할 지역으로 보충하게 되었다.

이후 한행리정의 범위가 확대된 것은 1882년 임오군란을 구실로 체결된 「조일수호조규속약」을 통해서였다. 「조일수호조규속약」 제1조에서 한행리정을 사방 50리로 하고, 2년 후에 다시 100리까지로 확장하는 것을 규정하여 일본의 오랜 요구였던 100리 한행리정이 관철된 것이다. 「조일수호조규속약」 체결 이듬해인 1883년 7월 25일, 민영목(閔泳穆)과 다케조에 신이치로[竹添進一郎] 사이에 「의정조선국한행리정약조」가 체결된다. 구체적인 범위 설정을 위한 논의는 조약 체결 4개월 전부터 이루어진 것으로 보이며, 일본 측은 그 사이에 각 지역에 대한 사전 조사와 답사를 실시하였다. 즉, 인천에서는 스기무라 후카시[杉村濬] 영사가 이해 5월에 안산, 시흥, 양천 등을 답사하였고, 부산총영사 마에다 겐키치[前田獻吉] 또한 같은 해 4월과 5월, 한행리정의 확장 지역을 물색하기 위한 현지답사를 수행하였다.

이듬해인 1884년에는 「조일수호조규속약」에 의거하여 100리까지 확장된 새로운 경계 설정을 위한 검토가 이루어졌다. 이해 4월 11일, 일본 서리공사(署理公使) 시마무라 히사시[島村久]는 통리교섭통상사무아문(통서)에 인천에서의 한행리정 조사를 위해 인천영사 고바야시 하시이치[小林端一]를 각지에 파견함을 알리며 조선 측의 협력을 요청하였다. 이에 통서에서 각 지역에 일본인 영사와 함께 현지 조사를 행할 것을 지시하면서, 만약 100리 이상 떨어진 지역을 선정하려고 할 경우에는 100리 이내의 역참이나 시장을 경계로 하라는 구체적인 방책을 전달하였다. 이 같은 지시는 인천뿐 아니라 원산, 부산 등 다른 개항장에서도 이루어졌다. 다만 현지에서 통서에 보고된 내용에 의하면 실제로 일본 측은 100리를 넘어 경계를 정하고자 한 것이 확인된다. 원산 감리나 파주 목사 등은 일본 측이 100리를 넘어 현지답사를 수행하자 지령에 따라 문제를 제기하고 이를 저지하려고 하였다. 그러나 실제로 1884년에 11월 29일 체결된 「조선국한행리정약조부록」은 문제가 된 지점 가운데 인천의 파주, 원산의 영흥, 회양, 통천 등 100리를 초과한 지역들이 모두 경계 안으로 설정되었다.

4. 내용

전체 8조로 구성된 「의정조선국한행리정약조」는 제2조에서 인천, 원산, 부산의 각 개항장의 구체적인 한행리정 확장 지역을 규정하였다. 인천항은 동으로는 안산, 시흥, 과천을, 동북으로는 양천, 김포를, 북으로는 강화도를 한계로 하였고, 원산항은 서쪽으로는 덕원부 관할의 마식령을, 남으로는 안변부 관할하의 고룡지원(古龍池院)을, 북으로는 문천군 관할하의 업가직(業加直)을 경계로 하였으며, 부산항의 경우 동으로 기장, 서로 김해, 남으로 명호, 북으로 양산을 한계로 하였다. 부산에서 한행리정의 범위를 개항장에서 80리 떨어진 양산까지 지정한 것처럼, 조선 50리 규정은 철저하게 준수되지 않았다. 각 경계에는 양국 관리의 입회 하에 표목을 세워 사방 경계를 명확히 하였다. 또한 구역 내에서의 일본인 수렵 활동은 인정되었으나 인가나 금제 구역 내에서의 발포는 금지되었으며(제4조), 일본인의 범법 행위에 대한 영사재판권(제5조, 제6조) 등이 규정되어 있었다.

한편, 한행리정을 최초로 규정한 「조일수호조규부록」 제4조의 일본어본과 한문본은 각각 '행보(行步)'와 '한행(間行)'으로 달리 표현되어 있으나 「의정조선국한행리정약조」의 경우는 일본어본 또한 '조선국한행리정취극약서(朝鮮國間行里程取極約書)'로 동일하게 '한행리정'이라는 용어를 사용하고 있다. 이는 일본의 '유보 규정'과는 이질적인 성격으로 '한행리정'을 위치짓고 있음을 뜻한다고도 할 수 있다.

1884년 11월 29일에 체결된 「조선국한행리정약조부록」을 통해 한행리정은 기존의 50리에서 100리로 확대되었다. 이를 통해 각 개항장에서 확장된 지역, 거리만이 규정되었으며 기타 구체적인 조항이 추가된 것은 아니었다. 또한 「의정조선국한행리정약조」에서 50리를 초과한 지역까지 포함되었던 것처럼, 설정된 지역 가운데에는 파주, 영흥, 회양 등 100리 규정을 초과한 경우가 많았다.

5. 의의

일본은 한행리정 제정을 통해 조선에서의 활동 범위를 확장해 나갔다. 그리고 한행리정과 함께 조선 내지 전역에 대한 「여행규칙」도 마련하였다. 「여행규칙」을 통해 통행 허가증을 발급받으면 한행이정 바깥에서도 여행과 통상이 가능해지도록 한 것이다[※관련 문서-1]. 영사재판권을 적용받는 일본인의 이 같은 활동 범위의 확대는 개항장 바깥에서 일본인과 조선인의 충돌과 갈등을 유발하는 요인이 되었다.

그런데 당시 일본은 자국 내의 외국인들에게는 조약상의 유보 규정이 상업 활동을 금지한 것이라 해석하여 조선에서의 일본의 한행리정과는 대조적인 방침을 취했다. 또한 유보 규정을 넘어선 지역에 대한 외국인의 출입을 금지하여 일본에서의 외국인 내지통상을 원천적으로 차단했다. 일본에서 외국인 내지 여행은 1874년 5월 31일에 공포된 「외국인내지여행윤준

조례(外國人內地旅行允準條例)」를 통해 병기요양(病氣療養), 학술 조사를 목적으로 한 제한적인 형태만을 허가했을 뿐이었다[※관련 문서-2]. 그러나 일본은 조선에서의 한행리정 확대를 개시장 확보의 수단으로 삼았으며 나아가 일정한 조건을 갖추면 내지통상도 가능케 함으로써 조선 내의 개항장에 국한되지 않는 일본 자본의 침투를 꾀하였다.

6. 관련 문서

1) 「조선국내지여행취체규칙(朝鮮國內地旅行取締規則)」

제1조
조선국에 거류하는 우리 인민이 그 내지, 즉 한행리정 바깥으로 여행 혹은 행상하려고 하는 자는 반드시 통행권을 휴대해야 한다. 지방 관리가 통행권을 보려고 청할 때에는 곧바로 이를 제시해야 한다.

제2조
내지 여행 혹은 행상을 하려는 자는 그 청원서에 족적(族籍)*, 직업, 주소, 씨명, 연령 및 여행의 목적, 왕복 도로 혹은 행상의 지명, 물품 등을 상세히 기재하고, 신원보증인 2명의 연서를 통해 이를 영사관에 제출하고, 통행권 발급을 신청해야 한다. 다만 관리 및 관비 유학생은 신원 보증인을 필요로 하지 않는다.

제3조
출원인 혹은 신원보증인의 신상에 관하여 통행권을 발급하며, 부적합하다고 인정되는 사고가 있을 때에는 이를 발급하지 않을 수 있다.

---
* 메이지 4년(1871) 제정된 호적법에 의해 호적에 기재되는 신분 구분. 족적으로 화족(華族)·사족(士族)·평민(平民) 등이 기재되었다.

제4조

통행권은 여행 또는 행상지로부터 귀착한 후 3일 내에 영사관에 반납해야 한다. 단, 행상으로 상시 영업을 하는 자는 이에 해당하지 않는다.

제5조

조선국 내지에서 여행 또는 행상하는 자는 지방 법령과 제반 규칙을 준수해야 한다.

제6조

통행권을 소지하지 않고 내지에서 여행 또는 행상하는 자는 메이지 16년(1883) 제11호 포고*에 따라 벌금으로 처분한다.

출처: 『朝鮮國居留日本人同國內地旅行取締規則設立一件』 외무성기록 3-8-6-4

2) 「외국인내지여행윤준조례(外國人內地旅行允準條例)」

제1조

외국 선박이 해안에서 곤란을 겪거나 난파되었을 때에는 그 승무원 외국인은 물론, 그 선박의 구조를 위해 각 개항장 외국인이 내지 여행을 청구할 경우 사상(士商)의 구별 없이 이를 허락할 것이다.

난파선을 일시적으로 급속히 처분할 수 없으므로 선체의 잔여 등을 입찰하여 지불하기 위해 여행을 신청할 경우 그 사정이 어쩔 수 없을 때에는 본문과 같이 허락한다.

제2조

양잠, 제차(製茶), 기타 일본 내지 고유의 제작물에 관해 학술 연구를 위해 조약 체맹국 본

---

* 메이지 16년(1893) 4월 5일 태정관 제11호 포고(윤곽부 법령)를 뜻한다. 전문은 다음과 같다. "조선국에서 유보 규정을 어긴 자는 2원 이상 100원 이하의 벌금에 처한다"

국 정부로부터 영사관으로 일본에 파견해 온 자는 물론, 그 밖에 일본 재류 그 나라 공사로부터 공서(公書)를 통해 앞선 취지에 기반해 무역 등을 하지 않는 것을 증명하고 지방 경력을 청구할 경우에는 그 인원만을 특별히 그 목적하는 장소로 여행하는 것을 허가한다.

제3조

일본 물산, 즉 초목, 금수, 금석 등 제 광물의 종류를 조사하기 위해 학술로 유명한 선생, 교사라 일컬어지는 자는 그 본국 공사가 이를 추천하거나 그렇지 않더라도 일본 정부가 실로 그에 상당하다고 승인할 경우 그 장소에 정한(程限)을 정하여 실지 조사를 할 것을 허락한다.

본문과 같은 이유로 허가한 자는 돌아온 후에 반드시 조사 상황을 기록하여 외무성에 제출할 것을 약정한 후에 허가할 것이다.

제4조

별 궤적에 따라 시일을 기하여 일본 내지에서 그 운행을 측량하는 편의를 요할 때, 혹은 전 세계 지리를 조사하는 학자 등은 그 청구하는 사정에 따라 일본 정부가 전의(詮議)한 후 이를 허가한다.

부칙. 본문과 같은 경우는 시일을 한정하여 허가할 것.

제5조

각 개항장 거류 외국인이 병에 걸려 그 병증(病症)이 온천욕을 필요로 할 경우, 혹은 매우 더운 날 산수가 청려(淸麗)한 곳에 가서 공기 변환을 요양의 첫째로 할 경우는 병증의 진위를 의사가 증명하여 그 출원서에 그 나라 영사의 검인을 하고, 출원서를 낼 때에는 30일 혹은 50일의 일수로 한정한다. 가령 요코하마[橫濱]는 하코네[箱根], 아타미[熱海], 도야마[富山], 닛코[日光], 이카호[伊香保]를 허가하고, 효고[兵庫]는 아리마[有馬], 비와코[琵琶湖], 히에이잔[比叡山], 남도[南都]의 제 봉우리를 허가하며 나가사키[長崎]는 고토[五島], 시마바라[島原], 하코다테[箱館]는 삿포로[札幌]까지를 한계로 허가할 것이다.

제6조
일본 정부가 고용한 외국인 및 일본 평민이 고용한 외국인이 고용 장소로 가기 위해 여행하는 것을 허락한다. 고용된 외국인은 앞선 조목과 같이 병이나 요양을 위해 고용주의 허가를 얻어 온천을 가고자 할 경우 재차 그 사유를 신청하고 고용주는 이를 증명하여 외무성에 제출한다. 외무성은 그 사정이 어쩔 수 없는 경우라 승인한 이상은 기일을 한정하여 허가한다.

제7조
도쿄[東京]에서부터 그 항구에 긴급히 왕복하고자 할 때, 외국인이 겨울 항해를 위한 배편을 얻지 못하는 것과 같은 문제가 있어도 미룰 수 없는 상황이 있는 자는 그 나라 공사로부터 출원하여 사정이 타당하다고 생각될 경우 이를 허가한다.

제8조
내지에 고용된 외국인이 고용된 후에 그 가족을 개항장에서 데려오거나, 떨어져 우선 귀국하고자 하여 고용된 장소에서 개항장까지 보내거나 또는 고용된 외국인이 병에 걸려 개항장에 있는 외국의 의사를 초청하기 위해, 또는 그 친족을 간병하기 위해 부르는 등의 요청은 그 고용주로부터도 증명하여 그 사정이 진실로 틀림없다고 할 경우 이를 허가할 것이다. 다만 의사는 대략 그 시일을 한정해야 한다.

제9조
각국 정부의 명신(名臣)으로 그 이력이 해외에 저명한 사람이 은퇴 후 각처를 여행하기 위해 일본에 도래하여 일본에 파견된 공사로부터 소개장을 가지고 올 경우, 혹은 일본 재류 그 나라 공사로부터 의뢰가 있거나 명신의 이력이 유명한 자가 아니라 하더라도 그 나라의 화족으로 군주가 각별히 우대하는 자라고 하여 그 나라 공사의 증명으로 내지 여행을 청구할 경우, 위의 각 조건에 해당하지 않더라도 이를 허가할 것이다.
부칙. 일본에 온 외국 수사제독의 경우 일본해군성의 교제에 의해 청구에 응해야 할 때에는 본문에 준하여 허가할 것.

제10조

일본 평민이 광산 발굴, 목장 감정 등을 위해 일시 현지에 가서 그 품평을 청하고자 하여 외국 학자를 초빙할 경우, 혹은 매입한 각종 기계를 그 장소에 설치, 또는 시운전을 위해 그 장소까지 동행, 안내하기를 원할 경우는 현지를 관할하는 부현청(府縣廳)의 증명을 받거나 공부성(工部省)에 관계한 일은 공부성의 첨부서류를 지참하여 출원할 경우 고용한 자가 아니라 하더라도 이를 허가한다.

제11조

면허를 부여하여 내지 여행하는 외국인이 여행에 있어 불가결한 종자(從者)는 그 공사의 증명 후에 동행을 허가한다.

제12조

모든 외국인에게 내지 여행을 허가할 때에 정부가 고용한 자는 고용 관청으로부터 통역을 붙이고 평민도 마찬가지로 한다. 저들의 청원에 따른 경우 언어가 통하는지 여부를 규명한 후 그자의 신분이나 일의 경중에 따라 관에서 이를 붙여 주거나 또는 자신이 통역을 동반하기도 한다. 여행 중에 불미스러운 일을 피하려면 반드시 이를 동반해 가야 한다.

출처: 『太政類典』 2編 81卷

[참고 문헌]

- 다보하시 기요시 지음, 김종학 역(2013), 『근대 일선관계의 연구(상)』, 일조각.
- 신헌 지음·김종학 역(2010), 『심행일기』, 푸른역사.
- 酒井裕美(2016), 『開港期朝鮮の戰略的外交 1882-1884』, 大阪大学出版会.
- 박한민(2014), 「개항장 '間行里程' 운영에 나타난 조일 양국의 인식과 대응」, 『한국사연구』 165.

4
인천 일본조계에 관한 조약
朝鮮國仁川口租界約條

조선국인천구조계약조 | 1883년 9월 30일 체결된 조약으로 부산, 원산에 이어 선정된 개항장 인천에서의 일본인 전관거류지를 명문화하였다.

朝鮮國仁川口租界約條

第一條

在朝鮮國仁川口各國人覊留租界中將另附圖上朱畫之處特充日本商民居住處所以為日本商民先來之報倘遇後來租界滿塞朝鮮政府應夏行擴開租界之地至於各國人覊留租界不論何處日本商民亦得隨便居住

第二條

租界中日本商民所住之地除道路溝渠朝鮮政府應按圖上所定住址區域用公拍法租與日本人

朝鮮國仁川港ニ於テ居留地借入約書

　第一條

朝鮮國仁川港外國人居留地ニ於テ別紙圖面朱畫ノ部分ヲ特別ニ日本商民ノ住處ニ充テ以テ日本商民先著ノ報酬ト爲ス若シ後來右居留地克塞スルニ至レハ朝鮮政府ハ更ニ居留地ヲ擴開スルコヽ都テ外國人居留地内ハ何レノ場處ヲ論セス久日本商民隨意ニ居住スルヲ得

　第二條

日本商民居留ノ地所ハ道路溝渠ヲ除キ朝鮮政

원문

朝鮮國仁川口租界約條

第一條
在朝鮮國仁川口各國人羈留租界中將另府圖上朱劃之處特充日本商民居住處所以爲日本商民先來之報倘遇後來租界滿塞朝鮮政府應更行擴開租界之地至於各國人羈留租界不論何處日本商民亦得隨便居住

第二條
租界中日本商民所住之地除道路溝渠朝鮮政府應接圖上所定住址區域用公拍法租與日本人

第三條
凡租界中道路溝渠橋梁及塡平海岸石壁等由朝鮮政府創設其創設方法朝鮮監理事務須與日本領事官商議如埠頭必築於圖上朱劃之處至租界中之巡捕等費朝鮮監理事務同日本領事官商定飭令租地之人輸納

第四條
住址地稅定爲每年每方二米突上等卽近海沿第一條街道之地朝鮮銅錢四十文中等卽第二條街道之地三十文下等卽第三條街道之地二十文每年十二月十五日先納明年地稅但朝鮮政府徵收其地稅三分之一將所剩三分之二作租界存備金存於朝鮮監理公所設立確實方法保管以充修補道路溝渠橋梁街燈巡捕及其他租界各事業費用至支用該存備金則監理事務與日本領事官商議妥辦

第五條
公拍住址原租價定爲每方二米突朝鮮銅錢二百五十文其公拍日期須知照日本領事官自五日前佈告會同領事官施行但公拍之法必租與價貴者遇有二人以上競爭出錢互生異論則更行公拍但朝鮮政府將公拍住址原租價四分之一撥付租界存備金內用補修理租界之各費所有公拍逾原租價額之數亦將其半加付該存備金內

第六條
修補道路溝渠橋梁街燈巡捕及其他租界費用因有上條存備金除遭非常天災破損外朝鮮政府無所關涉但因天災有要朝鮮政府支出金額則彼此會議定其額數

第七條
公拍時速將租住者姓名登簿當卽徵其租價五分之一以爲定銀所餘之價餂限十日內完淸交給地契倘其十日內不完納則作爲罷約

第八條
交給租地者之地契應照左開式樣

地契
第幾號 四址東址某處爲界西南北一例開明
住 址 幾百方米突
玆因收訖上開地址租價銅錢幾百千文本監理事務代本國政府據下文方法永遠租與日本商人姓名或其承當人或嗣續人
一 地稅應遵某年月日朝鮮政府與日本欽差所訂租界約條第四條照每方米突幾十文之例每年十二月十五日先納明年之地稅幾百千文不得遲延
一 倘罹火災或偸盜失此地契應詳開其記號米突之數並聲明後日雖獲所失地契作爲廢紙等因稟經日本領事官具報監理事務則據此轉行廣告一個月間徵常例規費更給新契但係廣告之費應歸稟報者銷辦

一 如有過納稅期不完納者由監理事務移知日本領事官辦理
一 此地契應製二件盖戳一給租者收執一存朝鮮政府爲照
　　　年 月 日　　　　朝鮮國監理事務姓名 印

第九條
交給地契時朝鮮政府應徵規費銅錢一千文

第十條
嗣後倘欲更改續補此約條款或特設管束租界方法則應俟兩國政府意見相同互命委派
妥行議訂彼此委派大臣記名蓋印以照憑信

大朝鮮國開國四百九十二年八月三十日
　　　全權大臣督辦交涉通商事務 閔泳穆 印
大日本國明治十六年九月三十日
　　　全權大臣辦理公使 竹添進一郎 印

출처: JACAR Ref. B13091010200

‖ 번역문

조선국인천구조계약조

제1조
조선국 인천항에 각국 사람들이 거류하는 조계 중에서 별지 지도에 적색으로 구획한 부분을 특별히 일본 상민의 거주 처소로 충당함으로써 일본 상민 선래(先來)의 보수(報酬)로 한다. 만약 후일 조계가 다 찰 경우 조선국 정부는 새로 조계 지역을 확장해야 한다. 각국 사람들이 거류하는 조계에서 어느 곳을 막론하고 일본 상민은 마음대로 거주할 수 있다.

제2조
조계 가운데 일본 상민이 거주하는 곳에서 도로, 도랑을 제외하고 조선 정부는 지도에 지정된 택지 구역을 경매를 통해 일본인에게 조차한다.

제3조
모든 조계 안의 도로, 도랑, 교량 및 해안 매립과 석벽 등은 조선 정부의 설치에 의하며, 그 설치 방법은 조선 감리사무가 일본 영사관과 상의한다. 부두의 경우는 반드시 지도에 적색으로 구획한 장소에 축조한다. 조계 안에서 순포(巡捕) 등의 비용은 조선 감리사무와 일본 영사관이 상의 결정하여 땅을 조차한 사람들이 납부를 부담하게 한다.

제4조
택지의 지세(地稅)는 매년 매 2미터 평방당 상등은 해안 인근의 제1조 가도(街道)의 땅으로 조선 동전 40문이며, 중등은 제2조 가도의 땅으로 30문이며, 하등은 제3조 가도의 땅으로 20문으로 하여 매년 12월 15일 이듬해의 지세를 선납한다. 단, 조선 정부가 그 지세의 3분의 1을 징수하고 나머지 3분의 2는 조계의 존비금(存備金)으로 삼아 조선 감리공소에 확실한 방법을 세워 보관 운영하여 도로, 도랑, 교량, 가로등, 순포의 수리 보수 및 조계의 각종 사업 비용에 충당한다. 단, 해당 존비금을 사용하게 될 경우에는 감리사무가 일본 영사관과 상의하여 처리한다.

제5조
경매하는 택지의 원조가(原租價)는 2미터 평방당 조선 동전 250문으로 정한다. 그 경매 일자는 일본 영사관에 통지하여 5일 전에 공포해야 하고 영사관이 회동하여 시행한다. 단, 경매 방법은 반드시 가격이 높은 쪽에 조차하여야 한다. 2인 이상이 경쟁하여 돈을 내어 서로 의견이 대립될 때에는 다시 경매를 실시한다. 단, 조선 정부는 경매하는 택지의 원조가의 4

분의 1을 조계 존비금으로 전환하고 조계를 수리하는 각종 비용을 보충한다. 경매하여 원 조가를 초과하는 금액이 있으면 그 반액을 해당 존비금에 더한다.

제6조

도로, 도랑, 교량, 가로등, 순포의 수리와 보수 및 그 외 조계의 비용은 위 조항의 존비금이 있으므로 비상시 천재지변에 의한 파손을 제외하고 조선 정부와 관계하지 않는다. 단, 천재지변으로 인해 조선 정부가 금액을 지출할 필요가 있을 때에는 피차 회의하여 그 액수를 정한다.

제7조

경매 시 조차하는 사람의 성명을 신속히 장부에 등록하고 그 조가의 5분의 1을 징수하여 보증금으로 삼고 잔액은 10일 내에 완납하면 지계(地契)를 발급한다. 만약 10일 이내에 완납하지 않으면 계약은 파기된 것으로 삼는다.

제8조

땅을 조차하는 사람에게 발급하는 지계는 다음에 열거하는 양식에 따른다.

> 지계
>
> 제 몇 호 사방의 지점을 동쪽으로는 모처까지 경계로 하며 서쪽, 남쪽, 북쪽도 일례로 명확히 밝힌다.
>
> 택지는 몇백 평방미터이다.
>
> 이에 위에 명기한 택지의 조가 동전 몇백, 몇천 문을 영수하여 본 감리사무는 조선 정부를 대신하여 아래의 방법에 근거하여 영구히 일본국 상인 성명 혹은 승당인(承當人) 혹은 상속인에게 조차한다.
>
> 하나, 지세는 모년 모월 모일 조선 정부에서 일본 흠차(欽差)와 함께 의정한 조계약조 제4조에 따라 사방 2미터당 몇십 문의 예에 비추어 매년 12월 15일 이듬해의 지세 몇백, 몇천 문을 선납하며 지연해서는 안 된다.

하나, 만약 화재 혹은 도난을 당하여 이 지계를 분실하였을 경우에는 그 기록한 호수와 미터수를 상세히 밝히고 또 후일 분실한 지계를 되찾아도 폐기한다는 등의 내용을 일본 영사관을 거쳐 감리사무에게 보고하면 이에 근거하여 1개월간 광고하고 나서 상례의 수수료를 징수하고 다시 새 지계를 발급한다. 단, 광고에 관련된 비용은 마땅히 보고한 사람이 부담한다.

하나, 납세 기한이 지나도 납부하지 않는 자가 있으면 감리사무가 일본 영사관에 통지하여 옮겨 처리한다.

하나, 이 지계는 2건을 만들어 날인하여 하나는 조차한 사람에게 주어 소지하게 하고, 다른 하나는 조선 정부가 보관하여 증거로 삼는다.

　년　　　월　　　일　　조선국 감리사무 성명 ㊞

제9조

지계를 발급할 때 조선 정부는 수수료로 동전 1,000문을 징수한다.

제10조

금후 만약 이 약조의 조관을 개정 또는 보충하거나 조계 관리 방법을 특별히 세우고자 할 때에는 양국 정부의 의견이 일치된 다음 서로 위임을 파견하여 의정한다. 피차의 위임 파견된 대신은 기명 조인하여 신빙을 밝힌다.

대조선국 개국 492년 8월 30일

　　　전권대신 독판교섭통상사무 민영목 ㊞

대일본국 메이지 16년 9월 30일

　　　전권대신 판리공사 다케조에 신이치로 ㊞

‖ 해제

1. 개요

「조일수호조규」[※Ⅱ-1] 체결을 계기로 개항된 부산, 원산, 인천 가운데 인천의 개항장 선정이 가장 늦게 이루어졌다. 당초 제물포는 국제 교역이 이루어질 만한 항구로 보기 어려웠고 주목받지 못한 평범한 나루터에 불과했다. 서해안의 개항장 선정에 난항을 겪으며 일본은 해군과 육군을 동원해 서해안 지역의 항구들을 집중적으로 측량, 조사한 후 마침내 제물포가 개항장으로 적합하다는 결론을 내리고 조선과 본격적인 협상을 거쳐 개항에 이르게 되었다. 「조선국인천구조계약조」는 1883년 9월 30일 독판 교섭통상사무 민영목(閔泳穆)과 주차 조선공사 다케조에 신이치로[竹添進一郎] 사이에 체결된 조약으로 일본인 전관거류지를 명문화하고 경매를 통한 토지 대여, 토지 등급에 따른 택지세 부과, 지권 교부 등을 규정하였다. 한편 일본의 전관거류지 설치는 조선에 대한 내정간섭을 강화하던 청을 자극하면서 청 또한 전관거류지를 설치하게 된다. 조선을 둘러싼 청과 일본의 주도권 다툼이 조계 설정 과정에서도 표면화된 것이다.

2. 배경

부산 이외의 개항장을 선정하기 위한 조사 과정에서 인천은 넓은 갯벌이 뻗어 있어 애초에는 개항장으로 적합하지 않은 곳으로 간주되었다. 그러나 1879년경부터 일본 측은 인천을 개항장으로 주목하기 시작하였다. 이해 3월, 그동안 청과 일본에 대해 '양속 관계'에 있던 류큐를 일본이 독단적으로 오키나와[沖繩]현으로 삼은 이른바 류큐[琉球] 처분(병합)이 이루어지면서 청과 일본의 갈등이 고조되었다. 이 같은 상황에서 청의 동향을 파악하고 서울과 가까운 곳을 선점하여 조선에 대한 영향력을 강화하기 위한 전략의 일환으로 인천항을 선택하고자 했던 것이다.

일본의 인천 개항 요구에 조선은 인천이 서울과 가까운 군사적 요충지임을 들어 반대하고 경기 교동(喬桐)과 남양(南陽)을 대안으로 제시하였다. 1880년 5월 7일 변리공사 하나부사 요시모토[花房義質]에게 인천 개항과 관련한 훈령이 내려져 인천 개항을 고수할 것과 개항장 선정과 관련한 조약상의 예정 기한이 이미 30개월이 지나 더 이상 연기할 수 없음을 강조하고 부득이 연기할 경우에도 2년을 넘지 않도록 했다. 같은 해 10월 14일 개정 훈령에서는 인천 이외에 조선이 제시한 남양 지역도 함께 고려하라는 지시가 내려졌으나, 하나부사는 남양을 양항(良港)이 아니라 판단하고 인천 개항을 염두에 두고 조선과 교섭하였다.

3. 체결 과정

1881년 1월 4일 인천 개항을 둘러싼 제1회 교섭이 시작되었다. 강수관 김홍집(金弘集)은 조선 정부가 인천을 대신한 남양, 교동 등의 대안을 제시했음에도 인천만을 계속 고집하는 일본 측의 입장을 확인했다. 같은 달 8일에 열린 제2회 교섭에서 김홍집은 조선 정부의 중론과 인심에 따라 결코 인천 개항을 허용할 수 없다는 뜻을 재차 전하였다. 이에 하나부사는 조선과의 전쟁도 불사하겠음을 암시하며 강경한 태도를 보였고, 결국 24일 제3회 교섭에서 조선 정부는 뜻을 굽혀 인천 개항을 허가하기로 하였다.

그 후 개항 시기를 둘러싸고 5년 후까지 연기하자는 조선과 15개월 이내의 시행을 주장하는 일본 사이의 줄다리기가 이어졌다. 1월 28일 제4회 교섭에서도 김홍집은 인천 개항 연기를 요청하였지만 하나부사는 이를 받아들이지 않았다. 하나부사는 이노우에 가오루[井上馨] 외무경에게 보고서를 보내며 병력을 동원하여 조선 정부를 압박하여 속결을 촉구하고자 했다. 그러나 인천 개항에 대한 조선 내의 반대 여론이 여전히 강경하자 하나부사는 조선의 강병 개화 정책을 지원하겠다는 의사를 밝히는 등 회유책을 사용하기 시작했다. 결국 조선 정부도 절영도 조차 조항 제외, 인천항에서의 미곡 수출 금지 등을 조건으로 이듬해 9월부터 인천을 개항하는 데 합의를 보았다. 다만 합의가 이루어진 후에도 인천 개항이 불러올 국방 문제 등을 제기하며 조선 내에서의 반대 운동은 사그라들지 않았다. 한행이정, 거류지 넓이, 해관 규칙 등의 개항을 둘러싼 구체적인 사안을 협의하지 못한 채 하나부사는 1881년 6월

30일 귀국했다.

　1882년 9월로 예정된 개항은 이해 7월 임오군란이 발생하며 이듬해인 1883년 1월 1일로 연기되었다. 또한 이해에는 조미, 조영, 조독 수호통상조약이 차례로 체결되며 서구 열강의 조선 진출이 본격화되자 인천 개항, 조계 설정을 둘러싼 열강과의 이해 조정을 염두에 둔 일본은 인천 개항을 둘러싼 조일 간의 조약 성립을 재차 미루게 된다.

　1883년 1월 7일, 하나부사의 뒤를 이어 주차 조선공사로 다케조에 신이치로가 부임하고 일본 거류지 부지 설정을 위한 조사가 본격적으로 이루어졌다. 양국 관리의 입회하에 거류지 경계를 설정하였고, 조선 측은 조계 내의 분묘 120여 기를 이장하고 전답과 민가 등을 매수하여 일본 측에 제공하기 위한 준비를 마쳤다. 인천 개항 협정이 이루어진 지 30개월 만인 1883년 9월 30일(음력 8월 30일), 독판 교섭통상사무 민영목과 다케조에 사이에 10개조로 구성된「조선국인천구조계약조」가 체결되었다.

4. 내용

　조약 1조에서 인천항에 외국인 조계를 두며, 그 가운데 일정 부분을 특별히 일본인 전관조계지로 설정하였다. 당시 조선은 미, 영, 독 등 각국과 수호통상조약을 체결한 뒤였기에 인천 조계 전체를 일본 전관조계지로 설정할 수는 없었다. 일본인 전관조계지 설정은 "일본 상민 선래(先來)의 보수(報酬)", 즉 일본이 조선 측과 교섭을 통해 인천을 개항한 특전으로 부여되었다. 또한 설정된 조계지가 협소해질 경우 협상을 통해 조계 확장의 가능성을 열어 두었다.

　일본 전관조계지로 설정된 지역은 기존 개항장인 부산, 원산 부지와 비교하면 10분의 1에도 못 미치는 약 7,000여 평에 한정되었다. 이는 광대한 부지에 대한 관리의 어려움에 더하여, 다른 열강을 고려한 부지 설정이라 할 수 있다. 거류지 지조는 일본 정부가 조선 정부에 일괄 선불하는 방식이 아닌 조선 정부가 공개 입찰로 일본 거류민에게 직접 대여하는 방식을 취하였다(제2조). 또한 거류지 내의 도로, 도랑, 교량 및 해안 매립, 석벽 등은 조선 정부가 설치하며, 구체적인 방법은 조선 측 감리(監理)와 일본 영사의 상의를 거쳐 추진하도록 규정하였다.

5. 의의

　인천의 거류지는 부산, 원산과 다른 토지 대차 방식을 취하였다. 즉, 조선 정부와 거류지 외국인(일본인)의 개별적 계약 관계를 통한 토지 대차가 이루어진 점에서 외국 정부가 일괄적으로 토지를 수용, 자국민에게 대차하는 조계(concession)와는 성격이 다른 거류지(Settlement)로 볼 수 있다. 이에 따라 최초로 거류지 경매가 이루어진 것은 1883년 10월 23일이었으며, 총 35필지 가운데 24필지 1,613평이 낙찰되었다. 택지 경매 원가의 일부 택지에 대한 세금을 '조계적금'으로 하여 거류지 운영 비용에 충당하는 방식은 요코하마 등 일본에서의 개항장 운용 방식과 유사한 측면을 보인다. 다만 일본 내의 개항장에는 전관거류지가 존재하지 않았다는 점에서 중요한 차이가 있었다. 한편, 조계적금은 조선 정부에 납부하고 보관과 사용 또한 조선 정부에 의하는 것으로 규정되었으나, 동시에 일본 영사관과의 상의를 거쳐 이를 처리하도록 규정되어 거류지 설치, 운용비 사용에 대한 일본 측의 개입을 명시하였다.

　제한적인 면적이나 일본의 전관거류지가 설치됨으로써 조선을 둘러싼 주도권 다툼을 펼치던 청도 인천에서의 전관거류지 설치를 서둘렀다. 이에 1884년 4월 2일 「인천구화상지계장정(仁川口華商地界章程)」이 조선과 청 사이에 체결되었다[※관련 문서-1]. 이는 일본의 조계약서를 준거하여 지소의 3등급 구분, 지조액 등이 일본과 유사하나 택지 원가, 지계기금(地界基金)의 비율, 거류지 운영비의 보존 및 지출 방법에 있어 차이가 있었다.

6. 관련 문서

1) 「인천구화상지계장정(仁川口華商地界章程)」(1884. 4. 2.)

제1조
조선 인천 제물포의 해관 서북 지방을 지도로 그리고 붉은색으로 경계선을 표시하여 화상(華商) 거주지로 한다. 이후 거주인이 가득 차면 지역을 확충하거나 편의에 따라 각국 조계 내에서 무역, 거주할 수 있다.

제2조
해당 지역은 원래 산이 높고 바다에 접하여 거주하는 백성이 없었다. 해변은 큰 돌과 석회(石灰)로 부두를 견고히 쌓고 지반을 높인다. 가까운 산의 높은 곳을 깎아 낮은 곳을 채운다. 경계 안의 도로, 도랑, 교량은 견고히 만들고, 평지 작업과 부두를 구축하는 경비는 마땅히 조선 정부에서 부담한다. 사람을 파견하여 공사 감독을 처리하고 주재 중국 상무관 및 상인 대표 1명을 현장에 배치하여 모든 비용과 항목, 도로, 도랑, 교량 비용, 건조 가옥의 지가 등을 상세히 조사하여 매일 장부에 기록하고 보관한다. 해당 지역은 경매를 통해 화인이 가격을 매긴 후 원래 장부를 조사해 건조 가옥 땅의 정비 비용을 거두어들인다.

제3조
조선의 공사 감독 인원 및 중국 공사 감독, 상인 대표에게 수요되는 급료는 각국이 부담함은 물론, 중국의 주재 상무관도 자기 봉급이 있으니 역시 논의할 필요가 없다.

제4조
해당 지역의 평탄화 작업이 마무리되면 도로, 도랑, 교량, 부두를 제외하고 가옥 건축지는 서로 상무관이 회동하여 결정한다. 다만 단으로 나누어 지도에 표시하고 프랑스의 미터를 측량 기준으로 지도에 단수, 호수, 미터 수를 상세히 기록한다. 평탄화 작업 비용을 함께 논의하고 지역을 상중하 3급으로 나누어 모등, 모단으로 지정한다. 사방 2미터를 동전으로 기본가를 정하고 경매를 통해 화상에게 영구 임대한다. 평지 기본 가격에서 얻은 소득은 조선 정부에 4분의 1을 지출하고, 기본 가격 외에 얻은 소득의 나머지 소득은 절반을 지출한다. 아울러 기본 가격의 4분의 1은 존비금으로 남겨 두어 모든 수리 비용에 충당한다. 만약 잉여지가 있으면 서로 상무관이 이미 경매한 각 가격과 장소를 참조해 공가(公價)로 화인에게 영구 임대한다.

제5조
공지(公地)의 경매기일은 서로 상의해 결정하되 기한 전에 미리 포고하고 인천 주재 중국 상무관과 회동하여 실시한다. 경매 방법은 가격이 높은 자가 획득하고 만약 두 사람이 같은 가격이면 재차 경매한다. 땅을 얻은 사람은 먼저 성명을 등기하고 당일 그 지가의 5분의 1을 계약금으로 내고 남은 금액은 10일 내로 완납한다. 토지 증서 발급 비용으로 동전 1,000문을 내고, 만약 10일 내로 액수와 같이 지가를 못 내면 계약금을 파약금으로 한다.

제6조

가옥 건축지의 연세(年稅)는 3등급으로 정한다. 상등은 바다에 가까운 곳으로 사방 2미터에 조선 동전 40문을 납세하기로 하고, 중등은 바다에서 좀 먼 곳으로 연 30문을, 하등지는 산에 가까운 곳으로 연 20문을 납부하되, 매 전년 12월 15일부터 이듬해 정월까지 중국 상무관이 징수한다. 그 지세 3분의 1을 조선 감리상무관에게 보내고 나머지 3분의 2와 토지 경매 후 남은 액수의 절반, 평지 기본가격의 4분의 1은 모두 준비금 조항에 귀속시켜 보관한다. 보관 방법은 장차 영국, 미국, 독일 등 각국의 준비 보관 방법의 가장 좋은 것에 비추어 공의하여 정한다. 이 준비금은 도로, 도랑, 교량, 부두, 가로등, 순포(巡捕) 및 조계 내의 공적 비용에 충당한다. 이 비용은 조계 사무를 관리하는 신동회(紳董會)에서 쌍방 상무관으로부터 명세한 용처 항목의 품의에 따라 지출 사용하며, 만약 그 준비금이 부족할 시 쌍방 상무관이 공의하여 토지를 임대한 사람에게 명령하여 조세를 바치게 한다.

제7조

토지 계약 양식은 다음과 같다.

조선 감리사무는 지조를 화상 아무개에게 발급함에 관하여 인천 화상조계 내 모가(某街) 모호(某號) 모등지(某等地) 일단을 동은 모처까지, 서남북은 모처에까지, 도합 몇 평방미터에 지가로 동전 약간을 영수하고 토지계약서를 발급한다. 이 계약으로서 당해 상인이 계약서를 가지고 영원히 자기 업무로서 임의로 가옥을 건축, 거주할 수 있으며 사방 2미터당 매년 12월 15일 이전에 중국 상무공서(商務公署)에 가서 다음 해 지세(地稅) 몇십문(某十文)을 완납하여 감리에게 전교(轉交)하여 살펴보게 하되, 이 계약대로 지연되지 않아야 할 것이며, 이 계약은 같은 양식으로 3부 작성하고 연월일 밑에 호수를 열기하고 증명관인(證明官印)이 반씩 나누어 찍어진 것을 발급하여 당해 상인으로 하여금 영원 소지하게 하고 1부를 조선 감리에 보존하고 1부를 중국 상무공서에 보존시킨다. 만약 수화(水火), 도적으로 토지계약을 유실했을 때에는 당해 상인은 호수 및 계약 유실 사연을 명기하여 중국 상무공서에 계출하고 조선 정부에 알려 고시 발표 및 신문에 게재하여 광고한 1개월 후 상례에 따라 계약 규칙금으로 동전 1,000문 및 신문 게재 비용을 납부하면 신 계약을 발급한다. 구 계약 증서는 후일 찾아도 폐지로 삼는다.

   광서(光緖) 연월일 ㉠ 모호(某號) 토지계약서 발급
   화상(華商) 아무개 수령
   조선 감리사무아문 관방 반변 호수 감합 관방

제8조
조계 내에서 우연히 천재지변으로 산해가 치솟고 가라앉는 사건이 발생하여 준비금만으로 보수하지 못할 때는 조선 정부에서 비용을 지출하며, 별도의 비용이 필요하다면 쌍방 상무관 회의에서 항목을 결정하여 주관 수리케 한다.

제9조
인천 주재 청국 상무관공서는 조계 내 산에 가까운 하등 지역에 세우며 당해 지가와 연세는 톈진 주재 조선 상무공서 장정에 비추어 취급한다.

제10조
제물포에서 10여 리 떨어진 지방에 화상이 적당한 산전(山田)을 선택하여 매장지로 삼고 식수 및 숙직 건물을 세우는 것은 조선과 타국과의 지계 장정에 비추어 취급하며 조선 정부가 영원히 보호한다.

제11조
이후 만약 장정을 증감할 필요가 있을 경우 응당히 수시로 중국 총판 상무관과 조선 정부와 협의하여 적절히 개정하고 쌍방이 기명 날인하여 시행한다.

광서 10년 3월 7일

    조선독판교섭통상사무(朝鮮督辦交涉通商事務) 민영목(閔永穆) 인

    중국통판조선상무(中國總辦朝鮮商務) 친소탕(陳樹棠) 인

중국통판조선통상무관이 북양대신에게 정서, 신고하여 조사 회답 후 그에 비추어 시행한다.

부록 2조

하나, 현재 화상 지역 내의 조선 해관 부두 가옥은 마땅히 이전하며 해관 소유 옛 가옥, 부두, 우물 등 일체를 평가하여 은 150냥을 조선 정부에 납부하고 해당 은은 평지 작업 비용으로 작성한다.

하나, 목하 화상은 가옥 건축을 세우려고 기다리고 있으니 긴요한 사안이다. 이미 조선 정부의 비준이 있으니 옛 해관 앞 매매가 용이한 곳을 우선 평탄화하고 단수를 분할하여 화상이 가옥을 건조하게 한다. 이에 앞서 그 지역 내에 한 지구를 선택하여 남겨 두고 해당 지역 전체의 평탄화 작업을 기다려 경매한다. 이후 해당 지구 지가를 전후좌우 가장 높은 가격에 비추어 납부하면 토지계약서를 발급한다.

출처: 『구한말조약휘찬』 하권, 422~428쪽

[참고 문헌]

- 孫禎睦(1982), 『韓國開港期 都市變化過程硏究-開港場·開市場·租界·居留地』, 一志社.
- 이영호(2017), 『개항도시 제물포』, 민속원.
- 高秉雲(1987), 『近代朝鮮租界史の硏究』, 雄山閣出版.
- 大山梓(1967), 『舊條約下に於ける開市開港の硏究 – 日本に於ける外國人居留地』, 鳳書房.
- 김흥수(2017), 「하나부사(花房義質) 공사의 조선정책과 인천 개항」, 『동국사학』 63.
- 伊藤泉美(2017), 「外國人居留地の開設」, 明治維新史學會編, 『明治維新と外交』, 講座 明治維新 第6卷, 有志舍.

5
인천제물포각국조계장정

仁川濟物浦各國租界章程

인천제물포각국조계장정 | 일본, 청의 전관 조계 외에 인천항 내 각국 외국인이 잡거하는 공동 조계에 관한 규칙으로 토지 경매, 대차 방식, 외국인 자치기구 등을 규정하였다.

仁川濟物浦各國租界章程

仁川濟物浦各國租界立定界限經營基址街道俱照附粘地圖紅色為憑自定章後朝鮮政府儘兩個月內必當設法將各國租界內現在所有之朝鮮房屋一概拆去此後並不准朝鮮人民在租界內建造屋宇

一 各國租界地畝分為四等第一等地段係在中國租界南邊應由朝鮮政府填築平治凡在此段建造房屋者墻必用磚用石或用鐵壁屋上必盖鐵片或磚

원문

仁川濟物浦各國租界章程

一 仁川濟物浦各國租界立定界限經營基址街道俱照附粘地圖紅色爲憑自定章後朝鮮政府儘兩個月內必當設法將各國租界內現在所有之朝鮮房屋一槪拆去此後並不准朝鮮人民在租界內建造屋宇

一 各國租界地畝分爲四等一等地段係在中國租界南邊應由朝鮮政府塡築平治凡在此段建造房屋者墻必用磚用石惑用鐵壁屋上必盖鐵片或磚或瓦亦可至於一槪木屋草屋嚴行禁止不准盖造第二等地段係在中國租界北變之地凡在此段建造房屋者屋上必盖以瓦片墻則必用泥土磚石第三等地段係在日本租界之東第四等地段係屬山地以上第二第三第四地段應由所租者自行出款平治

一 沿海堤岸以及碼頭皆由朝鮮政府派役建造修理凡租界內各處街道一併由朝鮮政府平治至於租界內各段之地基當公拍以前朝鮮政府應將基址劃明豎立界石

一 修理街道水溝及派役灑掃街道點燃街燈添派巡查等費須於充公存備金內支用倘充公之存備金不敷用卽由管理租界事務公司按照各國租界地段房屋價值每段每間加抽銀兩以濟此用

一 各國租界內凡有公拍地段之擧應由該管官員預將公拍某地之期極少儘七日以前宣示方可施行茲擬各國租界內地畝極少價值按照每百丁方米突第一等地畝應價值九十六元第二三等地畝應價值六元第四等地畝每百丁方米突應價值三元第一等地每百丁方米突應納年稅二十元第二三等地每百丁方米突應納年稅六元第四等地每百丁方米突亦應納二元所納之年稅內按每百丁方米突均應扣除三角交朝鮮政府以

作地稅其餘年稅及所得永租地段餘價一併歸入充公存備金內凡於各國租界內租地非係與朝鮮立有約條之國人民並未經該管官員允行遵照定章概不准租賃受執地契如朝鮮欲在各國租界內爲朝鮮官員建造辦公處所亦可竟自擇留一地建造屋宇但此所擇留之基地亦必准充公存備金之章程與各國人民租賃者一體按照各等地畝出銀充公備用若夫各國人民租地則應由朝鮮政府將地契註冊送至該管官員轉行發給其契根仍歸朝鮮官存留至若人民轉租地基則受租者轉租者俱必稟明該管領事官立案以便照會朝鮮官員註冊所有受租者轉租者必皆簽名於附契內永行遵守

一 管理租界事務者一爲朝鮮所派稱職之官一員一爲各與國在租界內租賃地基人民之各本領事官並由租界內所受租地基人民之中遵照該管官員定章選擇三人協同該管官員與朝鮮官員一併作爲管理租界事務紳董公司於商量定章分派人役等務權歸自握並可定例遇有開設酒館妥爲安置處所發給牌照查收各派使費禁止賭場妓院鴉片烟館彈壓街道往來車馬人等其於撥船挑夫以及出租街車諸色人等皆各發給牌照以爲憑據其於租界內有汚穢各物並不堅固房屋及易引火者合行一槪禁止令其移去並禁止一切淫邪不正生意及與人身體有礙之食用諸物皆不准其入租界之境並豫定章程凡有建造屋宇以及沿途置放物件皆不准其礙街道該公司亦可設立一法以便人己俱宜衆庶安和各臻至善以上所定公司章程有違背者該公司罰其出款極多以二十五元爲度所罰銀兩應由該管領事官追繳公司歸入充公存備金

一 總圖內第一等地畝之瀕海一帶現有遇水漲時而浸湮者以及沙尾島邊於日後塡築平治之地俱以漲灘爲名該地價與第三等之地一樣惟塡築平治該地等費皆由租者自出亦必按照日後商定之圖興工

一 所發地契應照後附程式發行

一 以上章程如有應行更改者應由朝鮮政府會同各國該管官員於爲日旣久所識因革損益之處酌量增削

地契程式

大朝鮮【官銜】

爲發給地契事照得各國租界地圖內地基第□號四至計長□□米突計寬□□米突已收到銀□□□□永遠租與□□□執業該租者必得遵照以下所列之六條章程互相立契以爲憑據

第一條

該人每年□月□日先期完納朝鮮仁川濟物浦地方官稅銀

第二條

如遇租界公司應行加抽稅銀用作公費該人必得遵照按數輸納無違

第三條

如該人將此基地轉租祇准租與朝鮮立有條約之國人民而受租者轉租者俱必稟明該管官員立案

第四條

自立地契之日爲始以十八個月爲限該人旣租此基地必得平治地而建造房屋極少價值第一等一千元第二等五百元第三等二百五十元如建造房屋必得按照濟物浦各國租界章程第二款建造

第五條

該人如離朝鮮去往他國居住未將此地契各章囑人遵照代辦至當完稅之期尙未輸納朝鮮官員應俟此地年稅及各項加抽銀兩逾限一年仍未輸納始可將此地基收回入官卽行公拍以其價償還租稅及加抽各規並各項雜費餘者給還該管官員

第六條

漲灘地基章程【如租地內並無漲灘地段則此條勿庸添入契內】

凡有租得漲灘地基者如遇朝鮮官員立議開擴各國租界地段均可隨時酌情從所租得漲灘者之地前面竟自開擴平治此地契須備二張一給租主一給朝鮮政府

具租入基地切結人☐☐☐今因奉准租得仁川濟物浦各國租界內第☐號地基自租之後願照契內註明各章並遵租界公司條規倘有違背之處按照罰款極多二十五元之數願甘受罰無辭

具轉租基地切結人☐☐☐今因轉租得仁川濟物浦各國租界內第☐號地基自轉租後願照契內註明各章並遵租界公司規條倘有違背之處按照罰款極多二十五元之數願甘受罰無辭

甲申八月十五日

　　署理督辦交涉通商事務 金宏集 ㊞

출처: 古貴0234-2-1

번역문

인천제물포각국조계장정

하나, 인천 제물포 각국 조계에 경계를 세우며 택지와 가도(街道)를 경영하는 것은 모두 첨부된 지도의 붉은색에 따라 근거로 한다. 장정이 정해진 뒤 조선 정부는 2개월 이내에 반드시 법을 만들어 현재 각국 조계 안에 있는 조선 가옥을 모두 철거하고 이후에도 조선 인민이 조계 내에 가옥을 짓는 것을 허가하지 않는다.

하나, 각국 조계지의 구획은 4등으로 나눈다. 제1등 구역은 중국 조계의 남쪽으로 조선 정부가 땅을 정비해야 한다. 이 구역에 가옥을 건설하는 이는 담장은 반드시 벽돌이나 돌, 혹은 철근으로 사용하며 지붕은 반드시 철편으로 씌우거나 벽돌, 기와를 사용할 수 있다. 또한 일체 목조 가옥이나 초가는 엄격히 금지하고 건축을 허가하지 않는다. 제2등 구역은 중국 조계의 북쪽 땅이다. 이 구역에 가옥을 건설하는 이는 지붕은 반드시 기와로 하고 담장은 반드시 진흙이나 벽돌, 돌을 이용한다. 제3등 구역은 일본 조계의 동쪽이다. 제4등 구역은 산지(山地)에 속하는 땅이다. 이상의 제2등, 제3등, 제4등 구역은 조차하는 이가 스스로 비용을 내어 땅을 정비해야 한다.

하나, 연해의 제방 및 부두는 모두 조선 정부가 파견한 인원으로 건설하고 수리한다. 조계 내 각처의 가도는 모두 조선 정부가 정비하며, 조계 내 각 구역의 택지는 경매 이전에 조선 정부가 택지를 명확히 구획하여 경계석을 세워 놓아야 한다.

하나, 가도와 도랑을 수리하는 것과 인원을 파견하여 가도를 청소하고 가로등을 점등하며 순사를 더 파견하는 등의 비용은 공동 존비금(存備金)에서 지출한다. 만약 공동 존비금으로 충당하여 비용을 처리하지 못하면 조계 사무를 관리하는 공사(公司)가 각국 조계 구역의 건물의 가치에 따라 매 구역, 매 칸수에서 세금을 더 거두어들여 이 비용을 해결한다.

하나, 각국 조계 내에서 구역을 경매할 일이 있을 때에는 해당 관원이 어느 구역을 경매하는 기일 최소한 7일 전에 미리 공고한 후 시행할 수 있다. 각국 조계 내 토지의 최소 원가는 100평방미터당 제1등 토지의 가격은 96원(元), 제2, 3등 토지의 가격은 6원, 제4등 토지는 3원으로 한다. 연세(年稅)는 100평방미터당 제1등지는 20원, 제2, 3등지는 6원, 제4등지는 2원을 납부한다. 납부하는 연세 가운데 100평방미터당 3각(角)씩을 균등하게 제하여 조선 정부에 교부하여 지세(地稅)로 삼으며, 그 나머지 연세와 경매한 구역에서 원가 이상으로 남은 돈을 모두 공동 존비금에 입금하여 충당한다. 각국 조계 내의 조지(租地)는 조선과 조약을 체결한 나라의 인민이 아니거나 해당 관원의 정해진 장정에 따른 허가를 거치지 않았을 때에는 조차하여 지계를 받을 수 없다. 조선에서 각국

조계 내에 조선 관원을 위한 판공소를 건설하고자 하는 경우에도 한 곳을 선택하여 남겨 건물을 지을 수 있다. 단, 선택하여 남겨 둔 이 부지도 반드시 공동 존비금을 충당하는 장정에 준해야 하며, 각국 인민 조차인 일체와 각 등급의 부지에 따라 돈을 내서 공동 비용에 충당한다. 각국 인민이 땅을 조차하면 조선 정부에서 지계를 책자에 기록하고 해당 관원에 보내어 발급하며, 그 지계의 원본은 조선관에게 돌려주어 보관한다. 만약 인민이 택지를 전조(轉租)하면 수조자(受租者)와 전조자(轉租者)가 함께 반드시 해당 영사관에게 보고해서 등기하여 조선 관원이 조회하여 책자에 기록하는 데 편하게 한다. 수조자와 전조자는 반드시 부속 지계에 서명하여 영구히 준수한다.

하나, 조계 사무를 관리하는 자는 하나는 조선에서 파견한 칭직관 1명으로 하고, 또 하나는 조계 내에 택지를 조차한 사람이 있는 나라의 각 영사관과 아울러 조계 내의 택지를 조차한 인민 가운데서 해당 관원에 관한 장정에 따라 3명을 선택하여 협동한다. 해당 관원과 조선 관원이 함께 조계 사무를 관리하는 신동공사는 장정을 상의하며 인부를 파견하는 등의 사무에 대해서 그 권한을 스스로 장악하며 아울러 정례화한다. 주관(酒館)을 개설할 때에는 타당한 자리를 마련해 주고 허가증을 발급하며, 각각 사람을 파견해 비용을 조사해서 세금을 거두어들인다. 도박장, 기원(妓院), 아편 연관(烟館)을 금지하며 가도에 오가는 수레와 말과 사람을 통제한다. 배로 물건을 나르는 인부부터 임대 차량과 각종 사람들에 이르기까지 모두 각각 허가증을 발급하여 증명으로 삼게 한다. 조계 내에 갖가지 오물과 견고하지 않은 건물 및 인화하기 쉬운 것은 모두 금지하고 이전시킨다. 아울러 도리에 어긋나고 부정한 장사 및 사람의 신체에 해를 끼치는 여러 가지 식용품을 금지하고 조계 경내에 들여오는 것을 모두 허락하지 않고, 아울러 미리 장정을 정한다. 건물을 짓거나 연도에 물건을 둘 때에는 가도에 장애가 있음을 허락하지 않는다. 해당 공사(公司)는 또한 일정한 법을 세워 누구에게나 다 편리하고 모든 사람들이 편안하고 화합하며 각각 지선(至善)에 이르는 데 편하도록 한다. 이상에 정한 공사 장정을 위반하는 자는 해당 공사가 최고 25원까지 벌금을 과하며, 벌금은 해당 영사관이 공사에 바쳐 공동 존비금에 넣어 충당한다.

하나, 모든 지도에서 제1등 토지이나 바다 근처 일대로 실제 물이 불어나면 침수되는 곳과 사미도 주변의 매립하고 정비해야 할 땅은 모두 창탄이라는 명칭으로 해당 지가(地價)를 제3등 토지와 같이 한다. 단, 해당 지역을 매립, 정비하는 비용은 모두 조차한 사람이 자비로 부담하며 반드시 후에 상정하는 지도에 따라 공사해야 한다.

하나, 발급하는 지계는 뒤에 첨부하는 양식에 따라 발행한다.

하나, 이상의 장정에서 변경해 고칠 것이 있으면 조선 정부가 각국의 해당 관원과 회동하여 시일이 오래 되어 알게 된 바에 따라 덜거나 더할 것을 고치고 참작하여 보충 삭제한다.

지계양식

대조선 직함 □□□는 지계를 발급하여 각국 조계지 지도 내의 부지 제□□호 사방 가로 □□미터 세로 □□미터에 대해 금 □□□□원을 영수하여 영구히 □□□□에게 조차한다는 것을 밝힌다. 해당 조차인은 반드시 아래에 열거하는 6조 장정을 따라야 하며 상호 계약을 맺어 증거로 삼는다.

제1조
해당인은 매년 □월 □일 조선 인천 제물포 지방관에게 이듬해의 세금을 완납한다.

제2조
조계공사가 세금을 거두어들여 공동 비용으로 사용하고자 할 때에는 해당인은 반드시 수치에 근거하여 납부하고 틀림없이 따라야 한다.

제3조
해당인이 이 택지를 전조할 때에는 조선과 조약을 체결한 나라의 인민에게만 조차를 허가하며 수조자, 전조자는 함께 해당 관원에게 보고하여 등기해야 한다.

제4조

지계가 성립하는 날을 시작으로 18개월 한도 내에 해당인은 이미 조차한 이 택지에 대해 정비 작업을 하고 가옥을 지어야 한다. 최저 제1등 1,000원, 제2등 500원, 제3등 250원으로 가격을 매긴다. 가옥을 지을 때에는 반드시 제물포 각국 조계장정 제2관에 따라 짓는다.

제5조

해당인이 조선을 떠나 타국으로 가서 거주하여 이 지계 각 장정을 행할 수 없어 다른 이에게 대리하여 완납해야 할 기간이 되었음에도 여전히 미납분이 있을 경우에 조선 관인은 이 땅의 연세(年稅) 및 각종 항목의 세금을 납부하는 것을 기다려야 한다. 1년 한도를 초과하여 미납분이 있으면 비로소 이 부지를 회수하고 경매를 시행해서 그 금액으로 조세 및 각종 세금, 각종 항목의 잡비를 상환한다. 남은 금액은 해당 관원에게 갚는다.

제6조

창탄 부지 장정【조차지 내에 창탄 부지가 없으면 이 조항은 지계에 첨가하지 않는다】

창탄 부지를 조차한 자가 있어 조선 관원과 각국 조계 부지를 넓히기로 상의한 경우에는 모두 때에 따라 상황을 참작해 조차한 창탄 부지의 전면 경계에 따라 스스로 넓히고 정비한다. 이 지계는 2장을 준비하여 1장은 조차인에게 발급하고 다른 1장은 조선 정부가 보관한다.

조차 부지 계약인 □□□는 구비하여 지금 인천 제물포 각국 조계 내 제□호 부지 조차를 허가받았기에 이를 조차하는 이후로는 조계 내 제시하는 각 장정을 따르기로 하며, 조계공사의 규조를 준수한다. 만약 위반할 경우 최고 25원까지 벌금을 과하고 이의 없이 감수하기로 한다.

전조 부지 계약인 □□□는 구비하여 지금 인천 제물포 각국 조계 내 제□호 부지를 전조하였기에 전조 이후로는 조계 내 제시하는 각 장정을 따르기로 하며, 조계공사의 규조를 준수한다. 만일 위반할 경우 최고 25원까지 벌금을 과하고 이의 없이 감수하기로 한다.

갑신 8월 15일
    서리독판교섭통상사무 김홍집 ㊞

해제

1. 개요

조계 내의 토지 경매, 대차 방식과 함께 외국인 자치기구와 관련한 규정을 담고 있다. 일본, 청의 전관조계 이외에 각국 외국인이 잡거하는 공동조계에서의 규칙이다. 이는 이후 다른 개항장에서 성립한 조계장정의 기반이 되었다. 조선과 미국, 영국, 청국 대표 사이에 조인된 것은 1884년 10월 3일이며, 11월 7일에는 일본이 뒤이어 조인하였다.

2. 배경

1883년 11월 26일 체결한「조영수호통상조약」제4관은 통상 장소로 제물포, 원산, 부산 등을 설정하고 이들 통상 항구에 부지를 선정해 외국인[洋人]의 거주지 혹은 영구 조계지로 전용할 수 있음을 규정하고 있다. 또한 조계지에 대해서는 조선 정부가 매입하여 임차인에게 부여하는 형태를 기본으로 하였고, 지조 액수는 조선과 각국의 관원들이 차후 협의를 통해 결정하도록 했으며, 조계 운용과 사무 관리를 위한 신동공사 설립 등이 규정되었다. 이상의 조약 규정을 바탕으로 구체적인 지조 액수와 신동공사 설립 방법을 규정한「인천제물포각국조계장정」이 체결되기에 이른다. 각국 조계장정 조인 당시 일본은 가입하지 않았으나 이후 조계장정을 검토하고 일본의 거류지 규칙과 저촉되는 점이 없고, 각국 조계 내 거주를 희망하는 일본인이 있어 1884년 11월에 추가로 가입하기에 이른다.

3. 체결 과정

1883년 11월 29일 영국은 제물포에 서구인 거주지를 설정할 것을 조선 정부에 통고하고,

이후 해당 지역 조선인들의 추가적인 주거지 건설 등을 금지하여 향후 이주에 대비할 것을 권고했다. 또한 해당 지역에 대한 조계지 조성 사업이 지연되자 1884년 5월 7일에는 착공을 촉구하는 조회를 보내기도 하였다. 조약안의 기초에는 조영조약 비준 후 영국 총영사로 부임한 애스턴[W. G. Aston]이 주도적 역할을 하였다. 애스턴은 1864년 영국 공사관의 일본 통역생으로 일본에 온 이후, 고베[神戶], 오사카[大阪] 영사관에서 근무한 이력이 있었다. 일본의 외국인 거류지 상황에 대한 이해와 함께 1882년에는 조선을 방문해 부산, 원산의 일본인 거류지를 시찰한 경험을 바탕으로 애스턴은 인천의 조계장정을 작성하였다.

4. 내용

제1조는 제물포 각국 조계의 위치를 표시하고 조계 내 조선 인민의 가옥 철거, 건축 금지를 규정하였다. 제2조는 조계 지구를 4등으로 분할하여 각 지구의 건축물의 조건을 규정하였다. 조계지의 경계, 해안 제방 부두 등은 조선 정부가 부담하고, 조계 내의 도로, 가로등 정비, 경비 등은 조계의 적립금을 사용하도록 하였다(제3조, 제4조). 조계 내 지소 경매 원가와 경매 방법은 제5조에 규정되었고 거류지 행정사무를 관장하는 자치조직인 거류지회[紳董公司]에 대해서는 제6조에 규정되었다. 거류지회는 인천 감리, 조약국 영사, 거류지민 대표로 구성하도록 하였고, 거류지 내 단속과 관련한 규칙 제정과 제반 업무를 담당하였다. 제7조는 향후 매립지에 대한 규정, 제8조는 지권 작성 및 교부, 제9조는 향후 필요에 따라 개정이 가능함을 규정한 내용이었다.

5. 의의

공동조계의 전체 면적은 약 15만 평으로 일본 전관조계의 20배에 달하였다. 그러나 본 조계장정이 조인된 후에도 토지원가와 지조가 상대적으로 고가로 규정된 점, 건축재료 규정 등 엄격하고 제한적인 조건이 붙여졌던 점, 조선 정부의 조계지 정비 조치가 지체된 점 등으로 인해 실제로 1차 토지 경매가 실시된 것은 1885년에 이르러서였다. 조계에는 각국의 세관원과 영사관원, 외국 상인 등이 거주하기 시작했으나 서양인은 극히 일부였으며 대부분은 포화 상태의 일본 거류지를 벗어난 일본인이었다.

조계 내의 행정사무를 담당하는 거류지회는 조선뿐 아니라 중국과 일본의 조계(거류지)에도 설치된 것이 확인되고 있으나 그 용어나 권한은 통일되지 않았다. 가령 중국 상하이에는 판사공국(辦事公局)이 설치되었으며, 일본 고베에는 거류인행사(居留人行事)라는 이름으로 외국인의 거류지 내 자치권이 인정되었다[※관련 문서-1]. 인천의 거류지회인 신동공사라는 명칭은 이후 목포, 진남포 등의 개항장 조계장정에서도 그대로 사용되었다. 신동공사는 조계 내의 행정사무를 담당할 뿐 아니라 특정 사항에 관한 규칙 제정권, 단속권 등을 가지고 있는 자치 조직이었다. 이 같은 조계 내의 자치권 행사는 외국의 영사재판권 행사와 더불어 개항장 조계를 '나라 안의 작은 외국'으로 만드는 결과로 이어졌다. 일본의 경우, 당시 서구 열강과 불평등조약을 체결하며 고베와 오사카 등 일부 개항장에 외국인의 자치권이 인정되었으나, 최대 개항장이었던 요코하마[橫濱]를 비롯해 대부분의 개항 개시장에서 거류민 자치권을 억제하면서 이 같은 현상을 최소화했다고 평가받는다.

6. 관련 문서

1)「고베 외국인거류지 약정서」(1868. 8. 7.)

제1조
작년 조약에 따라 오사카 각국 외국인 거류를 위해 허락한 지소 경매일의 일은 동소 일본의 역인과 각국 공사가 상담하여 정한다. 다만 반드시 양력 9월 1일 이후 가까운 시일 내에 이루어져야 한다. 앞서 포고한 도면은 가능한 사용하겠지만 동소 일본 역인 및 각국 영사가 모두 동의하여 개정할 수 있다. 다만 개정할 일이 있을 경우 경매일보다 적어도 5일 전에 오사카에서 포고해야 한다.

제2조

효고에서 처음 지면 경매의 액수 및 일시는 일본 역인과 각국 영사 사이에 상담하여 정한다. 또한 경매일보다 적어도 5일 전에 일본 정부가 경매로 낸 지면의 지도를 갖추어 효고에서 포고하고, 지구의 수와 방향, 추후 열릴 도로, 하수도를 각국에 알려야 한다. 지면의 1구의 평수는 200평을 소지(小地)로, 600평을 대지(大地)로 하며 도로 폭은 40척보다 좁아서는 안 된다.

제3조

위와 같이 오사카 및 효고에서 대차하는 토지의 원금은 1평에 2냥으로 정하여 그 가운데 1냥 2푼은 지면을 마련하는 잡비로 일본 정부가 취하고 나머지 2푼은 일본 정부가 적금 예치자에게 넘겨 거류지 적금으로 도로, 하수도 건설 보수, 야간등 및 기타 거류지 비용에 충당한다. 또한 오사카와 효고에서 위 원금보다 높게 경매되는 분의 절반은 위 적금에 더하기 위해 정부에 넘겨야 한다.

제4조

오사카와 효고 거류지 대지 경매는 이 조목에 부속하는 경매 법칙에 따라야 한다. 경매 후 남은 대지는 추후에 다시 경매한다. 그 일시는 동소 일본 역인과 각국 영사가 정하되 모두 어느 쪽이든 1개월 전에 포고해야 한다.

제5조

오사카와 효고에서 지세는 1년 1평에 1푼으로 정한다. 이 지세 가운데 오사카에서 381냥, 효고에서 440냥 1푼을 평상 지세액으로 해마다 일본 정부에 납부해야 한다. 남은 3푼은 거류지 적금으로 도로, 하수 공사, 보수 공사, 가로등 및 기타 거류지 사용금으로 한다. 마땅히 선금으로 납부해야 한다.

제6조

위 적금을 세움에 따라 비상시 천재지변으로 파손된 경우 외에는 도로 공사, 하수 보수 공사, 가로등 및 기타 거류지 비용은 일본 정부가 관계하지 않는다. 위 비상시 천재지변으로 파손이 있을 경우 일본 정부가 내야 하는 액수는 쌍방이 상담하여 결정한다.

제7조

이 조약서에 따라 대지를 빌려 외국인이 거류지 적금을 위해 납부할 돈은 우선 그 나라 영사에게 납부하고 영사가 적금 담당자에게 건넨다. 거류지 적금은 그곳 일본 관리와 각국 영사 및 거류인행사(居留人行事, committee of the foreign community)가 상담하여 취급한다. 행사(行事)는 3인보다 많을 수 없으며 각국 영사관 명부에 성명이 기재된 자 가운데 선거를 통해 선발한다. 선거 절차, 근무 연한은 영국 공사가 정한다.

제8조

추후 만일 오사카 혹은 효고 거류지 단속으로 외국인이 참여할 일이 필요할 경우 위 비용으로 1평당 일정 비율을 제출해야 한다. 다만 1평에 1푼의 3분의 1을 초과할 수 없다. 금액 및 납부일에 관해서는 해당 지역 관리와 각국 영사 및 위의 거류인행사가 상담하여 해마다 결정한다.

제9조

일본 정부 비용으로 두 곳 거류지 돌담과 상륙장을 수선하며 또한 상륙장에 가까운 바다와 강을 넘어 간조하여도 지장이 없도록 한다.

게이오 4년 6월

    히가시쿠제 중장(東久世中將)[*] ㊞

    히젠 시종(肥前侍從)[**] ㊞

출처: 『法規分類大全』 第25卷 外交門 4, 258~259쪽

---

[*] 히가시쿠제 미치토미[東久世通禧]를 말함.
[**] 나베시마 나오히로[鍋島直大]를 말함.

[참고 문헌]

- 박진한 외(2016), 『지도로 만나는 개항장 인천』, 인천학연구원.
- 孫禎睦(1982), 『韓國開港期 都市變化過程硏究-開港場·開市場·租界·居留地』, 一志社.
- 인천부청 편(1933), 『인천부사』, 인천부.
- 高秉雲(1987), 『近代朝鮮租界史の硏究』, 雄山閣出版.
- 박준형(2010), 「청일전쟁 이후 인천 청국조계의 법적 지위와 조계 내 조선인 거주문제」, 『한국학연구』 22.
- 박준형(2014), 「일본전관조계 내 잡거문제와 공간재편 논의의 전개」, 『도시연구』 12.

6
절영도 및 월미도의 부지 조차에 관한 조약

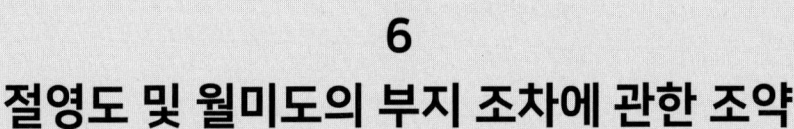

조차절영도지기약단 | 부산 절영도의 4,900여 평 부지를 일본의 해군용 석탄 저장고로 조차한다는 내용으로 1886년 1월 31일 체결되었다.

조차월미도지기약단 | 절영도의 사례를 바탕으로 인천 월미도에 4,900여 평의 부지를 일본 정부에 조차한다는 내용으로 1891년 1월 21일 체결되었다.

租借絶影嶋地基約單

茲因日本政府爲海軍建造倉庫貯藏煤炭租借朝鮮慶尚道絶影嶋中所稱黑石巖之地基共計四千九百坪(一坪二米埞方所)有地基租額定以每年銀貨二十圓完納朝鮮政府卽自換約之日起算於日本公使館每屆陽曆十二月十五日先將明年租額交付統理衙門查收爰立約單並附地圖以昭憑信

租借月尾島地基約單

茲因

日本政府爲海軍建造倉庫貯藏煤炭租借

朝鮮京畿道月尾島中之地基共計四千九百坪 一坪每方二米突

所有地基租額定以每年銀貨八十圓完納

朝鮮政府卽自換約之日起算於日本公使舘每屆陽

曆十二月十五日先將明年租額交附統理衙門查收

爰立約單幷附地圖以明憑信

大朝鮮開國四百九十九年十二月十二日

督辦交涉通商事務 閔種默

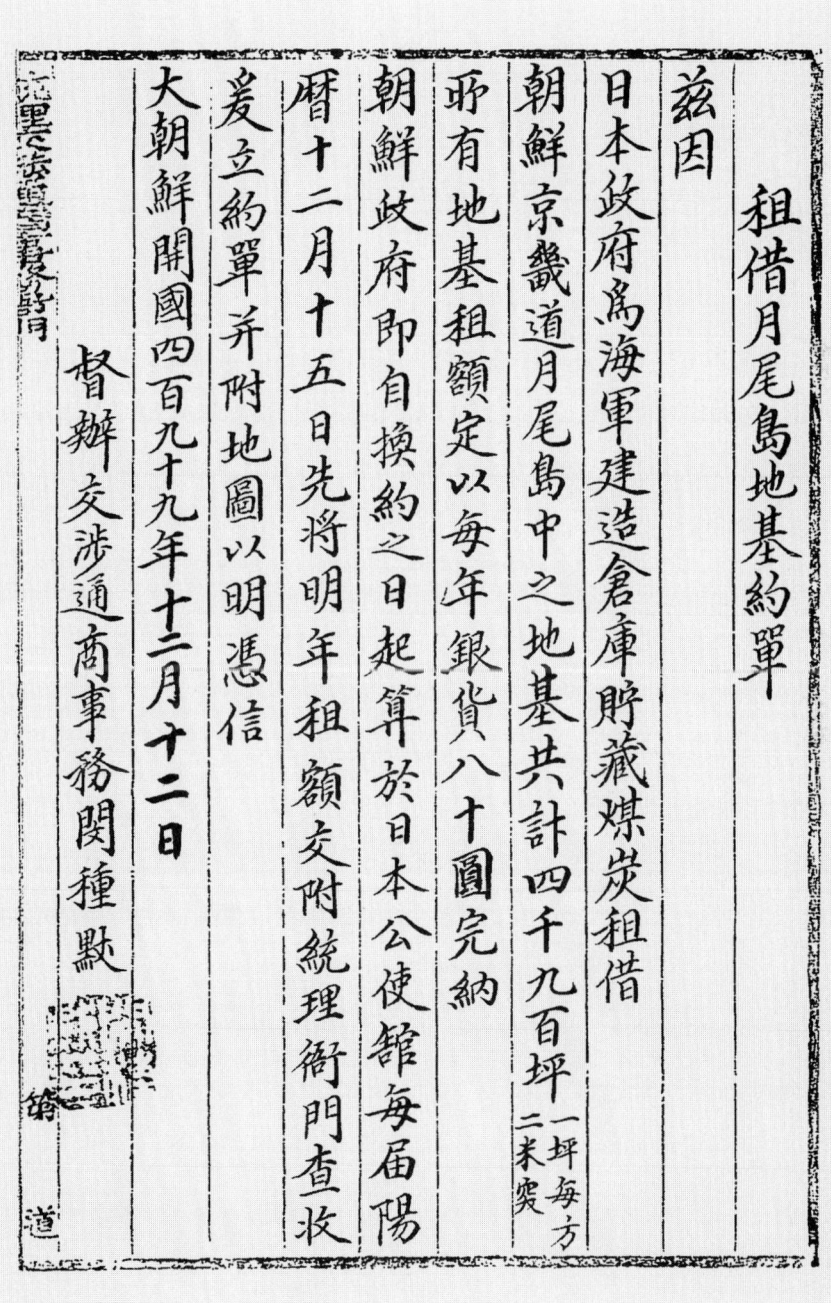

원문

1. 조차절영도지기약단

租借絶影嶋地基約單

玆因日本政府爲海軍建造倉庫貯藏煤炭租借朝鮮慶尙道絶影嶋重所稱黑石巖之地基共計四千九百坪【一坪每方二米突】所有地基租額定以每年銀貨貳十拾圓完納朝鮮政府卽自換約之日起算於日本公使館每屆陽曆十二月十五日先將明年租額交付統理衙門查收爰立約單並附地圖以昭憑信

大日本明治十九年一月三十一日
　　　代理公使高平小五郎
大朝鮮乙酉十二月二十七日
　　　督辦交涉通商事務金允植

출처: JACAR Ref. B13091010400

2. 조차월미도지기약단

玆因
日本政府爲海軍建造倉庫貯藏煤炭租借
朝鮮京畿道月尾島中之地基共計四千九百坪【一坪每方二米突】所有地基租額定以每年銀貨八十圓完納
朝鮮政府卽自換約之日起算於日本公使館每屆陽曆十二月十五日先將明年租額交附統

理衙門查收爰立約單幷附地圖以昭憑信

大朝鮮開國四百九十九年十二月十二日
　　　督辦交涉通商事務 閔種默 ㊞
大日本明治二十四年一月卄一日
　　　代理公使 近藤眞鋤 ㊞

출처: JACAR Ref. B13091011200

번역문

1. 조차절영도지기약단

이번에 일본 정부는 해군용 석탄을 저장하는 창고를 건설하기 위하여 조선 경상도 절영도 중 흑석암 부지 합계 4,900평【1평은 사방 2미터】을 조차하였다. 부지의 조액(租額)은 매년 은화 20원으로 정하고 조선 정부에 완납한다. 환약일(換約日)로부터 기산하여 매년 양력 12월 15일에 일본 공사관은 이듬해의 조액을 총리아문에 선납하여야 한다. 이에 약단(約單)을 세우고 지도를 첨부하여 믿고 의지함을 밝힌다.

대조선 을유 12월 27일
　　　독판교섭통상사무 김윤식
대일본 메이지 19년 1월 31일
　　　임시대리공사 다카히라 고고로

2. 조차월미도지기약단

이번에 일본 정부는 해군용 석탄 저장 창고를 건설하기 위하여 조선 경기도 월미도 부지 합계 4,900평【1평은 사방 2미터】을 조차하였다. 부지의 조액(地額)은 매년 은화 80원으로 정하고 조선 정부에 완납한다. 환약일(換約日)로부터 기산하여 매년 양력 12월 15일에 일본 공사관은 이듬해의 조액을 총리아문에 선납하여야 한다. 이에 약단(約單)을 세우고 지도를 첨부하여 믿고 의지함을 밝힌다.

대조선국 개국 499년 12월 13일
   독판교섭통상사무 민종묵 ㊞
대일본 메이지 24년 1월 21일
   대리공사 곤도 마스키 ㊞

‖ 해제

1. 개요

일본 정부가 해군용 석탄 저장고로 사용한다는 명목으로 1886년 1월 31일 절영도의 4,900여 평을 빌리기로 협의하였으며(조차절영도지기약단), 이를 선례로 하여 1891년 1월 21일에는 인천 월미도에 대해 4,900여 평의 조차가 이루어졌다(조차월미도지기약단). 이를 통해 일본은 서해안, 남해안으로 진출하는 교두보를 마련하게 되었다.

2. 배경

절영도는 당시 부산의 일본 전관거류지에서 직선거리로 약 400미터 떨어진 곳에 위치하여 한행리정의 범위 내에 들어가는 지역이었다. 다만 당시 한일 간 외교적 현안이었던 한행리정의 범위를 둘러싼 교섭이 이뤄지는 과정에서, 조선 정부는 동래 부사에게 훈령을 내려 한행리정은 조선의 이법(里法)에 따르는 것으로 월해직경(越海直徑)을 허락하지 않는다는 방침을 고수했다. 때문에 절영도는 바다를 사이에 두고 있는 땅으로 한행리정 밖에 위치하게 되었다. 그러나 1879년 콜레라가 유입, 확산되자 일본은 이를 구실로 전염병 위생 시설을 절영도에 설립하고자 하였다.

한편 월미도는 유사시 한양에서 강화도로 피난가기 위한 경로에 놓인 요충지였다. 1656년에 처음으로 국왕 숙소로 행궁이 축조되었으나 이후 실제로 월미도 행궁이 사용된 적은 없었다. 인천 개항 이전부터 월미도 인근 해안에 대해 서구 열강과 일본은 한성에 진입하는 최단 경로를 찾기 위해 인근 해안을 측량하고 해도를 작성하기 시작했다. 1866년 병인양요 당시 프랑스 극동함대를 이끌고 온 로즈 제독이 월미도 일대 해도를 작성한 것이 그 예이다. 이 때 작성된 해도가 1877년 프랑스에서 간행되었는데 제독의 이름을 붙여 월미도를 '로즈 아일랜드[Roze Island]'라 명명하였다. 이후 로즈의 해도를 저본으로 각국에서 해도가 제작되면서 월미도는 로즈 아일랜드라는 이름으로 서구에 알려지게 되었다. 한편 조선 정부도 신미양요, 병인양요를 비롯해 거듭된 열강의 접근을 경험하며 월미도의 지정학적 중요성을 인식하게 되었다. 이에 1879년에는 월미산 정상에 포대를 설치하기도 했으나 월미도를 차지하려는 열강의 경쟁은 더욱 치열하게 전개되었다. 특히 일본은 1878년 4월부터 이듬해 3월까지 전라도 진도의 벽파정 및 거문도, 함경도 문천에 석탄 저장고를 설치하였다. 측량을 담당할 해군 함선을 위한 석탄 저장소의 필요성이 대두되었기 때문이다.

3. 체결 과정

부산 개항 3년 후인 1879년에 일본을 통해 콜레라가 유입되어 부산에서 확산되기 시작했다. 일본국 관리관 마에다 겐키치[前田獻吉]는 동래 부사 윤치화(尹致和)에게 절영도에 콜레라 확산을 방지하기 위한 위생 시설 설립을 요청했다. 윤치화는 이에 소독소와 전염병원 설립을 허가하였다. 그러나 이는 조약 규정 외의 사항으로 이를 허가한 것이 문제가 되어 결국 6월 20일 절영도에 설치된 일본 시설물을 철거하게 되었다. 절영도는 군사적 요충지로 외국인의 절영도 침입을 강하게 거부한 것이다. 이후에도 일본은 절영도에 근거를 마련하고자 하였다. 대마도에서 석탄을 가져와 사용하는 것이 불편하다는 이유로 절영도의 나무를 사용하게 해 달라는 청원을 조선 정부에 요청한 것이다. 결국 일본의 해군용 석탄 저장 창고를 세우기 위해 절영도에 5,000여 평의 땅을 지조 20엔에 빌리는 것을 내용으로 한 「조차절영도지기약단」이 독판교섭통상사무 김윤식(金允植)과 일본 임시대리공사 다카히라 고고로[高平小五郞] 사이에 체결되었다.

월미도의 경우 1882년 임오군란의 발발로 일본은 자국민 보호를 구실 삼아 군대를 파견하는 한편 월미도에 석탄 저장 창고로 37평 규모의 가건물을 세운 것을 발단으로 한다. 이는 조선 정부의 승인 없이 이루어진 일본의 독단적이고 불법적인 행동이었다. 1888년 2월 22일 스즈키 미쓰요시[鈴木充美] 인천 영사가 석탄 창고 부지 매입에 관해 조선과의 협약 필요성을 상신하였다. 석탄 창고 문제가 향후 외교적 분쟁이 될 것을 우려한 일본 정부는 절영도 조차에 성공한 경험을 바탕으로 이와 유사한 방식과 조건으로 월미도 조차를 추진하였다. 스즈키 영사의 제안에 기초하여 1888년 3월 27일, 일본은 해군 석탄 저장 창고를 위해 월미도에 4,900여 평을 조차하고 매년 20원씩 납부하겠다는 의견을 조선 측에 제안했다. 기존에 존재하던 석탄 저장고에 절영도의 예를 따라 동일한 면적의 조차를 요구한 것이다. 일본의 이 같은 제안에 대해 조선 정부는 1890년 음력 4월, 조액 책정 이전에 우선 조차의 허락을 받아야 할 것임을 전하였다.

월미도 공원(公員) 김영득은 일본 영사관에서 1885년에 월미도의 행궁기지 전답에 석탄고를 짓고 그 기지를 매입하기를 원했지만, 행궁기지이기에 영매(永賣)하기 어려워 매월 기지세(基地稅)로 20냥을 받았다고 하였다. 이를 바탕으로 조선 측은 조차 허가를 받지 않은 채 임의로 석탄고를 지은 일본 측에 조약 위반을 항의하고, 동시에 행궁기지의 특성상 조차를 논의할 수 없음을 통보하였다. 일본 정부는 이에 대해 이미 인천 개항 이전인 1882년에 일본의 해군 함선에 필요한 석탄을 저장하기 위해 임시 건물을 월미도에 지은 사실이 있으며, 이는 당시 곤도 마스키[近藤眞鋤] 영사가 조선 측의 허가를 받아 이루어진 것임을 주장하였다. 나아가 1883년 음력 3월에는 일본 함선이 인천항에 상주하게 되면서 석탄고 증설을 요청, 1882년에 지어진 석탄고 근방에 임시 창고를 추가로 건설하고 이들에 대해서는 인천 개항과 조계가 확정된 후 다시 정리하기로 하였다는 것이다. 결국 양국 합의는 1891년 1월 21일 독판교섭통상사무 민종묵(閔種默)과 일본 대리공사 곤도 마스키가 「조차월미도지기약단」을 체결하며 이루어진다[※관련 문서-2].

4. 내용

절영도에 관해 일본은 해군용 석탄 저장 창고를 건설하며 이를 위해 조선은 4,900여 평의 부지를 대여하기로 하였다. 지조는 매년 은화 20원으로 하여 일본 공사관이 통리아문에 선납하는 것으로 규정하였다. 월미도의 경우 지조 액수가 은화 20원에서 80원으로 상향 조정된 것을 제외하면 「조차절영도지기약단」과 동일한 내용으로 구성되었다.

5. 의의

부산 절영도와 인천 월미도에 석탄 저장 창고를 확보함으로써 일본은 남해안, 서해안 일대로 진출하기 위한 교두보를 확보할 수 있었다. 절영도에는 석탄 저장 창고 이외에도 불법적으로 창고와 조선소 등을 건설하면서 세력 확대를 꾀하였다[※관련 문서-1]. 일본의 절영도 조차가 알려지자 러시아도 절영도 토지 조차를 조선 정부에 요구하면서 러일 사이의 분쟁이 발생하기도 했다. 절영도를 둘러싼 열강의 관심이 높아지는 가운데 조선 정부는 애초 일본에 허가한 석탄 저장 창고 이외의 절영도 토지, 가옥의 매매, 임차를 일체 금지한다는 입장을 취하였다. 그러나 이 같은 조치에 대해 일본을 비롯한 열강의 거센 반발로, 1898년 절영도 동북단에 90만 평방미터의 토지를 각국 조계지로 삼는 방침이 협의되었다. 월미도의 경우도 일본의 조차가 이루어진 후 청국과 러시아 등이 석탄 창고 부지를 요구하였다. 청국의 석탄 창고 요구는 청일전쟁 발발로 무산되었으나 러시아의 경우 아관파천을 계기로 조선에 대한 영향력이 높아지며 1896년 6월 12일 「월미도조차협약」을 체결하여 월미도 서남쪽 4만여 평방미터의 부지를 조차하는 데 성공하였다.

6. 관련 문서

1) 부산항 일본 거류지 확장계획에 관하여 재조선 변리공사로부터 상신의 건(1891. 5.)

부산항 우리 거류지 확장 계획의 건

지난 메이지 10년(1877) 다시금 부산항 거류지 차입을 결정한 후, 우리 인민이 해당 지역에 이주하는 것이 날로 많아짐에 더하여 상업도 점차 성황을 보이고 있습니다. 이러한 상황에 이르러서는 실로 우리 거류지가 협소함을 느끼며 거류 상민들도 그 확장을 희망하는 자가 적지 않은 것으로 알고 있습니다. 현재 하관(下官)이 당지에 부임하는 도중, 부산항을 순람한 때에도 거류지로는 당시 해관 앞으로 동북으로 약 1,000평 정도의 건립을 계획하고, 혹은 서남의 사도(沙道) 쪽에 거류지를 확장하려고 한다는 이야기가 있었습니다. 원래 차입 약서에 정해진 거류지 면적은 100,000여 평이지만 그중 60,000여 평은 거류지 뒤의 산에 가까운 송림(松林)이기에 실제로 주거에 적당한 장소는 40,000평 정도입니다. 그런데 피아 무역은 날로 진척됨과 동시에 우리 상민이 이곳에 계속하여 들어와 거주하는 일도 점차 많아져 이를 저지할 방도를 알지 못합니다. 차입 약정 체결 당시는 40,000평으로 여유가 있었을 것이나, 현재는 이미 남은 땅이 없음을 아쉬워 할 정도이므로 이후 10년, 100년을 위해 지금 크게 이를 확장하는 것이 매우 필요한 일이라 생각합니다.

돌이켜 조선과 다른 외국과의 관계를 살펴봄에 우선 기(機)제40호로 상신한 대로, 이곳 주차 각국 공사관의 일 등은 부산에 각국 거류지를 설정할 것을 희망하여 각자 연서(連署)한 권고문을 조선 정부에 제출하고 그 실행을 촉진하는 운동이 벌어지고 있습니다. 뿐만 아니라 러시아 공사는 블라디보스토크(浦鹽)-상하이(上海) 사이의 정기항해를 열고자 러시아 상사(商社)를 위해 석탄 창고로 부산항 절영도를 빌리고자 꾀하고 있습니다. 기타 근년 외국 상선이 부산항만에 정박하는 일 또한 증가하는 경향이 있습니다. 외국 무역상 관계는 이처럼 크게 장래에 발달할 모양일 뿐만 아니라 병략상(兵略上)으로도 지난번 영국은 부산항에서 120마일 떨어진 거문도에 함선을 보내기도 했습니다. 혹 거문도 맞은편인 소안도(所安島)에 중국 함대가 정박하여 만내(灣內)를 측량했다는 풍설도 거의 실제에 가까운 일입니다. 러시아 또한 이미 군함의 취격(聚擊)에 편리한 항만을 탐색하는 데 등한시하지 않는 등, 열국의 시선이 부산 환해(環海)에 몰려 있는 듯합니다. 만일 어느 날 사건이 발생한다면 부산항은 가장 유용한 지위를 점하는 데 이를 것임은 의심할 여지가 없습니다. 그러므로 평소 우리 상민 다수를 해당 장소에 거주하게 하여 그 지역에서 우리 세력을 떨치고 쓰시마와 마주본 일본해의 인후(咽喉)를 움켜쥔다면 오직 우리와 조선 모두 매우 이익이 될 뿐 아니라 크게는 동아전체(東亞全體)의 휴척(休戚)에도 관계되는 일일 것이라 생각합니다.

이를 안으로는 우리 무역의 긴 발걸음을 위해 거류지 확장을 촉진하며, 외부로는 각 열국과의 관계에서 상업상으로나 병략상으로도 부산에서의 권력을 우리가 장악할 필요가 있기에 부산항 확장은 도저히 거행하지 않을 수 없는 일이라 생각합니다. 그러나 현재 헛되이 날을 보내고 수십 년 후에 이른다면 일이 성사되는 것은 점점 곤란해질 것입니다. 그러므로 오늘에 있어 좋은 기회를 엿보아 만일 상황이 좋다면 부산지조개정의 자리에서 그 담판의 시작을 시도하여 "부산항 지조는 이미 차입약서로 정하였으나, 제국 정부는 호의로 이를 개조, 증액할 것이므로 저들로써 우리 제안에 동의하지 않을 경우 우리의 뜻을 격하게 함을 책망하고 어디까지나 우리는 지조 개정을 하지 않겠다는 결단과 위세를 미리 저들에게 보여 두어, 저들로 하여금 자신의 이익상, 개정을 청원하게 하는" 수단을 취하여 저들이 차차 이를 제출함에 이를 때에 비로소 본 확장안을 제출하는 것이 가장 적당하다는 것이 어리석지만 저의 생각입니다.

이상과 같이 부산항 지조 개정을 처리한다면 이전에 때때로 명시한 훈령의 취지와는 조금 그 뜻을 달리할 소지가 있습니다만, 조선 정부가 우리 제안에 동의하지 않는 한, 어디까지나 이를 개정하지 않아도 우리로써 하등 비난받을 일이 없는 것은 물론이거니와, 오히려 대업을 위해 이를 이용하는 편이 득책이라 믿습니다. 그러므로 귀 대신께서도 이 고안에 동의하고 승인하시길 바랍니다.

거류지 확장을 위해 더욱이 필요로 하는 장소 및 넓이는 하관의 생각으로는 사도(沙道) 쪽에 100,000평, 절영도에 200,000평으로 도합 300,000평입니다. 현재 해당 항구의 수리(水利)를 살펴봄에 큰 선박이 계박(繫泊)하기에 적당한 곳은 해관 쪽 10칸에 불과합니다. 따라서 동서 양 끝단에 존재하는 우리 거류민은 충분히 화물 양륙과 선적 편의를 향유할 수 없는 사정인 바, 대안의 절영도에서는 우리 해군성 석탄 창고로부터 서쪽으로 수 정(町) 사이는 수심이 깊고 파도가 평온하여 계류하기에 특히 편합니다. 이에 거류지를 열고 이곳에 선박을 정박하게 할 경우 이로부터 얻는 편의는 실로 적지 않을 것이라 생각합니다.

그런데 다른 한편으로 영국, 러시아의 모든 나라가 각국 거류지를 이곳에 설정한다면 우리의 이익에 큰 장애가 됩니다. 그러므로 이를 방해해야 함은 물론이며 가능하다면 우리가 절영도를 선점해야 합니다. 또한 사도에 확장하는 일도 가능하면 성취하고 싶으나 절영도의 기도가 성공함에 따라서는 무리하게 이를 요구하지 않아도 될 것이라 생각합니다.

확장을 필요로 하는 이유 및 이에 충당할 장소에 관해 이상과 같이 고안하였습니다만, 그 성취를 보기 위해서는 상당한 외교상의 미묘한 점이 존재하는 바, 이를 실행하는 방법 또한 극히 어려운 일로 하관은 본디 반드시 성취함을 보증하기 어려우나, 또한 별도의 복안이 있다면 거듭 깊이 연구하고 단련하여 타일에 상신하고자 생각합니다. 이에 귀 대신께서도 미리 관대히 생각해 주시길 바라며, 이상으로 상신합니다.

메이지 24년(1891) 5월 14일

  변리공사 가지야마 데이스케[梶山鼎介]

  외무대신 자작 아오키 슈조[青木周藏] 귀하

[추신[再啓]] 절영도에 우리 거류지 확장하는 일에 관하여 위와 같이 입안하였습니다만, 지난 15일 오카베[岡部] 차관으로부터 각국이 절영도에 거류지 설정을 주장할 경우, 작년 훈령에 구애되지 말고 강하게 이를 항거하지 말 것이며, 일본인에게도 동일하게 주거의 권리를 취득하도록 하라는 전령(電令)이 있었기에 작년의 훈령은 이제 취소된 것이라 생각합니다. 본래 외국인에게만 절영도에 주거의 권리를 갖게 하는 것은 우리의 이익에 저촉된다고 하나 우리로써도 동일하게 주

거 권리를 갖게 될 경우 거류지가 협소함을 느끼는 우리 인민은 속속히 절영도로 이주할 것입니다. 따라서 절영도의 이익 대반은 우리가 이를 점유하는 실상을 보일 것임은 의심할 여지가 없습니다. 하관이 본안을 세우는 데 있어서도 각국과 협동하여 일반거류지를 설정하는 것이 가능하리라 생각합니다만, 작년의 훈령도 있었기에 어찌되었든 위의 문서와 같이 입안하였습니다. 추후 숙고하여 어떠한 방법을 세울지 생각하고 있던 차에 이상의 전령을 접하였으므로 일단 덧붙입니다.

메이지 24년(1891) 5월 19일

출처: JACAR Ref. B12082515300

2) 1891년 3월 25일 통서 → 인천 감리 관문

상고(相考)하건대, 월미도에 일본의 석탄 기지를 임대하는 일에 대해 말하자면, 해당 석탄 기지는 넓이 4,900평방미터이며 이미 임대하기로 합의하여 1890년 12월 24일에 본 독판(督辦)과 일본 공사(公使) 곤도[近藤]가 본서(本署)에서 도장을 찍어 문서를 교환하였으며, 해당 석탄 기지의 신묘(1891)년 세금으로 일은(日銀) 80원을 이미 받았다. 이에 특별히 관칙(關飭)하니, 귀 감리는 관문의 내용대로 해당 석탄 기지를 일본 영사(領事)와 회동하여 직접 조사하고 경계를 정해 표지를 세운다. 혹시 민전(民田)이 있으면 가치대로 계산하여 수매하여 임대하고, 조선인의 묘지 등이 앞서 정한 경계 가운데로 혼입되지 않게 하여 분란이 일어나지 않게 하라.

출처: 이연세 외 번역·역주(2010), 『譯註 仁川港關草(下)』, p.13

[참고 문헌]

- 박진한 외(2016), 『지도로 만나는 개항장 인천』, 인천학연구원.
- 이영호(2017), 『개항도시 제물포』, 민속원.
- 인천부청 편(1933), 『인천부사』, 인천부.
- 김강식(2014), 「개항기 해항도시 부산의 절영도진 설치와 운영」, 『역사와 경계』 90.

7
인천 일본거류지 확장에 관한 주한각국사신 의정서
仁川 日本居留地 擴張에 關한 駐韓各國使臣 議定書

인천 일본거류지 확장에 관한 주한각국사신 의정서 | 인천의 일본 거류지를 매립을 통해 확장하는 사업에 관해 주한 각국 대표들이 승인한 의정서로 매립 규모와 매립 사업의 주체 등을 규정하였다.

仁川日本居留地擴張ニ關スル
駐韓各國使臣ノ協定書

明治三十年十一月二十六日調印

PROTOCOL OF THE CONFERENCE OF THE FOREIGN REPRESENTATIVES AT SEOUL HELD AT THE IMPERIAL LEGATION OF JAPAN ON THE 18TH DAY OF NOVEMBER, 1897.

Signed at Seoul, November 26, 1897 (30th year of Meiji).

At the conference of the Foreign Representatives at Seoul held at the Imperial Legation of Japan on the 18th day of November, 1897, the Japanese Representative has submitted a proposition concerning the question of the filling-in of the foreshore of the Japanese Settlement at Chemulpo, and the following resolutions have been adopted:—

1. That the foreshore of the Japanese Settlement at Chemulpo be filled in to the extent of fifty seven metres from the present limit of the Settlement toward the sea, frontage of the land thus to be realised measuring two hundred and fifty eight metres and the sides fifty seven metres each.

2. That the whole work be carried out entirely by the municipality of the Japanese Settlement and the necessary ex-

PROCÈS-VERBAL DE LA RÉUNION TENUE À LA LÉGATION IMPÉRIALE DU JAPON, LE 18 NOVEMBRE 1897, PAR LES REPRÉSENTANTS ÉTRANGERS À SÉOUL.

Signé à Séoul, le 26 novembre 1897 (30ᵉ année de Meiji).

Au cours de la réunion tenue à la Légation Impérial du Japon, le 18 novembre 1897, par les Représentants étrangers à Séoul, le ministre du Japon ayant soumis à ses collègues une proposition concernant le remblai du rivage en face de la Concession japonaise de Tchemoulpo, les résolutions suivantes ont été adoptées:

1. La partie du rivage située en face de la Concession japonaise de Tchemoulpo sera remblayée sur une étendue de cinquante sept mètres, à partir de la limite actuelle de la Concession japonaise, dans la direction de la mer, la façade des terrains ainsi gagnés mesurant deux cent cinquante huit mètres et les côtés cinquante sept mètres, de part et d'autre;

2. Les travaux seront exécutés entièrement par la municipalité de la Concession japonaise qui supportera toutes les

원문

PROTOCOL OF THE CONFERENCE OF THE FOREIGN REPRESENTATIVES AT SEOUL HELD AT THE IMPERIAL LEGATION OF JAPAN ON THE 18TH DAY OF NOVEMBER, 1897.

Signed at Seoul, November 26, 1897(30th year of Meiji)

At the conference of the Foreign Representatives at Seoul held at the Imperial Legation of Japan on the 18th day of November, 1897, the Japanese Representative has submitted a proposition concerning the question of the filling-in the foreshore of the Japanese Settlement at Chemulpo, and the following resolutions have been adopted:—

1. That the foreshore of the Japanese Settlement at Chemulpo be filled in to the extent of fifty seven metres from the present limit of the Settlement toward the sea, frontage of the land thus to be realised measuring two hundred and fifty eight metres and the sides fifty seven metres each.

2. That the whole work be carried out entirely by the municipality of the Japanese Settlement and the necessary expenses to be met with by the said municipality.

3. That the land thus to be realised be subjected to the conditions of the Japanese Settlement Agreement of Chemulpo.

4. That the public roads to be built within the newly realised land be not closed in case of epidemics, and shall be under the joint control of the General Foreign Settlement Municipal Council and the Municipal Council of the Japanese Settlement.

In witness whereof the Foreign Representatives present at the conference have hereunto set their respective signature, this 26th day of November, 1897.

(Signed) M. Kato, H. I. J. M.'s Minister Resident.

(Signed) Horace N. Allen, Minister Resident & Consul-General of the United States of America to Korea.

(Signed) A. de Speyer, Chargé d'Affaires de Russie en Corée.

(Signed) J. N. Jordan, H. B. M. Consul-General for Corea.

(subject to the ultimate approval of H. B. M. Government).

(Signed) F. Krien, H. I. G. M.'s Consul.

출처: 『舊條約彙纂』 제3권, 95~96쪽

번역문

1897년 11월 18일 서울의 대일본제국 공사관에서 개최된
외국 대표단 회의 의정서

1897년(메이지 30년) 11월 26일 서울에서 서명.

1897년 11월 18일 서울의 일본제국 공사관에서 개최된 외국 대표단 회의에서, 일본 대표는 제물포(인천)에 있는 일본 거류지의 해안 매립 사업과 관련된 문제를 제기했으며, 다음과 같은 결정이 채택되었다:

1. 제물포의 일본 거류지의 현재 해안으로부터 57미터 떨어진 지역까지 매립한다. 매립지는 정면으로는 258미터, 옆면으로는 57미터이다.
2. 모든 작업은 일본인 거류지의 당국이 담당하며, 필요한 경비 역시 당국이 담당한다.
3. 새로이 확보되는 토지는 조선국인천구조계약조 조항에 구속된다.
4. 새로이 확보되는 토지에 건설되는 공공 도로는 전염병이 발생했을 경우, 폐쇄해서는 안 되며, 일본인 거류지회와 외국 거류지회의 공동 관리하에 놓여야 한다.

외국 대표단 회의에 참석한 이들은 1897년 11월 26일에 이 내용에 서명하고 증거로 남긴다.

　　(서명) 일본제국 변리공사 가토 마스오[加藤增雄]
　　(서명) 북미합중국 변리공사 호러스 뉴튼 알렌[Horace Newton Allen]
　　(서명) 러시아제국 대리공사 알렉시스 드 슈페이에르[Alexis de Speyer]
　　(서명) 프랑스공화국 대리공사 빅토르 콜랭 드 플랑시[Victor Collin de Plancy]
　　(서명) 영국 총영사 손 뉴웰 조던[John Newell Jordan]
　　　　(이 서명 본국 정부의 최종 승인을 받아야 한다)
　　(서명) 독일제국영사 페르디난트 크리엔[Ferdinand Krien]

해제

1. 개요

7,000평의 협소한 전관조계를 가진 일본은 이후 끊임없이 전관조계 확장을 시도하였다. 특히 이러한 움직임은 청일전쟁 승리 후 다각도로 추진되었으며 1897년 11월 26일 「인천 일본거류지 확장에 관한 주한각국사신 의정서」를 체결함으로써 실현되었다.

2. 배경

인천은 각국 조계, 청국 조계, 일본 조계가 모두 설치되었으며, 수도에 가까운 항구로 한반도 진출을 위한 각국의 경쟁이 치열하게 전개된 장소였다. 1883년 9월 「조선국인천구조계약조」[※Ⅲ-4] 체결 후 약 7,000여 평의 일본 전관 조계가 설치되었다. 조약 체결 당시 인천 거주 일본인은 불과 33호 200여 명이었으나 이후 이주민이 급증하면서 일본 측은 조계지 확장을 요구했다. 이는 「조선국인천구조계약조」 제1조의 '조계지에 일본인이 증가하면 새로 조계를 확장'한다는 규정에 따른 것이었다. 이에 일본 전관조계지 동쪽에 3,800여 평의 토지가 추가로 제공되어 인천 일본 조계지는 1만 1,000여 평으로 확장되었다.

그러나 영사관 부지와 제일은행 등의 상업 용지를 제외하면 거주 면적은 협소하였으며, 상당수의 일본인은 일본 조계를 벗어나 청국 및 각국 조계에서 가옥과 대지를 빌려 생활하였다. 이 같은 문제를 해결하기 위해 일본 측은 조계지의 추가 확장을 계획하게 된다.

3. 체결 과정

일본 조계의 추가 확장은 해안 매립 사업을 통해 이루어졌다. 일본 조계지 인접 지역에 청국의 전관 조계와 각국 공동 조계가 잇달아 설치되었기 때문이다. 해안 매립 사업에 대한 일본 측의 관심을 보여 주는 이른 시기의 예로써 1889년 4월 18일 인천 영사 하야시 곤스케[林權助]가 한성 공사 곤도 마스키[近藤眞鋤]에게 보낸 의견서가 확인된다. 하야시는 매립 도면을 첨부하여 조계지 앞 해안을 매립해 3,900여 평의 토지를 확보할 것을 주장하였다. 매립 비용에 대해서는 일본 거류민이 부담하는 대신, 매립지 지세를 거류지 주거 개량에 사용하고, 일부를 공용지로 사용한다는 의견이었다.

그러나 이러한 계획은 1890년 2월 16일 개최된 인천의 거류지회[신동공사]의 반대에 부딪혔다. 1884년 체결된 「인천제물포각국조계장정」[※Ⅲ-5] 제7조에서 매립 사업의 시행은 구매인이 자비로 하며 매립지 소유권을 거류지회가 갖고 있다고 주장한 것이다. 거류지회에서 부결된 매립 사업은 12월 29일 각국 공사회의에서 다시금 논의되었으나 결국 각국 동의를 얻는 데에는 실패하였다. 이에 일본은 매립 사업의 명분을 조선의 동의를 통해 획득하려고 방침을 선회하였다. 1891년 2월, 외아문독판 민종묵(閔種默)과 경성 공사 곤도가 합의하고 인천 감리 및 인천 영사가 실무를 협의함으로써 매립 사업을 진행하기로 하였다.

매립 사업은 그 이후에도 본격적으로 추진되지 못하였다. 사업을 추진해야 할 조선 정부가 매립 자금 마련에 어려움을 겪었고, 각국 공사의 반대도 여전했다. 또 매립 사업 주체가 일본 정부라는 점에 불만을 품은 인천 거류 일본인들이 적지 않았고, 매립 사업을 둘러싼 조선인 관리의 뇌물 사건 등 잡음이 끊이지 않았다. 게다가 방곡령 사건으로 한일 양국의 갈등이 불거지며 사실상 매립 사업은 중단 상태를 맞이하였다. 이후 청일전쟁이 발발하고 전황이 일본에게 유리하게 전개되면서 인천에서의 일본 조계지 확장 논의가 다시 진행되었다.

일본 공사 오토리 게이스케(大鳥圭介)는 인천의 청국 조계를 일본 조계로 편입시키는 조계지 확장안을 외무대신에 상신하였다(1894. 9. 18). 이에 조계 일대의 오례당(吳禮堂)을 비롯한 17명의 화상(華商)들은 영국 영사에 신변 보호를 요청하며 청국 조계를 빼앗으려는 일본의 시도에 대응하였다. 청국 예정 조계지 일대에 대해 실지 조사를 행한 나가타키 히사키치(永滝久吉)는 청국 조계지 확보가 현실적으로 곤란함을 보고하였다. 그 대신 각국 조계와 인천 공원 사이를 잇는 도로 옆 해안가 '조선인 마을'의 토지를 매입해 거류지로 삼자는 계획안을 제시하였다. 또 다른 대안으로 각국 조계 북쪽의 만석동 일대 개펄을 매립하는 안 또한 제안하여 도시 하층 노동자들의 거주지로 이 일대를 개발하고자 하였다. 특히 후자의 확장안은 매립을 통해 넓은 토지를 손쉽게 확보할 수 있다는 점에서 일본 정부의 높은 관심을 끌었다.

그러나 만석동 일대로의 세력 확장안은 독일 영사 등의 강한 반대에 부딪혀 실현되지 못하였다. 만석동 일대를 특별히 일본 조계로 삼는 것은 조계 외부로 조선리 10리 이내에 토지 소유 권리를 갖는 외국인의 권리를 침해한다는 것이 그 이유였다. 결국 만석동 일대로의 조계지 확장 계획도 실패로 끝났다. 이에 더하여 을미사변, 아관파천 등으로 한일 양국의 외교적 갈등이 심화되는 가운데 인천 조계지 확장을 위한 매립 사업은 사실상 중단되었다. 그러나 한편으로 인천항의 발달과 그로 인한 물동량의 증가에 따라 상품 보관 및 하역 공간을 위한 매립 사업의 필요성은 더욱 대두되었다. 1897년 7월 6일 인천 영사 이시이 기쿠지로(石井菊次郞)는 일본의 매립 사업을 반대해 온 독일 영사와 수차례 회견을 통해 매립지 주택 건설을 최소화한다는 내용으로 독일 영사를 설득하는 데 성공했음을 보고하였다.[※관련 문서-1] 이에 더하여 이시이는 미국 영사와도 접촉해 미국 측의 동의도 획득하면서, 1897년 11월 26일 각국 대표들의 동의하에 사업 승인을 얻는 데 성공하였다. 이후 구체적인 공사 추진 계획이 수립되어 거류민회에서 6인을 매립 공사위원으로 선정하고 사업을 추진하는 방안이 결정되었다. 이에 따라 인천항에 지점을 소유한 제1은행에서 3만 5천엔, 제18은행, 제58은행에서 각 7,500엔을 차입하여 매립 공사 예상 금액인 5만엔을 충당하기로 하였다.[※관련 문서-2]

4. 내용

일본이 제안한 확장안에 대해 각국 대표들은 다음의 조건 아래 승인하기로 하였다. ① 일본 거류지는 향후 매립지를 확장하지 않는다 ② 매립지는 창고, 혹은 공용으로 제공되는 건물 외에 상점, 주택 부지로는 사용하지 않는다. 이에 따라 체결된 의정서 내용은 매립지 규모를 비롯해 크게 4조항으로 구성되었으며 매립 사업 주체와 관리를 일본 당국이 맡는 것을 규정하였다. 다만 매립 토지 내의 공공 도로는 사전 협의에 따라 외국 거류지회와의 공동 관리 하에 두도록 하였다.

5. 의의

매립 공사는 1898년 8월에 시작되어 이듬해인 1899년 5월에 완공되어 약 4천 평에 이르는 매립지가 일본 거류지로 편입되었다. 이곳에는 곡물 창고, 화물 계량 및 포장을 위한 작업장이 설치되었으며 거류민회는 이곳의 사용료와 임대료를 통해 공사 차입금을 상환하고 거류민회 공동의 자산으로 삼았다. 조계지 확장을 위한 매립 사업이 구상에서 실제 실현에 이르기까지 10여 년의 시간이 걸린 것은 서구 열강과 청, 일본의 각축 속에서 인천 개항장이 운영되었음을 방증한다. 그리고 인천의 해안 매립안과 시가지 확장안은 러일전쟁과 한일병합 이후 대부분 실현되며 일본의 인천 '식민지도시화'가 진행되었다.

6. 관련 문서

1) 「인천 일본 거류지 앞 해안 매립 건」(1897. 7. 6.)

기밀 제37호

인천 일본 거류지 앞 해안 매립 건

작년은 당국(當國)이 풍작이어서 지난 가을 이래 미두(米豆)의 세곡(歲穀)이 많아 곡류의 계량, 하역 및 그 저장 방법에 대해 매우 불편과 곤란을 느끼고 있는 것이 10년 이래 당항의 현안입니다. 아직 타당한 결론에 이르지 못한 우리 거류지 전면 길이 258미터, 폭 50미터의 해안 매립 건이 한층 필요한 사정입니다.

본디 당국에 있어 그렇게 중대하지 않은 본건 문제가 왜 이처럼 오랜 시일을 거치고 또한 성효(成效)를 보이지 않는 것인지 생각해 보니, 표면상의 구실은 어쨌든 그 실상은 한두 서상(西商)이 본건의 성효를 각자 이익에 반(反)하는 것으로 생각하여 백방 이를 방해하고자 하기 때문입니다. 이들 서양인은 마침내 본건이 성효를 이룬다면 매립지에는 가옥을 건설해야 하고 따라서 각국 거류지에서 저들이 현재 징수하는 과도한 가옥 임대금은 경쟁상 다소 감축할 수밖에 없다고 생각하여 이처럼 본건을 저들의 이익에 반대한다고 억측하고 있는 것입니다. 그러나 위와 같은 생각은 완전히 오해라 할 수 있습니다. 우리 매립지 용도는 주로 미두(米斗)의 계량, 하역에 충당하기 위한 장소, 하물의 저장을 위한 창고 건축입니다. 주택 건설을 할 부지는 전체 3,900평 가운데 1,000평에도 미치지 않으며 겨우 1,000평 이하의 지면에 20~30채의 가옥을 건설할 것이므로 대체로 각국 거류지에 어떠한 영향도 미칠 만한 이유가 없습니다. 환언하자면 본건 매립 일건은 저들 서양 상인들의 이익에 반대한다는 것이 근거 없는 망상에 불과한 것이며 이 망상이야말로 본건의 성사를 늦추게 하는 주요 원인이라 생각합니다. 반대 서양인 가운데 가장 유력한 자는 독일 상인 월터 씨입니다. 따라서 경성에서의 사신 회의 및 당항 각국 거류지 회의에서 본건에 가장 반대하는 이도 독일 영사입니다. 그렇다면 독일 영사와 독일 상인 월터 씨를 우리 손안에 넣을 수 있다면 본건의 난관을 통과했다고 할 수 있습니다. 어느 날 본관이 월터 씨를 초대하여 상세히 저들 한두 동지자들이 본건에 반대하는 것은 앞선 설명과 같이 완전히 하나의 망상에서 나온 것임을 설명하였습니다. 또한 "당항에서 일본과 미국 상인 사이에는 다소 이익에 반하는 것이 있어도 일본과 독일 상인 사이에는 조금도 이 같은 점이 없습니다. 그럼에도 불구하고 이익에 반하는 일본과 미국 상인들은 늘 화목하고, 도리어 이익 충돌이 없는 일본과 독일 상인은 이 같은 융화를 보지 못하는 것이 매우 괴이하고 유감스러운 일입니다. 다소 이익에 반하여도 화합하여 상호 이익을 증진하고 경쟁과 반목의 해를 피할 여지가 있는가 하면, 일본과 독일 상인처럼 같은 방면을 향해 진행하여도 도리어 서로 질시하고 반목하는 것은 필경 상호 손실로 끝날 뿐입니다. 따라서 장래에는 피아 상인 간에 종전의 감정을 일소하여 상조공진(相助共進)의 방침을 취하고자 합니다"라는 뜻을 친밀히 이야기하였습니다. 이에 월터 씨도 깊이 동의를 표하고, 특히 매립 공사에 대해서는 번연(飜然)히 잘못을 바로잡고 나아가 찬성하기로 확답하였습니다.

같은 날 담화의 대요는 월터 씨로 하여금 곧바로 재경성 독일 영사에 통지하게 하였고 또한 본건은 조금도 독일인의 이익을 훼손시키지 않는다는 부언을 더하였습니다. 그 후 지난 25일 당항 각국 거류지회에 참석하기 위해 독일 영사가 인천에 내려오는 기회를 기다려 완만히 만남을 갖고 재차 이상의 뜻을 설명하였습니다. 미리 월터 씨의 편지를 받아 독일 영사도 크게 우리의 안에 찬성했을 뿐 아니라 본건에 관해 경성 사신들에게 상의한 후 상황에 따라서는 중간에서 알선의 노력을 마다하지 않을 것임을 구두로 약속하였습니다.

또한 재경성 미국 공사는 본래 본건에 확실한 반대 입장을 가지고 있지 않았고 특히 지난번 경인 철도 건에서 본관의 배려, 노력을 덕으로 삼아 지금에 이르러서는 오히려 본건에 찬성하는 쪽에 섰습니다.

지금 해당 매립 사건을 재연(再燃)시킬 필요가 있는 사정은 지난번 상경했을 때에 가토[加藤] 변리공사에 친히 품의한 후, 어찌되었든 본관이 미리 독일 영사의 의향을 확인한 후에 해당 문제를 경성으로 옮기는 것에 협의해 두었으므로 이상의 독일 영사의 의향은 바로 독일 공사에게 통지되었습니다. 종래 가장 유력한 반대자인 독일 영사가 이미 이 같은 의향을 갖게 된 이상, 10년 동안 정체해 온 본건도 이때에 의외의 좋은 결과를 낳을 것이라 생각하고 희망합니다.

본건에서 과연 실행의 움직임을 시작한다면 ① 공사비용은 일체 우리 거류지에서 부담하고 ② 규칙, 설계 등은 전연 우리쪽에서 전담하며 ③ 또한 완공 후 매립지는 일본 거류지의 일부로 하며 ④ 조세 등은 일체 인천항 거류지 차입 약서에 준거하는 것임은 물론으로, 이에 대해 그동안 외국 사신의 반대론도 오늘에 이르러서는 소멸해 버릴 것이라 생각합니다. 이상을 말씀드립니다. 경구(敬具).

메이지 30년 7월 6일
일등영사 이시이 기쿠지로[石井菊次郎]
외무차관 고무라 주타로[小村壽太郎] 귀하

[추신] 본건 공사비 개산(槪算) 민역소(民役所)에서 조사한 것을 참고로 제공해 드립니다. 또한 당항 상업회의소의 의견에 의하면 본건 매립지 3,900평 가운데 도로, 도랑을 제외하고 잔여 3,000여 평은 모두 하물의 계량, 포장 및 창고를 위한 가옥 등 건설에 충용하여도 당항의 빈번한 거래에서 결코 크게 잃는 것은 없다고 합니다.

출처: JACAR Ref.B12082514300

2) 「인천항 정황 보고」(1897. 12. 24.)

메이지 30년(1897) 12월 24일
공(公) 제240호 별지(別紙)
영사관 사무대리 시데하라 기주로[幣原喜重郎] … 외무차관 고무라 주타로[小村壽太郎]

첫째, 일본 거류지 앞 해안 매립 건
당항 일본 거류지 앞 해안 매립 건은 우리 거류민의 오랜 숙원으로 10년간 당항의 현안이었습니다. 그리하여 몇 번인가 차질을 빚어 연기되어 오늘에 이르렀으나 근래 무역의 신장과 함께 본건 실행의 필요성이 더욱 절박해졌습니다. 또한 한편으로는 종래 본 안건 방해를 해온 독일 영사와 기타 외국인들도 점차 우리의 진의를 이해하고 급속히 의향을 일변하여 나아가 우리에게 찬성하는 자세를 취하였습니다. 이러한 사정으로 기운은 점차

무르익고 지난달 18일 재경성(在京城) 사신회의(使臣會議)에서 우리가 제출한 안건이 마침내 가결되었습니다. 다만 영국 총영사는 본 안건에 동의를 표함에 이른바 '파크스' 각서를 근거로 본국 정부의 승인을 거친다는 조건을 내세웠지만, 시세가 이미 이에 이르러 영국 정부도 이의를 제기할 수 없는 형세입니다. 이에 신속히 그 설계에 착수하는 것은 성급한 것이 아닐 뿐 아니라 실로 목하의 급무임을 믿습니다. 바로 거류지회를 소집하여 특별위원을 선출하고 그 설계에 착수하고자 합니다. 종래 위 공사의 경영에 관해서는 한국 관리의 간섭을 허용함에 따라 사사로이 뇌물을 취하는 등 재차 본건의 진행을 방해하였습니다만, 이번 사신회의의 결의에 따르면 위 공사는 모두 우리 거류지에 일임하여 전연 한국의 부패한 관리(汚吏)의 간섭에서 벗어날 수 있습니다. 본 계획의 진행에 대한 외부(外部)의 방해는 이제 거의 고려할 필요가 없습니다. 다만 현재 숙고할 점은 공사비용의 마련 방법입니다. 위 공사비용은 설계가 아직 완성되지 않은 현재 정확하게 예상하기 어렵지만 대략 5만 엔 내외로 보아도 큰 차이는 없을 것입니다. 이 비용의 변상 방법에 대해 대별하면 두 가지가 있습니다. 첫째는 위 매립 공사 완성 후에 매립지를 경매에 붙여 판매 대금으로 공사 비용을 충당하는 것, 둘째는 매립지를 영구히 당항 거류지 공산(公産)으로 하여 지소의 사용료(미두 및 기타 화물의 계량, 포장, 저장 요금)로 위 비용에 충당하는 것입니다. 첫 번째 방법은 용이하고 단기간에 매립 비용을 낼 수 있지만, 사들이는 한 개인에게 이익을 농단하는 폐해를 피할 수 없습니다. 다만 1평의 매립 비용 원가를 10엔으로 계산하고 매립 후 그 토지를 경매에 붙이면 평균 1평 50원 내외의 대가를 얻는 것이 어렵지 않으므로 이를 제외하면 1평 40엔의 이익을 우리 거류지에서 수득한다는 계산입니다. 그러나 위의 토지는 당항 상인에게 비교할 수 없이 필요한 부분으로 후일 낙찰자가 토지 사용료를 법외로 높일 경우에 일반 상인은 부득이 이에 복종하여 그 땅을 사용할 수밖에 없습니다. 이는 공익에 반하는 것임을 말할 필요도 없습니다. 두 번째 방법은 매립법을 당 거류지의 공유로 하는 계획으로 개인이 이익을 농단하는 폐해는 없습니다. 그러나 이 방법에 따르면 공사 비용의 부채 반환은 다소 장기간이 필요합니다. 그 비용은 일시 은행으로부터 차입하거나 널리 공채를 모집하고 그 이해득실은 연구가 필요한 문제입니다만 어느쪽이라도 당항의 금리는 본국에 비해 매우 높기 때문에 당분간 토지 사용료에 따른 수입금의 과반 혹은 대부분은 부채에 대한 금리 상환에 충당해야 합니다. 따라서 부채 상환은 수년으로 완료하기는 어렵습니다. 다만 금후 수출 화물의 수량이 증가하고 계량, 포장, 저장을 위한 위 매립지 사용의 필요 범위가 확장되면 이에 기반한 수입금도 액수가 늘어날 것이므로 부채 상환 전망은 매우 확실합니다. 게다가 상환이 끝나면 토지 사용료 전부는 우리 거류지의 수입으로 돌아갈 것입니다. 따라서 우리 거류민의 조세 부담은 매우 감소할 것이고, 기타 교육, 위생, 도로의 개량 등 백반의 공공 사업은 활성화하여 우리 거류지가 번성할 수 있습니다. 이상의 사정으로 보건대 거류민 다수의 희망은 제2의 방법에 있다고 할 수 있습니다. 다만 전술한 것처럼 당항 금리가 높아 원금 상환을 종료하기까지 다소 곤란한 부분을 고려해야 합니다. 또한 설계 완성 후 정부로부터 상당한 보호를 받을 필요가 있다고 인정될 경우 추후 구신하겠습니다.

(하략)

출처: JACAR Ref.B12082514300

[참고 문헌]

• 인천부청 편(1933), 『인천부사』, 인천부.

• 박진한(2014), 「개항기 인천의 해안매립 사업과 시가지 확장」, 『도시연구』 12.

8
진남포목포각국조계장정 및 군산포마산포성진각국조계장정

鎭南浦木浦各國租界章程 및
羣山浦馬山浦城津各國租界章程

진남포목포각국조계장정 | 청일 전쟁 승리 후 일본은 조선에서의 우월적 지위를 확고히 하기 위해 추가적인 개항을 요구하였으며 조선 정부가 자진하여 진남포, 목포의 개항 절차를 마련하도록 하였다.

군산포마산포성진각국조계장정 | 진남포 등의 개항 이후 일본의 경제적, 군사적 필요에 따라 추가로 개항장이 된 군산, 마산, 성진의 조계 관리 규칙이다.

鎮南浦及木浦居留地規則

明治三十年十月十六日京城ニ於テ韓、日、米、佛、獨、英、露、各國代表者調印（英、漢文ヲ以テ作成、英文ニ謁印）
同年十一月十五日告示

（譯文）

居留地區域

第一條　鎮南浦（又ハ木浦）ニ於テ各國居留地トシテ區劃シタル地所ノ位置區域及測度ハ別紙圖面ニ示ス
地所境界線ハ鎮南浦（又ハ木浦）各國租界ナル文字ヲ彫刻シタル境界石標ヲ以テ之ヲ示スヘシ右石標ハ境界線ノ兩端ニ於ケル滿潮點ニ各一個ヲ置キ他ハ境界線ノ角度ヲ爲ス地點ニ置クヘシ

海壁及埠頭

海壁及埠頭ハ該港ノ爲メ必要アル時ニ方リ必要ナル場所ニ於テ韓國政府之ヲ

朝　鮮　（日鮮關係）　鎭南浦及木浦居留地規則

鎭南浦 木浦 各國租界章程

韓國光武元年十月十六日於京城簽名蓋印

租界定限

一、鎭南浦、木浦　各國租界立定界限經營基址倶照附粘地圖爲憑其陸地之界須立石作記面刻鎭南浦各國租界　宇樣於東西兩端漲潮淹及之處各堅一石兩端之中凡沿邊一帶轉角之處亦堅一石

木浦各國租界　（Mokpo Foreign Settlement）
鎭南浦各國租界　（Chinnampo Foreign Settlement）

沿海堤岸以及碼頭

沿海堤岸以及碼頭有須築造之時應由韓國政府撥款建造及隨時修理該堤岸與碼頭

REGULATIONS FOR THE FOREIGN SETTLEMENTS AT CHINNAMPO AND MOKPO.

Drawn up at Seoul, in the English and Chinese languages, but signed in the English text only October 16, 1897 (30th year of Meiji), by the Representatives of Corea, Japan, the United States, France, Germany, Great Britain, and Russia.
Published November 17, 1897.

SETTLEMENT LIMITS.

1. The situation, limits and measurements of the ground marked off for the Foreign Settlements at Chinnampo and Mokpo are shown in the annexed plan. The boundary line on land is marked by boundary stones on which the characters 鎭南浦各國租界 (Chinnampo Foreign Settlement) 木浦各國租界 (Mokpo Foreign Settlement) have been cut, and of which one is placed at high-water mark at either end and others at the points between where the line makes an angle.

SEA-WALL AND JETTY.

A sea-wall and jetty will, when and where the requirements of the port call for them,

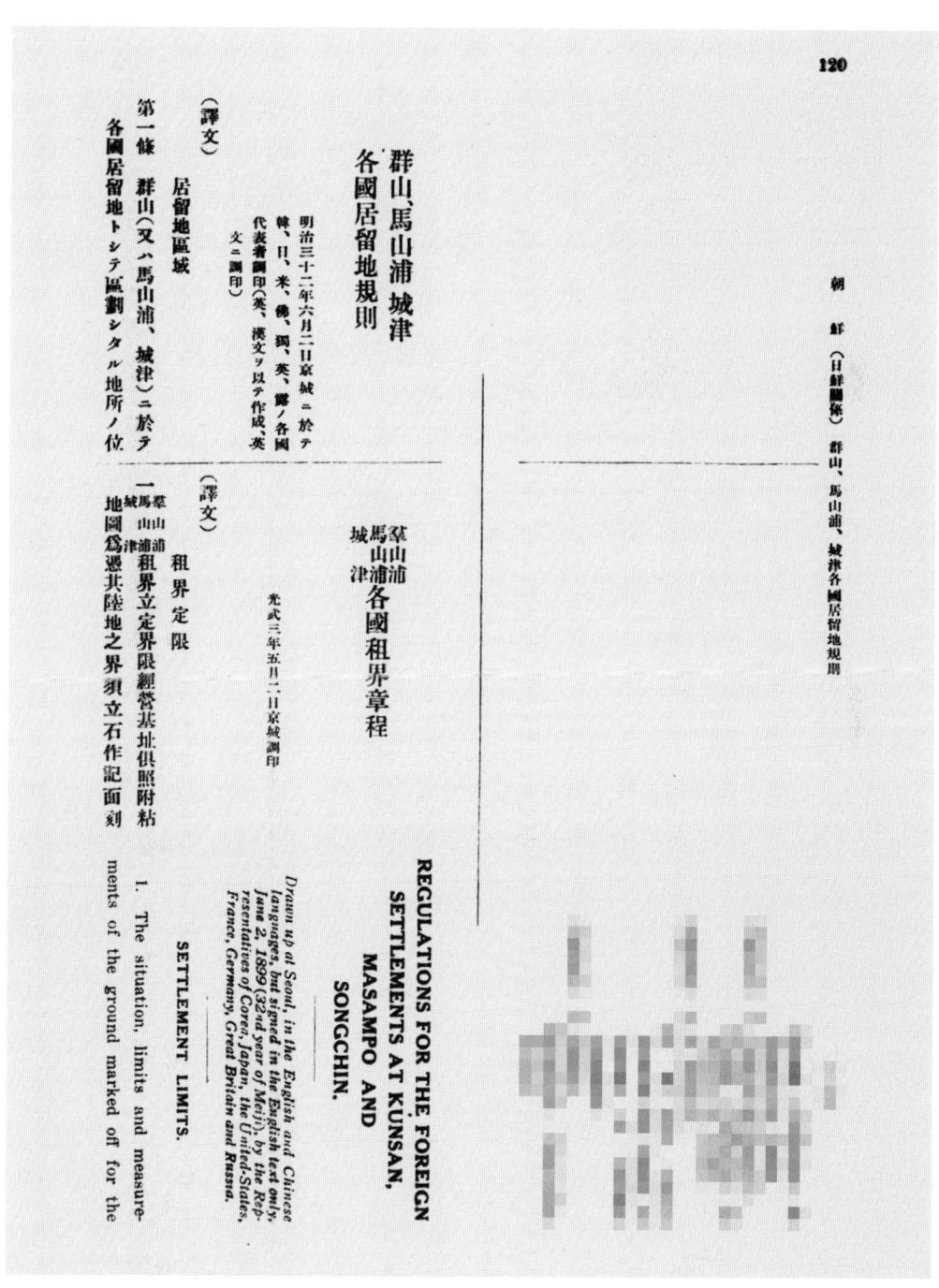

원문

1. 진남포목포각국조계장정

【鎭南浦木浦】各國租界章程

韓國光武元年十月十六日於京城署名蓋印

租界定限
一 【鎭南浦木浦】各國租界立定界限經營基址俱照附粘地圖爲憑其陸地之界須立石作記面刻【鎭南浦各國租界木浦各國租界】字樣於東西兩端漲潮淹及之處各堅一石兩端之中凡沿邊一帶轉角之處亦堅一石

海堤碼頭
沿海堤岸以及碼頭有須築造之時應由韓國政府撥款建造及隋時修理該堤岸與碼頭曁附近碼頭起下貨物空曠之地韓國政府儘可於此行其辦理海關稅務之權各項租稅亦應得免納而街燈巡查等件俱由管理租界事務公司設置

地段分等
二 各國租界地畝分爲三等第一等地段係村落禾田及海邊之漲潮不能淹及無須加塡者第二等地段係屬山地第三等地段係屬漲灘必須加塡者

地段界址
三 韓國政府會同管理租界事務公司將第一第二兩等地畝分淸界限立石作記或竪立別樣標記復將各地段再行量明然後公拍第一第三兩等地段極大不過一千丁方米突極小五百丁方米突第二等地段極大不過五千丁方米突極小一千丁方米突

原租辦法

四 除後款所載者不計外所有各國租界內之地段皆應當衆公拍價高者得公拍事務由韓國政府派員主持卽稱爲韓國官員如有欲永租地基者應由該員預將公拍某地之期極少儘三十日以前備文知照各國駐京公使領事等曁駐港領事及管理租界事務公司竝於租界內廣衆之處張示宣佈方可施行

地價完納

公拍訖租地者立將租價五分一納交該員作爲定銀所餘之價飭限十日內完淸始將地契照後開式樣製備三紙分別發給無須規費倘十日內不爲完納則將定銀充公撥付韓國政府作爲罷約

極小價値

五 竝擬各國租界內地畝極小價値按照每百丁方米突第一等地畝應價値洋銀六元第二等地畝價値洋銀三元第三等地畝價値洋銀五元管理租界事務公司於每年首次會議可斷定是年以何項銀元作準

地價分撥

公拍後所得永租地段實價除將所擬極少價値開銷公拍費用後扣撥韓國政府外餘價悉歸入充公存備金一俟管理租界事務公司設定卽爲撥付

年稅

六 第一第三兩等地每百丁方米突應納年稅銀六元第二等地每百丁方米突應納年稅銀二元交韓國政府以作地稅由管理租界事務公司承理代收發回收單卽作實據自公拍地基之日始卽應納稅首次地稅必於未交地契之先按該年所餘時日照算完納以後每年地稅一月十日或十日之前先期完納

過期年稅追討

七 租地之人如有年稅未清凡遇選舉管理租界事務紳董之時不得參與擧席又不得受人公擧本章程所許之權利亦不能霑受其益

倘其於二月一日以前未能淸納年稅則更徵息銀以每百元年十二元算從該年一月一日起計若至十二月三十一日尙不將年稅息銀一竝照納管理租界事務公司可控之於該官員倘其於堂斷期限內猶不完納該公司商請該管官員將地批飭充公旣經批飭充公之後韓國官員卽從批飭之日起儘兩箇月內按照本章程第四款所載先期三十日宣示用公拍法變價得價若干先將年稅竝息銀算至公拍之日止以及公拍費用竝所有欠下公司之罰款等項統爲扣出如有贏餘交回原主收領或交妥實代理人收取

年稅分撥

八 管理租界事務公司凡收到地稅後儘七日內照每百丁方米突該稅銀三角爲率算交韓國收稅官員以爲韓國政府應得地稅餘者歸入充公存備金項下如有稅過期未納因而行息者所得息銀亦照此例均派與地稅同時算付

韓人房屋折徙

九 韓國政府當不准韓人在租界內添建房屋或埋葬屍體每段地基公拍之後或接到管理租界事務公司知照欲於租界內某處築路儘一個月內韓國政府當將該地基或路線內所有韓人房屋墳塚一槪折徙而租界內所有韓人房屋墳塚則自定章之後儘兩年內槪行遷去

樹木

自定章後凡有樹木之在未租地段或路線之內者除經公使應允外不得擅行斬伐

政府留租地基

十 如韓國政府欲在租界內爲建設海關辦公處所或建造倉庫及在海關辦公各外國人住宅亦可竟自擇留一地但此所擇留之基址亦應照章完納年稅抽款等項與各國人租賃

者無異韓國官辦輪船會社遵照定章亦可在租界內租地建設公事房及貨倉等
凡係與國政府俱可擇租相宜之地以爲建設領事署之用祇須照所擬極少價値納付地
價惟此項地段亦應照完納年稅抽款等項與他段同等之地無異

誰可租地
十一 凡於各國租界內租地無論何國人民若非經該國駐京公使允行遵照本章槪不准租
　　 賃受執地契

地契發給
十二 所發地契應照後附程式由韓國該管官員備製三張受租者必須簽名附契內具遵
　　 該地契三張一存韓國政府一送至該管領事轉交租者收執一交管理租界事務公
　　 司登冊存案

轉租地基
租賃地基之人如欲將地轉租須將原契繳回韓國政府註銷另照定式備製新契三張其附
契切結與原契同受租者與轉租者必皆簽名附契內永行遵守惟未淸年稅之地基則無論
全段分段皆不准發給新契其新契三張分給存留一如原契韓國政府應向轉租者徵收規
費銀五元

地基分段
至或欲將地基分作兩段或分作數段以便轉租亦無不可須將原段地契繳回轉換分段新
契但分開之地每段不得小於第三款所定之極小限度惟相連之租主地段雖小可將其地
分出租與其鄰但旣分出轉租之後自存之地不滿五百丁方末突則凡遇公擧紳董之時該
租主不得參與擧席分段新契俱必遵原來全段地契程式竝附契切結一體照辦每一分段
立地契三張韓國政府應徵規費銀五元
各段分開之地俱照附粘地圖列入全段之原號爲天則分段之號爲天甲天乙天丙之類
租賃分段地基之人皆得錄名於租主冊上所享權利與全段地基之租主同

須加建造

十三 自立地契之日爲始每全段或分段地基限於兩年之內建有房屋或將地面平治其價
　　值極少二百五十元如建造房屋必蓋瓦或鐵片或毡或不易引火之物亦可茅蓬木板
　　等易引火之物俱不准用倘兩年之內尙未造有房屋或地面未爲平治或建造平治不
　　及上定之價値則管理租界事務公司可遵照本章程第七款所載控該租主於該管官
　　員但韓國政府與各國政府擇租之不在此例

紳董公司設置

十四 管理租界事務者一爲監理或韓國所派稱職之官一員一爲各與國駐港領事並由租
　　界內所有受租地基人民之中選擇三人協同該管官員與韓國官員一倂作爲管理租
　　界事務紳董公司選擇之三人中同一國者不得有兩人且於租主冊內已錄有名者始
　　許入備選之例而年稅抽款等項未淸之租主亦不得備選每年十二月遵照各國公使
　　領事等定章選擧紳董一次租地者不拘租有地段多少祇許投擧一句代行投擧者不
　　准如租主係某國政府或爲合股公司或爲行店則該國政府所派之員或該公司行店
　　等所派之代理人卽作已經錄名于冊之租主一體看待

紳董公司作爲公會

十五 紳董公司遵照第十四款所載設定之後擬卽作爲公會可用一通行戳記凡遇訂約控
　　訴等事皆出管理【鎭南浦木浦】租界事務公司之名倘爲被告則該案始終皆歸韓國
　　外部大臣會同各國駐京公使領事等設立會審公廷審理從衆公斷卽作了案如須簽
　　發差票札諭等件該會審公廷亦可執行並可差委員役遵令行事紳董公司之物業與
　　存備金一依會審公廷之批判發落

紳董公司職權

十六 紳董公司當有權握以辦理後開各事
　　　一 可自定主席司事等員自立執務規則
　　　二 可自行擇用人役分明職守並可將所用人役隨便辭退

三 凡於租界中拓路開渠造橋築堤等事皆由公司執行及隨時修理惟築造海邊護堤苟由該處有干連之租主自請將路加高或行政底則所需費用應由該租主出

四 至若變改路線或續添新路或減少抑爲改窄一切圖上已載未載之路可預於兩月前將意宣示然後會同韓國官員擧辦但路基極窄不得少於十八米突倘有租主以爲于彼有所未便者儘於此兩個月內遵照第十五款定章訴于會審公廷

五 又可設派遣巡查以靜地方

六 租界內有不法橫行之輩可將拘留及知照該管官員懲辦

七 街路各處燃點街燈派役洒掃務使光朗潔淨凡有碍于行人者悉爲禁除

八 開鑿井泉或設置自來水以備寓居租界人民之用

九 遇有開設酒館劇場與夫擧凡供人娛樂之所立定條例妥爲安置或發給牌照酌抽照費出租之街車轎輿等亦照此辦理

十 設立善法以便人已俱益衆庶安和禁止賭場妓院以及汚穢各物竝一切淫邪不正生意鴉片烟館則槪不准開設

十一 其於租界內有不堅固房屋及易引火或易致疾病者合行一槪禁止竝設置滅火會以備不虞

十二 紳董公司應用房屋可隨時建造

十三 時或歉項支絀經各國公使領事等商同韓國外部大臣批准後可將租界作按揭貨銀兩

十四 凡遇要公有須集會叙議可預于十四日前將事由列明知單上知照各租主到時臨會

十五 租界內地畝之年稅可代韓國政府徵收給回妥實收單爲據

以上所擬管理租界事務紳董公司之權十五款該公司可自定條例以行其權有違背者每犯一例罰其出款極多以二十五元爲度所罰銀兩不論韓國人抑他國人應由該管官員追繳歸入充公存備金所有公司擧辦各工程之費竝開銷各款項俱於充公存備金支用倘存備金不敷卽由公司隨時按照各國租界地段房屋時價每段每間徵抽銀兩以濟此用但每年祇可徵抽一次

地契程式

十七 地契程式與附契切結如左

　　契

大韓國【官銜】爲發給地契事照得【鎭南浦木浦】各國租界地圖內地基第□號第□等四至計長□米突計寬□米突已收到銀□元永遠租與執業該租者必得遵照以下所列之五條章程互相立契以爲憑據

　　第一條

該人每年一月十日或十日之前先期完納是年稅銀□交管理【鎭南浦木浦】租界事務紳董公司代韓國政府繳收

　　第二條

如遇租界公司應行加抽稅銀用作公費該人必得遵照按數輸納無違

　　第三條

如該人將此地基轉租祇准租與經其國駐京公使或領事允行遵租【鎭南浦木浦】各國租界章程之人民或保護之人

　　第四條

自立地契之日爲始以兩年爲限該人旣租此段地基必得於限期內建就房屋或將地面平治極少價值洋銀二百五十元如有不遵則該段地基按照租界章程第七款與第十三款可得歸還韓國政府收管

　　第五條

倘至年十二月三十一日尙不將該年應納之年稅照章完納韓國政府按照租界章程第七款可得將地基復行收管

此地契在【鎭南浦木浦】製備三張一爲韓國該管官員留存作根一給租主一給紳
董公司登冊存案
　　　年月日押

受租或轉租地基人切結【附入地契內】
具切結人□今因奉准租得【鎭南浦木浦】各國租界內第□號地基自租之後願照契
內註明各章並遵租界公司現定後定各規條倘有違背之處按照所擬罰款願甘受罰
無辭
　　　年月日

受租或轉租地基人姓名
受租或轉租地基人該管領事官姓名

章程更革
十八 以上章程如有應行更改者應由韓國政府會同各該管官員於爲日已久所識因革損
　　益之處酌量增刪

【大韓國光武元年西曆一千八百九十七年】十月十六日在漢陽京城外部會押
大韓外部大臣 閔種默 押
大日本辨理公使 加藤增雄 押
大美欽命駐箚韓國便宜行事大臣兼總領事 安連 押
大俄欽命公使大臣 土貝耶 押
大法欽命公使大臣兼總領事 葛林德 押
大英欽命駐箚韓國統理各口交涉通商事務兼保護華商總領事官 朱邇典 押
大德欽命出使韓國領事官 口麟 押

출처: 『舊條約彙纂』제3권, 101~118쪽

2. 군산포마산포성진각국조계장정

【羣山浦馬山浦城津】各國租界章程

光武三年六月二日京城調印

租界定限
一 【羣山浦馬山浦城津】租界立定界限經營基址俱照附粘地圖爲憑其陸地之界須立石作記面刻【羣山浦各國租界馬山浦各國租界城津各國租界】字樣於東西兩端漲潮淹及之處各竪一石兩端之中凡沿邊一帶轉角之處亦竪一石

海堤碼頭
沿海堤岸以及碼頭有須築造之時應由韓國政府撥款建造及隨時修理海堤岸與碼頭曁附近碼頭起下貨物空曠之地韓國政府儘可於此行其辦理海關稅務之權各項租稅亦應得免納而街燈巡査等件俱由管理租界事務公司設置

地段分等
二 各國租界地畝分爲三等第一等地段係村落禾田及海邊之地漲潮不能淹及無須加塡者第二等地段係屬山地第三等地段係屬漲灘必須加塡者

地段界址
三 韓國政府會同管理租界事務公司將第一第二兩等地畝分淸界限立石作記或竪立別樣標記復將各地段再行量明然後公拍第一第三兩等地段極大不過一千丁方米突極小五百丁方米突
第二等地段極大不過五千丁方米突極小一千丁方米突

原租辦法

四 除後款所載者不計外所有各國租界內之地段皆應當衆公拍價高者得公拍事務由韓
　國政府派員主持卽稱爲韓國官員如有欲永租地基者應由該員預將公拍某地之期極
　小儘三十日以前備文知照各國駐京公使領事等曁駐港領事及管理租界事務公司並
　於租界內廣衆之處張示宣佈方可施行

地價完納

公拍訖租地者立將租價五分一納交該員作爲定銀所餘之價飭限十日內完淸始將地契
照後開式樣製備三紙分別發給無須規費倘其十日內不爲完納則將定銀充公撥付韓國
政府作爲罷約

極小價値

五 玆擬各國租界內地畝極小價値按照每百丁方米突第一等地畝應價値洋銀六元第二
　等地畝價値洋銀三元第三等地畝價値洋銀五元管理租界事務公司於每年首次會議
　可斷定是年以何項銀元作準

地價分撥

公拍後所得永租地段實價除將所擬極少價値開銷公拍費用後扣撥韓國政府外餘價悉
歸入充公存備金一俟管理租界事務公司設定卽屬撥付

年稅

六 第一第三兩等地每百丁方米突應納年稅銀六元第二等地每百丁方米突應納年稅銀
　二元交韓國政府以作地稅由管理租界事務公司承理代收發回收單卽作實據自公拍
　地基之日始卽應納稅首次地稅必於未交地契之先按該年所餘時日照算完納以後每
　年地稅一月十日或十日之前先期完納

過期年稅追討

七 租地之人如有年稅未淸凡遇選擧管理租界事務紳董之時不得參與擧席又不得受人公擧本章程所許之權利亦不能需受其益

　倘其於二月一日以前未能淸納年稅則更徵息銀以每百元每年十二元算從該年一月一日起計若至十二月三十一日尙不將年稅息銀一竝照納管理租界事務公司可控之於該官員倘其於堂斷期限內猶不完納該公司商請該管官員將地批飭充公旣經批飭充公之後韓國官員卽從批飭之日起儘兩箇月內按照本章程第四款所載先期三十日宣示用公拍法變價得價若干先將年稅竝息銀算至公拍之日止以及公拍費用竝所有欠下公司之罰款等項統爲扣出如有贏餘交回原主收領或交妥實代理人收取

年稅分撥

八 管理租界事務公司凡收到地稅後儘七日內照每百丁方米突該稅銀三角爲率算交韓國收稅官員以爲韓國政府應得地稅餘者歸入充公存備金項下如有年稅過期未納因而行息者所得息銀亦照此例均派與地稅同時算付

韓人房屋折徙

九 韓國政府當不准韓人在租界內添建房屋或埋葬屍體每段地基公拍之後或接到管理租界事務公司知照欲於租界內某處築路儘一個月內韓國政府當將該地基或路線內所有韓人房屋墳塚一槪折徙而租界內所有韓人房屋墳塚則自定章之後儘兩年內槪行遷去

樹木

自定章後凡有樹木之在未租地段或路線之內者除經公使應允外不得擅行斬伐

政府留租地基

十 如韓國政府欲在租界內爲建設海關辦公處所或建造倉庫及在海關辦公各外國人住宅亦可竟自擇留一地但此所擇留之基址亦應照章完納年稅抽款等項與各國人租賃者無異韓國官辦輪船會社遵照定章亦可在租界內租地建設公事房及貨倉等凡係

與國政府俱可擇租相宜之地以爲建設領事署之用衹須照所擬極少價値納付地價惟此項地段極大不過一萬五千方米突亦應照章完納年稅抽款等項與他段同等之地無異

誰可租地
十一 凡於各國租界內租地無論何國政府何國人民及保護之人若非經該國駐京公使或領事允行遵照本章槪不准租賃受執地契

地契發給
十二 所發地契應照後附程式由韓國該管官員備製三張受租者必須簽名附契內具遵該地契三張一存韓國政府一送至該管領事轉交租者收執一交管理租界事務公司登冊存案

轉租地基
租賃地基之人如欲將地轉租須將原契繳回韓國政府註銷另照定式備製新契三張其附契切結與原契同受租者與轉租者必皆簽名附契內永行遵守惟未清年稅之地基則無論全段分段皆不准發給新契其新契三張分給存留一如原契韓國政府應向轉租者徵收規費銀五元

地基分段
至或欲將地基分作兩段或分作數段以便轉租亦無不可須將原段地契繳回轉換分段新契但分開之地每段不得小於第三款所定之極小限度惟相連之租主地段雖小可將其地分出租與其隣但旣分出轉租之後自存之地不滿五百丁方米突則凡遇公擧紳董之時該租主不得參與擧席分段新契俱必遵原來全段地契程式竝附契切結一體照辦每一分段立地契三張韓國政府應徵規費銀五元
各段分開之地俱照附粘地圖列入全段之原號再於每段加一字碼以爲區別比如全段之原號爲天則分段之號爲天甲天乙天丙之類
租賃分段地基之人皆得錄名於租主冊上所享權利與全段地基之租主同

須加建造

十三 自立地契之日爲始每全段或分段地基限於兩年之內建有房屋或將地面平治其價
　　 値極少二百五十元如建造房屋必蓋瓦或鐵片或毡或不易引火之物亦可茅蓬木板
　　 等易引火之物俱不准用
　　　 倘兩年之內尚未造有房屋或地面未爲平治或建造平治不及上定之價値則管理租
　　 界事務公司可遵照本章程第七款所載控該租主於該管官員但韓國政府與各國政
　　 府擇租之不在此例

紳董公司設置

十四 管理租界事務者一爲監理或韓國所派稱職之官一員一爲各與國駐港領事竝由租
　　 界內所有受租地基人民之中選擇三人協同該管官員與韓國官員一併作爲管理租
　　 界事務紳董公司
　　　 選擇之三人中同一國者不得有兩人且於租主冊內已錄有名者始許入備選之例而
　　 年稅抽款等項未淸之租主亦不得備選每年十二月遵照各國公使領事等定章選擧
　　 紳董一次租地者不拘租有地段多少祇許投擧一句代行投擧者不准如租主係某國
　　 政府或爲合股公司或爲行店則該國政府所派之員或該公司行店等所派之代理人
　　 卽作已經錄名于冊之租主一體看待

紳董公司作爲公會

十五 紳董公司遵照第十四款所載設定之後擬卽作爲公會可用一通行戳記凡遇訂約
　　 控訴等事皆出管理【羣山浦馬山浦城津】租界事務公司之名倘爲被告則該案始終
　　 皆歸韓國外部大臣會同各國駐京公使領事等設立會審公廷審理從衆公斷卽作了
　　 案如須簽發差票札諭等件該會審公廷亦可執行竝可差委員役遵令行事紳董公司
　　 之物業與存備金一依會審公廷之批判發落

紳董公司職權

十六 紳董公司當有權握以辦理後開各事

一 可自定主席司事等員自立執務規則

二 可自行擇用人役分明職守竝可將所用人役隨便辭退

三 凡於租界中拓路開渠造橋築堤等事皆由公司執行及隨時修理惟築造海邊護堤
　苟由該處有干連之租主自請將路加高或行改底則所需費用應由該租主自出

四 至若變改路線或續添新路或減少抑爲改窄一切圖上已載未載之路可預於兩月
　前將意宣示然後會同韓國官員擧辦但路基極窄不得少於八米突倘有租主以爲
　于彼有所未便者儘於此兩個月內遵照第十五款定章訴于會審公廷

五 又可設派巡査以靜地方

六 租界內有不法橫行之輩可將拘留及知照該管官員懲辦

七 街路各處燃點街燈派役洒掃務使光朗潔淨凡有碍于行人者悉爲禁除

八 開鑿井泉或設置自來水以備寓居租界人民之用

九 遇有開設酒館劇場與夫擧凡供人娛樂之所立定條例妥爲安置或發給牌照酌抽
　照費出租之街車轎輿等亦照此辦理

十 設立善法以便人已俱益衆庶安和禁止賭場妓院以及汚穢各物竝一切淫邪不正
　生意鴉片烟館則槪不准開設

十一 其於租界內有不堅固房屋及易引火或易致疾病者合行一槪禁止竝設置滅火
　　會以備不虞

十二 紳董公司應用房屋可隨時建造

十三 時或欸項支絀經各國公使領事等商同韓國外部大臣批准後可將租界作按揭
　　貸銀兩

十四 凡遇要公有須集會叙議可預于十四日前將事由列明知單上知照各租主到時
　　臨會

十五 租界內地畝之年稅可代韓國政府徵收給回妥實收單爲據

以上所擬管理租界事務紳董公司之權十五款該公司可自定條例以行其權有違背
者每犯一例罰其出款極多以二十五元爲度所罰銀兩不論韓國人抑他國人應由該
管官員追繳歸入充公存備金所有公司擧辦各工程之費竝開銷各款項俱於充公存

備金支用倘存備金不敷卽由公司隨時按照各國租界地段房屋時價每段每間徵抽
銀兩以濟此用但每年祇可徵抽一次

地契程式
十七 地契程式與附契切結如左

地契
大韓國【官銜】爲發給地契事照得【羣山浦馬山浦城津】各國租界地圖內地基第
□號第□等四至計長□米突計寬□米突已收到銀□元永遠租與執業該租者必得
遵照以下所列之五條章程互相立契以爲憑據

第一條
該人每年一月十日或十日之前先期完納是年稅銀□交管理【羣山浦馬山浦城津】
租界事務紳董公司代韓國政府繳收

第二條
如遇租界公司應行加抽稅銀用作公費該人必得遵照按數輸納無違

第三條
如該人將此地基轉租祇准租與經其國駐京公使或領事允行遵租【羣山浦馬山浦
城津】各國租界章程之人民或保護之人

第四條
自立地契之日爲始以兩年爲限該人旣租此段地基必得於限期內建就房屋或將地
面平治極少價値洋銀二百五十元如有不遵則該段地基按照租界章程第七款與第
十三款可得歸還韓國政府收管

第五條
倘至年十二月三十一日尚不將該年應納之年稅照章完納韓國政府按照租界章程第七款可得將地基復行收管

此地契在【羣山浦馬山浦城津】製備三張一爲韓國該管官員留存作根一給租主一給紳董公司登冊存案
　　□年□月□日 押

受租或轉租地基人切結【附入地契內】
具切結人□今因奉准租得【羣山浦馬山浦城津】各國租界內第□號地基自租之後願照契內註明各章竝遵租界公司現定後定各規條倘有違背之處按照所擬罰款願甘受罰無辭
　　□年□月□日

受租或轉租地基人 姓名
受租或轉租地基人該管領事官 姓名

章程更革
十八 以上章程如有應行更改者應由韓國政府會同各該管官員於爲日已久所識因革損
　　益之處酌量增刪

大韓國光武三年西曆一千八白九十九年六月二日在漢陽京城外部會押

출처: 『舊條約彙纂』 제3권, 120~140쪽

‖ 번역문

1. 진남포목포각국조계장정

조계의 정한(定限)
제1조
【진남포, 목포】각국 조계는 경계의 한계를 정하여 부지는 모두 별지 도면을 근거로 하여 경영한다. 육지의 경계에는 【진남포 각국 조계, 목포 각국 조계】라는 글자를 새긴 표석을 동서 양단의 만조 시 잠기는 부분에 각기 1개를 세우고 양단의 중앙 경계 일대의 길모퉁이 부분에 또 1개를 세운다.

제방 및 부두
연해의 제방 및 부두의 축조를 해야 할 때에는 한국 정부가 건설하고 수시로 수리하는 것을 관리한다. 해당 제방 및 부두, 부근의 화물을 하선, 선적하는 부두의 광활한 지역은 한국 정부가 여기에서 그 해관 세무의 권한을 처리할 수 있으며 각 항의 조세 또한 납부를 면제한다. 단, 가로등 및 순사 등은 모두 관리조계사무공사(管理租界事務公司)가 설치한다.

구역의 등급
제2조
각국 조계의 토지는 3등으로 구분한다.
제1등 구역 촌락, 논밭 및 해변 가로 만조 시 침수되지 않아 매립을 하지 않아도 되는 곳
제2등 구역 산지에 속한 곳
제3등 구역 침수되어 반드시 매립을 해야 하는 곳

구역의 경계 지점
제3조

한국 정부는 관리조계사무공사와 회동하여 제1, 제2등의 두 구역의 경계를 나누어 표석을 세우거나 혹은 다른 방법으로 표식을 세워 각 구역의 경계를 명확하게 구획한다. 그 후에 제1, 제3등 두 구역은 최대 1,000평방미터를 초과하지 않으며 최소 500평방미터 이상, 제2등 구역은 최대 5,000평방미터를 초과하지 않고 최소 1,000평방미터 이상을 경매에 부친다.

원조(原租)의 방식
제4조
아래 조문에 기재된 사항을 제외하고 각국 조계 내의 구역은 모두 경매에 의해 최고가 입찰인에게 낙찰한다. 경매 사무는 한국 정부가 파견한 관원이 주관하고 한국 관원이라고 칭한다. 영구히 부지를 임차하고자 하는 이가 있을 때에는 해당 관원은 최소한 30일 전에 서면을 구비하여 각국 재경 공사, 영사, 주항 영사 및 관리조계사무공사에 부지 경매 기일을 알리고 아울러 조계 내 사람이 많은 곳에 게시한 후 비로소 시행할 수 있다.

지가의 안납
부지 경매가 완료되면 즉시 가격의 5분의 1을 납부하고 해당 관원에게 납부하여 계약금으로 삼는다. 남은 금액을 10일 이내에 완납하면 비로소 다음 양식에 따른 지계 3통을 작성하여 발급하며 수수료는 부과하지 않는다. 만약 10일 이내에 완납하지 않으면 계약금은 한국 정부에게 지불하고 계약을 파기한다.

원가
제5조
각국 조계 내 토지 원가는 100평방미터당 제1등 구역은 6달러, 제2등 구역은 3달러, 제3등 구역은 5달러로 한다. 조계사무공사는 매년 첫 회의에서 그해 얼마를 지가의 기준으로 삼을지 정할 수 있다.

지가의 배분
경매 후 획득한 영구 임차 구역의 실가격에서 원가에 기초하여 경매 비용 지불한 것을 제외한 후 한국 정부에, 공제한 나머지 금액은 모두 공동 존비금에 귀속시킨다. 관리조계사무공사를 설치하고 즉시 교부한다.

연세(年稅)
제6조
제1, 제3 두 구역은 100평방미터당 연세 6달러, 제2 지역은 100평방미터당 연세 2달러를 한국 정부에 납부하여 지세로 삼는다. 관리조계사무공사는 회수증서(回收單) 접수 발급을 대리하며 즉시 증거를 작성한다. 부지를 경매한 날짜로부터 납부해야 하며 처음 지세는 반드시 지계 교부 전에 해당 연도의 나머지 일수에 따라 계산하여 완납하고 이후 매년 지세는 1월 10일 혹은 10일 이전에 미리 완납해야 한다.

연세 체납금의 환수
제7조
토지를 빌린 사람이 연세를 납부하지 않은 경우에는 관리조계사무신동의 선거가 있을 시에 선거에 참여할 수 없으며 또한 선출될 수 없다. 본 장정이 권리로써 허가하는 그 이익 또한 수여할 수 없다.
만약 2월 1일 이전까지 연세를 납부하지 않을 경우 해당 연도 1월 1일부터 기산하여 100달러당 12달러의 이자를 징수한다. 12월 31일에 이르러서도 여전히 연세, 이자를 모두 납부하지 않았을 경우에는 관리조계사무공사의 해당 관원이 소송을 제기할 수 있다. 만일 법정에서 정한 기한 내 완납하지 않는 경우에는 해당 공사는 해당 관원에게 신청하여 토지 몰수를 명령하고 몰수를 명령한 후에는 한국 관인이 명령일로부터 기산하여 2개월 이내에 본 장정 제4관에 기재된 바에 따라 30일 이전 예고 후 경매에 부친다. 변경된 가격에서 경매 당일까지 계산한 연세, 이자 및 경매 비용과 아울러 체납된 공사의 벌금 등 기타 금액을 제하고도 이익이 있을 때에는 원 주인에게 돌려주거나 확실한 대리인에게 건네어 교부한다.

연세의 배분
제8조

관리조계사무공사는 지세를 영수한 후 7일 내로 100평방미터당 30센트의 비율에 해당하는 세금을 한국 수세관원에게 계산하여 교부한다. 한국 정부에 납부해야 하는 세금에서 남는 금액은 공공 준비금에 귀속시킨다. 만약 연체나 체납에 의해 영수한 이자가 있는 경우에는 이자 소득 또한 위와 같은 비율로 지세와 함께 계산하여 지불한다.

한인 가옥의 철거
제9조
한국 정부는 조계 내에서 한인에게 가옥의 건설 및 매장을 허가하지 않으며, 각 부지를 경매한 후 혹은 관리조계사무공사로부터 조계 내 모처에 도로의 건설 통지를 받은 후 1개월 이내에 해당 지역 혹은 노선 내의 모든 한인 가옥 및 묘지를 철거시킨다. 조계 내 한인 가옥 및 묘지는 본 장정으로부터 2년 이내에 철거시켜야 한다.

수목
장정 제정 이후 아직 조차되지 않은 지역이나 노선 내의 모든 수목은 공사의 허가 없이 마음대로 벌목할 수 없다.

정부의 유조(留租) 지구
제10조
한국 정부가 조계 내 해관의 집무소를 건설하거나 창고 및 해관에서 근무하는 각 외국인의 주택을 건설하고자 할 때에는 한 곳을 선택하여 언제까지나 남겨 둘 수 있다. 단, 선택하여 남겨 둔 부지 또한 장정에 따라 연세를 완납하고 과세 등의 항목은 각국 임차인과 다름이 없다. 한국 관청이 경영하는 기선 회사는 장정에서 정하는 바에 따라 조계 내 조지에서 사무소 및 선창 등을 건설할 수 있다.
조약국 정부는 모두 영사관 용도로써 적당한 부지를 선택하여 빌릴 수 있으며 원가에 따라 지가를 납부한다. 단, 이 구역도 연세를 완납하고 세금을 납부하는 것을 따라야 하는 것은 다른 곳의 동등한 토지와 다름이 없다.

토지를 빌릴 수 있는 자

제11조

각국 조계 내 조지에 있어서 어떤 나라의 인민임을 막론하고 해당 국가 주재 공사의 허가를 거치지 않은 경우에는 본 장정에 따라 임차하는 것과 지계 발급을 허가하지 않는다.

지계의 발급

제12조

지계는 아래에 기재한 양식에 따라 한국 해당 관청의 관원이 3통을 작성하여 발급한다. 임차인은 반드시 서명하여 지계 내에 첨부한다. 해당 지계 3통을 구비하여 1통은 한국 정부에 보존하고 1통은 해당 관할 영사관에 보내어 임차인에게 발급하고 1통은 관리조계사무 공사에 등기한다.

부지의 전조(轉租)

부지를 임차한 사람이 부지를 전조하고자 할 때에는 원계(原契)를 한국 정부에 반납하고 등기를 말소한다. 따로 양식에 따라 신계(新契) 3통을 작성하여 그 지계에 보증서와 원계를 함께 첨부한다. 수조자와 전조자는 반드시 서명하여 지계 내에 첨부하고 영구히 준수한다. 단, 연세를 미납한 부지는 전부나 부분을 막론하고 모두 신계 발급을 허가하지 않는다. 신계 3통은 원계와 동일하게 분배해서 보존하고 한국 정부는 전조자로부터 수수료 5달러를 징수한다.

부지의 분할

만일 부지를 2개 혹은 여러 개로 나누어 전조에 편리하고자 할 때에는 또한 그렇게 할 수 있다. 원 부지의 지계를 반납하여 분할한 신계로 전환한다. 단, 분할하는 부지가 제3관에 정한 최소한도보다 좁을 수는 없다. 서로 인접한 임차인의 부지는 좁더라도 인접한 이에게 임대할 수 있다. 단, 이미 전조 후 잔여 토지가 500평방미터에 미치지 못할 경우에는 신동 공사의 선거 시 해당 임차인은 선거에 참여할 수 없다. 분할한 신계는 모두 반드시 원래 전체 부지의 지계 양식 및 지계에 첨부된 보증서 일체를 따른다. 토지를 분할할 때마다 지계

3통을 작성하고 한국 정부는 수수료 5달러를 징수한다.

각각 분할한 토지는 모두 첨부된 지면에 기재된 전체 부지의 원래 번호에 따르고 천(天)으로 하여 분할한 곳의 번호를 천갑(天甲), 천을(天乙), 천병(天丙)과 같이 한다.

분할된 토지를 임차한 사람은 모두 임차인 명부에 성명을 기록하고 토지 전체를 임차한 사람과 동일한 권리를 누릴 수 있다.

건설의 의무
제13조

전체 토지 혹은 분할한 토지에 대한 지계가 성립한 날짜로부터 2년 이내에 최소한 250달러 이상의 건물을 짓거나 혹은 정지 작업을 하여야 한다. 건물을 지을 때에는 반드시 기와 혹은 철편, 경피 혹은 인화하기 어려운 것으로 지붕을 덮어야 한다. 초가, 목판 등 인화하기 쉬운 물질은 모두 사용을 허가하지 않는다. 만약 2년 이내에 건물을 짓지 않거나 혹은 정지 작업을 하지 않고 혹은 건축하고 정지한 비용이 위에 정한 가격에 미치지 않을 경우에 관리조계사무공사는 본 장정 세7소에 기재된 바와 같이 해당 임차인에게 해당 관활 관원이 소송을 제기할 수 있다. 단, 한국 정부와 각국 정부가 선택하여 빌린 곳은 이 예를 따르지 않는다.

신동공사(紳董公司)의 설치
제14조

관리조계사무는 하나는 감리 혹은 한국이 파견한 칭직관을 1명으로 한다. 또 하나는 각 조약국 주재 영사와 조계 내 토지를 임차하고 있는 인민 중에서 3명을 선택하여 해당 관활 관원, 한국 관원과 함께 협동하여 관리조계사무신동공사로 삼는다. 선발된 3명 중 같은 나라 사람은 2명일 수 없으며 임차인 명부에 이미 기록되어 이름이 있는 사람만이 선거 자격을 가지며 연세 및 세금을 미납한 임차인은 피선거권이 없다. 매년 12월에 각국 공사, 영사 등이 정한 장정에 따라 신동공사를 선출한다. 임차인은 부지의 넓고 좁음에 구애 받지 않고 하나의 투표권을 가지며 대리 투표는 허가하지 않는다. 임차인이 특정 나라의 정부와 관련되거나 혹은 주식합자회사, 상회에서 복무할 경우에는 해당 국가 정부의 파견원 혹은 해당 회사, 상점에서 파견한 대리인이 이미 명부에 성명을 기록하였으면 임차인과 동등하게 취급한다.

신동공사 공회(公會)의 자격

제15조

신동공사는 제14관에 기재된 바에 따라 설립된 이후에는 공회의 자격을 가지며 인감을 사용할 수 있다. 계약, 고소 등의 사무가 있으며 모두 관리【진남포, 목포】조계사무공사의 명의로 한다. 만일 소송 건이 있으며 모두 항상 한국 외부대신에 귀속시켜 각국 주재 공사, 영사 등이 회동하여 회심공정을 설립하고 중의에 따라 심리하고 중재하여 재판을 마치는 것으로 한다. 체포 영장 등을 발행해야 하는 경우에는 해당 회심공정 또한 집행할 수 있으며 아울러 이를 명령에 따라 집행하는 위원을 파견할 수 있다. 신동공사의 부동산과 존비금은 회심공정의 처분에 따른다.

신동공사의 직권

제16조

신동공사는 직권을 가지고 다음의 각 사항을 처리할 수 있다.

1. 주석(主席), 사사(司事) 등 위원을 정하고 집무 규칙을 세울 수 있다.
2. 고용인을 선발하고 직무를 정할 수 있으며 아울러 고용인을 자유롭게 해고할 수 있다.
3. 조계 내에서 도로 확장, 도랑 건설, 교량 건설, 제방 축조 등의 일은 모두 공사가 집행하며 수시로 수리한다. 단, 해변가에 축조한 제방을 보강할 때 만일 해당 지역 인근의 임차인이 도로를 높이거나 혹은 바닥을 바꾸는 것을 요청할 때에는 비용은 해당 임차인이 부담한다.
4. 만약 노선을 변경하거나 새로운 도로를 추가하거나 혹은 축소하거나 그렇지 않으면 일체 도면에 기재되거나 기재되어 있지 않은 도로를 변경하기 위해서는 2개월 전에 미리 고시한 후에 한국 관원과 회동하여 거행할 수 있다. 단, 노반은 8미터보다 좁을 수 없다. 만약 여기에 불편이 있다고 생각하는 임차인이 있으면 이 2개월에 제15관의 정관에 따라 회심공정에 제소해야 한다.

5. 또한 순사를 파견하여 안정을 도모할 수 있다.

6. 조계 내에서 불법행위 하는 자를 구류할 수 있으며, 또 해당 관활 관원에게 통지하여 처벌할 수 있다.

7. 도로 각처에 가로등을 점등하고 청소 인력을 파견하여 밝음과 청결에 힘쓴다. 행인에 지장을 주는 것은 모두 금제한다.

8. 우물을 파거나 상수도를 설치하여 거류 조계 인민의 용도에 대비한다.

9. 주관(酒館), 극장을 개설하거나 짐을 나르고 오락을 제공하는 사람들에 대해서는 조례를 세워서 적절하게 안배하거나 혹은 영업허가증을 발급하여 참작해서 면허료를 징수한다. 임대 차량, 가마 등 또한 이 처리에 따른다.

10. 좋은 법을 설립하여 사람을 편안하게 하고 모두 구비하여 공중에게 이익되게 한다. 도박장, 기원(妓院), 각종 물건을 더럽히는 것과 아울러 모든 음란하고 부정한 영업을 일절 금지한다. 아편 연관(烟館)은 개설을 불허한다.

11. 그 조계 내에서 견고하지 않은 건물 및 인화되기 쉬운 것 혹은 질병을 일으키기 쉬운 것은 일절 금지하며 아울러 소방대를 설치하여 예기치 못한 일에 대비한다.

12. 신동공사는 사용할 건물을 수시로 건설할 수 있다.

13. 경비가 부족할 때에는 각국 공사, 영사 등과 협의하여 한국 외부대신 비준 후 조계를 근거로 삼아 공채를 발행할 수 있다.

14. 중요한 공무가 있으면 회의를 소집하여 논의해야 하며 14일 전에 그 사유를 밝힌 통지서를 각 임차인에게 통지하여 기일이 되면 회의에 임한다.

15. 조계 내 토지에 대한 연세는 한국 정부를 대신하여 징수할 수 있으며 신뢰할 만한 영수증을 발급하여 증거로 삼는다.

이상 관리조계사무신동공사의 권리 15관에 기초하여 해당 공사는 스스로 조례를 정할 수 있으며 그 권리를 위반하는 경우에는 범법 행위에 대해 최대 25달러의 벌금을 부과하며 벌금을 부과하는 것은 한국인 혹은 타국인을 불문하고 관할 관원은 추징하여 존비금에 귀속시킨다.

공사가 행하는 각종 공정의 비용 및 지출하는 각 경비는 모두 공공 존비금으로 충당하여 지불한다. 만일 존비금이 부족할 때에는 공사는 수시로 각국 조계 토지 및 건물에 대하여 시가에 따라 세금을 징수하여 그 사용을 구제한다. 단, 매년 1회만 징수할 수 있다.

지계의 양식

제17조

지계 양식과 지계에 첨부하는 보증서의 양식은 다음과 같다.

지계

대한국【관직명】은 지계를 발급하여【진남포, 목포】각국 조계지도 내 부지 제□호 제□등 사방 길이 □평방미터 너비 □미터에 대해 □달러를 영수하여 영구히 대여하는 업무를 수행하며, 해당 임차인은 아래 열거한 5관 장정을 준수한다. 상호 계약을 맺어 증거로 한다.

제1조

해당인은 매년 1월 1일 혹은 10일 이전까지 그해의 연세 □달러를 완납하고 관리【진남, 목포】조계사무 신동공사는 한국 정부를 대리하여 징수한다.

제2조

조계공사가 공비로 사용하기 위하여 과세할 때에는 해당인은 반드시 정해진 금액을 틀림없이 납부해야 한다.

제3조

해당인이 이 부지를 전조할 경우에는 오로지 그 나라 주재 공사 혹은 영사의 허가를 얻고【진남포, 목포】각국 조계장정의 인민 혹은 보호받는 사람에게만 대여할 수 있다.

제4조

지계를 작성한 날로부터 2년을 기한으로 하여 이 부지를 임차하면 부지는 기한 내에 최소한 250달러 이상의 건물이 건설되었거나 정지 작업이 되어야 한다. 따르지 않는 경우에는 해당 부지는 조계장정 제7관과 제13관에 따라 한국 정부가 몰수하여 환수할 수 있다.

제5조
만일 12월 31일에 이르러도 여전히 해당 연도에 납부해야 할 연세를 장정에 따라 완납하지 않으면 한국 정부는 조계장정 제7관에 따라 부지를 몰수할 수 있다.

이 지계는【진남포, 목포】에서 3통을 준비하여 1통은 한국 해당 관할 관리가 보존하여 근거로 삼고, 1통은 임차인에게 발급하며, 1통은 신동공사에게 발급하여 등기한다.
□연 □월 □일 압(押)

부지 수조 혹은 전조인 보증서【지계 안에 추가한다】
보증인 □는 지금【진남포, 목포】각국 조계 내 제□호 부지를 임차하는 것을 허가받음에 따라 임차 후에는 지계 내에 명기된 각 장정에 따를 것이며 아울러 조계공사의 현행 규정, 추후 규정 등 각 규조를 준수할 수 있다. 만일 위반할 경우에는 정해진 벌칙에 따라 기꺼이 처벌을 받을 것을 동의한다.
□연 □월 □일
부지 수조 혹은 전조인 성명
부지 수조 혹은 전조인 해당 관할 영사관 성명

규칙 개정
제18조
이상 장정을 개정해야 할 경우에는 한국 정부와 각 해당 관할 관원이 회동하여 기존에 알고 있는 연혁, 손익 부분을 참작하여 추가 삭제할 수 있다.

【대한국 광무 원년 서력 1897년】10월 16일 한양 경성 외부회 압
대한 외부대신 민종묵 압

대일본 관리공사 가토 마스오 압

대미 흠명주차한국편의행사대신겸총영사 알렌 압

대아 흠명공사대신 스페에르 압

대법 흠명공사대신겸총영사 플란시 압

대영 흠명주차한국통리각구교섭통상사무겸보호화상총영사관 조르단 압

대덕 흠명출사한국영사관 크린 압

2. 군산포마산포성진각국조계장정

조계의 정한(定限)

제1조

【군산포, 마산포, 성진】각국 조계는 경계의 한계를 정하여 부지는 모두 별지 도면을 근거로 하여 경영한다. 육지의 경계에는【군산포 각국 조계, 마산포 각국 조계, 성진포 각국 조계】라는 글자를 새긴 표석을 동서 양단의 만조 시 잠기는 부분에 각기 1개를 세우고 양단의 중앙 경계 일대의 길모퉁이 부분에 또 1개를 세운다.

제방 및 부두

연해의 제방 및 부두 축조를 해야 할 때에는 한국 정부가 건설하고 수시로 수리하는 것을 관리한다. 해당 제방 및 부두 및 부근의 화물을 하선, 선적하는 부두의 광활한 지역은 한국 정부가 여기에서 그 해관 세무의 권한을 처리할 수 있으며 각 항의 조세 또한 납부를 면제한다. 단, 가로등 및 순사 등은 모두 관리조계사무공사(管理租界事務公司)가 설치한다.

구역의 등급

제2조

각국 조계의 토지는 3등으로 구분한다.

제1등 구역 촌락, 논밭 및 해변가로 만조 시 침수되지 않아 매립을 하지 않아도 되는 곳

제2등 구역 산지에 속한 곳

제3등 구역 침수되어 반드시 매립을 해야 하는 곳

구역 경계의 지점

제3조

한국 정부는 관리조계사무공사와 회동하여 제1, 제2등의 두 구역의 경계를 나누어 표석을 세우거나 혹은 다른 방법으로 표식을 세워 각 구역의 경계를 명확하게 구획한다. 그 후에 제1, 제3등 두 구역은 최대 1,000평방미터를 초과하지 않고 최소 500평방미터 이상, 제2등 구역은 최대 5,000평방미터를 초과하지 않고 최소 1,000평방미터 이상을 경매에 부친다.

원조(原租)의 방식

제4조

아래 조문에 기재된 사항을 제외하고 각국 조계 내의 구역은 모두 경매로 최고가 입찰자에게 낙찰한다. 경매 사무는 한국 정부가 파견한 관원이 수관하고 한국 관원이라고 칭한다. 영구히 부지를 임차하고자 하는 이가 있을 때에는 해당 관원은 최소한 30일 전에 서면을 구비하여 각국 재경 공사, 영사 등 주항 영사 및 관리조계사무공사에 부지 경매 기일을 알리고 아울러 조계 내 사람이 많은 곳에 게시한 후 비로소 시행할 수 있다.

지가의 완납

부지 경매가 완료되면 즉시 가격의 5분의 1을 납부하고 해당 관원에게 납부하여 계약금으로 삼는다. 남은 금액을 10일 이내에 완납하면 비로소 다음의 양식에 따른 지계 3통을 작성하여 발급하며 수수료는 부과하지 않는다. 만약 10일 이내에 완납하지 않으면 계약금은 한국 정부에게 지불하고 계약을 파기한다.

원가

제5조

각국 조계 내 토지의 원가는 100평방미터당 제1등 구역은 6달러, 제2등 구역은 3달러, 제3

등 구역은 5달러로 한다. 조계사무공사는 매년 첫 회의에서 그해 얼마를 지가의 기준으로 삼을지 정할 수 있다.

지가의 배분

경매 후 획득한 영구 임차 구역의 실가격에서 원가에 기초하여 경매 비용 지불한 것을 제외한 후 한국 정부에, 공제한 나머지 금액은 모두 공동 존비금에 귀속시킨다. 관리조계사무공사를 설치하고 즉시 교부한다.

연세(年稅)

제6조

제1, 제3 두 구역은 100평방미터당 연세 6달러, 제2 지역은 100평방미터당 연세 2달러를 한국 정부에 납부하여 지세로 삼는다. 관리조계사무공사는 회수증서(回收單) 접수 발급을 대리하며 즉시 증거를 작성한다. 부지를 경매한 날짜로부터 납부해야 하며 처음 지세는 반드시 지계 교부 전에 해당 연도의 나머지 일수에 따라 계산하여 완납하고 이후 매년 지세는 1월 10일 혹은 10일 이전에 미리 완납해야 한다.

연세 체납금의 환수

제7조

토지를 빌린 사람이 연세를 납부하지 않은 경우에는 관리조계사무신동의 선거가 있을 시에 선거에 참여할 수 없으며 또한 선출될 수 없다. 본 장정이 권리로써 허가하는 그 이익 또한 수여할 수 없다. 만약 2월 1일 이전까지 연세를 납부하지 않을 경우에는 해당 연도 1월 1일부터 기산하여 100달러당 12달러의 이자를 징수한다. 12월 31일에 이르러서도 여전히 연세, 이자를 모두 납부하지 않았을 경우에는 관리조계사무공사의 해당 관원이 소송을 제기할 수 있다. 만일 법정에서 정한 기한 내에 완납하지 않는 경우에는 해당 공사는 해당 관원에게 신청하여 토지 몰수를 명령하고 몰수를 명령한 후에는 한국 관인이 명령일로부터 기산하여 2개월 이내에 본 장정 제4관에 기재된 바에 따라 30일 이전 예고 후 경매에 부친다. 변경된 가격에서 경매 당일까지 계산한 연세, 이자 및 경매 비용과 아울러 체납된 공사의 벌금 등 기타 금액을 제하고도 이익이 있을 때에는 원 주인에게 돌려주거나 확실한 대리인에게 건네어 교부한다.

연세의 배분
제8조

관리조계사무공사는 지세를 영수한 후 7일 내로 100평방미터당 30센트의 비율에 해당하는 세금을 한국 수세관원에게 계산하여 교부한다. 한국 정부에 납부해야 하는 세금에서 남는 금액은 공공 존비금에 귀속시킨다. 만약 연체나 체납에 의해 영수한 이자가 있는 경우에는 이자 소득 또한 위와 같은 비율로 지세와 함께 계산하여 지불한다.

한인 가옥의 철거
제9조

한국 정부는 조계 내에서 한인에게 가옥 건설 및 매장을 허가하지 않으며, 각 부지를 경매한 후 혹은 관리소세사무공사로부터 조계 내 모처에 도로의 건설 통지를 받은 후 1개월 이내에 해당 지역 혹은 노선 내의 모든 한인 가옥 및 묘지를 모두 철거시킨다. 조계 내 한인 가옥 및 묘지는 본 장정으로부터 2년 이내에 철거시켜야 한다.

수목

장정 제정 이후 아직 조차되지 않은 지역이나 노선 내의 모든 수목은 공사의 허가 없이 마음대로 벌목할 수 없다.

정부의 유조(留租) 지역
제10조

한국 정부가 조계 내 해관의 집무소를 건설하거나 창고 및 해관에서 근무하는 각 외국인의 주택을 건설하고자 할 때에는 한 곳을 선택하여 언제까지나 남겨 둘 수 있다. 단, 선택하여 남겨 둔 부지 또한 장정에 따라 연세를 완납하고 과세 등의 항목은 각국 임차인과 다름이 없다. 한국 관청이 경영하는 기선 회사는 장정에서 정하는 바에 따라 조계 내 조지에서 사무소 및 선창 등을 건설할 수 있다.

조약국 정부는 모두 영사관 용도로써 적당한 부지를 선택하여 빌릴 수 있으며 원가에 따라 지가를 납부한다. 단, 이 구역은 최대 15,000평방미터를 초과할 수 없으며, 또한 연세를 완납하고 세금을 납부하는 것을 따라야 하는 것은 다른 곳의 동등한 토지와 다름이 없다.

토지를 빌릴 수 있는 자
제11조
각국 조계 내 조지에 있어서 어떤 나라의 인민임을 막론하고 해당 국가의 주재 공사의 허가를 거치지 않은 경우에는 본 장정에 따라 임차하는 것과 지계 발급을 허가하지 않는다.

지계의 발급
제12조
지계는 아래에 기재한 양식에 따라 한국 해당 관청의 관원이 3통을 작성해 발급한다. 임차인은 반드시 서명하여 지계 내에 첨부한다. 해당 지계 3통을 구비해 1통은 한국 정부에 보존하고 1통은 해당 관할 영사관에 보내 임차인에게 발급하고 1통은 관리조계사무공사에 등기한다.

부지의 전조(轉租)
부지를 임차한 사람이 부지를 전조하고자 할 때에는 원계(原契)를 한국 정부에 반납하고 등기를 말소한다. 따로 양식에 따라 신계(新契) 3통을 작성하여 그 지계에 보증서와 원계를 함께 첨부한다. 수조자와 전조자는 반드시 서명하여 지계 내에 첨부하고 영구히 준수한다. 단, 연세를 미납한 부지는 전부나 부분을 막론하고 모두 신계 발급을 허가하지 않는다. 신계 3통은 원계와 동일하게 분배해서 보존하고 한국 정부는 전조자로부터 수수료 5달러를 징수한다.

부지의 분할
만일 부지를 2개 혹은 여러 개로 나누어 전조에 편리하고자 할 때에는 또한 그렇게 할 수 있다. 원 부지의 지계를 반납하여 분할한 신계로 전환한다. 단, 분할하는 부지가 제3관에 정한 최소한도보다 좁을 수는 없다. 서로 인접한 임차인의 부지는 좁더라도 인접한 이에게 임대할 수 있다. 단, 이미 전조 후 잔여 토지가 500평방미터에 미치지 못할 경우에는 신동공사의 선거 시 해당 임차인은 선거에 참여할 수 없다. 분할한 신계는 모두 반드시 원래 전체 부지의 지계 양식 및 지계에 첨부된 보증서 일체를 따른다. 토지를 분할할 때마다 지계 3통을 작성하고 한국 정부는 수수료 5달러를 징수한다.

각각 분할한 토지는 모두 첨부된 지면에 기재된 전체 부지의 원래 번호에 따르고 천(天)으로 하여 분할한 곳의 번호를 천갑(天甲), 천을(天乙), 천병(天丙)과 같이 한다.

분할된 토지를 임차한 사람은 모두 임차인 명부에 성명을 기록하고 토지 전체를 임차한 사람과 동일한 권리를 누릴 수 있다.

건설의 의무

제13조

전체 토지 혹은 분할한 토지에 대한 지계가 성립한 날짜로부터 2년 이내에 최소한 250달러 이상의 건물을 짓거나 혹은 정지 작업을 하여야 한다. 건물을 지을 때에는 반드시 기와 혹은 철편, 경피 혹은 인화하기 어려운 것으로 시붕을 넎어야 한다. 조가, 목판 등 인화하기 쉬운 물질은 모두 사용을 허가하지 않는다. 만약 2년 이내에 건물을 짓지 않거나 혹은 정지 작업을 하지 않고 혹은 건축하고 정지한 비용이 위에 정한 가격에 미치지 않을 경우에 관리조계사무공사는 본 장정 제7조에 기재된 바와 같이 해당 임차인에게 해당 관활 관원이 소송을 제기할 수 있다. 단, 한국 정부와 각국 정부가 선택하여 빌린 곳은 이 예를 따르지 않는다.

신동공사(紳董公司)의 설치

제14조

관리조계사무는 하나는 감리 혹은 한국이 파견한 칭직관을 1명으로 한다. 또 하나는 각 조약국 주재 영사와 조계 내 토지를 임차하고 있는 인민 중에서 3명을 선택하여 해당 관활 관원, 한국 관원과 함께 협동하여 관리조계사무신동공사로 삼는다. 선발된 3명 중 같은 나라 사람은 2명일 수 없으며 임차인 명부에 이미 기록되어 이름이 있는 사람만이 선거 자격을 가지며 연세 및 세금을 미납한 임차인은 피선거권이 없다. 매년 12월에 각국 공사 영사 등이 정한 장정에 따라 신동공사를 선출한다. 임차인은 부지의 넎고 좁음에 구애 받지 않고 하나의 투표권을 가지며 대리 투표는 허가하지 않는다. 임차인이 특정 나라의 정부와 관련되거나 혹은 주식합자회사, 상회에서 복무할 경우에는 해당 국가 정부의 파견원 혹은 해당 회사, 상점에서 파견한 대리인이 이미 명부에 성명을 기록하였으면 임차인과 동등하게 취급한다.

신동공사 공회(公會)의 자격

제15조

신동공사는 제14관에 기재된 바에 따라 설립된 이후에는 공회의 자격을 가지며 인감을 사용할 수 있다. 계약, 고소 등의 사무가 있으며 모두 관리[군산포, 마산포, 성진]조계사무공사의 명의로 한다. 만일 소송 건이 있으며 모두 항상 한국 외부대신에 귀속시켜 각국 주재 공사, 영사 등이 회동하여 회심공정을 설립하고 중의에 따라 심리하고 중재를 하여 재판을 마치는 것으로 한다. 체포 영장 등을 발행해야 하는 경우에는 해당 회심공정 또한 집행할 수 있으며 아울러 이를 명령에 따라 집행하는 위원을 파견할 수 있다. 신동공사의 부동산과 존비금은 회심공정의 처분에 따른다.

신동공사의 직권

제16조

신동공사는 직권을 가지고 다음의 각 사항을 처리할 수 있다.

1. 주석(主席), 사사(司事) 등 위원을 정하고 집무 규칙을 세울 수 있다.
2. 고용인을 선발하고 직무를 정할 수 있으며 아울러 고용인을 자유롭게 해고할 수 있다.
3. 조계 내에서 도로 확장, 도랑 건설, 교량 건설, 제방 축조 등의 일은 모두 공사가 집행하며 수시로 수리한다. 단, 해변가에 축조한 제방을 보강할 때 만일 해당 지역 인근의 임차인이 도로를 높이거나 혹은 바닥을 바꾸는 것을 요청할 때에는 비용은 해당 임차인이 부담한다.
4. 만약 노선을 변경하거나 새로운 도로를 추가하거나 혹은 축소하거나 그렇지 않으면 일체 도면에 기재되거나 기재되어 있지 않은 도로를 변경하기 위해서는 2개월 전에 미리 고시한 후에 한국 관원과 회동하여 거행할 수 있다. 단, 노반은 8미터보다 좁을 수 없다. 만약 여기에 불편이 있다고 생각하는 임차인이 있으면 이 2개월에 제15관의 정

관에 따라 회심공정에 제소해야 한다.

5. 또한 순사를 파견하여 안정을 도모할 수 있다.

6. 조계 내에서 불법행위를 하는 자를 구류할 수 있으며, 또 해당 관할 관원에게 통지하여 처벌할 수 있다.

7. 도로 각처에 가로등을 점등하고 청소 인력을 파견하여 밝음과 청결에 힘쓴다. 행인에 지장을 주는 것은 모두 금제한다.

8. 우물을 파거나 상수도를 설치하여 거류 조계 인민의 용도에 대비한다.

9. 주관(酒館), 극장을 개설하거나 짐을 나르고 오락을 제공하는 사람들에 대해서는 조례를 세워서 적절하게 안배하거나 혹은 영업허가증을 발급하여 참작해서 면허료를 징수한다. 임대 차량, 가마 등 또한 이 처리에 따른다.

10. 좋은 법을 설립하여 사람을 편안하게 하고 모두 구비하여 공중에게 이익되게 한다. 도박장, 기원(妓院), 각종 물건을 더럽히는 것과 아울러 모든 음란하고 부정한 영업을 일절 금지한다. 아편 연관(烟館)은 개설을 불허한다.

11. 그 조계 내에서 견고하지 않은 건물 및 인화되기 쉬운 것 혹은 질병을 일으키기 쉬운 것은 일절 금지하며 아울러 소방대를 설치하여 예기치 못한 일에 대비한다.

12. 신동공사는 사용할 건물을 수시로 건설할 수 있다.

13. 경비가 부족할 때에는 각국 공사, 영사 등과 협의하여 한국 외부대신 비준 후 조계를 근거로 삼아 공채를 발행할 수 있다.

14. 중요한 공무가 있으면 회의를 소집하여 논의해야 하며 14일 전에 그 사유를 밝힌 통지서를 각 임차인에게 통지하여 기일이 되면 회의에 임한다.

15. 조계 내 토지에 대한 연세는 한국 정부를 대신하여 징수할 수 있으며 신뢰할 만한 영수증을 발급하여 증거로 삼는다.

이상 관리조계사무신동공사의 권리 15관에 기초하여 해당 공사는 스스로 조례를 정할 수 있으며 그 권리를 위반하는 경우 범법 행위에 대해 최대 25달러의 벌금을 과하며 벌금을 부과하는 것은 한국인 혹은 타국인을 불문하고 관할 관원은 추징하여 존비금에 귀속시킨다. 공사가 행하는 각종 공정의 비용 및 지출하는 각 경비는 모두 공공 존비금으로 충당하여 지불한다. 만일 존비금이 부족할 때에는 공사는 수시로 각국 조계 토지 및 건물에 대하여 시가에 따라 세금을 징수하여 그 사용을 구제한다. 단, 매년 1회만 징수할 수 있다.

지계의 양식

제17조

지계 양식과 지계에 첨부하는 보증서의 양식은 다음과 같다.

지계

대한국【관직명】은 지계를 발급하여【군산포, 마산포, 성진】각국 조계지도 내 부지 제□호 제□등 사방 길이 □평방미터 너비 □미터에 대해 □달러를 영수하여 영구히 대여하는 업무를 수행하며, 해당 임차인은 아래 열거한 5관 장정을 준수한다. 상호 계약을 맺어 증거로 한다.

제1조

해당인은 매년 1월 1일 혹은 10일 이전까지 그 해의 연세 □달러를 완납하고 관리【군산포, 마산포, 성진】조계사무 신동공사는 한국 정부를 대리하여 징수한다.

제2조

조계공사가 공비로 사용하기 위하여 과세할 때에는 해당인은 반드시 정해진 금액을 틀림없이 납부해야 한다.

제3조

해당인이 이 부지를 전조할 경우에는 오로지 그 나라 주재공사 혹은 영사의 허가를 얻고【군산포, 마산포, 성진】각국 조계장정의 인민 혹은 보호받는 사람에게만 대여할 수 있다.

제4조

지계를 작성한 날로부터 2년을 기한으로 하여 이 부지를 임차하면 부지는 기한 내에 최소한 250달러 이상의 건물이 건설되었거나 정지 작업이 되어야 한다. 따르지 않는 경우에는 해당 부지는 조계장정 제7관과 제13관에 따라 한국 정부가 몰수하여 환수할 수 있다.

제5조
만일 12월 31일에 이르러도 여전히 해당 연도에 납부해야 할 연세를 장정에 따라 완납하지 않으면 한국 정부는 조계장정 제7관에 따라 부지를 몰수할 수 있다.

이 지계는【군산포, 마산포, 성진】에서 3통을 준비하여 1통은 한국 해당 관할 관리가 보존하여 근거로 삼고, 1통은 임차인에게 발급하며, 1통은 신동공사에게 발급하여 등기한다.
□연 □월 □일 압(押)

부지 수조 혹은 전조인 보증서【지계 안에 추가한다】

보증인 □는 지금【군산포, 마산포, 성진】각국 조계 내 제□호 부지를 임차하는 것을 허가받음에 따라 임차 후에는 지계 내에 명기된 각 장정에 따를 것이며 아울러 조계공사의 현행 규정, 추후 규정 등 각 규조를 준수할 수 있다. 만일 위반할 경우에는 정해진 벌칙에 따라 기꺼이 처벌을 받을 것을 동의한다.
□연 □월 □일

부지 수조 혹은 전조인 성명
부지 수조 혹은 전조인 해당 관할 영사관 성명

규칙의 개정
제18조
이상 장정을 개정해야 할 경우에는 한국 정부와 각 해당 관할 관원이 회동하여 기존에 알고 있는 연혁, 손익 부분을 참작하여 추가 삭제할 수 있다.

대한국 광무 3년 서력 1899년 6월 2일 한양 경성 외부회 압[*]

---

[*] 외국공사의 조인은 한문본에는 없고 영문본에만 존재함.

해제

1. 개요

청일전쟁에서 승리한 일본은 조선과의 무역 통상에서 청국보다 우위를 점하였으며 이를 기반으로 새로운 개항장, 개시장을 개설하고자 하였다. 한편 일본의 세력 확장을 견제하는 러시아의 움직임하에 일본은 진남포, 목포를 개항장으로, 평양을 개시장으로 하며 이에 관한 절차는 조선 정부가 자진하여 개방하는 방식을 취하기로 조선과 은밀히 협의하였다. 이후 조계장정은 「인천제물포각국조계장정」[※Ⅲ-5]을 보완, 개정하는 형태로 체결되었다. 진남포 등의 개항 이후 일본의 경제적, 군사적 이익과 조선 정부의 관세 수입 확보 등의 필요성에 따라 군산, 마산, 성진이 차례로 개항하였다. 조계장정의 내용은 각국 영사관의 부지 규모를 제한한 제10조를 제외하고는 진남포, 목포의 그것과 완전히 일치하였다.

2. 배경

청일전쟁 승리 후 일본은 기존의 부산, 원산, 인천 개항장 외에 새로운 개항장, 개시장을 확보하고자 하였다. 그 이유는 청일전쟁에서 패배하고 조선에서 청국인의 입지가 크게 약화되었다는 점, 이를 틈타 다른 열강보다 지리적 근접성이 좋은 일본이 조선에서의 무역, 통상을 장악하고자 했다는 점을 들 수 있다. 또한 전쟁을 계기로 조선에 도항한 일본인들의 수가 급격히 증가하면서 그 편의를 살피고 정착을 용이하게 하기 위해 추가적인 개항장을 필요로 하였다. 청일전쟁 당시 기존 개항장의 일본 전관거류지가 가진 전략적인 유효성을 확인하였기 때문에 향후 전쟁을 대비한 새로운 거점 확보 등이 요구되었다.

3. 체결 과정

목포 개항은 청일전쟁 발발 직후인 1894년 8월 20일(음력 7월 20일)에 조선과 일본 양국 사이에 체결된 「잠정합동조관」[※Ⅶ-1] 제4항을 바탕으로 논의가 시작되었다. 제4항에서는 "장래 양국의 교의를 더욱 친밀히 하고 또 무역을 장려하기 위하여 조선 정부는 전라도의 연안에 한 곳의 통상항을 개항한다"라고 규정하였다. 전라도 지역을 명시한 일본의 의도는 일본과 지리적으로 가깝고 한반도 최대의 곡창 지대인 전라도에서의 무역 활성화에 있었다. 당시 많은 일본 상인이 전라도에 들어와 광목(廣木)과 일용 잡화를 팔고 미곡을 사들였으나 전라도 내에는 개항장이 없어 인천이나 부산까지 물품을 운반해야 하는 상황이었다. 이는 어업도 마찬가지였다. 조선 연해, 특히 제주도와 전라도 다도해 주변은 다수의 일본 어선이 출어하고 있었다. 이들 대부분은 잡은 고기를 건어물로 만들어 청국에 수출하였는데, 개항장, 건어장의 부재로 이를 인천, 부산까지 운반해야 했다. 이같이 전라도 개항장 확보의 필요성을 느낀 일본이 「잠정합동조관」에 '전라도'의 항구를 개방할 것을 명시했던 것이다.

이에 따라 주한성 우치나[內田] 영사를 중심으로 새로운 개항장을 물색하기 시작했으며, 약 2주간의 물색 과정을 통해 화물 집산지이자 교통상의 편리한 입지에 위치한 목포항이 최적 후보지로 선정되었다. 이후 일본 공사 이노우에 가오루는 전라도 목포항에 더하여 대동강구의 기진포(旗津浦)와 증남포[甑南浦, 이후 진남포(鎭南浦)로 개칭] 중 한 곳을 개항할 것을 요구하며 조선 측과 교섭에 들어갔으며, 1895년 6월 1일부터 목포 및 증남포 개항이 내정되기에 이른다. 이후 삼국간섭, 을미사변 등으로 개항 문제는 일시적으로 연기, 중단되기도 하였으나 외부대신 민종묵과 일본 공사 가토[加藤]가 협의하여 증남포와 목포를 개항하며 그 구체적인 절차는 조선 정부가 자진해 정한다는 내용이 결정되었다. 이 과정에서 1897년 7월 3일 민종묵은 의정부에 목포, 증남포 개항 및 평양 개시에 대한 논의를 청하여 4일에 의정부회의에서 증남포, 목포 개항이 가결되고 평양 개시는 부결되었다.

진남포와 목포 개항 이듬해인 1898년에는 군산, 성진, 마산의 개항과 의정부에서 부결되었던 평양 개시가 대한제국 의정부회의에서 결정되어 각국에 통보하였다. 평양 개시가 포함된 것은 무역을 통한 이익에 대한 대한제국의 자각과 열강들이 청국의 항만을 장악하며 이권을 침탈해 가는 당시의 국제 정세에서 비롯된 것으로 평가된다. 다만 개시장 구역을 둘러싼 각국 사신과의 의견 불일치 속에 평양성 전체를 잡거지로 삼는다는 주한 각국 사신들의 일방적 선언이 이루어지게 된다[※관련 문서-1]. 한편 군산은 금강 하구에 위치해 상업 구역과 김제평야의 곡창지대를 배후지로 하는 경제적 요지였고, 마산은 군사적인 견지에서 각국이 양항(良港)으로 주목한 곳이었다. 성진은 통상상의 주요 지점이자 원산과 블라디보스토크 항로의 기항지로 주요한 위치를 점하였다.

4. 내용

이들 개항장에 대한 조계 제도는 인천의 예를 따라 각국 공동조계로 설정되었으며 「인천제물포각국조계장정」[※Ⅲ-5]이 실제 운용 과정에서 나타난 문제점과 미비한 점을 보완, 개정하여 수립되었다. 조약 초안은 총세무사 브라운[John McLeavy Brown]이 작성하였고 이를 두고 외부(外部)와 각국 사신 사이에 절충을 통해 조약안이 마련되었다. 실제 조약 조인은 해관의 측량 기사가 해당 지역의 측량과 조계 지역을 획정한 지도를 작성한 후, 1897년 10월 16일 한성에서 한국의 외부대신과 일본, 미국, 러시아, 프랑스, 영국, 독일 대표가 체결하였다. 조약 내용을 「인천제물포각국조계장정」과의 차이를 중심으로 검토하면 다음과 같다.

조계 내의 자치 행정권을 담당하는 신동공사(거류지회, Municipal Council)를 구성하는 한국 지방관(감리), 외국 영사, 지주 대표(선거에 의한 3명 이내 의원) 가운데 영사 자격이 지주가 있는 체맹국에서 '지주 유무에 상관없이 그 조계 내에 주재하는 영사'면 모두 참가할 수 있게 되었다.

조계 내의 토지는 3등급 지구[Lots]으로 나누고 토지 경매 원가는 100제곱미터당 각 6, 3, 5달러로 하며, 지조 액수는 동 면적당 제1, 제3지구의 경우 6달러, 제2지구의 경우 2달러로 인천 사례보다 낮게 결정되었다.

군산포·마산포 조계장정의 경우 내용은 사실상 진남포·목포와 한 조항을 제외하고는 동일하였다. 즉 제10조에서 '조약국 정부는 원가만을 납부하고 영사관 부지를 획득할 수 있다'는 내용에 '다만 그 넓이는 최대 15,000평방미터를 넘을 수 없다'는 단서 조항이 추가된 것이다. 이는 러시아, 일본을 비롯한 각국이 영사관 부지로 과대한 면적을 요구하며 문제가 발생했던 사실을 참고하여 이를 사전에 예방하기 위한 조치였다.

5. 의의

　진남포, 목포의 개항은 형식적으로나마 조선 측이 자체적으로 선언하는 방식을 통해 이루어졌다. 그러나 실제 조계장정의 규정 내용을 살펴보면 한국이 자주권을 행사할 여지는 많지 않았다. 지조 징수액 가운데 30센트에 해당하는 금액만 한국 관청에 납부하고 그 잔액은 모두 신동공사의 수입으로 하여 외국인 자치를 광범위하게 허용한 것이었다. 조계 내에서는 세관 관청사와 창고, 그리고 세관에 고용된 외국인을 위한 주택 용지 외에는 한국인의 거주, 한국 정부의 공적 사용이 금지되었다.

　원산, 인천과 달리 진남포, 목포에는 정식 개항 이전부터 일본인이 들어와 조선 민가를 빌려 거주하고 있었던 모습이 확인된다. 이후 정식 개항이 이루어지며 일본인 인구는 급속히 늘었다. 목포의 일본 영사관은 개항 후 한 달이 되지 않은 10월 26일부터 공식적인 업무를 시작하였다. 광대한 부지를 확보한 영국과 러시아 등이 영사관을 개청하지 않은 채 방치했다면 실제로 영사관을 개설한 나라는 일본뿐이었고, 목포에 내항, 정착하는 외국인도 대부분 일본인이었다. 이에 따라 조계장정에 규정된 신동공사의 구성원도 일본 영사와 일본인으로 구성된 지주 대표 등 한국인 감리 1인을 제외하면 모두 일본인이었다. 신동공사의 공용어는 일본어로 결정되었고, 경찰행정 업무는 일본 영사관 경찰에 위탁하는 형태가 되어 결과적으로 목포의 각국 공동조계는 실질상 일본의 전관거류지와 다름없었다.

6. 관련 문서

1) 평양 개시에 관한 주한사신의 선언(1899. 11. 13.)

서한으로 말씀드립니다.
평양 개시장 지구 선정에 관해서는 귀아(貴我) 누차 조회 왕복을 거듭하였으나 상의(商議)는 협정에 이르지 못하였기에 본월 4일 본사(本使)를 비롯하여 각국 사신 일동은 귀부(貴部)에서 회동하고 각하와 회담한 결과, 본사는 사신 일동의 의견을 대표하여 귀 정부의 의견을 참작하고 각국도 역시 적당하다고 인정하는 변법 2안을 제의하고 감히 그 선택을 귀 정부에 일임하여 동의를 구합니다. 만약 귀 정부가 위 제안한 어느 것도 동의하지 않을 경우 부득이 각국은 평양성을 잡거지로 개방된 것으로 인정하고 일률적으로 시행할 수밖에 없다는 취지를 선언하였던 바, 위 본사 등의 제의에 관하여 귀 정부는 아직까지 하등 요령을 주지 않았기에 참으로 유감으로 생각하는 바입니다. 사정이 이와 같으므로 부득이 본사는 이에 각하에 대하여 본월 4일 선언을 최후로 하는 취지를 성명할 수밖에 없었습니다. 위와 같이 양지하시기를 바라며 귀의(貴意)를 얻고자 합니다.

메이지 32년(1899) 11월 13일
  특명전권공사 하야시 곤스케[林權助] ㉑
  외부대신 박제순(朴齊純) 각하

출처: 『구한말조약휘찬』 중권, 23~24쪽

[참고 문헌]

- 孫禎睦(1982), 『韓國開港期 都市變化過程硏究-開港場·開市場·租界·居留地』, 一志社.
- 최덕규(2008), 『제정러시아의 한반도정책, 1891~1907』, 경인문화사.
- 高秉雲(1987), 『近代朝鮮租界史の硏究』, 雄山閣出版.
- 박준형(2013), 「개항기 평양의 개시과정과 개시장의 공간적 성격」, 『한국문화』 64.

9
마산포전관일본거류지협정서

馬山浦專管日本居留地協定書

마산포전관일본거류지협정서 | 마산포를 둘러싼 러시아와 일본 사이의 경쟁 속에서 러시아의 단독 조계 확보와 맞물려 일본 또한 단독 조계지를 확보하며 체결한 조약이다.

馮山浦專管日本居留地協定書

第一條 遵照各國租界外十里內永租暫租章程由日政府已買地區及其附近地區作爲日本居留地該居留地位置及區域一依別添圖面事

第二條 居留地內所在道路溝渠本屬官有而此約施行之後諸般施設維持之權一任日本領事官事

第三條 本協定書調印之時居留地內所在外國人(日本人並)已買地段與未及買收之韓國人所有地段由日本政府買收之先韓政府所定地稅一遵從

원문

馬山浦專管日本居留地協定書

第一條
遵照各國租界外十里內永租暫租章程由日本政府已買地區及其附近地區作爲日本居留地該居留地位置及區域一依別添圖面事

第二條
居留地內所在道路溝渠本屬官有而此約施行之後諸般施設維持之權一任日本領事官事

第三條
本協定書調印之時居留地內所在外國人(日本人並)已買地段與未及買收之韓國人所有地段由日本政府買收之先韓政府所定地稅一遵從來所定地方章程事
但韓國人所有地段本協定書調印日起限一個年以來由日本政府買收在買收以前該地段勿得向別國人放賣或租貸事

第四條
居留地所在韓國政府官有地價每百方米突以日貨三元爲定至韓國人所有地段及家舍買收之時該業主如或擡價日本領事以爲不合則韓國監理會同日本領事使評價人公平論價事

第五條 居留地地稅由本協定書調印日起一個年每百方米突以日貨貳拾錢爲定每年一月十日內淸償當年年稅事

第六條 居留地內未買收地段所有民塚移葬之時每塚移埋費由日本領事算撥日貨伍元事

第七條
居留地遇有必要之事該地前海面如欲埋築日本領事與韓國監理須要豫經協議事
本協定書繕寫韓日文各二通互相記名調印以照憑信

大韓光武六年五月十七日
　　　外部大臣署理 崔榮夏 ㊞
大日本明治三十五年五月十七日
　　　特命全權公使 林權助 ㊞

출처: JACAR Ref. B13091012200

번역문

마산포전관일본거류지협정서

제1조
각국 조계 외 10리 이내의 영조(永租)와 잠조(暫租)의 장정을 따라 일본 정부가 이미 매수한 지구 및 그 부근 지구를 일본 거류지로 하며 해당 거류지의 위치 및 구역은 별지 도면을 따른다.

제2조
거류지 내에 있는 도로와 도랑은 본래 관유(官有)에 속하나 이 약정 시행 후에 제반시설 유지의 권한은 일본 영사관에 일임한다.

제3조
본 협정서 조인 시 거류지 내에 있는 외국인(일본인도 포함) 기구입 구역과 아직 매수하지 않은 한국인 소유의 구역은 일본 정부가 매수하기 전에 한국 정부가 정하는 지세는 종래에 정한 지방 장정에 따른다.
단, 한국인 소유의 구역은 본 협정서 조인일로부터 기산하여 1년 이내에 일본 정부가 매수하고 매수 이전에 해당 구역은 다른 나라사람에게 매도하거나 조차할 수 없다.

제4조
거류지 내에 있는 한국 정부 관유지의 가격은 100평방미터당 일본 화폐 3원(元)으로 정한다. 한국인의 소유 구역 및 가옥 매수 시 만일 해당 소유자의 제시 가격을 일본 영사가 부당하다고 할 때에는 한국 감리와 일본 영사가 회동하여 평가인으로 하여금 공평하게 가격을 논의하게 한다.

제5조
거류지 지세는 본 협정서 조인일로부터 기산하여 1년에 100평방미터당 일본 화폐 20전으로 정하고 매년 1월 10일 이내에 해당 연도의 지세를 완납한다.

제6조
거류지 내의 미매수 구역의 무덤을 이장(移葬)할 때에는 무덤당 이장비로 일본 영사가 일본 화폐 5원을 계산하여 처리한다.

제7조
거류지 필요로 해당 지역 앞의 해면을 매립하고자 할 때에는 일본 영사와 한국 감리가 미리 협의하여야 한다.

본 협정서는 한·일문 각 2통을 작성하여 상호 기명 조인하여 신빙을 밝힌다.

대한 광무 6년 5월 17일
　　　외무대신 서리 최영하 ㊞
대일본 메이지 35년 5월 17일
　　　특명전권공사 하야시 곤스케 ㊞

‖ 해제

1. 개요

마산포의 개항은 1898년에 결정됐으며, 1900년에는 러시아의 태평양 함대 운용을 위한 군사 목적으로 러시아 조차지가 설정되었다. 러시아의 조차지 획득은 일본의 전관거류지 설정을 촉진시켰으며 1902년 일본도 전관거류지 획득에 성공하여 외부대신 서리 최영하(崔榮夏)와 주한 일본 공사 하야시 곤스케[林權助] 사이에 「마산포전관일본거류지협정서」(1902. 5. 17)가 체결된다.

2. 배경

마산 개항 이후 일본은 부산 영사관의 분관을 마산에 설치하였고(1899. 5. 22.) 이듬해 1월에는 영사관으로 승격하였다. 일본의 영사관 부지는 60,000평방미터로, 15,000평방미터 이내의 부지 사용을 규정한 조계장정을 명백히 위반하였다. 한국 외부의 항의로 결국 15,000평방미터로 수정되어 계지(契地)가 발급되었다. 이에 비해 러시아는 애초 영사관 용지로 3,000평방미터만을 신청하였다가 이후 조계장정 규정의 최대 면적인 15,000으로 수정, 신청하여 계지를 발급받았다. 러시아가 당초 적은 면적의 영사관을 설정하여 신청했던 것은 각국 공동조계 지역 이외에 전관조계지 혹은 조차지를 확보하고자 하는 의도가 있었기 때문이다.

3. 체결 과정

러시아의 조차지 획득 시도에 일본은 민감하게 반응했으며 이는 공동조계의 경매 과정에서도 드러났다. 1899년 11월 1일 시작된 제1회 토지 경매에서는 러시아와 일본의 경쟁으로 원가 41원 70전의 땅이 450원까지 올라 일본인 오이케 주스케[大池忠助]에게 낙찰되었다. 이후 경매에서는 경쟁이 더욱 가열되어 원가의 백 배 이상 상승하기도 하였다. A지구 총 35개 필지를 대상으로 제1회 토지 경매를 한 결과 19개는 구미인, 16개는 일본인 소유가 되었다. 2차 경매는 1900년 4월 30일에 열렸으며, 이때에도 러시아와 일본의 경쟁이 두드러졌으나, 러시아가 밤귀미(율구미, 栗仇味) 지구를 해군 근거지로 삼으면서 1차 경매처럼 고가의 낙찰은 이루어지지 않았다. 또한 3~5차 경매는 러일전쟁 막바지에 전후에 걸쳐 이루어졌기에(1905년 5월 2일, 7월 10일, 11월 1일) 러시아인을 비롯해 그 밖의 구미인들은 참여하지 않고 대부분 일본인들이 참가한 상황에서 이루어졌으며 결과적으로 각국 조계의 실권은 일본인들 손에 들어가게 되었다.

러시아는 청일전쟁 이후 삼국간섭의 주도적 역할을 하며 동북아 지역에서의 영향력 확대를 꾀하고 있었다. 마산포 개항 이전부터 주한 러시아 대리공사 파브로프[Alexandr Ivanovich Pavloff]는 공동조계와는 별도의 단독 조계 설치를 추진했다. 마산 두척산(무학산) 자복봉을 기점으로 한 자복포와 월영동 일대 30여만 평을 러시아의 군용지로 선정한 것이다. 이 같은 러시아의 움직임에 일본은 즉각적으로 대응해 1899년 부산 주재 일본 대리영사 나카무라 다카시[中村巍]에게 해당 지역 토지의 매수에 관한 훈령을 내렸다. 일본의 개입과 자복포 주민들의 토지 매각 거부로 러시아의 단독 조계 설치 시도는 실패로 끝난다[※관련 문서-1, 2]. 그러나 뒤이어 러시아는 마산포 인근 진해만과 거제도 해안을 새로이 선정해 해군 기지 건설을 재차 추진했다. 1900년 3월 30일 파브로프와 외부대신 박제순(朴齊純)은 러시아 태평양함대 전용 조차지에 대한 협정을 체결하고 마산포에 러시아 해군저탄소 및 해군 병원 부지를 제공하기로 하였다.

그러나 마산포 조계 10리 이내의 토지는 이미 일본인에게 대부분 매각된 상황이었기에, 토지 매수를 위해 마산포에 간 러시아 부영사 소코프[S. Sokoff]는 마산포 부근의 율구미 일대를 그 대안으로 설정하고 토지 매수에 착수하였다. 1900년 6월 4일 외부 통상국장 정대유와 소코프 사이에 「율구미 호약(互約)」이 체결되어 러시아의 율구미 단독 조계가 정식으로 확정되었다. 이후 러시아는 본격적인 율구미 토지 매수 작업에 착수하였다. 이 과정에서 율구미 해안 일대 토지를 일본인 하사마가 소유하고 있었던 것이 문제가 되어 러시아와 일본 사이에 밀약이 추진되었다. 즉 율구미 일대를 단독 조계로 확보하기 위해 러시아는 하사마가 소유한 토지와 동일한 면적을 러시아 소유의 월영동 해안 일대 토지와 교환하기로 한 것이다. 1900년 9월 22일, 러시아와 일본 간 토지 교환 계약이 체결되고 그 결과 율구미는 러시아의 단독 조계로, 자복포와 월영동 지역이 일본의 단독 조계로 확정되었다.

일본은 기존에 매수한 토지와 위의 토지교환 계약을 통해 획득한 일대를 단독 조계로 삼고 한국 정부에 승인을 요청하였다. 이에 따라 1902년 5월 17일 외부대신 서리 최하영과 주한 일본 공사 하야시 사이에 마산포 전관 일본거류지 협정이 체결되었다.

4. 내용

일본 조계 토지 매수가격은 100평방미터당 일본 화폐 3원으로 규정(제4조)하였는데 이는 당시 각국 조계의 최저가인 미화 3달러에 비해 저렴했으며, 지조액 역시 100평방미터당 20전(제5조)으로 하여 각국 조계의 세액 2달러에 비교하면 매우 낮은 비용으로 책정되었다. 또한 단독 조계 내의 도로, 하천 시설 및 유지 권한을 일본 영사에게 일임하기로 하는 등 일본에 유리한 형태로 체결되었다.

5. 의의

마산 일본 전관거류지의 총 면적은 100만 평방미터(약 30만 평)에 달하였는데, 국내의 다른 조계와 달리 일반 일본인이 정착, 거주하지는 않았다. 전관거류지의 설치 목적 자체가 통상, 거주가 아닌 러시아와의 전쟁을 상정하고 이를 위한 군용 부지로 확보하고자 했기 때문이다. 다만 러일전쟁 당시 일본군은 마산을 직접 이용하지는 않았다. 전쟁 중의 병력 이동은 부산항에서 곧바로 북상하거나 인천, 원산에 상륙하여 북상하는 형태로 이루어졌기 때문이다. 러일전쟁 이후에는 1908년에 이르러 일본군의 연병장, 사격장이 건설되고 진해만 요새 사령부 종포병대대가 가덕도에서 이전해 오면서 본격적인 군용 부지로서 사용되었다.

6. 관련 문서

1) 「마산포 토지 매수에 관한 건」(1899. 5. 20.)

메이지 32년 5월 20일
한국 주차 히오키[日置] 임시대리공사 발, 아오키[青木] 외무대신 앞(전보)

제39호
재(在) 부산 나카무라[中村] 영사대리의 전보에 따르면 러시아가 마산포에 선정한 토지는 우리에게 필요한 땅이므로 매수하는 방책을 강구해야 한다는 훈전(訓電)을 접하고 목하 착수 중인 바, 사정이 매우 곤란하다는 뜻으로 조력을 구하였습니다. 따라서 이에 본관은 다음과 같은 수단을 내는 것이 효력이 있다고 믿습니다.

목하 세력이 있는 한두 대신을 포섭해 러시아에 광대한 지소를 제공하는 것은 장래에 극히 위험한 일임을 환기시키고, 확실한 한국인을 관리와 함께 신속히 마산포에 파견해 위 토지를 우선 한국인 명의로 전부 매수한 후 지권은 우리 쪽에서 보관하고 러시아에게는 위 소유주가 토지 매각을 거부한다고 주장하여 그 요구를 거절합니다. 차후 시기를 살펴 일본인 명의로 바꿔 놓으면서 이에 필요한 일체의 비용은 우리가 부담한다는 뜻을 내밀히 약정합니다. 즉, 일한 공동으로 러시아의 침략을 방어해야 한다는 구실하에 내밀히 서로 결탁한다면 러시아에 대한 득책이라 생각합니다. 이를 시행하기에는 물론 적지 않은 비용을 필요로 합니다. 따라서 미리 의견을 구하니 아무쪼록 훈전을 받들어 주십시오.

출처: 『日本外交文書』 권32, #126

2) 「러시아의 자복동 토지 매수 움직임에 대한 건」(1899. 7. 8.)

러시아의 자복동 토지 매수 움직임에 대한 건

본월 2일 오후 6시 반 러시아 군함 '카레쓰'호가 입항하였는데 본 군함에는 주경(駐京) 러시아 공사관 서기관 '슈타인'이 편승하여 있었으므로 그 거동에 주의를 기울인 바, 다음 날 아침이 되어 슈타인 서기관은 상륙하여 당항 세관으로 와 당항 감리가 창원(昌原, 당항에서 일본리로 2리 떨어진 곳)에 있다는 것을 듣고 공무로 시급히 면회하고자 하는 뜻을 전달하고 감리를 불러들여 이날 저녁 세관에서 잠시 면회하였다고 합니다.

감리의 말에 따르면 당일은 특별히 공적인 담판은 없었으며 다음 날 오전 10시 군함으로 내방하면 경성 외부(外部)의 공문을 전달할 것이라는 내용의 담화를 하였다고 합니다. 이튿날 4일 감리가 그 군함에 가자 서기관은 외부의 공문을 건네(위 공문에는 러시아관 서기관이 귀지(貴地)에 가기에 거류지 밖 10리 이내에서 영조(永租) 또는 잠조(暫租)할 토지가 있다면 상당한 보조를 제공할 것이라는 내용이라고 합니다), 당항 자복포 토지를 매수하고자 하므로 귀관은 해당 지역 인민에 명령하여 매도하게 하도록 주선해 주었으면 한다는 의뢰였다고 합니다. 감리는 이에 답하길 본관이 인민에게 명령하여 토지를 매도하게 하는 일은 정부의 특별한 명령이 없는 한 청구에 응하기 어렵고 또한 자복포는 창원의 관할이 아니라(실제로는 창원의 관할에 속하는 토지가 8부이며 칠원(漆原)의 관할은 2부 정도입니다) 칠원 관하에 있어 본관에서는 더욱이 어떻게 처분하기 어렵다는 뜻으로 답하였습니다(감리는 책임을 다른 곳에 넘기려고 하기 때문입니다). 동 서기관은 그렇다면 귀관이 칠원 군수에게 위의 주선 방법을 조회하여 본일부터 3일 이내에 그 성부의 회답을 알려 달라며 의뢰하였다고 합니다. 감리는 이를 승낙하여 동 군함에서 떠났고 동 서기관은 반드시 자복포로 돌아가는 길에 동행해 선정하고자 하는 토지를 일견(一見)하기를 바라마지 않았다고 합니다. 이에 무익한 일이지만 어쩔 수 없이 잠시간 동 서기관과 그곳으로 동행하였다는 것이었습니다.

이에 소관은 감리에게 만일 귀관이 토지를 주선하여 타국인에게 팔아 넘기려고 한다면 금후 또한 타국으로부터 청구를 받아도 이를 거절할 수 없을 것이고, 그러할 때에는 이 광대한 마산포 토지도 남는 땅이 없게 될 것이므로 위와 같은 청구에는 결코 응해서는 안 된다는 뜻을 주의해 두었습니다. 6일에 이르러 감리는 칠원(漆原) 군수의 회답을 접하였는데 동일하게 토지 매매는 관에서 명령하기 어렵다는 뜻으로 회답해 왔다는 취지였습니다. 전문(前文)과 같이 동 서기관은 관권(官權)을 빌려 토지를 매수하고자 노력하는 한편, 은밀히 한국인을 사용하여 위협적으로 토지를 매수하고자 하였습니다. 그러나 동 포 내에서는 이미 우리 상민 하자마 후사타로[迫間房太郎]가 긴요한 장소는 매수해 두었을 뿐 아니라 동 포 인민 등은 러시아인을 매우 두려워하고(후환이 있을 것을 두려워하는 것과 같습니다), 관의 명령이 있지 않은 한에는 결코 러시아인에게는 토지를 매도하지 않는다고 촌민 등 일동이 입을 모아 말하고 있는 상황이므로 러시아인들은 한 곳의 토지도 현재 매수할 수 없는 모양입니다. 또한 그 후 본건에 관해 감리와 수차례 담판을 거듭하였지만 감리는 마침내 그 청구에 응하지 않기로 하였고, 동 서기관도 백방의 방책을 다했으나 현재 토지 매수 운동은 조금도 요령을 얻지 못하였고, 본일 오전 9시 동 군함은 부산으로 출항하였습니다.

이보다 앞서 소관은 러시아 함정이 머지 않아 입항할 것이라는 뜻을 부산으로부터 통지를 접하였으므로 동 함정 입항 전인 지난달 30일부로 공연히 감리를 향해 우리 상민 하자마 후사타로가 매수한 자복포 내의 토지에 대해 지계 발급 방법을 조회하여(청구한 토지 평수는 별지에 기재하였습니다) 또한 면담을 재촉하였던 바, 감리는 언젠가 지계는 발급할 것이지만 자복포는 목하 러시아와의 관계도 있고 또한 거류지 바깥 10리 이내의 경계가 미정이기에 이상의 사항을 확정한 후에 발급할 것이라는 뜻을 주장하였습니다. 소관은 이에 반복하여 엄히 이야기하였지만 감리는 완고히 앞서와 같은 설을 주장하며 움직이지 않았습니다. 이이상은 당지에서 아무리 감리와 교섭을 해도 효과가 없을 것이므로 각하께서 외부에 교섭하시어 이상의 지계를 신속히 발급하도록 감리에게 훈전하는 방편을 꾀하고 싶습니다. 또한 탐지한 바에 따르면 감리는 러시아인에게는 다만 고식책을 취하여 동 서기관과 담판의 때에도 자복포 내에 일본인이 매수한 토지가 있음을 어떠한 이유 때문인지 감춘 채 저들에게 고하지 않았다는 것(소관이 자복포에는 이미 일본인이 매수한 토지가 있음을 저들에게 명시하고자 하는 뜻을 주의해 두었음에도 불구하고)을 볼 때, 감리는 아직 당관에서 자복포 내 토지에 지계의 발급 방법을 청구했음에도 외부에 보고하지 않은 것이 틀림없다 생각됩니다. 이상의 청구 평수 등 외부로 하여금 미리 승낙해 두게 하는 것이 후일의 어려움 가운데 얼마간의 도움이 될 것이라 생각합니다. 앞서 부산 영사관을 거쳐 전보를 보내 둔 사정도 있으므로 요컨대 저들도 이번 당지의 형세에 따라 도저히 사적 매수는 성공하지 못함을 깨달았다고 보입니다. 그러므로 이후에는 한국 정부에 엄히 이야기한 후에 차지(借地)의 허가를 얻거나, 당항 감리로 하여금 압제적으로 토지를 매수하도록 당국의 특별 명령을 발하게 하는 두 방책의 계획을 세워야 한다고 생각합니다. 이상을 헤아려 주시고 필요에 따라 아무쪼록 훈시를 내려주시길 바랍니다. 이상 말씀 올립니다. 경구(敬具).

메이지32(1899)년 7월 8일
재(在) 마산포 분관 주임
외무서기생 가와카미 류이치로[川上立一郎]

[별지]
감리에 지계(地契) 발급을 청구한 토지 평수
논(水田) 164두시(斗蒔) 대략 우리 16,450평
밭(畑) 69두시 대략 우리 2,780평

출처: 『日本外交文書』 권32, #128

[참고 문헌]

- 마산시사편찬위원회 편(2010), 『마산시사』 1권.
- 孫禎睦(1982), 『韓國開港期 都市變化過程硏究-開港場·開市場·租界·居留地』, 一志社.
- 최덕규(2008), 『제정러시아의 한반도정책, 1891~1907』, 경인문화사.

10
청진 토지관리에 관한 협정서
淸津 土地管理에 關한 協定書

청진 토지관리에 관한 협정서 | 청진 개항을 위한 통감부 칙령이 차례로 공포되고 이를 바탕으로 한국 정부와 통감부 사이에 체결된 조약으로 통감부 통치하의 토지 침탈을 보여 주는 사례이다.

淸津土地管理ニ關スル取極書

明治四十一年三月三十日協定 (日、韓文)

第一 淸津ニ在ル官有地ノ管理及賣下市街ノ區劃及土木經營竝

租稅其ノ他ノ公課ニ關スル事項ハ淸津ヲ管轄スル日本理事官之ヲ掌理スルコト

第二 理事官ハ官有地ノ競賣ヲ行フトキハ左ノ金額ヲ競賣ノ日ヨリ一箇月以内ニ韓國政府ニ交付スルコト

一等地　　一坪ニ對シ　　金五拾錢
二等地　　同　　　　　　金拾六錢

第三 理事官ハ其ノ徵收シタル地租中ヨリ一坪ニ對シ一箇年金武錢ノ割合ヲ以テ淸津土地規則ノ定ムル所ニ依リ徵收シタル日ヨリ一箇月以内ニ淸津ノ經營費ニ充ツルコト

第四 左ノ金額ハ之ヲ淸津ノ經營費ニ充ツルコト
一　第二ニ揭ケタル交付金ト競賣價格トノ差額
二　第三ニ揭ケタル交付金ト地租トノ差額
三　淸津官有地賣下規則ニ依リ沒收金

第五 競賣ニ付スル地區ノ最大及最小制限ヲ左ノ如ク定メ之ヲ告示スルコト
一等地　　三百坪以下三十坪以上
二等地　　千五百坪以下百坪以上

但土地ノ狀況ニ依リ理事官ニ於テ必要ト認ムルトキハ前記ノ制限ヲ伸縮スルコト

淸津土地管理에關호取極書

隆熙二年三月三十日協定

第一 淸津에在호官有地의管理及賣下市街의區劃及土木經營幷

租稅其他公課에關호事項은淸津을管轄호는日本理事官이此를掌理호事

第二 理事官이官有地의競賣를行호時는左開金額을競賣日로부터一個月以内에韓國政府에交付호事

一等地　　一坪에對호야　　金五拾錢
二等地　　同　　　　　　　金拾六錢

第三 理事官은其徵收호地租内에셔一坪에對호야一個年金武錢의比例로써淸津土地規則에定호바에依호야徵收호日로부터一個月以内에淸津의經營費에充호事

第四 左의金額은此를淸津의經營費에充호事
一　第二에揭호交付金과競賣價格의差額
二　第三에揭호交付金과地租의差額
三　淸津官有地賣下規則에依호沒收金

第五 競賣에付홀地區의最大及最小制限을左와如히定호야此를告示호事
一等地　　三百坪以下三十坪以上
二等地　　千五百坪以下百坪以上

但土地의狀況에依호야理事官이必要로認홀時는前記의制限을伸縮호事

원문

淸津土地管理에 關한 取極書

隆熙二年三月三十日協定

第一
淸津에 在한 官有地의 管理及賣下市街의 區畫及土木經營幷租稅 其他公課에 關한 事項은 淸津을 管轄하는 日本理事官이 此를 掌理할 事

第二
理事官이 官有地의 競賣를 行할 時는 左開金額을 競賣日로붓터 一個月 以內에 韓國政府에 交付할 事
  一等地 一坪에 對하야 金五拾錢
  二等地   同   金拾六錢

第三
理事官은 其徵收한 地租內에서 一坪에 對하야 一個年 金貳錢의 比例로써 淸津土地規則이 定한 바에 依하야 徵收한 日로붓터 一個月 以內에 韓國政府에 交付할 事

第四
左의 金額은 此를 淸津의 經營費에 充할 事
  一 第二에 揭한 交付金과 競賣費格에 差額
  二 第三에 揭한 交付金과 地租의 差額
  三 淸津官有地賣下規則에 依한 沒收金

第五

競賣에 付홀 地區의 最大及最小制限을 左와 如히 定ᄒ야 此를 告示홀 事

   一等地 三百坪以下三十坪以上

   二等地 千五百坪以下百坪以上

但 土地의 狀況에 依ᄒ야 理事官이 必要로 認홀 時는 前記의 制限을 伸縮홀 事

출처:『舊條約彙纂』제3권, 143~144쪽

번역문

청진 토지관리에 관한 협정서
융희 2년 3월 30일 협정

제1조
청진 소재 관유지의 관리 및 매각한 시가의 구획 및 토목 경영, 조세, 그 외의 공과(公課)에 관한 사항은 청진을 관할하는 일본 이사관이 이를 관장한다.

제2조
이사관은 관유지의 경매를 집행할 때는 다음의 금액을 경매일로부터 1개월 이내에 한국 정부에 교부하여야 한다.

1등지 1평에 대하여 금 50전(錢)

2등지 1평에 대하여 금 16전

제3조

이사관은 그 징수한 지조(地租) 중에서 1평에 대하여 1년에 금 2전의 비율로 청진토지규칙이 정한 바에 의하여 징수한 날로부터 1개월 이내에 한국 정부에 교부하여야 한다.

제4조

아래의 금액은 이를 청진의 경영비에 충당한다.
1. 제2에 게재한 교부금과 경매가격과의 차액
2. 제3에 게재한 교부금과 지조와의 차액
3. 청진 관유지 매각 규칙에 의한 몰수금

제5조

경매에 붙일 지구의 최대 및 최소 제한을 다음과 같이 정하여 이를 고시한다.
1등지 300평 이하 30평 이상
2등지 1500평 이하 100평 이상
단, 토지 상황에 의하여 이사관이 필요하다고 인정할 때에는 위의 제한을 신축(伸縮)할 수 있다.

해제

1. 개요

1908년 1월 7일 통감부 칙령 제1호를 통해 같은 해 4월 1일부터 청진을 개항할 것이 공표되었다. 청진은 러일전쟁 당시 군수물자의 보급을 위해 일본군 16사단이 이용했으며 이후 일본인이 도항하기 시작하여 1907년에는 재류 일본인에 의한 일본인회가 구성되었다. 칙령 제

1호 공표 후, 개항 구역의 관유지화 및 관유지를 일본인 이사관이 관장하여 매각한다는 내용으로 칙령 제15호, 제17호가 차례로 공표되었으며, 이에 따라 1908년 3월 30일 한국 정부와 통감부 간에 구체적인 관유지 경매와 관련한 협정서를 체결한 것이 「청진 토지관리에 관한 협정서」이다. 일제의 강제병합 이전에 이루어진 마지막 개항장으로 통감부 통치하의 토지 침탈이 이루어진 사례라 할 수 있다.

2. 배경

청진은 원래 부녕군(富寧郡)에 속한 이름 없는 작은 어촌이었는데, 러일전쟁 당시 일본군 16사단이 이곳을 병참물자의 하역 장소로 정했다. 다만 청진항을 경유한 군수품 수송에는 기반시설 미비로 가교와 도로 수선을 해야 하는 등 곤란함이 적지 않았다. 또한 청진의 군사적 이용에는 조선인들의 가옥 징발, 토지 점거 등이 병행되었다.

러일전쟁이 끝난 후 1906년에 일본인 73명이 이주, 정착하였다. 이듬해 1월에 일본인회(日本人會)가 결성되고 7월에 성진이사청의 지청(支廳)이 설치되었으며 곧이어 12월에 이사청으로 승격하였다. 이 과정에서 일본의 청진 토지 매수와 조선인 민가 철거가 이뤄지면서 해당 주민과의 알력이 발생하기도 했다. 또한 1907년에는 매립 사업, 방파제 건설 등을 대한제국 측에 강제하여 일본 측의 비용 부담 없이 청진 축항 사업이 추진되었다. 즉, 1908년의 정식 개항 이전부터 개항을 위한 사전 작업이 이루어졌던 것이다. 이처럼 일본인 주도로 청진이 급속히 발전한 이유는 다음과 같다.

우선 이 지역의 풍부한 삼림자원·어획물(청어, 대구, 명태 등) 및 만주 일대-일본 본토의 무역 루트로서의 중요성을 들 수 있다. 또한 러시아, 만주와의 관계에서 청진이 갖는 지정학적 위치도 중요했다. 러일전쟁의 승리로 일본은 뤼순[旅順], 다롄[大连]의 조차권 및 남만주 철도와 그 연선의 경영권을 획득하며 만주 지역에 대한 특수권익을 주창하기 시작했다. 또한 시베리아 연안의 어업권을 획득하고 청진-회녕-지린[吉林]을 통해 간도 지역을 일본의 세력 아래 넣기 위한 발판기지로서 청진 개항을 필요로 하였다. 한편으로 청진은 수심이 깊고 부두 북방으로 쌍연산(雙燕山), 천마산(天馬山)이 방풍 역할을 하여 러일전쟁 시기에는 600톤급의 군함

36척이 동시에 정박한 기록이 있을 정도로 천혜의 항구 입지를 갖추고 있었다. 때문에 일본은 청진을 대규모 군사기지이자 무역항으로서 중요시한 것이다.

3. 체결 과정

청진을 개항장으로 개방하고자 한 구상은 러일전쟁 이후 일본의 통감부 통치 직후부터 이루어졌다. 애초에는 일본 전관조계지가 아닌 각국 공동조계를 설치하고자 했는데, 이는 블라디보스토크에 거주하고 있었던 각국인의 이주와 정착을 의식한 것이라 볼 수 있다. 그러나 각국 조계지 설치는 실제로 이뤄지지 않았다. 1908년 청진 개항을 예정한 통감부 칙령 1호가 공포된 이후, 3월 18일에 청진세관 지서가 설치되었고 뒤이어 칙령 제15호(「청진토지규칙」, 3월 21일), 칙령 제17호(「청진관유지불하규칙」, 3월 25일)가 차례로 공포되었다.

칙령 제15호는 당시 행정구분으로 존재하지 않은 청진에 석표를 세워 경계를 정하고 토지를 1등지와 2등지로 구분하며, 해당 토지에 대해 조세 부과 권한을 일본의 관할 이사관에게 부여한다는 내용이었다. 이어진 칙령 제17호는 개항장 내 관유지를 일본인 이사관의 관장 하에 경매를 통해 매각하는 내용과 절차를 규정한 것이었다. 이들 칙령 시행을 바탕으로 3월 30일에는 한국 정부와 통감부 사이에 「청진 토지관리에 관한 협정서」가 체결되었다.

4. 내용

협정서에 따르면 일본 이사관은 관유지를 경매하여 불하하되, 1등지, 2등지 한 평마다 각각 50전, 16전을 한국 정부에 납부하며(제2조), 해당 토지의 지조는 이사관이 징수하며 그 가운데 1평당 연 2전씩만 한국 정부에 납부하고(제3조), 차액은 이사청의 경비에 충당하도록(제4조) 하였다. 한국 정부에의 불하대금이 평당 50전, 16전으로 규정되었으나 실제 경매 가격은 평당 7엔에서 20엔까지 상당한 고가로 이루어졌다. 불하대금 및 지조 가운데 극히 일부만을 한국 정부에 납부하고 대부분을 이사청 관할하의 경비로 사용한 점에서 통감부에 의한 토지 침탈의 성격을 확인할 수 있다.

5. 의의

청진은 1877년 부산 개항 이래 이뤄진 10여 곳의 항구 가운데 마지막 개항장이었다. 특히 청진의 경우 일본이 한국에 통감부를 설치하고 내정을 장악한 후 일본 측의 노골적인 간섭 하에 개항이 이루어졌다[※관련 문서-1]. 청진 개항 이전인 러일전쟁부터 일본인의 청진 진출은 확대되었으나 개항 이후 급속한 인구 증가가 이루어져 1925년에는 청진부 전체 인구의 30%가 일본인으로 구성될 정도로 일본인이 중심이 된 지역이 되었다. 애초 함경북도에서는 독진(獨津)-경성(鏡城)-회녕(會寧)을 잇는 수송 루트가 존재하였고 경성이 그 중심지로 발전했으며 청진은 작은 포구에 불과한 지역이었다. 청진 개항 이후 인근 지역인 나남(羅南)에는 병영 건설 공사가 진행되며 두 지역은 밀접한 관계를 맺고 발전했다. 식민지 시기에는 간도까지의 경전철 노선이 연결되며 중국 동북부 지역과의 대외무역 중심지로 기능했으나 이는 일본인의 주도로 이루어진 것이었다. 한편 함경북도의 전통적인 수송 중심지인 독진, 경성의 경우는 회녕-청진을 잇는 철도가 개통되면서 쇠퇴해 갔다.

청진 개항 이후 일제의 강제병합이 이뤄지며 개항장, 조계 등은 폐지되었다. 1913년에 청국전관조계, 각국 전관조계 등이 폐지되며 각국거류민회의 자치조직이나 외국인의 영사재판권 등은 소멸하고 일제의 한반도 전역에 대한 일원적인 식민 통치가 시작된 것이다.

6. 관련 문서

1) 「청진 개방에 관한 건」(1907.11.9.)

기밀통발 제418호

함경북도 청진 개방 건에 대해서는 본년 1월 중 한국 정부가 청구한 사정도 있어서 당부(當

府)에서는 적당한 조치라 인정하며 귀 대신께서도 지극히 동의한다는 뜻을 5월 9일부 전신으로 회답을 하셨기에 동지(同地) 개방 준비에 대해 한국 정부와 협의를 진행하였습니다. 그 이래 축차 계획대로 나아가 민유지는 이제 전부 사들였으며 시가지 설계 또한 대략 정리가 끝났습니다. 이에 내년 4월 1일을 기하여 개방 절차를 밟을 예정이므로 별지 초안대로 한국 정부로 하여금 발표하게 할 예정입니다. 이에 대한 의견을 받고 싶어 조회합니다.

메이지 40년(1907) 11월 9일
통감 공작 이토 히로부미[伊藤博文]
외무대신 백작 하야시 다다스[林董]

한국 정부 선언(법률 또는 칙령)안
제1조 융희 2년(1908) 4월 1일부터 함경북도 부녕군 청진을 열어 외국 통상항으로 한다.
제2조 청진항에 출입하는 외국 선박에는 다른 개항장에서 현재 이루어지고 있는 조약 및 규정을 적용하는 것으로 한다.
제3조 청진항에서 토지 소유 및 그 과세에 관한 규정은 별도로 이를 정한다.

출처: JACAR Ref.B10073399700

[참고 문헌]

• 孫禎睦(1982), 『韓國開港期 都市變化過程硏究-開港場·開市場·租界·居留地』, 一志社.
• 加藤圭木(2015), 「朝鮮東北部の社会変容と植民地支配:清津港の建設をめぐって」, 『日韓相互認識』 6.

IV

통상·어업·금융에 관한 조약

1. 조일통상장정(1876)
2. 석탄 저장과 운반 약정
3. 조일통상장정(1883)
4. 조일통상장정속약(1883, 1889)
5. 조선 연해에서 발생한 일본인 범죄에 관한 조약
6. 조일양국통어장정
7. 한일양국인민어채구역조례
8. 일시대부금에 관한 계약
9. 어업에 관한 협정
10. 한국 중앙은행에 관한 각서

1
조일통상장정(1876)

朝日通商章程

조일통상장정(1876) | 1876년 8월 조선 강수관과 일본 이사관이 「조일수호조규」 후속으로 체결한 조약으로, 선박 왕래와 항세 납부, 미곡을 비롯한 수출입품의 관리 등 무역과 관련된 내용을 규정하였다.

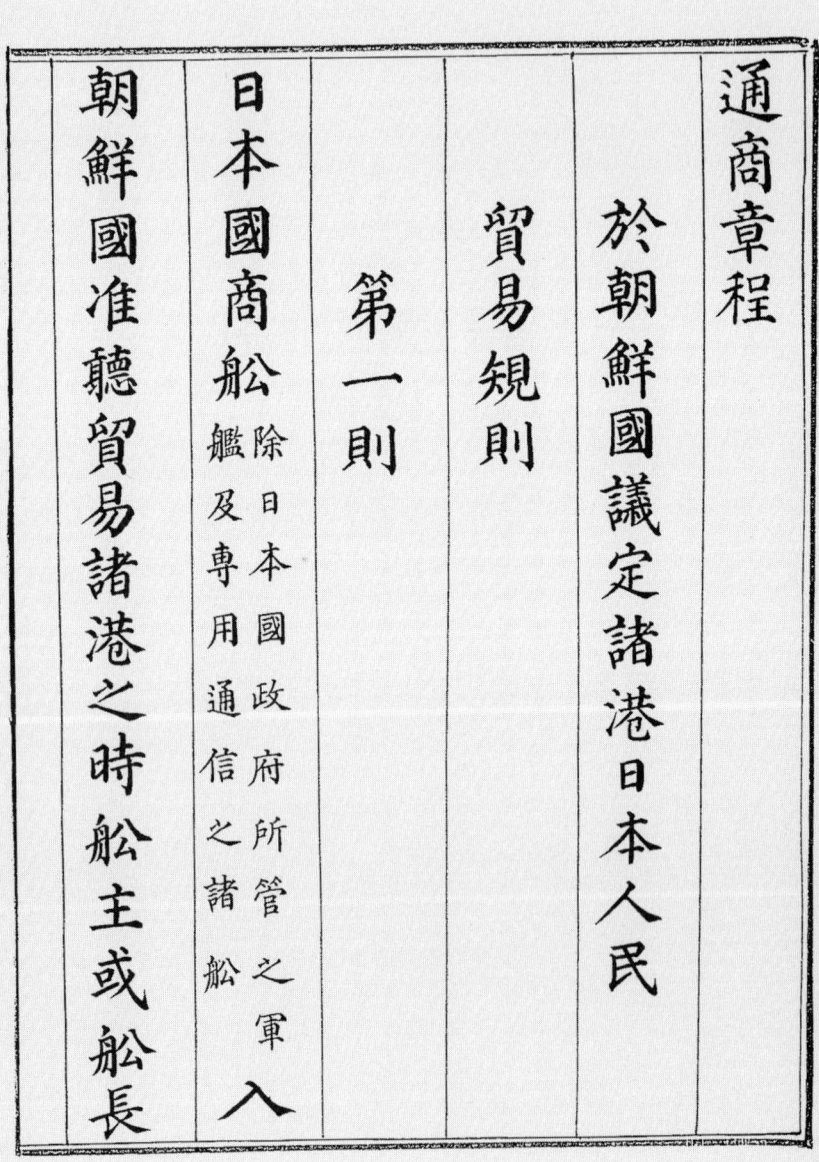

通商章程

於朝鮮國議定諸港日本人民

貿易規則

第一則

日本國商舶除日本國政府所管之軍艦及專用通信之諸船入

朝鮮國准聽貿易諸港之時船主或船長

朝鮮國議定諸港ニ於テ日本國人民貿易規則

第一則

日本國商舩 日本國政府所管ノ軍艦及專ラ通信ニ用フル諸舩ヲ除ク 朝鮮國ニテ許可セシ諸港ニ入津ノ時舩主或ハ舩長日本國人民管理官ヨリ渡シタル證書ヲ三日ノ内ニ朝鮮國官廳ヘ差出スヘシ

원문

通商章程
於朝鮮國議定諸港日本人民貿易規則

第一則
日本國商船【除日本國政府所管之軍艦及專用通信之諸船】入朝鮮國准聽貿易諸港之時船主或船長須呈日本國人民管理官所發給之證書於朝鮮國官廳不出三日
所謂證書者船主所帶日本國船籍航海公證之類自其進口之日至出口之日交付之管理官管理官卽付以接受各書證票是爲日本國現行商船成規船主本港碇泊中轉呈斯證書於朝鮮國官廳驗明爲日本國商船
此時船主又呈其記錄簿
所謂記錄者船主詳記本船之名發本船之地名本船所積載之噸數石數【共筭定船舶容積之名】船長姓名船內水手之數目搭載旅客之姓名而船主鈐印者也
此時船主又呈本船裝運貨物之報單及船內應用雜物之簿記
所謂報單者詳細開明貨物之名或其物質之實名貨主之姓名記號番號【不用記號番號之貨物不在此例】報知之也此報單及呈明諸書之類悉用日本國文無副譯漢文

第二則
日本國商船記載進口船貨之時船主或貨主須更呈明其貨物之名及元價斤量數目於朝鮮國官廳官廳得呈明須速發給卸貨准單

第三則
船貨主得第二則准聽之後須起載其貨物朝鮮國官吏要驗明之貨主無敢拒之官吏亦須小心驗明無或敢爲之致毀損

第四則
出口之貨物貨主照第二則進口貨報單之式呈明落貨之船名及貨物之名數於朝鮮國官廳官廳須速准聽之發給出口貨准單貨主得准單卽落載于本船官廳如要驗查其貨物貨主無敢拒之

第五則
日本國商船要出口須於前日午牌前報知朝鮮國官廳官廳得報須還付前日所收領之證書以發給出口准單
日本國郵便船得不由成規之時限出口亦必報知官廳

第六則
嗣後於朝鮮國港口住留日本人民粮米及雜穀得輸出入

第七則
港稅
連桅槽商船及蒸氣商船稅金五圓【除附屬脚艇】
單桅槽商船稅金貳圓【載得五百石以上貨物】
單桅槽商船稅金壹圓五十錢【載得五百石以上貨物】
屬日本國政府諸船舶不納港稅

第八則
朝鮮國政府或其人民除指定貿易口之外欲運輸各物件於他口岸得雇日本國商船雇主如係人民照朝鮮國政府准單而後雇役

第九則
日本國船隻如到不准通商朝鮮國口岸私爲買賣該處地方官查出交付就近管理官管理官將所有錢物一併沒入交遞朝鮮國官廳

第十則

嚴禁鴉片烟販賣

第十一則

兩國現定規則嗣後從兩國商民貿易形況如何各委員得隨時酌量事情會商改正爲此兩國委員各鈐印卽日遵行

大日本國紀元二千五百三十六年明治九年八月二十四日
　　　理事官外務大丞 宮本小一 ㊞
大朝鮮國開國四百八十五年丙子七月初六日
　　　講修官議政府堂上 趙寅熙 ㊞

출처: JACAR Ref. B13091002400

번역문

통상장정
조선국이 의정한 각 항구에서의 일본 인민의 무역규칙

제1칙

일본국 상선이 【일본국 정부 소관의 군함 및 통신 전용의 모든 배들은 제외함】 조선국에서 무역을 허가한 모든 항구에 입항할 때에는 선주 또는 선장은 일본국 인민관리관이 발급한 증서를 조선국 관청에 제출하되 3일을 넘기지 않아야 한다.

이른바 증서라 함은 선주가 소지한 일본국 선적의 항해를 공증하는 서류로 입항일로부터 출항일까지 관리관에게 교부한다. 관리관은 곧 각 서류를 접수하였다는 증표를 교부한다. 이는 일본국에서 현행하는 상선 규칙이다.

선주가 본 항구에 정박하고 있는 중에 이 증서를 조선국 관청에 제출하여 일본국의 상선임을 증명한다.

이때 선주는 또한 그 기록부를 제출하여야 한다.

이른바 기록이라 함은 선주가 본 선박의 이름, 선박이 출발한 지명, 선박이 적재한 톤수(噸數)와 석수(石數)【모두 선박의 용적을 산정하는 이름】, 선장의 성명, 선박 안의 선원 수와 목록, 탑재한 여객의 성명을 상세히 기록하고 선주가 날인한 것이다.

이때 선주는 또한 본 선박에서 적재하여 운송하는 화물의 보단(報單) 및 선내에서 사용하는 잡물의 장부 기록을 제출한다.

이른바 보단이라 함은 화물의 이름, 혹은 그 화물의 실명, 화주의 성명, 기호번호를【기호번호를 쓰지 않는 화물은 이 예에 따르지 않는다】 상세히 밝혀 보고하는 것이다. 이 보단 및 여러 서류는 모두 일본국 문자를 사용하고 한문으로 번역하지 않는다.

제2칙

일본국 상선이 항구에 들어온 선박의 화물을 내리거나 적재할 때 선주 혹은 화주는 다시 화물의 이름 및 원가, 무게, 수량을 조선국 관청에 보고하여야 하며, 관청은 보고를 받으면 신속히 화물을 내리는 승인서를 발급하여야 한다.

제3칙

선주 혹은 화주는 제2칙의 허가를 받은 후 그 화물을 내리거나 적재할 수 있다. 조선국 관리가 그것을 검사하고자 할 경우에는 화주는 감히 이를 거부할 수 없다. 관리 또한 주의하여 검사하고 혹시라도 감히 훼손에 이르게 하면 안 된다.

제4칙

출항하는 화물의 화주는 제2칙의 입항한 화물 보단의 양식에 따라 선박의 이름 및 화물의 이름과 수량을 조선국 관청에 보고한다. 관청은 신속히 이를 허가하여 출항하는 화물에 대한 승인서를 발급하여야 한다. 화주는 승인서를 받으면 본 선박에 적재할 수 있다. 관청에서 만약 그 화물을 검사하고자 할 때는 화주는 감히 이를 거부할 수 없다.

제5칙

일본국 상선이 출항을 필요로 할 때에는 전일 정오 전에 조선국 관청에 보고하여야 한다. 관청은 보고를 받으면 이전에 받아 두었던 증서를 돌려주고 출항 승인서를 발급해야 한다. 일본국 우편선은 규정된 시간에 관계없이 출항할 수 있으며 조선국 관청에 반드시 보고해야 한다.

제6칙

이후 조선국 항구에 주류하는 일본 인민은 양미 및 잡곡을 수출입할 수 있다.

제7칙

항세

돛이 여럿인 상선 및 증기 상선의 세금은 5원(圓)이다【부속된 배는 제외한다】.
돛이 하나인 상선의 세금은 2원이다【500석(石) 이상 화물을 실을 수 있다】.
돛이 하나인 상선의 세금은 1원5전이다【500석 이하 화물을 실을 수 있다】.
일본국 정부에 속하는 모든 선박은 항세를 납부하지 않는다.

제8칙

조선국 정부 혹은 그 인민은 지정된 무역 항구를 제외하고 각 물건을 다른 항구로 운수하고자 할 때에는 일본국 상선을 고용할 수 있다. 고용주가 만약 인민이라면 조선국 정부의 승인서에 따라 고용하여야 한다.

제9칙

일본국 선척이 만약 통상을 허가하지 않은 조선국의 항구에 도착하여 사사로이 매매하면 해당 장소의 지방관이 조사하여 근처의 관리관에게 교부한다. 관리관은 그 소유한 금전과 물품 일체를 몰수하여 조선국 관청에 교부한다.

제10칙
아편 판매는 엄격히 금한다.

제11칙
양국이 현재 정한 규칙은 이후 양국 상민이 무역하는 상황 여하에 따라 각 위원은 수시로 사정을 헤아려 상의 개정할 수 있다. 이를 위하여 양국 위원이 각각 날인하고 즉일부터 준행한다.

대일본국 기원 2536년 메이지 9년 8월 24일
    이사관 외무대승 미야모토 오카즈 ⑩
대조선국 개국 485년 병자 7월 6일
    강수관 의정부당상 조인희 ⑩

‖ 해제

1. 개요

1876년 2월 「조일수호조규」[※Ⅱ-1]를 체결할 당시 논의하지 못했던 통상 문제를 교섭하고자 일본 정부에서 이사관(理事官)을 선발하고 그 일행을 조선에 파견해 체결한 조약이다. 협상 사절의 파견 근거는 6개월 이내에 위원을 파견해 조선의 강화부나 한성에서 통상장정을 논의할 수 있도록 규정한 「조일수호조규」 제11관에 있었다. 같은 해 8월 24일 강수관(講修官) 조인희(趙寅熙)와 이사관 미야모토 오카즈[宮本小一]가 협상을 거쳐 체결하였고 전체 11

개 조관으로 이루어져 있다. 「조일통상장정(1876)」은 선박 왕래 시 입항 절차와 증빙서류 제출, 항세 납부, 수출입 물품에 대한 관리 규정 등을 설정하였다. 제6칙에서 조선의 개항장에 재류 일본인들이 조선 미곡을 수출입할 수 있다고 규정한 조항, 관세를 '수년간' 거두지 않기로 양측이 합의한 서한이 향후 조일 간 무역에서 첨예한 분쟁과 마찰을 일으키는 계기를 제공하였다.

2. 배경

1876년 2월 체결한 「조일수호조규」 제11관에서 조일 양국은 6개월 이내에 한성 혹은 강화부에서 통상에 관한 내용을 논의하여 정하기로 했다. 이 당시 신헌(申櫶)은 구로다 기요타카[黑田淸隆]에게 여섯 가지 요구 사항을 제출했다. 조선 측에서 금지를 요구했던 사항은 상평전 사용, 미곡 교역, 물물교역과 사채, 일본인 외 외국인의 조선 입국과 잡거, 아편과 서학 관련 서적의 반입이었다. 이외에는 표류민의 구제와 송환과 관련된 내용이었다. 통상과 관련된 기초적인 단속 사항을 설정할 것을 요청했던 것인데, 조관에 관련 내용까지 담지는 못하였다.

「조일수호조규」를 체결하는 단계에서는 조일 양국의 국교를 정상화하여 조약을 체결하는 데 초점을 맞추었고, 무역과 통상에 관해서는 추후에 별도로 논의할 수 있는 자리를 갖기로 합의했던 것이다. 이에 따라 일본 정부에서는 이해 6월 7일 미야모토 오카즈를 이사관 신분으로 파견하기로 결정했다. 미야모토는 「조일수호조규」 체결 당시 구로다 기요타카를 수행하여 조선에 이미 건너온 적이 있는 인물로, 모리야마 시게루[森山茂]와 비교했을 때 조선과 협상하는 과정에서 온건한 노선을 견지하고 있었다.

3. 체결 과정

1876년 6월 28일 태정대신 산조 사네토미[三條實美]는 훈령을 통해 이사관의 조선 파견을 앞두고 통상장정을 논의하는 과정에서 준수해야 할 방침을 사안별로 나누어 구체적으로 지시했다. 조일 양국의 무역을 촉진한다는 명분으로 수출입 물품에 대한 관세는 징수하지 않는 것을 원칙으로 하되, 조선 정부의 강력한 요구가 있을 경우 5%의 세율까지는 양보하여 허락할 수 있도록 했다[※관련 문서-1].

미야모토는 일본 정부로부터 협상 위임장을 받은 후 7월 3일 요코하마[橫濱]를 출발했고, 부산에 잠시 기착한 후 경기도 통진(通津)에 상륙했다. 육로를 통해 한성으로 향했으며, 이사관 일행은 7월 30일 청수관(淸水館)에 도착했고, 8월 2일 고종을 알현했다. 조선 정부에서는 강수관으로 조인희, 반접관으로 황종현(黃鍾顯)을 임명하여 미야모토와 협상하도록 지시했다. 조일 양국 대표의 협상은 8월 5일부터 24일까지 총 12회에 걸쳐 진행되었다. 미야모토가 준비해 온 협상 초안을 중심으로 조관별 논의가 이루어졌다. 「조일수호조규부록」[※Ⅱ-2] 초안 내용 가운데 제1관 사신의 수도 상주, 제2관 사신과 수행원, 관리관의 조선 내지 통과, 제5관 항구에서 일본인이 자유롭게 다닐 수 있는 한행리정의 거리 설정('間行里程', 일본 측 요구안은 100리) 세 가지 안건이 협상 과정에서 쟁점이었다. 초안은 미야모토가 8월 5일 1차 회담 때 준비해 온 초안을 제출했다. 초안은 전체 9개 조관으로 되어 있었고 이 중 제5직만 조선 현지에서 안건을 제출하면서 수정되었다.

8월 9일 협상에서는 항세(港稅)와 아편무역 금지 조관이 추가되었고, 5일 제출된 초안의 조관 순서가 약간 바뀌었다. 조관은 전체 11개로 확정되었다. 전체 조관 가운데 조일 양국 관리 사이에 입장 차이가 드러난 것은 제6칙으로, 미곡 수출입과 관련된 내용이었다. 8월 16일 협상 자리에서 조인희와 미야모토는 조관에 담을 문구를 다듬었다. 수출입이 가능한 조건을 식량 사정이 '절핍(絶乏)'할 때로 제한했던 것은 이때 조선 측 요청으로 삭제되었다. 1주일 후에는 이 조관이 적용되는 주체를 설정하는 문구로 조선의 개항장에 '주류하는 일본 인민(住留日本人民)'이 들어갔다. 단, 한자 표현이 일본어로 작성된 조약문에는 들어가지 않았으나 조인희가 이를 확인하고도 별다른 문제를 제기하지 않아 이후 양측이 달리 해석하여 분쟁이 발생할 수 있는 여지를 남겼다.

「조일수호조규부록」과 함께 「조일통상장정(1876)」은 8월 24일에 조인되었다. 이날 조인희와 미야모토는 조회문을 주고받는 가운데 양국 간 무역의 오래된 폐해를 혁파하고, 수출입 화물에 대해서는 특별히 '수년간 면세(免稅)'하기로 합의했다[※관련 문서-2]. 두 가지 조약문에 들어가 있지는 않은 내용이었지만, 향후 수세 문제와 관련하여 첨예하게 조일 양국이 대립하는 문제의 근거는 여기에 있었다. 이것은 1878년 9월 부산 두모진(豆毛鎭)에서 조선 측이 자국 상인을 대상으로 하여 수세를 시도하다가 일본 측이 여기에 항의하고 군함을 동원한 무력시위까지 전개하면서 크게 문제가 되었다. 이때의 수세 시도는 중단되었으며, 1879년 조선으로 파견된 하나부사와 협상할 때 사후 처리를 논의해야 하는 현안이 되었다. 이후 세칙 설정을 논의하는 과정을 거쳐 조일 양국은 「조일통상장정(1883)」[※Ⅳ-3]을 체결하면서 '수년간 면세'하는 관계에서 벗어나게 되었다.

4. 내용

한문본 조약명은 '通商章程 於朝鮮國議定諸港日本人貿易規則'이며, 일본어본 명칭은 '朝鮮國議定諸港ニ於テ日本國人民貿易規則'이다. 제목에서도 드러나듯이 조선 개항장에 무역하러 온 일본인을 대상으로 하고 있다. 1884년 일본 외무성에서 이것을 영문으로 번역한 제목은 'REGULATIONS under which Japanese Trade is to be conducted in Corea'였다. 전체적인 내용은 일본 선박이 조선의 개항장을 출입하는 절차를 규정한 것이었다. 여기에서 일본 정부가 관할하는 군함과 통신 관련 선박은 제외하였다.

제1칙은 입항 상선은 일본 관리관에게 항해 증명 서류를 제출하고, 관리관이 접수 증명서를 발급하면 이것을 조선 관청에 제출하도록 규정했다. 선박의 출발지, 선박명, 탑승 인원, 화주 등을 제출(報單)하도록 했다. 단, 제출하는 서류는 한문 번역 없이 일본어를 사용하도록 하고 있다.

제2칙과 3칙은 선박에 화물을 내리거나 올릴 때 관련된 정보를 기재하여 조선 관청에 제출하는 것과 관련된 것으로, 관리가 증명 서류 제출을 요구하면 화주가 여기에 응해야 함을 규정했다. 제4칙은 1~3칙과 반대로 출항할 때의 서류 제출과 승인서 발급, 화물 증명과 검사 요구에 응할 의무를 기재했다. 제5칙은 출항 하루 전날 이를 관청에 보고하고 출항 승인을 받도록 규정하였다.

제6칙은 개항장에 거류하는 일본인들이 양미와 잡곡을 수출입할 수 있도록 했는데, 일본

어본에서는 개항장 재류라는 문구가 들어 있지 않다. 제7칙은 돛의 개수에 따라 납부해야 할 항세를 세 종류로 구분하였다. 단, 일본 정부 소속 선박은 항세 납부 대상이 아니라고 규정했다. 제8칙은 조선 정부나 조선인이 각 물건을 비개항장까지 운수할 때에는 일본국 상선을 고용할 수 있으나 상선의 주인이 민간인이면 조선 정부의 승인을 얻어야 한다고 규정하였다. 일본인이 함부로 조선의 개항하지 않은 항구까지 들어가지 못하도록 한 것이었다.

제9칙은 일본 선박이 개항하지 않은 조선 항구에 가서 몰래 무역을 하다 적발되었을 때의 단속 규정이다. 조선 지방관이 선박을 조사한 후 인근 일본 관리관에게 인도하도록 했으며, 단속에 걸린 물품과 금전은 관리관이 조선에 넘겨주도록 했다. 「조일수호조규」에서 규정하였듯이 영사재판과 관련하여 규정을 어긴 일본인은 조선 관리가 처벌하지 못하고, 영사관으로 넘겨주어 처분하도록 한 것이었다. 제10칙은 반입과 거래 금지에 해당하는 물품을 적시한 조항으로, 아편과 담배가 들어 있다. 「조일수호조규」를 체결할 때부터 조선 측이 요구했던 여섯 가지 사항 가운데 하나가 반영된 것이었다. 마지막으로 제11칙은 무역 상황을 고려하여 향후 양국 관리가 상의하고 개정할 수 있도록 규정하였다.

5. 의의

조약 제목에서도 적용 대상이 드러나듯이 조선에 무역하러 오는 일본 상선의 입항 절차와 관리 규정을 담고 있는 조약이다. 조약 안에는 조선 상인이 일본에 배를 몰고 갔을 경우는 상정하지 않았다. 개항하고 나서 얼마 지나지 않은 시점이고, 아직 입항과 출항을 전담할 해관(海關)이 설치되지 않은 상황에서 기본적으로 출입 선박을 관리할 수 있는 규정을 정리한 것이라고 볼 수 있다.

조관 가운데 향후 조일 양국에서 논란이 된 것은 개항장 거류 일본인의 미곡 수출입을 규정한 제6칙이었다. 조선 측은 개항장에 거류하는 일본인이 식용으로 하는 선에서 곡물 거래를 제한적으로 허용했지만, 일본 측은 조선의 생각과는 달리 식용과 교역용 어느 쪽이든 곡물을 매입하여 수출입할 수 있다는 데 초점을 맞추었다. 한문본과 표현을 달리하고 있는 일본어로 된 조문을 근거로 했던 것이다. 외무성에서 영문으로 번역한 조관 내용도 일본어본에 기초하여 조선의 어느 개항장에서든지 쌀과 기타 곡물의 수출입을 허용한다고 되어 있다 (ART. VI. Exportation and Importation of rice and other grain shall hereafter be allowed in any of the open ports of Corea). 이 조항은 결과적으로 전 시기에 걸쳐 일본 상인들이 조선 미곡을 일본으로 대량으로 수출해 갈 수 있는 빌미를 제공하였다.

최근 연구에서는 당시 양국 협상 과정과 배경을 재조명하면서 미곡 교역을 허용한 이유가 흉년으로 인해 발생한 기근을 구제하기 위해 필요했다는 점을 지적하고 있다. 일정 부분 서로의 필요성이 맞았기 때문에 조선 정부는 아예 미곡 무역을 금지하는 것으로 설정하지는 않았다는 것이다. 아울러 화물의 면세 합의와 관련해서도 엄밀히 따져 보면 수입세만이 아니라 수출세도 징수하지 않기로 했다는 점에도 주목하고 있다. 조선 측이 단순히 관세에 대하여 '무지(無知)'했기 때문에 허용한 것만은 아니며, 무역에 대한 관심을 갖고 있는 가운데 내린 결정이었다는 점을 당대의 내재적 맥락에서 새롭게 살펴본 것이라 할 수 있다.

6. 관련 문서

1) 태정대신 산조 사네토미 훈령 조관(1876. 6. 28.)

하나, 일본인의 유보 규정 10리는 저들이 만약 다소 단축할 것을 요구할 때는 5리까지 허락할 것. 조선 인민이 일본에 도래하는 건은 부록안(附錄案)처럼 기재하기를 바라지 않을 때는 잠시 이 조관을 삭제할 것.

하나, 저들로부터 야소교를 저들 나라 인민에게 전파하는 것을 금지하며, 다른 외국인이 일본인의 적(籍)을 빌려 조선 각 항구로 거류, 상업 활동을 하는 것을 금지하는 등의 조관을 추가하자고 요청하더라도, 이것을 허락할 수 없다. 그렇지만 만약 이 때문에 담판이 정리되지 않는 경우라면 이사관 명의로 별도 서한을 작성해 청구에 응하더라도 무방하다.

하나, 조선 관원이 무역 때문에 조선 인민에게 뇌물을 요구하거나, 또는 전매(專賣)를 허락한다거나, 중세(重稅)를 부과하는 등의 일이 있다고 들었다. 부산에 가서 실제 상황을 심문하고, 과연 그러하다면 이 폐해를 구제하여 무역에 방해가 되지 않을 요령을 약속해 두어야 한다.

하나, 양국의 남녀 간통에 관한 법률을 만들려고 저들로부터 강제로 청하더라도 우리나라에는 이미 일정한 법률이 있으므로 이것을 변통할 수 없다. 그렇지만 저들 국가 한쪽에서 그 국민을 금지하려고 하기 위해서 나라의 법률을 만드는 것은 그 뜻에 맡겨야 한다.

(중략)

하나, 무역 촉진을 하기 위해서 피아 모두 수출입세를 징수하지 않는다. 이것은 조일통상장정안의 요지이다. 그렇지만 조선 정부가 억지로 수세법을 지금부터 제기하려 하며, 이것을 수긍하지 않아서 담판이 일단락되는 경우에 이를 수 없을 때는 조선국으로의 수입품 세율을 종가 5분(從價五分, 5%-번역자)으로 허락한다. 여기에 따라 수세법의 조관 하나를 통상의 장(章) 안에 추가하여 건을 논의해야 한다.

하나, 통상장정 안에 아래의 조관 한 가지를 추가해야 한다. 입항과 출항의 수수료를 위하여 아래에 게재하는 항세를 일본 선주가 조선국 관청에 납부해야 한다.

1) 돛대가 여러 개인 상선과 증기상선 : 5원
   본선에 부속한 작은 보트를 제외
2) 돛대가 하나인 상선 : 2원
   화물 500석 이상을 적재할 수 있는 선박
3) 돛대가 하나인 상선 : 1원 50전
   화물 500석을 적재할 수 없는 선박
   일본 정부에 속하는 관선(官船)은 항세를 내지 않음

아래의 사항은 저들이 억지로 청구하더라도 허락할 수 없다.

하나, 일본 금은화를 조선 인민이 사용하는 일은 거부할 것.
   단, 금은화의 이름으로 사용함을 거부하더라도, 금은괴도 화폐로 만든 금은도 일본 물품이라면 수입하여 물화로 보고 한인과 무역할 이치가 있다. 그러므로 본문을 반드시 조약에 게재해야 하는 건으로 할 수는 없다. 그렇지만 가급적 게재를 요구해야 한다.

하나, 일본 인민이 재한 중 저들 나라 인민에게 사역(使役)을 제공하는 일은 거부할 것

하나, 수입을 금지하지 않을 때는 조선 인민이 우리나라 물건을 수의로 사용할 것

하나, 저들 나라에서 미맥(米麥) 수입을 금지하겠다고 요청할 때는 이것을 허락한다. 쓰시마 인민이 연내로 조선미를 식용으로 삼아 온 편리를 잃지 않도록 하기 위해서 저들이 승낙한다면 공무역과 유사하게 변통할 수 있는 방법을 시도해야 한다.

이상 여러 조관 이외에 우리로서는 자잘한 사건이라고 하더라도, 저들에게는 관계가 적지 않음을 헤아려 억지로 약정을 필요로 하는 조관이 있다면 우리의 국권(國權)과 종래 외국과의 교제에 해가 없는 것은 시의(時宜)에 따라서 저들의 청구에 응하더라도 무방하다.(방점은 원문 그대로-번역자)

출처: 『日韓外交資料集成』 권1, #71, 404~406쪽

2) 미야모토 오카즈가 조인희에게 보낸 서한(1876. 8. 24.)

(전략) 대개 우리 인민이 귀국에 수송하는 각 물건은 우리 해관에서 수출세를 부과하지 않으며, 귀국에서 우리 내지(內地)로 수입하는 물산도 수년간 우리 해관에서 수입세를 부과하지 않기로 우리 정부에서 논의하고 결정했습니다. 관유(寬裕)한 논의가 여기에 이른 것은 양국 인민으로 하여금 있고 없음이 서로 통하도록 하고, 장점과 단점을 서로 보완하여 쓰임을 이롭게 하며, 생계를 충실히 하도록 만드는 데 있습니다. 그런데 몰래 귀국의 현재 정세와 현황을 살펴보니, 폐쇄를 해제하고 금령을 열어서 인민의 통교를 아직 갑작스럽게 친밀하게 만들 수는 없습니다. 무역과 호시(互市)에서 급하게 번성하도록 하기 어려운 시기를 살피고 잘 헤아려 양국 정부에 가장 적당하도록 주의하고 보호해야 할 요건은 힘써 협의하면서 이를 만들어야 하며, 통상에 방해가 되는 사항은 속히 제거해야 합니다.

(중략)

하나, 조선 인민이 일본 인민과 물화를 매매한 후, 그때마다 조선 관청에 보고할 필요가 없습니다. 귀 정부에서 출입 물화의 많고 적음을 알려 한다면 해관을 출입하는 보단(報單)을 일람하는 것으로 충분하며, 다시 인민을 번거롭게 해서는 안 됩니다.

하나, 양국 인민이 무역을 하는 데에는 이를 보호하고 촉진하기 위해서 관리를 파견해야 합니다. 파견 관원은 정부로부터 봉급을 받고 법도가 있어서 염치를 배양하고 삼가는 것으로 충분합니다. 별도로 인민에게 추호도 구하고 찾으려 할 까닭이 없습니다. 만약 파견 관원이 탐욕스러운 마음과 무염치, 몰래 토색질을 하려 하거나 다 그치려 할 때는 무역의 활로를 방해할지도 모릅니다. 따라서 정부는 모름지기 이를 계칙하여 폐단이 발생하지 않도록 방지해야 합니다. 만약 간사하여 증거가 명확한 자라면 정부에서 책임지고 그자를 처분해야 합니다.

하나, 해관을 설치하고 세액을 정하여 양국 인민에게 약속하고 징수하는 것을 공세(公稅)로 합니다. 지금은 특별히 입항(進口)하는 선박에 대한 공세 1칙이 있습니다. 이외에 만약 항구로 들어온 화물이 내지로 들어갈 때, 항구에서 수출할 화물이 내지를 나갈 때, 그 요로(要路)에서 단속기구 등을 설립하여 몰래 여러 종류의 세금을 징수한다거나, 혹은 그 화물 점검의 수고에 가탁하여 뇌물을 받는 등의 행위는 모두 공적으로 무역을 허가했으면서도 실제로는 무역을 저해하고 억누르는 것입니다. 지금부터 단연코 이러한 일을 폐지하여 폐단이 생겨서는 안 됩니다.

출처: 『日韓外交資料集成』 권1, #88 附記3, 490~491쪽;
『通商貿易並漂民保護に関する往復書簡』, JACAR Ref. B13091002600

[참고 문헌]

- 金正明 編(1966), 『日韓外交資料集成』 제1권, 東京: 巖南堂書店.
- 日本外務省 編(1955), 『日本外交文書』 제9권, 東京: 日本國際連合協會.
- 최덕수 외(2010), 『조약으로 본 한국 근대사』, 열린책들.
- 崔泰鎬(1976), 『開港前期의 韓國關稅制度-1880年代를 中心으로-』, 韓國硏究院.
- 李穗枝(2016), 『朝鮮の對日外交戰略 : 日淸戰爭前夜 1873-1893』, 東京: 法政大學出版局.
- 田保橋潔(1940), 『近代日鮮關係の硏究』, 上, 朝鮮總督府中樞院.
- 酒井裕美(2016), 『開港期朝鮮の戰略的外交 1882-1884』, 大阪 : 大阪大學出版會.
- 김경태(1972), 「開港直後의 關稅權 回復問題 -「釜山海關 收稅事件」을 中心으로-」, 『韓國史硏究』 8.
- 김흥수(2017), 「조일수호조규 부속조약의 재검토」, 『韓日關係史硏究』 57.

2
석탄 저장과 운반 약정
石炭 貯藏과 運搬 約定

석탄 저장과 운반 약정 | 1877년 12월 조선과 일본이 체결한 약정으로, 일본 선박이 동해와 서해, 남해에서 석탄을 보급받을 수 있는 곳을 지정하고, 지방관으로부터 석탄 보관과 운반, 관리에서 협조를 얻을 수 있도록 하였다.

一修好條規第五款所揭二處港口須測量搜索

而後指定地名

一日本政府為是事自 日本曆明治十一年四月 朝鮮曆戊寅三月 十二箇月間貯藏石炭於朝鮮國全羅道珍島之碧波亭及巨文島

一咸鏡道測水時積炭處所當先為擇定而若或未及擇定則不得已限六箇月積石炭於文川之松田

원문

一 修好條規第五款所揭二處港口須測量搜索而後指定地名
一 日本政府爲是事自【日本曆明治十一年四月朝鮮曆戊寅三月】十二箇月間貯藏石炭於朝鮮國全羅道珍島之碧波亭及巨文島
一 咸鏡道測水時積炭處所當先爲擇定而若或未及擇定則不得已限六箇月積石炭於文川之松田村而雖限內探得良地則當移之於探得之地若尙不探得則更加六箇月而已
一 石炭貯藏之間若要假家則朝鮮國地方官爲宣力構造之所費金額則日本政府隨卽償之
一 所貯藏石炭村民或邑吏嚴防散亂守直則不必日本人爲之本邑吏民間自地方官擇定
一 朝鮮國政府預飭令該地方有日本測量船要運搬落載石炭於其船則使之雇賃所在村民或船隻無或妨礙
一 雇賃錢兩日本船長每次於其地給之

大朝鮮丁丑年十一月十六日
　　禮曹參判洪祐昌 ㊞
大日本明治十年十二月廿日
　　代理公使花房義質 ㊞

출처: JACAR Ref. B13091003600

번역문

하나, 수호조규 제5관에 기재한 두 곳의 항구는 측량 수색을 한 후 지명을 지정해야 한다.
하나, 일본 정부는 이를 위해서 【일본력 메이지 11년 4월, 조선력 무인 3월부터】 12개월 동안 석탄을 조선국 전라도 진도의 벽파정과 거문도에 저장한다.

하나, 함경도를 측수(測水)할 때 우선 석탄을 적재할 곳을 선정해야 한다. 만약 아직 선정하지 않았다면 부득이하게 6개월로 한정하여 문천의 송전촌에 석탄을 적재하고, 좋은 장소를 찾으면 찾은 지역으로 옮긴다. 만약 찾지 못했다면 다시 6개월만 추가할 수 있다.

하나, 석탄을 저장하는 동안 만약 임시 가옥을 필요로 하다면 조선 지방관이 진력하여 세운다. 소요된 금액은 일본 정부가 상환해야 한다.

하나, 저장하는 석탄은 촌민과 읍리가 엄격하게 산란(散亂)을 방지한다. 수직(守直)은 반드시 일본인으로 할 필요는 없으며, 지방관이 본읍의 이서와 인민 가운데 선정한다.

하나, 조선국 정부는 미리 해당 지방에 명을 내려 일본 측량선이 있어서 석탄을 그 선박으로 운반, 하선이 필요할 때 소재지 촌민이나 선척을 고용하는 데 지장이 없도록 해야 한다.

하나, 고용 운임의 금전은 일본 선장이 매번 그 지역에서 지불해야 한다.

대조선 정축년 11월 16일
    예조참판 홍우창 ㊞
대일본 메이지 10년 12월 20일
    대리공사 하나부사 요시모토 ㊞

해제

1. 개요

1877년 12월 20일 조선의 예조참판(禮曹參判) 홍우창(洪祐昌)과 일본의 대리공사(代理公使) 하나부사 요시모토[花房義質]가 체결한 약정으로 전체 7개 조관으로 구성되어 있다. 일본 선박이 조선 연안에서 측량 등의 활동을 전개하면서 중간에 석탄을 보급할 수 있는 장소를 동해안과 서해안, 남해안에 각각 한 곳씩 지정하고, 조선 지방관으로부터 석탄 운반과 보관 등에서 협조와 편의를 제공받도록 규정하였다. 「조일수호조규」[※Ⅱ-1] 제7관에서 일본 선박이 조선 연안을 돌아다니며 측량할 수 있도록 한 조항에서 한 발 더 나아가 조선 지방관과 지역민들에게 실무적으로 도움을 받고, 인력까지 동원할 수 있도록 하였다. 일본 함선이 조선의 개항장과 연안을 왕복하는 가운데 측량 활동을 통해 수집하고 축적한 각종 정보는 향후 일본이 조선으로 침탈해 들어오면서 자국에 유리하게 활용할 수 있는 근거 자료로 기능하였다.

2. 배경

1876년 2월 「조일수호조규」를 체결하기에 앞서 일본 정부는 조선 근해에 군함을 파견하여 해로를 측량하였다. 예를 들어 1875년 9월 20일 강화도의 경내를 함장이 보트를 타고 무단 침입해 조선 측에서 포격을 가하도록 유인하고, 여기에 응전한다는 명분으로 3일에 걸쳐 강화도와 영종도 일대를 공격하고 노획물을 가져간 운요호[雲揚號]의 경우에도 1차로 조선에 파견되었을 때 동해안을 따라 함경도 지역까지 북상하면서 연안을 측량하였다. 부산으로 회항하면서 경상도 영일만에 잠시 들러 지방관과 접촉하면서 정보를 수집하기도 했다. 2차 파견 때는 나가사키에서 출항한 후 먼저 평안도 지역까지 올라갔다 온 후, 강화도 인근 지역에 정박했던 것으로 확인된다. 1차 파견 당시 부산으로 운요호와 같이 파견되었던 다이니테이보[第二丁卯]호도 조선 연해를 측량하고 있었던 것으로 확인된다. 이처럼 개항 이전부터 일본 측에서는 군함을 활용하여 동해와 서해 인근 해역을 조사하고 있었는데, 이들은 기본적으로 병인양요와 신미양요, 혹은 그 이전부터 조선 해역을 측량하였던 영국과 프랑스에서 만든 지도를 입수하여 참고하고 있었다. 이것에 기초하여 자신들이 새롭게 측량하면서 조선 연안의 해도(海圖) 정보를 정밀하게 작성, 보완해 나가고 있었던 것이다.

「조일수호조규」에서는 제7관에 조선 연해는 수로를 조사한 적이 없어서 선박 운항에 지극히 위험하므로 일본의 항해자가 수시로 연해를 측량하고 수심을 파악하여 지도를 작성한다는 내용이 들어갔다. 향후 선박의 안전과 편리를 도모하기 위해서라는 명분을 내세우기는 했다. 이 조항과 더불어 제5관에서 부산 이외에 경기도, 충청도, 전라도, 경상도, 함경도에서 개항에 적합한 두 지역을 20개월 이내에 추가로 선정할 수 있도록 한 것이 군함을 통해 조선 곳곳을 누비며 해안 측량을 할 수 있는 근거가 되었다.

3. 체결 과정

1877년부터 하나부사 요시모토가 대리공사로 조선에 파견되었다. 그는 두 곳의 개항장 추가 선정을 두고 조선의 강수관(講修官) 홍우창과 교섭에 나서게 된다. 이해 12월 14일 하나부사는 측량용 선박을 위해서 전라도 진도와 거문도, 그리고 함경도 문천(文川) 지역의 송전(松田) 지역에 석탄을 적치해 둘 수 있도록 허락해 달라고 요청하였다. 강수관은 물과 석탄이 필요한 상황은 알겠지만 일단 정부에 알려서 조정 내 논의를 거친 다음 알려주겠다고 답했다[※관련 문서-1]. 하나부사는 북쪽 지역에 위치한 송전이 개항장으로 적합하다면서 이곳을 선정하도록 해 달라고 강수관에게 집요하게 요구하였다. 하지만 홍우창은 능침이 있는 지역이기 때문에 통상을 위해 개방할 수 없다면서 송전 이외의 지역으로 선정해야 한다는 주장을 굽히지 않았다. 일본 선박이 연안 측량 활동을 진행하는 가운데 가장 필요한 사항으로 물과 석탄 보급 문제가 개항장 선정을 논의하는 과정에서 등장하였는데, 여기에서도 하나부사는 송전 지역을 지속적으로 거론하였다. 강수관은 진도 벽파정과 거문도에서는 일본 선박의 급수와 저탄(貯炭)을 허락해 줄 수 있지만, 송전 지역에서는 요구를 들어주기 곤란하다며 선을 그었다[※관련 문서-2]. 조선 정부에서는 내부 논의를 거쳐 두 가지 사항은 허용하지 않는다는 조건부로 문천 지역에 석탄을 둘 수 있다는 입장을 일본 측에 전달했다. 하나부사는 초안을 작성하면서 석탄의 적치 기한을 12개월로 길게 제시했으나, 홍우창은 6개월이라면 수용할 수 있다는 입장이었다[※관련 문서-3]. 함선의 측량 기한과 관련해 일본 측은 1년 정도로 넉넉하게 잡으려 했지만, 조선 측은 심히 온당하지 않다며 문제를 제기하기도 했다[※관련 문서-4]. 대리공사가 조선으로 타고 온 군함에는 기본적으로 측량 장교가 탑승해 있었고, 연안에 내려가 지방관과 문정을 하는 가운데 여러 가지 정보를 수집하는 활동을 병행했다. 대표적으로 측량 활동에 종사했던 일본군 장교는 가이즈 미쓰오[海津三雄]였고, 다카오마루[高雄丸] 등의 함선을 동원하였다. 1877년 도한 당시에는 전라도 진도, 목포, 경기도 남양만 일대를 들르면서 측량 활동을 전개했으며, 일부 결과물은 지도로 남겼다. 일본 함선이 남해와 황해 연안 곳곳의 수심을 재고 등고선으로 지형의 높낮이를 표시한 지도는 현재 일본 국립공문서관, 미국 국회도서관 등에 남아 있는 것으로 확인된다. 이렇게 군함이 조선 연해 곳곳을 다니면서 측량과 정탐 활동을 벌이려면 중간에 석탄을 보급할 수 있는 저탄소(貯炭所)가 필요했다. 이 문제를 조선 정부와 협의하여 일본 선박이 석탄을 적재해 둘 장소를 확보한 것은 1877년의 일이었다.

4. 내용

1877년 12월 20일 예조참판 홍우창과 대리공사 하나부사 요시모토 사이에 체결한 약정 내용은 전체 7개 조항으로 이루어져 있다. 인장이 찍혀 있는 조약 원문은 현재 일본 아시아역사자료센터에서 공개하고 있는 자료『통상무역 및 표류민 보호에 관한 왕복서한』(JACAR Ref. B13091002600)을 통해서 확인해 볼 수 있다. 조선 측 한문본은 특별히 판심(版心)이 있는 용시에 작성된 것으로는 보이지 않는다. 일본어본은 재조선국일본 공사관(在朝鮮國日本公使館) 괘지에 작성되었다. 특별히 약정서에 제목을 붙이지는 않았다.

첫 번째 조관은「조일수호조규」제5관에서 두 곳의 항구를 20개월 이내에 지정하기로 한 것과 관련하여 측량 수색을 하고 난 다음에 이루어져야 한다는 내용을 규정했다. 측량 작업부터 실시한 다음 개항장 선정을 해야 한다는 점을 담은 것이다.

두 번째 조관은 이듬해인 1878년 4월부터 1년 동안 전라도 진도와 거문도에 석탄을 저장할 수 있다는 내용이다. 황해로 가는 길목 한 곳과 남해안의 섬 한 곳에서 각각 운항에 필요한 석탄을 적재할 수 있도록 한 것이다. 대리공사로 조선에 오면서 들른 여러 지역 가운데 적재에 좋은 장소 두 곳을 지정한 것이다. 관련 내용은 대리공사 부임 당시 작성한 일지 기록을 통해서 확인이 가능하다.

세 번째 조관은 동해안에서 측량 활동을 하면서 석탄을 적재해 둘 임시 장소로 함경도 문천의 송전을 지목했다. 잠정적으로는 6개월 동안 저탄소로 활용하면서 다른 장소를 물색해 보고, 그래도 적당한 곳이 없다면 한 차례 더 기한을 연장할 수 있도록 했다. 문천 지역 역시 하나부사가 함경도 지역에서 개항지 가운데 하나로 주목했던 장소인데, 조선 측에서는 왕실의 능침이 있는 중요 지역이라는 이유를 들어 개방을 강력히 반대한 곳이기도 하다.

네 번째 조관은 저탄소로 쓸 만한 임시 가옥이 필요할 경우 조선 지방관의 협조를 얻어 건물을 조성하고, 축조 비용은 일본 측에서 부담하겠다는 내용이다.

다섯 번째 조관은 지역에 적재해 둔 석탄의 관리와 관련된 조항이다. 저탄소를 관리할 자는 일본인으로만 할 필요는 없으며, 지방관이 이서나 지역민을 선발하여 임명할 수 있도록 했다. 지역 차원에서 석탄 적재소를 관리하도록 협조해야 함을 기재한 내용이기는 하나, 관리인에 대한 보수를 어떻게 처리할지에 대한 내용까지 담고 있지는 않다.

여섯 번째와 일곱 번째 조관은 측량 선박에서 석탄을 적재하거나 내릴 때 필요한 인력 조달과 관련된 내용이다. 조선 정부가 먼저 지방에 명령을 내려 협조하도록 하며, 지역에서는 운반에 필요한 인력이나 선박을 일본 측에 제공할 수 있도록 했다. 인력과 선박을 고용할 때는 일본 선박의 선장이 현지에서 바로 관련 비용을 지불하도록 규정했다. 단, 운임으로 지불해야 할 화폐는 '전량(錢兩)'이라고 했을 뿐 조선 화폐인지, 일본 화폐인지 구체적으로 명시하지 않았다.

5. 의의

이 협정은 개항 직후 부산 이외에 5도 가운데 개항장 두 곳을 추가로 선정하는 과정에서 측량을 하는 일본 함선이 저탄소를 조선 측에 설치하고 사용할 수 있도록 한 것이다. 석탄을 적재해 둘 만한 곳으로 전체 세 곳을 지정했는데, 서해안으로 가는 길목, 남해안의 지역 거점, 동해안 북쪽 지역의 한 곳이었다. 한반도 전역에서 일본 군함이 측량 활동을 실시하면서 정보를 수집하는 동안 석탄 보급을 원활하게 할 수 있도록 조선 정부의 협조를 이끌어 낸 협약서라고 평가할 수 있을 것이다. 이것은 일본 함선이 조선 연안에서 항해에 필요한 물자의 편의를 제공받으면서 자신들에게 필요한 정보를 상세하게 취득하고, 침탈해 들어가기에 편리한 곳이 어디인지를 판단할 수 있는 근거로 기능하였다. 1879년 하나부사가 대리공사로 도한했을 때에도 일행을 태우고 온 일본 군함은 서해안과 동해안 곳곳에서 활발하게 측량 작업을 진행하였다. 이때 「조선국진강약도(朝鮮國鎭江略圖)」, 「조선국아산강약도(朝鮮國牙山江略圖)」 등 정교한 측량 지도를 제작하였다. 조선 연안에 대한 정보가 축적되어 가는 가운데 원산은 1880년, 인천은 1883년에 개항을 맞이하게 된다.

6. 관련 문서

1) 홍우창과 하나부사 요시모토의 담판 (1877. 12. 14.)

하나부사
측량용을 위하여 송전과 진도, 거문도에 석탄을 두는 것만은 할 수 있도록 해 주었으면 합니다. (이때 서로 변론이 있은 후)

홍우창
석탄과 물(炭水)을 필요로 하는 정실(情實)은 잘 알겠습니다만, 이 취지는 정부에서 논의하여 회답을 받아야 합니다.

출처: 「石炭貯藏一件」, 『代理公使朝鮮復命槪略 明治十一年』

2) 홍우창과 하나부사 요시모토의 회담 (1877. 12. 16.)

하나부사 석탄을 적치해 둘 장소 건은 동의하십니까?
홍우창 거문도, 진도에는 이론이 없습니다. 하지만 송전 지역은 전날 이래로 계속 말씀드린 대로의 상황이므로 하등 동의할 수 없습니다. 그 근방(즉, 덕원령德源領을 가리킴)으로 취급하면 좋겠습니다. 그러나 물을 취하는 건은 무방합니다.
하나부사 이외에 양호한 장소를 안 다음이라면 반드시 이곳을 필요로 하지 않을 것입니다. 하지만 그때까지 이 장소에 두는 것에 동의하시지 않는다면 그다지 조리에 맞지 않는다고 생각합니다.

홍우창 원래 송전촌으로 개항할 예정이었음은 물론, 아직 그 근방에 석탄을 둘 장소를 조사하지 않았습니다만, 금후 충실하게 조사한다면 반드시 있으리라 생각합니다.

하나부사 그렇다면 송전촌으로 한정하지 말고, 이 항내로 정해 둔다면 어떠합니까? 석탄의 중요성은 물과 마찬가지입니다.

홍우창 네 개 읍을 제외하고 그 외에도 광대한 장소가 있기 때문에 반드시 석탄을 둘 장소는 있으리라 생각합니다.

그 후 논의를 왕복한 후,

홍우창 이미 정부에서 중요한 지역(重地)에는 석탄을 둘 뿐이라고 하더라도, 동의하기 어렵다고 결정하였습니다. 변론을 하시더라도 방법이 없습니다.

하나부사 이 정도 변론을 해서도 동의하시지 않는다면 귀국한 다음 귀국에서 굳게 거절한다는 취지로 상주할 수밖에 없습니다.

여기서 담판을 마쳤다.

출처:「石炭貯藏一件」,『代理公使朝鮮復命槪略 明治十一年』

3) 홍우창과 하나부사 요시모토의 회담(1877. 12. 19.)

예조참판 홍우창이 왔다. 문천군 송전촌에 석탄을 저장하는 건은 정부에서 거듭 상의하였는데, 귀국에서 가옥을 건설하여 수직(守直)을 둘 수 없다, 또한 장기간으로 약속하지 않는다면 오히려 이야기할 수 있다는 취지로 이야기해 왔다. 따라서 약정서의 초안을 작성하여 보여 주었다. 홍우창은 그 문서 안에서 12개월로 된 기한을 6개월로 한다면 이론이 없다고 진술하였다. 6개월로 해서는 형세에 따라 혹여 약정 위반이 있을지도 모른다고 이야기했다. 홍우창은, 그렇다면 다시 일단 정부에 상의하여 회답하겠다고 결정하고 돌아갔다.

출처:「石炭貯藏一件」,『代理公使朝鮮復命槪略 明治十一年』

4) 반접관 문답 (1877. 12. 19.)

홍우창 일전에 공적인 업무로 송전에 석탄의 적재를 불허했던 일은 여기가 과연 중요한 지역이고, 폐단이 생길 것을 고려하여 그렇게 하였습니다. 괴이하게 여기지 마십시오.

하나부사 여기는 수심을 측량하는 동안 운반하는 데 편의가 있는 지역으로, 때가 되면 운반하여 사용하는 데 불과합니다. 벽파정(碧波亭)과 거문도(巨文島)로 말하자면, 이미 적탄을 허락하였으므로 출납하는 수직의 경우 그 지역의 이서와 인민에서 임명하는 일이 필요합니다. 그러나 일본인으로 삼을 필요는 없습니다. 또한 수심 측량이 끝난 후에는 마땅히 철파하겠습니다. 송전에 이르러서는 혹시 선정에 이르지 못해서 다른 곳에 부득이하게 적탄하게 된다면 역시 마땅히 이처럼 해야 합니다. 이것은 번거로운 폐단이 아니므로 요청을 드립니다.

홍우창 수심 측량 일자는 며칠로 산정합니까?

하나부사 시기에 따라 빠를 수도 있고, 늦을 수도 있기 때문에 미리 헤아릴 수는 없습니다. 그러나 대략 1년 사이로 헤아린다면 넉넉하게 여유는 있을 것입니다.

홍우창 어찌 그렇게 깁니까?

하나부사 혹시 이번에 올 때처럼 풍랑을 만나 낭패를 본다거나, 혹은 선구(船具)가 생각하지 못했던 손상을 입어 그간 움직이지 못할 우려가 있습니다. 따라서 잠정적으로 1년으로 헤아려 두면 좋겠습니다.

홍우창 벽파정과 거문도는 이미 시행을 허락했으므로, 기한 내에 빨리 하거나 늦게 하거나 특별하게 비교할 필요는 없습니다. 송전은 역시 불가합니다. 이로써 논의할 장소를 한정하겠습니다.

하나부사 제한한다면 이처럼 하고, 만약 기한 내에 다른 곳을 선정한다면 마땅히 장소를 옮기겠습니다. 또한 수심 측량을 빨리 할 수 있다면 마땅히 철거하겠습니다. 이로써 상세히 정부에 보고한다면 원망하면서 시행할 일은 없을 것 같습니다.

홍우창 오늘 담화는 보고하겠으나, 조정의 처분이 어떠할지는 알지 못합니다. 그리고 1년의 기한은 심히 온당하지 않습니다.

하나부사 다행스럽게도 시행하겠다는 의사가 있다면 어찌 이런 제한을 원망하겠습니까?

책자로 여러 조목을 꺼낸 후 말하기를,

하나부사 이것으로 정부에 전달해 주십시오.

홍우창 보고한 후 내일 아침에 회답하겠습니다.

출처: 「十一月十五日伴接官問答」, 『倭使日記』 권6

[참고 문헌]

- 『代理公使朝鮮復命槪略 明治十一年』(국립중앙도서관 소장)
- 『倭使日記』 권6(한국학중앙연구원 장서각 소장)
- 金正明 編(1966), 『日韓外交資料集成』, 권1, 東京: 巖南堂書店.
- 남영우(2011), 『일제의 한반도 측량침략사 : 조선 말~일제강점기』, 法文社.
- 최덕수 외(2010), 『조약으로 본 한국 근대사』, 열린책들.
- 小林茂 編(2017), 『近代日本の海外地理情報收集と初期外邦圖』, 大阪: 大阪大學出版會.
- 小林茂(2011), 『外邦図 : 帝国日本のアジア地図』, 東京: 中央公論新社.
- 박한민(2013), 「조일수호조규 관철을 위한 일본의 정찰활동과 조선의 대응」, 『歷史學報』 217.
- 박한민(2018), 「1875년 운요호사건의 전개와 강화도 방어」, 인천문화재단 인천역사문화센터 편, 『19세기 서구 열강의 침입과 강화해양관방체제』, 인천문화재단 인천역사문화센터.

3
조일통상장정(1883)

朝日通商章程

조일통상장정(1883) | 1883년 7월 조선과 일본이 체결한 통상조약으로, 양국민의 무역과 관련된 전반적인 사항을 해관에서 관리 감독할 수 있는 규정을 정하였으며, 수출입품은 7종류로 나누어 세율을 세부적으로 설정했다.

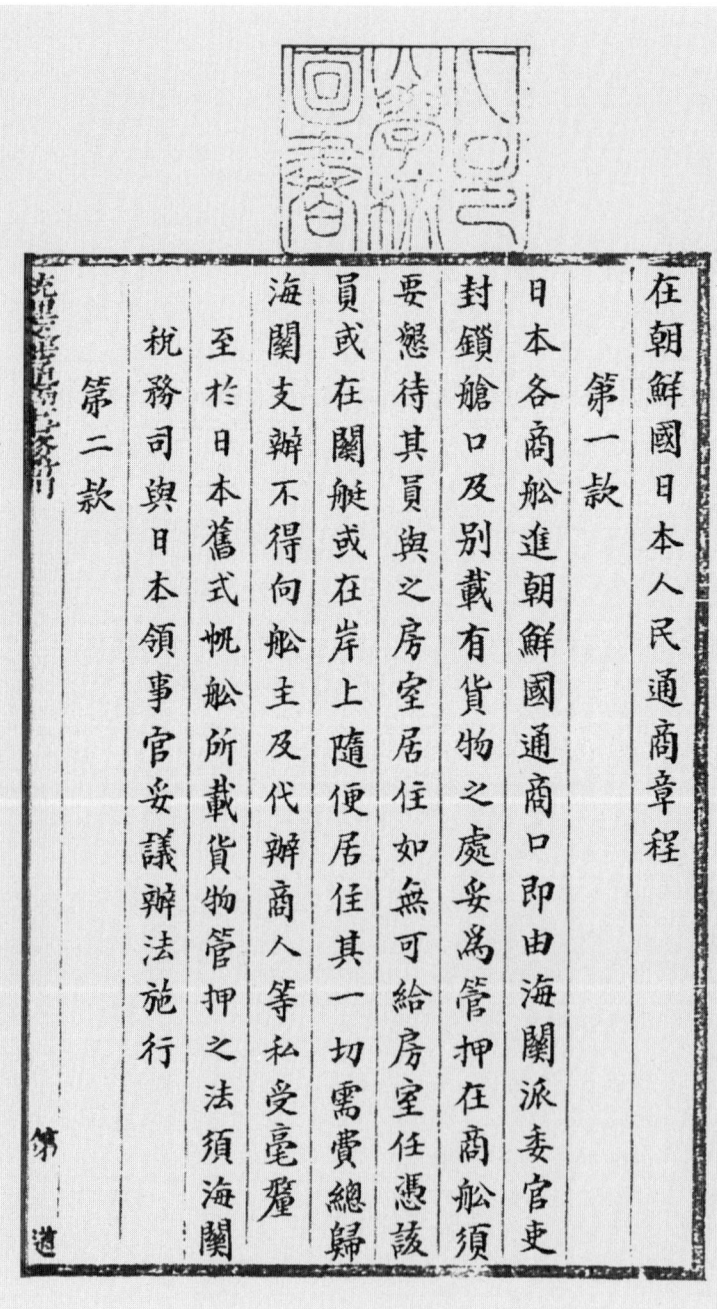

在朝鮮國日本人民通商章程

第一款

日本各商船進朝鮮國通商口即由海關派委官吏封鎖艙口及別載有貨物之處妥為管押在商舶須要懇待其員與之房室居住如無可給房室任憑該員或在關艇或在岸上隨便居住其一切需費總歸海關支辦不得向舶主及代辦商人等私受毫釐

至於日本舊式帆船所載貨物管押之法須海關稅務司與日本領事官妥議辦法施行

第二款

1883년 조일통상장정(한문)

출처: 奎23024

朝鮮國ニ於テ日本人民貿易ノ規則

第一款

日本諸商舩朝鮮國ノ通商港ニ入津スル時ハ即時ニ海關ヨリ官吏ヲ派遣シ艙口ヲ封鎖シ且其外荷物アル場所ハ相當ノ取締ヲ爲ス可シ商舩ニテハ其官吏ヲ丁寧ニ取扱ヒ且之ニ適宜ノ房室ヲ給ス可シ若シ之ニ給ス可キ房室ナキ時ハ右官吏ハ海關ノ番舩上若クハ陸上ニ在ルモ其便宜ニ任ス可シ尤其諸費ハ總テ海關ノ支拂タル可シ舩主若クハ代理人等ニ向テ私ニ毫釐ヲ

원문

在朝鮮國日本人民通商章程

第一款
日本各商船進朝鮮國通商口卽由海關派委官吏封鎖艙口及別載有貨物之處妥爲管押在商船須要懇待其員與之房室居住如無可給房室任憑該員或在關艇或在岸上隨便居住其一切需費總歸海關支辦不得向船主及代辦商人等私受毫釐
至於日本舊式帆船所載貨物管押之法須海關稅務司與日本領事官妥議辦法施行

第二款
日本商船進朝鮮國通商口該船長或其代辦人卽將其船牌貨單呈交日本領事官領其存照然後遵辦進口應行各事乃自其抛錨時刻起限四十八時內【除禮拜日及休辦公事之日不算以下各款內所謂時刻者皆倣之】將其存照進口報單艙口單船上自用物件及所有免稅物件【皆非商貨者】各清單呈交海關如有不遵此規者罰該船長銅錢三萬文如尙怠不遵卽自其時限起每二十四時懲罰錢與前數同但不得逾十萬文之外
本款所載進口報單應註明船名噸數【或船名】船長姓名所乘水夫總數船客姓名總數所出港名開帆年月日及進口年月日時仍須船長或其代辦人記名畫押艙口單應註明所載貨物圖記號數件數貨名及貨主姓名保其確實仍須船長或其代辦人記名畫押至船上自用物件及免稅物件各清單亦須船長或其代辦人記名畫押但各報單及各文件均用日本國文不副譯文

第三款
艙口單所載內倘有或脫或誤者准於遵辦進口應行各事之後二十四時內自行補改如已過此限非納規費七千文不得請行補改又或過其時限不知有誤脫而起岸者將其貨物額稅之二倍罰徵船長或代辦人

第四款
一經遵辦進口應行各事卽由海關稅務司發給開艙單在船長當將此開艙單與看守本船官吏查照請其將艙口及別載有貨物之處開封如或擅開其封勿論何人所爲罰該船長三萬文

第五款
欲將進口貨起岸或將出口貨裝船者應先將置貨單【置貨單謂註明置貨之年月日地名及其原價裝包費抽分錢保險費運費其他各項需費由其買主或貨主或落貨本主或其代辦人記名蓋印者】附起貨稟單或落貨稟單呈交海關在海關卽發准單其欲將貨裝卸應先將准單與看守本船關吏查照其欲將貨挪載別船者亦照此例
起貨落貨各稟單均應註明其進出船名及其貨物圖記號數貨名等仍保其決無隱藏有稅貨物須由稟主或其代辦人記名畫押

第六款
自日落至日出非經海關特准不得將貨起落或挪載別船海關官吏自日落至日出封鎖艙口及別載有貨物之處妥爲管押如有不經該員允准開其封鎖或破其管押之處者罰該船長三萬文

第七款
如有不領海關准單將貨起落或挪載別船又不經海關允准擅在指定埠頭之外上下貨物者均將其貨入官

第八款
凡日本人民在通商各口應聽任便雇朝鮮車船夫役搬運貨物送迎船客朝鮮官吏決不干預又不可限定何舟何人如日本商民難於雇用一經稟請海關須由海關妥爲照料

第九款
凡進出口各貨過關應按照本約所附稅則交納關稅至於船上自用各物如起岸發賣仍照稅則納稅惟從價稅則將其貨物所產或所製造地方實價與由該地運到之費用保險費及抽分錢等各費合算爲之原價徵其定則之稅

第十款
如所納稅項或過多或過少自納稅之日不出三十日則由海關得以追收其所少之數由納主得以請還其所多之數又如有因看出貨物所裝短缺或有所損壞請還其所多納之稅者一經過關不准

第十一款
凡海關官吏可以將進出口貨全件或其內一二件在查驗局查驗其搬運花費悉由貨主自理如貨物運至非尋常驗貨之地則費當出自海關海關官吏須將貨物留心搬動以防損壞若有因不留心以致損壞當由海關賠補一經查驗將其貨細心包藏仍不可徒費時刻

第十二款
海關稅務司如或將進出口貨主所稱價值以爲不合可以按照海關看貨人所認價值徵稅倘貨主不服應限二十四時內將其不服緣由具報海關稅務司海關稅務司卽令貨主自擇估價者將其所估之價再報後任憑海關稅務司或照其再報估價徵稅或按估價更加其百分之五收買其貨惟收買其貨須自再報之日起限五日內還清其價

第十三款
凡進口各貨內如有在途上損壞者應由進口貨主將其事由報關擇老實看貨人兩名以上核定其受虧幾何將各件圖記號數及其受虧幾何開列清單仍應看貨人畫押與起貨稟單同呈海關請減其稅惟遇有此等事亦不妨照第十二款所載有貨估價

第十四款
如有將起貨落貨各稟單內所不開列物件隱在貨內希圖漏稅者將其物件入官又如有將貨物種類件數稱量等捏報或將應納稅物混入免稅物單內希圖漏減稅銀者除徵應納關稅外罰徵其所希圖漏減稅銀五賠之數

第十五款
如將船人及船客自用各物上下無庸請領海關准單准海關官吏將其各物查驗有應納稅物過多不能認作自用者可以按照稅則徵應納之稅其行李內藏有違禁物項者將其貨入官至鴉片照第三十七款處辦

第十六款
凡日本欽差署所用各物均應不徵關稅毋庸查驗

第十七款
凡將爆發質或危險質各物上下豫定一地除其地外不准上下

第十八款
凡進朝鮮國通商口完納關稅各貨運送朝鮮國各處均應不徵運稅及內地關稅竝其他一切稅銀又由朝鮮各處運送通商口之貨物亦應不徵運稅內地關稅及其他一切稅銀

第十九款
凡進口各貨完納關稅後欲改運別口者在海關查無坼開抽換挿入等跡果係原樣應發給完稅執照在別口海關將其貨對比執照相符則不再徵進口稅如查有將貨抽換挿入等弊按其所抽換挿之貨徵應納之稅外罰徵其稅銀五倍之數

第二十款
凡進口各貨由貨主領收後請運回者在海關查驗實有進口貨之據則准其不納出口稅運回

第二十一款
日本商船所運回朝鮮國通商口之朝鮮國土貨比之起初出口之時不改其性質樣式而由其出口之日起未過三年且附有其出口時所領落貨准單在貨主證明其爲朝鮮國土貨者准其免稅過關

第二十二款
朝鮮國沿海運載之便未敷日本國商船勿論其爲何國物件得以在通商各口裝載往來惟欲將在通商各口所買朝鮮國土貨運送朝鮮國通商別口者將抵其物出口稅之銀或擇承當其銀之保人【稅務司之所肯可者】將其保單寄存其所出口之海關然後到通商別口起其貨時請領其口海關起貨憑單收執【但不納進口稅】由出口之日起限六個月內交之所出口之海關請還起初所寄存銀或保單倘其所運之船失事由出口之日起限一年內應將日本領事官所證明之失事單送交海關以代該憑單之用俟朝鮮船隻敷用則朝鮮國此口貨運往彼口者槪不用他國船隻

第二十三款
在通商口海關經辦貨物之處由朝鮮政府建設廠房又須建設棧房以便寄存進出口各貨至其棧租及其他各事另訂章程施行

第二十四款
有欲將進口各貨不納關稅寄存海關棧房者應照棧房章程稟經海關稅務司允准旣遵此規如欲將其貨運回日本國准卽行出口或卽已完關稅之貨由該棧直行運回者須還其已納稅銀惟一經由貨主領收則照第二十款所載辦理惟在朝鮮政府未設棧房之前雖已由貨主領收後查係原包在海關還其已納稅銀准其運回其已過一年者照第二十款辦理

第二十五款
如有日本商船因爲修理起貨者准將其貨不納關稅起岸安放海關所轄廠房惑棧房【但棧租及一切需費由船長支辦】俟修竣可以下貨如有發賣其貨則應照納關稅又如有將在

朝鮮近海所壞船隻之船材船具及船上所用物件發賣者免其進口稅

第二十六款
日本商船欲出口者在其起錨前船長或其代辦人須將出口報單及出口艙口單呈交海關領回領事官所發船牌貨單存照俟領出口准單卽行出口

第二十七款
已經遵辦出口應行各事之船隻如因有故欲再上下貨物仍應再辦進口應行各事其出口亦須遵辦出口應行各事如或已經遵辦出口應行各事已至出口時尙未能起錨者應由船長或其代辦人將其事由呈報海關請准

第二十八款
船長欲領出口准單倘遇有違犯海關各章程之案未經審斷則海關不發准單但一經領事官飭令船長或立妥保或出保銀後知照海關稅務司卽發出口准單

第二十九款
凡郵船得以同日或同時併辦進口與出口應行各事其進口艙口單除將其在該口所起及所挪載別船之貨物開列外不必另載至出口艙口單如由船長不能呈報准由其郵船公司代辦人在出口後三日內呈報

第三十款
凡因買船上所需各物或因避災過朝鮮通商口之日本商船或魚船無庸遵辦進口及出口應行各事惟其停泊過二十四時則應將其事由報關如或就行貿易必須照第二款規則辦理

第三十一款
朝鮮政府日後須將各通商口內修築以及建設燈塔浮樁而日本商船之到通商口者應納船鈔每噸一百二十五文以充其維持之費【但其稱裝幾石之船者以日本六石五斗五升算爲

一噸】如經納船鈔卽由海關發給專照以四個月爲限在其期內任憑隨便到朝鮮國通商各口無庸再納船鈔又有進口商船未經起貨欲赴他處者於兩日內出口無庸納鈔但遇風雨大霧不能開纜則應將其事由呈報海關但漁船不納噸稅俟有別國商船多到則可公同籌商修築口岸及建立燈塔浮椿之費再行改定噸稅

第三十二款
凡兵艦及日本國官船不載商貨者到朝鮮國通商口無庸遵辦進口及出口應行各事又無庸納鈔亦不須海關官吏看守如有將其不用之物起岸發賣應由該買主報關納稅

第三十三款
如有日本商船在朝鮮國不通商口密行買賣或希圖密行賣買者朝鮮政府將該商貨及其所載各商貨入官罰船長五十萬文惟因避風浪或因需薪水食物一時收口者不在此例

第三十四款
朝鮮國政府或人民欲將貨物人員等運送不通商口得以雇用日本商船但其雇主若係人民應領朝鮮政府准單雇用

第三十五款
本章程所載罰銀及入官其他所關罰則之案件因海關稅務司訴告由日本領事官審判但其所徵罰銀及入官各物均歸朝鮮政府在朝鮮官吏所攔留各物該官吏會同日本領事官加封盖戳仍留海關以待判結如領事官判爲無罰則其各物須移由領事給還貨主如朝鮮官吏意見不合控告其應訴之裁判所則貨主應將其貨價寄存領事官以待判結如或其所攔留物件係腐敗質或變更質或危險質者應將其價銀在領事衙門寄存貨付原主

第三十六款
鴉片嚴禁進口如有將鴉片密運或希圖密運者將貨入官仍按其密運總數每一斤罰徵七千文惟其係朝鮮政府需用者或寄居日本人民需用配藥而經日本領事官證明其事進口

者不在此限

第三十七款
如朝鮮國因有旱潦兵戎等事恐國內缺乏糧食欲暫禁粮米出口須先期一個月由地方官知照日本領事官以便豫將其期轉示在口日本商民一律遵照【現在諸穀出口幷行抽五如朝鮮災荒缺食要米粮進口可臨時知照免稅日本災荒缺食要米粮出口亦臨時知照免稅】

第三十八款
大小鎗砲各種彈子火藥電紛其他一切軍器除朝鮮政府或經朝鮮政府准買軍器朝鮮人外不准賣給朝鮮人民如有密行售賣者將貨入官

第三十九款
如有違犯本章程中不載罰款者罰徵一萬五千文以下

第四十款
本章程所定稅餉及罰款應以朝鮮銅錢完納或將日本銀貨照時價換用墨洋與日本銀貨同價亦可換用至第二第三第四第六第三十三等各款內所載罰款及規費其商船係五百噸以下者徵二分之一五十噸以下者徵四分之一

第四十一款
准日本國漁船於朝鮮國全羅慶尙江原咸鏡四道海濱朝鮮國漁船於日本國肥前筑前石見長門【對朝鮮海面處】出雲對馬海濱往來捕漁但不准私將貨物貿易違者將本貨入官賣買其所獲魚類不在此例至其彼此應納魚稅及其他細目俟遵行兩年後核其情況更行妥議酌定

第四十二款
本章程自蓋印之日起一百日內當經日本朝鮮兩國政府允准過一百日後施行卽所有從前

貿易規則及其他各約中有碍本章程各條款者槪歸廢止但現時若將來朝鮮政府有何權利特典及惠政恩遇施與他國官民日本國官民亦卽一體均沾至本章程自施行之日起以五年爲期再行改訂乃須期滿之前兩國政府妥議設立新章倘有商議逾期未決則其間姑照本章程辦理又若遇本章程內有應要增加之件彼此均以爲便卽得隋時妥議增訂爲此兩國全權大臣記名蓋印爲憑

大朝鮮國開國四百九十二年六月二十二日
　　　全權大臣督辦交涉通商事務 閔泳穆 ㊞
大日本國明治十六年七月二十五日
　　　全權大臣辨理公使 竹添進一郞 ㊞

출처: 奎23024

번역문

재조선국일본인민통상장정

제1관

일본의 각 상선이 조선국의 통상 항구에 들어오면 해관에서 파견된 관리는 즉시 갑판의 승강구 및 별도로 화물을 적재한 곳을 봉쇄하고 관압(管押)한다. 상선에서는 그 관원을 후하게 접대하고 그가 거주할 방을 제공한다. 만약 제공할 선실이 없어 해당 관원이 해관의 선박이나 혹은 해안에서 편의에 따라 거주하도록 맡겨 둘 경우에는 그 일체 비용은 모두 해관에 귀속시켜 지불하고 선주 및 대리인 등으로부터 추호라도 사적으로 받을 수 없다.

일본의 구식 범선에 실은 화물을 관압하는 법에 관해서는 해관세무사와 일본 영사관이 처리하는 방법을 협의하여 시행한다.

제2관

일본 상선이 조선국의 통상 항구에 입항하면 해당 선장 혹은 그 대리인이 선박의 등록증명서와 화물 목록을 일본 영사관에게 제출하고 그 수령 증서를 영수한 이후에 입항 시 해야 할 각 사무를 처리하고 그 닻을 내린 시각으로부터 48시간【예배일 및 공무 처리를 쉬는 날은 계산하지 않는다. 이하 각 조관에서 시각을 말한 것은 모두 이와 같다】이내에 그 증서, 입항 통관 신고서, 적하 목록, 배에서 사용하는 물건 및 소유한 면세 물건【상품이 아닌 것을 가리킨다】의 각 명세서를 해관에 제출한다. 만약 이 규정을 따르지 않으면 해당 선장에게 동전 3만 문(文)의 벌금을 과하고 만일 여전히 태만하여 따르지 않으면 그 시한으로부터 매 24시간마다 위의 액수와 동액의 벌금을 물린다. 단, 10만 문을 초과할 수 없다.

본 조관에 기재된 입항 통관 신고서는 선박명, 톤수【혹은 석수(石數)】, 선장의 성명, 승선한 선원의 총 인원수, 선객의 성명과 총 인원수, 출항한 항구명, 출항한 연월일 및 입항 연월일시를 상세히 밝히고 선장 혹은 그 대리인이 이에 이름을 쓰고 서명하여야 한다. 적하 목록은 실은 화물의 검인 호수, 건수, 화물의 이름 및 화물 주인의 성명을 기록하여 상세히 밝히고 확실함을 보증하여 선장 혹은 그 대리인이 이름을 쓰고 서명하여야 한다. 배에서 사용하는 물건 및 면세 물건의 목록은 선장 혹은 그 대리인이 이름을 쓰고 서명하여야 한다. 단, 각 통관 신고서 및 각 문건은 모두 일본어를 사용하고 번역문을 붙이지 않는다.

제3관

적하 목록에 기재한 것 가운데 만약 빠지거나 잘못된 것이 있을 때에는 입항 시 해야 할 각종 사무를 처리한 후 24시간 이내에 스스로 보충하거나 고치는 것을 허가한다. 이 한도를 지나면 수수료 7,000문을 납부하지 않고서는 보충하거나 고치는 것을 청할 수 없다. 혹은 그 시한이 지났음에도 잘못되거나 빠진 것이 있음을 모르고 해안에 내리면 그 화물 액세의 2배의 벌금을 선장 혹은 대리인에게 징수한다.

제4관

일단 입항 시 해야 할 각종 사무를 처리하면 즉시 해관세무사는 짐을 내리는 허가증명서(開艙單)를 발급한다. 선장은 이 허가서를 가지고 본 선박을 간수(看守)하는 관리에게 주어 검사하여 그 갑판의 승강구 및 별도로 화물을 적재한 곳의 봉인을 열 것을 청할 수 있다. 만약 그 봉인을 마음대로 열면 누구인지를 막론하고 해당 선장에게 3만 문의 벌금을 부과한다.

제5관

입항한 화물을 해안에 내리거나 혹은 출항할 화물을 선적하려고 할 때에는 먼저 적치 화물 명세서(置貨單)【적치 화물 명세서는 화물을 적치한 연월일, 지명 및 원가, 포장비, 세금, 보험비, 운임, 기타 각 항목 경비를 상세히 기재한 후 그 매주(買主) 혹은 화주, 혹은 선적품 본주(本主) 혹은 그 대리인이 이름을 쓰고 날인한 것을 말한다】를 하선 신고서 혹은 선적 신고서에 첨부하여 해관에 제출해야 하며 해관은 즉시 허가증을 발급한다. 화물을 싣거나 내리고자 할 때에는 우선 허가증을 가지고 본 선박을 간수하는 해관 관리에게 주어 검사해야 하며 화물을 다른 배에 옮겨 실을 때에도 이 규례에 따른다.

하선과 선적의 각 신고서에는 모두 그 입출항하는 선명 및 그 화물의 검인 번호와 화물의 이름 등을 상세하게 기록함으로써 세금을 납부해야 할 화물을 결코 감춘 것이 없음을 보증하며 품주(稟主) 혹은 그 대리인이 이름을 쓰고 서명해야 한다.

제6관

일몰에서 일출까지 해관의 특별한 허가를 거치지 않고서는 화물을 하선, 선적하거나 혹은 다른 배에 옮겨 실을 수 없다. 해관 관리는 일몰에서 일출까지 갑판의 승강구 및 별도로 화물을 적재해 둔 곳을 봉쇄하고 잘 관압한다. 해당 관원의 허가를 거치지 않고 그 봉쇄를 열거나 관압한 곳을 파손하는 경우에는 해당 선장에게 3만 문의 벌금을 부과한다.

제7관

해관의 허가증을 받지 않고 화물을 하선, 선적하거나 혹은 다른 배에 옮겨 싣거나 또는 해관의 허가를 거치지 않고 마음대로 지정된 부두 이외의 장소에서 화물을 올리거나 내리는 경우에는 모두 그 화물을 몰수한다.

제8관

모든 일본 인민은 각 통상 항구에서 편의에 따라 조선 차부(車夫)와 선부(船夫)를 고용하여 화물을 운반하고 선객을 영송할 수 있으며, 조선 관리는 결코 간섭할 수 없다. 또한 어느 배 어느 사람으로 한정할 수 없다. 일본 상민이 고용에 어려움이 있어 해관에 청원을 하면 해관에서는 잘 보살펴야 한다.

제9관

입항하거나 출항하는 각 화물이 해관을 통과할 때는 본 조약에 첨부된 세칙(稅則)에 따라 관세를 납부해야 한다. 배 안에서 사용하는 각 물건을 해안에 내려서 판매하면 세칙에 따라 세금을 납부해야 한다. 단, 종가세(從價稅)는 그 화물의 산지 혹은 제조한 지방의 실제 가격과 그 해당 지방에서 운반해 온 비용, 보험비 및 세금 등 각종 비용을 합산하여 원가로 삼고 그 정칙(定則)의 세금을 징수한다.

제10관

납부한 세금이 혹 과다하거나 과소하면 납세한 날로부터 30일이 경과하지 않은 경우에는 해관에서 그 적은 액수를 추징할 수 있고, 세금을 납부한 사람도 그 과납한 금액의 반환을 청구할 수 있다. 또한 포장하여 실어 둔 화물이 모자라거나 혹은 파손되었다고 보아 과납한 세금의 반환을 청구하는 경우가 있을지라도 일단 해관을 통과하면 허가하지 않는다.

제11관

해관 관리는 입출항하는 화물 전부 혹은 그 가운데 1, 2건을 사험국(查驗局)에서 조사 검사할 수 있으며, 화물을 운반하는 비용은 모두 화주가 스스로 부담한다. 통상적으로 화물을 검사하는 곳이 아닌 곳에 운반하였을 경우에는 비용은 해관에서 내야 한다. 해관 관리는 화물을 주의하여 운반해 파손을 방지해야 한다. 만약 주의하지 않아 파손되었을 경우에는 해관에서 배상해야 한다. 일단 검사를 하면 그 화물을 잘 포장하여 시간을 낭비해서는 안 된다.

제12관
해관세무사가 입출항 화물의 화주가 말하는 가격이 맞지 않다고 여기면 해관의 간화인(看貨人)이 인정하는 가격에 따라 세금을 징수할 수 있다. 만약 화주가 불복할 경우에는 24시간 안에 그 불복하는 연유를 해관세무사에 문서로 보고하고, 해관세무사에서는 즉시 화주에게 스스로 가격을 매길 사람을 선택하여 그 매긴 가격을 다시 통보하게 한다. 해관세무사의 자유에 맡겨 다시 가격을 매겨 통보한 가격에 의하여 세금을 징수하거나 혹은 매긴 가격에 다시 100분의 5를 더하여 그 화물을 수매한다. 단, 그 화물을 수매하는 경우에는 다시 통보한 날로부터 5일 안에 그 가격을 청산해야 한다.

제13관
입항한 각 화물 가운데 도중에 파손된 것이 있을 경우 입항 화물의 화주가 그 사유를 해관에 보고하고 정직한 간화인 2명 이상을 선택해 손해를 입은 것이 얼마나 되는지 조사 결정하여 각 건의 검인 번호와 그 입은 손해가 얼마인지 목록에 열거하고, 간화인이 서명하여 하선 신고서와 함께 해관에 제출하여 그 세금을 감해 주기를 청할 수 있다. 단, 이러한 일 등이 있을 경우에도 제12관에 기재된 바에 따라 간화하여 가격을 매겨도 무방하다.

제14관
하선, 선적 각 신고서 내에 열거되지 않은 물건을 화물 가운데 숨겨서 탈세를 시도하는 자는 그 물건을 몰수한다. 또한 화물의 종류, 건수, 무게 등을 허위로 보고하거나 혹은 납세해야 할 물건을 면세물 목록에 섞어 넣어 탈세하거나 감세하려고 시도하는 경우에는 납부해야 할 세금 외에 탈세하거나 감세하려고 시도한 액수의 5배를 벌금으로 징수한다.

제15관
선원 및 선객들이 자체로 사용하는 각 물건을 싣거나 내릴 경우에는 해관에 허가증을 신청할 필요가 없다. 단, 해관 관리가 각 물건을 검사하여 세금을 납부해야 할 물건이 있거나 너무 많아 자체로 사용하는 물건이라고 인정할 수 없을 때에는 세칙에 따라 납부해야 할 세금을 징수할 수 있다. 그 수화물 가운데 금지된 물건을 숨기고 있을 때에는 그 화물은 몰수하고, 아편은 제36관에 따라 처리한다.

제16관
일본 흠차서(欽差署)에서 사용하는 각 물건은 모두 관세를 징수하지 않으며 검사를 할 필요가 없다.

제17관
폭발 물질이나 혹은 위험 물질을 싣고 내릴 때에는 미리 한 곳을 정해 놓고 그곳을 제외하고 싣고 내리는 것을 허가하지 않는다.

제18관
조선국 통상 항구에 들어와 관세를 완납한 각 화물을 조선국 각 지역으로 운송하는 것은 모두 운세 및 내지(內地) 관세와 기타 일체의 세금을 징수하지 않는다. 또한 조선 각 지역에서 통상 항구로 운송하는 화물도 운세, 내지 관세 및 기타 일체의 세금을 징수하지 않는다.

제19관
입항한 각 화물을 관세 완납 후 다시 다른 항구로 운반하려고 할 때 해관에서는 조사하여 뜯어 열거나 바꾸거나 집어넣은 등의 흔적 없이 과연 원래 모양으로 있으면 세금을 완납했다는 증서를 발급해야 한다. 다른 항구의 해관에서 그 화물을 증서와 대조하여 서로 맞으면 입항세를 다시 징수하지 않는다. 조사하여 화물을 바꾸거나 집어넣은 등의 폐단이 있을 경우에는 바꾸거나 집어넣은 화물에 따라 납부해야 할 세금을 징수하는 것 외에 그 세금의 5배의 액수를 벌금으로 징수한다.

제20관
입항한 각 화물을 화주가 영수한 후 되돌려 보내려고 청하는 경우에는 해관에서 조사 검사하여 입항 화물이라는 근거가 있으면 출항세를 납부하지 않고 되돌려 보내는 것을 허가한다.

제21관

일본 상선이 조선국 통상 항구로 되돌려 보낸 조선국 토산물은 처음에 출항하던 때와 비교해서 그 성질과 양식이 바뀌지 않고 그 출항한 날로부터 3년이 경과하지 않고 또 그 출항한 때에 받은 선적 허가증이 화주에게 있어서 그것이 조선국 토산물임을 증명하면 그 세금을 면제하고 해관을 통관하는 것을 허가한다.

제22관

조선국 연해에 실어 나르는 편의가 아직 충분하지 못하므로 일본국 상선은 어느 나라의 물건임을 막론하고 각 통상 항구에 싣고 왕래할 수 있다. 단, 각 통상 항구에서 사들인 조선국 토산물을 조선국의 다른 통상 항구에 운송할 경우에는 그 화물의 출항세에 해당하는 금액을 저당하거나 혹은 그 금액을 담보할 보증인을【세무사에서 동의하는 사람】 선택하여 그 보증서를 출항할 해관에 맡겨 둔다. 그 후에 다른 통상 항구에 가서 그 화물을 하선할 때에 그 항구의 해관에 하선 증명서를 신청하여【단, 입항세는 납부하지 않는다】 출항한 날로부터 기산하여 6개월 안에 이를 출항한 해관에 제출하고 처음에 맡겨 둔 금액이나 보증서의 반환을 청구한다. 만약 그 화물을 운반한 배가 사고가 있었을 때에는 출항한 날로부터 기산하여 1년 내에 사고가 있었다는 것을 일본 영사관이 증명하는 문서를 해관에 제출하여 해당 증서를 대신한다. 조선의 선척이 충분해지면 조선국의 화물을 이 항구에서 저 항구로 운반해 가는 데 타국의 선척을 사용하지 않는다.

제23관

통상 항구의 해관에서 화물을 취급하는 곳에 조선 정부에서 작업장을 건설하고 또 창고를 건설하여 입출항하는 각 화물을 맡기는 데 편리하게 한다. 창고세와 기타 각 사무는 별도로 장정을 정하여 시행한다.

제24관

입항한 각종 화물에 관세를 납부하지 않고 해관의 창고에 맡겨 두려고 할 경우에는 창고 장정에 따라 해관세무사의 허가를 신청해야 한다. 이미 이 규정을 준수하고 그 화물을 일본국에 되돌려 보내려고 하는 경우에는 즉시 출항하도록 허가하거나 혹은 이미 관세를 완납한 화물을 해당 창고에서 곧바로 되돌려 보내려고 할 경우에는 이미 납부한 세금을 반환해야 한다. 단, 일단 화주가 영수하면 제20관의 기재한 바에 따라 처리한다. 단, 조선 정부에서 창고를 설치하기 이전에는 이미 화주가 영수한 뒤라 하더라도 조사하여 원래대로 포장되어 있으면 해관에서는 이미 납부한 세금을 돌려주고 되돌려 보내는 것을 허가한다. 이미 1년을 경과한 것은 제20관에 따라 처리한다.

제25관

일본 상선이 수리로 인하여 화물을 하선하는 경우에는 그 화물에 대하여 관세를 납부하지 않고 해안에 내려서 해관이 관할하는 작업장이나 창고에 두고【단, 창고세 및 일체 소요되는 비용은 선장이 지불한다】수리를 끝내고 나서 선적할 수 있다. 그 화물을 판매하는 경우에는 관세를 납부해야 한다. 조선 근해에서 파손된 선척의 자재와 도구 및 선상에서 쓰던 물건을 판매하는 경우에는 그 입항세를 면제한다.

제26관

일본 상선이 출항하고자 하면 그 닻을 올리기 전에 선장이나 혹은 그 대리인이 출항 신고서와 출항 적하 목록을 해관에 제출하고, 영사관이 발급한 선박의 등록증명서와 화물 목록의 수령 증서를 돌려주고 출항 허가증을 받은 후 즉시 출항한다.

제27관

이미 출항 시에 해야 할 각종 사무를 처리한 선척이 사정이 있어 다시 화물을 올리거나 내리려고 할 경우에는 입항 시에 해야 할 각종 사무를 처리하고, 그 출항 시에도 출항할 때 해야 할 각종 사무를 처리해야 한다. 혹은 이미 출항 시에 해야 할 각종 사무를 처리하고 출항할 시기가 되었음에도 아직 닻을 올리지 못하였을 때에는 선장이나 그 대리인이 그 사유를 해관에 보고하고 허가를 받아야 한다.

제28관

선장이 출항 허가증을 받으려고 할 때에 만약 해관의 각 장정을 위반한 안건을 아직 심사 판결하지 못한 것이 있을 경우에는 해관은 허가증을 발급하지 않는다. 단, 일단 영사관이 선장에게 명령하여 보증인을 세우거나 보증금을 낸 뒤 해관세무사에 통지하면 즉시 출항 허가증을 발급한다.

제29관

우편선은 같은 날 혹은 같은 시각에 입출항 시 해야 할 각종 사무를 동시에 처리할 수 있다. 입항 시의 적하 목록은 그 해당 항구에서 하선한 것과 다른 배에 옮겨 실은 화물을 열거한 것 외에 다른 것은 기재할 필요가 없다. 출항할 때의 적하 목록을 선장이 제출할 수 없을 경우에는 그 우편선 공사(公司)의 대리인이 출항 후 3일 안에 제출하는 것을 허가한다.

제30관

선상에서 필요한 각종 물건을 구입하거나 혹은 재난을 피하는 것으로 인해 조선 통상 항구를 통과하는 일본 상선 혹은 어선은 입출항 시에 해야 할 각종 사무를 처리할 필요가 없다. 정박한 지 24시간이 경과하면 그 사유를 해관에 보고해야 한다. 무역을 할 경우에는 반드시 제2관의 규칙에 따라 처리해야 한다.

제31관

조선 정부는 금후 각 통상 항구 내부를 수축하고 등대와 부표를 건설해야 하며 통상 항구에 오는 일본 상선은 톤세(船鈔)로 톤당 125문을 납부하여 그 유지비로 충당한다【단, 몇 석(石)을 실은 선박으로 칭할지는 일본의 6석 5말 5되를 1톤으로 삼는다】. 톤세를 납부했을 때에는 즉시 해관에서 증서(專照)를 발급하여 4개월을 한도로 하여 그 기간 내에 마음대로 조선국의 각 통상 항구에 가더라도 다시 톤세를 납부할 필요가 없다. 또한 입항한 상선이 하선하지 않고 다른 곳으로 가고자 할 경우 이틀 안에 출항할 때에는 톤세를 납부할 필요가 없다. 단, 비바람과 큰 안개를 만나 출항할 수 없을 경우에는 그 사유를 해관에 보고해야 한다. 단, 어선은 톤세를 납부하지 않는다. 다른 나라 상선이 많이 오면 공동으로 항구를 수축하고 등대와 부표를 건설하는 비용을 상의하여 다시 톤세를 개정할 수 있다.

제32관
군함 및 일본국 관선이 상품을 싣지 않고 조선국의 통상 항구에 왔을 때에는 입항 및 출항 시 해야 할 각종 사무를 처리할 필요가 없으며, 또한 선세를 납부하지 않으며 해관 관리가 간수하지 않는다. 그 사용하지 않는 물건을 하선하여 판매하는 경우에는 해당 매주가 해관에 보고하여 세금을 납부해야 한다.

제33관
일본 상선이 조선국의 통상하지 않는 항구에서 몰래 매매를 하거나 혹은 몰래 매매를 하려고 시도한 경우에는 조선 정부가 해당 상품 및 그 배에 싣고 있는 각 상품을 몰수하고 선장에게 50만 문의 벌금을 과한다. 단, 풍랑을 피하거나 혹은 석탄, 물, 식량이 필요한 것으로 인해 일시 항구에 정박하였을 경우에는 이 규례를 적용하지 않는다.

제34관
조선국 정부나 혹은 인민이 화물과 인원 등을 통상하지 않는 항구에 운송하려고 할 경우에는 일본 상선을 고용할 수 있다. 단, 그 고용주가 인민이면 조선 정부의 허가증을 받아 고용해야 한다.

제35관
본 장정에 기재된 벌금 및 몰수, 기타 관련된 벌칙의 안건은 해관세무사의 고소에 의하여 일본 영사관이 심사 판결한다. 단, 그 징수한 벌금 및 몰수한 각 물건은 모두 조선 정부에 귀속한다. 조선 관리가 압류한 각 물건은 해당 관리가 일본 영사관과 회동하여 봉인하고 도장을 찍어 해관에 두고 판결을 기다린다. 영사관이 판결하여 처벌할 것이 없다고 할 경우에는 그 각 물건들을 영사에게 넘겨 화주에게 반환한다. 조선 관리와 의견이 맞지 않아 응소한 재판소에 항소할 경우에는 화주는 그 화물 가액을 영사관에게 맡겨 두고 판결을 기다린다. 압류한 물건이 부패되거나 혹은 변질되거나 혹은 위험한 것이면 그 가액을 영사아문에게 맡겨 두고 화물은 원래 주인에게 넘겨준다.

제36관
아편 입항을 엄격히 금지한다. 아편을 몰래 운반하거나 몰래 운반하려고 시도한 경우에는 화물을 몰수하고 몰래 운반한 총수에 따라 매 1근(斤)에 7,000문의 벌금을 징수한다. 단, 그것이 조선 정부에서 사용할 것이거나 기거하는 일본 인민이 약을 만드는 데 필요한 것이어서 일본 영사관이 그 사실을 증명하고 입항한 것이라면 이 제한을 적용하지 않는다.

제37관
조선국에서 가뭄, 홍수, 전쟁 등의 일로 국내에 양식이 결핍할 것을 우려하여 잠시 미곡 수출을 금지하려고 할 경우에는 먼저 1개월을 기하여 지방관이 일본 영사관에게 통지해 미리 그 기간을 항구에 있는 일본 상민에게 전달하여 일률적으로 준수하는 데 편리하게 한다【현재 여러 곡물을 입출항하는 것은 모두 5퍼센트를 과세한다. 조선에서 흉작으로 식량이 모자라 미곡을 들여오려면 임시로 면세를 통지할 수 있다. 일본에서 기근으로 식량이 모자라 쌀을 들여올 때에도 임시로 면세를 통지한다】.

제38관
크고 작은 함포, 각종 탄환, 화약, 뇌관 가루, 기타 일체의 무기는 조선 정부 혹은 조선 정부에서 무기 구매를 허가한 조선 사람을 제외하고 다른 조선 인민에게 판매하는 것을 허가하지 않는다. 몰래 판매하는 경우에는 화물을 몰수한다.

제39관
본 장정에 기재되지 않은 벌금 규정을 위반한 경우에는 15,000문 이하의 벌금을 징수한다.

제40관
본 장정에서 정한 세금 및 벌금은 조선 동전으로 완납해야 한다. 혹은 일본 은화를 시가에 따라 바꾸어 쓸 수 있으며, 멕시코 은화가 일본 은화와 가치가 같으면 역시 바꾸어 쓸 수 있다. 제2, 제3, 제4, 제6, 제33관 등 각 조관 안에 기재된 벌금 및 수수료는 500톤 이하의 상선은 2분의 1을 징수하고, 50톤 이하는 4분의 1을 징수한다.

제41관
일본국 어선은 조선국 전라, 경상, 강원, 함경 4도 해변에서, 조선국 어선은 일본국 히젠[肥前], 지쿠젠[筑前], 이와미[石見], 나가토[長門]【조선 해안과 면한 곳】, 이즈모[出雲], 쓰시마[對馬島] 해변에서 왕래하면서 고기를 잡는 것을 허가한다. 단, 사사로이 화물 무역을 허가하지 않으며 위반한 자는 그 화물을 몰수한다. 그 잡은 물고기를 매매하는 것은 이 규례를 적용하지 않는다. 피차 납부해야 할 어세 및 기타 세목은 2년을 시행한 뒤 그 정황을 살펴 다시 협의하여 결정한다.

제42관
본 장정은 조인한 날로부터 100일 이내에 일본, 조선 양국 정부의 승인을 거쳐 100일이 지난 뒤에 시행하며, 종전의 무역규칙 및 기타 각 조약 중에 본 장정에 장애가 되는 각 조관은 대개 폐지한다. 단, 현재나 장래에 조선 정부가 어떤 권리와 특전 및 혜택과 우대를 다른 나라 관민에게 베풀 때에는 일본국 관민도 일체균점한다. 본 장정은 시행하는 날로부터 5년을 기한으로 하여 다시 개정하고 만기 전에 양국 정부는 협의하여 새로운 장정을 세운다. 만약 협의가 기한이 지나도 결정되지 못하는 경우에는 그 사이에 잠시 본 장정에 따라 처리한다. 또한 본 장정 내에 더 추가해야 할 안건이 있어 피차 모두 편리하다고 하는 경우에는 수시로 협의하여 증보 수정한다. 이를 위하여 양국 전권대신이 기명하고 날인하여 증거로 삼는다.

대조선국 개국 492년 6월 22일
     전권대신 독판교섭통상사무 민영목 ㊞
대일본국 메이지 16년 7월 25일
     전권대신 변리공사 다케조에 신이치로 ㊞

해제

1. 개요

1876년 「조일수호조규」[※Ⅱ-1] 체결 이후 7년 만에 조일 간에 여러 차례의 교섭을 거쳐 체결한 통상조약으로, 수출입 물품에 대한 세부 세율까지 「해관세칙」으로 확정하였다. 세칙을 논의하기 위해서 조선 정부는 1880년 2차 수신사 김홍집(金弘集)을 일본에 파견하였으며, 이때 「조일통상장정(1883)」을 체결하기 위한 협상 초안을 마련하였다. 변리공사(辨理公使) 하나부사 요시모토[花房義質]의 조선 파견, 3차 수신사 조병호(趙秉鎬)의 일본 파견을 거치는 동안 조일 양국은 여러 차례의 협상을 통해 초안의 내용을 수정 보완하는 과정을 거쳤다. 1882년 7월 임오군란 발생으로 인하여 교섭을 잠시 중단하였다가 1883년 1월 변리공사 다케조에 신이치로[竹添進一郎]가 조선으로 부임한 후 통상 문제를 타결하기 위한 협상을 재개하였다. 이해 7월 25일 독판교섭통상사무 민영목(閔泳穆)과 일본 변리공사 다케조에 신이치로가 「조일통상장정(1883)」을 체결하였다. 최종적인 교섭 과정에는 당시 조선 정부에 고빙된 독일인 묄렌도르프[Paul Georg von Möllendorff]가 깊숙이 개입하였다. 일본은 7년 전 「조일수호조규」를 체결할 때 조선 측의 반대로 삽입하지 못했던 '최혜국대우' 조관을 「조일통상장정(1883)」 체결 단계에 이르러서야 얻어 낼 수 있었다. 이를 통해 조선과 서구 열강이 체결한 통상조약 가운데 자국에게도 유리하게 적용할 수 있는 조관을 균점할 수 있는 근거를 확보하였다. 이후 조일 간에 발생하는 주요 통상(通商) 관련 문제로 방곡령 실시, 어채 문제, 일본인의 비개항장 무역 단속 등은 이 조약의 각 조관에 근거하여 교섭이 진행되었다.

2. 배경

1876년 2월 27일 조선과 일본이 체결한 「조일수호조규」에는 제12관에 6개월 이내에 통상 문제를 추가로 논의하겠다는 내용이 담겨 있었다. 1876년 7월에 조선으로 파견된 미야모토 오카즈[宮本小一]와 강수관 조인희(趙寅熙)는 협상을 거쳐 같은 해 8월 「조일수호조규부록」[※Ⅱ-2]과 「조일통상장정(1876)」[※Ⅳ-1]을 각각 체결하였다. 둘 사이에 주고받은 서한을 통해서 조일 간은 '수년간 면세'로 무역을 진행하기로 하였다. 1878년 부산 두모진(豆毛鎭)에서 조선 정부가 수세를 시도하였다가 일본 측의 무력시위로 인하여 이를 계속할 수 없었다. 1879년 하나부사 요시모토가 대리공사로 조선에 건너와 여러 현안을 두고 교섭하는 가운데, 두모진 수세를 둘러싼 배상과 세칙 협상의 필요성이 대두되었다. 조선 정부에서는 1880년에 2차 수신사로 예조참의 김홍집을 일본으로 파견하였다. 예조판서의 서계(書契) 부록에서 세칙 교섭을 진행하겠다고 한 점에서도 드러나듯이, 김홍집은 일본 정부와 세칙 문제를 논의하는 데 주안점을 두고 있었다. 일본에 건너간 후 김홍집은 외무경 이노우에 가오루[井上馨], 대리공사 하나부사 요시모토와 수차례 만나 현안인 세칙 문제를 논의하였다. 김홍집은 청국과 일본이 체결한 「중동화약(中東和約)」의 조약문을 입수하고 그 내용을 참고하여 협상에 임할 세칙 초안을 작성하였다. 또한 『초사태서기(初使泰西記)』 등의 최신 서적을 입수하여 각국의 미곡 수출 금지 사례를 협상 자리에서 반박 논거로 활용하기도 하였다. 당시 일본 정부가 서구 열강을 대상으로 추진하고 있던 조약 개정에 대한 소식도 접하면서 이것을 조선 측 협상에서도 활용하고자 하는 의지를 드러내기도 했다. 하지만 세칙 협상에 임할 수 있는 전권위임장을 휴대하지 않았다는 이유로 일본 정부와 교섭을 진척시키지는 못했다[※관련 문서-1].

원래 3차 수신사로는 김홍집이 재차 일본에 파견될 예정이었다. 하지만 『조선책략(朝鮮策略)』의 조선 국내 유입에 따른 유생들의 반발과 신사척사운동의 고조 등으로 인하여 김홍집은 수신사로 임명되지 못했다. 수신사로 새로 임명된 자는 조병호였다. 이때 2차 수신사를 수행한 경험이 있는 이조연(李祖淵)이 종사관으로 사행을 따라갔다. 이들은 일본으로 건너가기 전에 귀국 도중에 있던 조사시찰단 이헌영과 접촉하여 세칙과 관련된 정보를 추가로 입수하였다. 이 당시 작성한 것이 「신수통상장정초안(新修通商章程草案)」으로, 일본 정부와 교섭할 때 조병호가 이것을 협상안으로 제시했다. 협상에 앞서 주일 청국 공사관에 있던 허루장[何如璋] 등과도 서한을 주고받으면서 세칙안을 다듬는 문제를 논의했던 것으로 확인되는데 이것을 주도한 자가 이조연이었다. 실제로 청국 측에서 리훙장[李鴻章]에게 보고한 문서를 살펴보면 「신수통상장정초안」 내용이 첨부문서로 들어가 있다. 초안 내용은 서울대학교 규장각한국학연구원에 소장되어 있는 「조일세의(朝日稅議)」(奎23023)와 동일하다. 이를 통해서 「조일통상장정(1883)」 체결 교섭에 청국 측도 조선 사절과 접촉하면서 비교적 신속하게 관련 교섭 정보를 입수하고 있었음을 알 수 있다. 조병호 수신사 때의 세칙 교섭은 조선 측의 수입세 10% 주장과 이노우에의 5% 주장이 계속 평행선을 달렸다. 결국 양국의 세칙 협상은 결렬되었다. 1882년 5월 조선 정부의 협상 대표로 임명된 김보현(金輔鉉)과 김홍집은 하나부사 요시모토 변리공사와 한 차례 더 세칙 교섭을 진행하였다. 하지만 이해 7월 23일, 임오군란 발발과 사후 처리 문제가 긴급 현안으로 떠오르면서 통상 문제에 대한 교섭은 잠정 중단되었다.

3. 체결 과정

「조일통상장정(1883)」 체결을 위한 교섭은 1883년 5월에 재개되었다. 교섭에 앞서 1882년 10월 조선과 청국은 「조청상민수륙무역장정(朝淸商民水陸貿易章程)」을 체결하였다. 일본 정부에서는 이 조약의 내용까지 「조일통상장정(1883)」 내용 안에 반영하여 자국에 유리한 무역 환경을 조성하려고 했다. 그것은 이노우에 외무경이 변리공사로 조선에 파견한 다케조에 신이치로에게 보낸 훈령안의 내용을 통해 확인할 수 있다. 그 내용은 외무성(外務省)에서 '한국병합' 이후 시기에 필사본으로 작성한 『선린시말(善隣始末)』 1883년 관련 기사에서 찾을 수 있다. 조선 현지에서 교섭을 진행하던 다케조에와 훈령으로 협상 방향을 지시한 이노우에 사이에도 입장 차가 적지 않게 존재했다. 교섭을 재개하면서 조선 정부에서는 묄렌도르프가 새롭게 초안을 작성해 제시하였다. 초안 원문은 현재 남아 있지 않으며, 해리 파크스[Harry S. Parkes]가 입수해 보고한 영국 외교문서 안에서만 개략적인 내용을 확인할 수 있다. 1883년 7월 조약을 체결하기 전까지 조선과 일본 측이 남긴 문서는 상당히 소략한 편이다. 다케조에가 일지 형식으로 기록한 『부한일기(赴韓日記)』에서도 조선 관리와 묄렌도르프 등을 만났다는 정도만 남아 있으며, 구체적으로 어떠한 논의를 진행했는지는 파악하기 어렵다. 그래서 기존 연구는 주로 초안 내용의 변동을 중심으로 「조일통상장정(1883)」이 체결된 과정을 서술하였다.

1883년 5월 말부터 묄렌도르프가 일본 공사관을 찾아가 안건을 논의하기 시작했다. 다케조에 변리공사는 외무경에게 현지 상황을 수시로 보고하고, 조선과의 협상에서 사안별로 임해야 할 세부 방침을 훈령으로 지시받았다[※관련 문서-2]. 본격적인 협상에 나서기 전에 조선과 일본 양측은 주한 미국 공사 루시우스 푸트[Lucius H. Foote]를 찾아가 내지통상, 육로무역과 해로무역의 세칙 건 등에 대해 입장을 피력하고 자문을 구했다. 이러한 정황은 푸트의 통역관으로 와 있던 일본인 사이토 슈이치로[齋藤修一郞]가 이노우에 외무경에게 보고한 서한을 통해 구체적으로 확인할 수 있다[※관련 문서-3]. 7월 14일에서 20일까지 양국 대표는 통리아문과 일본 공사관을 오가며 입장을 조율하였다. 같은 달 25일 「조일통상장정(1883)」 조약문에 최종적으로 양국의 협상 대표자 이름을 기입하고 인장을 찍었다.

4. 내용

1883년 7월 25일 조선 독판교섭통상사무 민영목과 일본 변리공사 다케조에 신이치로가 체결한 통상조약이다. 해관을 중심으로 조선과 일본 사이의 무역 거래와 관련된 전반적인 운영과 단속 규정을 수록하였으며, 수출입 물품에 대하여 7가지 종류로 나누어 세율을 정한 세칙 「조선국해관세목(朝鮮國海關稅目)」이 조약의 부속문서로 들어가 있다. 세율은 기본 품목이 5%였고, 사치품의 경우 최고 30%까지 세금을 부과할 수 있도록 정하였다.

한문본 정식 조약 명칭은 '在朝鮮國日本人民通商章程', 일본어본 조약 명칭은 '朝鮮國ニ於テ日本人民貿易ノ規則'이다. 원본은 현재 국내 기관 두 곳에 각각 소장되어 있는 판본이 확인된다. 하나는 서울대학교 규장각한국학연구원에 소장되어 있는 것으로 「在朝鮮國日本人民通商章程」(奎23024)이다. 다른 하나는 국립중앙도서관에 소장되어 있는데, 일본어로 작성된 「朝鮮國ニ於テ日本人民貿易ノ規則」(古貴0234-2-6-7)이다. 이 조약문에 민영목과 다케조에의 인장이 각각 찍혀 있는 것으로 볼 때 조선 측에서 갖고 있던 조약의 일본어 정본에 해당하는 것으로 보인다. 일본어 조약문 다음에는 한문 번역본도 한 부 들어 있는데, 여기에는 인장이 찍혀 있지 않다.

일본 외무성에서는 여러 차례에 걸쳐 조약문을 책자 형태로 간행하였다. 「조일통상장정(1883)」은 영어로 번역하여 1884년에 『Treaties and conventions between the empire of Japan and other powers together』로 간행하였고, 1906년에는 통감부에서 『韓国ニ関スル条約及法令』을 편찬하였다. 1934년 외무성 조약국에서 편찬한 『舊條約彙纂』 第3卷 「朝鮮及琉

球之部」에서도 조약문 내용을 확인해 볼 수 있다. 통감부와 외무성 조약국 간행 책자의 편집 양식과 수록 내용은 동일하며, 각국과 일본이 체결한 조약이 들어갔는지의 여부에서 차이가 날 뿐이다. 영문으로 번역된 조약 명칭은 'Regulations under which Japanese Trade is to be Conducted in Korea'로 기재되어 있다.

제1관부터 제8관까지는 일본 상선이 조선국 통상항으로 들어올 때의 입항 절차, 제출 서류, 화물 운반 규정을 구체적으로 설정하였으며, 조관별로 위반했을 때 부과하게 될 벌금을 기재하였다. 이러한 업무는 해관 관리가 담당하였다. 제9관부터 제25관까지는 통관(通關)한 물품에 대한 관세 납부, 물품 검사, 면세가 가능한 경우, 개항장 간 거래 물품에 대한 관세 환급, 은닉 물품에 대한 적발과 몰수, 상선의 톤수에 따른 세금 납부 등을 세부적으로 설정하였다. 다만 제16관에서 일본 공관에서 사용하는 물품은 관세를 징수하지 않고, 검사도 하지 않는다고 규정하였다. 이것은 나중에 일본 공사관이나 영사관 근무 관리들이 인삼이나 금을 밀반출하는 문제와 관련되어 양국 간에 논란이 되었다. 제26관부터 제30관까지는 일본 상선의 출항이나 재입항 관련 절차, 출항 승인 서류의 발급, 우편선의 입출항 보고, 선상에서 필요한 물품 구매나 재난과 조우한 선박이 항구에 임시 정박했을 때의 처리 규정을 담았다. 제31관은 등대와 뱃길 표식 등 항구 시설과 관련하여 조선 정부가 톤세로 시설 유지비를 충당해야 한다는 점을 수록했다. 제32관은 일본 정부 소속 군함과 관선의 경우 세금 납부나 해관의 조사를 받지 않으며, 일반 상선과는 다른 대우를 받도록 규정하였다. 제33관에서는 조선의 비통상구에서 밀수를 시도하는 선박을 적발하였을 때 물품을 몰수하고 선장에게 벌금을 부과하도록 했다. 물론 불법행위로 적발된 선박은 해관세무사가 고소하고 일본 영사관에서 심의, 판결한다고 제35관으로 규정하였다. 제36관과 제38관은 아편과 군사 관련 무기류의 수입을 금지하였다. 조선 국내의 식량 부족 등을 이유로 방곡령을 발동하려 할 경우 1개월 전에 지방관이 일본 영사관에 알려야 한다는 규정은 제37관에 들어갔다. 제41관에서는 조일 양국 어민의 조업 가능 구역을 설정하였다. 일본 어선이 조선 연해에 진출하여 조업 활동을 할 수 있는 지역으로 네 곳(전라도, 경상도, 강원도, 함경도), 조선 어선이 일본 연안에서 조업할 수 있는 여섯 곳(히젠[肥前], 지쿠젠[筑前], 이와미[石見], 나가토[長門], 이즈모[出雲], 쓰시마[對馬])을 지정하였다. 구역 설정에만 그쳤으며, 2년 후에 어업세 등을 조사하고 협의한다고 하였다. 이것은 당시 조선과 일본 어선의 항해 수준이나 기술을 고려해 보았을 때, 일본 어선이 조선 연안으로 진출하여 조업할 수 있는 길을 열어 주었다는 점에서 한쪽에만 유리한 규정이었다. 전년 조선과 청국이 체결한 「조청상민수륙무역장정」 제3관에서 양국 어민들이 왕래하면서 조업할 수 있는 지역을 황해 연안으로 설정한 것을 다분히 의식하면서 조일 양국 어민들의 조업 가능 지역을 동해안과 남해안을 중심으로 설정하려 했음을 알 수 있다. 조약을 시행하고 나서 2년 후에 어세 등을 협의하여 정하기로 한 내용도 동일했다. 제39관과 제40관에서는 벌금을 납부하는 방식과 기준이 되는 화폐를 지정했다. 세금이나 벌금은 조선 동전으로 납부하되, 시가에 따라 일본 은화나 멕시코 은화를 사용할 수 있도록 하였다. 또한 각 조관별로 설정한 벌금이나 비용은 상선 규모에 따라 500톤 이하면 1/2, 50톤 이하는 1/4을 징수하도록 했다. 마지막으로 제42관에서는 일본이 그동안 획득하지 못했던 '최혜국대우' 조관을 넣어 조선과 다른 나라가 체결한 통상조약을 일체균점할 수 있도록 했다. 「조일수호조규」 체결 당시 조선 측의 반대로 집어넣지 못했던 조문을 일본 측에서는 7년 만에 획득한 것이다. 아울러 시행일로부터 5년을 기한으로 양국이 논의하고 개정할 수 있다는 내용을 수록하였다.

「조일통상장정(1883)」 체결 이후 개항장에서 조약을 운영해 나가는 과정에서 문제가 발생했던 주요 조관은 세 가지 정도를 대표적으로 제시할 수 있다.

첫째, 1889~1893년 사이에 조선과 일본 사이에 가장 첨예하게 대립하였던 것은 '방곡령'의 사전 통지와 실시를 규정한 제37관이었다. 방곡령을 시행했던 대표적인 지역은 함경도, 황해도 지역이었다. 도관찰사가 타 지역으로의 곡물 수송을 금지하는 명령을 내리고, 해당 지역의 내지에 진출하여 행상(行商)을 하던 일본인들이 일본 영사관과 공사관으로 항의하면서 문제가 발생하는 경우가 많았다. 관찰사가 방곡 사실을 외아문을 통해 각국 공관으로 고지하는 절차를 밟았는지의 여부, 방곡령 발동 이후 일본 상인들이 입게 된 피해액의 산정과 배상이 협상에서 핵심적으로 논의된 문제였다. 일본 공사가 제37관 위반 문제를 외아문 측으로 제기할 때에는 조영조약 조관도 아울러서 거론하는 경우가 적지 않았다. 조일 간에는 손해배상 문제를 두고 교섭이 장시간에 걸쳐 진행되었다. 일본 측에서는 조선 정부와 교섭하는 과정에서 자유민권론자로 강경한 입장을 내세우고 있던 오이시 마사미[大石正己]를 공사로 파견했다. 하지만 조선 정부와의 교섭이 난항에 빠지면서 공사를 교체하기도 하였다. 조일 간에 배상 문제를 두고 긴장 국면이 지속되자, 청국의 리홍장[李鴻章]까지 이 문제에 개입하여 중재하였다. 방곡령 실시 이후의 배상 문제를 둘러싼 외교적 교섭 과정은 요시노 마코토[吉野誠]가 일련의 연구를 통해 상세하게 다루었다.

둘째, 개항장과 내지 사이를 화물이 드나드는 과정에서 조선의 지방관이 부과했던 '이중과세'를 금지하는 문제와 관련해서는 제18관이 문제가 되었다. 「조일통상장정(1883)」을 체결한 초창기부터 함경도 원산 등지에서 주로 발생하였다. 지방관들이 부과한 세목은 주로 복세, 수월세, 화물세 등으로 다양하게 나타났다. 일본 측에서 이중과세 금지 규정을 위반한 것이라며 외아문에 지속적으로 항의하면서 일본 상인들이 납부한 세금을 돌려 달라고 요청했다. 하지만 지방관아의 재정 확보 문제와도 결부되어 있었던 만큼 이중과세라고 하는 조약 위반 문제가 쉽게 근절되지는 않았다.

셋째, 일본 외교공관 소속 관원이 개항장을 드나들면서 소지한 수화물 검사와 관련된 조항으로 제16관이 문제가 되기도 했다. 조약문에서는 '흠차서(欽差署, 일문본에서는 공사관)'라고 규정하였는데, 이것을 영사관까지 적용할지를 두고 조일 간에 논란이 되었다. 이것은 청국 공관의 관원들이 홍삼을 밀수하였던 것을 해관 차원에서 엄격하게 단속하려 했던 것과도 관련이 있었다. 영문으로 된 조약문을 판단 근거로 삼을 수 있는지를 두고 논란이 발생하기도 했다. 일본 공사는 한문과 일본어 이외는 인정할 수 없다며 항의하여 조선 정부에서 한 발 물러섰다. 결국 이 문제는 소지품 검사 면제는 공사관까지로 하며, 관원들의 소지품 반출에 대하여 미리 조회문을 보내어 고지하는 정도에서 절충이 이루어졌다.

조관별 내용은 거의 동일하다. 한문본과 일본어본 사이에 구사하는 용어가 다른 부분이 몇 군데 발견되나, 조약문의 뉘앙스에서 크게 차이가 발생한다고 보기 어렵다. 그러한 예로는 '해관세무사(海關稅務司)-해관장(海關長)', '장정(章程)-규칙(規則)', '청단(淸單)-증서(證書)', '통상구(通商口)-통상항(通商港)', '창방(廠房)-상옥(上屋)', '잔방장정(棧房章程)-창고규칙(倉庫規則)', '공사(公司)-회사(會社)', '전조(專照)-수형(手形)', '회동(會同)-입회(立會)'를 제시할 수 있다.

문구상 약간 차이가 나는 부분은 다음과 같다. 11관에서 한문본은 "그 가운데 1, 2건(其內一二件)"인데 일본어본에서는 "일부(一部)"라고 되어 있다. 12관에서 일본어본에는 "자유로 한다(自由ㅏス)"라는 표현이 추가로 들어가 있다. 21관에서는 "면세(免稅)"가 "무세(無稅)"로 되어 있다. 42관의 최혜국대우 조항과 관련해서 한문본은 "일체균점(一體均沾)"인데, 일본어본에서는 "유예 없이 일체균점(猶豫ナク一切均霑)"이다. 한문과 일본어 조문을 대조해 보았을 때 의미상 크게 차이가 난다고 보기는 어렵다.

5. 의의

「조일통상장정(1883)」은 조선과 일본 사이에 본격적으로 통상관계를 규정하는 조약과 해관 운영에 대한 사항을 체계적으로 정리한 조약이다. 부산과 원산, 인천에 설치된 해관은 이 조약의 조관에 근거하여 운영이 이루어지기 시작했다. 다만 1883년 11월 조선과 영국 사이에 새로이 「제2차 조영조약」이 체결되면서 수출입 물품에 부과되는 세율은 한시적으로 「조일통상장정(1883)」 세칙을 적용하다가 「조영조약」으로 적용 기준이 바뀌었다. 그렇기는 하나 개항장을 출입하는 조선과 일본 선박에 대해서는 기본적으로 「조일통상장정(1883)」이 적용 기준이었다. 각 개항장별로 운영해 나가는 과정에서도 사안별로 문제가 발생하였을 때 판단 근거가 되는 조약이기도 했다. 조선 내지의 이중과세, 방곡령 실시, 비개항장으로의 일본 선박 고용(34관) 등 조약 운영을 둘러싸고 조일 간에 논란이 지속적으로 발생하였다. 일본 선박이 울릉도까지 항해하여 섬 안의 목재를 벌채하고 불법으로 일본 국내로 반출해 나간 사건으로 인해 조선 정부가 항의하고, 반환을 요청하였던 것이 대표적인 분쟁 사례다. 사건이 발생할 때마다 「조일통상장정(1883)」의 해당 조관 해석과 적용, 철회를 둘러싸고 외아문과 일본 공사관 간에 조문을 구체적으로 거론하며 조회문이 오갔다. 그 과정은 『구한국외교문서 일안』과 『일본외교문서』 수록 문서를 통해 확인할 수 있다. 조선 정부는 「조일통상장정(1883)」에서 규정한 조관과 『만국공법』의 법리적 근거에 기초해 일본 측의 불법행위에 항의하고 적극적으로 대응하였다. 조선 측의 요구가 관철되는 경우도 조약 체결 초창기에 보이기는 했지만 기본적으로 불법행위를 저지른 일본 어민들은 일본 영사관에 인도되어 영사재판을 받고 처분이 이루어졌기 때문에 처벌 수위가 낮았다. 시간이 흐를수록 조선으로 진출하는 일본인들이 증가하면서 조선인들과 상업, 어업 등에서 충돌을 빚고, 분쟁이 발생하는 사례는 지속적으로 증가했다.

「조일통상장정(1883)」에서 세부적으로 규정하지 못했던 검역과 어채 문제는 개항장 내에서 콜레라 같은 감염병이 발생하거나 조일 어민 간의 어업 분쟁 등이 발생하는 가운데 별도의 조약이나 관리 규정을 만들어 나갔다. 다만 주로 조선에 진출하여 활동한 재조선 일본인들의 관리와 단속에 초점을 맞추고 있는 조항이 많은 편이었다. 조선인으로 일본에 건너가 통상이나 어업 활동을 전개하는 자에 대한 관리 규정까지는 별도로 설정하지 않았다는 점에서 제한적 성격을 갖고 있었다.

6. 관련 문서

1) 2차 수신사 김홍집과 외무경 이노우에 가오루의 문답

이노우에 우리나라가 26년 전(1854년-번역자)에 처음 미국과 더불어 통호하면서 상세가 7~8%이거나 혹은 15%에 이르렀고, 저들 역시 이를 허락하였습니다. 그때 우리 인민은 세무를 알지 못했고 언어가 통하지 않아 검사와 징수에서 갈등이 몹시 많았습니다. 저들 나라 선장이 날마다 관부(官府)에 와서 힐난했습니다. 또한 규제와 제도가 완성되지 않았는데, 갑작스럽게 무거운 세금을 거두어서 잠상이 여러 군데에서 나왔습니다. 양국에 흔단이 발생하여 처리를 시행해야 할 일이 생겼습니다. 세관 수입으로는 그 피해를 보상함이 없었고, 국가는 그 고통을 감내할 수 없었습니다. 그 후 고베[神戸] 개항에서는 이전에 폐해가 되었던 세칙으로의 징수를 통절하게 여겨 일률적으로 5%로 정했고, 비로소 다툼이 그쳤습니다. 지금은 피차 익숙해졌고 언어가 서로 통하며, 물화의 경중 역시 이미 깨쳤습니다. 그렇기 때문에 조약 개정을 논의하는 것입니다. 귀국의 현재 사정과 우리나라와의 정치는 옛날과 같습니다. 그러나 가로질러서 무거운 세금을 원한다면 이것은 학문의 뛰어넘음을 입어서 곧바로 경전을 독해하는 것이나 이익이 되는 것을 보지 못할 것입니다. 여러 해에 걸쳐 이를 시행하여 상무에 익숙해지고, 귀국의 인민 역시 여기에 와서 무역을 하게 된다면 그때 가서 개정을 하더라도 늦지는 않습니다.

김홍집 우리나라가 어찌 일찍이 상업세를 밑천으로 삼았겠습니까? 그리고 국가를 위해서 옛날에 부산에서의 교역은 3백 년이나 되었으며, 세금 하나만 징수하지는 않았습니다. 지금 어찌 이해를 달갑게 여기기를 바라겠습니까? 각국의 일은 제가 비록 알고 싶지 않습니다. 그러나 귀국이 세칙을 개정하여 늘렸고, 청국 역시 반드시 여기에 따라 개정할 것입니다. 천하의 만국이 모두 30%의 세금을 사용하는데, 유독 우리나라만 이 사례를 허락하지 않는다면, 국체에 손상이 가는 바가 적지 않을 것입니다. 다른 사람들에게 차마 비웃음당하는 모습을 보지는 못하겠습니다. 좌우간 저는 여기에서 마음대로 결정할 수 없으므로, 귀국 후 우리 정부에 상세히 알림이 마땅하겠습니다.

이노우에 장차 제가 한 이야기를 귀국 정부에 상세히 알리시면 다행이겠습니다. 나중에 다시 세금 건으로 위임해서 사절을 파견해 오거나, 혹은 우리 공사가 (조선에-번역자) 가기를 기다려서 그와 함께 협정함이 마땅합니다. 공사가 갈 때 마땅히 이리 하겠습니다.

김홍집 나중에 세금을 정한다면 우리 정부의 처분이 마땅히 어떠할지를 알지 못합니다. 그리고 귀국의 물산은 비록 혹여 가볍게 하더라도, 만약 외국 화물로 양포(洋布) 등의 종류에 이르러서는 그 액수에 양을 더하더라도 귀국에는 지장이 없을 것입니다.

이노우에 이 말씀이 이상하지는 않습니다. 그러나 우리 인민이 외국 화물을 구매하면서 이미 납세를 거친 다음 귀국으로 수출한다면, 또한 그 세금이 중복되고 가치가 몹시 올라가게 되니 무역을 방해하게 됨이 우려됩니다. 저 역시 갑자기 상대할 수 없으니, 제가 모름지기 다시 상의하겠습니다.

김홍집 미곡은 인민의 생명과 관계가 있기 때문에 우리 정부에서 일찍이 허락하지 않았습니다. 그래서 중동화약(中東和約)에 의거하여 별도로 금지하는 조관을 설정하였습니다. 이것은 금지해야만 합니다.

이노우에 귀국 인민은 곡물을 판매하여 이익이 됨을 알고 있습니다. 따라서 힘써 농사를 지어서 재산을 모으게 될 터입니다. 어찌 손해가 있겠습니까? 또한 귀국 인민이 미곡을 바다로 내보냄(수출)으로 인해 한 사람이라도 굶어 죽었다고는 들어본 적이 없습니다.

김홍집 우리나라의 곡물 생산은 많지 않아서 일국의 식량을 공급할 수 없습니다. 한 사람이 이익을 추구하면 만인이 병을 얻게 됨이 심해집니다. 조운으로 운반하는 쌀을 투매하는 데 이르러서는 일국의 인민에게 반드시 장차 모두 원망할 터입니다. 어찌 금지를 엄히 하지 않을 수 있겠습니까? (하략)

출처:「七月二十六日與李容肅李宗懋往外務省卿井上馨公使花房義質出接公幹」,「公私問答錄」

2) 외무경 이노우에 가오루가 변리공사 다케조에 신이치로에게 보낸 비밀 훈령(1883. 5.)

세칙 담판 건

당초에는 도쿄에서 이야기를 개시하는 것이 필요했습니다. 저들 정부가 전권위원을 파견한다는 것을 이야기해 두었습니다. 하지만 저들 국가의 내부 사정도 있습니다. 가령 전권을 휴대하여 오는 자가 있다고 해도, 활발하고 과단성 있게 조약을 의정하는 일은 필시 어려울 것입니다. 다만 오늘까지 미국의 정략이 어떻게 기울고 있는지 기다리고 있습니다. 과연 미국 정부도 조선의 독립을 시인하였고, 또한 이번에 미국 공사 푸트 씨도 그 지역으로 부임하여 미한 무역규칙까지도 설정한다고 들었습니다. 그러므로 그 지역에서 해당 건을 담판하고 조인할 전권을 귀하에게 위임하였습니다. 즉, 별책에서 의정한 무역규칙과 세목 초안 그리고 취지서를 보냅니다. 위의 취지에 기초하여 저들 국가의 전권위원과 협의 결정하는 데 진력해 주시기 바랍니다. 위 초안은 일단 푸트 씨에게 보여 주고, 그에게 이견이 있다면 저에게 말씀해 주시기 바랍니다. 미국 정부의 조선에 대한 정략은 무역상 목적보다도, 조선 독립의 실질을 세우도록 하여 아시아 전국의 화평을 보호하고, 타국의 병탄을 예방하는 데 있습니다. 그러므로 빈약한 저들 같은 나라에게는 힘써서 이 점을 돌보이도록 하고, 또한 부여해야 할 이익은 부여하여 인색하지 않겠다는 속내로 보입니다. 이 정략은 흡사 우리 정부의 숙원과 합치하므로 상당히 좋은 여건입니다. 그래서 사후에 점차 우리의 성의를 관철하고, 제반 사항을 공평하게 취급할 때는 자연히 미국과 노선이 같아지며, 음으로 타국에서 화를 입히려는 생각을 단절하도록 하고, 시종 조선의 독립을 유지하도록 할 뿐만 아니라 아시아의 대국(大局)을 위해서도 행복을 초래하게 될 것이라고 생각합니다. 위의 건에 대해서는 이번에 기초해서 정한 무역규칙과 세목안까지도 가급적 미국이 체결한 조약과 모순되지 않도록 주로 조사하였습니다. 그러므로 대체적인 정신으로는 대개 차이가 나는 내용은 없습니다. 하지만 무역상 득실에 이르러서는 미국과 같지 않은 경우도 있습니다. 그리고 연해 항운의 개별 조항 같은 내용에서 미국이 이것을 조선 정부에게 양보한다고 하더라도, 우리는 아직 이 조관을 존치했으면 합니다. 톤세 역시 미국 조약처럼 해서는 우리나라 선박이 부담할 수 없는 경우도 생길 듯하여, 조금 차이를 둘 수밖에 없는 상황입니다. 【톤세는 상세하게 미국, 청국 등과 비교한 서류를 첨부하겠습니다.】 따라서 담판을 개최할 때 조선 정부에서 의혹을 품지 않도록 가급적 분명하게 이야기하시기 바랍니다. 따라서 별지의 조항들은 주의하시도록 내훈(內訓)을 하게 되었습니다.(중략)

제41관
어렵의 한 가지 조관은 아울러 제기하신 취지도 있습니다. 또한 실제로 그만두기엔 불가한 것이라고도 생각합니다만, 상호 체제로 이 규칙 안에 삽입하고 게재하십시오. 실지의 형세와 정황을 잘 설명하여 저들이 의혹을 품지 않도록 하시기 바랍니다. 단, 범죄 처분의 건은 우리 인민이 한국 바다에서 밀매를 하거나, 그 지방의 법을 지키지 않을 때는 한국 관리가 그 범죄자를 가장 가까운 영사관으로 압송하며, 우리나라 지방재판소에서 심리, 재판하는 것으로 귀속시키는 일은 혹시 저들의 이론(異論)을 불러올 수 있다고 생각합니다. 하지만 수호조규 제10관은 우리 국민으로 저들 나라에 재류하는 자를 위해서 설치한 것입니다. 따라서 저들 나라 인민을 우리나라에 재류하는 자로 충당하여 실시할 예규는 없습니다. 즉, 우리나라에 오는 조선인은 우리나라에 대해 치외법권이 없기 때문에 우리 법률 아래에 복종해야 함은 물론입니다. 위의 건을 능히 양해하도록 주의해 주시기 바랍니다. 다만 우리나라 어민이 저들 지역에 가서 밀매 혹은 규칙 위반 등을 한 자의 처분 절차 등 세부적인 항목을 필요로 하는 경우도 있을 것입니다. 이것은 조사하신 후 편리하게 진행하면 좋겠습니다.

균점(均霑) 조관은 모쪼록 이 규칙 안에 삽입하여 기재함이 긴요합니다. 저들이 어떠한 감언을 해서 거절한다고 하더라도, 반드시 삽입 기재를 기약하도록 명심하시기 바랍니다. 단, 미국 정부도 조약 비준을 끝낸 나음에는 송래 정국이 조선에서 점유하는 특례를 균점하도록 청구하겠다는 속내가 있는 것으로 보입니다. 우리로서도 이와 같아야 하므로 이 개별 조항을 삽입 기재하는 일에 충분히 신경을 써주시기 바랍니다. (하략)

출처: 『善隣始末』 권7

3) 「조일통상장정(1883)」 체결 당시 일본 측 교섭 기록

이달 5일과 11일 양일 6시 반, 다케조에가 미국 공사를 방문하여 무역장정 건을 양일 모두 9시 반까지 협의하였습니다. 자세한 내용은 다케조에가 써서 보내는 문서를 통해 확인하셨으면 합니다. 요컨대, 미국 공사로서는 내심 가급적 조선국에 이익을 부여하고자 합니다만, 원칙상으로는 지나와 동일한 특전을 향유해야 한다는 생각입니다. 때문에 의주의 육로무역을 5%로 하고, 해관에 중세(重稅)를 부과하더라도 (육로무역에는) 화물운반[運輸]의 불편함 등이 있기 때문에 결국은 평균(균형)을 얻게 되지 않겠는가 하고 말했습니다. 또한 "만약 해상무역에 대한 높은 세율을 상쇄하는 특별한 이유가 육로무역에 없다면, 나는 확실히 육로무역에 관한 관세를 동일하게 할 것을 유지할 것이다" 등을 말했습니다. 단연코 반드시 육지와 바다를 동등하게 해야 한다고는 말하지 않았습니다. 그렇지만 다른 안건으로 내지 통상 시행, 한성 개점, 재판권, 연해무역 같은 것에는 우리 제안에 추호도 이론이 없었습니다. 반드시 지나와 동일하게 향유해야 한다고 하였습니다. 그리고 이것을 위해서는 일일이 게재할 필요는 없었습니다. 균점의 일반적인 기회를 게재함으로써 이것을 달성하더라도 역시 우리와 같은 안입니다.

출처: 1883년 7월 16일 서한 『齋藤修一郎駐韓米國公使ニ隨行渡韓中ノ報告雜纂』

[참고 문헌]

- 『善隣始末』 권7(서울대학교 중앙도서관, 한국학중앙연구원 장서각 소장)
- 국사편찬위원회 편, 송병기 편역(2000), 「修信使記錄」, 『개방과 예속』, 단대출판부.
- 『齋藤修一郎駐韓米國公使ニ隨行渡韓中ノ報告雜纂』(1883), 日本 外務省 外交史料館 소장.
- 金正明 編(1966), 『日韓外交資料集成』, 제2권, 東京: 巖南堂書店.
- 竹添進一郎 著(1883), 『赴韓日記』(日本 國立國會圖書館 憲政資料室 소장).
- 김경태(1994), 『한국근대경제사연구』, 창작과비평사.
- 崔泰鎬(1976), 『開港前期의 韓國關稅制度 -1880年代를 中心으로-』, 韓國研究院.
- 李穗枝(2016), 『朝鮮の對日外交戰略 : 日淸戰爭前夜 1873-1893』, 東京: 法政大學出版局.
- 酒井裕美(2016), 『開港期朝鮮の戰略的外交』, 大阪 : 大阪大學出版會.
- 김흥수(2018), 「조일수호조규 부속조약과 원산·인천의 개항」, 동북아역사재단 한국외교사편찬위원회 편, 『한국의 대외관계와 외교사 : 근대 편』, 동북아역사재단.
- 박한민(2017), 「조일통상장정 운영과 조일의 대응 - 제16관, 제18관을 중심으로-」, 『東國史學』 63.
- 박한민(2019), 「1883년 조일통상장정 체결과 각국의 대응」, 『역사와 경계』 111.
- 北原スマ子(2004), 「第三次修信使の派遣と「日朝通商章程」の改定·課稅交渉」, 『朝鮮學報』 192.

4
조일통상장정속약(1883, 1889)
朝日通商章程續約

조일통상장정속약(1883,1889) | 1883년 7월과 1889년 11월 조선과 일본이 체결한 약정으로, 조선과 청국, 조선과 러시아가 육로무역과 관련하여 체결한 조약의 세율을 일본도 동일하게 적용받을 수 있도록 길을 열어 두었다.

通商章程續約

朝鮮政府於義州會寧二處徵收值百抽五之稅以為邊界人民隨時往來貿易之便此雖與海路貿易自別因其徵稅稍輕致有海路貿易生裏徵之兆則朝鮮政府應當速將海陸關稅改為均一俾得其平

朝鮮國ニ於テ日本人民貿易ノ規則續約

朝鮮政府ハ義州會寧ノ二處ニ限リ邊界ノ人民ニ隨時往來シテ交易スルノ便利ヲ與ユル為メ五分稅ヲ徵收スト雖氐若シ此五分稅ノ為メ海路ノ貿易ニ影響ヲ及ホシ衰頽ノ兆ヲ顯ハスコアルニ於テハ朝鮮政府ハ速ニ海陸ノ關稅ヲ均一ニ改正シテ權衡ヲ得セシム可シ

右證據トシテ兩國ノ全權大臣此條約ニ名ヲ記シ印ヲ調スル者也

大日本國明治十六年七月二十五日

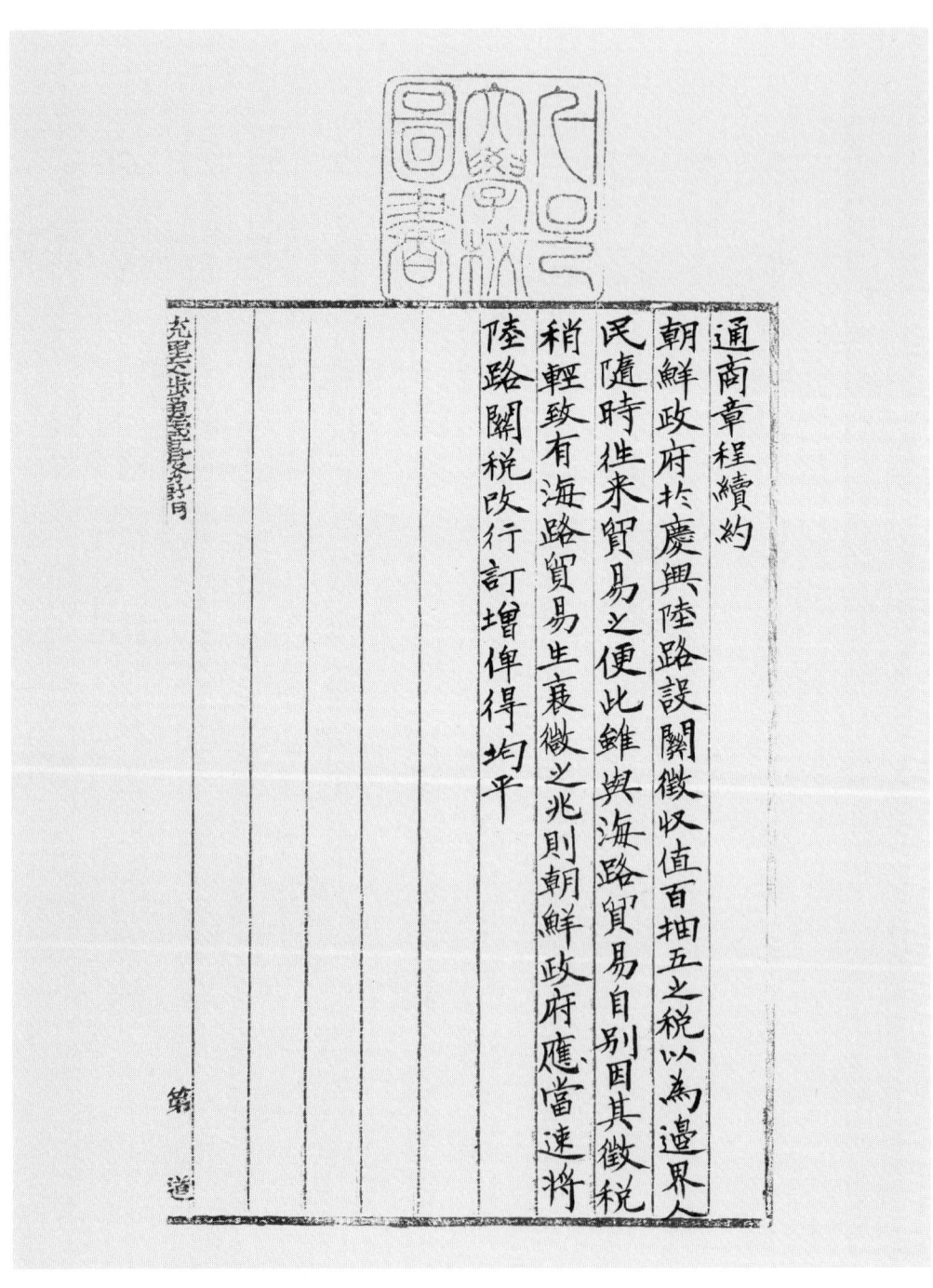

通商章程續約

朝鮮政府於慶興陸路設關徵收值百抽五之稅以為邊界人民隨時往來貿易之便此雖與海路貿易自別因其徵稅稍輕致有海路貿易生衰徵之兆則朝鮮政府應當速將陸路關稅改行訂增俾得均平

貿易規則續約

朝鮮政府ハ邊界人民カ随時往来シテ貿易ヲナスニ便ナラシノンカ為ノ慶興ニ於テ陸路税關ヲ設ヶ五分税ヲ徴收スヘシ海路ノ貿易ハ自カラ別ナル所アリト雖トモ該税額ノ稍輕キニ因リ海路貿易ヲシテ衰徴セシムルノ影響ヲ來スアルトキハ朝鮮政府ハ應ニ速ニ右陸路關税額ヲ改正増訂シテ均平ヲ得セシムヘシ

大日本明治二十二年十一月十二日

代理公使 近藤真鋤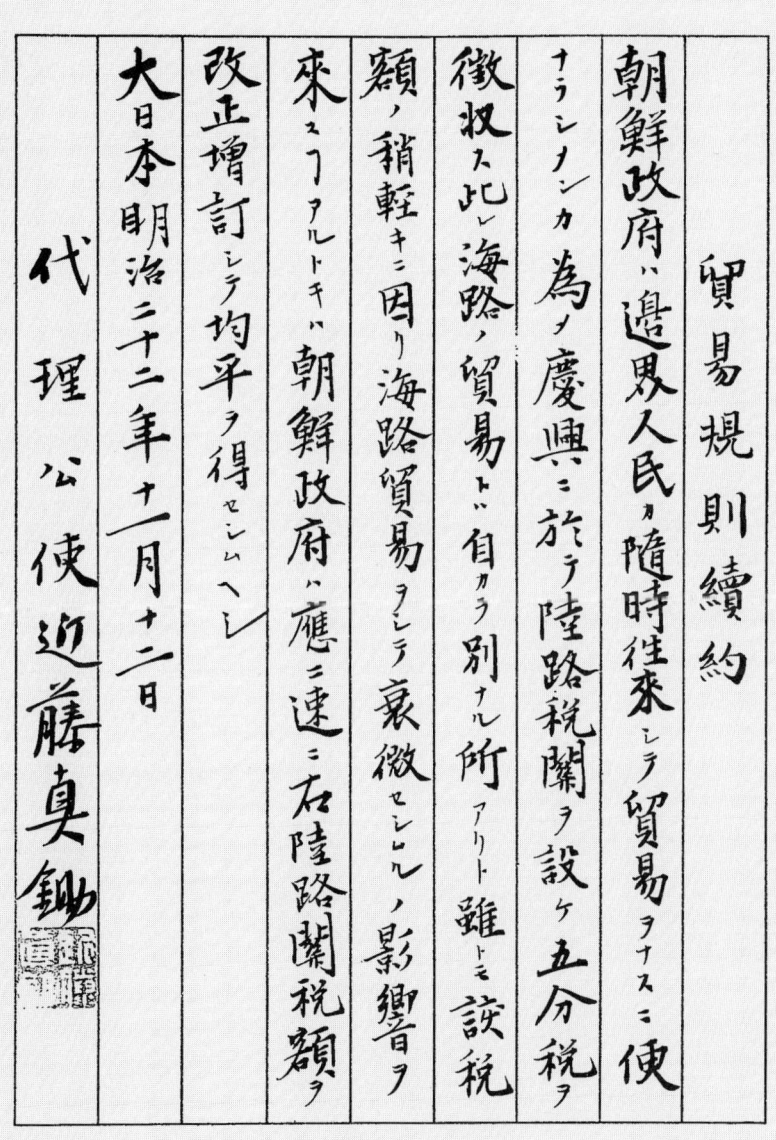

원문

1. 1883. 7. 25.

通商章程續約

朝鮮政府於義州會寧二處徵收值百抽五之稅以爲邊界人民隋時往來貿易之便此雖與海路貿易自別因其徵稅稍輕致有海路貿易生衰微之兆則朝鮮政府應當速將海陸關稅改爲均一俾得其平

大朝鮮國開國四百九十二年六月二十二日
　　　全權大臣督辦交涉通商事務 閔泳穆 ㊞
大日本國明治十六年七月二十五日
　　　全權大臣辨理公使 竹添進一郎 ㊞

출처: JACAR Ref. B13091009600

2. 1889. 11. 12.

通商章程續約

朝鮮政府於慶興陸路設關徵收值百抽五之稅以爲邊界人民隋時往來貿易之便此雖與海路貿易自別因其徵稅稍輕致有海路貿易生衰微之兆則朝鮮政府應當速將陸路關稅改行增訂俾得均平

大朝鮮國開國四百九十八年十月二十日
　　全權大臣督辦交涉通商事務 閔種默 ㊞
大日本國明治二十二年十一月十二日
　　代理公使 近藤眞鋤 ㊞

출처: 奎23036

번역문

1. 1883. 7. 25.

통상장정속약

조선 정부는 의주와 회령 두 곳에서 100분의 5의 관세를 징수함으로써 변경 인민이 수시로 내왕하면서 무역하는 데 편하게 하고 있다. 이는 비록 해로무역과는 다르다고 하나 징세가 다소 가볍기 때문에 해로무역이 쇠퇴하는 기미를 초래하므로 조선 정부는 응당 속히 해로와 육로의 관세를 개정하여 균등함을 얻게 한다.

대조선국 개국 492년 6월 22일
　　전권대신 독판교섭통상사무 민영목 ㊞
대일본국 메이지 16년 7월 25일
　　전권대신 판리공사 다케조에 신이치로 ㊞

2. 1889. 11. 12.

통상장정속약

조선 정부는 경흥에 육로 세관을 설치하여 100분의 5의 관세를 징수함으로써 변경 인민이 수시로 왕래하면서 무역하는 데 편하게 하고 있다. 이는 비록 해로무역과는 다르다고는 하나, 징세가 다소 가볍기 때문에 해로무역이 쇠퇴하는 기미를 초래하므로 조선 정부는 응당 신속하게 육로의 관세를 개정하고 수정하여 균등함을 얻게 한다.

대조선국 개국 498년 10월 20일
    독판교섭통상사무 민종묵 ㊞
대일본국 메이지 22년 11월 12일
    대리공사 곤도 마스키 ㊞

해제

1. 개요

1883년 7월 25일 「조일통상장정(1883)」[※Ⅳ-3]을 체결하면서 이전 해 조선과 청국 간에 육로무역을 하면서 부과하기로 한 5% 세율을 해로무역을 중심으로 하는 일본도 향후 균점해 나갈 수 있도록 협의하겠다는 짧은 내용을 별도로 추가한 조약이다. 체결자는 외아문 독판 민영목(閔泳穆)과 변리공사 다케조에 신이치로[竹添進一郎]였다. 1882년 10월에 체결된 「조청상민수륙무역장정」의 육로무역 조관 내용을 다분히 의식하면서 추후에 이것을 균점할 수 있도록 협상할 여지를 남겨 두었다.

1888년 조선과 러시아가 육로통상장정을 체결하고 난 후, 일본은 「조일통상장정속약(1883)」과 마찬가지로 한 차례 더 속약 체결을 조선 정부에 요구하였다. 조러 간의 육로무역에서 정한 세율 5%를 조선과 일본의 해로무역에서도 균점할 수 있도록 약속을 받아 낸 것이었다. 체결자는 외아문 독판 민종묵과 대리공사 곤도 마스키[近藤眞鋤]였다. 조선과 청국, 조선과 러시아가 육로무역을 하면서 정한 세율로 인해서 조선과 일본 사이의 해로무역에 있어 어느 한쪽도 손해가 발생하는 것을 막기 위해 청국과 러시아의 동향까지 주시하면서 동일한 세율로 대우받고자 한 일본 측의 의도가 드러나는 속약이라 할 수 있다.

2. 배경

김홍집이 2차 수신사로 파견되었던 1880년 여름부터 조선과 일본 간에 새롭게 세칙을 마련하기 위한 준비와 논의가 본격적으로 시작되었다. 이후 통상장정 체결을 위해서 조일 양국은 하나부사 요시모토[花房義質], 3차 수신사 조병호(趙秉鎬)를 파견하는 등 임오군란이 발생하기 전까지 초안을 주고받으면서 조약에 들어갈 내용을 다듬어 나갔다. 이것은 1882년 7월 23일 임오군란이 발발하면서 잠정 중단되었다. 이러한 가운데 조선과 청국 사이에 새로 체결한 것이 바로 「조청상민수륙무역장정」이었다. 이것은 조선과 청국이 대등한 입장에서 체결한 '조약'이 아니라 상국과 속방 간의 상하 관계 속에서 상민들의 무역을 규정한 '장정'이었다. 이 장정은 조선이 타국과 체결했던 통상조약과 비교했을 때 많은 내용을 담고 있는 편은 아니었다. 타국이 이 장정의 내용을 균점하지 못한다고 규정하였다. 조청 어민들이 출어할 수 있는 구역을 설정하였고, 육로로는 의주(義州)와 회령(會寧) 지역을 중심으로 통관세를 5%로 규정했다. 일본 정부에서 「조청상민수륙무역장정」의 내용을 파악하면서부터 이 내용을 조선과의 조약 체결에서도 균점하려는 움직임을 보이기 시작했다. 그것은 1883년 다케조에 신이치로가 조선 주재 일본 변리공사로 조선에 부임하면서부터 본격적으로 나타났다.

다케조에 공사는 2월 13일 이노우에 가오루[井上馨] 외무경 앞으로 이 문제를 여섯 가지로 나누어 분석한 보고서를 보냈다[※관련 문서-1]. 그는 이 가운데 조청 간의 장정을 타국과의 관계에서 일체균점을 금지한다는 조항은 각국과의 관계를 고려했을 때 현실성이 없다고 판단했다. 육로무역상의 수출입세 규정과 관련해서는 종전 조청 관계에서의 세칙을 개정한 것으로 이례적으로 보이기는 하나, 크게 문제를 제기할 필요는 없다고 판단했다. 다케조에는 조선 측에서 해관세와는 다르게 접근하고 있다는 점을 보고하면서 이때까지는 이것을 크게 문제 삼지 않았던 것이다.

3. 체결 과정

통상장정 체결을 위한 조일 간의 교섭은 5월부터 재개되었다. 협상에는 묄렌도르프가 깊숙이 개입하였으며, 조선 주재 미국 공사 루시우스 푸트[Lucius H. Foote] 등도 조약 체결과 관련하여 일본 측에 조언을 하였다. 다케조에로부터 협상과 관련된 내용을 보고받은 이노우에 외무경은 기밀 공문을 수시로 보내면서 일본 측 이익에 맞게 조약 내용을 수정하도록 지시하였다. 최종적으로 조약이 체결된 날은 1883년 7월 25일이었다. 세칙은 5%부터 30%까지 전체 7가지 품목으로 나누어 부과하도록 설정하였다. 같은 날 「조일통상장정속약(1883)」도 외아문 독판 민영목과 일본 변리공사 다케조에가 기명 날인했다. 속약까지 체결하면서 육로무역의 세칙을 균점할 수 있는 협상 여지를 남겨 두려 한 이유는 이노우에 외무경이 5월 29일 다케조에 공사에게 협상과 관련하여 지시한 공문 내용에서 잘 드러난다[※관련 문서-2].

1884년에는 조선과 러시아가 「조러수호통상조약」을 체결하였다. 이 조약에는 주로 해상무역과 관련된 규정만 들어갔으며, 육로통상과 관련된 문제는 조약을 비준하면서 별도로 논의하기로 하였다. 이에 따라 카를 베베르[Karl Ivanovich Wäber]는 1886년에 9개 조항으로 된 육로장정 초안을 조선 정부에 제출하였다. 초안에는 자유무역이 가능한 지역의 설정과 특정 지역 개방, 영사관 설치와 조계지 설정, 내지통상과 5% 관세 부과, 월경민의 러시아 국적 인정 등의 내용이 들어 있었다. 조선 정부와의 교섭 과정에서 부령(富寧) 지역 대신 경흥(慶興)을 개방하기로 했으며, 베베르가 요구한 5%의 육로 관세율이 관철되었다. 이것은 조선에서 최혜국대우에 따라 러시아도 청국과 동등한 세율을 보장받아야 한다는 러시아 정부의 지침에 따른 것이었다. 「조러육로통상장정」은 1888년 8월 20일 외아문 독판 조병식(趙秉式)과 러시아 공사 베베르가 체결하였다. 일본 대리공사 곤도 마스키는 경흥 지역을 중심으로 조러 간에 육로 관세율이 5%로 정해짐에 따라 외아문 독판 민종묵과 면담하는 자리에서 과거 의주에서 '5분세'를 정하는 건으로 논의가 분분하였으나 결국 조약을 체결하게 되었던 사례를 거론하면서 경흥에서도 동일하게 처리해 달라고 요구하였다. 민종묵이 곧바로 수용하지 않고 공문을 요구함에 따라 곤도는 1889년 10월 16일 조회문을 외아문으로 보냈다[※관련 문서-3]. 추가 교섭을 거쳐 이해 11월 12일 조일 양국은 「조일통상장정속약(1889)」을 체결하였다.

4. 내용

「조일통상장정속약(1883)」의 한문본 조약 명칭은 '通商章程續約'이며, 일문 조약 명칭은 '朝鮮國ニ於テ日本人民貿易ノ規則續約'이다. 일본 아시아역사자료센터에서는 일본 외무성에서 소장하고 있는 인장이 찍힌 조약 원본을 공개하고 있는데, 레퍼런스 코드는 B13091009600이며 일문본과 한문본을 모두 갖추고 있다. 서울대학교 규장각한국학연구원에는 통리교섭통상사무아문(統理交涉通商事務衙門) 괘지에 작성된 한문본과 재조선국일본공사관(在朝鮮國日本公使館) 용지에 작성된 일문본이 소장되어 있는 것으로 확인된다. 청구기호는 각각 奎23026과 奎23027인데, 서명은 『朝日貿易規則續』으로 되어 있다. 「조일통상장정속약(1889)」은 규장각한국학연구원과 아시아역사자료센터에 인장이 찍힌 조약 원본이 소장되어 있는데, 청구기호는 奎23036~7이며 레퍼런스 코드는 B13091010000이다. 한문본 명칭은 '通商章程續約'이며, 일문본 명칭은 '貿易規則續約'이다. 『일본외교문서』 22권에는 「조일양국통어장정」[※Ⅳ-6] 체결과 관련된 문서 안에 한문과 일문만 실려 있다(문서번호 157). 여기서 체결을 위해서 논의한 내용을 세부적으로 확인할 수 있는 문서는 없으며, 통어장정 체결과 관련된 내용에 부수적으로 들어가 있다는 사실을 확인할 수 있다. 같은 시기에 처리한 안건이라서 통어장정 논의 문서 안에 속약을 넣어둔 것으로 추정된다. 1883년 속약은 일본 외무성에서 1884년에 발간한 조약집 『Treaties and conventions between the empire of Japan and other powers together』에는 실려 있지 않다. 1934년 발간된 『舊條約彙纂』 제3권에는 영문 번역 없이 1883년 속약과 1889년 속약이 「조일통상장정(1883)」과 「해관세칙」 뒷부분에 수록되어 있는데 상단은 일문본, 하단에는 한문으로, 2단 편집 상태이다.

「조일통상장정속약(1883)」의 내용은 조선이 의주와 회령 두 곳을 통해 육로(陸路)로 교역하는 물품에 대하여 부과하는 5%의 관세율을 거론하면서, 이것을 해로(海路)무역에서도 균일하게 적용할 수 있도록 개정해야 한다는 내용을 수록하고 있다. 여기서 거론한 5% 관세율은 조선과 청국이 1882년 10월 체결한 「조청상민수륙무역장정」 제5조에 나오는 내용으로, "징수하는 세금은 홍삼을 제외하고 나가는 물건이나 들어오는 물건을 막론하고 다 100분의 5를 적용"한다고 하였다.

「조일통상장정(1883)」을 체결하기에 앞서 조선 정부에서는 육로무역과 해로무역을 구별하여, 여기서 나오는 5% 관세율을 해관 쪽에는 적용하지 않으려는 입장이었다. 1883년 상반기에 조선으로 부임해 온 푸트 미국 공사도 육로의 경우 5%로 하더라도 추가적인 운반 비용이 발생하기 때문에 결과적으로 보면 해로를 통해 들여오는 비용과 크게 다르지 않을 것이라는 의견을 일본 측에 전달하기도 했다. 이러한 분위기는 다케조에 변리공사도 현지에서 파악하여 보고하였다. 하지만 5월 29일 훈령을 통해 이노우에 외무경은 이를 그대로 두지 말고, 육로무역과 해로무역에서 모두 동일하게 저율 관세를 책정할 수 있도록 지시했다.

「조일통상장정(1883)」에는 '최혜국대우' 조관을 삽입하여 향후 조선이 다른 서구 열강과 체결하는 조약에서 유리한 내용을 일본과 균점할 수 있도록 했다. 아울러 조청 간에 체결한 장정의 5% 세율을 향후 일본도 균점할 수 있도록 협의해 나가겠다는 내용을 별도의 속약으로 합의하였다. 1883년에는 조청 간에 육로교역이 이루어지는 의주와 회령을 중심으로 하였으며, 1889년에는 경흥 지역의 무역에서도 동일한 세율을 적용받기로 한 속약을 외아문 독판 민종묵과 대리공사 곤도 마스키가 추가로 체결하였다. 경흥 지역의 경우 조선과 러시아 간에 체결된 1888년 「조러육로통상조약」을 의식한 것인데, 조관 내용은 6년 전에 체결했던 것과 동일하였다. 육로로 인접하여 교역을 하는 청국·러시아와의 관계에서 부과하는 세율로 인해 조일 간의 해로무역에서 조금이라도 손해가 발생할 경우에는 세칙을 조정할 수 있다고 확약을 받아 낸 것이었다.

5. 의의

「조일통상장정속약(1883)」은 조선과 청국 간에 체결한 「조청상민수륙무역장정」의 육로무역 세율을 해로 중심으로 무역을 전개하는 일본도 장차 균점할 수 있도록 조선 정부가 개정해야 한다는 내용을 담고 있다. 일본 측은 육로무역과 해로무역에서 화물에 부과하는 관세에 차이가 난다면 향후 전개될 조일 무역과 조청 무역에 영향을 미칠 수 있는 요인이 될 수 있다고 보았던 것이다. 「조일통상장정(1883)」을 체결하는 시점에서는 동일한 세율로 확정하지 못했지만, 장차 이를 논의해 나갈 수 있는 협상의 여지를 만들어 둔 것이 이 속약이었다고 할 수 있다. 조청 간의 무역에만 유리하게 적용할 수 있는 규정을 일본 입장에서는 방치할 수 없다는 입장이 반영되어 있었던 것으로 보인다. 육로에서든 해로에서든 자국에게 유리한 세율을 보장받아 조선에서 체류하는 일본인들의 상권을 확장해 나가려 했던 의도가 엿보인다.

「조일통상장정(1883)」 제42관에 '최혜국대우' 조관을 넣어서 향후 일본에 유리한 조약을 균점할 수 있게 되기는 했지만, 별도의 약정을 통해 조선 정부로부터 한 번 더 개정에 대한 이행확약을 받아 두고자 했던 각서에 가까웠던 것으로 보인다. 「조일통상장정속약(1889)」은 조병식과 베베르가 이전 해에 체결한 「조러육로통상장정」의 육로 관세율을 의식한 것이었다. 경흥 지역을 중심으로 이루어지는 조러 간 육로무역에서 부과하는 세율로 인하여 조일 간의 무역에서 추가로 손해가 발생해서는 안 된다는 것을 일본 측에서 보장받으려 했음을 알 수 있다. 일본 정부는 조선, 청국, 러시아 등이 각각 체결한 무역 관련 조관의 균점을 항시 염두에 두면서 조선과의 무역 문제에 접근하고 있었던 것이다.

6. 관련 문서

1) 다케조에 신이치로가 이노우에 가오루에게 보낸 보고(1883. 2. 13.)

기밀신(機密信) 제11호
수출입세의 건

해당 장정(조청상민수륙무역장정-번역자) 제3관에서 해관에 납세하는 일체의 세칙 예(例)는 모두 양국이 이미 정한 장정에 기초하여 처리한다고 했습니다. 또한 제4관에서 수출입[進出] 화물은 마땅히 화물세[貨稅]와 톤세(船鈔)를 납부하며, 모두 피차의 해관 통행장정에 따라 완납한다고 했습니다. 따라서 수출입세는 각국의 같은 예에 따라야 합니다. 다만 육로무역에서 홍삼은 15%, 다른 화물을 5%로 정한 것은 이례적입니다. 이 건은 종래의 세칙을 개정한 것입니다. 또한 육로와 해로에서는 각각 그 이해(利害)를 달리하기 때문에 이러한 한 가지 조항을 가지고 억지로 논란을 일으키지 않아도 좋을 것입니다.

요컨대 해당 장정은 조선국으로 하여금 청국의 관할 아래에 두고, 전적으로 청국의 이익을 도모한다고는 하더라도, 이것은 300년 이래의 일정한 주속(主屬)의 명의에 기초하여 제정한 것입니다. 갑자기 독립국의 예(例)로 이를 규율하기란 어려울 것 같습니다.

(하략)

출처: JACAR Ref. A03023651600

2) 이노우에 가오루의 비밀훈령[內訓](1883. 5. 29.)

육로무역은 운반 비용이 크기 때문에 가령 5%의 세금이 되더라도 해로무역에는 영향을 미치지 않는다고 한 귀하의 안은 과연 오늘까지의 자세에서 청국과 조선만의 육로무역에서는 각별하게 미치는 영향이 없을 것입니다. 하지만 만약 장래에 조청의 조약 체결을 사례로 삼아 러시아 같은 국가도 마찬가지로 육로무역을 할 수 있는 조약을 조선과 체결하여 블라디보스토크 등지로부터 활발하게 상품을 육지를 통해 수입하는 데 이르게 될 때는 관세상의 불균형(不平均)은 해로무역에 큰 장애가 된다는 점을 면할 수 없다고 생각합니다. 게다가 지금 우리나라는 해당 국가와의 조약 가운데 은전균점(恩典均霑, 최혜국대우-번역자)의 조관을 추가하기를 바라고 있다는 점은 훈령을 통해서 알고 계실 것입니다. 이미 미국 조약안에서도 해당 조관이 있기 때문에 반드시 청국과 마찬가지의 특전을 바라는 것은 지당하다고 생각합니다. 그런데 육로무역을 하는 국가는 낮은 세율(低稅)의 은전(恩典)을 향유하고, 해로무역을 하는 나라가 그 은전을 향유할 수 없다면 이것은 심히 불공평하여 이른바 은전을 균점한다는 주의(主義)에 저촉하므로 크게 좋지 않은 일입니다.

(하략)

이것은 심히 불공평하여 이른바 은전을 균점한다는 주의(主義)에 저촉하므로 크게 부적절한 일입니다. 설령 이번 조약에서 푸트 씨가 억지로 이 논의를 주장하지 않았더라도, 훗날 다른 국가가 조선과 조약을 체결할 때 반드시 이 건을 다시 논의하게 될 것입니다. 물론 청국의 특전(特典)을 기화(奇貨)로 삼아 이것을 긴박하게 추진하기 어렵다는 의미는 아닙니다만, 청국만 이러한 특전을 전적으로 누릴 이유는 없습니다. 또한 그 권리에서 현재 우리나라를 지목할 나라는 없다고는 하나, 훗날 자국부터 청국에게 한발 양보하는 자세를 남기는 것은 독립한 체면으로는 그리할 수는 없습니다. 즉, 일청조약(日淸條約)으로 다른 나라는 내지 여행의 특권을 획득했으나 우리 국민이 이것을 얻을 수 없었다면, 훗날 우리가 그 논의를 제기할 수 있습니다. 따라서 단지 조선의 장래를 위해서 청국에게 애소(哀訴)하면서 우선 그 특전과 내지 통상, 아울러 입회 재판 등과 기타 사항에서 미국·일본과 상이한 조관은 같아지도록 변경하는 것과 같지 않다고 생각합니다. 저간의 사정은 김옥균 등에게 간절하게 잘 말씀해 주시면 좋겠습니다. 조선 정부가 청국 정부에게 조약 개정을 청구하도록 하는 일이 가장 긴요합니다. 따라서 충분히 푸트 씨와도 먼저 협의하여, 청 정부로 하여금 변경하도록 할지, 아니면 동일한 권리를 향유할지, 두 조건 안에서 어느 것으로 진행하더라도 모두 주된 취지가 같을 수 있도록 세심하게 힘써 주시기 바랍니다.

출처: 『善隣始末』 권7

3) 의주 선례에 따라 경흥에서도 5% 세율을 약속해 달라는 곤도 마스키의 조회(1889. 10. 16.)

1889년 10월 16일
대리공사 곤도 마스키 → 독판교섭통상사무 민종묵

일전에 경흥의 5분세(五分稅, 5%의 세율-번역자) 일건(一件)을 담화하였는데, 본 사신의 의견은 애초부터 선례를 답습하여 사용함으로써 장래에 논쟁을 피하려는 데 있었습니다. 그런데 귀 독판께서는 교제를 돈독하게 하는 방도를 생각하시지 않으셨는데, 약속의 본령을 잃는다고 사양하셨거나 혹은 선례를 보시지 않은 것입니다. 그 의사는 양국을 번거롭게 만드는 것이니 진정 이해하기 어렵습니다. 왕년(往年)의 의주 5분세의 한 가지 조관을 시험 삼아 생각해 보자면, 양국 정부의 논의가 분분하였지만, 해당 조약을 체결하고 나서야 그치게 되었습니다. 양국 정부가 고심하는 부분이 어디에 있었는지를 알 수 있습니다. 현재 경흥 역시 이와 같습니다. 그런데 귀 독판께서 그 선례를 보지 않고 거부하시니, 양국 정부에서 당일의 성대한 의사를 볼 수 없으니 특별히 실례에 속합니다. 이에 따라 귀 독판께서 다시 생각해 보시고 충분히 도모하시어 귀 정부의 앞뒤 생각이 다르지 않도록 해 주십시오. 그러면 양국이 함께 그 경사를 의지할 수 있게 되니, 이것은 본 사신이 바라는 바입니다. 귀 독판께서 지난번에 공문을 요구하셨으므로, 비견(鄙見)을 기록하여 공문으로 보내드립니다. 번거로우시겠지만 조회를 살펴보시고, 속히 회답을 주시면 좋겠습니다.

출처 : 『구한국외교문서 일안』 권2, #1514, 11쪽

5
조선 연해에서 발생한 일본인 범죄에 관한 조약

處辦日本人民在約定朝鮮國海岸漁採犯罪條規

처판일본인민재약정조선국해안어채범죄조규 | 「조일통상장정(1883)」을 체결할 때 향후 일본 어민들의 조선 연해 진출과 조업 활동에 따라 발생하게 될 문제와 관련하여 단속과 인도, 영사재판 등을 6개 조항으로 나누어 설정한 조약이다. 여기서는 조선 어민을 적용 대상으로 삼고 있지는 않았다.

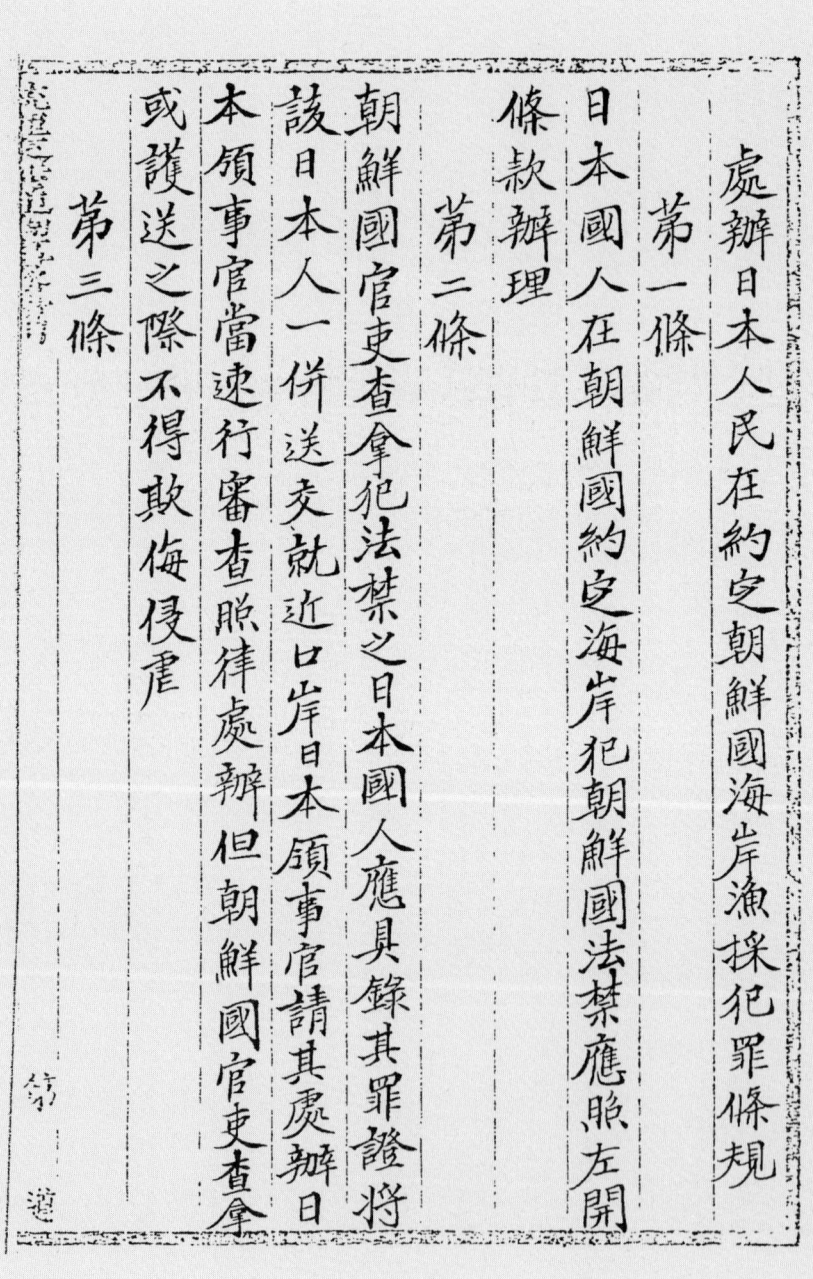

處辦日本人民在約定朝鮮國海岸漁採犯罪條規

第一條

日本國人在朝鮮國約定海岸犯朝鮮國法禁應照左開條款辦理

第二條

朝鮮國官吏查拿犯法禁之日本國人應具錄其罪證將該日本人一併送交就近口岸日本領事官請其處辦日本領事官當速行審查照律處辦但朝鮮國官吏查拿或護送之際不得欺侮侵虐

第三條

約定シタル朝鮮國海岸ニ於テ犯罪ノ日本國漁民取扱規則

第一條

朝鮮國ノ約定海岸ニ於テ日本國人朝鮮國ノ法禁ヲ犯シタルトキハ水陸共左ノ箇條ニ照シ取扱フベシ

第二條

朝鮮國官吏ハ法禁ヲ犯セル日本國人ヲ取押ヘタルトキハ其罪證ヲ具ヘ錄シ之ヲ添テ其日本人ヲ最寄開港塲ノ日本領事官ヘ引渡シ相當ノ處分ヲ要求スベシ日本領事官ハ速カニ其要求ニ應シ之ヲ審

[참고 문헌]

- 『公文別錄·朝鮮事變始末·明治十五年·第七卷』(JACAR Ref. A03023651600)
- 『善隣始末』권7(서울대학교 중앙도서관, 한국학중앙연구원 장서각 소장)
- 고려대학교 아세아문제연구소 편(1967), 『구한국외교문서 일안』, 제2권, 고려대학교출판부.
- 김경태(1994), 『한국근대경제사연구』, 창작과비평사.
- 崔泰鎬(1976), 『開港前期의 韓國關稅制度-1880年代를 中心으로-』, 韓國硏究院.
- 李穗枝(2016), 『朝鮮の對日外交戰略:日淸戰爭前夜 1873~1893』, 東京: 法政大學出版局.
- 酒井裕美(2016), 『開港期朝鮮の戰略的外交』, 大阪: 大阪大學出版會.
- 박한민(2017), 「朝日修好條規 체제의 성립과 운영 연구(1876~1894)」, 고려대학교, 박사학위논문.
- 한동훈(2012), 「조러육로통상장정(1888) 체결을 둘러싼 조·청·러 삼국의 협상 과정 연구」, 『역사와 현실』 85.
- 北原スマ子, 2004, 「第三次修信使の派遣と「日朝通商章程」の改定·課稅交渉」, 『朝鮮學報』, 192.

원문

處辦日本人民在約定朝鮮國海岸漁採犯罪條規

第一條
日本國人在朝鮮國約定海岸犯朝鮮國法禁應照左開條款辦理

第二條
朝鮮國官吏查拿犯法禁之日本國人應具錄其罪證將該日本人一併送交就近口岸日本領事官請其處辦日本領事官當速行審查照律處辦但朝鮮國官吏查拿或護送之際不得欺侮侵虐

第三條
朝鮮官吏護送犯罪之日本人不論海陸均任其便但當妥屬護送不可無故淹留犯罪於其地

第四條
朝鮮國官吏將在朝鮮國約定海岸犯罪之日本人由海路護送時搭坐日本人之船隻或在別船管帶均任其便如由陸路護送應由地方官監守該日本船俟至判還俾勿有所毀失且將其船具漁具及不易搬運物件繕造清單與罪犯一併送交

第五條
倘遇有需薪水糧饌售賣魚鮮登陸同行中有犯罪者止將該犯照此條規護送其同行者不得押去如係海上除罪犯外自餘人員猶能堪航海則朝鮮官吏止將罪犯護送其餘當卽放還

第六條
施行此條規後如有更須增減者應得彼此妥議改正茲兩國各委任大臣記名蓋印以昭憑信

大朝鮮國開國四百九十二年六月二十二日
　　　全權大臣督辦交涉通商事務閔泳穆 ㊞
大日本國明治十六年七月二十五日
　　　全權大臣辦理公使竹添進一郎 ㊞

출처: JACAR Ref. B13091008800

‖ 번역문

처판일본인민재약정조선국해안어채범죄조규

제1조
일본국 사람이 조선국의 약정된 해안에서 조선국의 법금(法禁)을 위반하였을 때에는 아래에 열거한 조관에 따라 처리한다.

제2조
조선국 관리가 법금을 위반한 일본국 사람을 체포하였을 때에는 그 범죄 증거를 모두 기록하여 해당 일본인과 함께 가까운 항구의 일본 영사관에게 넘겨 그 처리를 요청한다. 일본 영사관은 신속히 심사하여 법률에 따라 처리한다. 단, 조선국 관리는 체포 혹은 호송할 때에 업신여기거나 학대할 수 없다.

제3조

조선 관리가 죄를 범한 일본인을 호송할 때에는 바다나 육지를 막론하고 모두 그 편의에 맡긴다. 단, 신속히 호송해야 하며 이유 없이 범죄자를 그 지역에 오래 머물게 해서는 안 된다.

제4조

조선국 관리가 조선국의 약정된 해안에서 죄를 범한 일본인을 해로로 호송할 때에는 일본인의 선척에 탑승하거나 혹은 다른 배를 이용하여 체결하거나 모두 그 편의에 맡긴다. 육로로 호송할 경우에는 지방관이 해당 일본선을 감독하고 지켜서 후에 인도될 때까지 훼손되거나 유실되는 일이 없도록 해야 한다. 또한 그 선구(船具), 어구(漁具) 및 쉽게 운반할 수 없는 물건에 대해서는 목록을 작성하여 범죄자와 함께 넘겨준다.

제5조

만약 석탄, 물, 곡물, 음식물 등을 구하거나 생선을 판매하려고 상륙했다가 동행 가운데 죄를 범한 사람이 있을 경우에는 해당 범죄자민 이 조규에 따나 호송하고 그 동행자는 압송할 수 없다. 해상에서 범죄자를 제외하고 나머지 인원으로 항해할 수 있을 경우에는 조선 관리는 범죄자만 호송하고 그 나머지는 즉시 방환(放還)해야 한다.

제6조

이 조규를 시행한 후에 다시 증감할 것이 있으면 피차 협의하여 개정한다.
이에 양국의 각 위임대신은 기명하고 날인하여 신뢰함을 밝힌다.

대조선국 개국 492년 6월 22일
　　　　전권대신 독판교섭통상사무 민영목 ㊞
대일본국 메이지 16년 7월 25일
　　　　전권대신 판리공사 다케조에 신이치로 ㊞

해제

1. 개요

1883년 7월 25일 조일 양국은 「조일통상장정(1883)」[※Ⅳ-3]을 체결하면서 제41관에서 양국 어민들의 어업 활동 가능 지역을 설정하였으며, 어업세 등의 세부 운영사항은 2년 후에 논의하여 정하기로 했다. 이때 외아문 독판 민영목(閔泳穆)과 변리공사 다케조에 신이치로[竹添進一郎]는 일본 어민들의 조선 진출에 따른 단속과 인도, 영사재판 등의 관리 규정만 별도로 설정하였다. 조선과 청국 사이에 어업 가능 구역을 설정한 것을 의식하면서 조선과 일본의 어업 문제도 간략하게나마 다룰 수 있는 근거를 마련한 것이었다. 다만 여기에 조선 어민들에 대한 관리·감독 규정은 들어가 있지 않았다. 조선 연안으로 진출하여 조업 활동을 전개하는 일본인들이 증가할 것을 염두에 두면서 향후 문제가 발생했을 때 단속 절차와 재판 관할을 설정한 것이 주요 내용이다. 일본 어민들이 지정된 조선 연안으로 진출하여 활동하는 것을 일본 영사들이 기초적으로 관리할 수 있는 근거가 되었다.

2. 배경

1882년 10월 17일 조선과 청 사이에 체결된 「조청상민수륙무역장정」 가운데 제3관은 조선과 청국 어민들이 황해에서 왕래하면서 어채 활동을 할 수 있는 지역을 설정했다. 조선에서는 평안도와 황해도, 청국에서는 산둥성[山東省]과 펑톈성[奉天省]이었다. 위법 행위를 하다가 지방관에게 적발되면 제2조의 규정에 따라 근처에 있는 청국의 상무위원(商務委員)에게 넘겨 처리하도록 했다. 조청 간에 어민들이 황해 연안에서 어채 활동을 할 수 있는 구역과 단속 절차가 조일 간보다 먼저 정해진 것이다. 물론 이 규정은 조선 연해로 와서 조업 활동을 하는 청국 어선이 훨씬 많았기 때문에 청국 측에 더 유리하게 작용했다.

「조청상민수륙무역장정」 내용을 접한 다케조에 신이치로 변리공사는 1883년 2월 13일 외무경에게 보낸 기밀 보고에서 부산과 쓰시마[對馬] 사이를 왕복하는 일본 어민들도 적지 않은 만큼 이 조관을 모방해서 조일 간에도 어업 관련 조약안을 마련할 필요가 있다는 의견을 제시했다[※관련 문서-1]. 이해 7월 조선과 체결한 「조일통상장정(1883)」 제41관에서 조일 양국 어민들이 상대국 연안에서 출어가 가능한 지역을 먼저 설정하고 2년 후에 어세(漁稅) 등 기타 사항을 협의하여 정하기로 한 내용은 「조청상민수륙무역장정」의 조청 양국민의 출어 활동 관련 조관을 의식하면서 집어넣은 것이었다.

3. 체결 과정

「조일통상장정(1883)」을 체결하는 과정에서 같은 날 체결한 조약이다. 조관 자체를 가지고 조일 당국자가 심층적으로 논의한 관련 자료는 현재까지는 잘 확인되지 않는다. 조선에서 법규를 위반한 일본인들을 중심으로 조선 지방관들이 적발하여 일본 영사관까지 호송하며, 영사관에서는 이들을 인계받아 일본 법률에 따라 처분하는 영사재판 진행 이전까지의 절차를 규정하는 데 초점을 맞추고 있다. 부산과 원산에 이어 인천까지 세 곳에 개항장을 설치한 후 일본인들이 본격적으로 조선으로 건너올 것을 염두에 두면서 단속과 인도 조항을 설정한 조약이라 할 수 있다. 기본적으로 일본인이 조선에 건너와서 활동하는 가운데 문제가 많이 발생할 것을 염두에 두고 이들을 단속할 수 있는 근거 조항을 마련한 것이었다. 이듬해에 조선 정부는 조일 양국 어민의 조업 가능 구역과 단속 규정을 필사하여 각 지방관이 이것을 준수하도록 지시를 내려보냈다[※관련 문서-2].

4. 내용

1883년 7월 25일 기명 날인한 조약의 한문본과 일본어본 원본은 현재 일본 아시아역사자료센터에서 온라인으로 공개하고 있다(JACAR Ref. B13091008800). 한문본 조약명은 '處辦日本人民在約定朝鮮國海岸漁採犯罪條規'이며, 일문본 명칭은 '約定シタル朝鮮國海岸ニ於テ犯罪

/日本國漁民取扱規則'이다. 아시아역사자료센터에서 공개하고 있는 원본 문서를 보면 이 조약문은 1883년 9월 19일 외무성에서 접수했다고 적혀 있다. 외무성에서 1884년 발간한 조약집 『Treaties and conventions between the empire of Japan and other powers together』 에는 영문 번역 없이 한문본과 일문본만 실려 있으며, 1934년 발간된 『舊條約彙纂』 제3권에서도 동일하다. 반면 『舊條約彙纂』에서는 곧바로 이어 나오는 「조일양국통어장정」[※Ⅳ-6]의 경우 영문 번역본까지 3단 편집으로 하여 수록하고 있다.

제1조는 「조일통상장정(1883)」 제41관에서 규정한 조선의 4도 연안에서 조선의 법을 위반한 일본인이 있을 때 이어지는 조관에 입각해 처리해야 한다고 규정하고 있다. 반면에 조선인이 일본에 건너가는 경우 위반자를 어떻게 처리해야 할지를 상정하고 있지는 않다. 일본으로 건너간 조선인에 대한 처리보다는 조선 연안으로 진출하여 활동하는 일본 어민을 단속하는 데 주안점을 두고 있는 조항이다.

제2조부터 4가지 조항은 위반자에 대한 기록 작성, 일본 영사에게 인도할 때까지 준수해야 할 주의사항 등의 절차를 담고 있다. 제2조는 조선의 법규를 위반한 일본인을 조선 관리가 체포했을 때 관련 기록을 작성하여 일본 영사에게 안전하게 호송해야 하며, 일본 영사는 자국 법률에 따라 심사하고 처리한다는 규정이다. 즉, 일본 영사가 조선 지방관으로부터 인도받은 자국민에 대하여 영사재판을 실시하겠다는 내용이었다. 제3조는 죄를 범한 일본인을 가급적 빠른 방편을 이용하여 일본 영사에게 인도해야 한다는 점을 규정하였다. 제4조는 경우에 따라 육로 혹은 해로로 일본인 범죄자를 인도하는 것은 편의에 따르며, 범죄인과 관련된 도구나 선박 등의 물건은 목록을 작성해서 인도할 때 같이 넘겨주어야 한다는 점을 규정하였다. 제5조는 범죄를 저지른 사람과 동행한 인원은 죄인과 같이 취급할 수 없으며, 바로 풀어 주어야 한다는 규정이다. 범죄인만 신병을 확보하여 호송할 수 있다는 의미이다. 마지막으로 제6조에서는 이상의 단속 조항들을 시행하고 나서 나중에 보완하거나 수정할 내용이 있으면 협의하여 개정할 수 있다는 점을 규정했다.

5. 의의

「조일통상장정(1883)」 제41관은 조일 양국 어민에게 조업 활동이 가능한 지역을 설정하였다. 여기서 상세히 규정하지 못했던 내용으로, 조업 가능 지역에 진출하여 문제를 일으키게 될 어민들을 단속할 수 있는 규정을 마련한 것이 이 조약이다. 조약의 제목에서도 잘 드러나듯이 조선 연해로 진출하여 조업 활동을 전개하는 일본 어민들이 위법행위를 하다가 적발되었을 때 조선의 지방관이 이들을 어떻게 처리해야 할지를 규정한 것이다. 조선 어민이 일본 연안까지 배를 타고 진출하여 조업 활동을 할 가능성은 거의 없었다. 그러한 만큼 반대 상황을 규정한 내용은 담고 있지 않다. 조선 연해에서 조업 활동을 하다가 일본 어민이 문제를 일으키더라도 이들을 조선의 지방관이 처벌할 수는 없었다. 제2조 규정에 따라 인근 일본 영사관까지 위반자들을 호송하면서 이들의 처벌을 요청할 수는 있으나, 실제로 일본인들에 대한 재판을 주관하는 자는 일본 영사였기 때문이다. 치외법권을 인정받음에 따라 일본 어민들은 조선 연안에서 적극적으로 활동할 기반을 마련하게 되었다. 영사재판을 진행한 후 처분에 문제가 있더라도 조선 관리가 여기에 이의를 제기할 방법은 설정되어 있지 않았다는 점도 주목해 볼 부분이다.

6. 관련 문서

1) 어업 문제에 대한 다케조에 신이치로의 의견

어선 왕래의 건

이 조항도 청국의 사례를 모방하여 요구해야 합니다. 다만 부산과 쓰시마 사이에는 상호 조약을 체결하더라도 역시 무방할 것입니다. 왜냐하면 실제로 우리 어호(漁戶)는 항상 부산에 가지만, 한인은 일찍이 쓰시마에 가지 않았기 때문입니다.

출처 : 「竹添弁理公使ヨリ朝鮮事情報告」, 『公文別錄』, JACAR Ref. A03023651600

2) 조선 정부가 지방 관아에 참고하도록 내려보낸 공문(1884. 8. 6.)

갑신 6월 16일(1884년 8월 6일)

경상·전라·함경·강원 4도에 보내는 관문

상고할 것. 작년 6월 22일 일본과 서로 어채 등의 사정으로 이미 조약을 체결하였다. 「조일통상장정(1883)」 제41관과 「처판일본인민재약정조선국어채범죄조규」이다. 이에 초록하여 관문(關文)을 내려보내니, 관문이 도착하거든 연해의 각 읍에 낱낱이 통지하여 일체 이를 살펴보고 시행하도록 함이 마땅하다.

출처: 奎18083; 『八道四都三港口日記』[각사등록 근대편], 국사편찬위원회

[참고 문헌]

- 수협중앙회어촌지도과 편(1966), 『韓國水産發達史』, 수산업협동조합중앙회.
- 최덕수 외(2010), 『조약으로 본 한국 근대사』, 열린책들.
- 神谷丹路(2018), 『近代日本漁民の朝鮮出漁』, 東京: 新幹社.
- 酒井裕美(2016), 「開港期朝鮮の沿海漁業と淸·朝宗屬關係—朝淸商民水陸貿易章程第三條を手がかりに—」, 『東アジア近代史』, 20, 東京: 東アジア近代史學會.
- 박한민(2017), 「朝日修好條規 체제의 성립과 운영 연구(1876~1894)」, 고려대학교, 박사학위논문.

6
조일양국통어장정

朝日兩國通漁章程

조일양국통어장정 | 1889년 11월 조선과 일본이 어업세 납부, 어선 단속, 위반자의 처분과 물품 몰수, 재판 관할 등을 상세히 규정한 어업 조약이다. 그러나 양국 어민이 소유한 선박과 도구 등의 기술 차이와 영사재판 실시 등으로 인하여 양국민 사이에 분쟁이 빈번하게 발생하였다.

朝鮮日本兩國通漁章程

大朝鮮國政府據朝鮮開國四百九十二年六月二十二日日本明治十六年七月二十五日兩國全權大臣協議訂定之日本朝鮮通商章程第四十一款欲為往來捕魚於兩國海濱者定漁業稅立管辨章程朝鮮政府委任督辨交涉通商事務閔種默日本政府委任代理公使近藤眞鋤各奉委命會議定立左開各條

第一條

允於兩國議定地方海濱三里依日本國海里算法已下準之以內

日本朝鮮兩國通漁規則

大日本大朝鮮國政府ハ日本明治十六年七月二十五日朝鮮開國四百九十二年六月二十二日兩國全權大臣ノ協議訂定セル朝鮮國貿易規則第四十一欵ニ據リ兩國海濱ニ往來捕魚スル者ノタメニ漁業稅ヲ定メ取締規則ヲ立ツルヲ必要トシテ日本政府ハ代理公使近藤眞鋤ニ委任シ朝鮮政府ハ督辨交涉通商事務閔種默ニ委任シ各委命ヲ奉シテ會議定立スル各條左ノ如シ

원문

【朝鮮日本】兩國通漁章程

【大朝鮮大日本】國政府據朝鮮開國四百九十二年六月二十二日日本明治十六年七月二十五日兩國全權大臣協議訂定之【朝鮮日本】通商章程第四十一款欲爲往來捕魚於兩國海濱者定漁業稅立管辦章程朝鮮政府委任督辦交涉通商事務閔種默日本政府委任代理公使近藤眞鋤各奉委命會議定立左開各條

第一條
凡於兩國議定地方海濱三里【依日本國海里算法已下準之】以內欲營漁業之兩國漁船須詳記其船廣幅之尺數所有主之貫籍姓名及搭坐人員由其船主或代理人繕具稟單日本漁船呈經其領事官交通商口岸地方官署朝鮮漁船呈交議定地方郡區役所竢經查驗其船請領准單但漁業時必須携帶准單

第二條
領漁業准單者須照左開算法完納金額以充漁業稅而此准單自領收之日起至滿一年間爲有其效用者

搭坐人	十名已上	日本銀貨拾圓
同	【五名已上 九名已下】	同伍圓
同	四名已下	同參圓

第三條
領有漁業准單之此國漁船雖得將其捕獲魚介販賣於彼國海濱地方然彼國政府爲衛生起見或因其他事故通行禁止販賣之魚介類不准販賣

第四條
兩國漁船雖領有漁業准單者非得特准則不准於兩國海濱三里以內捕獲鯨鯢

第五條
此國漁船於彼國海濱三里以內勿違地方禁制以用妨害魚介及海産蕃殖之方法並於各地方正當限以魚介種類禁制其捕獲之時期則此漁民斷勿捕獲其魚介

第六條
兩國地方官署之官吏倘若認爲照行此章程所必要則可得查驗在該地方海濱三里以內之彼國漁船若有違犯者並行押留但朝鮮地方官押留日本船時當將其由迅速報知就近日本領事官請照此章程處辦

第七條
遇由不領漁業准單於海濱三里以內捕獲魚介或欲行捕獲之漁船五圓已上拾五圓已下罰金沒收其所捕獲之勿

第八條
遇有不帶第一條准單者犯第四條者及拒第六條地方官吏之查驗者處壹圓已上貳圓已下罰金但犯第四條者另行沒收其捕獲之鯨鯢
僞報第一條搭坐人員短納稅金者處二倍其短額之罰金販賣第三條禁制之魚介及用第五條妨害魚介及海産蕃殖之方法或捕獲禁制之魚介者在日本海濱則照地方規則處辦在朝鮮海濱則處壹圓已上貳圓已下罰金沒收其所捕獲之者

第九條
遇有將漁業准單借與他人於海濱三里以內捕獲魚介者不論借與者假用者均處二倍該准單稅額之罰金沒收其所捕獲之物

第十條
在兩國議定地方外之海濱三里以內捕獲魚介者沒收其漁船漁具及其所捕獲之物

第十一條
據此章程應行處辦者在日本國海濱則歸日本地方裁判所之裁斷在朝鮮國海濱則由其地方官知照就近日本領事官歸其裁斷

第十二條
施行借章程後遇有應行增減之事則得彼此妥議改便至漁業稅照此章程自蓋印日起限二年施行後看漁利有無再行商改玆彼此記名蓋印以昭憑信

大朝鮮國開國四百九十八年十月二十日
　　　督辦交涉通商事務閔種默 ㊞
大日本國明治二十二年十一月十二日
　　　代理公使近藤眞鋤 ㊞

출처: JACAR Ref. B13091010800

번역문

【조선일본】 양국통어장정

【대조선국과 대일본국】 정부는 조선 개국 492년 6월 22일, 일본 메이지 16년 7월 25일 양국 전권대신들이 협의 결정한 【조선일본】통상장정 제41관에 근거하여 양국 해변을 왕래

하면서 어업 활동을 하려는 자들을 위하여 어업세를 정하고 처리하는 장정을 세운다. 조선 정부가 위임한 독판교섭통상사무 민종묵과 일본 정부가 위임한 대리공사 곤도 마스키는 각각 위명(委命)을 받들고 회의하여 체결하였다. 각 조항은 다음과 같다.

제1조
양국이 의정한 지방의 해변 3리(里)【일본국 해리산법(海里算法)에 의거한다. 이하 이에 준한다】이내에서 어업을 경영하려는 양국의 어선은 배 광폭 척수(尺數)와 소유주의 관적(貫籍), 성명 및 탑승 인원을 상세히 기재하고 선주 혹은 대리인이 신고서를 정서하여 준비해 일본 어선은 그 영사관을 경유하여 통상 항구의 지방 관서에 제출하고, 조선 어선은 의정한 지방군 구역소에 제출하고 그 배의 검사가 끝난 뒤 허가증 수령을 신청한다. 단, 어업 시에는 허가증을 휴대하여야 한다.

제2조
어업 허가증을 수령한 자는 다음에 열거한 계산법에 따라 금액을 완납하여 어업세를 충당하고 이 허가증은 영수한 날로부터 기산하여 만 1년간을 그 유효기간으로 한다.

탑승인	10명 이상	일본 은화 10원(圓)
	【5명 이상 9명 이하】	동 5원
	4명 이하	동 3원

제3조
어업 허가증을 소유한 이 나라 어선이 포획한 어패류를 저 나라 해변 지방에서 판매할 수 있을지라도 저 나라 정부에서 위생을 위해서 혹은 기타 사고로 인하여 전반적으로 판매를 금지한 어패류는 판매를 불허한다.

제4조
양국 어선은 어업 허가증을 소유한 배라 할지라도 특별히 허가를 받지 않고서는 양국 해변 3리 이내에서 고래를 포획하는 것을 불허한다.

제5조
이 나라 어선은 저 나라 해변 3리 이내에서 어패류 및 해산물의 번식 방법을 방해함으로써 그 지방의 금제를 위반해서는 안 된다. 아울러 각 지방에서 정당하게 제한하는 어패류에 대하여 포획을 금제하는 시기에는 피차 어민들은 결코 어패류를 포획해서는 안 된다.

제6조
양국 지방 관서의 관리가 이 장정에 따라 행하는 과정에 필요하다고 인정되는 경우에는 검사를 할 수 있으며, 해당 지방 해변 3리 이내에 있는 저 나라 어선이 위범한 경우에는 억류할 수 있다. 단, 조선 지방관이 일본 선박을 억류할 때에는 그 이유를 가까운 일본 영사관에 신속히 통지해서 이 장정에 따라 처리할 것을 청한다.

제7조
어업 허가증을 수령하지 않고 해변 3리 이내에서 어패류를 포획했거나 혹은 포획하려고 한 어선에 대해서는 5원 이상 15원 이하의 벌금에 처하고 그 포획한 것은 몰수한다.

제8조
제1조의 허가증을 휴대하지 않았거나 제4조를 범한 경우 및 제6조의 지방 관리의 조사를 거부한 경우에 대해서는 1원 이상 2원 이하의 벌금에 처한다. 단, 제4조를 범한 경우에는 별도로 그 포획한 고래를 몰수한다.
제1조의 승선 인원수를 거짓 보고하고 세금을 적게 납부한 경우에는 적게 납부한 금액의 2배에 해당하는 벌금에 처한다. 제3조의 금지된 어패류를 판매하거나 제5조의 어패류 및 해산물 번식 방법을 방해하거나 혹은 금지된 어패류를 포획한 경우에는 일본 해변에서는 그 지방 규칙에 의하여 처리하며, 조선 해변에서는 1원 이상 2원 이하의 벌금에 처하고 그 포획한 것을 몰수한다.

제9조

어업 허가증을 타인에게 대여하여 해변 3리 이내에서 어패류를 포획한 경우에는 대여한 자나 빌려 사용한 자를 막론하고 모두에게 해당 허가증의 세액의 2배의 벌금에 처하며 그 포획한 것을 몰수한다.

제10조

양국이 의정한 지방 이외의 해변 3리 이내에서 어패류를 포획한 경우에는 그 어선, 어구 및 그 포획한 것을 몰수한다.

제11조

이 장정에 근거해 처리해야 할 것은 일본국 해변에서는 일본 지방 재판소의 판결에 귀속시키고 조선국 해변에서는 그 지방관이 가까운 일본 영사관에 통지하여 그 판결에 귀속시킨다.

제12조

이 장정을 시행한 뒤 증감해야 할 일이 있을 경우에는 피차 협의하여 개정할 수 있다. 어업세에 이르러서는 이 장정이 조인된 날로부터 2년을 기한으로 시행한 뒤 어업 이익의 유무를 보아 다시 상의하여 개정한다. 이에 피차 기명하고 날인하여 신용을 밝힌다.

대조선국 개국 498년 10월 20일
     독판교섭통상사무 민종묵 ㊞
대일본국 메이지 22년 11월 12일
     대리공사 곤도 마스키 ㊞

해제

1. 개요

조선과 일본은 「조일통상장정(1883)」[※Ⅳ-3] 체결 당시 제41관에서 출어 가능 지역만 설정했을 뿐, 어업 문제에 대해서는 관리 규정까지 세부적으로 마련하지 못했다. 조선 해역으로 건너와 어채 활동에 종사하는 일본 어민이 지속적으로 증가하고, 양국민 사이에 마찰과 충돌이 빈번하게 발생하였다. 이에 조일 양국 정부는 장기간에 걸쳐 여러 차례 협상을 진행하면서 양국 어민들의 활동을 관리하고 단속·처벌할 수 있는 근거 조약으로 1889년 11월 12일에 「조일양국통어장정」을 체결하였다. 외아문 독판 민종묵(閔種默)과 대리공사 곤도 마스키[近藤眞鋤]가 협상 책임자였다. 「조일양국통어장정」은 「조일통상장정(1883)」 체결 당시 조일 양국이 추후에 협의하여 정하기로 했던 어업세를 비롯하여, 출어 활동에 나선 어선을 단속할 수 있는 규정 전반, 위반자의 불법 어획물 몰수와 벌금 부과 등을 상세히 규정하였다. 이후에도 조일 양국 어민들 간의 어업 문제를 둘러싼 분쟁은 끊이지 않고 발생하였다. 조선 정부는 「조일양국통어장정」의 일부 조항의 개정을 시도하면서 협상 대표로 르젠드르[Charles W. Legendre, 李仙得]를 일본으로 파견하기도 하였지만 개정에는 성공하지 못하였다.

2. 배경

1883년 7월 조선과 일본이 체결한 「조일통상장정(1883)」에서는 전체 42개 조관 가운데 제41관에서 양국 어민들의 어채 활동이 가능한 지역을 설정했다. 원래 「조일통상장정(1883)」이 체결되기 전까지 양국이 작성했던 조약 초안에는 어채 문제와 관련된 조항은 없었다. 하지만 1882년 10월 조선과 청국이 「조청상민수륙무역장정」을 체결하였고, 세 번째 조관에 청국 어선들이 평안도와 황해도 일대로 출어할 수 있으며 조선 측에서는 산둥성[山東省]과 펑톈성[奉天省] 연안으로 출어할 수 있다는 조항이 들어갔다. 이 내용을 의식한 일본 정부는 급하게 자국 어민들의 어로 활동을 보장할 수 있는 조관을 마지막 항목에 추가했다.

이 조관에 따르면 조선 어민들은 일본의 히젠[肥前], 지쿠젠[筑前], 이와미[岩見], 나가토[長門], 이즈모[出雲], 쓰시마[對馬島], 즉 지금의 후쿠오카현[福岡縣]과 사가현[佐賀縣], 야마구치현[山口縣], 시마네현[島根縣]과 대마도 일대로 나가 조업할 수 있었다. 일본 어민들은 전라도, 경상도, 강원도, 함경도 네 도로 진출하여 어업 활동을 전개할 수 있었다. 「조일통상장정(1883)」에서는 출어 가능한 지역을 조약상으로 근거 조항을 먼저 마련하는 선에서 그쳤다. 어세와 기타 세금과 관련된 항목은 2년 후에 운영 상황을 조사하여 다시 논의하여 정하기로 했다. 이것은 결국 일본 어민들이 남해·황해·동해 연안으로 진출하여 어채 활동에 종사할 수 있는 권리를 제도적으로 보장한 것이었다. 이때 일본 어민들의 범죄행위를 개항장 주재 일본 영사들이 단속·처분할 수 있도록 규정한 「처판일본인민재약정조선국해안어채범죄조규」[※Ⅳ-5]도 체결되었다.

「조일통상장정(1883)」 체결 이후 조일 양국 어민들 간에는 지속적으로 충돌이 발생했다. 당시 조선의 선박 기술로 일본 연안까지 진출하여 어채 활동을 전개할 만한 어민들은 존재하지 않았다. 일본 어민들이 전라도와 경상도 시역으로 건너와 연해에서 어채 활동을 전개하는 가운데 조선인들과 마찰을 빚게 되었던 것이다. 양국 어민들의 잦은 충돌은 특히 제주도 지역에서 빈번하게 발생했으며, 살상 사건으로 번지는 사례도 적지 않았다. 일본 어민들은 자국 내에서 사용이 금지된 잠수기까지 조선 연안에 도입하여 전복 등을 채취하면서 제주도 어민을 비롯하여 해녀들의 생계를 위협하기 시작했기 때문이다.

조선과 일본 어민의 첨예한 갈등이 표출된 대표적인 사례가 1887년 발생한 이만송(李萬松) 피살 사건이었다. 살상 사건이 지속적으로 발생하면서 현안이 되자 일본 정부에서는 나가사키[長崎]와 후쿠오카[福岡] 현령에게 잠정적으로 어민들이 제주도까지 나가 조업 활동을 하지 못하도록 지시하였다. 그렇지만 제주 지역으로 나가 어채 활동을 하면서 상어, 해삼, 도미 등의 어종을 포획하는 일본 어선들의 수는 계속 증가하고 있었다. 이 때문에 어채 문제와 직접적으로 이해관계에 있는 나가사키 지역 등에서는 출어 제한 조치를 풀어 줄 것을 요구하는 여론이 빈번하게 언론을 통해 표출되었다.

조선 정부에서는 제주도에서 발생한 어민들의 피해를 조사하도록 1891년에는 순심관으로 이전(李琠)을 보내기도 했고, 이어서 이규원(李奎遠)을 찰리사 겸 제주목사(察理使兼濟州牧使)에 임명하여 제주도로 파견했다. 이규원은 일본 영사와 만나 합동 조사를 실시하였다. 이때 일본 측과 논의한 내용은 제주도 출신 김희정(金羲正)이 남긴 『도해록(蹈海錄)』이란 문헌을 통해서 확인해 볼 수 있다.

3. 체결 과정

「조일통상장정(1883)」 체결로부터 2년이 지난 1885년 6월, 외아문에서는 제41관에서 규정했던 내용대로 어세와 기타 세목을 협정하자고 일본 측에 제의했다. 실제로 조약 체결까지는 「조일통상장정(1883)」 제41관에서 2년 후에 논의하여 협정하기로 했던 것보다 4년이란 시간이 더 걸렸다. 그 사이에 인천 연안 지역에서도 자국 어민들이 통어 활동을 할 수 있도록 개방해 달라는 일본 측 요청이 있었다. 조선 정부에서는 1888년 6월 일본 어선을 15척으로 한정하여 매년 허가를 갱신하면서 인천 연안에서 조업할 수 있도록 허가하는 「인천해면잠준일본어선포어액한규칙(仁川海面暫准日本漁船捕魚額限規則)」을 제정했다.

일본 정부 내에서는 「조일양국통어장정」과 관련하여 먼저 대장성(大藏省)에서 11개 조관으로 된 초안을 작성하였다. 이후 외무성(外務省)에서 이 초안을 검토하고 빠진 부분을 보완해 넣고, 각 조관에 설명을 부가하여 전체 14개 조관으로 된 초안을 작성했다. 외무성 초안에서부터 조약 명칭은 '日本朝鮮兩國通漁規則'이었다. 1886년 3월, 대장성에서 외무성 초안을 다시 수정하고 다듬은 결과 12개로 조관 수가 약간 줄어들었다. 내무성과 농상무성(農商務省)의 회람을 거쳐 유관 기관으로부터 이견이 없음을 확인한 다음, 조선 정부와의 협상 안건으로 최종 확정하였다. 11월 29일 외아문에는 한문으로 번역한 초안을 제출하였다. 이때 조선 측 협상 대표는 외아문 독판 김윤식(金允植)이었고, 일본 측 대표는 임시대리공사를 맡고 있던 스기무라 후카시[杉村濬]였다. 협상에서 쟁점이 된 조항은 제2조의 어세(漁稅)와 제11조의 재판 관할권과 관련된 내용이었다. 조선 측에서는 어세의 경우 재정 운영상 수입을 확보하기 위한 목적으로 증액을 요구했다. 스기무라도 원안보다 3배 이내에서는 증액할 수 있다고 판단하고 있었다. 다만 재판 관할권의 경우 영사재판과 관련된 문제였으므로 원안 그대로 할 것을 고수했다.

12월 8일 협상에서도 제2조의 어세 증액 건과 제11조 재판 관할권 문제를 논의했다. 제2조에서는 어세가 승선원 10명 이상일 경우 5원에서 15원으로 개정되었다. 증세를 통해 재정 수입을 확보하고, 조선인들의 어업을 보호하기 위해서 요구한 내용이 반영된 것이었다. 제6조의 경우 '만약 위반자가 있다면(若有違犯者)'이란 문구를 추가로 집어넣어 문맥을 구체화했다. 재판 관할권 문제는 스기무라의 설명을 듣고 난 후 김윤식이 더 이상 이의를 제기하지 않으면서 논의 대상에서는 빠졌다. 영사재판권 관할은 각국과의 관계에서도 중요한 문제였던 만큼 일본 측에서 협상 의제로 쟁점화하는 것을 차단하고 있었음을 알 수 있다. 스기무라는 김윤식과 협상을 진행하는 가운데 어세를 통해 재원을 확보하려 한 조선 정부의 입장을 12월 14일 외무성에 보고하였다[※관련 문서-2].

이듬해까지 이어진 협상에서는 어세를 어느 정도까지 인상할 것인가를 두고 논란이 이어졌다. 외무성에서는 스기무라의 초안을 두고 대장성으로 추가 자문을 구하였다. 대장대신(大藏大臣)은 가급적 원안 그대로가 좋겠지만, 협상 상황에 따라서는 2배의 증세까지도 고려해 볼 수 있다는 내부 검토 의견을 전달하였다[※관련 문서-1]. 이 건과 연계해서 제주도에서 일본인들의 어재 활동을 금지하도록 기한을 연기해 달라고 요청하는 안건을 논의하였다. 조선 정부의 간청이 이어짐에 따라 일본 외무대신은 스기무라 후카시에게 어민들의 제주도 출어에 대한 해금(解禁)을 연기한 후, 이를 확실하게 실행할 수 있도록 공문을 통해 보증을 받아 두라고 지시하였다.

이듬해 조선 정부에서는 「조일양국통어장정」 체결을 위한 전권대표로 외아문의 독판교섭통상사무 민종묵을 임명했다. 일본 측에서는 대리공사 곤도 마스키를 협상 대표로 파견했다. 이전까지의 교섭을 통해 다듬은 초안에 기초하여 조일 양측은 전체 12개 조항으로 된 「조일양국통어장정」을 1889년 11월 12일 최종적으로 체결하였다. 조약 제2조에서는 승선원 10명 이상에 대한 어세를 10원으로 확정하였다. 스기무라가 원안에 있던 5원의 2배까지 올려도 괜찮다고 판단했던 정도에서 벗어나지 않는 선에서 타결된 것이다. 체결 다음 날 곤도 마스키는 체결일로부터 기산하여 60일 이후부터 조약을 시행하겠다고 한 사실을 민종묵에게 조회하였다. 같은 날 민종묵은 일본 공사가 보내온 성명 내용을 확인하였으며, 이 장정을 지방관들이 준수하도록 하겠다고 회답을 보냈다.

곤도 대리공사로부터 조약문과 내용을 전달받은 일본 정부는 1890년 1월 8일 칙령을 통해

「조일통어규칙」을 일본 국내에 공포하였고, 1월 11일부터 시행에 들어갔다. 이 조약은 1909년 4월 1일 새로이 「어업법」을 시행하면서 폐지되었다. 효력 상실의 근거는 1908년 11월 13일 내각 고시 23호와 통감부 고시 제186호로 공표한 「어업에 관한 협정」[※Ⅳ-9]이었다.

4. 내용

한문으로 작성된 조선 측 조약명은 '朝鮮日本兩國通漁章程'이다. 일본어로 작성된 일본 측 조약명은 '日本朝鮮兩國通漁規則'이다. 근대적 조약 형식과 체제를 갖추고 있기는 하나 세부적으로 보면 불평등한 요소가 다분히 담겨 있는 조약이었다. 조약 원본은 일본 아시아역사자료센터를 통해서 온라인으로 열람이 가능하다(JACAR Ref. B13091010800).

제1조는 어채가 가능한 거리를 해안에서 3리 이내로 설정하였다. 양국 해안의 3리[일본의 해리 산정 기준] 이내에서 어업 활동에 종사하는 어선이 지방관청에 신고서 제출 시 기재해야 할 사항을 나열했다. 지방관청은 각 개항장의 해관(海關)을 가리키며, 면허증 발급에는 5일에서 7일 정도의 시간이 걸렸다. 신고서 제출 후 검사를 받은 다음에 교부받은 면허증[준단]을 조업 중 휴대하도록 했다. 제2조는 면허증을 받은 어선의 승선 인원수를 나누어 해당 인원에 맞게 어업세를 납부하도록 규정했다. 면허증의 유효기간은 1년이었다. 2개 조항은 조업을 나가기 위해서 지방관청으로부터 정해진 절차를 밟아 증빙 서류를 발급받고, 선박 승선 인원수에 맞게 어업세를 납부하도록 했다.

제3조는 포획한 해산물을 상대방 국가에 가져가 판매할 수 있도록 했다. 다만 상대국에서 위생 등의 이유로 판매를 금지할 경우 판매할 수 없다고 단서 조항을 달아 두었다. 제4조는 관으로부터 허가증을 수령하였더라도 3해리 이내에서는 고래를 잡을 수 없도록 규정했다. 제5조는 허가증이 있고 3리 이내더라도 상대국 지방에서 자원 보호를 목적으로 금지했을 경우 해산물을 포획할 수 없다고 했다.

제6조부터 제10조까지는 관리들의 어선 단속과 위반 적발 시의 벌금 부과, 포획물 압수 등을 사안별로 제시했다. 제6조는 관리들이 규정을 집행하면서 필요할 경우 단속할 수 있다는 규정이다. 다만 조선 관원이 단속하고 억류한 일본 선박은 근처의 일본 영사관으로 인도해서

처리하도록 할 수 있을 뿐, 조선의 법리에 따라 처벌할 수는 없었다. 제7조는 허가증 없이 3리 이내에서 어획을 하거나, 하려는 어선에 대해서는 벌금을 부과하고 포획물을 몰수한다고 했다. 제8조에서는 각 조항을 위반한 자들에 대하여 부과하는 벌금을 설정했다. 일본 해변에서 규정을 위반하여 어획을 한 자는 지방의 관내 규칙에 따르도록 했다. 반면, 조선 지방에서는 벌금만 부과하고 포획물을 몰수하도록 하여 단속 규정을 달리하였다. 제9조는 허가증을 대여하였다가 적발된 경우의 벌금 부과와 몰수 규정이다. 제10조는 조일 양국이 설정한 지역 이외의 해변 3리에서 포획을 하다가 적발된 경우 처벌하는 내용을 담았다.

제11조는 사법 관할권을 규정한 조항으로 일본 해변에서 적발된 경우에는 일본 지방재판소, 조선 해변일 경우 해당 지방관이 일본 영사관에 통지해 처리하도록 했다. 제6조와 맞물려 있는데, 편무적인 영사재판권에 따라 조선 연안에서 규정을 위반한 일본 어민들을 조선 정부에서 처벌할 수 없는 규정을 담은 것이었다. 아울러 조선 정부에서는 일본 어선을 단속할 만한 순시선조차 제대로 갖추지 못하고 있었다는 점, 조선 선박으로 일본 연안까지 진출하여 조업 활동을 할 만한 여건은 아니었다는 점도 동시에 고려해야 할 사항이다. 결국 이 조약은 일본 어선이 조선 연해에 진출하여 조업할 수 있는 조약상의 근거를 설정했던 것이라고 볼 수 있다. 일본 어민들의 어업 침탈 행위와 활동 반경은 조약 체결 이후 조선 연안에서 점점 증가했다.

마지막으로 제12조는 조약 체결 후 2년간 시행한 후 필요에 따라 양국이 다시 협의하고 개정할 수 있다는 내용을 수록했다. 조약 개정의 길을 열어 둔 조항이었는데, 실제로 조선 정부에서 이 조항에 따라 개정을 요구하면서 교섭을 추진하기도 했다. 하지만 개정으로까지 이어지지는 못했다.

5. 의의

「조일통상장정(1883)」 체결 이후, 조선과 일본 사이에 어업에 관한 사항을 구체적으로 마련하고, 단속하여 벌금을 부과하고 위반 물품은 몰수할 수 있도록 근거 조항을 마련했다는 점에서는 의의가 있다. 하지만 조선 연해에 진출하여 조업 활동을 하다가 문제를 일으킨 일본 어민들을 가까운 일본 영사관으로 인도하여 영사재판을 받도록 규정한 점, 일본 국내에서 문제를 일으킨 어민은 관내(管內) 지방재판소에서 판결을 받도록 규정한 점 등 사법적 차원에서 형평성에 많은 문제점을 내포하고 있었다. 전반적으로 조선 연안에서 조업 활동을 하는 일본 어민들의 진출을 장려하고, 이들을 관리하려 한 조약이었다고 평가할 수 있다.

조약 체결 전후로도 제주도는 조일 양국 어민의 첨예한 분쟁 지역이었다. 여기에서 양국민의 충돌과 살상, 일본인의 민가 난입과 부녀자 겁탈 등이 빈번하게 발생했다. 조일 양국이 협의하여 제주도 근해의 조업을 잠정 금지하고 출어 금지 기간을 연기하는 조치를 몇 차례 취하기는 했다. 하지만 일본 어민들의 조업은 끊이지 않았다. 남해안 도서 지역에서 쇄어장(晒漁場)을 설치하여 운영하는 문제까지도 대두하였다. 이에 따라 조선 정부에서는 「조일양국통어장정」을 개정하고자 르젠드르[李善得]를 판무사(辦務使)로 임명하여 일본에 파견하여 교섭하도록 하였다.

협상은 1891년 8월부터 1892년 12월 사이에 진행되었다. 양측은 제주도 어채 금지에 대한 반대급부로 대동강 내 철도(鐵島) 개항, 일본 어민의 부산 절영도 상륙과 쇄어장 설치 등을 협상 의제로 삼았다. 르젠드르가 도일하여 교섭을 진행하던 중 유길준(俞吉濬)이 르젠드르의 협상안에 담겨 있는 문제점을 지적하고 반박을 가한 문서를 작성하였는데, 바로 「어채론(漁採論)」이었다. 유길준은 「조일통상장정(1883)」에서 어민들이 물고기를 건조하고 염장 처리할 수 있는 문제와 관련된 조문이 없다는 점을 날카롭게 지적하였다. 일본 측 요구대로 전라도 지역에 쇄어장을 설치할 수 있도록 허락하면 제주도에서 조업 활동을 할 수 있도록 하는 것보다 훨씬 경제적으로 피해가 커지게 될 수 있음을 우려하였다[※관련 문서-3]. 일본 정부 내의 정치적 변동과 구미 열강과의 조약 개정, 조선 정부에서 외아문 독판이 민종묵에서 조병직(趙秉稷)으로 교체되는 인사 이동, 방곡령 배상 문제의 대두 등이 맞물리면서 협상은 결렬된 채 르젠드르는 조선으로 돌아가야 했다. 조선 정부의 「조일양국통어장정」 개정 시도는 여러 가지 대내외적인 여건이 조선에게 불리하게 조성된 가운데 성공할 수 없었다.

6. 관련 문서

1) 어업세 증액 한도에 대한 대장성의 검토 의견(1886. 12. 27.)

관방(官房) 제336호

1886년 12월 27일

대장대신 마쓰가타 마사요시[松方正義] → 외무대신 이노우에 가오루[井上馨]

일한무역규칙(원문 그대로-번역자) 제41관에 의거하여 조선국 정부와 협의하고 정해야 할 통어규칙안 안에서 어업세와 벌금의 건에 관하여 스기무라[杉村] 임시대리공사로부터 청훈서 사본을 첨부한 친전송(親展送) 제845호를 통하여 조회하신 취지는 확인하였습니다. 그런데 어업규칙안 제2조의 어업세는 우리나라의 선세(船稅)와 어업세를 표준으로 삼아 산정하려 한 것으로 타당한 세액입니다. 게다가 우리나라의 어선은 조선국 해안에서 어업을 한다고 하지만, 내지(內地)에서 선세와 어업세 두 가지를 부담한다고 한다면, 곧 이에 대하여 조선국에서 원안(原案)의 세액을 부과하더라도 우리 어선의 부담은 실로 가볍지 않습니다. 그런데 이것이 증가한다면 반드시 어업상 큰 영향을 초래하게 됩니다. 가급적 원안의 세액을 유지하도록 하면 좋겠습니다. 그렇다고 하더라도 피아가 담판하는 형편에 따라 반드시 증액이 필요하다면 귀성(貴省)의 의견대로 원안 제2조의 어업세와 제7조의 벌금 모두 2배의 액수까지 증가하게 되더라도 이것은 어쩔 수 없는 일이라고 생각합니다. 이 점은 내무·농상무 두 성과도 합의한 다음 회답하는 내용입니다.

출처: 『日韓通漁規則訂約雜件』, JACAR Ref. B07080085300

2) 교섭 중 조선 정부의 입장 전달과 추가 훈령 요청(1886. 12. 14.)

기밀(機密) 제178호 「통어규칙의 건」

1886년 12월 14일

재조선 임시대리공사 스기무라 후카시[杉村濬] → 외무대신 이노우에 가오루[井上馨]

통어규칙 체결에 대하여 지난번 기밀 제172호로 조선 정부의 의향은 대략 말씀드렸습니다. 이달 8일 김 독판이 공사관에 와서 담판을 개최하였습니다. 청구한 요지로, 제2관의 어세를 증가할 것, 제11관의 재판 관할을 상호 간에 하자는 것, 그리고 제6관 내의 자구를 수정하자는 세 가지 항목이 있었습니다. 재판 관할에 관해서는 제가 간절하게 설명을 하여 김 독판으로서도 점차 이해를 하게 되면서 그 청구를 폐기하였습니다. 장차 어세에 관해서는 일청 양국이 통어(通漁)를 한 이래로 연해 어업은 태반은 양국 어민에게 빼앗기게 되면서 [조선 정부의-번역자] 어세 수입이 크게 감소하였고, 이에 따라 곤란해졌습니다. 따라서 상당한 어세를 조약으로 체결하여 한편으로는 정부의 수입을 회복하고, 다른 한편으로는 자국민의 어업을 보호하고 싶다는 속마음을 간절하게 진술하였습니다. 큰 배를 연세 30원으로 하고, 이하는 그 사례에 준하여 증세를 필요로 한다는 취지로 청구하였습니다. 저로서는 여러 가지로 불가함을 진술하였습니다만, 그는 쉽게 동의하지 않았습니다. 따라서 본관이 "그렇다면 세액만은 임시로 정하고, 실지(實地)에서 경험을 한 다음 헤아려 확정하면 어떠하겠는가?"라고 고안한 내용을 꺼내 놓았습니다. 김 독판이 점차 그 이야기에 따르면서 원안의 3배까지 감액하기로 하고, 아래의 수정안을 상정하였고, 양쪽 정부의 훈령을 요청하기로 협의하였습니다. (중략)

위의 세 가지 조항 이외에는 모두 원안에 대하여 동의하였다는 취지로 확답이 있었습니다. 애초에 당국의 서해안으로 청국 어선이 허다하게 들어와서 어업의 이익을 빼앗고, 세입이 감소한 실제 정황은 기밀 제74호 별지에 기재했던 대로이므로, 충분히 당 정부의 내부 정황을 헤아린 후, 기밀 제172호의 품의서 조항과 함께 논의해 주시기 바랍니다. 이에 급히 훈령을 내려주시기를 요청합니다.

[추신] 이 규칙의 시행 기한은 조인 후 3개월이 지나고 나서 실시하기로 약정한다면 좋겠다고 생각합니다. 이 사항도 아울러서 훈령해 주십시오.

출처: 『日本外交文書』 권22, #156 附記4, 374~376쪽

3) 전라도 지역 내 쇄어장 설치 허가에 대한 유길준의 반대론

전라도 해안의 편리한 지역에서 일본 어민들의 생선 건조를 허가하고, 어민이 상응하는 지조(地租)를 납부하도록 하는 건을 논함

고기잡이는 건조와 염장을 하지 않으면 생선을 처리할 수 없다. 조일어채약장[조일양국통어장정-번역자]을 살펴보면 염장, 쇄어 등의 문구는 없다. 이것은 일본인이 조약을 논의할 때 소홀히 생각하여 처리한 것으로, 우리에게 핑계를 댈 수 있는 여지를 남겨 둔 것이다. 따라서 일본 정부는 백방으로 계책을 강구하려 시도하면서 조약 개정을 바라고 있었다. 그러나 개정할 기미가 보이지 않자, 제주도 사건을 가지고 먼저 전라도의 항구를 개방하자는 이야기를 하면서 우리가 움직이도록 한 일은 우리가 필시 허락하지 않을 것을 알았기 때문이다. 어잔(魚棧)을 얻어 낼 기회로 삼으려 이 말을 꺼냈던 것이니, 그 계략이 교묘하다.

제주도는 우리 땅이다. 전라도의 편리한 지역 역시 우리 땅이다. 모두 우리 영토인데, 우리가 어찌 저기에서 금지하고 여기에서 허락하면서 다르게 할 수 있겠는가? 만약 전라도 지역 내에서 어잔 설치를 허락한다면 이것은 항구를 개방하여 물자를 거래하는 것과 크게 다르지 않다. 오히려 그 피해는 제주도의 어채보다도 심해질 것이다. 지금 비록 조업은 하고 있지만 건조와 운반이 불편하기 때문에 오는 데에는 시간상 간극이 있다. 어잔을 허락한다면 저들은 장차 바다를 가득 채울 정도로 몰려들 것이며, 가옥을 짓고 거류하는 일을 장기간의 계획으로 삼을 것이다. 이들은 장차 우리 바다에서 이익이 되는 물자를 고갈시킬 것이다. 이것은 전국의 바다를 떼어 주고 오로지 한 구석에 있는 제주 바다만을 보전하는 일이다. 제주도 역시 전라도의 여러 섬 가운데 하나로 서로 멀리 떨어져 있지 않으며, 바람 한 번 불면 왕래할 수 있다. (하략)

출처 : 「漁採論」, 『俞吉濬全書』 Ⅳ, 一潮閣, 127~128쪽

[참고 문헌]

- 『日韓通漁規則訂約雜件』(日本 外務省 外交史料館 所藏資料, JACAR Ref. B07080085000)
- 外務省 編(1951), 『日本外交文書』 권22, 東京: 日本國際聯合協會.
- 수협중앙회어촌지도과 편(1966), 『韓國水産發達史』, 수산업협동조합중앙회.
- 장수호(2011), 『조선시대 말 일본의 어업 침탈사』, 수산경제연구원 Books&블루앤노트.
- 神谷丹路(2018), 『近代日本漁民の朝鮮出漁』, 東京: 新幹社.
- 具良根(1980), 「近代日本의 對韓通漁政策과 朝鮮漁村과의 關係」, 『人文科學硏究』.
- 김희연(2015), 「1892년 朝日 어업 관련 조약 개정 교섭과 국제관계」, 『韓國史硏究』 170.
- 이영학(1995), 「개항 이후 일제의 어업 침투와 조선 어민의 대응」, 『역사와 현실』 18.

7
한일양국인민어채구역조례
韓日兩國人民漁採區域條例

한일양국인민어채구역조례 | 1904년 6월 일본 정부의 요구에 따라 양국 어민이 출어할 수 있는 한국과 일본의 연안 지역을 추가로 고시하였는데, 실제로는 일본 어민들이 황해로 진출하여 조업할 수 있도록 활동 반경을 공식적으로 넓혀 준 조례였다.

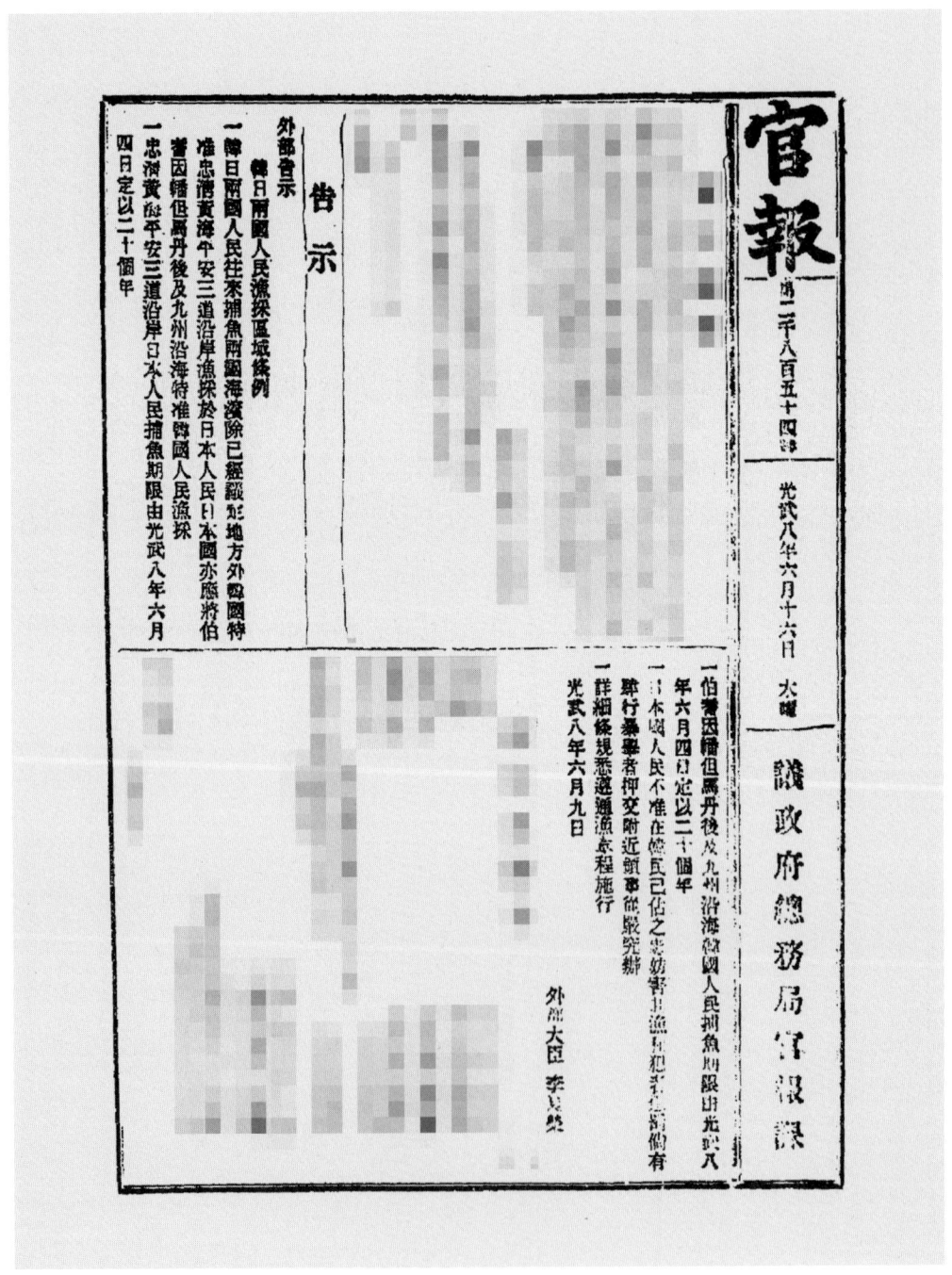

한일양국인민어채구역조례(한문)   출처: 『관보』 광무 8년 6월 16일

원문

韓日兩國人民漁採區域條例

一 韓日兩國人民往來捕魚兩國海濱除已經議定地方外韓國特准忠淸黃海平安三道沿
　岸漁採於日本人民日本國亦應將伯耆因幡但馬丹後及九州沿海特准韓國人民漁採

一 忠淸黃海平安三道沿岸日本人民捕魚期限由光武八年六月四日定以二十個年

一 伯耆因幡但馬丹後及九州沿海韓國人民捕魚期限由光武八年六月四日定以二十個年

一 日本國人民不准在韓民已佔之處妨害其漁利犯者懲罰倘有肆行暴擧者押交附近領
　事從嚴究辨

一 詳細條規悉遵通漁章程施行

光武八年六月九日
　　　外務大臣 李夏榮

출처: 『관보』 광무 8년 6월 16일

번역문

한일양국인민어채구역조례

하나, 한일 양국 인민들이 양국의 해변을 왕래하면서 고기잡이 하는 것은 이미 의정한 지방을 제외하고 한국은 충청도·황해도·평안도 3도의 연안에서 일본 인민에게 고기잡이를 특별히 허락하며 일본국도 역시 호키, 이나바, 다지마, 단고와 규슈 연안 등에서 한국 인민에게 고기잡이를 특별히 허락한다.

하나, 충청도·황해도·평안도 3도의 연안에서 일본 인민이 고기잡이하는 기한은 광무 8년 6월 4일부터 20년으로 정한다.

하나, 호키, 이나바, 다지마, 단고와 규슈 연해 등에서 한국 인민이 고기잡이를 하는 기한은 광무 8년 6월 4일부터 20년으로 정한다.

하나, 일본 인민은 한민(韓民)들이 이미 점하고 있는 곳에서 그들이 고기잡이하는 것을 방해할 수 없으며 위반하는 자는 징벌한다. 제멋대로 난폭한 행동을 하는 자가 있을 경우에는 부근의 영사에게 압송하여 엄격하게 신문하고 처리한다.

하나, 상세한 조규는 모두 통어장정에 따라 시행한다.

광무 8년 6월 9일
　　　외부대신 이하영

해제

1. 개요

1904년 러일전쟁 발발 후 일본군이 한반도를 통해 북진하는 가운데 소비하는 어류 공급을 원활하게 하기 위해서 일본 어민들이 충청·황해·평안도 세 지역에서 출어를 할 수 있도록 일본 정부의 필요에 따라 제정하고 한국 정부에서도 이를 수용하도록 한 조례이다. 전쟁 수행 중 일본 어민들의 어업 활동 지역을 서해 연안에서 늘려야 한다는 필요성은 주한 일본 공사 하야시 곤스케[林權助]가 먼저 제기하였다. 하야시는 외무대신의 승인을 받은 후 한국 정부와의 본격적인 교섭에 들어갔는데, 한국 조정 내에서 일본 공사의 요구에 반대하는 여론이 컸기 때문에 논의를 거쳐 황제의 재가를 받기까지는 적지 않은 시간이 소요되었다. 1904년 6월 9일 외무대신 이하영(李夏榮)의 명의로 어채구역조례를 고시하였다. 이로써 일본 어민들은 황해 연안 지역의 이징으로도 본격적으로 집무할 수 있는 근거를 확보하였다. 동해·남해·황해 전역에서 제약 없이 조업 활동을 할 수 있게 된 것이다.

2. 배경

러일전쟁 전인 1901년 들어서 일본 국내에서는 「어업법」이 제국의회를 통과했다. 더불어 「어업법시행규칙」과 「어업조합규칙」을 공포하였다. 또한 이듬해 일본 정부에서는 러시아와 조선으로 출어하는 어민을 대상으로 한 「외국영해수산조합법(外國領海水産組合法)」도 제정하였다. 이러한 법률 제정과 시행을 통해 일본 어민들이 조선에 진출하여 정착할 수 있는 조건은 점차 구체적으로 마련되었다. 이들에게 남아 있는 출어 제한 지역은 충청·황해·평안도 세 지역이었다.

1904년 2월에 발발한 러일전쟁은 일본으로 하여금 군수(軍需)를 목적으로 한 통어 지역의 확장을 조선 정부에 공식적으로 요구할 수 있게 하였다. 주한 일본 공사 하야시 곤스케는 먼저 외부대신 서리 이지용(李址鎔)과 교섭하여 6개 조항으로 된「한일의정서」[※Ⅶ-2]를 체결하였다. 한국 정부가 일본의 시정 개선 충고를 받아들이며, 일본 정부에 충분한 편의를 제공하도록 했던 것이다. 그러면서 대한제국의 독립과 영토 보전을 보증한다는 명분으로 군사상 필요한 곳은 빌려 쓸 수 있도록 규정했다. 전쟁 수행에 필요하다면 대한제국의 어느 곳이든 점유해서 일단 사용할 수 있는 권리를 획득한 것이다. 러일전쟁을 수행하는 군대가 지역에 주둔하면 이들에게 어떠한 방식으로 물자와 식량을 공급할 것인가의 문제가 자연스럽게 대두하였다.

3. 체결 과정

1904년 2월 러일전쟁이 시작된 후, 3월 14일 하야시 일본 공사는 외무대신 고무라 주타로[小村壽太郞]에게 공문을 보냈다. 북진 중인 일본군의 어류 공급을 위해서 충청도·황해도·평안도 연안에서 일본 어민들의 출어를 허락하는 일이 필요하기 때문에 정부에서 방안을 강구한 후 훈령을 내려 달라는 요청이었다. 이틀 후 고무라 외무대신은 하야시에게 요청한 안건과 관련하여 해당 지역 내에서 일본 어민들의 출어는 필요하다고 인정되므로, 시기를 헤아려 한국 정부와 교섭하도록 지시했다. 이에 따라 하야시 공사는 외부대신 임시서리 조병식(趙秉式)에게 3월 22일 조회문을 보냈다. 충청도·황해도·평안도 3도 연안에서 일본 어민들이 출어를 하도록 허가한다면 '이용후생(利用厚生)'과 한국 정부의 재정 수입 증가, 한국 어민들이 일본의 어채 방법을 배울 수 있다는 점을 거론하면서 정부 차원에서 논의한 후 허가해 달라고 요청했다. 여기에 일본군이 북진함에 따라 군대용 부식물의 수요가 급증했다는 점도 덧붙이면서 사안에 긴급성이 있다는 점을 강조했다[※관련 문서-3].

이로부터 3개월가량 한일 간에 교섭이 지속적으로 진행되었다. 한국 정부 내에서 일본 공사가 요구해 온 3도의 어채 개방을 두고 이를 반대하는 여론이 많았기 때문에 협상 기간이 길어졌다. 6월 4일에 이르러 외부대신 이하영(李夏榮)과 농상공부대신, 참정 조병식 등의 찬성과 황제의 재가를 받아 5개 조항으로 된 어업권 특허 건에 관한 조회문을 일본 공사에게 발송했다. 외부대신의 조회문을 받은 하야시는 곧바로 이를 승낙하겠다는 회답을 보냈다.

동시에 그는 사본을 우편으로 본국 외무대신에게도 보내면서, 이 협약 내용을 관보에 게재할 때는 양국의 날짜를 맞출 수 있도록 미리 알려 줄 것을 요청했다[※관련 문서-1]. 하야시로부터 연락을 받은 고무라 외무대신은 어업권 획득 건에 관하여 속히 내각에서 논의하여 결정해 줄 것을 내각총리대신 가쓰라 다로[桂太郎]에게 보고했다. 이때 회람을 통해 농상무대신으로서는 이 안건에 별다른 이의가 없다는 점도 덧붙였다[※관련 문서-2]. 6월 8일, 일본 정부에서는 상주한 대로 하라는 결정을 내렸으며, 이를 곧바로 하야시 공사에게 통보했다. 한국 정부에서는 「한일양국인민어채구역조례」라는 명칭의 외부 고시(外部告示)를 6월 16일 자 관보에 게재했다. 일본 정부에서는 6월 27일 외무성 고시(外務省告示) 제3호로 해당 내용을 공표했다.

4. 내용

「주일통상장정(1883)」[※Ⅳ 3] 제41관에서 출어 가능 지역으로 개방했던 지역 이외에 새롭게 선정하는 지역의 명칭과 조업 가능 기간을 설정한 조약이다. 한국에서는 충청도와 황해도, 평안도 지역으로 황해 연안이었다. 일본에서는 돗토리현[鳥取縣], 효고현[兵庫縣], 교토부[京都府] 북부, 규슈[九州] 연안을 통어 지역으로 개방한다고 했다. 하지만 이 시기에 들어서도 한국 어선이 일본 지역까지 진출하여 출어 활동을 전개하는 경우는 거의 없었으므로 일본 어민들의 황해 진출을 보장한 것이었다. 이로써 한반도 해안 전역에서 일본 어민들이 어업 활동에 종사할 수 있는 여건이 마련되었다.

조약의 효력은 1904년 6월 4일부터 20년을 기한으로 정했다. 기존의 어업 관련 조약에서도 그러했지만, 제4조에서 조선 연안에 출어한 일본인 가운데 문제를 일으키는 자는 근처에 있는 일본 영사관으로 인도하고 재판을 받도록 규정했다. 반면에 조선 어민이 출어하여 문제를 일으켰을 때의 경우는 조약 안에서 상정하고 있지 않다. 이를 통해서도 일본 어민들의 출어 지역 확장을 위해서 만들어진 조약임을 명확하게 알 수 있다.

5. 의의

이 조약을 통해 일본 어민은 그동안 주로 청국 어민들에게 개방되어 있던 황해 연안에서도 합법적으로 조업 활동을 전개할 수 있게 되었다. 조례 고시 이전에도 이미 세 지역에 진출하여 어업 활동을 한 경우도 적지 않았지만, 조례는 이것을 이제 공식적이고 합법적으로 할 수 있도록 길을 열어 준 것이었다.

이듬해 일본 국내에서는 「원양어업장려법」을 개정하여 어민들에게 지원하는 보조금을 인상하였고, 지방 차원에서도 이를 적극적으로 지원하였다. 한편으로 한국에서 「한국 연해 및 내하의 항행에 관한 약정서」[※V-5]까지 체결하여 어민들이 한국 내에서 활동할 수 있는 반경을 넓혀 나갔다. 이것은 일본 어민들의 한국 이주와 정착을 장려하여 식민지로 만들어 나가는 일련의 과정이었다.

6. 관련 문서

1) 황해·충청·평안 3도에서 일본 어업권 특허 승인 건(1904. 6. 4.)

왕전(往電) 제527호
1904년 6월 4일 오후 10시 35분 발
1904년 6월 5일 오전 1시 51분 착
재한 하야시[林] 공사 → 고무라[小村] 외무대신

충청·황해·평안 3도의 어업권을 우리에게 획득하는 건은 일찍이 훈령에 따라 한국 조정에 교섭을 개시한 이래로, 한국 정부 내의 불화에 기초하여 허다한 방해와 조우하게 되었습니다. 본관은 주로 온건한 방편의 수단을 통해 이를 획득하는 데 노력하였기 때문에 금일까지 이어졌습니다. 마지막 의정부회의에서는 다수의 반대자가 있었음에도 불구하고, 외부와 농상공부 두 대신 외에 참정 조병식이 찬성했습니다. 폐하께서는 수일 전에 이를 재가하셨지만, 참정 조병식은 혹여 다른 정치상의 이유로 사직했습니다. 심상훈(沈相薰)이 대신하여 그제 의정에 취임할 때까지 어떠한 처분도 할 수 없었습니다. 본일 외부대신은 공문을 통해 위의 세 통의 어업권 특허를 승낙해 왔습니다. 그 요점은 아래와 같습니다.

1. 일한 양국 인민이 왕래하여 어업을 하는 구역은 이미 의정을 거친 지방을 제외한 이외에 한국은 충청·황해·평안 3도의 연안에서도 역시 일본인의 어업을 특별히 허가한다. 일본국도 역시 호키[伯耆], 이나바[因幡], 다지마[但馬], 단고[丹後]와 규슈[九州] 연해 등에서 한국 인민의 어업을 특별히 허가한다.
2. 충청·황해·평안 3도의 연안에서 일본 인민의 어업하는 기한은 광무 8년 6월 4일부터 시작하여 만 20년으로 한다.
3. 호키, 이나바, 다지마, 단고와 규슈 연해 등에서 한국 인민이 어업하는 기한은 광무 8년 6월 4일부터 시작하여 만 20년으로 한다.
4. 일본국 인민은 한국 인민이 이미 점거한 곳을 범하여 그 어업을 방해할 수 없다. 여기를 범한 자는 엄벌에 처한다. 만약 자의로 폭행을 하는 자가 있다면 부근의 영사에게 교부하여 엄중히 처분해야 한다.
5. 상세한 규정은 통어규칙에 따라 시행한다.

위의 특허 요건은 요컨대 메이지 33년(1900) 경기도 연해의 특허를 얻었을 때와 성질상 동일합니다. 일본 측에서 호키, 이나바, 기타 구역을 한국에게 특별히 허가하는 것은 단순히 명의에 그치기 때문에 승낙을 부여해 줄 것을 요청합니다. 위의 요건에 동의하신다면 본관은 외부대신에게 승낙한다는 취지를 속히 회답하겠습니다. 공문 사본은 곧바로 우편으로 부쳤으므로, 도착한 다음에는 메이지 33년의 예에 따라 관보에 공개하기 이전에 그 날짜를 취하여 전보를 했으면 합니다. 그러면 당국 정부로 하여금 동일하게 관보에 공개하도록 하겠습니다.

출처: 『韓日漁業關係』, 583~584쪽

2) 한국에서 어업권 획득 건(1904. 6. 7.)

기밀송(機密送) 제35호
1904년 6월 7일 기초
1904년 6월 7일 발송
고무라[小村] 외무대신 → 가쓰라[桂] 내각총리대신

한국 충청·황해·평안 3도 연해의 어업권 획득의 건에 관해서는 이미 한국 주차 하야시 공사에게 훈령하여 동국 정부에 교섭하도록 하였습니다. 이번에 동국 정부로부터 아래에 기술한 조항에 의거해 위의 3도의 어업권 특허를 승낙해야 한다는 취지를 이야기해 왔습니다.

1. 일한[원문 그대로-번역자] 양국 인민이 왕래하여 어업을 하는 구역은 이미 의정을 거친 지방을 제외한 이외에 한국은 충청·황해·평안 3도의 연안에서도 역시 일본인의 어업을 특별히 허가한다. 일본국도 역시 호키[伯耆], 이나바[因幡], 다지마[但馬], 단고[丹後]와 규슈[九州] 연해에서 한국 인민의 어업을 특별히 허가할 것.
2. 충청·황해·평안 3도의 연안에서 일본 인민의 어업하는 기한은 광무 8년 6월 4일부터 시작하여 만 20년으로 한다.
3. 호키, 이나바, 다지마, 단고와 규슈 연해 등에서 한국 인민이 어업하는 기한은 광무 8년 6월 4일부터 시작하여 만 20년으로 할 것.
4. 일본국 인민은 한국 인민이 이미 점거한 곳을 범하여 그 어업을 방해할 수 없다. 여기를 범한 자는 엄벌에 처한다. 만약 자의로 폭행을 하는 자가 있다면 부근의 영사에게 교부하여 엄중히 처분할 것.
5. 상세한 규정은 통어규칙에 따라 시행할 것.

위 조항은 실제로 부적절하지 않으므로 승인하였습니다. 한국 정부에게 속히 승낙한다는 취지로 회답하고, 본건 어업권의 획득을 확정하도록 했으면 합니다. 별지로 하야시 공사가 보내온 의뢰서 사본을 첨부합니다. 이 점을 급히 각의에 요청합니다.

[추신] 본건에 관해서는 농상무대신도 이의가 없다고 하였는데, 만일을 위해 덧붙여 말씀 드립니다.

출처: 『韓日漁業關係』, 584~585쪽

3) 하야시 공사가 조병식에게 보낸 서한(1904. 3. 22)

1904년 3월 22일
하야시 일본 공사 → 외부대신 임시서리 조병식

서한으로 말씀드립니다. 황해 · 평안 · 충청 3도의 연안 어업은 다른 각 도와 같이 피아 양국 통어규칙을 따르고, 여기에 의거하여 일본 어민의 출어까지도 인허하도록 한다면 단지 이용후생의 대의에 도움을 줄 것입니다. 그뿐만 아니라 귀국 정부는 이에 따라 국고의 수입을 증익하고, 또한 동시에 귀국 어민에게 어채 방법을 따라 하도록 하는 편의도 있을 것입니다. 귀국 정부의 직접 · 간접적 이익은 막대하게 될 것이므로, 종래 누차 본 사신이 귀국 당로자에게 내담을 해 두었습니다. 그럼에도 불구하고 귀국 정부에서는 시세의 장애가 있다고 보여 지금 결행하지 않았습니다. 그런데 이번 우리 군대의 북진에 수반하여 해당 군대용 부식물의 수요가 심히 증대하였기 때문에 앞서 기술한 3도 연안에서 우리 어민을 출어하도록 할 필요가 긴급하게 생겼습니다. 따라서 귀국 정부에서 속히 논의한 다음 허가해 주기 바랍니다. 제국 정부의 훈령을 받들어 이 내용을 귀하게 조회합니다. 경구.

1904년 3월 22일 특명전권공사 하야시 곤스케
    외부대신 임시서리 조병식 각하

출처: 『구한국외교문서 일안』 권6, #7924, 781~782쪽

[참고 문헌]

- 고려대학교 아세아문제연구소 편(1965), 『구한국외교문서 일안』, 제6권, 고려대학교출판부.
- 국사편찬위원회 편(2002), 『韓國近代史資料集成5 韓日漁業關係』, 국사편찬위원회.
- 수협중앙회어촌지도과 편(1966), 『韓國水産發達史』, 수산업협동조합중앙회.
- 최덕수 외(2010), 『조약으로 본 한국 근대사』, 열린책들.
- 神谷丹路(2018), 『近代日本漁民の朝鮮出漁』, 東京: 新幹社.

8
일시대부금에 관한 계약
一時貸付金에 關한 契約

일시대부금에 관한 계약 | 1908년 3월 탁지부대신과 통감이 시정 개선 경비를 충당한다는 명목으로 필요한 자금을 일본으로부터 6년에 걸쳐 무이자로 빌리도록 한 계약이며, 재정 차원에서 한국을 일본에 종속시키려는 의도가 강하게 담겨 있었다.

一時貸付金에關호契約

大韓國政府及大日本國政府는兩國間協約을基ᄒ야韓國施政改善의經費를充ᄒ기爲ᄒ야左開排年과條件에依ᄒ야大日本國政府에서大韓國政府에게一時貸付金을爲ᄒ는件에關ᄒ야大韓國政府는度支部大臣高永喜大日本國政府는統監公爵伊藤博文으로各其代表者를삼아左開契約을締結喜

第一條 日本國政府는金壹千九百六拾八萬貳千六百貳拾參圓을限定ᄒ야左開各年에分排ᄒ야韓國政府에게貸給喜

一金壹百七拾六萬九千五百參圓 自隆熙元年十月至同二年三月

一金五百貳拾五萬九千五百圓 自同二年四月至同三年三月

一金參百六拾五萬參千五百四拾圓 自同三年四月至同四年三月

戊申 [印] 純三起草實案卷二

원문

一時貸付金에 關한 契約

大韓國政府及大日本國政府는 兩國間 協約을 基하야 韓國施政改善의 經費를 充하기 爲하야 左開排年과 條件에 依하야 大日本國政府에서 大韓國政府에게 一時貸付金을 爲하는 件에 關하야 大韓國政府는 度支部大臣 高永喜 大日本國政府는 統監公爵伊藤博文으로 各其代表者를 삼아 左開契約을 締結홈

第一條 日本國政府는 金壹千九百六拾八萬貳拾參圓을 限定하야 左開各年에 分排하야 韓國政府에게 貸給홈

　　一 金壹百七拾六萬九千五百參圓　　　【自隆熙元年十月 至同二年三月】
　　一 金五百貳拾五萬九千五百八拾圓　　【自同二年四月 至同三年三月】
　　一 金參百六拾五萬參千五百四拾圓　　【自同三年四月 至同四年三月】
　　一 金參百萬圓　　　　　　　　　　　【自同四年四月 至同五年三月】
　　一 金參百萬圓　　　　　　　　　　　【自同五年四月 至同六年三月】
　　一 金參百萬圓　　　　　　　　　　　【自同六年四月 至同七年三月】
　　計金壹千九百六拾八萬貳千六百貳拾參圓

第二條 前條의 貸付金에는 利子를 附하지 아니홈

第三條 右貸付金의 償還期限은 特히 協定치 아니하나 韓國政府는 아모조록 速히 財政의 整理를 遂行하야 該貸付金을 償還홈

右證據를 삼아 韓日兩國文으로 本契約書 各二件을 作成하야 兩國政府의 代表者가 記

名捺印㸃

隆熙二年三月二十日
　　　度支部大臣 高永喜
明治四十一年三月二十日
　　　統監公爵 伊藤博文

출처: 『실록』 2권, 순종 1년 3월 20일

번역문

일시대부금에 관한 계약

대한국 정부 및 대일본국 정부는 양국 간의 협약에 기초한 한국의 시정 개선 경비를 충당하기 위하여 다음의 연차 순서와 조건에 따라 대일본국 정부에서 대한국 정부에 일시 대부금을 두는 안건에 대하여 대한국 정부에서는 탁지부대신 고영희, 대일본국 정부에서는 통감 공작 이토 히로부미를 각각 대표자로 하여 아래와 같이 계약을 체결한다.

제1조
일본국 정부는 금 1,968만 2,623원(圓)을 한도로 아래 각 해에 나누어 한국 정부에 대여한다.

　하나, 금 176만 9,503원 【융희 원년 10월부터 동 2년 3월】
　하나, 금 525만 9,580원 【동 2년 4월부터 동 3년 3월】
　하나, 금 365만 3,540원 【동 3년 4월부터 동 4년 3월】
　하나, 금 300만원 【동 4년 4월부터 동 5년 3월】

하나, 금 300만원 【동 5년 4월부터 동 6년 3월】

하나, 금 300만원 【동 6년 4월부터 동 7년 3월】

총계 금 1,968만 2,623원

제2조
앞 조항의 대부금에는 이자를 부과하지 아니한다.

제3조
위 대부금의 상환기한은 특별히 협정하지 않으나 한국 정부는 가급적 빨리 재정을 정리하여 당해 대부금을 상환한다.
위의 내용을 증거로 한일 양국의 언어로 계약서를 각각 2통씩 작성하여 양국 정부의 대표자가 기명 날인한다.

융희 2년 3월 20일
   탁지부대신 고영희
메이지 41년 3월 20일
   통감 공작 이토 히로부미

해제

1. 개요

1907년 「정미조약(한일협약)」[※Ⅶ-5, 이하 「정미조약」] 체결 이후 통감부의 '시정 개선' 추진을 위한 필요 자금을 일본 정부로부터 들여오기 위해서 탁지부대신 고영희(高永喜)와 통감 이토 히로부미[伊藤博文]가 체결한 계약서이다. 계약 체결과 관련된 실무는 통감부에서 주도하였으며, 문서 왕복을 통해 한국 정부의 형식적 승인을 얻는 과정을 거쳤다. 한국 정부에 6년간 1,968만 2,623원의 자금을 빌려주기 위해서 일본 제국의회에서는 국고 지출을 논의하는 과정을 거쳤으며, 자금을 집행하는 데 문제가 없도록 계약 일자는 실제로 업무 처리가 진행된 과정보다 앞서는 날짜로 소급하여 기재하였다. 통감부가 한국을 대상으로 추진한 '시정 개선'과 관련하여 들어가는 막대한 비용을 일본 정부에서 끌어온 것으로, 그만큼 한국 정부가 경제적으로 일본에 예속되는 구조를 의도적으로 만든 계약으로 볼 수 있다.

2. 배경

일본은 한국 정부를 재정적인 부분에서 장악하기 위해 「고문 용빙에 관한 협정서」[※Ⅶ-3]를 체결할 때 고문관(顧問官)을 고빙할 수 있다는 조문을 집어넣었다. 이에 따라 1904년 10월부터 대한제국에 재정 고문으로 고빙된 자가 메가타 다네타로[目賀田種太郎]였다. 그는 제도적으로 한국 정부의 재정을 장악하려고 회계제도를 정비하고 화폐정리사업을 추진했다. 아울러 황실 재산과 정부 재산을 분리시킴으로써 황제 권력을 축소시키고자 하였다.

1906년 2월 통감부가 설치된 후, 통감으로 부임한 이토 히로부미는 한국의 자원을 개발하고 농상공업을 발전시키기 위해서는 일본에서 차관을 들여올 필요가 있다고 역설했다. '시정 개선'을 위해 적어도 1천만 원 정도는 한국 정부 부담으로 해야 한다는 논리를 내세웠다. 먼저 일본 흥업은행과 차입 계약을 체결하여 290만 원가량을 들여왔는데, 이 자금은 도로 개설이나 수도 개량 등 일본인들이 내륙에 진출하기 용이하도록 하는 목적으로 사용되었다.

대한제국이 거액을 빚을 지게 되자, 1907년 초부터 1천 3백만 원 이상의 국채를 모아서 빚을 갚자고 하는 국채보상운동이 대구 지역에서부터 시작되어 전국적으로 퍼졌다. 통감부에서는 이 운동을 차단하고 한국을 식민지로 만들기 위해서 좀 더 큰 액수의 차관을 들여올 것을 계획했다. 이 계획을 수립한 것은 메가타였는데, 5개년 계획으로 5천 2백만 원의 차관을 들여온 후 한국 측에서 재원을 개발해 점진적으로 이를 갚아 나가도록 하자는 것이 골자였다. 하지만 러일전쟁을 수행한 일본 정부에도, 세수가 부족한 한국 정부에도 큰 부담이 될 수 있는 계획안이었던 만큼 실현되지는 않았다. 이러한 가운데 1907년 7월 들어서 고종이 강제 퇴위를 당하고,「정미조약」이 체결되었다. 일본인들이 한국 정부 내 각부의 차관 등의 관직에 진출할 수 있게 되었는데, 이들이 한국에 건너와 활동하도록 하기 위해서는 한꺼번에 많은 비용이 필요했다. 이를 해결하기 위해서 한국 정부가 일본에게 차입금을 들여오도록 만들었던 것이다.

3. 체결 과정

1907년 12월 25일 내각총리대신 이완용(李完用)은 통감대리를 하고 있던 부통감 소네 아라스케[曾禰荒助]에게 조회를 보냈다. '시정 개선' 경비를 충당하기 위해서 일본 정부로부터 일시 차입금을 들여오는 건으로 통감부와 협의하여 승인을 얻었으므로, 본국 정부에 전달하기 바란다는 내용이었다. 한국 정부에서 보낸 조회문은 형식을 갖추기 위한 것이었고,「정미조약」을 체결하고 난 후 일본인 관리들을 한국 정부 내 사법과 행정기구에 고용하기 위해 필요한 자금을 충당하기 위해서였다. 조회를 받은 지 5일 후 소네는 대장대신에게 공문을 보내 정부 내에서 안건을 논의해 달라고 요청했다. 한국 정부에서 일시적으로 투입하게 될 자금은 애초에 국고에서 지출할 비용으로 책정되지 않았던 예산인 만큼 일본 제국의회에서 논의를 거쳤고, 1908년 2월 26일 일본 정부의『관보』에 이 내용을 공표하였다. 총액 1,968만 2,623원으로 한정하여 1907년부터 1912년까지 6년간 한국 정부에 이체하기로 결정했다. 연 할당액은 변경 가능하며, 이자는 붙이지 않는다는 조건이었다. 이로부터 한 달 후 대장대신 마쓰다 마사히사[松田正久]는 통감 이토 히로부미에게 계약서 원고를 송부하면서 속히 한국 정부와 계약을 체결해 줄 것을 요청했다.

내각총리대신이 약정 원고대로 계약을 체결하겠다고 부통감에게 통지한 것은 4월 6일이었다. 이에 통감부에서는 계약서에서 어구와 형식에 약간 수정을 가한 계약서를 보내면서 여기에 기초하여 기명 날인하고, 한국어로 된 계약서와 함께 보내 달라고 요청했다. 이로부터 한 달 후인 5월 5일이 되어서야「일시대부금에 관한 계약」은 탁지부대신 고영희와 이토 히로부미 사이에 체결되었다. 계약 체결 날짜는 문서상으로 1908년 3월 20일로 기재되어 있다.

계약서 체결과 같은 날 통감이 대장대신에게 보낸 통지문에서도 조인 일자를 3월 20일로 해 두었음을 확인할 수 있다[※관련 문서-2]. 하지만 실제로 계약서 형식과 자구 수정 등을 거치면서 훨씬 나중에 체결이 완료되었다는 사실은 통감부와 한국 정부 사이의 조회문, 통감이 본국 정부에 보낸 공문 등을 통해서 확인할 수 있다[※관련 문서-1]. 3월 20일이라는 날짜는 차입금을 집행하는 데 문제가 없도록 일자를 소급해 기재해 두었던 것으로 추정된다. 일본 정부로부터 차입금을 곧바로 들여와 한국 정부 내에서 지출하도록 하기 위해 통감부 측에서 계약 체결 과정 전반에 강한 영향력을 발휘하고 있었음이 드러나는 대목이다.

4. 내용

이 계약서는 한국의 내정을 개선하는 데 필요한 경비 1,968만 2,623원을 일본 정부가 한국 정부에 6년으로 나누어 이자 없이 대여하겠다는 내용을 담고 있다. 1차 연도는 1907년 10월부터 1908년 3월까지, 2차 연도부터는 4월부터 이듬해 3월까지로 기간을 설정하였다. 1차 연도는 실제로 계약서 체결이 완료되기 이전 시기로, 일본 정부 내에서 일단 예산 집행을 결정한 다음 집행 금액을 설정한 것에 해당한다. 실제로 대부금을 받아서 집행하게 되는 2차 연도 예산이 6차 연도 가운데 제일 큰 금액으로 잡혀 있다. 전년도 예산 집행 기간이 짧은 것과 당년도에 지출해야 할 비용이 클 것을 감안하여 책정한 금액으로 보인다. 4차 연도부터 마지막 연도까지는 300만 원으로 동일한 금액을 한국 정부에 대여해 주는 것으로 설정하였다.

5. 의의

통감부가 한국에 대한 '시정 개선' 사업을 추진하는 데 필요한 자금을 일본 정부에서 대규모로 들여와 사용한 것이다. 한국에 대한 식민 통치를 실행해 나갈 수 있는 재정적 기반을 장기적으로 확보하고, 여기에 기초해 예산을 집행해 나가면서 한국을 경제적 차원에서 식민지로 예속시켜 나가는 과정을 착실하게 밟아 나갔다고 볼 수 있다.

6. 관련 문서

1) 한국 정부 대부금에 관한 건

기밀통발(機密統發) 제1602호

귀국 시정 개선의 경비에 충당하기 위해서 제국 정부에서 귀국 정부에게 대부금에 관한 메이지 40년 3월 20일부 계약서 가운데 제1조의 대부 연비율을 아래 기록과 같이 변경하고자 한다는 취지를, 지난달 30일 부 비발 제330호로 조회했음을 확인했습니다. 이 내용은 제국 정부로서도 이의가 없음을 회답합니다.

좌기(左記)

8. 26. 기발(機發) 1541호 문안 중 '좌기' 다음에 열기한 같은 분구에 금액 연월일을 기입할 것
　　통감
　　한국 내각총리대신 앞

[별지 4] 「한국 정부 일시대부금의 건」
통발(統發) 제2810호
1908년 5월 6일
통감 → 대장대신

이달 5일 전보로 말씀드려 두었습니다만, 「일시대부금에 관한 계약」은 별지안의 문구대로 이달 3월 20일 부로 한국 정부와 체결 조인했습니다. 이 점을 통지합니다.

[별지 5] 한국 정부 일시대부금 계약안 송부의 건
1908년 4월

통감 대리 → 이완용 내각총리대신

이번에 제국 정부에서 귀국의 시정 개선 경비에 충당하기 위해서 대부금을 주는 건에 관하여, 이달 6일 조회 제152호로 계약서 초안을 첨부하여 보내오신 취지는 확인하였습니다. 이 초안은 그 취지에 이의가 없습니다만, 어구와 형식에서 다소 수정·추가할 점이 있습니다. 그러므로 이 초안에 의거해 이쪽에서 별지와 같이 본서를 작성하여 송부하오니, 기명 조인한 다음 한 통은 한국어본과 함께 회송해 주시기 바랍니다. 이 점을 말씀드립니다.

[별지 6] 「일시대부금 한국 측 계약안 제출 건」
비발조회(秘發照會) 제152호
1908년 4월 6일
이완용 내각총리대신 → 통감대리 부통감 자작 소네 아라스케

폐국 정부와 귀국 정부의 협약을 기초하여 시정 개선 경비를 충당하고자 귀국 정부에 일시 차입금을 나용(挪用)할 건으로 귀부의 승인을 거쳐 귀국 정부에 전달·승낙하도록 하는 건으로 작년 12월 25일에 제241호로 이미 조회를 거친 안이 있는 바, 별지 약정 원고와 같이 계약을 체결하겠습니다. 이에 조회하오니 헤아려 잘 보아주심이 필요합니다.
내각지인(內閣之印)

[별지 7] 일본의회 통과의 한국대부금에 관한 공포문과 계약서안 송부 건
관방비(官房秘) 568호
1908년 3월 26일
대장대신 마쓰다 마사히사 → 통감 공작 이토 히로부미

40년(1907년) 12월 통발 제7861호로 제국 정부에서 차입금의 건에 관하여 한국 정부로부터의 조회 취지로 논의하도록 부통감이 전해 온 취지는 확인했습니다. 본건은 이번에 제국의회에서 협찬하여 지난달 26일 관보로 별지 갑호대로 공포하였습니다. 계약서 교환을 속히

마쳐 주시기 바랍니다. 나아가서는 별지 을호처럼 계약서 원고를 송부하오니, 계약하도록 도모해 주시기 바랍니다. 이 내용을 회답으로 조회합니다.

[추신] 지불 명령 위임의 건도 있었으므로, 계약을 체결하신 다음에는 곧바로 통지해 주시기 바랍니다.

[부속서] 대부금에 관한 공포문
짐이 제국의회의 협찬을 거쳐 예산 외 국고 부담이 되는 계약을 체결하는 일이 필요한 건을 재가하고, 이를 공포하도록 한다.

어명 어새
메이지 41년 2월 25일(1908년 2월 25일)
　　　　내각총리대신 후작 사이온지 긴모치[西園寺公望]
　　　　대장대신 마쓰다 마사히사

[별지 8] 「한국 정부 차입금의 건」
통발(統發) 제7861호
1907년 12월 30일
통감 대리 → 대장대신

제국 정부에서 차입금 건에 대하여 이번에 한국 정부로부터 별지 사본대로 조회가 있었습니다. 따라서 논의해 보시기 바랍니다. 이 점을 말씀드립니다.

(통수[統受] 제18985호와 부속서류 사본을 첨부함)

[별지 8 부속서] 이완용의 일시차입금 승낙요구 조회
조회 제241호

폐국 정부와 귀국 정부의 협약에 기초하여 시정 개선 경비를 충당하고자 하여 별지의 차관과 같이 귀국 정부에서 일시차입금을 나용할 일로 이미 귀부의 승인을 거쳤습니다. 이에 조회하오니 살펴보신 후 귀국 정부에 장차 전달하셔서 승낙하도록 함이 필요합니다.

융희 원년 12월 25일

    태자소사 내각총리대신 이완용

    통감대리 부통감 자작 소네 아라스케 각하

출처: 『統監府文書』 권5, 347~353쪽

2) 한국 정부에 제공할 일시대부금 계약 조인통지 건(1908. 5. 5.)

왕전(往電) 제266호

1908년 5월 5일 오후 5시 반 보냄

통감 → 대장대신

한국 정부와의 일시대부금 계약서는 3월 20일부로 하여 오늘 조인을 마쳤다.

출처: 『統監府文書』 권5, 438쪽

[참고 문헌]

- 국사편찬위원회 편(1999), 『統監府文書』 권5, 국사편찬위원회.
- 이윤상(1999), 「통감부의 식민지화 정책」, 『신편 한국사』 42, 국사편찬위원회.

9
어업에 관한 협정
漁業에 關한 協定

어업에 관한 협정 | 1908년 11월 통감부와 일본 정부 주도로 초안을 준비하고, 한국 정부와 논의하는 과정에서는 자구 수정 정도만 거쳐 체결한 협정이다. 「조일양국통어장정」을 폐지하고 새롭게 어업법에 기초하여 한일 양국민이 연안과 하천, 호수 등에서 조업 활동을 할 수 있도록 규정하였다.

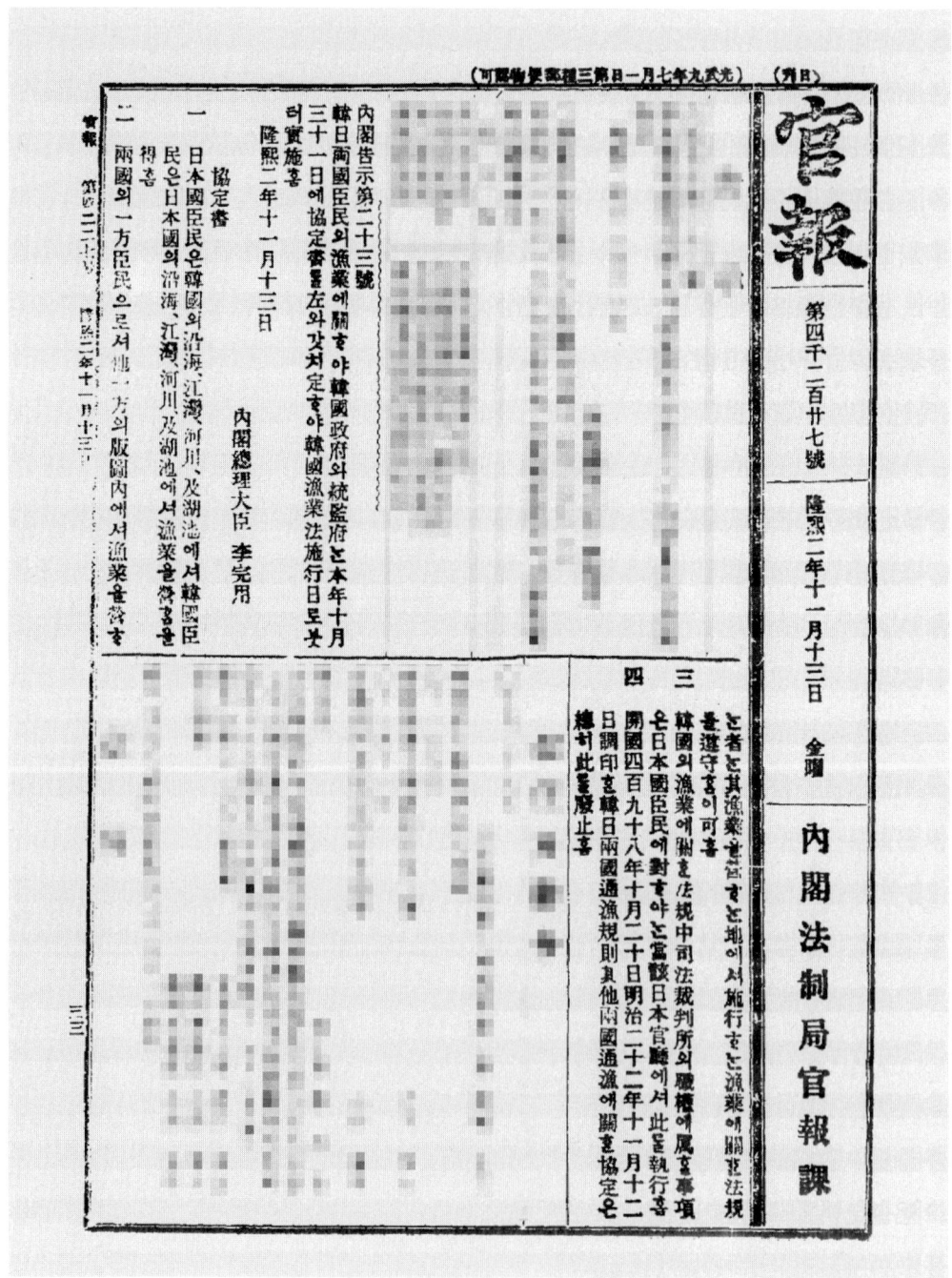

어업에 관한 협정(국한문)　　출처:『관보』융희 2년 11월 13일

원문

內閣告示第二十三號

韓日 兩國 臣民의 漁業에 關ᄒ야 韓國政府와 統監府ᄂᆞ 本年十月三十一日에 協定書를 左와 갓치 定ᄒ야 韓國漁業法 施行日로븟터 實施홈

隆熙二年十一月十三日
　　內閣總理大臣 李完用

書

　一 日本國臣民은 韓國의 沿海, 江灣, 河川 及 湖池에서 漁業을 營홈을 得홈

　二 兩國의 一方 臣民으로서 他 一方의 版圖內에서 漁業을 營ᄒᄂᆞ 者ᄂᆞ 其 漁業을 營ᄒᄂᆞ 地에서 施行ᄒᄂᆞ 漁業에 關ᄒ 法規를 遵守홈이 可홈

　三 韓國의 漁業에 關ᄒ 法規中 司法裁判所의 職權에 屬홀 事項은 日本國 臣民에 對ᄒ야ᄂᆞ 當該 日本官廳에서 此를 執行홈

　四 開國四百九十八年十月二十日 明治二十二年十一月十二日 調印ᄒ 韓日兩國通漁 規則 其他 兩國通漁에 關ᄒ 協定은 總히 此를 廢止홈

출처: 『관보』 융희 2년 11월 13일

번역문

내각 고시 제23호

한일 양국 신민의 어업에 관하여 한국 정부와 통감부는 본년 10월 31일에 협정서를 다음과 같이 정하여 한국 어업법 시행일부터 실시한다.

융희 2년 11월 13일
　　　내각총리대신 이완용

협정서

1. 일본국 신민은 한국의 연해, 강만(江灣), 하천, 호수 등에서 한국 신민은 일본국의 연해, 강만, 하천, 호수 등에서 어업을 영위할 수 있다.

2. 양국의 한쪽 신민으로서 다른 한쪽의 판도 내에서 어업을 영위하는 자는 그 어업을 영위하는 지역에서 시행하는 어업에 관한 법규를 준수하여야 한다.

3. 한국의 어업에 관한 법규 중 사법재판소의 직권에 속한 사항은 일본국 신민에 대하여는 당해 일본 관청에서 이를 집행한다.

4. 개국 498년 10월 20일, 메이지 22년 11월 12일에 조인한 한일양국통어규칙[*] 그 외 양국 통어에 관한 협정은 모두 이를 폐지한다.

---

[*] 「조일양국통어장정」을 말함

‖ 해제

1. 개요

1906년 통감부가 설치되고 난 후 이전에 조선 정부와 체결하였던 「조일양국통어장정」 [※Ⅳ-6]을 개정하고 일본 어민들의 한반도 진출과 활동 반경을 확장하기 위해서 일본 정부와 통감부 사이에 논의를 거쳐 새롭게 협상 초안을 마련하였다. 그 후 한국 정부와 상의하여 승인을 거치는 형식적인 절차를 밟는 가운데 약간의 자구 수정을 가하고 『관보』에 해당 내용을 고시하였다. 내각총리대신 이완용(李完用)과 부통감 소네 아라스케[曾禰荒助]가 협정문 초안을 논의하는 과정을 거쳤다고는 하나, 협정의 전체 내용과 대외 관계를 고려한 체결 형식 등은 일본 내각에서 결정한 대로 이루어졌다.

이 협정은 조항이 4개로 비교적 짧은 편인데, 「조일양국통어장정」 폐지 이후에 양국 어민에게 적용하는 규정은 「어업법」에서 세부적으로 설정하였다. 「어업법」과 짝을 이루고 있는 만큼 같이 볼 필요가 있는 협정이다. 한국의 연안과 하천, 호수 등에서 한일 양국민이 어업 활동에 종사할 수 있고, 양국의 관계 법령은 준수해야 한다고 하면서도 한국에서 활동하는 일본인에 대한 재판 관할권은 여전히 일본 측에서만 행사할 수 있도록 규정하였다. 한국으로 진출한 일본 어민들의 활동을 장려하고, 지역 침투에 유리한 환경을 조성한 협정이었다고 평가할 수 있다.

2. 배경

1904년 러일전쟁 이후 일본은 어업과 관련하여 한국 정부와 일련의 조약을 체결하면서 일본 어민들이 한국 연해에서 조업할 수 있는 반경을 전면 확대하였다. 1904년에는 「한일양국인민어채구역조례」[※Ⅳ-7]를 체결하여 6월 8일 이후로 충청·황해·평안 3도를 개방하였다. 1905년 8월에는 「한국 연해 및 내하의 항행에 관한 약정서」[※Ⅴ-5]를 체결하여 연안만이 아니라 하천과 호수 등의 내지로도 배를 몰고 들어가 활동할 수 있도록 보장하였다. 이를 통해서 군이 조선인과 조선 선박을 고용하지 않고도 자체적으로 한국 전역에서 항해 활동을 할 수 있게 되었던 것이다.

1906년에는 통감부가 설치되었고 이토 히로부미[伊藤博文]가 초대 통감으로 조선에 부임했다. 「정미조약(한일협약)」[※Ⅶ-5] 등을 체결하면서 대한제국의 국권을 하나씩 박탈해 나가는 가운데, 식민지에 맞게 어업 관련 제도도 새롭게 정비할 필요성이 대두하였다. 이에 따라 한국 정부와는 「어업에 관한 협정」을 맺는 것으로 하고, 그것을 뒷받침할 수 있는 「어업법」을 황제 이름으로 공포하도록 했다. 물론 「어업법」은 통감부의 일본인 관리가 기초한 것이었다.

3. 체결 과정

1908년 9월 11일 통감 이토 히로부미는 고무라 주타로[小村壽太郎] 외무대신에게 공문을 보내 두 가지 사항을 전했다. 하나는 한일 양국의 어업 발달과 어민의 이익 증진을 목적으로 한국 정부가 새롭게 어업 관련 법규를 제정하여 시행하도록 한다는 점이었다. 다른 하나는 이에 따라 기존에 한일 간 체결하였던 통어규칙을 개정하고 싶다는 내용이었다. 이 문서에 5개 조항으로 작성된 협상안 「어업에 관한 취급(漁業ニ關スル取極)」을 첨부했다[※관련 문서-1].

이토가 전해 온 내용을 검토한 고무라 외무대신은 3일 후 가쓰라 다로[桂太郎] 내각총리대신에게 이토 통감이 전해 온 공문의 취지를 전달하면서 본인으로서도 여기에 이의가 없으므로 한국 정부와 협상하면 좋겠다는 의견을 개진했다. 단, 현재의 한일 관계를 고려했을 때 협약 형식을 취하지 말고, 통감과 한국 정부 간의 공문 왕복 형식을 취하는 편이 좋겠다는 점을 덧붙였다. 「을사늑약」[※Ⅶ-4]을 통해서 한국 정부의 외교권을 박탈한 이후인 만큼 조약을 새로 체결하는 방식을 적절하지 않다고 판단했던 것이다.

고무라의 이러한 방침을 두고 9월 24일 소네 아라스케 부통감은 귀국 중인 이토에게 공문을 보내 협정 형식을 취하는 쪽이 좋겠다는 의견을 외무대신에게 전달해 달라고 요청했다. 조선과 일본이 체결했던 기존 조약의 개정과 폐지는 일본인의 권리와 의무, 이사청(理事廳)의 권한 등에 영향을 미치는 중요 사항인 만큼 조약 형식을 갖추는 편이 좋겠다고 판단한 것이었다[※관련 문서-2]. 하지만 10월 1일 일본 정부에서는 고무라 외무대신의 품의대로 처리하라고 결정했다[※관련 문서-3]. 이 내용을 고무라는 10월 6일 이토에게도 알리고, 아울러 내용상 관련이 있는 농상무대신에게도 통첩했다.

일본 내각의 결정 후 소네 부통감이 한국 정부의 내각총리대신 이완용과 어업에 관한 건을 논의하였다. 10월 31일 조회문을 보내 기존에 체결했던 어업 관련 제반 규칙이나 협정은 일체 폐지하고, 4개 조관을 새로운 「어업법」 시행일부터 실행에 옮기겠다는 내용을 조회했다. 이토가 한국 정부와 협상하겠다고 본국에 처음 보냈던 「어업에 관한 취급」 내용과 크게 다르지 않은 조항들로 이루어져 있었다. 형식상 다른 점이라면 초안의 제5관은 조회문 본문 안으로 들어갔고, 제3조에 있던 '이사관'이 '해당 일본 관청'으로 문구가 바뀐 정도였다.

이완용이 회답한 조회문은 외무성 기록 『일한통어규칙정약잡건(日韓通漁規則訂約雜件)』에 수록되어 있다. 통감부 용지에 펜으로 작성되었으며, 인장 등이 찍혀 있지 않은 것으로 볼 때 사본을 첨부해서 본국으로 보낸 문서였던 것으로 추정된다. 문서번호는 통발조복(秘發照覆) 제488호이며, 융희(隆熙) 2년 10월 31일 태자소사(太子少師) 내각총리대신이 통감대리 부통감에게 보냈다고 되어 있다. "귀하의 조회와 협정서안(協定書案)을 모두 접수하여 열람하였습니다. 이를 인준하여 본 정부에서 이의가 없습니다"라면서 회답한 것이 전부였다[※관련 문서-4]. 이 문서 다음에 곧바로 협정서 국한문본이 첨부되어 있는데, 두 번째 조관에서 문구를 수정·보완하고 날인한 부분이 주목된다.

해당 부분의 초안 원문과 수정이 가해진 원문은 다음과 같다. 초안의 제2관은 "兩國의 一方臣民으로셔 他一方의 版圖內에셔 施行ᄒᆞᄂᆞ 漁業에 關ᄒᆞᆫ 法規ᄅᆞᆯ 遵守홈이 可홈"이었다. 이 조관을 "兩國의 一方臣民으로셔 他一方의 版圖內에셔 漁業ᄂᆞᆫ 營ᄒᆞᄂᆞ 者ᄂᆞᆫ 其漁業을 營ᄒᆞᄂᆞ 地에셔 施行ᄒᆞᄂᆞ 漁業에 關ᄒᆞᆫ 法規ᄅᆞᆯ 遵守홈이 可홈"이라고 하여 밑줄 친 부분을 새롭게 추가하였다. 어업 활동에 종사하는 자가 상대국에 가서 어로 활동을 벌이는 경우 그 지역의 법률에 따라야 한다고 하여 활동 주체와 법률의 관할 범위를 좀 더 구체적으로 설정하려 했음을 알 수 있다.

소네 부통감이 이완용 내각총리대신에게 보낸 협정서 초안에는 들어가 있는 내용임을 놓고 보면 필사하는 과정에서 빠진 부분을 보완해 넣었음을 알 수 있다. 일본어 필사본에서도 두 군데 정도 수정한 문구에 날인한 부분을 확인해 볼 수 있다. 하나는 「조일양국통어장정」

체결 연월에서 '11월'을 '12월'로 잘못 기입했던 부분이고, 다른 하나는 본국 신민을 '본신민'이라고 하여 '국(國)' 자를 빠트렸던 부분이다. 이외에는 일본 측이 작성한 내용 그대로 최종본이 완성되었다.

11월 13일 발행『관보(官報)』제4227호에 내각 고시(內閣告示) 제23호로 협정 내용을 고시했다. 이튿날 통감부에서는 통감부 고시 제186호로 해당 내용의 일본어본을『통감부공보(統監府公報)』제76호에 게재하였다. 이보다 6일 앞선 11월 7일 법령 제29호로 순종의 재가를 거쳐 반포된 것이 전체 16개 조관으로 구성된「어업법」이었다.「어업법」은 1909년 2월 23일 칙령 22호를 통해 4월 1일부터 시행한다고 공표했다(『관보』제4312호). 협약서도 "어업법 시행일로부터 실시"한다는 내용에 따라서 이때부터 효력이 발생하였고, 기존에 체결하였던「조일양국통어장정」을 폐지하였다.

4. 내용

1908년 11월 13일 공포한 협정서의 내용은 4개 조항으로 구성되어 있다. 첫 번째 조관은 한국과 일본 국민이 각각 상대국의 연해와 하천, 호수 등에서 어업 활동을 할 수 있다고 규정하였다. 포괄적으로 양국 어민들의 활동 반경을 설정한 것이다. 두 번째 조관은 상대국의 영토 안에서는 그 나라의 관계 법령을 준수할 의무가 있다는 점을 규정하였다. 세 번째 조항은 한국 내 일본인들에 대한 재판 관할권을 규정한 것으로 한국 사법권을 적용하지 않으며, 일본 관청에서 자국민을 관할하도록 하였다. 마지막 조항에서는 1889년 11월 12일 체결되어 그동안 운용 근거가 되었던「조일양국통어장정」과 어업 관련 협정은 새로운「어업법」을 시행하는 날부터 바로 폐지한다고 규정하였다.

5. 의의

「어업에 관한 협정」은 1889년 11월 체결되어 그동안 운영해 온 「조일양국통어장정」을 폐지하고, 새롭게 발포한 「어업법」에 기초하여 한일 양국민이 연안과 하천, 호수 등에서 어업 활동을 할 수 있도록 규정하였다. 표면적으로 보면 상호 간에 동등하게 상대국에 가서 어업과 관련된 활동을 법령을 준수하는 선에서는 자유롭게 할 수 있는 것으로 보일 수 있다. 이것은 한국 연안과 하천 어디에서든지 일본인들이 어업 활동을 할 수 있도록 전면 개방한 규정이었다. 또한 제3조에서 일본 국민에 대한 사법권은 여전히 일본 관청에서 관할하도록 규정하고 있었다. 두 가지 조관은 결국 어업상 일본이 한국을 식민지로 만드는 과정을 제도적으로 일단락했음을 잘 보여 준다. 새로 시행하게 된 「어업법」도 통감부 수산과 주임 요네하나 요시타로[米花芳太郎]가 초안을 작성했으며, 한국의 어업 관행이나 기득권을 인정하지 않는 조항들로 이루어져 있었다는 점도 같이 보아야 할 대목이다. '한국병합'이 단행된 후 1911년 조선총독부에서는 「어업령」을 발포하면서 통감부 시기에 제정하였던 「어업법」을 폐지하였다.

6. 관련 문서

1) 한일 간 어업 취급 방침의 개정에 관한 통지(1908. 9. 11.)

호외(號外)

한국에서 어업의 발달을 기도하여 일한 양국 어민의 이익을 증진시키기 위해서 이번에 한국 정부로 하여금 어업에 관한 법규를 제정·시행하도록 하고자 합니다. 나아가 한일 통어에 관한 협정을 개정할 필요가 생겼으므로, 대요(大要)는 별지안(別紙案) 대로 본관과 한국 정부 간에 취급하고자 합니다. 미리 의견을 알리고자 하므로 이 점을 조회합니다.

메이지 41년 9월 11일
    통감 공작 이토 히로부미
    외무대신 백작 고무라 주타로

부속서
어업에 관한 취급

제1조 일본국 신민은 한국의 연해와 하천, 호수 등에서, 한국 신민은 일본국 연해와 하천 호수 등에서 어업을 영위할 수 있다.
제2조 양국 신민으로 하여금 다른 일국에서 어업을 영위하는 자는 그 어업을 영위하는 지역에서 어업에 관한 법규를 준수해야 한다.
제3조 한국에서 어업에 관한 법규 가운데 사법재판소의 직권에 속하는 사항은 일본국 신민에 대해서는 일본 이사관이 이를 집행한다.
제4조 메이지 22년 11월 12일, 개국 498년 10월 20일 조인한 일한양국통어규칙과 기타 양국의 통어에 관한 협정은 이를 폐지한다.
제5조 이것은 한국 어업법 시행날부터 효력이 있는 것으로 취급한다.

출처: 『日本外交文書』 권41, #777, 773쪽

2) 통어규칙 개정에 관한 훈령 요청(1908. 9. 24.)

기밀(機密) 통발(統發) 제245호
1908년 9월 24일
소네 부통감 → 이토 통감

삼가 말씀드립니다. 선선한 가을철에 더욱 청초하고도 건강하십시오. 말씀드릴 것은 기우치 주시로[木內重四郎] 차관의 보고에 의하면 통어규칙(通漁規則) 개정 건은 외무성에서 단지 공문 왕복으로도 충분하다는 논의가 있는 것으로 압니다. 하지만 해당 규칙은 1883년(메이지 16년) 월 일 한일 양국의 전권대사에 의하여 체결된 한국 무역규칙* 제41관에 기초하여 양국 정부의 위임을 받은 대표자에 의해 체결된 것으로 그것과 관계되는 바가 없습니다. 또한 선박 또는 포획물 몰수와 양국 관헌의 재판 관할도 규정하였습니다. 그러므로 개정과 폐지는 곧 일본 국민의 권리와 의무, 이사청(理事廳)의 권한에 영향을 끼치게 됩니다. 현재 한일 관계로 비추어 보면 이런 종류의 조치에 대하여 협정 형식을 취하는 것은 본관도 바라지는 않습니다. 하지만 경찰권 위임과 일시 이체금의 경우에도 별지 사본과 같이 계약서를 작성한 일도 있으며, 겸하여 본건과 같은 것도 부득이한 특례(特例)로 보아 기우치 차관이 휴대한 당부(當府)에서 기안한 것과 같은 협정 형식에 따르는 것이 적당하다고 생각합니다. 이에 대하여 각하께서 이의가 없으시다면 이 뜻을 외무대신에게 교시하시기 바라며, 이 건을 다짐 삼아 살펴주시기 바랍니다.

○ 통어규칙 개정 건에 관하여 소네 부통감에게 보낼 회답안

통어규칙(通漁規則) 개정 건에 관하여 지난달 24일 자 기밀(機密) 통발(統發) 제1245호로 조회하신 취지를 이해하였습니다. 이 규칙의 개정과 폐지는 곧 일본 국민의 권리와 의무, 이사청(理事廳)의 권한에 영향이 미치는 일이기 때문에 공문 왕복에 의하지 않고 양국 정부 대표자 간에 협정 형식을 취해야 한다는 의견은 일단 사리가 타당한 듯합니다. 하지만 작년 7월에 한일신협약(韓日新協約, 丁未七條約)이 체결된 이후 본 규칙 체결 당시와는 한일 관계가 전적으로 달라졌으므로, 이런 종류의 조치에 관하여 아무런 사정을 고려하지 않았습니다. 본관은 가급적 협정 형식을 취하지 않기를 바란다는 생각이었습니다. 현재는 근래 한국 국민들의 권리와 의무 및 우리 이사청 법무원(法務院)의 권한에 가장 중대한 관계가 있는 공업소유권 및 저작권 보호에 관한 일본과 미국의 신조약 실시 건조차도 아시는 바와 같이 공문 왕복으로 결정하고 있는 상태입니다. 본건과 같은 것은 외무당국에서 공문 왕복으로도 충분하다는 의견을 품고 있는 문제에 대해서는 즉시 본관은 이에 동의를 표한 사정이었습

---

* 「조일통상장정(1883)」을 말함

니다. 또 본건은 이미 공문 왕복 방침으로 본관이 외무대신에게 공적인 조회를 발송하여 협의 중입니다. 유감스럽지만 귀하의 요구에 응할 수 없습니다. 그렇게 알아주시기 바라며 이에 회답합니다.

[추신] 본문을 기초한 후, 외무성으로부터 내보(內報)가 있었습니다. 공문 왕복에 의거하여 통어규칙을 개정하는 건은 이달 29일에 이미 각의 결정을 마쳤다는 취지이므로, 이 점을 아울러 통보합니다.

출처: 『統監府文書』 권3, 453~454쪽

3) 한일 간 어업협정 취급 방식에 대한 일본 내각의 결정(1908. 9. 14.)

기밀송(機密送)160호 「일한어업에 관한 취급의 건」
1908년 9월 14일 발송(大急機密)
고무라 외무대신 → 가쓰라 내각총리대신

한국에서 어업의 발달을 기도하고, 일한 양국 어민의 이익을 증진시키기 위해서 이번에 한국 정부로 하여금 어업에 관한 법규를 제정하고 시행하도록 하고자 하며, 나아가 일한 통어에 관한 협정을 개정할 필요가 생겼다는 취지로, 대강의 요체는 별지안대로 통감과 한국 정부 간에 취급하고자 한다는 뜻을 이토 통감이 전해 왔습니다. 이 점에 대해서는 본 대신으로서도 대체로 이의가 없으므로 본안으로 한국 정부와 상의를 시도하도록 했으면 합니다. 다만 본건 취급은 일한 양국 현재의 관계상 특별협약 형식을 취하는 것은 바람직하지 않으므로, 통감과 한국 정부 사이에 공문 왕복을 거쳐 결정하자는 고안(考案)입니다.

내각비(內閣批) 제11호
메이지 41년(1908) 9월 14일 기밀송(機密送) 제160호 일한 통어에 관한 건은 청의하였던 대로 할 것.

1908년 10월 1일
    내각총리대신 후작 가쓰라 다로

출처: 『日本外交文書』 권41, #778, 773~774쪽

4) 기존 통어규칙 폐지와 개정 협정 시행 동의(1908. 10. 31.)

비발조복(秘發照覆) 제488호

개국 498년 10월 20일 조인한 한일 통어규칙과 이에 관한 규칙 협정 등을 일체 폐지하고, 다시 아래에 개시하는 협정으로 대신하여 한국어업법(韓國漁業法) 시행일로부터 실행하겠다는 건으로 기밀 제1434호 귀하의 조회와 협정서안을 모두 접수하여 열람하였습니다. 이를 인준하여 본 정부에서는 이의가 없습니다. 이에 조회로 회신하오니 헤아려 주심이 필요합니다.

융희 2년 10월 31일
    태자소사(太子少師) 내각총리대신 이완용
    통감대리 부통감 자작 소네 아라스케 각하

출처: JACAR Ref. B07080085500

[참고 문헌]

- 『舊韓國官報』
- 『純宗實錄』
- 『統監府公報』
- 『日韓通漁規則訂約雜件』(日本 外務省 外交史料館 所藏, JACAR Ref. B07080085000)
- 外務省 編(1960), 『日本外交文書』 권41-1, 東京: 日本國際聯合協會.
- 국사편찬위원회 편(1998), 『統監府文書』 권3, 국사편찬위원회.
- 수협중앙회어촌지도과 편(1966), 『韓國水産發達史』, 수산업협동조합중앙회.
- 장수호(2011), 『조선시대 말 일본의 어업 침탈사』, 수산경제연구원BOOKS.
- 神谷丹路(2018), 『近代日本漁民の朝鮮出漁』, 東京: 新幹社.
- 이영학(2019), 「통감부의 어업 이민 장려와 어업법 제정」, 『한국학연구』 52.

10
한국 중앙은행에 관한 각서

韓國 中央銀行에 關한 覺書

한국 중앙은행에 관한 각서 | 1909년 7월 내각총리대신과 통감이 한국은행 설립에 대해 6개 조항으로 협정한 각서로, 설립과 배당금 운영, 발행 주식의 소유 자격 등을 규정하였다. 은행 중역에는 일본인이 취임할 수 있도록 함으로써 금융 영역에서도 일본 정부와 경제계가 영향력을 행사할 수 있도록 하였다.

韓國中央銀行에關한
覺書

韓日兩國政府는 韓國銀行設立에關
호야 左開條欵을 協定홈

第一條 韓國政府는 韓國銀行을 設立
호고 此에兌換銀行券을 發行호는 權

원문

韓國中央銀行에 關호 覺書

韓日兩國政府는 韓國銀行設立에 關호야 左開條款을 協定홈

第一條
韓國政府는 韓國銀行을 設立호고 此에 兌換銀行券을 發行호는 權을 與호야 韓國中央金融機關된 業務에 從事케호는 外에 日本銀行의 委託이 有홀 時는 日本國國庫金의 處辦을 호게홈

第二條
株式會社 第一銀行의 發行홀 銀行券은 韓國銀行의 發行홀 者로 認識호고 韓國銀行은 其銷却義務를 繼承홀 者로 홈

第三條 韓國銀行의 株式은 韓日兩國人을 爲限호고 此를 所有홈을 得홈

第四條 韓國銀行의 重役은 現今間 日本人으로써 此를 充홈

第五條
韓國銀行은 韓國政府 所有株 以外의 株式을 對호야홀 利益配當이 年百分之六의 割合에 達호기까지는 韓國政府 所有株를 對호야 利益配當을 홈이 不要홈

第六條
韓國政府는 韓國銀行 創立後 五個年間은 同國政府 所有株 以外의 株式을 對호야 年百分之六의 割合의 利益配當을 保證홀 者로 홈

右覺書韓日文 各貳度를 作成ᄒᆞ고 此를 交換ᄒᆞ야 後日의 證據로 ᄒᆞ기 爲ᄒᆞ야 記名調印홈

隆熙三年七月二十六日
    內閣總理大臣 李完用 ㊞
明治四十二年七月二十六日
    統監子爵 曾禰荒助 ㊞

출처: JACAR Ref. B13091014800

번역문

한국 중앙은행에 관한 각서

한일 양국 정부는 한국은행 설립에 관하여 다음과 같은 조관을 협정한다.

제1조
한국 정부는 한국은행을 설립하고 여기에 태환 은행권을 발행하는 권한을 부여하여 한국의 중앙 금융기관으로서의 업무에 종사하게 하는 것 외에 일본은행의 위탁이 있을 때에는 일본 국고금(國庫金)을 처리하게 한다.

제2조
주식회사 제일은행(第一銀行)이 발행한 은행권은 한국은행이 발행한 것으로 인식하고 한국은행은 그 소각 의무를 계승할 것으로 한다.

제3조

한국은행의 주식은 한일 양국인에 국한하여 이를 소유할 수 있다.

제4조

한국은행의 중역은 당분간 일본인으로 충원한다.

제5조

한국은행은 한국 정부 소유주 이외의 주식에 대하여 이익 배당이 100분의 6 비율에 도달할 때까지는 한국 정부 소유주에 대하여 이익을 배당하는 것은 불필요하다.

제6조

한국 정부는 한국은행 창립 후 5개년간은 동국 정부 소유주 이외의 주식에 대해 연 100분의 6 비율의 이익 배당을 보증할 것으로 한다.

이상의 각서를 한국문·일본문으로 각 2부를 작성하여 교환해서 뒷날의 증거로 하기 위해 기명하고 조인한다.

융희 3년 7월 26일
    내각총리대신 이완용 ㊞
메이지 42년 7월 26일
    통감 자작 소네 아라스케 ㊞

해제

1. 개요

1909년 한국 정부와 통감부 간에 새로 출범하는 한국은행의 운영 문제를 두고 체결한 각서이다. 한국은행 설립과 운영에 관한 여섯 가지 사항을 규정하였고, 일본인이 한국의 금융 운영에도 관여할 수 있는 길을 열어 놓았다. 「한국은행조례(韓國銀行條例)」를 제정하여 공포한 후 1909년 10월 29일 자로 한국은행을 설립하였다. 1910년 '한국병합' 이후 한국은행은 조선은행(朝鮮銀行)으로 명칭을 변경하였다. 한국은행은 설립할 때부터 일본인이 주식을 소유하고 임원까지 역임할 수 있도록 규정하였기 때문에 식민지은행으로서의 성격을 강하게 가지고 있었다. 통감부는 한국의 중앙은행 설립과 운영에도 깊숙이 개입하면서 한국의 금융 영역도 일본의 영향권 아래에 두고 장악하려는 모습을 보여 주고 있었다.

2. 배경

일찍이 대한제국 시기에 들어서 한성은행(漢城銀行), 대한천일은행(大韓天一銀行)이 설립되어 운영된 바 있었다. 대한천일은행의 경우 대한제국 황실을 비롯하여 정부 고위 인사들이 많이 관여하였다. 하지만 백동화 남발을 비롯하여 금융기관이 정비되지 못한 여러 가지 상황이 겹치면서 중앙은행으로 성장해 나가지는 못하였다. 대한제국에서도 1903년에는 「중앙은행조례」 등을 제정하면서 중앙은행 설립을 시도하였다. 내장원(內藏院)을 맡고 있던 이용익(李容翊)이 차관 교섭에 나서기도 하였으나, 일본 측의 방해 등으로 성공에 이르지 못하였다. 이러한 가운데 재정 고문으로 메가타 다네타로[目賀田種太郎]가 한국에 들어왔고, 일본에서 사립으로 설립되어 1878년부터 조선에 진출해 있던 제일은행(第一銀行)을 중심으로 화폐정리사업과 한국 정부의 국고금 수납, 제일은행권 발행 등을 할 수 있도록 만들었다. 일본 측에서는 제일은행이 한국 내에서 중앙은행으로 기능할 수 있도록 금융 분야를 재편해 나간 것이다. 당시 한국에 중앙은행을 설립하는 건과 화폐 유통 문제를 두고 여러 가지 방안이 논의되고 있었다. 통감부에서는 1908년 2월 제일은행 측에 '한국중앙금융기관설치안'을 제시하여 이 문제를 논의하기도 했으나, 이전과 이권 보장 등의 문제에서 타협점을 찾기 어려웠기 때문에 한국은행을 새로 설립하고 정부 차원에서 통제하는 방향으로 가닥을 잡았다.

3. 체결 과정

중앙은행 설립안은 1907년 8월부터 통감부에서 마련하기 시작했다. 이후 아라이 겐타로[荒井賢太郎] 탁지부장관과 쇼다 가즈에[勝田主計] 대장성(大藏省) 이재국장(理財局長)의 협의안 등을 거쳐 통감 이토 히로부미가 시부사와 에이치[澁澤榮一] 제일은행장에게 제안한 1908년 2월 통감부안(統監府案)으로 가면서 부분적으로 내용을 수정하였다. 은행의 존립 기간과 연장, 공모주, 감사 인원수와 이사 인원 충당 조건 등에서 단계별로 수정이 이루어진 과정은 각 초안의 항목별 설정 내용을 통해 확인할 수 있다. 1909년 7월 26일에는 법률 제22호로 「한국은행조례」가 발포되었다. 조례는 총칙과 중역, 주주총회, 영업, 은행권, 준비금과 납부금, 정부의 감독과 보조, 벌칙 등 8장 42조로 구성되었으며, 부칙으로 7개 조항이 붙었다. 같은 날 이완용(李完用) 내각총리대신과 소네 아라스케[曾彌荒助] 통감은 「한국 중앙은행에 관한 각서」까지 체결하였다.

각서 원본은 일본 아시아역사자료센터에서 공개하고 있는 문서(JACAR Ref. B13091014800)를 통해 확인할 수 있다. 한국어본 명칭은 '韓國中央銀行에 關き 覺書'이며, 일본어본은 '韓國中央銀行ニ關スル覺書'로 통감부 괘지에 작성되어 있다. 문서에는 각각 한국 정부의 내각총리대신과 통감이 인장을 찍었다.

7월 12일 이전에 소네와 이완용 사이에는 각서 체결과 관련하여 사전에 의견 조율을 마쳤던 것으로 보인다[※관련 문서-1]. 7월 19일부터 23일 사이에는 전보 왕복을 통해 각서에 들어갈 문구를 일본 정부 측에서 검토하고 내각에서 승인하는 과정을 거쳤다. 기초한 안건에서 자구를 약간 수정하는 정도에 그쳤다[※관련 문서-2·3].

4. 내용

「한국 중앙은행에 관한 각서」는 한국은행 설립과 배당금 운영, 발행 주식의 소유 자격, 임원진 임명 등을 전체 6개 조항에 걸쳐 규정하였다. 체결한 각서 내용은 8월 16일에 『관보』에 고시했다. 영문명으로는 'MEMORANDUM CONCERNING THE CENTRAL BANK IN KOREA'로 되어 있다. 이토 히로부미의 후임이었던 소네 아라스케는 한국으로 건너오기 전에 일본 정부에서 대장대신(大藏大臣)까지 역임한 경력을 가지고 있었다. 그가 경제 전문 관료 출신이었다는 점도 눈여겨볼 부분이다.

제1조에서는 중앙은행으로서의 전반적인 업무를 규정하였으며, 일본은행의 위탁이 있을 경우 일본 측의 국고금도 한국은행에서 처리할 수 있도록 길을 열어 두었다. 제2조에서는 일본 제일은행에서 발행한 은행권을 한국은행에서 승계하여 연속성을 가지고 처리할 수 있도록 하였다. 제3조는 한국은행에서 자본금을 모집하기 위해서 발행하는 주식에는 한국인만이 아니라 일본인도 지분을 소유할 수 있도록 하였다. 일본 국내의 자본력에 기초하여 한국은행 소유 지분을 잠식하고 영향력을 행사할 수 있도록 만든 것이다. 제4조는 한국은행의 임원진에는 당분간 일본인을 임명할 수 있도록 규정했다. 명시적으로 기한을 설정해 두지 않음으로써 한국은행 운영에 관한 핵심 업무를 지속적으로 장악하고, 영향력을 행사할 수 있도록 한 것이다. 한국의 중앙은행이기는 하나 운영과 관련된 중요 의사결정에서 한국인이 들어갈 여지를 남겨 두지 않은 것이기도 하다. 주식 배당금의 경우 이익 배당이 6%에 도달하지 않는 이상은 하지 않는다고 규정하였다.

각서가 체결된 같은 날, 전체 49개 조항으로 된 「한국은행조례」를 법률 제22호와 통감부 고시 제70호로 공포하였다. 이것은 1909년 7월 27일 자 『관보』 제4439호에 전문이 실렸다. 은행 설립 사무 일체는 부칙을 통해 일본 정부에 위탁하도록 규정하였다. 일본 측에서는 같은 해 8월 16일부터 일본은행 총재와 대장차관을 비롯하여 관리와 재계 인사들이 대거 참여하여 준비에 들어갔고, 한국 측 인사로는 백완혁(白完爀), 한상룡(韓相龍) 두 명이 참여했다. 10월 29일 도쿄에서 한국은행 창립총회가 개최되었다. 한국은행 총재에는 이치하라 모리히로[市原盛宏], 임원진으로 이사 3명과 감사 2명에 각각 일본인이 임명되었다. 한국은행의 자본금 1천만 원(圓)을 10만 주로 나누고, 한국 정부의 지분 3만 1천 주와 일본 정부의 지분 1

천 주, 임원진 지분 400주를 제외하고 67,600주를 대상으로 공모를 진행하였다. 공모주의 97.9%는 일본인이 차지하였고, 한국인 주주의 비중은 전체의 2.1%에 지나지 않았다. 한국은행은 1909년 11월 10일 설립 등기를 마친 후, 운영에 관한 제반사항에 대하여 탁지부대신의 인가를 받은 다음, 11월 24일부터 금융 업무를 개시하였다.

5. 의의

한국은행권과 일본 제일은행권을 동일하게 취급하도록 규정했고, 일본인이 은행의 중역에 취임할 수 있도록 규정했다는 점에서 통감부가 한국의 금융까지 장악하는 단계에 들어섰음을 보여 준다. 1905년 메가타 다네타로에 의한 대대적인 화폐정리사업 실시, 1908년 이후 일본 정부로부터의 막대한 대부금 유입 등 한국 내 금융권이 점점 일본 측의 영향권 아래 종속되어 가는 흐름 속에서 통감부와 일본 정부가 영향력을 행사할 수 있는 한국은행이 설치되었던 것이다. 또한 향후 한국을 식민지로 만들어 가는 과정에서 들어가게 되는 제반 경비를 한국은행 발권을 통해 충당하려는 목적도 가지고 있었다. 한국은행 설립은 일본 경제계 인사들의 비중과 장악력이 더욱 커지게 된 것을 두고 명칭만 '제일은행 총지점'에서 '한국은행'으로 바뀌었다는 평가를 받기도 한다.

한국은행을 설립하는 초안을 준비하는 과정에 깊숙이 개입했던 아라이 겐타로와 쇼다 가즈에 같은 경제 전문 관료들은 이후에도 조선총독부나 재계에서 고위직을 역임하면서 지속적으로 조선 문제에 영향력을 행사했다. 1909년 11월에 설립된 한국은행은 '한국병합' 이후인 1911년 조선은행으로 명칭을 변경하여 식민지 시기 동안 존속하였다.

6. 관련 문서

1) 중앙은행 협정에 관한 건(1909. 7. 12.)

비기밀통(秘機密統) 제1251호 제2안
1909년 7월 12일
소네 아라스케 통감 → 이완용 내각총리대신

한국 중앙은행 설립에 관하여 제국 정부와 귀국 정부 간에 각서를 교환할 필요가 있으므로, 이미 지난날 귀 대신의 내의를 얻었던 별지 각서 2통을 본관이 서명·조인한 다음 송부합니다. 여기에 서명·조인하신 후 1통은 귀국 정부에서 보관하시고, 다른 1통은 당부(當府)로 회부하셨으면 합니다. 이 점을 말씀드립니다.

(협정서 2통 첨부의 건)

[별지] 「한국 중앙은행에 관한 각서」

일한 양국 정부는 한국은행의 설립에 관하여 아래의 조관을 협정한다.

제1조 한국 정부는 한국은행을 설립하며, 여기에 태환은행권을 발행할 권리를 부여하여 한국의 중앙 금융기관다운 업무에 종사하도록 하는 외에 일본은행의 위탁이 있을 때는 일본국 국고금을 취급하도록 한다.
제2조 주식회사 제일은행이 발행한 은행권은 한국은행이 발행한 것으로 간주하며, 한국은행은 그것을 소각할 의무를 계승하는 것으로 한다.
제3조 한국은행의 주식은 일한 양국인으로 한정하여 이를 소유할 수 있다.
제4조 한국은행의 중역은 당분간 일본인으로 충당한다.
제5조 한국은행은 한국 정부가 소지한 주식 이외의 주식에 대해 해야 할 이익 배당이 연 100분의 6 비율에 달할 때까지 한국 정부가 가진 주식에 대해 이익 배당을 할 필요가 없다.

제6조 한국 정부는 한국은행 창립 후 5개 년간 동국 정부가 소지한 주식 이외의 주식에 대하여 연 100분의 6 비율의 이익 배당을 보증하기로 한다.

출처: 『統監府文書』 권5, 333~334쪽

2) 한국 중앙은행 설립 협정안의 수정 건(1909. 7. 19.)

내전(來電)

1909년 7월 19일 오후 0시 20분 경성 발송

1909년 7월 19일 오후 3시 52분 오이소 도착

이시즈카 에이조[石塚英藏] 장관 → 나베시마[鍋島] 참여관

귀관이 휴대한 한국 중앙은행에 관한 협정안을 각서로 조인하는 것과 아울러 이 안건 제4조 "한국은행이 중역은"의 이래에 '당분간의' 네 글자를 추가하는 것으로 협의 결정했다.

출처: 『統監府文書』 권5, 334쪽

3) 한국은행 설립안 수정 후 각의 제출 건(1909. 7. 23.)

내전(來電)

1909년 7월 23일 오전 11시 40분 발송

나베시마[鍋島] → 고마쓰[小松] 서기관

한국은행에 관한 각의안은 19일 발 이시즈카[石塚] 장관 대리의 전보대로 수정을 가했고, 20일에 제출해 두었다. 시바타[柴田] 서기관장의 내밀한 이야기에 따르자면 다음 주 각의에서 결정할 것이라고 한다.

출처: 『統監府文書』 권5, 335쪽

[참고 문헌]

- 「韓国中央銀行に関する覚書」(日本外務省 外交史料館 所藏, JACAR Ref. B13091014800)
- 국사편찬위원회 편(1999), 『統監府文書』 권5, 국사편찬위원회.
- 李碩崙(1984), 『新稿 韓國貨幣金融史研究』, 博英社.
- 吳斗煥(1991), 『韓國近代貨幣史』, 韓國研究院.
- 이승렬(2007), 『제국과 상인』, 역사비평사.
- 趙璣濬(1977), 『全訂版 韓國資本主義成立史論』, 大旺社.
- 朝鮮銀行史研究會 編(1987), 『朝鮮銀行史』, 東京: 東洋經濟新報社.
- 오두환(2000), 「화폐정리사업」, 『신편 한국사』 44, 국사편찬위원회.
- 조명근(2011), 「日帝의 國策금융기관 朝鮮銀行 연구」, 고려대학교, 박사학위논문.

V

교통·전신·운수에 관한 조약

1. 표류 선박 및 인민에 관한 조약
2. 부산 해저전선 설치에 관한 조약
3. 부산 해저전선 설치에 관한 속약
4. 한국 통신기관 위탁에 관한 협정
5. 한국 연해 및 내하의 항행에 관한 약정서
6. 압록강 두만강 삼림경영에 관한 협동약관

1
표류 선박 및 인민에 관한 조약

辦理漂流船隻章程

판리표류선척장정 | 1877년 표류 선박 처리와 표류민 송환에 필요한 비용 및 경비 문제를 해결하기 위해 맺은 약정서로, 유상 송환을 원칙으로 삼는다는 내용이다.

朝鮮國人漂到日本國所駕船楫破損者日本國政府從前摠為之修繕使所在日本船舶牽之送還其破損尤甚者則活却付價為例雖然日本國理事官宮本小一曩旣與朝鮮國講修官趙寅熙議定兩國漂民經費則該船修繕之事亦不可無其約於是駐釜山港日本國管理官近藤真鋤與朝鮮國東萊府伯洪祐昌會同恊議夏立約如左

第一條

一嗣後有朝鮮國民漂到日本國要修繕其船楫者則隨處日本國地方官雖聽

원문

朝鮮國人漂到日本國所駕船桴破損者日本國政府從前摠爲之修繕使所在日本船舶牽之送還其破損尤甚者則沽却付價爲例雖然日本國理事官宮本小一曩旣與朝鮮國講修官趙寅熙議定兩國漂民經費則該船修繕之事亦不可無其約於是駐釜山港日本國管理官近藤眞鉏與朝鮮國東萊府伯洪祐昌會同協議更立約如左

第一條

一 嗣後有朝鮮國民漂到日本國要修繕其船桴者則隨處日本國地方官雖聽其求爲是所費一切金額須爲漂民經費之外故由駐釜山港日本國管理官報告之於朝鮮國東萊府則該府速另完淸之在他港亦照此例

第二條

一 若其船桴破損已甚不可繕修者隨處日本國地方官使船主沽却之給付其價錢

第三條

一 若其船主欲沽却之而其船材不唯無價値人不欲買之則隨處日本國地方官令船主眼前焚毀無餘念

第四條

一 若朝鮮國民漂到日本海孤島要修繕其船桴而不得工材欲轉移之于他處亦爲風濤妨礙則隨處日本國地方官諭船主沽却之抛棄之等皆從時宜

右立約互相鈐印以照憑信

朝鮮曆丁丑年五月二十三日

東萊府伯 洪祐昌 ㊞

日本曆明治十年七月三日

　　管理官 近藤眞鋤 ㊞

출처: JACAR Ref. B13091003400

번역문

종전에는 일본국에 표착한 조선국 인민이 타고 온 선박이 파손된 것을 일본국 정부가 모두 수선하고 소재한 일본 선박으로 견인해 송환하였다. 그 파손이 심한 것은 매각하여 대가를 지급함을 통례로 하였으나 일본국 이사관 미야모토 오카즈가 지난날 이미 조선국 강수관 조인희와 양국 표민 경비를 의정하였으므로 선박 수선에 대해서도 약정이 없어서는 안 될 것이다. 이에 부산항 주재 일본국 관리관 곤도 마스키와 조선국 동래 부사 홍우창이 회동해 협의하여 약정함이 다음과 같다.

제1조

하나, 이후 조선국 인민이 일본국에 표착하여 그 선박의 수선이 필요할 때에는 도처의 일본국 지방관이 그 요구를 들어준다고 할지라도 이에 소요되는 비용 일체는 표민 경비 이외가 될 것이다. 따라서 부산항 주재 일본 관리관이 이를 조선국 동래부에 보고하면 해당 부에서는 신속히 별도로 이를 청산한다. 다른 항구에서도 이 예에 따른다.

제2조

하나, 만약 그 선박의 파손이 심하여 수선할 수 없을 때에는 도처의 일본국 지방관이 선주로 하여금 이를 매각케 하고 그 대가를 지급한다.

제3조

하나, 만약 그 선주가 이를 매각하고 싶어도 그 선박이 가치가 없거나 사람들이 이를 매입하고자 하지 않을 때에는 도처의 일본국 지방관이 선주를 설득하여 이를 눈앞에서 소각해 여념이 없게 한다.

제4조

하나, 만약 조선국 인민이 일본해의 외딴섬에 포착해 그 선박을 수선하고자 하여도 공재(工材)를 구할 수 없고, 이를 다른 곳으로 옮기려고 해도 풍파로 인해 방해가 될 때에는 도처의 일본국 지방관이 선주를 설득해 이를 매각하거나 폐기하게 하는 등 시의에 따른다.

위와 같이 약정하고 상호 날인함으로써 신용을 밝힌다.

조선력 정축년 5월 23일
　　　동래 부사 홍우창 ㊞
일본력 메이지 10년 7월 3일
　　　관리관 곤도 마스키 ㊞

해제

1. 개요

1877년 표류 선박 처리와 표류민 송환에 필요한 비용 및 경비 문제를 해결하기 위해 맺은 약정서로, 유상 송환을 원칙으로 삼는다는 내용이다. 조선국 동래 부사 홍우창(洪祐昌)과 부산 주재 일본 관리관 곤도 마스키[近藤眞鋤] 사이에 체결되었다. 전근대의 무상 송환에서 벗어나 유상 송환에 원칙을 둔 근대적 표류 선박 및 표류민 처리에 대한 내용을 담고 있다.

전문과 4개 조관으로 이루어져 있다. 조선국 인민이 일본에 표착했을 때 조난당한 선척의 수리가 필요한 경우 이를 일본의 지방관에게 요청할 수 있고, 지방관은 수리 요구를 들어 줄 수 있으나 그에 따른 경비는 조선국이 지불해야 한다는 것을 주요 골자로 하고 있다. 이는 1876년 「조일수호조규」[※Ⅱ-1] 체결 이후 조선이 근대적 자본주의 세계질서에 포함된 이래 일본이 추구했던 유상 송환 원칙에 따른 것이다. 하지만 이 약정을 체결한 이후에도 조선은 조선에 표착하는 일본인과 일본 선박에 대해 무상 송환을 해 주기도 하였다. 그만큼 조선의 대응은 개항 이후에도 여전히 전통과 근대가 착종된 형태로 나타났다.

2. 배경

조일 양국의 관계는 바다를 통해 이웃한다는 점 때문에 정치 외교만이 아니라 민간의 접촉 역시 적지 않게 이루어져 왔다. 그중 대표적인 사례는 바다라는 공통의 경제권역을 놓고 어업에 종사하는 자들 사이의 접촉이었다. 바다는 무궁한 자원의 보고이기도 하지만 조업 과정에서 일어나는 변화무쌍한 일들로 인해 양국민 모두 조난이나 해난을 당하기 일쑤였고, 이러한 사고에 의한 양국민의 접촉은 국가에 의해 보호되어 왔다. 임진왜란 이후 일본에 표착한 조선인은 대체로 19세기 중엽까지 무사히 송환되었으나, 여기에는 조일 사이에 어떠한 약조나 약속이 있었던 것은 아니었다.

임진왜란 이후 양국은 적대적 감정 속에서 관계를 유지했음에도 표류민 문제만큼은 인도적인 입장에서 처리해 왔다. 1640년대 이후부터 일본에서 조선인 표류민을 송환하는 절차가 정비되면서 조선인의 송환도 차츰 안정되어 갔다. 송환 경로는 막부가 유일하게 정한 외부 유입구를 통해 이루어졌다. 막부가 주도하는 송환 절차가 정비됨으로써 조선은 쓰시마[對馬]의 표류민 송환자를 일본의 정식 외교사절로 인정하여 각종 접대를 아끼지 않았다. 이는 쓰시마번에 경제적 이익을 가져다주었기 때문이다. 이러한 구조 속에서 조선인 표류민 송환은 비교적 순탄하게 이루어졌고 대체로 나가사키[長崎]를 통해 무상으로 송환되었다. 비록 이러한 무상 송환이 성문화되어 있지는 않았지만, 양국의 평화적 교린의 기초로 작용하였던 것이다.

1868년 메이지유신[明治維新]으로 일컬어지는 일본의 정치 변혁은 조선에도 큰 영향을 끼쳤다. 과거 막부를 대신하여 조선과 통교역을 자처했던 쓰시마번이 외교에서 제외되는 대신 외무성을 앞세운 메이지 정부가 조선과 직접 통교를 시작하였다. 하지만 서계 전달 과정에서 접수 불가능한 자구가 포함되는 문제가 생기면서 양국의 관계는 교착상태에 빠졌고, 이를 타개하기 위해 일본은 무력을 동원해 운요호[雲揚號]사건을 일으켰던 것이다.

운요호사건을 통해 무력에서 우위를 점한 일본은 조선에 근대적 조약 체결을 강요하였다. 그 결과 1876년 2월 조선은 일본과 「조일수호조규」라는 최초의 근대적 조약을 맺었다. 일본은 이 조약이 만국공법의 논리와 절차로 체결된 국제법적 조약임을 강조하였다. 12개 조항으로 이루어진 이 조약 중에서 기존 성문화되어 있지 않았던 표류민과 표류 선박에 대한 송환 문제를 성문화했던 것은 주목할 만하다.

「조일수호조규」 제6관은 양국의 표류민이 발생했을 경우 상호 구조와 송환을 명문화하였다. 특히 상호 구조보다는 조선국 연안에서 조난사고를 당한 일본국 선박에 대한 구조가 강조되어 있다. 일본인이 조선에 표착하는 경우는 조선인이 일본에 표착하는 사례보다 훨씬 적음에도, 이에 대해 일방적인 내용이 포함된 것은 '상호 구조'라는 애매한 표현의 이면에 존재하는 일본의 진출 의도가 깔려 있었던 것이다.

또 이 조항에는 구체적인 송환 절차와 방법이 서술되어 있지 않다. 요컨대 「조일수호조규」 제6관과 부록 제6관은 일본인이 조선 연안에 표착했을 때 조선으로부터 구조와 송환을 받을 수 있도록 했고, 부산 등 개항지에 시신을 매장할 수 있는 부지를 확보할 수 있도록 규정하였다. 반대로 조선인이 일본에 표착했을 경우 이들의 구조와 송환에 대해 규정하고 있는데, 그 내용이 너무 포괄적이어서 문제가 있다.

아울러 표류 문제는 「조일수호조규」 제7관과도 관련이 있다. 제7관은 "조선국 연해의 섬과 암초는 종전에 자세히 조사한 적이 없어 지극히 위험하므로 일본국의 항해자가 수시로 연해를 측량해 그 위치와 깊이를 재고 지도를 만들어 양국 항해자로 하여금 위험을 피하고 편안할 수 있도록 한다"는 것이다. 이는 단순히 연안 측량만이 아니라 연안 측량을 핑계로 조선의 어떠한 연안이라도 선박을 접안할 수 있도록 규정한 것이었다. 즉 제6관과 제7관은 일본의 선박이 개항장 규정에 얽매이지 않고 유사시 조선의 어느 항만에라도 상륙할 수 있는 것을 무한히 허용한 것이라 할 수 있다.

「조일수호조규」의 포괄적 규정은 1876년 11월에 개정된「조선국 인민 표착 시 처분규칙(朝鮮國人民漂着之節處分規則)」[※관련 문서-2]에 의해 구체화되었다. 태정관 달(達) 제110호로 정해진 표류민 취급 방침은 대체로 다음과 같다.

첫째, 조선인이 일본에 표착했을 경우 그곳에서 부산항으로 가는 배가 있으면 곧바로 부산항에 있는 일본 관리관에게 보내야 하고, 배가 없을 경우에는 나가사키 현청이나 쓰시마 이즈하라[嚴原] 나가사키현 지청으로 보내 그곳에서 부산항으로 가는 배편으로 보낸다. 둘째, 표류민의 의복이 없을 경우에는 옷 한 벌을 공비(公費)로 지급한다. 셋째, 표류민 체재 중 소요되는 비용과 조선으로 송환하는 데 드는 비용은 조선 정부로부터 1일 금 10전씩 받도록 약속했으므로 표류민 취급 방법은 되도록 간편하게 하고 부족한 것은 공비로 지출한다. 넷째, 표류민이 건강하면 본국으로 인계할 때까지 되도록 공업 등에 노동력을 사용하고 공전(工錢)을 지급한다. 단, 공전은 조선 정부가 납부해야 할 일급전을 제하는 것이다. 다섯째, 익사자 또는 표착 후 병사한 자는 조선에 송환하지 않고 매장한 다음 그 사유를 외무성과 내무성에 보고한다는 것이다.

대체로 여기서는 송환 경로, 송환 경비, 사망자 처리가 언급되었다. 송환 경로는 부산으로 오는 배가 있는 경우와 그렇지 않은 경우로 나누어, 전자는 일본의 표착지에서 곧바로 부산의 일본 인민 관리관으로 보낼 수 있도록 하였다. 이는 1873년 8월 송환 경로 규정보다 진일보한 것이다. 경비와 관련해서 일본은 유상 송환이라는 원칙을 관철시킬 수 있었다. 예컨대 추위와 더위에 대응할 옷 한 벌과 1일 식료비로 금 10전, 그리고 조선에서는 전 50문으로 계산하여 상호 상환하기로 약정하였다. 즉 조선인 표류민의 일본 체재 중 소비된 비용과 조선으로 송환되는 비용은 '1인 1일 금 10전'씩 계산하여 조선 정부가 일본 정부에 지불하며, 나머지 부족분에 대해서는 일본의 '공비'를 사용한다는 것이다.

아울러 주목할 만한 사실은 일본에 체재할 당시 조선인 표류민들이 일본의 노역에 동원되어 10전을 받을 수 있고, 이 자금을 해난구조 경비에 충당하게 한 점이다. 그리고 사망자 처리에 대한 규정으로, 1876년 11월 이후 조선인 표류민 가운데 사망자가 발생하면 그 시신을 조선으로 가져오지 못하고 일본에 매장하지 않으면 안 되었다. 이는 전통적으로 막부 시대는 물론이거니와 메이지 초기인 1868년 6월「조선국표류인취급규칙(朝鮮國漂流人取扱規則)」[※관련 문서-1]의 제정에 의해 조선인 표류민 시신을 관에 넣어 보내고 일본 땅에는 매장하지 못한다는 규정과 정반대로 법제화한 것이다. 이 규정으로 조선인 표류민은 죽어서도 고국으로 돌아오지 못하게 되었다.

이러한 표류민과 표류 선박의 송환 처리는 「조일수호조규」 체결 이후 급격히 변화되었다. 특히 외교 현장에서 갈등이 표출되었던 것은 비용 문제였다. 비용은 후불제였기 때문에 사고 발생 이후 본국 송환까지 별다른 문제는 없었다. 하지만 비용 체납은 국가가 보증한다고 하더라도 애초부터 예상되었던 문제였다. 특히 논란이 되었던 것은 1876년 11월 개정된 법의 제3조에 '구조 및 송환 비용' 중에 '선박'에 대한 언급이 없다는 것이다. 이는 조선인 표류민의 일본 체재와 송환에 대한 비용을 조선 정부가 부담하는 것과는 별개의 문제로 조난 선박이 난파되거나 고장나는 등 기타 수리 비용이 발생할 경우 부담해야 할 주체가 누구인가의 문제로 귀결되었다. 이에 대해서는 그 이전의 관례를 따를 수밖에 없었다. 하지만 기존 법규에서도 표류민이 선박 수리를 원할 경우 표착지에서 수리해 주어야 한다는 추상적인 규정만 있을 뿐이다. 수리 정도와 비용에 관한 구체적인 규정은 없기 때문에 이 문제를 해결하기 위해 양국 정부가 「판리표류선척장정」을 체결했던 것이다.

3. 체결 과정

1877년 5월 일본 나가사키현에서는 내무성에 표류민과 표류 선박에 대한 법 개정의 필요성을 역설하였다. 이들이 내무성에 제출한 공문을 보면, "그 나라(조선)의 습속이 교활하다"거나 "그들(조선인)의 기질이 게으르다"라는 표현이 등장한다. 이는 조선 혹은 조선인에 대한 멸시관이 드러나는 대목이다. 하지만 "대부분의 (조선)표류민은 가난하지만, 그 선적물 판매대금으로 (비용을) 상환하고도 남음이 있을" 정도로 여유 있는 표류민들이 있을 뿐만 아니라 "그것으로 일본의 산물을 구입하여 수출을 희망하는" 경우도 있다고 서술하였다. 그런데 이를 유심히 보면, 표류 선박의 수리 비용을 표류민이 부담해야 한다는 의미가 담겨 있음을 알 수 있다. 즉 1877년에 들어서면서 "수리 비용은 조선 정부가 청산한다"는 약속을 명문화하고자 하는 의도가 관철되기 시작한 것이다.

수리 비용을 조선 정부가 청산해야 한다는 요구는 조선의 동래부와 일본의 부산 주재 관리관 사이에서 처리해야 하는 외교 문제가 되었다. 이는 표착지에서 일어나는 수리 비용 처리 갈등을 해소하고 일본인의 부담을 경감시키려는 의도라고 할 수 있다. 나아가 1878년 5월 일본 외무성은 관리관으로 파견되어 있던 소에다 세쓰[副田節]에게 동래부백과 교섭을 지시하고, 8월에「조선국 인민 표착 시 처분규칙(朝鮮國人民漂着之節處分規則)」(태정관 달 제36호)을 개정, 공포하였다.

이 규칙에 따르면 표류민의 진술서 속에 비용 상환 약속을 문서로 남기게 하였다. 특히 지리적으로 조선에서 먼 곳에 표착하여 표선의 운송 비용이 많이 소요될 것으로 예상되는 경우, 선박 수리나 운송 이전에 미리 비용을 대강 계산하여 그것을 제시하도록 명문화하였다. 아울러 해상에서 안전을 이유로 파손된 선박의 수리 여부와 관련해 표민, 즉 조선인의 불만이 있더라도 '노후한' 선박을 그대로 송환하지 말 것을 규정하였다. 다만 표류가 아니라 일시적인 필요로 일본 연안에 기항하는 경우에는 표선과 별도로 즉시 귀국할 수 있도록 절차를 간단히 하였다. 또 만약 기항한 선박이라 하더라도 선주의 요청이 있을 경우 일본에서 수리를 받을 수 있도록 허용했으며, 이럴 경우에도 당연히 수리 비용은 선주가 부담하기로 한 것이다.

이 시기 표류민 송환과 선박 수리에 관한 법적 내용은 첫째, 송환 경로가 더욱 다양화되었다. 둘째, 체제 및 송환 비용은 조선인 개인이 부담하고 조선 정부가 책임지는 구조로 변화되었으며, 송환 비용은 1인 1일 금 10전으로 고정함으로써 비용 문제로 인한 분쟁을 최소화하였다. 셋째, 일본에 체재 중인 조선인은 노역에 종사하여 임전을 지급받고 이를 송환 비용으로 충당할 수 있게 하였다. 넷째, 조선인 표류민이더라도 사망자 시신은 조선으로 옮기지 못하고 일본에 매장하게 하였다. 조선인 표류 선박의 수리 비용은 조선 정부가 청산하도록 하였다. 다섯째, 수리가 어려운 선박은 매각 혹은 소각할 수 있게 하였다. 여섯째, 선박 수리 비용의 일부를 먼저 지급받고 나머지는 귀국 후 청산하겠다는 약속을 문서로 작성하게 하였다. 요컨대 일본 정부는 1871년 이후 지속적으로 추진하려 했던 표류민 체재와 선박 수리 비용에 대한 개인 부담과 국가 책임이라는 원칙을 일부 관철시켰던 것이다. 일본 정부가 이러한 정책 변화를 추진한 밑바탕에는 해난 사고 처리의 최종 책임을 국가와 그 사고가 발생한 지역, 그리고 해당 지역 주민들의 이해관계 속에서 조정해 떠넘기려는 의도가 깔려 있음을 알 수 있다.

4. 내용

표류 선박 수리에 대해 구체적으로 명시한 이 조약은 대체로 다음 내용을 포함하고 있다.

제1조에는 조선인이 일본에 표착했을 경우 선박이나 뗏목 수선을 희망하면 일본의 지방관이 이를 들어주어야 하되 그 비용은 조선 정부가 완전히 청산하며, 이를 부산 주재 일본 관리관에게 보내 부산 동래부에 보고하고 동래부로부터 수리대금을 받는다는 내용이다.

제2조와 제3조는 만약 표류 선박의 파손 상태가 심각하여 수선할 수 없을 경우에는 일본의 지방관이 선주를 설득하여 매각하고 그 대가를 표류민에게 지급하며, 만약 그 배가 가치가 없을 뿐만 아니라 사람들이 이를 매입하고자 하지 않을 때에는 선주가 보는 앞에서 소각할 수 있다는 것이다.

제4조는 만약 일본에서 멀리 떨어진 섬에 표착하여 조난 선박을 수리하려 해도 재목을 구할 수 없고, 또 표류선을 다른 곳으로 옮기려 해도 풍파로 인해 여의치 않을 경우에는 일본의 지방관이 선주를 설득해 이를 매각하는 등 상황에 맞게 판단하여 처리할 수 있다고 규정되었다.

요컨대 일본의 지방에 표류한 조선인들은 조난 선박을 수선해 달라고 요구할 수 있고, 일본의 지방관은 이러한 요구를 수용해야 하며 이에 따라 난파 선박을 수선하되 수리 재료 구입 등 수리에 필요한 비용은 조선 정부가 상환해야 한다는 것이다. 조선인들의 표류 선박에 대한 수리는 일본이 부담하지 않는다는 것을 기본 원칙으로 삼은 셈이다. 이는 표착지에서 수리 비용을 부담함으로써 벌어지는 갈등과 마찰을 방지하고 표착지 주민들에게 경제적 부담을 경감시키려는 의도에서 비롯된 것이라 할 수 있다.

5. 의의

전근대에서 근대로 넘어오면서 일본에 표착한 조선인 송환에는 몇 차례 변화가 있었다. 메이지 원년인 1868년 「조선국 표류인 취급규칙」에 따르면, 일본에 표류해 온 조선인은 일본의 나가사키나 오사카로 보낸 다음 이들을 다시 쓰시마로 보내 일본 사신과 함께 조선으로 호송하였다. 그러나 「조일수호조규」 체결 이후 개정된 「조선국 인민 표착 시 처분 규칙」에서는 표류한 곳에서 부산항으로 가는 선편이 있으면 곧바로 부산항으로 보내고, 선편이 없을 때에는 나가사키나 쓰시마를 거쳐 부산항으로 보내는 것으로 바뀌었다. 이는 부산이 개항되면서 조선과 일본의 연결 항로가 공식화된 것과 관련이 있다고 여겨진다. 또 송환 비용과 관련해서는 일본의 메이지유신과 같은 정권 교체, 이에 따른 조선 인식의 변화에도 어느 정도 연관성이 있다. 전통적인 표류민 송환이 무상에 입각한 우호 및 교린에 초점을 맞춘 측면이었다면, 「조일수호조규」 체결 이후 도입된 유상 송환에 입각한 표류민 처리는 양국 관계가 전통적 질서에서 벗어나려는 질적 변화를 의미하는 것이기도 하다.

19세기 중엽 조선 개항을 전후한 시기에 양국의 교린 체제가 개편되면서 표류민 송환은 기존 관행과 정반대 형태로 변화하였다. 1868년 일본에서 메이지 정부가 들어서고 과거 막부와 이뤄지던 통교 체제, 즉 폐번치현 이전 옛 쓰시마번이 대행하던 조선 관계 업무를 일본 외무성이 장악하는 과정에서 대조선 외교방침이 반영되었던 것이다. 아울러 1872년 메이지 정부가 옛 쓰시마번의 관리하에 있던 왜관을 접수하면서 이미 일본의 대조선 정책이 침탈적 성격으로 변화했다고 볼 수 있다. 특히 왜관 접수 이후 「조일수호조규」가 체결되는 단계에서 표류민 송환 문제를 보면, 일본 내에서 표류민 송환 절차의 변경과 일본 측 표류 선박의 보호만을 강조한 나머지 조선에 대해서는 오히려 일방적인 불평등한 요소가 노정되었다. 하지만 애초에는 조일 상호 간 전통적인 무상 송환 원칙이 지켜지기도 하였는데, 이는 조선과 옛 막부의 교린 관계가 부분적으로나마 유지·존중되고 있었음을 보여 준다.

일본은 만국공법이라는 국제법적 논리를 내세워 조선을 조약에 의한 관계로 재편하려고 시도했음에도[※관련 문서-3·4], 이를 전면적으로 혁신할 수 없었던 것으로 판단된다. 일본에 의한 전통적 교린 체제의 혁파는 「조일수호조규」 체결 이후 표류 선박 취급에 대한 비용 문제와 표류민 송환에 대한 입장 변화에서 구체적으로 파악할 수 있다. 따라서 「관리표류선척장정」 체결은 전통적 조일 관계가 근대적 조일 관계로 재편되었다는 상징성을 띠고 있으며, 자국민 송환에 필요한 비용과 선박 처리 및 시신 등 신체에 대한 규정은 국제법적 근대성을 보여 준다고 할 수 있다. 일본의 조선 표류민 송환과 표류 선박 구휼이 표류민 개인의 경제력과 국가의 청산 능력에 따라 결정되는 유상 송환으로 바뀌는 경향은 「관리표류선척장정」을 보완·수정하려는 조치가 취해진 사실에서도 잘 나타난다.

6. 관련 문서

1) 「조선국 표류인 취급 규칙」

하나, 일본인이 조선국에 표도했을 때는 그 국가가 후의로 대하고 부산포와 초량항에 있는 화관(和館)이라고 칭하는 소[宗] 쓰시마수가[對馬守家]에 와서 합의한 장소로 보낸다. 표착한 경과를 서한으로 진술해 보내고 그다음 쓰시마[對州]에서 맞아들인다. 표류인의 국가에서 가장 가까운 나가사키부[長崎府] 또는 오사카부[大阪府]로 보내고, 그 부에서 해당 영주에게 인도할 수 있다.

하나, 조선인이 우리나라의 내지에 표착했을 때는 가장 가까운 부·번·현에서 나가사키부로 보내고, 그 부에서는 표류한 전말을 자세히 밝히고, 옷과 식량을 주고 선박을 수리한 후 쓰시마수 관리에게 인도한다. 대체 나가사키부의 포촉(浦觸)으로써 쓰시마로 보낸다. 단, 포촉할 때 주의는 조선인이 땔감과 음수가 부족하고 풍파가 나쁠 때에는 급여할 수 있다.

하나, 표류인을 나가사키부에서 쓰시마로 보낸 다음에 쓰시마에서 다시 사신과 함께 저늘 나라로 호송할 수 있다.

하나, 표류인 중에 사망한 자가 있으면 관으로 보내고, 일본 땅에는 매장하지 않는다.

이상과 같이 분부를 받아 포달한다.

출처: 『法令全書』 메이지 원년(1868) 6월 19일, 490호, 199~200쪽

2) 「조선국 인민 표착시 처분 규칙」

메이지 원년(1868) 6월과 메이지 6년(1873) 8월 제282호, 제283호 포고, 메이지 7년(1874) 10월 제134호 달, 「조선국 인민 표착 시 처분 규칙」을 다음과 같이 개정하고 이를 포달함.
단, 비용 내 공비(公費)로 내야 하는 것은 임시로 예비금 내에서 지불하고, 나중에 명세서와 증빙서류를 첨부해 받아 내무성에 제출할 것.

하나, 조선국 인민이 본방에 표착했을 때, 그곳에서 조선국 부산까지 선편이 있으면 곧바로 부산항에 있는 일본 인민 관리관에게 보내고, 선편이 없을 때에는 나가사키[長崎] 현청(縣廳) 및 쓰시마[對馬] 이즈하라[嚴原]의 쓰시마 현지청(縣支廳)으로 보낸다. 쓰시마 현지청에서는 부산항으로 떠나는 배에 부탁해 보낸다.

하나, 표류민의 의복이 없을 때에는 계절에 맞는 옷 한 벌을 공비로 지급한다.

하나, 표류민의 체재 중 비용과 그 나라로 보내는 비용 등은 그 나라의 정부에게 하루에 금(金) 10전을 내기로 약속한 것에 대해 위의 목적으로 하고, 표류민 취급 방법은 되도록 간단하게 하되 부족한 부분은 공비로 처리한다.

하나, 표류민이 건강하다면 본국으로 인도될 때까지는 되도록 공업(工業)에 일하게 하고 임금을 부여한다. 단, 임금은 위의 조선 정부가 지급해야 하는 하루 지급금을 공제한다.

하나, 익사 또는 표착 후 병사자는 그들 지역에 관으로 보내지 아니하고 매장해 그 사유를 외무성과 내무성에게 보고한다.

출처: 『法令全書』 메이지 14년(1881) 9월, 태정관 달 110호, 1876. 11, 381쪽

3) 「미일화친조약」 제3·4조

제3조

합중국의 배가 일본해 연안에 표착했을 때에는 부조를 하고, 그 표류민을 시모다 또는 하코다테[箱館]로 호송한다. 본국의 것을 받을 수 있는 소지품물도 이와 같이 처리하고, 또 표류민의 모든 잡비는 양국이 서로 동등한 것이므로 지불하지 아니한다.

제4조

표착 또는 도래하는 인민의 취급은 다른 나라와 동등하게 부드럽게 대우해 주고 폐롱해서는 안 된다. 정직한 법도에는 복종해야 한다.

출처: 『舊條約彙纂』 제1권, 3쪽

4) 「미일 양국 난파선박 비용 상환 방법」(1880. 5. 17.)

난파 선박 비용의 상환 방법에 대한 건은 별지와 같이 미국 정부와 결약·비준되었으므로 이를 상달합니다.

[별지]

일본제국과 미국이 함께 조약을 체결함으로써 이 나라의 선박이 저 나라의 해안에서 난파되었을 때 지출해야만 하는 일정한 비용의 상환 방법을 정할 것을 바람으로써 이를 위해 특약을 체결하기로 결정하고 함께 전권위원으로서 일본국 황제 폐하는 외무경 정4위훈 1등 이노우에 가오루[井上馨]를 이에 임명하고, 미국 대통령은 시모노세키에 주재하는 미국 특명전권공사 존 빙햄[John A. Bingham]을 이에 임명하여 상호 함께 위임장을 제시하고 그 격식이 선량 적절함을 인정하여 정약(訂約)한 것은 다음 열거와 같다.

무릇 풍파의 어려움에 휩쓸린 일본의 국민을 구하고 이에 의복과 음식을 제공하고 여비를 제공히며, 혹은 익사자의 유해를 수습하거나 병사 또는 부상자에게 의료를 제공해야 할 때는 의약품을 제공하고, 또는 사망자 매장 등을 위해 미국 정부가 지출한 비용들은 아무쪼록 일본 정부에게 이를 상환토록 할 것이고, 또 미국 시민이 난파당했을 때 일본 정부에게 도움을 받은 자가 있을 때에는 미국 정부가 아무쪼록 위와 같은 방식에 따라야 한다. 그러나 일본 정부에게도 장차 미국 정부에게도 난파선 내지 그 선박 안에 화물을 수회·보존하는 데 지출한 비용에 대해서는 이를 상환할 책임이 없고, 대개 이 비용은 그 수득한 재화에 부과하고 여기에 관계가 있는 무리로서 해당 재화를 맡게 한 다음 상환하게 할 것.

일본 정부도 장차 미국 정부도 함께 난파당한 지역에 출장시킬 정부 관리·경찰 관리 혹은 지방 관리의 수당 또는 난민을 호송하는 관리의 여비 혹은 공공 전신의 왕복 비용은 여기서 징수하게 하고, 이런 종류의 비용은 위의 관리·경찰 관리·지방 관리가 소속한 국가의 정부에서 각각 부담하는 것으로 한다.

이 약서는 정당한 법식에 따라 각자의 정부에서 이를 비준한다. 그 비준은 가능한 빠르게 하고, 이를 워싱턴에서 교환한다. 교환한 후 30일을 넘겨 각자의 국내에 실시하게 한다.

이 약서는 일본문 및 영문 각 2본을 만들고 이상의 증거로써 여기에 양국의 전권위원 각자가 이름을 쓰고 날인한다.

도쿄[東京]에서

메이지 13년 5월 17일

서력 1880년 5월 17일

　　　이노우에 가오루 ㊞

　　　존 에이 빙햄 ㊞

출처: 『法令全書』 메이지 14년(1881) 9월, 내무성 達 乙 제45호, 441~442쪽

[참고 문헌]

- 『고종실록』
- 『고종시대사』
- 外務省 編(1949), 『日本外交文書』, 第10卷, 日本国際連合協会.
- 이훈(2012), 「근대 동해바다를 둘러싼 표류민의 송환과 한일 관계」, 『영남대학교 독도연구소 학술대회』, 10.
- 정성일(2002), 「漂流民 送還體制를 통해 본 近現代 韓日關係: 制度史的 接近(1868~1914)」, 『한일 관계사연구』 17.
- 현명철, 2018, 「메이지 초기 송환 표류민 사례 연구」, 『한국학논총』 50.

2
부산 해저전선 설치에 관한 조약
釜山口設海底電線條款

부산구설해저전선조관 | 1883년 조선과 일본이 맺은 최초의 해저 전신설 부설 조약으로, 일본의 조선 침략을 효율적으로 추진하는 발판이 되었다.

釜山口設海底電線條欵

朝鮮與日本兩國政府為聯絡鄰交便通商務起見議准設放海底電線條欵于左

第一條

兩國政府約准丁抹國大北部電信會社安置海底電線自日本九州西北海岸起經對州至朝鮮釜山海岸止以陸線承之達日本人覊留地由日本政府架線建電信局理通信事所有諉地此項應用電器物均由朝鮮政府准其免納進口及積場稅他項不得援例至電線室地租照二十五年限免稅惟諉撥運之柴道蓋壓務行(?)

第二道(?)

韓約 拾壹號ノ一
海底電線設置ニ関
スル日韓條約
調印書

日本朝鮮兩國ノ政府隣交ヲ聯絡シ商務ヲ便
通スルカ為メニ海底電線ヲ設置スルコトヲ議定
ス其條欵左ノ如シ

　　第一條

兩國政府ハ丁抹國大北部電信會社ニ日本九州ノ
西北岸ヨリ對州ヲ經テ朝鮮釜山ノ海岸ニ至ル
迄海底線ヲ設置スルヲ准許シ其陸揚ヨリ日本

원문

釜山口設海底電線條款

朝鮮與日本兩國政府爲聯絡鄰交便通商務起見議准設放海底電線條款于左

第一條
兩國政府約准丁抹國大北部電信會社安置海底電線自日本九州西北海岸起經對州至朝鮮釜山海岸止以陸線承之達日本人覊留地由日本政府架線建電信局理通信事所有該地此項應用電線器物均由朝鮮政府准其免納進口及積場稅他項不得援例至電線室地租照二十五年限免稅惟該電無利則再議免稅

第二條
朝鮮政府約該海陸電線竣工後自通信之日起至滿二十五年之間朝鮮政府不架設與該海陸線路對抗爭利之電線並不准他國政府及會社之布設海底線其非對抗爭利處則朝鮮政府可隨便開設線路

第三條
朝鮮郵程司架設官線則海外電報卽可與釜山口日本電信局通聯辦理其細節由本司屆時與該電局議定

第四條
朝鮮政府爲保護該線俾無損壞起見議定通行刑律懲辦故犯之人一經日本政府照會並責令該犯依新律賠償

第五條

該電信局所收所發各報徑可授受於人民惟收發存根紙一經涉訟由朝鮮官調取作證者卽當呈閱遇有朝鮮官報應當先於他私信行發分送其電費在釜山地方自日本所設架之電線則不論其線路長短秪取什之五

右兩國全權代官各奉

諭旨議定條款署名蓋印用昭憑信

大朝鮮國開國四百九十二年丁月二十四日

　　　督辦交涉通商事務 閔泳穆 ㊞

　　　協辦交涉通商事務 洪英植 ㊞

大日本國明治十六年三月三日

　　　辨理公使正五位勳四等 竹添進一郎 ㊞

출처: JACAR Ref. B13091007000

번역문

부산구설해저전선조관

조선과 일본 양국 정부는 이웃 나라 간의 연락과 상업상의 편리를 위해 해저전선을 설치하는 조관을 다음과 같이 협의하여 허가한다.

제1조

양국 정부는 덴마크 대북부전신회사에 약정 허가하여 일본 규슈의 서북 해안에서부터 쓰시마를 거쳐 조선의 부산 해안에 이르는 해저전선을 설치하고 육상으로 전선을 이어 일본인 거류지에 닿게 한다. 일본 정부가 전선을 가설하고 전신국을 건설하여 통신 사무를 처리한다. 해당 지역의 전선과 기물은 모두 조선 정부로부터 입항세 및 적장세(積場稅) 납부를 면제받는다. 다른 항목은 이 예를 원용할 수 없다. 전선실 지조는 25년을 기한으로 세금을 면제하고 해당 전선의 이득이 없을 때에는 다시 면세를 의정한다.

제2조

조선 정부는 해당 해륙 전선 준공 후 통신일로부터 기산해 만 25년 동안은 조선 정부로서 해당 해륙 선로와 대항해 이익을 다투는 전선을 가설할 수 없다. 아울러 타국 정부 및 회사에 해저선을 포설하는 것을 허가하지 않을 것을 약속한다. 그 대항이익을 다투지 않은 곳은 조선 정부의 편의에 따라 선로를 개설할 수 있다.

제3조

조선 우정사는 관선(官線)을 가설할 경우 해외 전보는 부산항의 일본 전신국과 연락을 통해 처리해야 한다. 그 자세한 절차는 우정사로부터 그때에 이르러 해당 전신국과 의정한다.

제4조

조선 정부는 해당 전선을 보호하고 손괴되지 않도록 하기 위해 통행에 관한 형률을 의정하고 처리한다. 고의로 위반한 자는 일단 일본 정부의 조회를 거치고 아울러 해당 범인에게 새로 제정한 형률에 의거해 배상의 책임을 지운다.

제5조

해당 전신국에서 보내고 받는 각 전보는 직접 인민에게 주고받을 수 있게 한다. 단, 그 주고받는 통신 부본(副本)이 일단 소송에 관련되어 있어서 조선 관청에서 조사하여 증거로 삼으려고 할 경우에는 이를 제출하여 검열하도록 한다. 조선의 관보는 다른 사신(私信)에 앞서 발송하고, 그 전비(電費)는 부산 지방에서는 일본에서 가설한 전선일 때에는 선로의 길고 짧음에 상관없이 10분의 5를 받는다.

이상 양국 전권대관은 각각 유지(諭旨)를 받들어 조관을 의정하고 서명하고 날인하여 신임을 밝힌다.

대조선국 개국 492년 정월 24일
　　　독판교섭통상사무 민영목 ㊞
　　　협판교섭통상사무 홍영식 ㊞
대일본국 메이지 16년 3월 3일
　　　판리공사 정5위 훈4등 다케조에 신이치로 ㊞

‖ 해제

1. 개요

1883년 조선과 일본이 맺은 최초의 해저 전신설 부설 조약으로, 일본의 조선 침략을 효율적으로 추진하는 발판이 되었다. 조선 측 명칭은 '부산구설해저전선조관(釜山口設海底電線條款)'이며, 일본 측 명칭은 '해저전선설치에 관한 일한조약(海底電線設置ニ関スル日韓條約)'이다. 조선으로서는 우편선을 이용한 전통적 방식의 정보 전달에서 벗어나 신식 문물인 전신을 사용하는 최초의 계기가 되었다.

조선은 통리교섭통상사무아문 독판 민영목(閔泳穆)과 협판 홍영식(洪英植)이 대표로 참석하였고, 일본은 변리공사 다케조에 신이치로[竹添進一郎]가 대표로 참석하여 조약을 체결하였다. 조약문 언어로 조선은 한문을 썼으며 일본은 일문을 썼다. 전문과 5개의 조관으로 구성되어 있다. 이 조약에 의해 1883년 9월 전선 가설 공사가 착공되어 12월에 완공되었으며 1884년 4월 개통하였다. 그 결과 조선의 부산과 일본의 나가사키[長崎]를 잇는 최초의 해저전선이 탄생하였다. 조선이 외국과 전신으로 연결된 것은 이번이 처음이다. 이미 일본은 1871년 중국 상하이[上海]를 시작으로 러시아 등 외국과 전신으로 연결되어 있었다. 이 조약을 통해 조선은 일본을 거쳐 세계 열강과도 직접 통신할 수 있게 되었지만, 전신은 일본과 열강의 조선 침략을 가속화하는 중요한 수단으로 기능하였다.

2. 배경

1865년 5월 17일, 유럽의 각국 대표는 프랑스 파리에 모여 「국제전신조약(國際電信條約)」의 윤곽에 합의하였다. 이때 만국전신연합(萬國電信聯合, ITU) 설립이 결정되었다. 일본은 1879년 1월 17일에 19번째로 만국전신연합의 가맹국이 되었다. 조선은 1884년부터 전신을 이용했지만 이 연합에 가맹하지 않았고, 대한민국 수립 이후인 1952년에 이 연합에 가맹하였다.

일본은 메이지유신 직후인 1869년 요코하마[橫濱]에 처음으로 전신을 가설하였다. 요코하마 등대와 재판소를 연결하는 연장 800미터의 설비였다. 곧이어 12월에는 요코하마와 도쿄[東京] 세관이 연결되었다. 1870년 9월 20일에는 덴마크의 대북부전신회사(大北部電信會社, 덴마크어 : Det Store Nordiske Telegraf-Selskab A/S, 영어 : The Great Northern Telegraph Company, 영문약칭 : GNTC)의 전신케이블 부설 제안을 받아들여 「전신기조약서(傳信機條約書)」[※관련 문서-1]를 체결하였다.

이 조약은 모두 전문과 11개 조관으로 구성되어 있으며, 전문은 일본 정부와 덴마크 황제가 협의해 대북전신회사의 전신기를 일본 땅에 인양하는 면허를 약정한다고 규정하였다. 제1조는 대북전신회사의 전신기를 일본의 요코하마와 나가사키 두 개항장에서 올리는 일에 대해 허가하는 등의 내용이다. 제2조는 나가사키와 요코하마에서는 전신국을 설치하거나 전신선을 끌어오는 데 필요한 땅을 제공할 것을 규정하였다. 제3조는 전신국 외의 건물에 필요한 땅과 전신용 물품에 대한 과세를 규정하였고, 제4조와 제5조는 전신기와 전주의 보호에 관해 양국의 조치를 정하였다. 제6조는 일본과 덴마크 사이의 조약을 준수하며 일본의 법을 존중한다는 내용이다. 제7조는 일본인이 전신 기술을 익힌 자에 대한 대우, 제8조는 일본 정부가 전하고자 하는 전신은 다른 것보다 우선한다는 것에 대해 정하였다. 제9조는 본 사업과 관련해 대항하여 이익을 다투는 대항이쟁(對抗爭利)이 생기지 않도록 해야 하며, 혹 타국 회사에 전신 면허를 주어 높은 이익이 생길 때에는 대북전신회사에게도 같은 이익을 허가해야 한다고 규정하였다. 10조는 이 약정을 3년 내에 시행하고 30년 뒤에 합의를 통해 조약을 개혁할 수 있다는 것이다. 마지막 11조는 본 약서의 언어를 일본어와 프랑스어로 하고, 각각 두 통을 원문으로 약조하였다.

이 조약으로 일본은 1871년 6월에 상하이와 나가사키를 연결하였고, 이어서 10월에는 나가사키와 러시아 무역도시 블라디보스토크를 연결함으로써 전신을 통해 최초로 러시아를 거쳐 유럽과 미국 등 서양 열강과 접촉할 수 있게 되었다. 같은 해 일본 정부에 의해 국내의 거점 지역 사이를 잇는 전선이 가설되면서 국내 전신 사업이 시작되었다. 또 1872년 4월에는 국내 전신선과 나가사키의 해저전신선이 연결되면서 국내와 해외의 전신이 개통되었다. 여기에 그치지 않고 1885년 일본은 국내의 모든 주요 도시를 연결하는 통신망을 건설하기로 결정하고 국내의 요금을 통일시켰다. 1907년까지 전국에 433개의 전신국을 설치했으며, 지상 총연장 11,610km, 해저 총연장 387km를 연결하였다. 1907년 한 해 동안 유통된 전보는 총 24,418,967건에 달할 정도로 통신사업은 일상생활 깊숙이 침투해 사용되었다. 이 수치는 1871년의 2만 건과 비교했을 때 36년 동안 장족의 발전이 아닐 수 없다.

한편, 조선은 개항 이후 일본과 미국 등지에 사신을 파견하여 전신과 관련된 정보와 기술을 수집하기 시작하였다. 통신 설비에 대해 인지하고 이 기술의 유용성을 인식한 조선은 1881년 10월 청국이 상하이와 톈진을 연결하는 전신선 가설을 자국의 재정과 기술만으로 불과 5개월 만에 완공했다는 사실을 접하고, 조선 독자적인 통신 설비 가설 가능성에 고무되었다. 조선 최초의 근대적 신문인 『한성순보』에서는 전기의 발견과 발전 과정을 「전기를 논함」 [※관련 문서-3]이라는 사설을 게재하여 근대 문물을 소개하였다. 주된 내용은 1765년 미국인 프랭클린이 전기라고 하는 새로운 현상을 발견해 전기에 대한 학문이 비로소 성행하게 되었고, 이 전기를 활용해 전보(電報)를 발명하게 되었으며, 전보의 원리를 발전시켜 오늘날의 전신(電信)을 발명하게 되었다는 것이다. 이 기사는 조선이 전신 기술을 도입하는 과정에서 일반인들에게 전신 가설에 대한 거부감을 줄이고 신문물에 대한 정보를 널리 알리기 위한 것으로 보인다.

전통적으로 조선은 통신 관련 기구와 제도를 담당하던 기관을 군무, 즉 병조 아래 두었다.

개항 이후 근대식 군대의 조사를 담당한 인물은 홍영식이었다. 그는 1880년 수신사 김홍집(金弘集)의 수행원으로 일본을 방문해 농상공부 역체료(驛遞寮)의 료두(寮頭) 마에지마 히소카[前島密]를 만나 근대적 통신사업에 대해 설명을 듣고 우체국 창설에 관한 자문을 구하였다. 또 조사시찰단의 조사로 일본에 파견되었을 때 육군성의 조사를 담당하였으며, 1883년 보빙사 부전권대신으로 미국에 파견되었을 때에도 통신 설비와 운영에 관해 시찰한 적이 있다. 이러한 경험을 토대로 귀국 후 그는 같은 해 12월 우정사 참판을 겸직하다가 곧 우정사 협판으로 승진하며 실질적 업무를 수행할 수 있었다.

우정사는 전보, 역전, 철로, 육해상 통로를 관장한 기관으로 통신제도의 활용을 도맡았다고 할 수 있다. 우정사는 1882년 11월 설치된 통리교섭통상사무아문에 속해 있다가 1884년 3월 우정총국이 설치되면서 폐지되었다. 우정사가 담당한 대표적인 사업이 「부산구설해저전선조관」의 체결이다. 원래 전신에 앞서 조선 정부가 근대 통신수단으로 가장 먼저 채택한 것은 서울과 가장 가까운 개항장 인천을 연결하는 우편 사무였다. 우편 업무는 전신 업무에 비해 설비투자는 적고 기술 숙련도도 낮았으며, 기기의 도입도 수월한 편인데다가 전통적으로 운영해 왔던 역원이라는 존재도 우체사로 전환하기만 하면 되는 간단한 일이었기 때문이다.

조선과 일본이 「부산구설해저전선조관」을 체결했던 가장 결정적인 배경으로는 임오군란을 들 수 있다. 주지하듯 임오군란은 1882년 7월 23일 무위영 소속 군졸들이 13개월 동안 지급되지 않던 군량에 겨와 모래가 섞여 있는 것에 분노해 일으킨 사건이다. 흥분한 군졸 무리들은 당시 권력자인 민겸호(閔謙鎬) 집을 습격하고 민태호(閔台鎬) 등 민씨 척족 세력의 가택을 습격하는 한편 서대문 밖에 있던 일본 공사관을 공격했다. 조선 군졸의 공격을 받은 하나부사 요시모토[花房義質] 공사와 31명의 공사관원은 곧바로 인천으로 피난하였다. 이들은 26일 인천에 정박 중이던 영국 선박 플라잉피시호를 타고 29일 밤 나가사키에 도착하자마자 임오군란의 전말을 외무성에 타전하였다. 임오군란이 일어난 지 일주일 가까이 지난 뒤였다. 뒤늦게 사건을 접한 일본은 긴급회의를 개최하고 대응 방침을 논의하였다. 임오군란 소식을 접한 일본은 조선을 상대로 적절한 배상 내용을 고심하면서 조선 내에서 벌어질지도 모를 유사한 상황에 빠르게 대처할 수 있는 통신수단의 설치를 서두르게 되었다.

한편 임오군란 당시 청국에 영선사로 파견되어 있던 김윤식(金允植)은 이 소식을 접하고 전신 기술 부족으로 인해 군란 소식을 신속하게 접하지 못함을 개탄하며 전신 가설의 필요성을 절감하였다. 그는 외부협판으로 고빙되는 묄렌도르프[Paul George von Möllendorf]에게 전신 기술자 양성 방안을 요청했다. 조선 정부도 일본의 전신국으로 유학생을 파견해 전신 사업을 위한 전문 기술자를 양성하고자 하였다. 김학우(金鶴羽)와 백철용(白喆鏞)은 전신국으로 파견되기 전 일본에 머물며 일본어를 익힌 경험이 있었고, 근대 통신기술에 관심이 높았다. 따라서 임오군란 이전 조선 정부는 근대적 통신기기에 주목하고 이를 도입하려고 나름의 준비를 하고 있었다고 보여진다. 다만 재정 문제로 인해 서두르지 못하다가 임오군란을 맞이하게 된 것이다. 임오군란은 조선과 일본에게 각각 전신 도입이 필요하다는 인식을 제고하는 데 직접적인 영향을 주었으며, 일본의 전신 조약 체결 요구에 조선 정부가 손쉽게 나설 수 있는 배경이 되었다.

3. 체결 과정

임오군란으로 조선 정세가 불안정해지자 일본은 신속한 통신망 개설의 필요성을 절감하였다. 일본은 조선 주재 공사에게 전신선 설치 등 통신망 개설을 협의할 것을 명하였다. 이에 따라 1883년 3월 3일 조선 통리교섭통상사무아문 독판 민영목과 협판 홍영식이 일본 변리공사 다케조에 신이치로와 함께 「부산구설해저전선조관」을 체결하였다.

조관 체결 협상이 진행되는 동안 조선 정부 내에서는 일본에 의한 국권 훼손을 염려하여 반대하는 이가 많았다. 아울러 조약 내 독소조항에 대한 우려의 목소리 또한 존재하였다. 하지만 근대적 통신기술 도입으로 조선이 국제사회에 접속할 수 있다는 점에서 이 조약 체결을 성사시키고자 하였다. 통리교섭통상사무아문 독판 조영하(趙寧夏)는 이 협약에 반대하다가 일본 측 책동으로 1883년 1월 12일 자리에서 물러나고, 1월 14일 그 자리에 민영목이 임명되고 나서야 협상을 매듭지을 수 있었다. 조약 체결을 위한 인사 조치라고 불릴 정도로 고종의 의지는 강했다고 할 수 있다. 독판 민영목과 협판 홍영식은 일본이 주장하는 '대항쟁리', 즉 부산과 나가사키를 연결하는 해저선과 이익을 다투는 전선 부설이 불가하다는 일본 측 주장에 대한 정확한 의미와 경계를 설정하고, 30년을 주장하던 독점 기한을 25년으로 단축시키는 데 만족하고 조약을 체결하였다.

이에 앞서 일본은 조선에 전신 조약 체결을 의뢰하면서 스스로 전신 부설 사업을 진행시키지 못하고 덴마크의 전신회사인 대북부전신회사(大北部電信會社, The Great Northern Telegraph Company Ltd.)를 독점 사업자로 선정하였다. 대북부전신회사는 1869년에 덴마크의 수도 코펜하겐에서 설립된 다국적 회사로 덴마크, 러시아, 영국 등이 이 회사에 출자하였다. 이 회사는 국제 자본으로 유럽과 아시아 사이의 통신과 연락을 목적으로 창설되었다.

일본과 조선 사이의 전신선을 부설하는 데에는 적지 않은 자금이 필요했다. 당시 일본은 자금난에 허덕이고 있었기 때문에 독자적으로 설비를 구축할 수 없었다. 일본은 덴마크의 전신회사인 대북부전신회사에 이를 요청할 수밖에 없었다. 그 대가로 일본은 대북부전신회사에 부산과 나가사키 사이의 전신선 부설을 허가하였고, 20년이라는 장기간의 독점권을 부여해야만 했다. 아울러 협상 과정에서 조선의 국제 전신은 모두 조일 사이의 전신선을 경유해야 한다는 내용이 합의되었다. 일본 정부는 1910년 10월 1일 덴마크 대북부전신회사의 쓰시마와 부산 사이의 해저선을 일화(日貨) 160,000원으로 매수하였다. 이후 조선의 국권은 일본에게 침탈당했으며, 차츰 조선 내 거의 모든 이권이 일본의 수중으로 넘어가게 되었다.

4. 내용

「부산구설해저전선조관」은 전문과 5개의 조관으로 구성되어 있다. 여기서는 대강의 내용을 보면서 이 조약을 주선했던 일본의 의도와 목적을 살펴보고 조선이 얻고자 했던 이익은 무엇이었는지 파악하고자 한다. 이를 통해 이 조약이 양국의 이해가 일치되어 체결된 조약인지 아니면 한 국가의 일방적인 강요에 의한 조약이었는지 파악할 수 있을 것이다.

이 조약의 전문은 조선과 일본 양국이 해저전선을 설치하는 목적을 밝힌 것이다. 조약 체결의 표면적 목적은 양국의 교린과 통상 사무를 편리하게 하는 것이었다. 당시 조선은 전신 기술을 도입해 근대화를 추구하였고, 이미 전신 기술을 습득한 일본은 공사와 영사에 의해 전송되는 상업적·군사적 정보 수집과 활동에 그 실질적인 목적이 있었다. 반면 조선은 전신 기술을 통해 일본에서 상업상의 이익을 볼 수 있는 구조가 아니었다는 점은 염두에 둘 필요가 있다.

제1조에서 양국은 이상의 목적에 의해 가설하는 전신선은 덴마크 대북부전신회사에 일임

할 것을 명시하였다. 그 가설 범위는 일본 규슈의 서북 해안에서 시작해 쓰시마를 경유하고 부산 거류지 앞 해안까지로 설정하였다. 조선의 해안에서 일본 거류지까지 전선은 일본 정부가 가설하고 일본이 전신국을 세워 통신 업무 전반을 취급하기로 하였다. 결과적으로 일본 본토와 조선 내 일본인 거류지를 연결하고 그 업무는 일본 정부가 취급하므로 이 전신선의 소유와 운용은 모두 일본의 것이라 할 수 있다. 게다가 조선 정부가 이곳에서 수취할 수 있는 세금도 장기간 징수할 수 없게 하였다. 더 나아가 면세 기간인 25년이 지나더라도 이윤이 창출되지 않았다고 일본 스스로 판단하면 기간을 무한히 늘릴 수 있다는 점에서 이 전신선 가설은 일본이 조선 땅에 정보 유출 창구를 만든 침략적 조약이라 할 수 있다. 이는 조선의 법률이 미국의 법률과 상당하다고 판단하면 영사재판권을 회수할 수 있다고 규정한 1882년 체결된 「조미수호통상조약」 제4관의 치외법권 조항과 유사하다. 조미조약의 이 조항 역시 조약 체결 이후 이와 관련한 적절한 개정 교섭이나 철폐 교섭이 이루어진 적이 없듯이, 전신 조약 역시 특별한 개정 작업 없이 계속 이어지다가 일본에 병탄되었다.

제2조는 부산과 나가사키의 전선 이익은 25년간 유지하며, 이와 동일한 노선의 타국 혹은 다른 회사의 부설을 금지한 조항이다. 부산과 나가사키는 지역적으로 조선과 일본을 잇는 최단거리이기 때문에 교통·통신 분야의 핵심 노선이라 할 수 있다. 그런 중요 노선을 25년간 완전히 독점할 수 있는 권한을 부여한 것이다. 이 부분은 일본·덴마크의 「전신기조약서」와 다소 차이 나는 부분이다. 「전신기조약서」의 제9조에는 대항이익을 다투는 일이 없어야겠지만 만약 허가할 때에는 대북전신회사에게도 이익이 많은 쪽으로 허가해야 한다고 명시했는데, 일본은 조선에 대해 대항이익이 발생하는 전선에 대해서는 가설할 수 없도록 규정한 것이다.

제3조는 조선이 독자적으로 전선을 가설할 경우, 그 전선이 국가기관이 주체라면 반드시 부산의 일본 전신국과 합의해 처리해야 한다고 명시하였다. 관선에 한하는 표현을 썼지만 당시 전신선 설치는 사선을 설치할 수 없는 상황이었기 때문에 사실상 조선 정부가 독자적으로 전선 가설을 할 수 없도록 한 것이다.

제4조는 전선 보호 의무와 손괴 시 손해배상에 대한 규정이다. 전선 가설은 대북부전신회사가 전담하고 소유와 관리는 일본 정부에 있으며, 이 전신선을 보호할 의무는 조선 정부에 부과한 것이다. 신식 물화에 대한 조선인의 습격 등이 예상되던 당시에 예측 가능한 조처라

고 생각되지만, 그 의무를 조선 정부에게 부여한 것은 형평에 맞지 않는다. 뿐만 아니라 조선은 배상의 책임까지 져야 했다.

제5조는 전신 송수신의 권한 및 비용에 대해 규정하였다. 이에 따르면 전신의 수발신은 모든 인민에게 공개되어 있어 누구나 이용이 가능하다. 그리고 정부의 정보공개 요구가 있을 때에는 이를 이행할 의무를 부과하였다. 또 조선 정부에서 사용하는 전신은 다른 개인 전신보다 우선적으로 수발신이 가능하도록 함으로써 조선 정부에게 선심을 쓴 듯했지만, 이는 전신의 운영 주체에게 당연히 따라오는 부차적인 조항이라 할 수 있다.

이처럼 조선 내 전신 기술이 부족한 상황에서 근대 통신기기의 도입에 목말랐던 조선 정부는 침략적 성격이 농후하고 지극히 불평등한 전신부설조약을 체결하였다. 그 결과 조선은 이웃한 일본뿐만 아니라 이미 세계적으로 전신망을 구축한 세계 열강과도 연결되는 길을 열 수 있었지만, 조선의 독자적인 기술 개발은 불가능해지고 이를 관리해야 하는 전문가조차 육성할 수 없는 구조적 문제를 야기할 수밖에 없었다. 또 불평등조약이 암암리에 누적 체결되면서 돌이킬 수 없는 치명적인 전례가 만들어지고, 결국에는 「을사늑약」[※Ⅶ-4]과 「강제 병합조약」[※Ⅶ-6]으로 이어져 국권을 피탈당하는 비극이 초래되었다.

이 조약이 체결되고 전신선 부설 공사는 거침없이 진행되었다. 1884년 2월 15일 부산에 일본의 전신국이 처음으로 문을 열었으며, 25일에는 통신 업무를 개시하였다. 또 제4관에서 의정한 해저전선 보호법률은 일본의 거듭된 요청에 따라 결국 법률로 제정되어 국민에게 포고되었다. 일본에 통고된 것은 5월 4일이다.

이후 일본은 조선을 상대로 전신 설치 사업을 더욱 확대해 나갔다. 전신 설치는 경제적 진출과 이해관계가 닿아 있는 사안이었으므로 서울에서 가까운 인천까지 곧바로 연결할 구상을 세우고 추진하였다. 또 인천은 청국과 가까운 중심 지역이었기 때문에 이 지역을 먼저 선점함으로써 이익을 최대화하고자 하였다. 인천과 일본을 잇는 전신선은 일본이 청국으로 진출할 수 있는 통신 거점을 확보한다는 의미도 있었다. 이에 따라 일본 공부성은 부설 공사에 소요되는 비용을 산정하고 예산을 조달하는 방법까지 수립하였다. 하지만 그 후 더 이상 어떻게 진척되었는지 알려져 있지 않다.

5. 의의

이 조약은 근대 문물 도입과 활용이라는 측면에서 양국 모두 일정한 이익이 있는 것이었다. 조선에서 이 조약 체결이 갖는 의미는 적지 않다. 우선 조선은 이 조약으로 인해 처음으로 근대 문물의 도입이 이루어졌다고 할 수 있다. 소위 근대 문물이라 하면 병원, 기차, 신문, 전등 등을 떠올리게 되는데, 이들 신문물보다 앞서 조선에 들어온 것이 바로 전신기기였기 때문이다.

일본은 임오군란 당시 조난당한 외교 공관원과 거류 일본인에 대한 빠른 대처가 요구되던 시기였으므로 통신수단 구축이 시급했다. 일본과 조선 내 일본인 거류지를 연결하는 전신 설비는 자국민 보호뿐만 아니라 조선의 정보 탐문에서도 요긴한 것이었다. 전신 설비가 조선에서는 근대 문물 도입이라는 경제적 요구로 승인되었다면, 일본은 침략적·군사적 필요로 추진되었다고 할 수 있다. 전신은 곧이어 발발한 갑신정변 때에도 요긴하게 활용됨으로써 정치·외교적 측면뿐만 아니라 타국 거류 자국민의 보호를 위해서 매우 중요한 수단이었던 것이다.

반면 그 내용을 자세히 살펴보면, 조선 이권 침탈의 서막을 열었던 전형적인 불평등조약임을 알 수 있다. 5개에 불과한 조관이지만, 이들 조관은 설비의 건설 주체, 운용 주체, 이익 주체가 모두 덴마크와 일본에 있을 만큼 불평등했다. 심지어 전신국 설치에 필요한 부지 제공과 운영 과정에서 발생하는 세금을 한 푼도 받지 못했을 정도였다. 나아가 일본은 자국이 대북부전신회사에게 부여한 독점 기한인 20년을 상회하는 25년 독점권을 확보하였다. 원래 대북부전신회사가 일본에 요구한 독점 기한은 30년이었지만, 이에 부당함을 느낀 일본은 협상을 통해 이를 20년으로 단축시켰음에도[※관련 문서-2] 조선에게는 처음에 30년을 요구하였다. 이에 조선 측에서는 독점 기한을 15년으로 단축할 것을 요구하였지만, 일본은 이를 적극 거부하다가 결국 협상 마지막에 가서야 겨우 5년을 단축한 25년으로 합의했던 것이다. 이러한 문제점을 인식한 조선 정부는 후일 청국과 전신 조약을 체결하면서 이를 견제하고자 하였으나, 도리어 조선을 열강의 이권 침탈 쟁탈지로 전락시키는 형태가 되고 말았다.

6. 관련 문서

1) 「전신기조약서」(1870. 9. 20.)

일본 정부와 덴마크

황제 폐하 사절과 논의하여 덴마크국 '뎃트 스토레 노루테스크, 시나, 오쿠, 야반, 에키스텐슌, 테레가라후, 세루스카토(Det store nordiske China og Japan Extension Telegraf-selskab)'(중국 동북과 일본에 전신기를 설치하는 회사 이름)회사의 전신기를 일본 지방에 상륙시키는 허가 약정

메이지 3년 8월 25일(1870년 9월 20일) 도쿄에서 조인(일본어, 프랑스어)

제1조 덴마크국 '뎃트 스토레 노루테스크, 시나, 오쿠, 야반, 에키스텐슌, 테레가라후, 세루스카토'(중국 동북과 일본에 전신기를 설치하는 회사 이름)회사의 해중 전신기를 대일본국 요코하마와 나가사키의 두 개항장에 양륙한다. 또 바다 가운데에는 규슈와 시코쿠의 남방을 돌아 그 해저선을 앞의 두 항구와 서로 연결하는 일에 대해 일본 정부는 위의 회사에 윤허한다.

제2조 나가사키와 요코하마에서 위 전신기 설치 방법을 준비하고 또 그 전신국을 설립하여 회사에서 필요한 토지를 빌리며, 또 두 항의 일본 관부에서 지장 없는 토지를 지시하여 가능한 한 해안에 가까운 곳으로 그 전신국을 설립하도록 한다. 또 그 기계와 전선을 땅 위로 끌어오기 위해 긴요한 것 외에 이를 가장 짧게 하도록 한다.

제3조 전신국 그 외 건물을 위해 빌릴 토지와 전신용 품물의 조세는 조약에 따라 이를 지불해야 한다.

제4조 회사의 기선(機線)이 훼손되더라도 일본 정부는 그 책임을 지지 않는다. 그러나 일본 정부는 앞의 육상 전선과 전신주를 자국 소지의 전선과 전신주와 마찬가지로 방호해야 한다. 또 종래 전신기를 훼손하는 일에 대해 포고하고, 형률은 일본령 내의 수륙에 있는 덴마크회사 전신기에 대해서도 동일하게 시행한다.

제5조 일본인이 만약 일본령 내의 수륙에 있는 덴마크회사 전신기를 훼손하는 일이 있어

서 그 증거가 명백하면, 회사가 그 자에게 배상을 받기 위해 소송할 수 있다.

제6조 회사에서 사역하는 것은 각각 그 본국의 호적에 나열된 것으로, 그 본국과 일본의 조약을 지키고 또 일본의 법을 존중해야 한다.

제7조 일본 인민이 위의 전신 기술에 숙련되어 위에 적용할 인물이 있어 이 전신기회사에 들어가기를 요청할 때에는 이를 허락해 준다. 또 회사의 관원과 동등하게 취급을 받고 일반적인 이익에 이르기까지 다른 사람과 동일하게 대해 준다.

제8조 일본 정부에서 전달하기를 바라는 전신은 다른 전신보다 반드시 먼저 보내야 한다.

제9조 일본 정부는 이번 회사에 그 사업을 운영하도록 하기 위해 이를 윤허하는 것이므로, 단지 일반적인 보호 외에 적어도 관계하는 것 없이 향후라도 동업할 일이 있어서 이를 윤허하는 일이 있더라도, 회사에 결코 고충을 불러일으키는 일이 있어서는 안 된다. 또 만약 일본 정부가 다른 나라의 회사에 이 면허보다 많은 이익이 있는 면허를 줄 때에는 덴마크회사에게도 이와 동일한 이익을 부여해야 한다.

제10조 이 약정은 해저전선이 완성된 해부터 30년간 시행하고, 30년이 지났을 때에는 합의해서 각각의 조항을 개혁해야 한다.

제11조 이 약정서의 원문은 일본어 2통과 프랑스어 2통을 인정한다.

메이지 3년 경오 8월 25일

양력 1870년 9월 20일

도쿄에서

  외무경

  외무대보

내약에 첨언한 개별 조항

제1조 요코하마와 나가사키 사이에 일본 정부의 육상 전신기 시행일로부터 요코하마와 나가사키 사이에 징수한 덴마크회사의 해저전선으로 보내오는 모든 전신 대금의 2푼 5리를 일본 정부에 납부한다.

제2조 만약 이후 일본 정부가 덴마크회사에 가입하려고 하거나, 혹은 나가사키에서 상하이까지 및 나가사키에서 요코하마까지 덴마크회사의 해저전선을 매입하려고 할 때에는 덴마크회사는 위 두 전선의 제조 잡비의 원금을 증명할 공문서를 차질 없이 덴마크회사로부터 일본 정부에게 제출해야 하며, 그때는 일본 정부가 덴마크회사에게 곧바로 상담한다. 회사가 팔거나 또는 가입한 것을 승낙하면 합의해 상당한 가격으로 결정해야 한다.

이상 첨부한 약정의 2개 조항은 본서에 기재하는 것으로 쌍방으로 이를 지킨다.

메이지 3년 경오 8월 25일
양력 1870년 9월 20일
도쿄에서
  외무경
  외무대보

아래의 이름인 사람은 이 약정과 첨서의 일본 및 프랑스 원문은 모두 차이가 없음을 증명함.
프랑스공사관부 일등 통변사관
DUBOUSQUET(수기)

출처: 『舊條約彙纂』 제1권, 799쪽

2) 대북부전신회사 전신 면허장

메이지 15년(1882) 11월 대북부전신회사 전권위원인 헨릭 볼이 내항하여, 나가사키에서 상하이와 블라디보스토크 사이에 있는 기존 선로에 각 1개조를 증설하고, 또 규슈 서해안과 조선국 사이의 1개 선을 신설하는 면허를 얻고자 요청하였다. 면허장안과 그 설명서를 제출하여 이에 공부성은 그 성내 의론에 기초해 이 증설 및 신설을 윤허해 줄 것을 태정관에게 품의하였다. 그 재결을 받아 외무성과 협의하여 공부성에서는 전신국장 이시이 다다아키라[石井忠亮]를, 외무성에서는 외무소보 시오다 사부로[鹽田三郎]를 해당 조약의 약관 조사 위원으로 임명하였다. 위원은 메이지 3년(1870) 8월 외무경과 덴마크국 공사 사이에 체결한 전신 약정은 우리나라에게 이익은 적고 손실은 많으므로, 이번 기회에 해당 약정을 폐기하고 다시 완전한 새로운 면허장을 정하고자 볼과 백방으로 담론하고 협의한 후에 드디어 구조약을 폐기하고, 일찍이 회사에 허락받은 요코하마와 나가사키 사이의 해저선 침설 권한을 소멸시켰다. 본방과 조선 사이에 전송하는 해외 전보에는 덴마크 요금을 부과하고, 이키[壹岐]와 쓰시마, 나가사키 사이에 왕복하는 전보에도 상당한 내국 요금을 부과하게 하였으며, 일본 가나 전보는 가나 3개를 하나의 단어로 한 예에 관계없이 7자를 한 단어로 계산해 송·수신하는 것으로 하였다. 또 회사의 노선상 우리 관보는 그 요금을 반액으로 하고 30개년의 보호 기간을 20개년으로 단축시켰다. 12월에 이르러 다음의 약정을 체결하였다. 볼은 당일 오후 요코하마로 출범하는 선편에 탑승하여 상하이로 돌아갔고, 이에 외무성은 곧바로 변리공사 다케조에 신이치로[竹添進一郎]에게 명령해 해저전선 양륙건을 조선 정부와 협의해 체결하게 하였다.

출처: 체신성 통신국, 『朝鮮電信誌』, 1895, 5~6쪽

3) 전기를 논함 (1883. 11. 30.)

대저 전기(電氣)란 음양 두 기운이 합하여 하나가 되는 것인데, 물건마다 없는 것이 없으며, 어느 때고 없을 때가 없는 것이다. 그러나 그 성질이 굉동(轟動)하면 천둥[뇌성]이 되고 번개가 되어 소리가 멀리 전파되고 빛이 널리 퍼진다. 갈무리해 둔다고 해도 빛이나 소리가 없어 눈으로 보아도 보이지 않고 저울로 달 수도 없다. 그렇기 때문에 세상 사람들이 갑자기 하늘에서 소리가 들리면 그걸 가리켜 뇌성이라 하며, 땅에 내려치는 빛을 보면 번개라고 부른다. 그 소리와 빛이 어디서 왔다가 어디로 가는지 모르며, 또 움직이고 고요히 있는 것이 어떻게 해서 소리를 내며 어떻게 해서 빛이 나는지를 모른다.

서기 2천 6백년 전, 서양의 그리스에 명사(明士)가 7명이 있었는데, 세상에서 이들은 칠현(七賢)이라 불렀다. 그중 한 사람인 탈레스란 자가 처음으로 베 조각을 호박(琥珀)에다 문질러

열을 내어 종이·실·새깃·털 등 가벼운 물건을 가까이 댔더니 그 물건들을 끌어당겼다. 그러나 당시에는 다만 그 성질이 호박에만 있고 모든 물건에 있는 줄은 몰랐다. 그후 사람들이 유리·칠옷 등의 물건을 마찰하여 열이 나면 역시 가벼운 물질이면 다 호박처럼 끌어당기는 것이었다. 그리하여 점차 큰 물질을 마찰시키자 그 기운이 세면 빛이 뻔쩍거렸다. 그 얼마 후 5금[금·은·동·철·연]붙이는 모두 잘 끌어당기고, 또 병 안에다 아연판을 붙여 그 방출된 기운을 저축하면 빛이 번개 같고 소리가 우뢰 같아 사람을 놀라게 하고 물건을 깨뜨리는 것을 알았으나, 무슨 기운이 그렇게 하는 것인지는 몰랐었다.

중국 건륭(乾隆) 30년(1765년)에 미국 사람 프랭클린[Franklin, B.]이 그 법칙을 시험했는데, 뇌성이 치고 비가 오는 날 종이 연을 공중에 날렸더니 처음에는 연줄의 실털이 곧바로 서더니 이어 전기가 통하여 병에 가득 차는 것이었다. 쇠숟가락 하나를 병 입 가까이에 댔더니 번쩍 빛이 나면서 벼락 치는 듯한 소리가 나는 것이 이제까지 쓰던 기구와 다르지 않았다. 그걸 보고 호박·유리 등을 마찰시킬 때 나온 기운이 실로 천둥과 번개와 다르지 않다는 사실을 알게 되었다. 이때부터 전기에 대한 학문이 성행하게 되었다.

(중략)

이른바 습전(濕電)이란 각국의 전기회사가 이용하는 한 방법이다. 그 이치는 바로 이탈리아의 갈바니[Galvani]와 볼타[Volta], 이 두 사람이 한 방법을 연구했는데, 황산(黃酸)에다 금속을 교감시키면 습전기(濕電氣)가 된다. 앞서 1790년에 갈바니의 아내가 오랫동안 아파 누웠는데, 치료할 만한 약이 없고 오직 개구리탕이 도움이 되었다. 그래서 개구리 여러 마리를 잡아다가 껍질을 벗기고 살을 썰어 책상에다 놓고 국을 끓이려 하였다. 그런데 그때 제자 몇 사람이 책상 옆에서 전기기계로 작용 시험을 하고 있었다. 우연히 그 제자들이 가졌던 작은 칼이 개구리 뒷다리에 닿자 갑자기 그 개구리의 다리 근육이 살아 있을 때처럼 뛰었다. 제자들이 크게 놀라서 갈바니에게 알리자, 그도 매우 이상하게 여겨 시험해 보니 과연 그러했다. 다시 시험해도 마찬가지였다. 그제야 전기가 그렇게 한다는 사실을 알아냈다. 그것으로 미루어 금속을 서로 교감시키면 전기가 발생한다는 이치를 알게 된 것이다. 또 사람이 주석으로 된 얇은 조각을 산 개구리 등에 대고 아연판 위에다 놓은 다음 두 금속을 연결하자 산 개구리가 경련을 일으켰다. 또 사람이 은으로 만든 돈을 혓바닥 위에 놓고 아연을 혀 밑에 놓고 두 금속을 연결하면 갑자기 신맛[酸味]을 느끼는데, 그대로 암실(暗室)로

가면 번쩍하는 빛이 혀끝에서 일어난다. 이는 화학자들이 발견한 전기의 한 증명이다.

이후부터 습전에 대한 이론이 세상에 밝혀졌는데, 발전하는 방법은 손바닥만한 구리와 백연판(白鉛板) 몇 개를 황산에다 모서리를 담그고 그 가운데 두꺼운 종이를 넣은 다음 다시 구리철사로 연결하면 전기가 생겼다. 만약 수십 조각을 연결하면 아주 많은 전기가 발생한다. 그러나 종이가 마르면 전기도 힘이 없어진다.

볼타가 유리잔으로 전지(電池)를 만들었는데, 후세 사람들이 긴 상자 안에다 자편(磁片)을 수십 상자로 나누어 아래에다 구리와 아연으로 된 얇은 판자 수십 대(對)를 놓고 구리철사로 연결시켜서 한 상자마다 1대씩을 넣고 황산을 채워 시간을 조절하고, 다만 그 뚜껑만 열면 두 금속이 자연히 서로 교감된다. 만일 상자가 넓어서 동판과 연판을 많이 넣으면 많은 양의 전기가 발생한다.

이때부터 습전의 학문이 크게 발전하여 금속을 융화(融化)시킨 사람도 있고, 인판(印板)을 주조하는가 하면, 횃불 대신 전등을 만드는 사람도 있고, 그걸로 병을 치료하기도 하여 널리 사용되고 있다. 그러나 아직까지 먼 지방에 통신(通信)하는 법은 연구하지 못해 각국의 학자들이 몇 년씩 걸려 탐색하고 연구하여 전보(電報)의 원리를 발명하게 되었다. 그래서 1774년 프랑스의 레오뮈르는 전기가 구등초(驅燈草)를 빨아당기는 것을 보고 이름을 붙였고, 13년 후에는 클라이스트(또는 무센브루크인 듯)가 전축병(電畜瓶)을 만들어 이름을 붙이고, 7년 후에는 프로이센의 리터[Ritter, J. W.]가 빛을 내는 전기를 연구해 이름을 붙였고, 다시 클라이스트가 빨갛게 달아 열을 내는 전기를 연구해 백금(白金)으로 된 가는 철사로 종이를 태우게 해 점과 선을 긋게 하여 이름을 붙였으며, 1809년에는 독일인 제메링이 전기가 물을 변화시키는 것을 보고 자모(字母)로 만들어 명호를 붙였으며, 11년 후에 프랑스의 앙뻬르[Ampers, A. M.]는 전기가 자석을 움직이게 하는 것을 연구해 이름을 붙였으며, 네덜란드의 디젤[Diesel]은 전기가 사람을 진동(震動)시키는 것을 보고 이름을 붙였으며, 16년 후에는 미국의 헨리[Henry]가 두 전기회로를 붙였으며, 1년 후에는 영국의 휫스톤[Wheatstone]이란 사람이 다시 자석으로 침지자(鍼指字)를 움직이게 하였고, 미국의 모스[Mores, F. B.] 역시 자석으로 직편자(直編字)를 쓰는 것을 연구하였고, 이어서 이탈리아의 가이슬러[Geissler, H.]란 사람이 전기가 색을 변화시키는 것을 연구, 전신(電信)을 발명하였다. 그래서 소리와 신호가 멀고 가까움 없이 통하게 되었다. 그러나 그 공로는 한 사람이나 한 국가가 차지할 수 없고 각국의 여러 학자들이 수천 수백 년을 두고 몇천 명이 함께 두루 연구한 결과 전신이 이루어진 것이다. 과학의 효능이란 과연 천고에 신묘하게 세계 만국에 유용하다 하겠다.

출처: 『漢城旬報』, 1883. 11. 30.

[참고 문헌]

- 『승정원일기』
- 고려대학교 아세아문제연구소 편(1967), 『구한국외교문서 일안』, 제1권, #555, #581, 고려대학교출판부.
- 外務省条約局(1934), 『舊條約彙纂』第3卷(朝鮮·琉球), 外務省条約局.
- 遞信省通信局(1895), 『朝鮮電信誌』, 遞信省通信局.
- 海野福壽 編集·解說(2003), 『(外交史料)韓國倂合』上, 東京: 不二出版.
- 김연희(2018), 『전신으로 이어진 대한제국, 성공과 좌절의 역사』, 혜안.
- 李穗枝(2016), 『朝鮮の對日外交戰略: 日淸戰爭前夜 1873-1893』, 法政大學出版局.
- 김연희(2006), 「고종시대 근대 통신망 구축사업」, 서울대, 박사학위논문.

3
부산 해저전선 설치에 관한 속약
釜山口設海底電線條款續約

부산구설해저전선조관속약 | 1885년 「부산구설해저전선조관」 후속 조약으로, 청국의 조선 전선 가설에 대응하여 일본의 이익을 관철시킨 조약이었다.

釜山口設海底電線條款續約

此次朝鮮政府架設電線自仁川歷漢城至義州以通聯辦理海外電信之一舉日本政府視爲妨碍所有釜山口海底電線條款朝鮮政府亦遂不以其爲無理而兩國政府均爲交誼起見日本派代理公使高平小五郎朝鮮派督辦交涉通商事務金允植會商妥辦爲此議訂下文各款

第一款

朝鮮政府應將仁川義州間之電線通聯於釜山口日本

海底電線設置條約續約

今般朝鮮政府電線ヲ架設シ仁川ヨリ漢城ヲ歷テ義州ニ至リ海外電信ヲ通聯辨理スルノ一事

日本政府海底電線條約ヲ妨碍スル者ト視爲シ朝鮮政府モ亦遂ニ其レヲ以テ理無シト爲サズ而シテ兩國政府均シク交誼ノ爲メニ起見シ日本ハ臨時代理公使高平小五郎ヲ派シ朝鮮ハ督辦交涉通商事務金允植ヲ派シ會議妥辦セシム此レニ因テ下文ノ各條ヲ議定ス

원문

釜山口設海底電線條款續約

此次朝鮮政府架設電線自仁川歷漢城至義州以通聯辦理海外電信之一擧日本政府視爲妨礙所有釜山口海底電線條款朝鮮政府亦遂不以其爲無理而兩國政府均爲交誼起見日本派代理公使高平小五郞朝鮮派督辦交涉通商事務金允植會商妥辦爲此議訂下文各款

第一款
朝鮮政府應將仁川義州間之電線通聯於釜山口日本電信局但朝鮮政府於該局付近之地另設一局經由該局發收海外電信亦任其便

第二款
該電線通聯工事應於自今六個月內興工再六個月竣工

第三款
仁川釜山間電線竣工之後由釜山線路之海外電信報費比準由義州線路之海外電信報費一律同價而不可徵收其額外之費

第四款
自釜山至九州西北岸止之海線旣有朝鮮政府官報限二十五年減作半價之約故仁川釜山間電線竣工之後經過此線日本政府之官報亦應限二十五年間減作半價

以上各款互相記名蓋印以昭信守

大日本明治十八年十二月二十一日
　　代理公使 高平小五郎 ㊞
大朝鮮乙酉十一月十六日
　　督辦交涉通商事務 金允植 ㊞

출처: JACAR Ref. B13091008000

번역문

부산구설해저전선조관속약

이번 조선 정부가 인천으로부터 한성을 거쳐 의주에 이르는 전선을 가설하여 해외 전신을 모두 연결하고 처리할 수 있게 하였다. 일본 정부는 체결된 부산구해저전선조관을 방해하는 것이라 보며, 조선 정부도 마침내 그것이 무리가 되지 않는다고 한다. 그러므로 양국 정부는 모두 교의를 위해서 일본은 임시대리공사 다카히라 고고로를 파견하고 조선은 독판교섭통상사무 김윤식을 파견해 회의하고 타당하게 처리하여 아래 각 조관을 의정한다.

제1관
조선 정부는 인천과 의주 사이에 전선을 부산항의 일본 전신국에 연결해야 한다. 단, 조선 정부는 해당 전신국 부근의 땅에 별도로 일국을 설치하여 해당 전신국을 경유하여 해외 전신을 발송하고 받는 것 또한 그 편의에 맡긴다.

제2관
해당 전선을 연결하는 공사는 지금부터 6개월 내에 시작하여 6개월 내에 준공한다.

제3관

인천과 부산 사이에 전선을 준공한 후에 부산선로를 경유하는 해외 전신의 전신요금은 의주선로를 경유한 해외 전신의 전신요금에 비준하여 일률적으로 동액으로 하고 그 액수 이외의 비용을 징수할 수 없다.

제4관

부산에서 규슈[九州] 서북 해안까지의 해저전선에는 기존에 조선 정부의 관보를 25년을 기한으로 반액으로 하는 약정이 있기 때문에 인천과 부산 사이의 전선 준공 후에 이 선을 경과하는 일본 정부의 관보 역시 25년을 기한으로 반액으로 한다.

이상 각 관은 상호 기명하고 날인하여 충실히 준수할 것을 밝힌다.

대일본 메이지 18년 12월 21일
  대리공사 다카히라 고고로 ㊞
대조선 을유년 11월 16일
  독판교섭통상사무 김윤식 ㊞

‖ 해제

1. 개요

1885년 「부산구설해저전선조관」[※ V-2, 이하 「전선조관」] 후속 조약으로, 청국의 조선 전선 가설에 대응하여 일본의 이익을 관철시킨 조약이었다. 조선 측 명칭은 「부산구설해저전선조관속약(釜山口設海底電線條款續約)」[이하 「전선속약」]이며 일본 측 명칭은 '해저전선설치조약속약(海

底電線設置條約續約)'이다. 조선과 청국이 체결한 '의주전선합동'(서로전선)으로 기존 「전선조관」의 조항에 대항쟁리가 발생한다는 일본의 주장에 의해 「전선조관」의 후속 조약으로 체결되었다. 이 조약으로 일본은 청국에 의해 부설된 서로전선이 부산전선에 연결될 근거를 마련했으며 인천에서 부산을 연결하는 전선을 부설할 권리를 획득하였다. 조선은 통리교섭통상사무아문 독판 김윤식(金允植)이 대표로 참석하였고, 일본은 임시대리공사 다카히라 고고로[高平小五郞]가 대표로 참석하여 조약 체결을 담당하였다. 조약문 언어로 조선은 한문을, 일본은 일문을 썼다. 전문과 4개 조관으로 구성되어 있다. 이 조약은 1883년 3월 체결된 「전선조관」의 후속 조약이기 때문에 '속약'이라는 이름이 붙었다.

2. 배경

1884년 갑신정변 실패는 조선 정부의 근대적인 전신 체계 구축에도 타격을 주었다. 갑신정변의 결과 우정총국이 혁파되었기 때문이다. 우정총국은 전보, 역전(驛傳), 육해 통로 및 철로 등을 관할하는 우정사의 후신으로 1884년 3월 홍영식(洪英植)에 의해 출범한 근대적 개화기구이다. 홍영식은 일본과 미국 등 해외 선진 문물을 시찰하는 가운데 근대적 우편제도의 필요성을 절감하고 고종을 설득해 우정총국 설치 칙령을 이끌어 낸 장본인일 정도로 근대 통신체계에 관심이 많은 인물이었다. 그러나 홍영식이 갑신정변을 주도하다가 청군에게 살해되면서 근대 통신체계의 수립이 늦어지게 되었다.

갑신정변 이후 조선은 독자적인 전신 사업을 추진하기 위해 김학우(金鶴羽)에게 명해 전신 기술 교습을 시도하기도 했으나 청국에 의해 전신 사업 주도권을 빼앗기면서 빛을 보지 못했다. 청국은 갑신정변 이후 조선주차총리교섭통상사의 위안스카이[袁世凱]를 파견해 조선의 내정을 실질적으로 간섭하기 시작하면서 조선에게 「조청전선조약(朝淸電線條約, 의주전선합동)」[※관련 문서-1]을 강요하였다. 1881년 상하이와 톈진[天津] 사이를 전선으로 연결한 경험이 있는 청국은 자신들의 기술을 본격적으로 조선에 전파하여 전신권을 장악하고자 하였다.

'의주전선합동'은 갑신정변의 사후 수습을 위해 조선에 파견된 우다청[吳大澂]의 권고로 추진되었다. 1885년 4월 톈진조약[天津條約] 체결로 정국이 안정되자, 청국은 조선을 압박해 전신선 부설을 위한 차관 제공과 전신 기술 및 전신국 운영을 책임질 것이라는 내용을 골자로 하는 「조청전선조약」을 체결케 하였다. 같은 해 6월 체결된 「조청전선조약」의 내용은 첫째, 청국의 전보국은 조선에 한성전보총국을 설치해 인천-서울-의주-봉황성에 이르는 육로전선을 가설한다. 둘째, 전보국은 한성전보총국에 차관으로 은 10만 냥을 제공하고 감독관과 기술자를 파견한다. 셋째, 전선 개통일로부터 25년간 다른 나라에게 해륙전신선 부설권을 주지 않는다. 넷째, 전선 가설에 필요한 비용은 차관으로 지급하되 전주 공급과 운반 및 관리를 조선 정부가 부담한다. 다섯째, 한성전보총국 운영과 관리는 청국 전보국에서 담당하되 조선인 인재를 선발해 기술을 습득시킨다. 이에 필요한 경상유지비는 조선 정부가 부담한다. 여섯째, 조선 정부는 전신선 부설 공사에 적극 협력하고 곳곳에 장졸을 배치해 시설물을 보호한다는 것이었다. 적지 않은 차관 제공과 기술 및 인력 제공에 의한 서로전선 부설 조약인 「조청전선조약」은 청국이 조선을 위한 선혜 조처로 받아들일 수 있지만 자세히 살펴보면 일본과 마찬가지로 조선의 육로전신권을 독점하려는 의도가 엿보인다.

한편, 일본은 「전선조관」 제2조에 따라 전신선 부설에 대한 25년간 배타적 독점권을 갖고 있다고 여겼다. 하지만 1885년 조선 정부가 청국과 임의로 「조청전선조약」을 체결해 육로전신권이 청국에게 돌아가자, 일본은 조선 정부에 압력을 행사해 청국의 독점적 전신 부설권을 견제해야 했다.

일본은 부산과 인천을 잇는 해저전선 가설을 계획하였다. 일본 공부경 사사키 다카유키[佐佐木高行]는 전신국장 이시이 다다아키라[石井忠亮]의 의견에 따라 1885년 1월 태정대신 산조 사네토미[三條實美]에게 해저전선 가설 계획을 상신하였다. 여기서 사사키는 일본의 조선 진출에서 가장 중요한 것은 부산과 통신만으로는 부족하고 반드시 조선의 수도 가까운 곳에 전신 시설이 갖추어져 있어야 한다고 주장하였다. 이는 임오군란과 갑신정변 등 잇따른 정치적 소란을 경험한 직후였기 때문에 신속한 통신망이 정치적·외교적으로 중요하다는 점을 역설함과 동시에 청국이 부설하려는 해로나 육로에 의해 일본에게 가해지는 경쟁구도의 불리함을 지적한 것이다. 아울러 수도에서 가장 가까운 양항인 인천항은 동양은 물론이거니와 서양인들의 출입이 빈번한 곳인 만큼 이곳에 전신을 설치하는 것은 일본의 동양 경영에 유리한 측면이 많다는 점을 강조하였다.

이시이는 부산과 인천을 잇는 전선은 육상선로가 아닌 해저선이어야 한다고 주장하였다.

가설 과정에서 조선인의 방해가 우려되고 가설 후에는 전신선 보호에 어려움이 클 것이라고 판단했기 때문이다. 조선 내륙을 잇는 전신선 설치 목적은 조선에 정변 등이 일어날 경우 이에 대한 적절한 정보를 빨리 수집하는 데 있었던 만큼, 그러한 긴박한 상황에서 전신선 절단과 같은 위험은 피해야 할 가장 중요한 사안이었다. 육로전선은 그 거리가 1,400여 리에 불과해 대략 15만 원의 예산이 소요되는 반면, 해저전선은 552해리로 약 45만 원 이상이 소요되어 비용면에서 3배에 달함에도 해저전선이 필요하다고 주장할 정도였다. 비록 예산을 마련하는 데 문제가 있었지만, 이를 해결하기 위해 덴마크 대북부전신회사를 통한 대설(代設)을 계획할 정도로 부산-인천 간 해저전선의 설치가 중요하다고 판단했던 것이다.

3. 체결 과정

조선과 청국 사이에 「조청전선조약」이 체결되자, 일본은 조선과 체결한 「전선조관」 제2조를 위반했다고 판단해 즉각 항의하였다[※관련 문서-2]. 이에 조선 정부는 원래 「전선조관」을 체결할 때 조선에서는 일본에게 호의를 가지고 일이 성사되는 것에 즐거움을 느꼈던 것이며 조금의 이익을 추구하지 않았다고 전제하였다. 그런데 조약에서 꼼꼼하지 않고 뭉뚱그려진 몇 구절이 포함하는 범위가 너무 넓어 한 나라가 그 속에 통째로 들어갈 줄 몰랐고, 이제 와서 조선에 이익이 되고자 하는데 앞서 체결한 조약은 무익한 조약으로 이러한 무익한 조약을 억지로 따르는 것이 장애가 된다고 하였다. 그러면서 조선 정부는 「조청전선조약」은 「전선조관」 제2조와 아무런 상관이 없고 반대할 명분조차 되지 않는다며 일본의 항의에 완강히 대응하였다.

「전선조관」 제2조는 '대항이익'이 되는 전선을 가설하지 않는다는 것과 타국 정부와 회사에 해저선을 설치케 하지 않는다는 것이다. 또 대항이익을 다투지 않는 곳이라면 조선 정부의 편의에 따라 얼마든지 선로를 개설할 수 있다고 규정하였다. 이에 조선 정부는 부산과 인천·의주는 지리적으로 멀리 떨어져 있어 부산사람이 인천의 개국 소식을 듣고 가까운 부산을 놔두고 멀리 인천까지 와서 전보를 보내지 않기 때문에 대항이익이 생기지 않을 것이라고 주장하였다. 아울러 조선 정부는 「전선조관」에서 언급한 세 가지 점에도 위배되지 않는다고 논급하였다. 첫째, 지리상으로 떨어져 있기 때문에 "조선 정부는 해당 해륙선로와 맞서 이익을 다투는 전선을 가설하지 않는다"는 것에 부합한다는 점, 둘째, 조선 정부가 부설 주체이기 때문에 "다른 나라 정부 및 회사가 해저에 설치한 전선은 비준하지 않는다"는 내용에 맞지 않다는 점. 셋째, "맞서고 이익을 다투는 곳이 아니라면 조선 정부는 편의에 따라 선로를 개설할 수 있기" 때문에 조선 정부의 편의에 따라 서로전선을 부설할 수 있다는 것이다. 이처럼 조선 정부는 전선의 부설 위치와 지리상의 거리로 인해 「전선조관」과 「조청전선조약」은 서로 대항이익이 발생하지 않는다는 점을 근거를 통해 반박하였다[※관련 문서-3].

조선 정부의 강력한 대응과 이를 무시할 만한 명분이 없었던 일본은 조선에게 「조청전선조약」 폐기를 요구하기보다는 서로전선을 설치할 당시 청국이 조선 정부에게 요구했던 방식을 고스란히 인용하고자 하였다. 즉 일본은 새로운 전선을 가설하면서 재정 부담은 없도록 할 목적에서 한성과 부산을 잇는 남로선로를 가설할 것을 요구했던 것이다.

일본의 새로운 전신선 가설 요구는 「전선조관」 제3조를 근거로 삼았다. 이 조관에는 조선이 관선을 가설할 때 부산의 일본 통신국과 연결해 처리해야 한다고 명시되어 있다. 다만 그 자세한 절차는 우정사로부터 그 시기에 이르게 되면 해당 전신국과 의정하기로 되어 있으니 이때 일본은 이 조항을 근거로 서로전선 가설에 대응하고자 한 것이다. 일본은 이를 근거로 '의위준행부산해저전선조약요구조관(擬爲遵行釜山海底電線條約要求條款)'(이하 요구조관) 체결을 요구하였다. 그런데 이 요구조관에는 인천-의주 간 전선이 가설되어도 부산의 일본 전신국을 경유해야 한다는 조건을 내걸었고, 이를 어기면 서로전선을 통해 발신한 전보만큼의 비용을 일본 전신국에 배상할 것을 적시하였다.

일본과 체결한 「전선조관」 자체가 상당히 불평등한 조약이었던 만큼 요구조관 역시 조선 정부로서는 받아들이기 어려운 부당한 내용으로 점철되어 있었다. 아울러 당시 조선 정부는 재정 상황이 열악했으며 기존에 추진하고 있던 전신 기술 도입 과정도 순탄치 않았다. 조선은 여전히 전신 기술을 독자적으로 시행할 능력이 없었다. 그리고 전신과 관련한 전문 기술자나 관련 인력도 턱없이 부족했기 때문에 서로전선과 동시에 또 다른 전선을 부설하는 것은 불가능하다고 보고 이에 대한 협상을 거부하였다.

한편, 조선의 재정 상황에 대해서는 일본도 어느 정도 인지하고 있었다. 일본 정부는 남로전선의 부설을 조선 측에 요구하고 있으면서도 조선에서 전신 부설을 위한 차관 요구에 대해서는 거부할 방침을 세우고 있을 정도였다. 게다가 일본 정부는 일본 회사에서도 이를 지원하지 못하도록 한다고 결정하였다. 결과적으로 일본이 요구조관을 제시하고 남로전선 부설을 조선 정부에 강력하게 요구한 것은 조선에서 일본이 먼저 획득한 전신 관련 권리를 확인하고 조선 정부를 압박해 부설하게 하려는 데 있었으며, 직접 투자해 이익을 추구한 것은 아니었다. 일본은 남로전선보다 부산과 인천을 연결하는 해저전선에 더 많은 관심이 있었다. 한성과 부산을 연결하는 육로전선은 조선인의 대일 감정이 매우 좋지 않았던 상황에서 전신선을 가설하더라도 일본인에 의한 관리와 보호가 불가능했고, 조선 정부 역시 이를 관리할 능력이 없다고 판단했기 때문이다. 그러나 일본의 요구조관 체결 요구에 대해 조선 정부는 심하게 반발하였다. 일본은 요구조관의 내용을 다소 완화해 다시 「부산구설해저전선조관속약」(이하 전선속약)을 제시했다[※관련 문서-4].

4. 내용

「전선속약」은 전문과 4개의 조관으로 구성되어 있다. 이 조약의 전문은 조선이 청과 체결해 가설한 서로전선에 대한 대항쟁리를 명백히 하고, 이에 대한 후속 조치로 맺는 조약임을 명시하였다. 일본은 조선이 청국과 함께 가설하는 서로전선을 기존에 체결했던 「전선조관」의 방해로 여겼으며, 조선은 서로전선 가설을 통해 이익을 얻을 것으로 보았다. 즉 서로전선은 조일 양국이 기존 체결했던 「전선조관」에 위배되는 만큼, 이에 따라 새로운 조약 체결이 필요하므로 새롭게 양국 대표를 파견하여 조약 체결을 의정하기로 했음을 규정했던 것이다.

제1조는 새롭게 부설하는 서로전선이 부산에 있는 일본 전신국을 경유할 것을 규정하고 있다. 1883년 체결된 「전선조관」 제3조에 따른 것으로 서로전선이 일본 전신국을 경유하되 조선이 일본 전신국 부근에 전신국을 설치해 그곳을 경유할 수 있는 단서를 붙여 두었다. 이는 조선이 해외와 접속해 왕래하는 전신 통제를 용이하게 하기 위한 것으로 판단된다.

제2조는 서로전선 가설과 더불어 이를 부산으로 연결할 기간을 설정해 두었다. 이에 따르면 1년 내에 인천과 부산을 잇는 해저전선을 부설해야 한다.

제3조는 위의 제2조에 의해 부설된 인천과 부산 사이의 전선에 대해 전신요금을 규정하였다. 해외 전신 비용은 의주선로, 즉 서로전선에 부과하는 요금과 같은 요금을 부과함으로써

가격경쟁을 회피하고자 하였다.

제4조는 기존 전신 조약에서 약정한 바대로 관보에 대한 전신비 반액 규정을 새롭게 부설하는 인천과 부산 사이의 전신선에도 똑같이 설정한 것이다. 전신조약과 마찬가지로 얼핏 조선 정부에 대한 일본 정부의 특혜로 보이나 원래 조선이 얻어야 하는 이익에 반해 터무니없는 계약 조건인 것이다. 25년이라는 기간은 덴마크 대북부전신회사의 독점 기간과 일치하며 그동안 조선은 관보 전신요금의 혜택만 누릴 수 있도록 규정하였다.

이 조약은 청국의 중재에 의해 체결되었는데 중재에 나선 청국 대리인 위안스카이와 청국 상무총판대행 탄껑야오[譚賡堯]는 조선 정부에게 일본이 제시한 남로전선을 청국이 대신 가설해 줄 수 있다는 조건을 받아들여 이를 수용하였다. 의주전선합동을 체결해 한국에 전신선을 부설하면서 차관을 제공한 청국은 조선에 제공한 차관 안에서 남로전선 부설도 가능하다고 판단했기 때문이다. 또 조선에 파견한 전신 기술자 역시 추가 비용이 많이 들지 않을 것으로 보았다. 사실 청은 남로전선의 설비를 통해 경제적 이익만 추구했던 것은 아니었다. 경제적 상황이 어려워 남로전선 부설에 적극적으로 나서지 못하고 있던 일본의 상황을 파악한 청국은 조선 남부의 육로전선을 청국이 설치해 주면서 한반도 내 전신 사업권을 온전히 획득하려는 의도를 갖고 있었다. 이는 1886년 1월 조선과 청국 사이에 체결된 「중국대판조선육로전선속관합동(中國代辦朝鮮陸路電線續款合同)」에 그대로 나타난다. 이 조약으로 조선의 전신감독권은 청국의 화전국(華電局)이 독점할 수 있게 되었다.

결국 청국에 의한 남로전선 부설은 남로전선에 투자할 수 없었던 일본 정부에게는 전신부설권의 일부 포기를 의미하는 것이었다. 하지만 갑신정변 이후 청국의 강도 높은 대조선 간섭 정책 속에서 실리를 추구하는 가장 현실적인 방식이었다. 일본은 남로전선에 전혀 투자하지 않으면서 전신 이용료를 절반으로 낮추는 경제적 이익을 얻을 수 있었다.

그런데 대설을 약속했던 청국의 남로전선 부설 공사가 지연되자 양국의 갈등이 일어났다. 「전선속약」 제2조에 따르면 조약 체결 6개월 이내에 착공하고 이로부터 6개월 이내에 준공해야 했다. 즉 조약 체결 6개월 뒤인 1886년 5월에 착공해 11월에 준공해야 했으나 청국은 이 일정을 지키지 않았다. 청국으로서는 조선과 일본이 체결한 조약을 이행할 의무도 없었으며 조선 정부도 청국에게 부설 공사 일정을 협의한 적이 없었기 때문이었다. 또 청국으로서는 남로전선 준공은 서로전선의 이익을 침해할 가능성도 있었던 만큼 서두를 필요가 전혀 없었다.

5. 의의

조선의 전신선은 일본이 설치하기 시작한 이후 청국이 경쟁에 가세하면서 독자적이고 자주적으로 설치되는 데 상당한 제약을 받았다. 조선 정부는 그 이전에 이미 일본, 청, 미국 등의 다양한 경로를 통해 전신 기술에 대해 인지하고 그 필요성을 절감하고 있었다. 그러나 기술이 부족하고 재정적으로 열악한 상황에서 임오군란과 갑신정변이 발생해 조선 정부가 근대화를 추진할 수 있는 내적 동력이 크게 약화되었다. 임오군란으로 일본이 부산과 나가사키를 연결하는 「전선조관」을 체결하고, 갑신정변으로 청국이 인천-한성-의주를 연결하는 「조청전선조약」을 체결하면서 조선의 자주적인 통신체계 구축은 좌절되었다.

일본은 여기서 더 나아가 「조청전선조약」을 빌미로 기존 「전선조관」의 보완을 추구하였다. 인천에서 시작해 조선 북부로 이어지는 새로운 전신 설비에 자신들이 구축하고 있던 부산 전신선을 연결하는 야심찬 계획을 세우고, 조선 내지로 전신을 확대했던 것이다. 서로전선은 갑신정변 이후 강화된 청국의 간섭에 굴복해 가설되었으며, 「전선속약」은 일본의 무리한 요구에 적극적으로 대처하지 못한 채 체결되었다. 그 결과 일본은 조선의 정보를 신속하고 정확하게 파악함으로써 침략의 발판을 마련할 수 있었던 반면, 조선은 자주적으로 통신망을 구축할 수 있는 기회를 잃어버리고 말았다.

6. 관련 문서

1) 「조청전선조약(朝淸電線條約)」(1885. 6. 6.)

제1조
중국 독판전보상국(督辦電報商局)은 현재 조선 국왕을 상담하도록 명을 받은 북양대신(北洋大臣) 리중탕[李中堂]을 받들어 인천항에서 한성을 거쳐 의주까지 육로전선 1,130리의 가설과 경비 차입 요청을 들어 신속히 설치해 준다. 모든 경비는 조선에서 연한을 정하여 차관을 갚는다. 특별히 여기에 대해서는 화전국(華電局)에서 차관을 대여하고 인원을 파견하여 집행한다.

제2조

조선에서 육로전선을 창설하는 것은 조선 국왕이 중국에 차관을 협의 신청하여 설치하는데, 특히 화전국에서 관평(關平, 세관의 표준 저울. 1냥(兩)이 고평(庫平) 1,013량에 해당함)으로 은 10만 냥을 공금에서 대부한다. 5년 후 조선 정부에서 20년으로 나누어 매년 5,000냥씩 반환하되 이자는 받지 않는다. 아울러 전선에 능숙한 이사(理事)·학생·기술자 등을 파견하여 적절하게 담당시켜서 완급을 대비하여 알맞게 처리한다.

제3조

조선 정부는 중국 전국(電局)의 입체금(立替金)으로 전선을 창설하여 조선 정부에 도움을 받는 것이 적지 않다. 수륙의 전선이 준공된 이후 전신(電信)이 통하는 날로부터 25년 이내에는 다른 나라 정부 및 각국 공사(公司)에서 조선의 지상과 해안에 전선을 대신 가설하는 것은 본국의 권한을 침해하는 것이며 화전국의 이익을 손상하는 것이므로 허가하지 못한다. 더욱이 조선 정부에서 확충하거나 증설할 때에는 화전국에 청부하여 분쟁을 면한다.

제4조

이 조항의 전선을 대신 가설하는 데 필요한 중국과 서양의 자재·기계·도구와 중국 관원, 서양 기술자, 사사(司事), 학생, 직공, 감독 등의 월급·식비·여비 등 각 항목은 모두 차관 내에서 사실을 조사하여 지불한다. 단, 필요한 조선의 목재 및 인부 등은 전국에서 조선 정부에 자문으로 조회하여 근방에서 채벌하고 고용하며, 전국은 그 대가를 지불하지 않음으로써 차관을 절약한다. 일체 응용되는 자재 등의 문건을 조선 경내로 반입하는 것에 대해서는 전부 세금을 면제한다.

제5조

전국의 이사·실습생·기술자 등은 반드시 능숙한 사람이 아니고서는 처리할 수 없으니 조선 정부에서 차관을 받아 청산하기 이전에는 중국 전국에서 대신 관리하며, 한편으로는 조선 사람들을 뽑아 전국에서 학습을 시켜 점차 숙련하게 한다. 단 이 전선은 상보(商報)가 얼마 되지 않으니 매달 전국의 경비는 전국에서 명세서를 제출하고 조선 정부로부터 지급받는다. 중국 및 조선 정부의 관보(官報)는 인장을 찍어 전국에 보낸 것은 전보 요금을 받지 않으나 나머지는 모두 상보로 귀속시킨다.

제6조
이 조약의 차관은 은 10만 냥을 화압(畫押)한 다음 전보국(電報局)에서 톈진[天津]의 회풍은행(滙豐銀行)에 대신 예탁해 놓고 계속 찾아다 쓴다. 준공 뒤에는 전국에서 정산서를 작성하여 북양대신 및 조선 정부에 보내면 장부를 대조·검토하여 잉여 은량이 있으면 그대로 회풍은행에 두고 다른 데 유용하지 못하게 하여 각종 수리비로 비축하며, 전국에서 청산을 완전히 끝내면 수리비도 조선에서 마련한다.

제7조
전선 공사가 시작되면 조선에서는 연도의 지방관이 잘 돌보아주며 허가 받지 않은 곳의 군사나 백성들이 방해나 손해를 끼치지 못하도록 단속하게 한다. 이후로 정실(情實) 부정이 공사에 생기면 전국의 이사는 조선 정부에 자문으로 조회하여 엄격히 구명·처리함으로써 영원히 보호를 받는다.

제8조
전선이 가설되면 수리하고 순시하는 것이 가장 중요하니, 중국의 예에 비추어 20리마다 순시원 1명을 파견한다. 공사가 시작될 때에 즉시 공사장에 딸려 보내 학습을 시키다가 공사의 순차에 따라서 담당 지역에 나누어 파견하여 항상 순찰하고 수리하게 하며, 전국에 귀속시켜 통제 관리한다. 순찰과 수리 규정은 전국 내에서 전보를 수발하는 규례 및 중국 전국의 장정에 따라 처리하는데 따로 찍어서 반포한다.

중국 독판전보국은 대황제의 유지(諭旨)를 받들어 조선 국왕의 명령을 받은 조선 정부와 조약을 의논하여 정하고 화압하여 도장을 찍어 신용을 밝힌다.

광서(光緒) 11년 6월 6일
　　중국 독판전보총국(督辦電報總局) 성쉬안화이[盛宣懷], 천윈이[陳允頤]【대리 화압(代押)】
　　중국 총판전국공정(總辦電局公程) 위창위[余昌宇], 천윈이
　　조선 독판교섭통상사무(督辦交涉通商事務) 김윤식(金允植)
　　조선 협판교섭통상사무(協辦交涉通商事務) 서상우(徐相雨), 신헌구(申獻求)

출처: 『고종실록』 고종 22년(1885) 6월 6일조

2) 경의전선 가설에 관한 이의(異議)(1885. 9. 15.)

고종 22년 8월 8일
서기 1885년 9월 15일
[발신] 일본 임시대리공사 다카히라 고고로[高平小五郎]
[수신] 독판교섭통상사무 김윤식(金允植)

대일본 대리공사 다카히라 고고로가 조회를 보낸다. 살피건대 현재 귀국(조선) 정부와 청국 정부가 계약을 맺어 경성에서 의주를 거쳐 청국의 봉황성(鳳凰城)을 잇는 전선을 가설하는 일에 대하여, 본 공사는 이 일이 일본과 조선이 맺은 해저전선조약에 저촉된다고 보고, 7월 18일에 본 공사가 이미 귀 독판을 만나 그 뜻을 공개적으로 밝혔으며, 아울러 그 후 우리(일본) 정부에 훈시를 내려주기를 기다리면서 조회를 보내는 사이에, 귀국 정부에 절대로 해당 전선을 가설하는 공정을 개시하지 말 것을 요청하였으니, 이것을 [귀 독판도] 기억하고 있을 것이다. 그 후 즉시 사유를 우리 정부에게 품보하였다. 지금 정부의 훈시를 받아보니 우리 정부는 귀 정부가 양국이 맺은 조약을 위배한 데 매우 분개하면서 본 공사에게 만약 귀 정부가 해당 조약의 취지를 오해했다면 마땅히 이를 설명해서 귀 정부가 맹세한 조약을 위반하는 일이 없도록 하라고 지시하였다.

이에 따라 해저전선조약문을 살펴보니 뜻이 아주 명백해서 본 공사가 특별히 설명할 필요가 없다. 만약 귀 독판도 이를 일람하면, 귀 정부의 이번 조치가 과연 조약에 위배되었

는지 여부를 반드시 알 수 있을 것이다. 그러므로 지금 귀 정부에 요구하는 것은 조약을 준수해서 이를 위반하지 않는 것일 뿐이다. 그러나 귀 독판이 굳이 본 공사가 설명하기를 원하니, 이 역시 이해할 수가 없다. 이에 먼저 그 중요한 조관을 기록해둔다. 해당 조약 제2관을 살펴보면, 조선 정부는 해당 해륙전선을 준공한 후 통신이 개통된 날부터 만 25년 동안 조선 정부가 해당 해륙노선과 대항쟁리(對抗爭利)하는 다른 전선을 가설하지 않는다고 약속한다는 등의 내용이 기재되어 있고, 제3관에는 조선 우정사(郵征司)가 가설하는 관선(官線), 즉 해외 전선은 부산항의 일본 전신국(電信局)과 연통해서 처리한다는 등의 내용이 기재되어 있다.

지금 이 두 조관의 뜻을 확대해서 말하면, 무릇 부산항에 있는 대북부전신회사가 설치한 해저선 및 우리 정부가 가설한 육선의 이익에 지장을 주는 전선은 1884년 2월 15일로부터 25년이 지나지 않으면 귀 정부는 어느 곳을 막론하고 설치할 수 없다. 또 만약 외국과 통하는 전선을 설치하려면, 반드시 부산에 있는 우리 전신국에 연통해야 하며, 해 전신국과 그 통보 방법을 의논하여 정해야 한다. 그런데 지금 귀 정부가 경성에서 청국에 이르는 전선을 가설하기로 조약을 맺는 것은 외국에 전선을 가설하는 것으로, 조약 제3관에 분명히 위배되는 바가 있다. 만약 청국이 전선 하나를 가설해서 해당 전선과 연결하여 외국 전선과 통하는 옌타이·베이징 등의 지역에 이르게 된다면, 무릇 해외 각국과 통하는 전신은 부산전선을 거치지 않고 의주선을 거치는 것이 반드시 많아질 것이다. 과연 그렇게 되면 부산전선은 그 이익을 갑자기 잃어버릴 것은 쉽게 알 수가 있다. 그러므로 귀 정부의 이 조치는 조약 제2관을 위반하는 것이라고 하지 않을 수 없다. 귀 독판 역시 반드시 본 공사와 이견이 없을 것이다. 무릇 양국의 조약은 교제의 헌장(憲章)이어서 구차하게 위반할 수 없는 것이다. 이에 조회를 보내니, 귀 정부가 살펴보고 조약에 부합하는 방법을 시행하고 그 내용을 본 공사에게 회답해 주기를 청한다.

이에 조회를 보낸다.

출처: 『구한국외교문서 일안』 권1, #550, 262~263쪽

3) 경의전선 가설 이의에 대한 반박(1885. 9. 20.)

고종 23년 8월 12일
서기 1885년 9월 20일
[발신] 조선 독판교섭통상사무 김윤식(金允植)
[수신] 일본 임시대리공사 다카히라 고고로[高平小五郞]

대조선 독판교섭통상사무 김윤식이 회답 조회를 보낸다. 본월 8일(양력 9월 16일) 귀 대리공사가 보낸 조회를 받았는데, [첫 부분인 현재부터 마지막 부분인 청한다까지이다 라고 하였다.] 부산전선 합약 시에 본 아문에서 이미 이를 우려한 바 있는데, 고(故) 독판 조영하(趙寧夏)가 귀국공사 다케조에 신이치로[竹添進一郞]에게 "추후 우리나라(조선)가 모두 상업적으로 긴요한 지역인 인천항에서 청국 옌타이·상하이 등지를 잇는 해저 전선을 부설하는 것을 두고, 귀공사가 [귀국이 부설한 전선과] 대항쟁리(抗爭爭利)한다고 말한다면, 이 조약은 성립될 수 없다."고 말하였다. 이에 다케조에 공사는 "이는 대항쟁리가 아니므로 서로 간에 방해될 일이 없다."고 말하였다. 이에 조약을 윤허하였고 이어서 고(故) 독판 민영목(閔泳穆)과 합약에 서명한 것이니, 실로 다케조에 공사의 [대항쟁리하지 않겠다는] 말을 중하게 여겨야 한다. 이제 와서 귀국 정부가 쟁리를 논하니, 실로 뜻밖의 일이다. 하물며 이번에 설치하는 전선은 해저 전선이 아니라 인천에서 한성을 거쳐 의주로 가는 육선으로, 본국의 군사 정보와 상업 정황 등을 통하기 위한 것이며, 우리나라 경내의 일이니, 응당 우리나라가 자주적으로 처리할 일이며, 귀국이 전에 맺은 조약에서 말한 대항쟁리와도 무관하다. 그런즉 청국 또한 전혀 간섭하지 않는다. 이는 우리나라가 본디 가지고 있는 권리이다. 청국이 후일 [청국과] 의주를 연결하는 전선을 부설할지 여부는 결코 우리나라가 저지할 수 있는 사안도 아니고, 더욱이 우리나라가 간여할 수 있는 일도 아니다. 따라서 귀 대리공사가 이를 참작하여 살펴보고 귀국 정부에게 품의해주기를 바란다.
이에 조회를 보낸다.

출처: 『구한국외교문서 일안』 권1, #555, 265~266쪽

4) 「해저전선설치속약 체결 경과보고」(1885. 12. 29.)

「메이지 18년(1885)」 12월 29일

기밀 제184호

전신 가설 일건(10)

지난 번 일단 알려드린 것처럼 해저전선설치조약속약 건은 이번 구리노 신이치로[栗野愼一郞] 서기관이 귀국하는 편에 부탁해 본서(本書)를 보내드렸으니, 조사해 주시기 바랍니다.

(중략)

본월 3일과 8일, 이틀 동안 김(윤식)씨를 본 공사관에 초청해 앞서 보내 준 전훈(電訓)의 취지를 진술하고, 가장 먼저 졸관이 제출한 요구 초안에 대해 조선 정부의 의견을 물었는데, "경성과 부산 사이의 가선(架線) 건은 이미 조선 정부에서도 미리 품고 있던 계획이 있지만, 올해는 8도 가운데 농작이 좋지 않아서 기근이 있는 곳도 적지 않고, 또 내년에도 풍흉을 예상하기 어려우므로 당분간 가선 비용을 지출할 목적은 없다. 그런데 양국의 조약상에 녹적이 없는 것을 기재했더라도 불확실한 점에 대해서는 지금부터 3년간 의주선에서 해외의 상업 정보를 취급하지 않기로 하는 것은 어떠한가"라는 취지로 김씨가 말하였다. 실로 손쓸 방법이 없다는 것은 알겠지만 여러 변론 끝에 경부 간 가선 건은 김씨가 승낙한 것에 대해, 대체로 졸관은 가선 기한 건에 대해 양국의 조약상 당초보다 쓸데없이 늦어지고 있더라도 이후 6개월 사이에도 가능하면 내년 풍흉 여하가 어떠하더라도 우선적으로 6개월 이내에 착수하기로 약정해 두고, 점차 기한 내에 착수하기 어렵게 될 때에는 다시 조회로 연기를 청구하면 3~5개월은 졸관이 상신한 뒤 처리하는 방법도 있다는 뜻으로 물었는데, 김씨도 이의를 제기하지 않았다. 이에 무릇 부산선에 한해서 해외신(海外信)을 발수(發收)하고, 아울러 의주선을 경과하는 해외신 보비(報費)를 우리 정부에게 보상하는 두 항목에 대해 논급하고 김씨의 의견을 물어보았더니, 이 두 항목은 어떠하더라도 조선을 위해서 불편함이 있으며, 특히 의주 가선 건은 조선 정부에게 당초부터 약속 위반 건으로 간주하지 않아 관련 부분도 감안하지 않는다면, 자기 스스로도 처리하기 곤란하다는 뜻으로 답변했으므로, 이에 대해 졸관도 앞의 두 항목에 대해서는 다시 생각해 볼 수 있다고 말하였습니다.

앞의 이틀에 걸쳐 담판하는 동안 졸관은 위안스카이[袁世凱]를 방문해 본건에 대해 이야기를 나눈 바, 가선입(加線入) 비용 건에 대해 '만약 우리 정부가 대여하는 저의가 있는가'라는 취지로 위안스카이가 질문했으므로, 기밀 제122호로 훈시한 취지에 근거해서 만약 우리 정부가 비용을 대여할 때에는 자연히 전선 관리도 간여해야만 하며, 그러할 때에는 조선의 내사(內事)에 간섭하게 되어 우리 정부가 좋아하지 않는다는 뜻으로 졸관이 답변한 끝에, 도저히 본건은 청국 관리를 농락하지 않고서는 종결하기 어렵다는 것을 알게 되었습니다. 이에 공공연하지 않게 동씨에게도 우리 요구를 도와달라고 설득했는데, 본건은 가능한 빨리 완결할 필요가 있다는 뜻으로 위안스카이의 내담(內談)이 있었습니다.

졸관도 깊이 고민해 보았는 바, 원래 본건과 같은 것은 조약으로 종결할 수 있는 것인데 그 초안으로 미리 경과를 살펴본 뒤 결정할 수 있다고 하더라도, 조선 정부의 내정을 관찰했더니 외무독판은 외정 통관(統管)의 권력이 없고 하나하나 칙재(勅裁)를 받지 않고서는 외국 사신에게 결정해 답변할 수 없습니다. 특히 본건은 조선을 위해서는 상당히 큰일입니다. 국왕도 역시 독판의 설명만으로 안심하지 않아서 근시(近侍) 등 총애하는 신하들에게도 하문하는 것은 필연이며, 그 의견도 역시 때때로 서로 맞지 않는다고 생각하기 때문에 반드시 사기(事機)를 보아 결정하고 일시적으로 서로 따지고 들지 않으면 이 안을 종결하는 날은 없을 것입니다. 이로 말미암아 우리도 결안(決案)의 각오를 세워야 할 긴요함이 있습니다. 또 지난 14일에 본월 2일의 전훈도 도달했고 우리 요구의 대의도 이미 자세히 알려졌으므로, 만일 각하의 교의(敎意)에서도 돌려보낼 일이 없다고 생각하므로 별지 갑호와 같이 종전의 해선조약속약으로 약안(約案)을 인정하고 지난 15일 자로 통서에 가서, 본월 2일 자 귀전에 근거해 본건을 급속히 완결할 수 없다면 우리 정부에게 전신연합 체맹국에게 고지할 뜻도 있다는 취지로 조선의 불리한 이유를 반복해서 김 독판에게 말한 뒤 위 약안을 보여 주었는데, 프리앰블[preamble, 前文]에는 조선 정부에서 귀국의 논의를 승낙한다는 문의(文意)가 있고, 제3관에는 부산선 준공까지 의주선 비용을 귀국 정부에게 보상한다는 문자가 있는데, 이 두 항 모두 존재한다면 조선 정부에게 철두철미하게 굴복할 자세가 있다는 뜻으로 김씨가 진술했지만, 또한 조선 정부의 의견이 확정된 뒤 다시 이야기할 수 있는 뜻으로 졸관이 말했으며, 이날은 많이 말하지 않고 공사관으로 돌아왔습니다.

원래 우리 요구의 대요는 본월 2일의 전훈에 근거하면 경부선 가설과 18개월 준공이라는 두 항목인데, 의주선 보비를 우리에게 받을지 여부는 졸관에게 맡겨 주시기 바랍니다. 다만, 실제로 담판할 경우 조선 정부가 어떠한 의견을 내놓을지도 헤아리기 어렵고, 또 우리도 그들에게 양여할 것을 준비해 두지 않으면 홍정할 경우에도 관계되는 일이라고 생각되므로 아직 헤아림에 미치지 못한 조항이 있다고 해도 약안 중, 특히 제4관에서 제6관까지 3개 조관을 첨가하는 일이 있기 때문에 이 취지를 승인해 주시기 바랍니다.

그다음 16일, 졸관은 위안스카이를 방문하였는 바,(이하 위안스카이의 말)

어젯밤, 민응식과 김윤식 두 사람이 내방하였다. 귀관이 제출한 약안에 대해 종종 평의가 있었는데, 조선 정부에 대해서는 각 조 모두 이견이 있다는 내용이다. 우선 제1관은 부산선 가설 건으로 그 비용이 적지 않다는 것에 대해 조선 정부가 난처하다는 취지이지만, 이 일은 자기들이 우리 정부에 권고할 수 있다는 뜻으로 승낙하였습니다. 그러나 해당 전선이 가설된 뒤에는 보비 계산의 경우도 있을 수 있는 것에 대해 부산 일본국(局) 근방에 별도로 하나의 국을 두고 경부 간의 전선은 가령 해외신에서도 독립해 취급하고 싶다는 취지도 있다. 제2관 기공·준공 기한은 모두 내후년으로 미루고, 또 동일한 조관 중에 경부 간의 전선은 조선 정부가 자주로 가설하고 일본이 간여할 수 없다는 뜻을 증보(增補)하였다. 제3관은 전문을 삭제하고 싶다는 내용이다. 제4관은 부산선 가설이 완료된 후 25년간 일본 관보의 반액 건은 조선 정부는 전적으로 경부선에 한하고 인천에는 미치지 않도록 하고 싶다는 뜻이 있다는 내용이지만, 이는 자기들이 경인 간 하나의 작은 선의 보비에 대해 운운하지 않도록 권고, 제5관에 대해서도 역시 조선 정부에게 이론이 있다는 내용이지만 인부 간 보비가 인의 간보다 고가로 되어 있을 때에는 해외신이 대체로 의주선을 경과할 수 있다는 것에 대해 그 뜻으로 변소(弁訴), 또 제6관은 가급적 해외신을 부산선으로 발수해야 한다는 의미로 실제로 실행하기 어려운 것에 대해 조선 정부에서는 이 역시 삭제하기를 바란다는 취지가 있다.

위안스카이가 수다스럽게 진술한 것에 대해 이것 외에는 별도로 이견이 없는지를 졸관이 물어보았더니, 조약 전문 중 조약 위배라는 문자는 조선 국왕은 전부터 체면을 중시하는 성질이 있으므로 방해라는 두 글자로 위배라는 문자로 채택해 쓰고 싶다는 뜻이 있다고 이야기했으므로, 졸관은 각 조의 이견, 특히 제2관 중에 증보의 취의에 대해 몹시 반론을 제기했고, 어쨌든 김 독판으로 하여금 다시 약안을 기초시키고, 그다음 다시 응해서 숙고

할 것이라고 전하고 공사관으로 돌아왔습니다.

다음 날 17일 이른 아침, 역관이 약안을 기초한 것을 김 독판에게 보냈는 바, 그날 밤 을호 초안을 보내왔는데, 도리에 맞지 않는 것이 다분히 있었으므로, 다음 날 18일 청서 탄껑야오[譚賡堯]가 마침 본 공사관으로 와서 조선 정부는 과연 이 안을 타결할 의향이 있는지 없는지 물어보았는 바, 이 안은 조선 정부가 위안스카이의 권고에 따른 것이므로 승낙할 수 있다는 뜻으로 말했습니다. 졸관도 이번에 청관에게 의뢰한 것은 실로 불쾌했지만, 또 김 독판의 약안에 대한 이견의 혐의도 더욱 세세하게 설명했더니, 탄껑야오는 퇴관 후 하나의 글을 써 보냈는데, 김씨의 약안과 졸관의 의견서를 보낸다면 숙고한 끝에 내일 김 독판이 동도에서 내관한 뒤 다시 의논할 수 있다는 뜻으로 서술했으므로, 다시 또 병호와 같이 기초해 탄껑야오에게 보냈습니다.

다음 날 19일 오후, 김 독판과 탄껑야오가 함께 내관해 온 것에 대해 서둘러 회담을 열었습니다. 김씨는 우선 대강의 것에 대해서 이론이 없다는 뜻을 말씀한 다음 전문에 대한 주장을 하고 '방해'의 두 글자를 '방애'로 바꿔 쓰고, '조선정부역수불이기위무리(朝鮮政府亦遂不以其爲無理)' 12자를 '조선정부응역불이기위무리(朝鮮政府應亦不以其爲無理)' 12자로 바꾸고, '연일본정부위교의기견불욕필조애차거(然日本政府爲交誼起見不欲必阻碍此擧)' 17자를 '연일본정부불욕조애차거(然日本政府不欲阻碍此擧)' 11자로 줄였으며, 다시 그 아래에 '조선정부수역불욕구집차거(朝鮮政府遂亦不欲拘執此擧)' 12자를 추가로 넣고 싶다는 뜻을 내비친 데 대해 여러 변론이 있은 다음, '방해'를 '방애'로 고쳐 쓰는 뜻을 승낙하고 '조선정부' 이하의 12자는 원안대로 채용할 것을 주장하였다. '연일본정부' 이하의 개안은 문의가 복잡하므로, 또 비논리적인 부분이 있는 것에 대해 강하게 항론했음에도 김씨는 조선 정부의 체면을 중시한다는 결의를 내비쳤으므로 부득이 가능한 지장되는 일이 없는 문자를 바꿔 쓰는 바가 있어서 원안과 개안의 문자를 삭제하고 다시 '양국정부균위교의기견(兩國政府均爲交誼起見)'의 11자를 보충하고, 여기에서 두 자를 삭제하는 것으로 발의하였는 바, 김씨는 겨우 동의하였습니다.

그 후 여러 조관에 대해서 이견 유무를 물었는데, 제3관 부산선 준공까지 의주선을 경과하는 일본 정부의 관보는 조선 정부가 보비를 받지 않는 일은 승낙했지만 의주 이외의 선로에는 조선이 간섭하기 어려운 것에 대해 그 뜻을 첨입하고 싶다는 뜻을 김씨가 청구했으므로 다시 생각해 본 바, 위와 같은 자구를 첨부해 의주선의 우리 관보를 무료로 할 때에는 아주 작은 이익을 다투는 듯해서 대국의 면목에 관계없다고 말하기도 어렵고, 또 부산선 준공 기한도 겨우 12개월뿐이어서 그 사이 의주선 관보비를 지불하더라도 그 후에 이르러 만에 하나 조선 정부에게 부산선을 준공하지 않으면 그때 깨끗이 독촉하는 것이 편리하므로 차라리 제3관은 전부 삭제해 두는 편이 후일을 위해서라도 좋다고 생각했으므로, 특히 김 독판에게 제3관 외에는 이론이 없는지 추문(推問)한 바 다른 각 조관은 이미 모두 동의하였습니다.

다시 김 독판에게 우리 정부에서는 의주 이외의 관보비까지 무료로 하려는 의향이 없을 뿐만 아니라 우리 정부의 실의를 드러내지 않기 위해서 본 조관은 모두 삭제할 수 있다는 뜻을 졸관이 말했으며, 이제는 지금까지 본건도 결국 종결하게 되어 내일이라도 조약을 정서[淨寫]한 다음 기명 조인을 끝내고 싶다고 물어본 바, 김씨도 역시 더 이상 별도로 지연시킬 구실도 없는 모양이어서 조약 교환 전, 일단 진문(奏聞)해 둘 필요가 있으므로 기명 조인의 건은 내일 모레까지 기다려 주기로 했으므로 그 건을 승낙하고 쌍방이 협의한 기장(記章)으로 서로 약안에 화압(畫押)하고, 각각 한 통을 갖고 헤어졌습니다. 본건도 우선 여기에 이르러 종결되있다고 이해하고 있었습니다.

그런데 오늘 밤(19일) 한밤중[深更], 김 독판으로부터 별지 정호와 같은 문서가 와서 약서 제2관은 조선 정부의 제안대로 경부 간 가설은 조선의 자주에 있는 것이므로 일본은 간여할 수 없으며, 단 그 기한은 6개월 내에 기공하고, 그 후 6개월 내에 준공할 것으로 개정하고 싶다는 뜻을 알려왔습니다. 쌍방이 협의하고 화압한 후에 위와 같이 논의를 변경하는 것은 실로 무례한 일이며, 특히 조선이 운운하는 '자주'라는 문자는 결약의 본래 취지로 되돌아가는 것으로 다른 조관에도 저촉되어 결코 승낙하기 어렵다는 뜻을 다음 날 아침 역관을 보내 김 독판에게 결답하였고 다시 경부 간 가설 공사 등의 건이라면 원래 조선에 '자주'가 있다는 뜻도 알려 주었는 바, 그 뜻을 서간으로 회답해 준다면 약서에 첨부하더라도 불급(不及)하다는 뜻을 김씨에게 묻는 취지로 조속히 술호와 같이 답서를 제시해 두었습니다.

그날 오후에 다시 응해 서면으로 어제 의결한 약안을 송환하고, 일본이 간여할 수 없다고 운운한 문자는 삭제하더라도 지장이 없지만, 경부 간 가설은 조선의 '자주'에 있다는 것은 반드시 첨부하고 싶다는 뜻을 전해 왔습니다. 이에 더 이상은 단연코 회담을 파기하는 것 외에는 방법이 없다고 생각하고 매우 유감스럽지만 가토[加藤義三] 서기생을 청서에 보내 김씨가 보내온 문서 등을 탄껑야오에게 보여 주고, 이제 와서 결안 전망이 없다는 뜻으로 위안 스카이 등이 오랫동안 비친 걱정과 수고로움에 감사하였습니다. 이때 김 독판이 청서에 내방하고 있다고 해서 탄껑야오는 그를 가토의 목전으로 불렀는데, 이는 표면상의 접대라고 생각했더니 김씨에게 심하게 말한 뒤 위에 가져온 서류를 철회한다는 취지가 있었습니다. 그날 밤, 마침내 김씨가 내일 조약을 정서한 다음, 기명 조인을 하겠다는 뜻을 공문으로 알려왔으므로 앞서 준비해 둔대로 다음 날 21일에 통서에 가서 결약 수순을 집행했던 것입니다.

위 전신 1건의 종결 전말을 상신합니다.

메이지 18년(1885) 12월 29일
  재한성 임시대리공사 다카히라 고고로[高平小五郞] ㉑

출처: 『日本外交文書』 권18, #93, 170~173쪽

[참고 문헌]

• 『운양집』 제8권, 「公函」

• 『승정원일기』

• 고려대학교 아세아문제연구소 편(1967), 『구한국외교문서 일안』 제1권, #555, #581, 고려대학교출판부.

• 外務省条約局(1934), 『舊條約彙纂』 第3卷(朝鮮·琉球), 外務省条約局.

• 遞信省通信局(1895), 『朝鮮電信誌』, 遞信省通信局.

• 海野福壽 編集·解說(2003), 『(外交史料)韓國倂合』 上, 東京: 不二出版.

• 김연희(2018), 『전신으로 이어진 대한제국, 성공과 좌절의 역사』, 혜안.

• 李穗枝(2016), 『朝鮮の對日外交戰略: 日淸戰爭前夜 1873-1893』, 法政大學出版局.

• 김연희(2006), 「고종시대 근대 통신망 구축사업」, 서울대, 박사학위논문.

4
한국 통신기관 위탁에 관한 협정
韓國 通信機關 委託에 關한 協定

한국 통신기관 위탁에 관한 협정 | 1905년 한국의 통신기관을 일본에 위탁하는 내용이지만, 실제로는 일본이 한국의 통신 시설이 부실하다는 명분을 내세워 장악한 조약이다.

協定書

韓日兩國政府と 韓國通信機關을 整備호야 日本國通信機關과 合同聯絡호야 兩國共通의 一組織을 成홈으로써 韓國의 行政上과 經濟上 得策으로 호고 且爲ㅎ야 韓國의 郵便電信電話事業을 日本國政府의 管理에 委託호고 必要를 認홈야 大韓帝國外部大臣 李夏榮 及 大日本帝國特命全權公使 林權助と 各相當호 委任을 承有호고 玆에 左開條項을 議定홈

第一條 韓國政府と 其國內에 有호と 郵便電信及電話事業(宮內府專屬電話를 除홈)管理를 日本國政府에 委託

ㅎと事

取極書

日韓兩國政府ハ韓國ノ通信機關ヲ整備シ日本國ノ通信機關ト合同聯絡シテ兩國共通ノ一組織ヲナスヲ以テ韓國ノ行政上並ニ經濟上得策ナリトシ且之カ力屬ノ韓國ノ郵便電信電話事業ヲ日本國政府ノ管理ニ委托スル必要ヲ認メ大日本帝國特命全權公使林權助及大韓帝國外部大臣李夏榮ハ各相當ノ委任ヲ受ケ左ノ取極ヲナス

第一條　韓國政府ハ其國內ニ於ケル郵便電信及電話事業（宮內府專屬ノ電話ヲ除ク）ノ管理ヲ日本國

朝　鮮　（日鮮關係）　韓國通信機關委託ニ關スル取極書

韓國通信機關委託ニ關スル取極書

明治三十八年四月一日調印（日、韓文）
同　年同月二十八日官報彙報欄
揚載

取極書

日韓兩國政府ハ韓國ノ通信機關ヲ整備シ日本國ノ通信機關ト合同聯絡シテ兩國共通ノ一組織ヲナスヲ以テ韓國ノ行政上並ニ經濟上得策ナリトシ且之レカ爲メ韓國ノ郵便電信電話事業ヲ日本國政府ノ管理ニ委託スル必要ヲ認メ大日本帝國特命全權公使林權助及大韓帝國外部大臣李夏榮ハ各相當ノ委任ヲ受ケ左ノ取極ヲナス

第一條　韓國政府ハ共國內ニ於ケル郵便電信及電話事業（宮內府專屬ノ電話ヲ

協　定　書

光武九年四月一日調印

日韓兩國政府는韓國通信機關을整備ᄒ야日本國通信機關과合同聯絡ᄒ야兩國共通의一組織을成ᄒᄋᆞᆷ으로써韓國의行政上과經濟上得策으로ᄒ야且爲之ᄒ야韓國의郵便電信電話事業을日本國政府의管理에委托ᄒᆞᆯ必要를認ᄒ야大韓帝國外部大臣李夏榮及大日本帝國特命全權公使林權助ᄂᆞᆫ各相當ᄒᆞ委任을承有ᄒ야兹에左開條項을議定宮

第一條　韓國政府는共國內에有ᄒᆞ는郵便電信及電話事業의宮內府專屬電話를除

(Translation.)

Signed in Japanese and Corean, April 1, 1905
(38th year of Meiji).
Published April 28, 1905.

AGREEMENT.

The Imperial Governments of Japan and Korea, finding it expedient from the standpoint of the administration and finances of Korea, to rearrange the system of communications in that country, and, by amalgamating it with that of Japan, to unite the two systems into one common to the two countries, and, having seen the necessity with that object in view, of transferring the post, telegraph and telephone services of Korea, to the control of the Japanese Government, Hayashi Gonsuke, Envoy Extraordinary and Minister Plenipotentiary of Japan and I-hayeng, Minister of State for Foreign Affairs of Korea, each invested with proper authroity, have agreed upon and concluded the following Articles:—

Article 1. The Imperial Government of Korea shall transfer and assign the control

원문

協定書

日韓兩國政府는 韓國通信機關을 整備ᄒᆞ야 日本國通信機關과 合同聯絡ᄒᆞ야 兩國共通의 一組織을 成홈으로써 韓國의 行政上과 經濟上 得策으로 ᄒᆞ야 且爲之ᄒᆞ야 韓國의 郵便電信電話事業을 日本國政府의 管理에 委託ᄒᆞ는 必要를 認ᄒᆞ야 大韓帝國 外部大臣 李夏榮 及 大日本帝國特命全權公使 林權助는 各相當ᄒᆞᆫ 委任을 承有ᄒᆞ야 兹에 左開條項을 議定홈

第一條
韓國政府는 其國內에 有ᄒᆞ는 郵便電信及電話事業의 (宮內府 專屬電話를 除홈) 管理를 日本國政府에 委託홀 事

第二條
韓國政府의 旣設通信事業에 關聯ᄒᆞᆫ 土地建物器具機械其他一切設備는 保協約에 依ᄒᆞ야 日本國政府保管에 移屬홀 事
前項土地建物其他設備에 關ᄒᆞ야는 兩國官憲이 會同ᄒᆞ야 財産目錄을 調製ᄒᆞ야 以爲他日之證이라

第三條
韓國의 通信機關 擴張을 爲ᄒᆞ야 日本國政府에서 必要로 ᄒᆞ는 境遇에는 國有의 土地及建物은 無償으로 使用ᄒᆞ며 及一私人의 土地建物은 有償으로 收用홈을 得홀 事

第四條
通信機關의 管理及財産의 保管에 關ᄒᆞ야는 日本國政府는 自己計算으로 善良ᄒᆞᆫ 管理人

의 責에 任홀 事

通信機關의 擴張에 要하는 費用도 亦是 日本國政府의 負擔으로홀 事

日本國政府는 通信機關에 管理에 關한 財政狀況을 韓國政府에 公示홀 事

第五條

日本國政府가 通信機關의 管理며 擴張上 必要로 하는 設備와 物件에 對하야는 一切 課稅를 免除홈이 可홀 事

第六條

日本國政府의 管理權及業務擴張에 抵觸치 아니하는 範圍內에서 現在의 通信院을 存置홈은 韓國政府의 任意로 홀 事

日本國政府는 管理及擴張의 業務에 關하야 되도록 多數의 韓國官吏와 使用人을 用홀 事

第七條

郵便電信及電話에 關하야 旣往에 韓國政府가 外國政府 間에 協定하던 事項에 對하야는 日本國政府가 代하야 其權利를 行事하며 其義務를 履行홀 事

通信機關에 關하야 將來에 新히 韓國政府와 外國政府 間에 協定하는 必要가 有한 境遇에는 日本國政府는 韓國政府 代表로기 協定의 責에 任홀 事

第八條

日本國政府와 韓國政府 間에 旣往成立한 通信機關에 關하는 各宗協定은 本協約에 依하야 當然히 改廢變更한 者로 홀 事

第九條

將來에 韓國通信事業의 發達을 爲하야 日本國政府가 旣成設備의 官吏保管及新事業擴張에 消費하던 出費에 對하야 十分收益이 生홈에 至한 時에는 日本國政府는 收利內 相當한 額數를 韓國政府에 交付홀 事

第十條
將來에 韓國政府財政이 十分 餘裕가 生ᄒᆞᄂᆞ 時에ᄂᆞ 兩國政府ㅣ 協議ᄒᆞ야 通信機關의 官吏를 韓國政府에 還付홀 事

光武九年四月一日
　　大韓國外部大臣 李夏榮 ㊞
明治三十八年四月一日
　　特命全權公使 林權助 ㊞

출처: 奎23047

번역문

협정서

한일 양국 정부는 한국 통신 기관을 정비하여 일본국 통신 기관과 합동 연락하여 양국 공통의 한 조직을 이룸으로써 한국의 행정·경제상 득책으로 하여 또 이를 위하여 한국의 우편·전신·전화 사업을 일본국 정부의 관리에 위탁할 필요를 인정하여 대한제국 외부대신 이하영 및 대일본제국 특명전권공사 하야시 곤스케는 각기 상당한 위임을 받아 다음의 조항을 의정한다.

제1조
한국 정부는 국내에 있는 우편·전신·전화 사업【궁내부 전속 전화를 제외하고】 관리를 일본국 정부에 위탁한다.

제2조
한국 정부가 기존에 설치한 통신사업과 관련된 토지, 건물, 기구, 기계 기타 일체 설비는 본 협약에 의하여 일본국 정부의 보관에 이속한다.
전 조항의 토지, 건물 기타 설비에 관해서는 양국의 관헌이 회동하여 재산 목록을 작성함으로써 뒷날의 증거로 삼을 것이다.

제3조
한국에 통신 기관을 확장하기 위하여 일본국 정부에서 필요로 하는 경우에는 국유의 토지와 건물은 무상으로 사용하며, 개인의 토지와 건물은 유상(有償)으로 수용할 수 있다.

제4조
통신 기관 관리와 재산의 보관에 관해서는 일본국 정부가 자의로 판단해 선량한 관리인에게 책임을 맡긴다.
통신 기관 확장에 요구되는 비용도 일본국 정부의 부담으로 한다.
일본국 정부는 통신 기관 관리에 관한 재정 상황을 한국 정부에 공시한다.

제5조
일본국 정부가 통신 기관 관리와 확장에 필요로 하는 설비와 물건에 대해서는 일체 과세를 면제해야 한다.

제6조
일본국 정부의 관리권 및 업무 확장에 저촉되지 않는 범위 내에서 현재의 통신원을 그대로 두는 일은 한국 정부가 임의로 한다.
일본국 정부는 관리·확장 업무에 관하여 되도록 많은 수의 한국 관리와 사용인을 쓴다.

제7조
우편, 전신, 전화 등과 관련하여 이전에 한국 정부가 외국 정부와 협정한 사항에 대해서는 일본국 정부가 대신하여 그 권리를 행사하며 그 의무를 이행한다.

통신 기관과 관련하여 앞으로 새로 한국 정부와 외국 정부 간에 협정할 필요가 있을 경우에는 일본국 정부가 한국 정부의 대리로 그 협정의 책임을 맡는다.

제8조

일본국 정부와 한국 정부 사이에 이전에 성립한 통신 기관에 관한 각종 협정은 본 협약에 의하여 당연히 고치거나 폐지하거나 변경한다.

제9조

장래 한국의 통신사업 발달을 위하여 일본국 정부가 기성 설비의 관리, 보관 및 새로운 사업 확장에 소비하던 지출비에 대하여 충분한 수익이 생기는 데에 이르렀을 때에는 일본국 정부는 거둔 이익 내에서 해당한 액수를 한국 정부에 넘겨준다.

제10조

장래 한국 정부의 재정에 충분한 여유가 생기는 때에는 양국 정부가 협의하여 통신 기관의 관리를 한국 정부에 도로 넘겨주어야 한다.

광무 9년 4월 1일
  대한국 외부대신 이하영 ㊞
메이지 38년 4월 1일
  특명전권공사 하야시 곤스케 ㊞

해제

1. 개요

1905년 한국의 통신기관을 일본에 위탁하는 내용이지만, 실제로는 일본이 한국의 통신 시설이 부실하다는 명분을 내세워 장악한 조약이다. 대한제국 외부대신 이하영(李夏榮)과 일본국 특명전권공사 하야시 곤스케[林權助] 사이에 체결되었다. 일본은 한국에서 청국 및 러시아와 통신 시설 운영과 관리를 둘러싸고 경쟁하였는데, 러일전쟁 중 전세가 일본에게 유리하게 전개되자 한국의 주요 시설을 일방적으로 장악해 나갔다. 이에 앞서 일본은 1904년 「고문용빙에 관한 협정서」[※Ⅶ-3]를 체결해 통신 시설의 부실함을 명목으로 일본에게 이를 위탁할 것을 요구하였다.

「한국 통신기관 위탁에 관한 협정」은 전문과 10개 조관으로 이루어져 있다. 전체적으로 대한제국 내 모든 통신 기관에 대한 위탁과 이를 관리할 주체, 그리고 통신 기관과 관련된 토지와 건축물 등에 대한 권리가 명시되어 있다. 통신 위탁 경영과 관련하여 발생하는 이익 배분이나 한국인 관리 등용 등을 규정하고 있지만, 이는 허울뿐인 조항으로 통신과 관련한 모든 사항을 일본이 장악할 수 있도록 한 조약이다. 아울러 한국을 폭압적으로 잠식해 들어가는 상황을 해외에 알릴 수 있는 통로를 차단함으로써 효율적인 통제를 도모하는 방편으로 활용하였다.

2. 배경

일본은 러일전쟁을 일으키면서 1904년 2월 21일 한국 정부에 「한일의정서」[※Ⅶ-2]를 강요하였다. 「한일의정서」 체결은 일본이 한국의 내정과 외교를 간접적으로 지배하여 한국을 '보호국'화하고 종국에는 식민지화하는 근거를 마련하는 데 목적이 있었다. 이토 히로부미[伊藤博文]는 「한일의정서」를 통해 추후의 침략 방침과 그에 따른 대책을 마련하고자 같은 해 3월

17일 한국에 입국하였다. 그는 한국의 실정을 파악하였고 당시 일본 전권공사 하야시와 협의하였다. 하야시는 「대한사견개요(對韓私見槪要)」를 이토에게 제시하였고, 이토는 이를 근거로 「대한방침(對韓方針)」과 「대한시설강령(對韓施設綱領)」[※관련 문서-3]을 수립하였다. 이토의 의견은 일본 정부의 고위 관료에게 건의되었고 5월 말 일본 정부의 시책으로 확정되었다.

"일본제국은 한국에 대해 정치 및 군사상 보호의 실권을 가지고 경제적으로 더욱 우리의 이익에 발전을 도모할 것"이라는 「대한방침」의 서두를 보면, 이토가 구상한 대한정책이 무엇이었는지 짐작케 한다. 일본은 한국을 '보호국'화한다는 명분을 갖고 경제적 이권 추구에 몰두한 것이었다. 당시 일본의 경제적 이권 추구는 단순한 금전적 이익이 아니라 국가의 안위와 직결되는 문제였다. 한국에 대한 보호국화는 곧 한국의 존망이 일본의 안위가 걸린 문제로 인식한 데서 비롯된 것이다. 따라서 당연히 한국은 결코 다른 나라에 병탄되어서는 안 되며, 이를 저지하기 위해서라도 황제는 한국의 독립과 영토 유지를 위해서 전력해야만 하는 것이다. 이러한 사실은 이미 청일전쟁을 치른 이유이기도 했다. 또 「한일의정서」를 체결하여 어느 정도 '보호권'을 얻었지만 한국의 국방·외교·재정에 대해서는 더욱 확실하고 적절한 약속과 설비를 갖춰 '보호'의 실권을 마련해야 한국에 대한 보호권을 통해 일본의 경제적 이익을 얻을 수 있다며 대한방침의 이유를 덧붙였다.

이러한 경제적 이권 추구는 「대한시설강령」에 더욱 실질적으로 나타나 있다. 즉 한국에 대한 일본의 경영은 장래를 위해서 반드시 시설해야 하지만 당장 그 사항을 마련하기 어려우므로, 중요한 문제에 속하고 또 당장 필요한 국방·외교·재정 등을 마련하여 수행하려 했던 것이다. 또 이를 더욱 구체적으로 실현할 방책으로 「대한시설세목」이 마련되었다.

「대한시설강령」의 6개 항목 중 다섯 번째에는 "한국의 통신 기관을 장악"한다는 조항이 포함되어 있다. 통신권 강탈이 한국에서 경제적 이권 추구의 핵심 내용으로 삽입된 것이다. 이는 단순히 경제적 침탈만을 의미하는 것은 아니었다. 가장 먼저 언급한 것이 통신선이고 그 다음이 우편 업무임을 보면 전신 설비의 하나인 통신선이 얼마나 중요했는지 짐작할 수 있다. 하지만 당시 한국의 통신 사정은 매우 열악했으며, 매년 적지 않은 액수의 손실이 발생하고 있었다. 이를 재건하는 데에는 상당히 큰 자금이 필요함에도 일본 정부는 이를 주저하지 않고 통신 기관을 정비할 것을 계획하였다.

이를 수행하는 가장 좋은 방법은 한국 정부가 우편, 통신 및 통신사업의 관리를 일본 정부에게 위탁·귀속케 하라고 제안하는 것이었다. 한국의 통신사업이 일본의 그것과 통일되면 일본으로서는 관리도 쉬워질 것이고, 양국의 통신 상황 차이에 따른 비용 낭비도 해결할 수 있기 때문이다. 이를 위해 「대한시설세목」에서는 "한국 정부로 하여금 우편, 통신 및 전화사업의 관리를 제국 정부에 위탁케 한 후 공통경제로서 이를 경영할 것. 만약 위와 같이 행해질 수 없다면 전쟁 중에는 중요 선로를 골라 우리의 군용전선을 가설할 것. 경성에서는 한일 전화의 기계적 통연(通聯)을 영구히 유지할 것" 등의 통신 대책이 수립되었다.

일본은 한국의 통신 기관을 위탁해 관리·경영할 것을 최종 목표로 설정하였다. 만약 그것이 여의치 않았을 경우 군용전선을 가설해 활용할 것을 부언한 사실로 보아, 한국의 전신을 영구히 장악할 계획을 수립해 두었음을 알 수 있다. 이후 일본은 한일 전화의 기계적 연결을 이루었고 거의 모든 면에서 한국의 통신 기관을 장악할 수 있었다.

3. 체결 과정

러일전쟁이 한창이던 1904년과 1905년을 거치면서 일본은 시설강령과 세목에서 수립한 한국통신권을 장악해 갔다. 이미 일본 체신성에서는 한국의 통신권을 강탈하기 위해 협정 초안을 마련해 두었지만 이를 서둘러 추진하지는 않았던 것 같다. 1904년 9월 「고문 용빙에 관한 협정서」를 체결하고 재정상 침탈을 추진하려고 한국에 들어온 재정 고문 메가타 다네타로[目賀田種太郎]에게 내린 훈령을 보면, "체신 사업은 당분간 그 관리를 일본에 위임토록 한다"는 수준에 머물고 있기 때문이다.

그러나 1905년 일본은 러일전쟁에서 전세가 유리하게 전환되고 한국 정부에 대한 압박 정책이 실효를 거두면서 통신 기관의 권한을 접수하는 작업에 돌입했다. 1905년 2월 22일 일본 공사 하야시는 한국 내 해외 공관원 철수와 함께 통신 기관 위탁을 요구하였고, 의정부서리대신 조병식(趙秉式)과 함께 고종을 만나 통신권 협약 초안을 제시하였다. 당시 고종은 협약 초안에 대해 한국의 독자적인 통신 기관이 존속하기를 바란다는 소극적 반대를 표하였다.

이에 하야시는 2월 28일 협약 초안을 일부 수정하여 다시 제시하였지만, 그 내용에 큰 변화는 없었다[※관련 문서-1]. 한국 정부는 이에 대해 지속적인 반대 의사를 표시하였다. 대신들 역시 반대 여론이 비등할 것을 우려하여 반대를 표명하였다. 그리고 그 대안으로 한국의 통신 기관을 그대로 유지한 상태에서 일본인 통신고문관을 초빙하여 개선을 도모하고 일본이 군사상 필요가 있다면 통신 기관은 자유로이 설치할 수 있다고 통보하였다. 이 제안 역시 한국의 통신 기관 운영권을 모두 일본에게 넘기는 조치였을 뿐이다. 하지만 일본은 이 제안이 초안에서 벗어났기 때문에 이를 거절하고 초안에 입각한 내용을 고집하였다. 나아가 하야시 일본 공사는 한국의 의정부회의에 직접 참석하여 한국의 대신들을 협박하면서 찬동하라고 압박하였다. 또 참정대신과 외무대신에게 국왕 고종의 재가를 받도록 독촉하였다. 그러면서 만약 한국의 재정 상태가 호전되면 다시 통신 기관을 한국 정부에게 반환해 줄 수 있다는 조항을 추가하면서 애초의 목적에 따른 조약 체결을 종용하였다. 대신들은 이 내용을 포함한 조약 체결을 고종에게 전달하였으나 고종은 여전히 한국의 통신 기관의 존속을 희망하였다.

하야시 공사는 다음 날 다시 의정부회의를 열어 협정서에 동의하라고 압박하였지만, 여전히 반대는 거셌고 여론의 저항도 들끓기 시작하였다. 일본은 통신 기관 양도협정을 철저히 비밀에 붙였으나 의정부회의에 그 안건이 상정되면서 『황성신문』에 보도되었다. 고종은 끝까지 협정 반대 의사를 간접적으로 표시하였고, 참정대신 조병식은 의정부회의 소집을 거부하는 등 안건을 토의조차 하지 않았다. 그는 처음에는 신병을 핑계로 회의에 불참하다가 결국엔 사직을 표함으로써 협정 체결에 끝내 반대하였다. 조병식뿐만 아니라 주무장관인 통신원 총판 민상호(閔商鎬)도 이를 거부하였다. 그는 이미 1904년 2월 일본의 통신 기관 장악이 가시화되자 이에 항거해 총판을 사직한 적도 있었다.

이처럼 대체로 국왕 고종을 비롯해 참정대신과 통신원 등 정부 고위 관료들은 일본의 요구를 절대적으로 거부하였다. 일반 국민의 여론 역시 이와 마찬가지였다. 여론의 저항이 어느 정도였는지 알 수 있는 기록이 남아 있지는 않으나 1904년 6월의 황무지개간권 교섭 때 못지 않았다고 전해진다. 물론 이 저항운동은 목적을 달성하지 못하였다. 때마침 고종이 러시아에 보낸 밀서가 상하이에서 발각되는 일이 벌어지자 일본은 이를 빌미로 고종과 흥정을 벌였다. 고종의 밀서가 사실이었는지 여부는 밝혀지지 않았지만 고종은 이에 대해 끝까지 부정하였다. 밀서 내용이나 휴대자 혹은 발송 경로 등이 분명하지 않은 점으로 볼 때 이 사건은 일본이 날조했을 가능성도 부인할 수 없다. 일본은 이 사건을 고종에게 대질함으로써 당시 현안이었던 통신 기관과 재외 공관 철수 교섭을 진행하는 데 효력이 있을 것으로 보았다. 고종은 진퇴양난의 상황에 놓이게 되었다.

다방면에서 이뤄진 일본의 압박으로 결국 3월 28일 참정대신 조병식의 사표가 수리되고 민영환(閔泳煥)이 후임으로 임명되었다. 참정대신이 교체되자 일본은 의정부회의 개최를 강하게 요구하였다. 3월 30일 의정부회의가 개최되었다. 신임 참정대신이었던 민영환 역시 의정부회의 참석을 거절하였고, 군부대신 권중현(權重顯)이 대리하였다. 이 자리에는 하야시 일본 공사가 참석하여 찬동 의결할 것을 압박하였다. 이에 저항할 수 없었던 한국 대신들은 초안에 약간의 수정만을 가한 채 일본의 요구를 받아들일 수밖에 없었다[※관련 문서-2]. 이 자리에서 의결된 내용은 곧바로 고종의 재가를 얻어 냈으며 일본 정부의 승인을 얻은 다음, 4월 1일에 외부대신 이하영과 일본 공사 하야시의 조인으로 정식 체결되었다. 한국 정부 관료의 반대에도 일본은 협약 초안에 수정을 가했다고는 하지만 애초에 제시된 초안과 크게 다르지 않은 협약안이 통과되었던 것이다.

4. 내용

국한문 혼용으로 된 한국 측 조약 명칭은 '협정서(協定書)'(광무 9년 4월 1일)로만 되어 있고, 일본 측 명칭은 '한국 통신기관 위탁에 관한 취극서(取極書)'(메이지 38년 4월 1일 조인)이다. 1934년 간행된 『구조약휘찬(舊條約彙纂)』 제3권에서는 이 조약의 영문 번역본이 포함되어 있는데, 영문명은 'Agreement'로 되어 있다. 세 종류의 조약문은 특이할 만한 차이점은 보이지 않는다. 다만 제1조에서 '위탁'이라는 표현을 영문조약에서는 'transfer and assign the control and administration'으로 순화해서 나타냈는데, 이는 조약 체결 과정의 강제성을 숨기면서 조약 내용의 합법성을 강조하려는 것으로 보인다. 한국의 통신 기관을 일본이 강탈하는 법적 근거가 된 조약으로 일본이 타국과 맺은 조약에서 찾아볼 수 없는 침략성을 띤다.

제1조는 대한제국이 통신 기관을 일본에 전면적으로 양도하는 것으로, 궁내부(宮內府)에 소속된 전화를 제외하고 국내에 있는 우편·전신·전화 사업의 관리를 일본 정부에 위탁한다는 내용이다.

제2조는 한국 정부가 이미 벌이고 있는 통신사업과 관련된 토지·건물·기구·기계 기타

일체 설비를 일본 정부에 이속시키며, 그 물목을 조사해 목록으로 만들어 후일의 증거로 삼는다는 것이다.

제3조는 한국에 통신 기관을 확장하기 위하여 일본 정부에서 필요로 하는 경우에는 국유지와 건물은 무상으로 사용하며, 개인의 토지와 건물은 유상으로 거두어 쓸 수 있다고 규정하였다. 물론 무상으로 사용하는 국유지와 건물에는 전(電)·우(郵) 양사를 제외하고 궁내부가 관할하는 땅과 각 능(陵), 원(園), 묘(墓) 및 종묘, 사직 부근의 땅, 그리고 각 관청 등이 포함되지 않았다. 그러나 한국 정부의 관유지는 물론 사유지까지 일본인의 필요에 따라 얼마든지 사용할 수 있다는 전제가 있었으므로, 사실상 일본인이 마음대로 한국 내 토지를 점유할 수 있었다.

제4조는 통신 기관의 관리와 재산의 보관에 관해서 일본 정부가 자의로 판단해 시행하며, 통신 기관 확장에 요구되는 비용은 일본 정부의 부담으로 하되 일본 정부는 통신 기관의 관리에 관한 재정 상황을 한국 정부에 공시한다는 내용이다.

제5조는 일본 정부가 통신 기관 관리와 확장에 필요로 하는 설비와 물건에 대해서는 일체 과세를 면제해야 한다는 것이다. 일본이 한국 내 시설을 설치하기 위하여 어떤 물건과 인원을 유입하더라도 한국에서 제지할 방법이 없는 조항이다.

제6조는 일본 정부의 관리권과 업무 확장에 저촉되지 않는 범위 내에서 현재의 통신원(通信院)을 그대로 두는 일은 한국 정부가 임의로 하되, 일본 정부는 관리·확장 업무에 관하여 되도록 많은 수의 한국 관리와 사용인을 채용한다는 제한 조항이다. 이 조항은 희망적인 문구로서 일본 정부가 시행해야 하는 의무 조항이 아니다.

제7조는 우편·전신·전화와 관련하여 한국 정부가 외국 정부와 협정한 사항에 대해서는 일본 정부가 대신하여 그 권리를 행사하며 그 의무를 이행한다는 것이다. 또한 통신 기관과 관련하여 앞으로 한국 정부와 외국 정부 간에 협정할 필요가 있을 경우에는 일본 정부가 한국 정부의 대리로 그 협정의 책임을 맡는다는 내용이다.

제8조는 한국과 일본 정부 사이에 체결하였던 통신 기관에 관한 각종 협정은 본 협약에 의하여 당연히 고치거나 폐지 혹은 변경한다는 것이다. 제7조와 제8조의 내용은 한국 정부의 자주적인 행정 행위인 통신 기관 관리와 운영권을 일본에 양도한다는 내용으로 식민지 침략 과정의 대표적인 수순이었다.

제9조는 장래 한국의 통신사업 발달을 위하여 일본 정부가 기성설비(既成設備)의 관리·보관과 새로운 사업 확장에 소비하던 지출비에 대하여 충분한 수익이 생기는 데에 이르렀을 때에는 일본 정부가 거둔 이익 내에서 해당한 액수를 한국 정부에 넘겨준다는 것이다.

제10조는 장래 한국 정부의 재정에 충분한 여유가 생기는 때에는 양국 정부가 협의하여 통신 기관 관리를 한국 정부에 다시 돌려준다는 내용이다.

이처럼 일본은 한국의 행정·경제상 득책이 된다는 명분을 내세워 궁내부 전화를 제외한 모든 통신사업권을 박탈하고, 기존 통신사업에 관련한 토지·건물·기계 및 기타 일체의 설비를 빼앗았다. 또 통신 기관 확장이라는 명목하에 한국의 토지와 건물을 마음대로 수용하였다. 통신 관련 물자 수입에는 면세 특권마저 누릴 수 있게 되었다. 통신 기관 운영과 관리는 일본이 독자적으로 행할 수 있게 되었으며, 한국 정부는 통신사업에 관해서는 모든 권리를 잃었다. 요컨대 통신과 관련해서 외국과 교섭할 수 있는 권한조차 빼앗김으로써 통신 자주권을 유린당한 것이다.

협정서 제3조와 제4조에서 궁내부 전화를 제외한다는 조항은 한국 정부의 요구였다. 하지만 이는 자주적 통신권 박탈과 전혀 관련 없는 것이었다. 원래 통신권 반환 기한을 정하자는 요구가 있었음에도, 추후 일본의 실질적 통신 지배 정책에 영향이 미칠 것을 우려한 일본은 이를 끝까지 받아들이지 않았다. 다만 통신사업의 운영 과정에서 발생하는 이익을 분배한다거나 통신 관리에서 한국인 관리를 채용한다는 조항은 허울 좋은 명분일 뿐이었다.

5. 의의

전근대와 근현대를 아울러 정보통신의 장악 여부는 갈등과 대립에서 승기를 잡을 수 있는 매우 중요한 요소였다. 근대적 통신수단으로 주목받고 있던 전신 기술은 개화 문물의 도입과 함께 가장 먼저 조사되었고, 비교적 저렴한 비용으로 설비를 구축할 수 있다는 점에서 대한제국 정부에게 상당히 매력적인 기술이었다.

일본 역시 메이지유신 이후 근대 문물을 도입하는 과정에서 전신 기술을 가장 먼저 도입했을 정도였다. 일본은 전신 기술을 한국에 적용해 정보 유통을 장악하고자 하였다. 또 청국 역시 뒤늦게나마 한국의 육로전신선 부설 사업에 뛰어들면서 한국의 통신권을 장악하기 위해 일본과 경쟁했지만, 청일전쟁을 계기로 일본의 우위로 마감되었다. 한국에서 청국의 영향력을 제거한 일본은 러시아의 남하와 진출 정책에 대해서도 러일전쟁을 벌여 막아 낼 수 있었다. 일본은 통신 설비 부설권 등에 그치지 않고 「고문 용빙에 관한 협정서」 체결 이후 실질적인 한국의 정보 장악을 위해 통신권 이양 조약을 서둘렀고, 고종과 고위 관료 및 한국민의 거센 저항에도 강압적으로 조약을 체결하였다.

일본은 1905년 5월부터 협정서 초안을 마련했던 체신성의 관리를 파견해 한국의 통신 기관 사무를 접수하였으며, 통감부 설치 후에는 신설된 통신관리국이 운영을 맡았다. 그 결과 한국은 통신 주권을 일본에게 강탈당했던 반면, 일본은 한국의 통신권을 장악함으로써 국제사회에 한국의 상황이 노출되는 통로를 차단함으로써 자국의 의도대로 강제병합을 추진하는 발판을 마련할 수 있었다.

6. 관련 문서

1) 「통신 기관의 일본 정부 위탁에 따른 경과 보고」(1905. 3. 21.)

제99호
1905년 3월 21일 오후 8시 발
하야시[林] 공사
도쿄 고무라[小村] 대신

통신 기관 위탁 건은 그 후 외부대신이 두문불출했기 때문에 교섭이 중단된 상태였는데, 본관은 이쪽 제71호 전보와 같이 폐하의 희망을 받아들이기 위하여 통신원의 존치와 수익 분배 2개조를 첨가하여 원안(原案) 제1안(본관이 작년 귀국할 때 체신성에서 입수한 것)을 수정, 간약(簡約)하여 다음 제안을 작성, 오늘 의정부에서 탁지대신(度支大臣)을 제외하고 참정(參政) 이하 각 대신에게 회의했음. 그 안은 다음과 같음(별지 안(案) 전문(全文)).

본안(本案) 제10조는 추후 협의의 진행에 따라 제시하는 것으로 하고, 오늘의 회의에는 삭제하여 제시했지만 결국 이 조를 더하는 것은 본안의 골자인 위임권의 성질에 적합할 뿐만 아니라 '우리와 협의한 후에'라고 되어 있는 이상 우리 의사에 따라 관리권의 환부를 부인할 수 있는 여지가 있어 대체로 불적당하지 않다고 믿음.

본 공사는 하기와라[萩原], 고쿠분[國分] 두 서기관을 대동하고 온갖 말을 다하여 반복하여 설명한 후 참정과 외부대신으로 하여금 오늘밤 회의의 대요를 상주시켜 내일이라도 회답을 얻을 것을 요구해 두었음. 각 대신의 의향은 예와 같이 민론의 반대를 구실로 삼아 명실공히 통신원(通信院)을 존치하고 우리 고문을 용빙해서 개선을 도모하며, 동시에 군사행동이 계속되는 중에는 우리 통신 기관은 별도로 설치하기를 희망하고 있기 때문에 내일의 회답 형편으로는 원안 제2안을 기초로 다시 협의를 개시하겠음.

[별지] 「통신 기관을 일본 정부에 위탁하는 조항」

1905년 2월 28일 원안에 기초하여 한국 황제의 희망을 첨가해서 기안한 것(하기와라)

한일 양국 정부는 한국의 통신 기관을 정비하여 일본국의 통신 기관과 합동 연락해서 양국 공통의 한 조직을 이룸으로써 한국의 행정상 및 경제상 득책이 된다고 여기고, 또 이를 위하여 한국의 우편·전신·전화 사업을 일본국 정부의 관리에 위탁할 필요를 인정하고 이에 다음과 같은 조항을 의정함.

제1조 한국 정부는 국내 우편, 전신 및 전화 사업 관리를 일본국 정부에 위탁할 것.
제2조 한국 정부의 기설(旣設) 통신사업에 관련하는 토지, 건물, 기구, 기계, 기타 일체의 설비는 본 협약에 의해 일본 정부의 보관으로 옮김. 전항의 토지, 건물, 기타 설비에 관해서는 양국의 관헌이 회동한 뒤에 재산 목록을 조제함으로써 후일의 증거로 할 것.
제3조 한국의 통신 기관 확장을 위하여 일본 정부에서 필요로 하는 경우에는 국유의 토지, 건물 및 도로는 무상으로 사용하고, 그리고 개인의 토지, 건물 등은 유상으로 수용할 수 있음.
제4조 통신 기관 관리와 재산의 보관에 관해서는 일본국 정부는 자기의 계산으로써 선량

한 관리인의 책임에 맡길 것. 통신 기관 확장에 요구되는 비용도 일본국 정부의 부담으로 할 것.

제5조 일본국 정부가 통신 기관 관리 혹은 확장상 필요로 하는 설비 및 물건은 일체의 과세를 면제할 것.

제6조 일본 정부의 관리권과 업무 확장에 저촉되지 않는 범위에서 통신원을 존치함은 한국 정부의 임의로 할 것. 일본국 정부는 관리와 확장 업무에 관하여 되도록 많은 한국 관리 또는 사용인을 임용할 것.

제7조 우편, 전신 및 전화에 관하여 종전에 한국 정부가 외국 정부와 협정한 사항에 관해서는 일본국 정부가 대신 그 권리를 향수하며 그 의무를 이행할 것. 통신 기관에 관하여 장래 새로 한국 정부와 외국 정부 사이에 협정할 필요가 있을 경우에는 일본국 정부는 한국 정부를 대신하여 그 협정의 책임을 짐.

제8조 일본국 정부와 한국 정부 사이에 종래 성립된 통신 기관에 관한 각종 협정은 본 협약에 의하여 당연히 개폐·변경된 것으로 함.

제9조 향후 한국 통신사업 발달을 위하여 일본국 정부가 기존 설비의 관리 보관 및 신사업 확장에 지출한 비용에 대하여 충분한 수익이 생길 때는 일본국 정부는 수익의 상당 부분을 한국 정부에 납부할 것.

제10조 장래 한국 정부의 재정에 충분한 여유가 생겼을 경우는 양국 정부가 협의한 후에 통신 기관 관리를 한국 정부에 환부할 것.

출처: 『주한일본공사관기록』 26권, 97~98쪽

2) 「통신 기관 위탁 문제에 관한 청훈 건」(1905. 3. 30.)

왕전(往電) 제118호
1905년 3월 30일 오후 7시 50분 발
하야시[林] 공사
도쿄 고무라[小村] 대신

통신 기관 위탁 취급서에 관해서 본관은 귀전(貴電) 제51호 훈령과 같이 원안에 수정을 가하고 또한 그 협정서 형식을 완전히 갖추기 위하여 전문(前文)의 '필요를 인정' 밑에 '대일본제국 특명전권공사 하야시 곤스케[林權助] 및 대한제국 외부대신 이하영은 각각 담당한 위탁을 받들어'를 덧붙이고, 제10조를 앞의 전신(電信)과 같이 추가해 그저께부터 각 대신 및 궁중에 보이고, 오늘 의정부회의에 참석해 토의함. 의정부 측에서는 미리 궁중과 협의가 된 것으로 보이며, 참석한 대신 모두 제안에 대체로 동의를 표하고 다음과 같이 수정을 요구함.

제1조 '전화사업' 아래 ( )를 넣어서 '궁내부(宮內府) 전속의 전화를 제외'라는 문자를 주(註)로 넣고, 제3조 '및 도로' 3자를 지우고 '국유 토지 및 건물'로 함. 이것은 도로의 2자가 필요 없기 때문임.

제4조에 제3항으로 '일본국 정부는 통신 기관의 관리에 관한 재정 상황을 한국 정부에 공시할 것'을 덧붙이고, 제6조 '범위에서' 아래 '현재의'라는 글자를 추가함.

이외에 참석한 대신은 제10조 관리권 환부에 기한을 붙일 것을 요구했으나 본관은 곤란하다며 이를 거절함. 또 제3조 통신 기관 확장에 필요한 국유 토지 및 건물은 산릉(山陵, 황릉), 궁전 및 그 소재지를 포함하지 않는다는 규정을 추가할 것을 요구한 데 대하여 본관은 이것은 공문으로 보증을 해주겠다고 약속함.

이상 한국 측의 수정 및 기타는 실질상 아무런 영향이 없으므로 본관만 동의를 하고 오늘 밤에 이 사정을 상주(上奏)시키고 내일 모레 조인하기로 진척이 되었으므로, 시급히 논의한 뒤 한국 측의 주문을 받아들여 조인하도록 최후의 훈령을 해 주기 바람.

출처: 『주한일본공사관기록』 26권, 97~98쪽

3) 「대한시설강령」(5·6조)

제국 정부의 한국에 대한 대체적인 방침으로서 결정된 이상은 이에 따라 시정할 강령을 정해 일의 완급과 시기의 당부(當否)를 판단하여 이것을 실행에 착수하기로 한다. 하지만 한국에 대한 경영은 장래 피아(彼我)의 관계 여하를 고려하여 시설할 것이 아니라, 그 사항도 역시 미리 정해 놓기 어렵다 하더라도, 국방과 외정(外政) 및 경제와는 대단히 긴요한 문제에 속하며, 또한 지금 착수해야 하기 때문에 아래에 대강을 기록하여 결정을 기대한다.

(중략)

5. 통신 기관을 장악할 것.

    통신 기관 중 가장 중요한 전신선(電信線)을 우리 쪽에서 소유하고, 또 우리 관리 아래에 두는 것은 절대적으로 필요하며, 우편 사업도 역시 우리 이익 발달에 따라 앞으로 점차 확장하지 않으면 안 됨. 그러나 어떻게 하여 이것을 한국 고유의 통신 기관과 조화시킬 것인가, 이것을 함께 강구할 필요가 있음. 확실히 한국 고유의 통신 기관은 매우 불완전한 상태에 있어 수지(收支)도 맞지 않아, 현재 해마다 30만 원 정도 손실을 보고 있기 때문에 만일 이대로 방치해 두면 공연히 재정상 곤란을 증대시킬 뿐이고, 일반 공중의 편리에 기여할 수 없으며, 만일 또 이것을 개선하여 일반의 희망을 충족시키려면 자연히 우리 기관과의 충돌을 피할 수 없음. 이것을 요약하면, 한 나라 내에 같은 종류의 기관 두 개가 독립하여 존재한다는 것은 경제 및 사무상으로 둘 다 불편·불리를 느낄 것은 당연할 것이므로, 이 문제를 해결하는 가장 좋은 방법은 한국 정부로 하여금 우편·전신 및 전화 사업 관리를 제국 정부에 위탁시켜 제국 정부는 우리나라의 통신사업과 합동 경리하여 양국 공통의 조직을 만드는 데 있음. 이와 같이 할 때는 한국에서 쌍방의 기관도 통일되어 그 나라 정부도 다행히 거액의 손실을 면할 수 있을 것임. 만일 또 이와 같은 기도를 도저히 행할 수 없게 되면, 제국 정부는 부득이 중요한 노선을 선택한 뒤 독립하여 스스로 경영할 수밖에 없음.

(중략)

6. 한국 정부로 하여금 우편·전신 및 전화 사업의 관리를 제국 정부에 위탁하게 하여 공통경제로서 이것을 경영하게 할 것.

    이것이 실행되지 않으면, 전쟁이 계속되는 동안에 중요한 선로를 택하여 우리 군용 전선을 가설할 것. 경성에서 일·한(日·韓) 전선 기계의 통관은 영구히 유지할 것. (하략)

출처: 『日本外交文書』 권37-1책, #390, 351~356쪽

[참고 문헌]

- 『고종실록』

- 『승정원일기』

- 『황성신문』

- 『日本外交文書』 권37-1책, #390, 351~356쪽

- 체신부(1985), 『한국전기통신100년사』(상).

- 김연희(2018), 『전신으로 이어진 대한제국, 성공과 좌절의 역사』, 혜안

- 국사편찬위원회 편(2002), 「외국 자본의 침투」, 『신편한국사』 44.

5
한국 연해 및 내하의 항행에 관한 약정서
韓國 沿海 및 內河의 航行에 關한 約定書

한국 연해 및 내하의 항행에 관한 약정서 | 1905년 한국의 국내 연안과 하천 항행을 일본 선박에게 허가하는 내용으로, 한국의 물적 자원을 약탈하는 수단으로 악용된 조약이다.

約定書

韓日兩國政府는 韓國產業이 發達하고 貿易이 增進케홈을 爲하야 韓國沿海及內河에 日本國船舶이 航行케홈이必要를 認하야 大韓帝國外部大臣 李夏榮 及大日本帝國特命全權公使 林權助 各相當훈 委任을 承有하야 左開條項을 約定홈

第一條 日本國船舶은 本約定의 規定에 從하야 貿易의 目的으로 韓國沿海及內河를 航行홈을 得홈 但開港場間 航行은 本約定의 依하는 限에 在치아니 호는 事

第二條 沿海及內河航行에 從事코즈호는 日本國船舶은

원문

約定書

韓日兩國政府는 韓國産業이 發達호고 貿易이 增進케홈을 爲ᄒ야 韓國沿海及 內河에 日本國船舶이 航行케 ᄒᄂᆞᆫ 必要를 認ᄒ야 大韓帝國 外部大臣 李夏榮 及 大日本帝國 特命全權公使 林權助ᄂᆞᆫ 各相當ᄒᆞᆫ 委任을 承有ᄒ야 左開條項을 約定홈

第一條
日本國船舶은 本約定의 規定에 從ᄒ야 貿易의 目的으로 韓國沿海及內河를 航行홈을 得홈 但開港場間 航行은 本約定에 依ᄒᄂᆞᆫ 限에 在치 아니홀 事

第二條
沿海及內河航行에 從事코자 ᄒᄂᆞᆫ 日本國 船舶은 日本國 領事館을 經ᄒ야 船舶所有者의 氏名及住所 船舶의 名稱 種類及載量 併其航行區域을 韓國海關에 告ᄒ야 准單을 受홀 事
准單을 受ᄒᄂᆞᆫ 日로붓터 一個年間을 限ᄒ야 效力을 有홀 事

第三條
日本國船舶은 准單을 受ᄒᄂᆞᆫ 其時에 左開金額을 韓國海關에 納入홀 事

百噸以下西洋式船舶	拾伍圓
日本式船舶	拾伍圓
百噸以上五百噸以下西洋式船舶	伍拾圓
伍百噸以上千噸以下西洋式船舶	壹伯圓
千噸以上西洋式船舶	壹伯伍拾圓

第四條

日本國船舶은 自由로 其航行區域內를 航行홈을 得홈 但 天災와 事變에 由호 境遇及 韓國海關의 特許를 受호는 境遇外에는 韓國領土外에 前往홈을 得치 못홀 事

第五條

日本國船舶은 航行中은 准單을 必帶호야 韓國海關地方官 或 地方官이 委任혼 洞長 或 村長의 要求가 有호는 時에는 何時라도 提示홀 事

第六條

日本國船舶所有者는 船着處所에서 倉庫만 建築호기 爲호야 土地借用홈을 得홀 事 又 該所有者는 韓國海關의 認可를 受호야 沿岸에서 埠頭를 築造홈을 得홀 事

第七條

日本國船舶으로 本約定에 違反호는 時에는 韓國海關은 事實을 調査호야 其情이 重혼 者에 對호야 准單을 還納케호며 又其交附를 拒止홈을 得홀 事

第八條

日本國船舶 若 其船員이 本約定과 其他條約의 規定에 違反호며 又罪를 犯호는 時에는 日本國領事官은 條約及日本國法으로 處辦홀 事

第九條

本約定의 有效期限은 調印日로 起算호야 滿十五個年으로 定호되 期限滿了後에는 商議 協定홈을 得홀 事

光武九年八月十三日
　　　外部大臣 李夏榮 ㊞
明治三十八年八月十三日

特命全權公使 林權助 ㊞

出처: 奎23050

‖ 번역문

약정서

한일 양국 정부는 한국 산업이 발전하고 무역을 증진시키기 위하여 한국의 연해 및 내하에 일본국 선박이 항행하게 할 필요를 인정하여 대한제국 외부대신 이하영 및 대일본제국 특명전권공사 하야시 곤스케는 각각 상당한 위임을 받아 아래에 열거한 조항을 약정한다.

제1조
일본국 선박은 본 약정의 규정에 따라 무역을 목적으로 한국의 연해 및 내하를 항행할 수 있다. 단, 개항장 사이의 항행은 본 약정에 의한 제한에 속하지 않는다.

제2조
연해 및 내하 항행에 종사하고자 하는 일본국 선박은 일본국 영사관을 거쳐 선박 소유자의 성명 및 주소, 선박의 명칭과 종류 및 적재량과 함께 그 항행 구역을 한국의 해관에 보고하여 허가증을 받아야 한다.
허가증은 수령한 날부터 1년 동안 효력을 가진다.

제3조
일본국 선박은 허가증을 받은 그때에 아래 열거한 금액을 한국 해관에 납부하여야 한다.

100톤 이하의 서양식 선박	15원(圓)
일본식 선박	15원
100톤 이상 500톤 이하 서양식 선박	50원
500톤 이상 1,000톤 이하 서양식 선박	100원
1,000톤 이상 서양식 선박	150원

제4조
일본국 선박은 자유로이 그 항행 구역 내를 항행할 수 있다. 단, 자연재해나 사변에 의한 경우 및 한국 해관의 특별 허가를 받은 경우 외에는 한국 영토 밖에 나갈 수 없다.

제5조
일본국 선박은 항행 중에 반드시 허가증을 휴대하여 한국 해관 지방관 혹은 지방관이 위임한 동장(洞長) 또는 촌장(村長)의 요구가 있을 때에는 언제라도 제시해야 한다.

제6조
일본국 선박 소유자는 선착장에서 창고를 건설하기 위해서만 토지를 빌려 쓸 수 있다. 또, 해당 선박 소유자는 한국 해관의 인가를 받아 연안에서 부두를 축조할 수 있다.

제7조
일본국 선박으로서 본 약정을 위반하는 때에는 한국 해관은 사실을 조사하여 그 정상이 엄중한 것에 대해서는 허가증을 반납하게 하며 또 그 교부를 거절할 수 있다.

제8조
일본국 선박으로서 만약 그 선원이 본 약정과 기타 조약의 규정을 위반하거나 또 죄를 범하는 때에는 일본국 영사관은 조약 및 일본 국법으로 처리한다.

제9조

본 약정의 유효기한은 조인한 날부터 기산하여 만 15년으로 정하되 기한이 만료된 뒤에는 상의 협정할 수 있다. 단, 장차 한국의 항해업이 발달하는 때에는 양국 정부는 위의 기한 안에라도 협의한 후 다시 약정할 수 있다.

광무 9년 8월 13일
  외부대신 이하영 ㊞
메이지 38년 8월 13일
  특명전권공사 하야시 곤스케 ㊞

해제

1. 개요

1905년 한국의 국내 연안과 하천 항행을 일본 선박에게 허가하는 내용으로, 한국의 물적 자원을 약탈하는 수단으로 악용된 조약이다. 한국은 외부대신 이하영(李夏榮)이, 일본은 특명전권공사 하야시 곤스케[林權助]가 각각 대표로 참석하였다. 전문과 9개 조항으로 구성되었으며, 조약문은 한국은 국한문 혼용으로 썼고 일본은 일문으로 썼다. 이 조약은 한국의 산업 발전과 무역 증진이라는 명분으로 체결되었으나 실질적으로는 한국의 연해 및 내륙 하천에 일본 선박이 자유롭게 항행할 수 있도록 규정함으로써 일본의 경제적 영향력을 강화시키고 한국의 물적 자원을 약탈하는 수단으로 악용되었다. 한국은 이 조약의 명칭을 '약정서'라고 단순 명명했고, 일본은 '한국 연해 및 내하(內河)의 항행(航行)에 관한 약정서'라고 불렀다.

2. 배경

개항 후 조일무역은 전통적 방식에서 완전히 탈바꿈하였다. 이는 근대적 운송 수단이었던 선박의 발달에 힘입은 바 크다. 일본형 범선이 대부분이었던 일본의 무역선은 1880년대에 들어 대부분 서양식 범선으로 바뀌었고 1877년 6척이었던 기선도 1882년에는 45척으로 급격히 증가하였다. 아울러 기선의 크기 또한 커지면서 1회 운송 가능한 무역액도 엄청나게 늘어났다.

초기 일본이 운항한 기선은 일본 정부의 지원을 받고 성장한 미쓰비시[三菱]회사의 기선이었다. 개항과 더불어 부산이 개항하고 일본과 조선을 잇는 정기 항로로 미쓰비시회사의 기선이 월 1회 왕복할 수 있게 되었다. 미쓰비시는 일본 정부의 해운업 조성기금의 대폭적 지원을 받으며 운항 횟수를 월 2~3회로 늘리고 출항지도 나가사키[長崎]에서 고베[神戶]로 옮기는 등 활발하게 해운 사업을 이끌어 나갔다. 운항 횟수의 증가는 인적 교류만이 아니라 무역에도 큰 영향을 끼쳤다. 나가사키가 영국산 면제품의 중개항이었다면, 고베는 오사카[大阪]와 함께 일본의 대표적인 공업지역으로 공장 노동자에 의한 대규모 쌀 소비처로 조선 쌀의 주요 수요지이자 금건, 방적사, 잡화, 일본 목면 등의 주요 수입처였다. 따라서 미쓰비시회사의 조선 항로 개척과 운항은 조선이 다른 나라와 조약을 체결하기 이전에 확고히 해 둘 필요가 있었다. 이에 일본 정부는 나가사키를 기점으로 부산과 원산을 경유지로 러시아 블라디보스토크까지 이어지는 항로를 개설하는 사업에 미쓰비시회사를 사업자로 선정해 지원하였다. 이를 위해 기선 구입 자금 은화 8만 엔을 10년간 무이자로 빌려주기도 하였다.

해운기업에 대한 지원은 일본의 해운업 발전에 큰 도움이 되었던 반면, 조선으로서는 일본 수출의 증가로 쌀값 폭등과 쌀 부족 사태를 초래하는 등 악영향을 끼쳤다. 초기 일본은 조선에 대부분 서양에서 생산한 면제품 등을 중계무역함으로써 막대한 이익을 취하였다. 하지만 조선이 잇따라 서양 각국과 조약을 체결하고 청국과 근대적 조약관계를 형성해 국제질서에 편입됨으로써 일본의 해운업은 위축될 수밖에 없었다.

청일전쟁으로 모든 기선이 징발된 후 주춤했던 조선 내 항로 사업은 전쟁 이후 1895년 고베-블라디보스토크 항로가 재개되면서 다시 일본에 의해 독점되었다. 아울러 일본 우선(郵船)회사는 차관 제공을 명목으로 조선의 이운사 소속 기선을 위탁받아 관리하면서 실질적으로 조선의 연안항로 운영권을 장악하였다. 그러나 이러한 독점적 운영권은 청국 상인의 견제와 러시아의 해운 사업에 대한 적극적인 진출이라는 경제적 경쟁관계 형성, 그리고 아관파천이라는 정치적 혼란 속에서 붕괴되었다. 이에 일본 상인들은 대체로 한국인을 매수하여 한국인 명의로 정기운항권을 따내 연안 항행을 실시하였다. 해운뿐만 아니라 강운에서도 일본 상인은 적극 활로를 확대함으로써 내지까지 침투해 나갔다. 더욱이 개항장이 증설되고 한국의 개항장과 일본으로 연결되는 직항로가 개통되자, 일본 상인은 연안무역을 외국무역으로 전환하면서 엄청난 이익을 취득한 반면 한국 상인은 점차 위축될 수밖에 없었다.

이러한 상황에서 일본은 러일전쟁을 도발한 뒤 1904년 7월 「한국 연안무역에 관한 약정안」을 마련하고 그해 12월에 한국에 제출하였다. 그러나 이 약정안은 외국 선박에게 일본의 연안무역을 허가하지 않는 방침을 반영해 일본 선박의 한국 연해 항해권만을 일방적으로 규정한 불평등한 것이었다. 이에 한국 정부는 크게 반발하면서 상호주의 원칙에 입각해 한국 선박도 일본 내에서 똑같은 특권을 누려야 한다고 주장함으로써 협상은 난항을 겪었다. 결국 일본은 러일전쟁에서 승세를 잡은 뒤에야 이 약정안을 관철시킬 수 있었다.

3. 체결 과정

1905년 4월 일본은 종전의 「한국 연안무역에 관한 약정안」을 「한국 연해 및 내하의 항행에 관한 약정서」로 바꾸어 본격적으로 한국의 하천을 자유롭게 항행할 것을 요청하였다. 먼저 일본 공사 하야시 곤스케[林權助]는 한국 정부가 러일전쟁 이후 양국의 특수한 국제관계를 고려하면서 상호주의적 조약을 내세우자, '한일 연안무역에 관한 호혜 조약'으로 이름을 바꿔 한일통어조약(韓日通漁條約)과 같이 명의상 한국 선박도 일본 내에서 동일한 특권을 누릴 수 있도록 각 조항을 수정하자고 일본 정부에 제안하였다. 이는 겉으로 한국 정부의 '과대심(誇大心)'을 만족시켜 쉽게 교섭할 수 있는 근거를 마련하는 것이었지만, 한국 선박이 현실적으로 일본의 연안과 내하를 항행할 수 없는 만큼 상호적이라고 규정해도 무관하다고 판단했기 때문이다. 또한 여기에는 러일전쟁에서 승리해 일본이 한국에 대한 지배권을 장악할 경우 굳이 한국과 일본 선박을 구별할 필요도 없을 것이라는 심산도 깔려 있었다[※관련 문서-1].

이어 하야시 일본 공사는 그동안 「한국 연안무역에 관한 약정안」을 비롯해 자국의 각종 침략 요구에 반대했던 참정대신 민영환(閔泳煥)과 내부대신 조병식(趙秉式) 등이 물러나자, 당시 급무인 한국의 산업 발달과 외국무역 증진을 위해 일본 선박의 한국 연안과 내하 항행이 필요하다고 의정부회의에 제안하여 동의를 받아 냈다. 그러나 일본의 제안에 대해 고종의 측근 세력인 이용익(李容翊) 등이 강력히 이의를 제기했기 때문에 의정부회의에서는 약정의 유효기간을 10년 이내로 규정하고 상호주의를 추가한다는 등의 수정안을 내놓았다. 이에 고무라[小村壽太郎] 외무대신은 유효기간을 정하고 한국 선박이 일본 내 연안무역에 종사한다는 규정을 설정하는 것은 좋지 않다고 거절하면서 장래에 한국의 항해업이 충분히 발달하면 양국 정부가 협의한 뒤 다시 약정할 수 있다는 취지로 협상하라는 지시를 내렸다.

하야시 일본 공사는 이러한 지시에 따라 참정 심상훈(沈相薰)과 군부대신 권중현(權重顯) 등과 만나 "장래 한국의 항해업이 발달할 경우 일본국 정부는 상호주의로 한국 선박을 일본국 연해 및 내지에 항행하게 한다"(제9조)는 반영했지만, 유효기간에 관해서는 도저히 형식만이라도 규정해 둘 필요가 있다는 심상훈의 주장을 받아들여 "본 약정의 유효기한은 조인한 날로부터 계산하여 만 15년으로 정하되 기한이 만료된 뒤에는 상의 협정할 수 있다"(제10조)는 등의 내용을 담은 확정안을 의결하였다[※관련 문서-2]. 이에 고무라 외무대신은 제10조 기한의 규정을 존속하고 완전히 제9조를 삭제하거나 또는 "장래 한국의 항해업이 충분히 발달하면 양국 정부는 협의한 후에 다시 약정을 할 것"이라는 1개조를 추가하고 제9조와 제10조를 삭제할지 하나의 방편을 취하라고 지시하였다[※관련 문서-3].

고무라의 지시를 관철하기 위해 하야시 일본 공사는 외부대신 이하영, 내부대신 이지용(李址鎔), 학부대신 민영철(閔永喆), 법부대신 이근택(李根澤) 등을 동원함과 동시에 메가타 다네타로[目賀田鍾太郎]와 가토 마스오[加藤增雄] 고문과 함께 의정부회의에 참석해 약정안을 체결하라고 압박하였다. 그러나 이용익 등이 여전히 반대하는 상황에서 참정 심상훈마저 제9조에 한국의 상업이 발달하게 된다면 약정안에서 정한 15년 이내라 하더라도 일본 연안과 하천에서 한국 선박이 항행하면서 무역할 수 있다는 어구를 삽입함으로써 양국의 동등한 권리를 인정한 다음 조약을 체결하자고 강경하게 맞섰다. 이러한 사정을 반영하여 하야시 일본 공사는 고무라 외무대신의 지시를 절충해서 제10조를 존속하되 "장래 한국의 항해업이 발달하는 때에는 양국 정부는 위의 기한 안에라도 협의한 후 다시 약정할 수 있다"는 단서를 덧붙인 약정서를 마련하였다. 비록 고무라 외무대신의 취지에는 만족스럽지 못하지만 실질상 위 조항은 일본에게 전혀 불리하지 않으며, 더 이상 밀어붙일 경우 약정서를 체결할 수 없을지도 모른다고 판단했기 때문이다[※관련 문서-4]. 결국 일본 정부는 하야시 일본 공사의 제안을 받아들여 되도록 빨리 약정서를 체결하라고 승인하였다.

결국 일본은 외부대신 이하영과 내부대신 이지용 등 친일 세력을 이용하여 원래 의도를 관철시켜 일본 해운업의 일방적인 한국 침투를 보장하는 약정서를 체결할 수 있었다. 이 조약이 체결되자 조야에서는 반발이 이어졌다. 우용택(禹龍澤)은 조약 체결 소식을 접하고 이하영의 집으로 찾아가 그의 얼굴에 침을 뱉고 "너는 나라를 팔아 먹고도 부족하여 하천마저 팔아 먹으니 다음에는 또 무엇을 팔 것이냐"고 꾸짖다가 일본 관헌에게 체포되었다. 유생들도 연안 항행권을 비롯한 각종 이권 양여를 비판하면서 일본 배척 운동을 벌이기도 하였다.

또 의정부 의정대신 임시서리 농상공부대신 박제순(朴齊純)은 "연안 항행 안건 때문에 앞서 전 참정대신 심상훈이 사무를 볼 때 여러 대신들과 더불어 신의 의정부에 모여 비록 이러저러한 논의가 있었지만 아직 결론을 짓지는 못했는데, 지금 들으니 어제 외부에서 조약을 체결하고 조인하였다고 합니다. 대체로 여럿이 모여 의논하는 규정으로 말하면 그것이 일나나 신중한 문제인데 애초에 표제에 인장을 찍는 것과 안을 아뢰는 격식을 갖춘 적이 없었고, 또한 일을 주관하는 해당 각부의 연서도 요구하지 않고 대체적인 문건을 제멋대로 만들어 독단적 조인을 하였습니다. 일의 원칙으로 보아 매우 놀랍기 그지없고 통탄할 일입니다. 해당 대신에게 경고가 없어서는 안 되겠으니 법부(法部)에서 심문(審問)을 하게 하여 죄를 정하소서. 신이 외람되게 의정부의 사무를 서리하고 신의를 보여 주지 못하여 이처럼 전에 없던 일이 빚어졌으므로 신 역시 황공하여 대죄합니다"라는 상소를 올렸다.

표제에 인장을 찍는 것과 안을 아뢰는 격식이 없음을 지적하며 절차상 문제를 따지고 안건에 대해 제대로 된 논의조차 없었다며 조약 체결이 독단적으로 체결되었다고 비판했던 것이다. 이에 대해 고종은 별다른 대응을 하지 않고 다시 언급하지 말라고 지시하였다. 그러나 박제순은 그다음 날 다시 애초에 조약을 제대로 체결하지 못한 것을 책망하면서 이를 바로잡지 못하면 후대에 큰 불이익을 당할 것이라며 자신에게 벌을 내려 달라는 상소를 제출하였다.

반면 이하영은 애초에 연안 항행과 관련한 조약을 의논할 때 의정부를 거쳐 그 요구를 명백히 인식하고 있었다면서 초안 자체의 문제점을 지적하였다. 초고 자체가 상호주의 원칙에 위배되었다는 것이다. 다만 자신이 개인사정으로 자리를 비운 사이 초안은 개정 과정을 수없이 반복했지만 문제가 해결되지 않았으며, 조약의 교섭과 체결은 외부에서 주도적으로 해야 함에도 의정부의 결정 사항을 번복하기 쉽지 않아 교섭이 중단되기도 하는 등 어려움이 있었다고 항변하기도 하였다.

4. 내용

이 조약은 전문과 9개조 조항으로 구성되어 있다. 전문에서는 한일 양국 정부는 한국 산업이 발전하고 무역을 증진시키기 위하여 한국의 연해 및 내하에 일본 선박이 항행하게 할 필요를 인정한다고 밝힘으로써 이 조약이 강제가 아니라 마치 협의에 의해 맺어졌다는 점을 강조하였다. 또한 그 목적은 명목상 한국의 산업 발전과 무역 증진을 내세웠지만, 실질상 일본의 한국 경제 장악에 있었던 것이다.

제1조는 일본의 선박이 무역을 목적으로 한국의 연해 및 내하를 항행할 수 있다는 것이다. 그 반면 한국 정부가 시종일관 상호주의에 입각해서 요구했던 한국 선박의 일본 연해 및 내하 항행은 들어 있지 않다.

제2조는 연해 및 내하 항행에 종사하고자 하는 일본국 선박은 일본국 영사관을 거쳐 선박 소유자의 성명과 주소, 선박의 명칭, 종류 및 적재량과 함께 그 항행 구역을 한국의 해관에 보고하여 허가증명서를 받아야 하되, 허가증명서는 받은 날부터 1년 동안 효력을 지닌다는 내용이다. 제3조는 허가증명서를 받은 선박은 소속 국가와 규모에 따라 한국 해관에 세금을 납부한다는 것이다.

제4조는 일본 선박은 항행 구역 내를 자유로 항행할 수 있되, 자연재해나 사변을 당하였을 경우와 한국 해관의 특별 허가를 받은 경우 외에는 한국 영토 밖으로 나갈 수 없으며, 제5조는 항행 중에 반드시 허가증명서를 휴대하여 한국 해관 지방관 또는 지방관이 위임한 동장 또는 촌장의 요구가 있을 때에는 어느 때라도 제시해야 한다는 규정이다.

제6조는 선박 소유자가 선착하는 곳에서 창고를 짓기 위해서만 토지를 빌려 쓸 수 있고 한국 해관의 인가를 받아 연안에서 부두를 건설할 수 있다는 것이다. 이로써 일본 선박의 소유

주는 한국인의 명의를 빌리지 않고도 선착장에서 창고 부지를 차용할 수 있고 연안에서 부두도 축조할 수 있게 되었다.

제7조는 본 약정 위반 시 한국 해관이 조사하여 허가증명서를 반납하게 하며 이후 그 교부를 거절 또는 중지할 수 있다는 내용이고, 제8조는 일본국 선박으로서 만약 그 선원이 본 약정과 기타 조약의 규정을 위반하거나 죄를 범하는 때에는 일본국 영사관은 조약 및 일본 국법으로 처리한다는 것이다.

제9조는 본 약정이 조인한 날부터 효력을 가지고 기한은 만 15년으로 정하되 만료된 뒤에는 상호 협의하여 정할 수 있다면서, 앞으로 한국의 항해업이 발달할 때에는 양국 정부는 위의 기한 안에도 협의한 후 다시 약정할 수 있다고 규정하였다. 일본은 원래 유효기간을 정하지 않는다는 방침을 세웠지만, 조약을 빨리 체결하기 위해 한국의 요구를 표면상 받아들였다. 그러나 일본은 끝까지 한국 선박의 일본 연해 및 내하 항해권을 조약에 넣지 않고, 그 대신 한국의 반발을 무마하기 위한 방편으로 한국의 항해업이 발달할 경우 기한 내에 재협의할 수 있다는 단서를 추가했던 것이다.

5. 의의

1905년 러일전쟁에서 승리한 일본은 본격적으로 한국의 이권을 강탈하고 군사적·경제적 침략을 도모하기 위하여 내지의 통행권을 확보하기 위한 일환으로 조약을 맺게 하였다. 일본은 한국의 식민지화를 앞당기기 위해 경부선·경의선과 같은 종관철도를 부설하여 육로를 통한 침략을 강화하는 한편 한국 정부에 연안과 하천을 전면 개방하도록 강요하였다.

일본은 「한국 연해 및 내하의 항행에 관한 약정서」를 체결함으로써 한국의 산업 발달과 무역 증진을 위한다는 명문 아래 한국의 연해 및 내하에서 일본 선박이 아무런 제한 없이 자유롭게 항행할 수 있는 권리를 획득하였다. 이 약정서가 원래 1904년 7월 「한국 연안무역에 관한 약정안」을 마련하여 그해 12월에 한국 정부에 제출하였다가 저항에 부딪혀 조약의 명칭을 바꾸고 수정을 거쳐 이듬해 8월에야 조인되었다는 사실은 러일전쟁의 승리라는 국내외 정세 변화를 이용하여 한국에 대한 이권을 더욱 치밀하고도 교묘하게 장악해 나가는 일본의 의도를 잘 보여 준다.

또한 일본 정부는 「한국 연해 및 내하의 항행에 관한 약정서」에서 외국 선박에 대해 연안무역을 불허하는 자국의 방침에 의거하여 일본 선박의 한국 연해 항해권만을 규정하였다. 이러한 일방적이고도 불평등한 내용에 대해 한국 정부는 상호주의의 원칙에 입각해 한국 선박도 일본 내에서 똑같은 특권을 누려야 한다고 반발했지만, 전혀 받아들여지지 않았다. 현실적으로 한국 선박이 일본 연해와 내하에 항행할 수 있는 여건이 조성되어 있지 않았음에도, 일본은 시종일관 약정서에 그 조항을 넣지 않았던 것이다. 아마 한국 선박에 일본 연해 및 내하 항행권을 부여하고 그로 인해 연안무역을 허가할 경우, 그 권한이 다른 외국에게 균점당할 빌미를 제공할 것이라는 사실을 잘 알고 있었기 때문이라고 판단된다.

6. 관련 문서

1) 한국 해안무역에 관한 약정안 청훈의 건(1905. 4. 15.)

제139호
1905년 4월 15일 정오 발
하야시[林]
도쿄 고무라[小村] 대신

지난해 7월 기밀송 제52호 귀 신(信) 부속 한국 연안무역에 관한 약정안은 지난해 12월 원안대로 일단 한국 조정에 제출하였으나 한국 정부가 현재 사정과 근래에 발생한 일·한 양국 간의 특수한 국제관계를 돌아보아 도리어 상호주의의 조약으로 하여 '한일 연안무역에 관한 호혜 조약'이라고 이름 붙여 「한일통어조약」*과 같이 명의상 한국 선박도 역시 제국 내에서 동일한 특권을 향유할 수 있도록 각 조항을 수정하고자 함. 그러면 이 나라 정부의

---
* 「조일양국통어장정」을 말함.

과대심(誇大心)을 만족시켜 교섭이 매우 쉬워질 것임. 원안 제6조의 규정은 한국 선박이 과연 우리 내지 연안과 내하를 항행할 것이라고 하면 약간 주저할 사항이겠지만, 미래에 다년간 그럴 일 없음은 명백하기 때문에 역시 상호적이라고 규정하여 무관하다고 믿음. 또 한일 간의 국제관계도 찜찜한 사이를 지나 확정한 것으로 하면 한국 선박과 일본 선박을 구별할 필요가 없을 시기도 역시 도달할 것임. 따라서 호혜주의에 의하여 원안을 상호적인 것으로 수정해야 좋은지 아닌지 대체 의견을 훈시해 주기 바람. 동의하신 후에는 본관의 수정안을 우편에 부쳐 훈령을 얻은 다음 한국 조정에 다시 교섭할 것임.

출처: 『日本外交文書』 권38-1책, #216, 471쪽

2) 내해 및 내하 항행 약정 의결의 건(1905. 5. 16.)

5월 16일 전 0시 10분발, 8시 10분 착
고무라 외무대신
재한 아키하라 임시대리공사

제183호

그저께 본관이 오카다[岡田] 귀족원 의원 및 나가무라[中村] 기상대장을 대동해 알현할 때, 폐하는 열석한 외부서리대신 및 농상공부대신 그리고 본관에 대해 연안 항해 문제는 의정부와 화충(和衷) 협상하라는 칙명이 있었다. 또 그 후 폐하는 참정 심상훈에 대해 같은 칙명이 있었으므로 본관은 고쿠분 서기관과 함께 어제 심상훈 참정외부서리대신과 권중현 군부대신과 의정부에서 만나 동문제에 대해 협의회를 열었고, 이어서 본일 오후 고쿠분[國分], 시오가와[鹽川], 후지나미[藤波] 각 관리와 함께 의정부에서 사표 정출 중 내부대신을 제외하고 각 대신과 회의해 다음의 확정안을 의결하였다.

약정서

한일 양국 정부는 한국 산업이 발달하고 무역을 증진케 하기 위하여 한국 연해 및 내하에 일본국 선박을 항행하게 할 필요를 인정하여 대일본제국 임시대리공사 아키하라 슈이치와 대한제국 외부대신 이하영은 각각 상당한 위임을 받아 다음의 약정을 한다.

제1조 일본국 선박은 본 약정의 규정에 따라 무역의 목적으로 한국 연해 및 내하를 항행할 수 있다. 단, 개항장 간 항행은 본 약정에 의하는 한에 있지 아니한다.

제2조 연해 및 내하 항행에 종사코자 하는 일본국 선박은 일본 영사관을 거쳐 선박 소유자의 이름과 주소, 선박의 명칭, 종류 및 재량과 함께 항행구역을 한국 해관에 고하여 준단(准單)을 받는다. 감찰은 이를 받은 날로부터 1년간에 한해 효력을 갖는 것으로 한다.

제3조 일본국 선박은 감찰을 받을 때 다음과 같은 금액을 한국 해관에 납입한다.
    100톤 이하 서양식 선박 15원
    100톤 이하 일본식 선박 15원
    100톤 이상 500톤 이하 서양식 선박 50원
    500톤 이상 1,000톤 이하 서양식 선박 100원
    1,000톤 이상 서양식 선박 150원

제4조 일본국 선박은 자유롭게 그 항행구역 내를 항행할 수 있다. 단 천재와 사변으로 말미암은 경우와 한국 해관의 특허를 받는 경우 외에는 한국 영토 외에 전왕할 수 없다.

제5조 일본국 선박은 항행 중에는 반드시 준단을 휴대하고 한국 해관 지방관 혹은 지방관이 위임한 동장 혹은 촌장의 요구가 있을 때에는 언제라도 제시한다.

제6조 일본국 선박 소유자는 선착처소에서 창고만 건축하기 위하여 토지를 빌릴 수 있다. 또 해당 소유자는 한국 해관의 인가를 얻어 연안에서 부두를 축조할 수 있다.

제7조 일본국 선박으로 본 약정을 위반하는 때에는 한국 해관은 사실을 조사하여 그 정상이 엄중한 것에 대해서는 허가증명서를 도로 바치게 하며, 또 그 교부를 거절 또는 중지할 수 있다

제8조 일본국 선박 또는 그 선원이 본 약정과 기타 조약의 규정을 위반하거나 죄를 범하는

때에는 일본국 영사관은 조약 및 일본 국법으로 처리한다.

제9조 장래 한국의 항해업이 발달할 경우 일본국 정부는 상호주의로써 한국 선박을 일본국 연해 및 내지에 항행하게 한다.

제10조 본 약정의 유효기한은 조인한 날로부터 계산하여 만 15년으로 정하되 기한이 만료된 뒤에는 상의 협정할 수 있다.

확정안은 우리 제안을 기초해서 이미 민·참정의 내각에서 그 방법으로 제출했고, 반대안 중 감찰료 제1항 20원을 15원으로 고치는 것 외에 전부 채용하였다. 또 귀전 제99호 훈령에 따라 제9조를 추가하였고, 제10조의 기한은 심 참정의 입장에서 도저히 형식만이라도 규정해 둘 필요가 있다는 점을 인정받아 15년 기한을 규정하는 것과 동시에 본 약정을 계속할 수 있다고 하였다. 또 제6조는 정부 측이 가장 난처해하는 바로써 각 대신은 토지차용구역을 제한하는 의견을 강하게 주장하고 있는데도 결국 수정한 것처럼 동의했고, 본조의 수정은 실제 하등의 불편함이 없이 인정되었다.

심상훈 참정은 이상의 확정안을 본일 임금께 상주하는 것에 대해 제국 정부에게 동의함과 동시에 내일 17일 오후 서로 간에 조인할 것을 하야시 공사가 오늘 밤 귀임해 외부대신이라도 내일 이후까지 귀경해야 함에 「전문」 중에 서로 대표자의 관씨명은 스스로 변경할 수 있음. 또 당국의 사정에 비추어 본 확정안은 가능한 빨리 조인할 필요가 있다는 것에 대해 중요한 이견이 없는 한 속히 조인할 훈령을 하야시 공사에게 전하였다.

출처: 『日本外交文書』 권38-1책, #224, 475~477쪽

3) 연해 및 내하 항행 약정 의결에 대한 수정의 건(1905. 5. 16.)

5월 16일 오후 6시15분 발
한 아키하라 대리공사
고무라 대신

제107호

귀전 제183호에 관해 말씀하신 약정안 제9조는 당방 전신 제99호의 취지와 그 뜻을 달리하는 것뿐만 아니라 제국 정부에게는 종래 가능한 외국 선박에 대해 연안무역을 허가하지 않는다는 주의를 취하였다. 또 장래에는 완전히 이를 폐절할 방침에 대해 가령 형식상이라도 한국 선박에 대해 이를 허가한다는 것을 예약하는 것은 좋은 것이 아니라는 것에 대해서는 해당 약정안은 제10조 기한 규정이 있어서 완전히 제9조를 삭제할지 또는 당방 전신 제99호에 따라 "장래 한국의 항해업이 충분히 발달하면 양국 정부는 협의한 후에 다시 약정을 할 것"이라는 1개조를 추가하고, 제9조와 제10조를 삭제할지 한 방편을 취하도록 할 것.
기타 수정에 대해서는 이견 없음.

출처: 『日本外交文書』 권38-1책, #225, 477쪽

4) 연해 및 내하 항행 약정안 토의 상황 보고의 건(1905. 7. 31.)

7월 31일 오후 4시 47분 발
8월 1일 오전 5시 5분 착
가쓰라[桂] 외무대신
재한 하야시[林] 공사

제293호

연안 및 내하 항행안에 관해 앞의 전신 제284호 전품 결과 귀 전신 제179호에 접한 것으로 지난날 본안의 타협에 진력 중인 내부대신 이지용, 학부대신 민영철, 법부대신 이근택 등 3인으로 하여금 황제에게 상주한 바가 있고, 황제는 예와 같이 본안의 화충협판(和衷協辦)을 희망하여 주무대신 이하영에게 정식으로 각의에 붙여 주청재가의 운에 처리할 뜻의 칙답을 내렸다. 또 세 대신은 심상훈 참정의 집에 모여 숙의한 결과가 있다. 본월 28일 내각

회의에 제출하게 된 것에 대해 본관은 동일 메가타[目賀田鍾太郞] 및 가토[加藤增雄], 노즈[野津鎭武]의 세 고문과 함께 내각회의에 참석하였다(당일은 본안 외에 궁내부 및 군부봉급령 등에 관해 지급 각의를 열 필요가 있다는 게 기본). 그런데 심 참정은 이미 세 대신과 약속해서 본안을 이의 없이 통과시킬 수 있음에도, 모두 이전의 논의를 반복해 제9조는 우선 상호주의에 맞지 않으면 불가하다고 주장함에 이르렀다. 그러나 결국 그 가부를 결정하는 데에 미쳐서 출석한 여섯 대신 중 본안을 불가하다고 한 것은 둘이고 가하다고 한 것은 넷으로 다수를 점하였다. 각의는 전연 본안을 통과한다고 인정할 수 있다는 정황을 드러내었다. 다만 이 위에는 주청재가를 거쳐 조인으로 옮겨질 수 있어도 수석대신 심상훈의 태도가 전과 같으므로 결과적으로 속히 그 수속으로 나갈 수 있을지는 현재 의문이다. 본관은 심 참정의 태도가 배신으로 심하게 펼침으로써 이에 반대로 공격을 가해 그 진퇴를 결정하게 할지도 생각해 보았지만, 그날은 다른 주요 문제도 있고 아직 이것이 통과를 보지 못하기에 우선 파란을 일으켜서는 안된다고 헤아려 그대로 다른 문제로 옮겨 갔다. 요컨대 본안에 대해서는 궁중과 부중의 두 파로 나뉘어 궁중은 이용익을 위주로 해서 황제를 조종해 이면의 세력을 활용함으로써 본안에 동의하는 것을 공격하고, 부중은 이 외부를 비롯해 전현직 세 대신 등으로서 우리 세력을 이용해 이용익을 배척시키려고 하는 것으로, 심 참정은 그 성격의 본령인 모나지 않고 원만하게 잘 헤쳐 나가려는 원전활탈(圓轉滑脫)의 주의를 채택해 되도록 이 와중에 빠지는 것을 피하려고 하는 것 같다. 아울러 본안의 찬성자인 외부대신 외에 세 대신은 지난날 각의의 결과에 관해 황제의 진의를 탐지하기 위해 서로 함께 사표를 내었다. 현재 집에 틀어박혀 있다. 본관은 수일 동안 그들의 태도를 방관한 다음 이번의 조치를 구상한 것이다.

출처: 『日本外交文書』 권38-1, #228, 478~479쪽

[참고 문헌]

- 『고종실록』
- 『승정원일기』
- 『고종시대사』
- 『日本外交文書』 권38-1, #224, 「沿海及內河航行約定議決ノ件」, 475~476쪽.
- 『日本外交文書』 권38-1, #225, 「沿海及內河航行約定議決案ニ對スル修正ノ件」, 477쪽.
- 『日本外交文書』 권38-1, #228, 「沿海及內河航行約定案討議狀況報告ノ件」, 478~479쪽.
- 나애자(1998), 『韓國近代海運業史研究』, 국학자료원.
- 국사편찬위원회편(2002), 「외국 자본의 침투」, 『신편한국사』 44.

6
압록강 두만강 삼림경영에 관한 협동약관
鴨綠江 豆滿江 森林經營에 關한 協同約款

압록강 두만강 삼림경영에 관한 협동약관 | 1906년 압록강과 두만강에 인접한 풍부한 삼림자원을 공동으로 경영하자고 맺은 조약이지만, 일본이 삼림자원을 강탈하고 이익을 독점하는 불평등조약이었다.

○十九日議政府參政大臣朴齊純度支部大臣閔泳綺農商工部大臣權重顯與大日本統監侯爵伊藤博文議定鴨綠江豆滿江森林經營協同約款

森林經營協同約款

第一條
鴨綠江及豆滿江森林은 韓國國境에 在한 最히 豊沃호고 利源으로 認호야 韓日兩國政府는 其經營에 對호야 左開條款을 締結홈

第二條
鴨綠江及豆滿江森林은 韓國及日本兩政府의 協同經營에 由홈이 可홈

第三條
兩國政府는 經營資本을 一百二十萬圓으로 호고 各自 六十萬圓式 出資홈

원문

協同約款

鴨綠江及豆滿江森林은 韓國國境에 在혼 最히 豊沃혼 利源으로 認호야 韓日兩國政府는 其經營에 對호야 左開條款을 締結홈

第一條
鴨綠江及豆滿江森林은 韓國及日本兩政府의 協同經營에 由호미 可홈

第二條
兩國政府는 經營資本을 一百二十萬圓으로 호고 各自六十萬圓式 出資홈

第三條
森林經營事業及收支計算에 對호야는 特別혼 會計를 立호고 明了케홀 事
該會計는 每年 一回에 兩國政府에 必爲報告홀 事

第四條
事業의 損益은 其出資額에 應호야 韓日 兩政府間에 分配홀 事

第五條
第二條의 出資를 他日 增加홀 必要가 有홀 時는 兩國政府는 互相의 承認을 經홈을 要홀 者로 홈

第六條
本條約施行에 對호야 尙且細則을 設홀 要가 有홀 時는 兩國政府가 命혼 委員이 此를 決

定ᄒᆞ미 可홈

第七條
本事業의 進行을 從ᄒᆞ야 兩國人民으로 ᄒᆞ야곰 加入홈을 得케홈을 爲ᄒᆞ야 會社組織으로 홀 必要가 有홀 境遇에 在ᄒᆞ야ᄂᆞᆫ 兩國政府ᄂᆞᆫ 協定ᄒᆞ야 其方法을 定ᄒᆞ미 可홈

光武十年十月十九日
  大韓議政府參政大臣 朴齊純
  大韓度支部大臣 閔泳綺
  大韓農商工部大臣 權重顯
  大日本統監侯爵 伊藤博文

출처: 『실록』 47권, 고종 43년 10월 19일

‖ 번역문

협동약관

압록강 및 두만강의 삼림은 한국 국경에 있는 매우 풍요한 이익의 원천으로 인식하여 한일 양국 정부는 그 경영에 대하여 아래에 열거한 조관을 체결한다.

제1조
압록강 및 두만강의 삼림은 한국 및 일본 양 정부의 협동 경영에 의하여야 한다.

제2조

양국 정부는 경영 자본을 120만 원(圓)으로 하고 각기 60만 원씩 출자한다.

제3조

삼림 경영 사업 및 수지 계산에 대해서는 특별한 회계를 세우고 명료하게 한다. 해당 회계는 매년 1회 양국 정부에 반드시 보고해야 한다.

제4조

사업의 손익은 그 출자액에 따라 한일 양 정부 간에 분배한다.

제5조

제2조의 출자를 후일 증가할 필요가 있을 때에는 양국 정부는 상호 승인을 거치는 것을 필요로 한다.

제6조

본 조약 시행에 대하여 다시금 세칙을 만들 필요가 있을 때에는 양국 정부가 임명한 위원이 이를 결정해야 한다.

제7조

본 사업의 진행에 따라 양국 인민들로 하여금 가입할 수 있도록 하기 위해 회사 조직으로 할 필요가 있을 경우에 양국 정부는 협정하여 그 방법을 정해야 한다.

광무 10년 10월 19일

  대한의정부참정대신 박제순

  대한탁지부대신 민영기

  대한농상공부대신 권중현

  대일본통감후작 이토 히로부미

해제

1. 개요

 1906년 압록강과 두만강에 인접한 풍부한 삼림자원을 공동으로 경영하자고 맺은 조약이지만, 일본이 삼림자원을 강탈하고 이익을 독점하는 불평등조약이었다. 일본은 「한일의정서」[※Ⅶ-2]와 「을사늑약」[※Ⅶ-4]을 통해 한국의 외교권을 빼앗고 통감부를 설치하였다. 초대 통감으로 부임한 이토 히로부미(伊藤博文)가 일본 측 대표로 참석하고 의정부 참정대신 박제순(朴齊純)과 탁지부대신 민영기(閔泳綺) 및 농상공부대신 권중현(權重顯)이 한국 측 대표로 참석하여 체결하였다. 이 조약은 압록강과 두만강 일대의 삼림을 한국과 일본 정부가 합동으로 경영하는 것을 목적으로 내세웠다. 하지만 실질적인 목적은 일제가 삼림경영을 통해 한국의 토지를 수용하고 해당 토지에서 무분별한 벌목을 자행해 막대한 이익을 추구하는 데 있었다.

 「압록강 두만강 삼림경영에 관한 협동약관」은 전문과 7개조로 이루어져 있다. 전체적으로 압록강과 두만강 일대의 삼림 경영에 대해 양국 정부가 똑같은 액수를 출자하고, 그에 따른 손익이 발생했을 때 양국 정부에게 똑같이 배분하는 것을 원칙으로 삼았다. 또 이 조약을 시행하기 위해 추가적인 세목을 만들 수 있다는 단서를 달아 두었다. 원래는 양국 정부가 주체가 되어 공동으로 삼림을 관리하는 것이지만, 인민의 참여가 요구될 경우에는 회사를 설립하여 운영할 수 있도록 하였다. 조약문을 보면 양국 모두 평등한 출자와 이익을 공유하는 것처럼 규정되었지만, 대체로 일본에 의해 운영되고 그 이익 역시 일본이 거의 독점하다시피 하였다. 따라서 이 조약은 명칭처럼 양국 협동을 통해 평등주의 혹은 상호 호혜적인 성격이라기보다 일제가 한국 정부를 강박해 삼림 이권을 독점하려는 침략적 성격을 띠고 있다.

2. 배경

　한국의 삼림 이권을 둘러싸고 일본과 러시아는 오랫동안 각축을 벌여 왔다. 삼림 이권은 단순히 벌목으로 직접 수익을 얻는 데 그치지 않고, 벌목 대상 지역의 산이나 토지를 합법적으로 점유할 수 있는 근거가 되기 때문이다. 또 벌목은 사업 특성상 적은 자본으로 시행이 가능하고 숙련된 기술보다는 비숙련 기술자로도 충분한 이익을 추구할 수 있다는 장점도 있었다. 특히 러시아는 한국과 국경을 접하고 있던 지리적 이점도 갖고 있었기 때문에 한국의 삼림 이권을 획득하는 데 적극적으로 나섰다. 아울러 벌목을 전제로 한 한국 영토의 점유는 채벌 사업을 보호한다는 명분 아래 군대 등 공권력을 언제든지 투입할 수 있다는 점에서 침략적 성격이 매우 강한 것이었다.

　한국의 삼림을 불법적으로 침탈하기 시작한 것은 일본이었다. 1880년대 초 일본인들은 울릉도에 몰래 들어와 질 좋은 규목을 무분별하게 벌목해 이익을 취하였다. 이에 한국 정부는 울릉도 검찰사 이규원(李奎遠)을 파견해 일본인의 불법 벌목 실태를 파악하고 일본 정부에 강력하게 항의하였다. 나아가 김옥균(金玉均)을 동남제도개척사로 임명해 울릉도 삼림권을 담보로 외국의 차관을 도입하려는 정책을 펼쳤다. 그러나 갑신정변으로 이러한 시도는 좌절되었고, 일본인의 불법적인 울릉도 삼림 벌목은 다시 자행되었다.

　한편 러시아는 1896년 고종의 아관파천으로 한국의 정계가 친러파로 재편되는 과정에서 한국의 삼림 이권을 획득할 수 있었다. 1896년 9월 8일 러시아 블라디보스토크의 상인 율리 이바노비치 브리네르[Юлий Иванович Бринер]는 한국 외무대신 이완용(李完用)·농상공부대신 조병직(趙秉稷)과 「한러삼림협동조약」을 체결하였다. 이 조약을 통해 러시아가 한국 최대의 삼림자원 지역인 두만강·압록강 연안과 울릉도에 대한 삼림 벌목권·채벌권을 독차지한 것이다. 17개 조항으로 구성된 이 조약의 골자는 러시아 상인 브리네르에게 조선목재상사(朝鮮木材商社)라는 회사 설립을 허가하는 내용이다. 조선목재상사는 두만강 상류 국유지 및 무산 부근의 오른쪽 지류와 동해 내 울릉도의 목재 거래에 대해 20년 동안 완전히 배타적인 권리를 부여받는다. 나아가 한국 영토에 대한 면적 조사를 할 수 있는 권리를 가진다. 상사에는 삼림전문가 과정을 이수한 러시아 삼림관 단체 출신의 전문삼림관을 계약기간 내내 고용하고 임금을 지급하며, 삼림관에 딸린 러시아 조수들에 대해서도 동등하게 대우한다. 상사에서 고용한 삼림관은 한국 정부가 관리하는데, 이는 삼림과 관련한 규정을 한국에 도입함과 동시에 한국인에게 삼림 경영의 실무를 교육하기 위한 것이었다.

　가장 핵심적인 내용은 한국은 별도의 출자 없이 상사의 지분을 25% 보유하며, 20년의 한정된 벌목 권한을 부여하는 대신 그 이익금의 25%를 한국 정부가 납부 받고 그 외의 세금은 면제해 주는 것이었다. 상사 사무실은 블라디보스토크에 두되 서울이나 인천에 지사를 설치하며, 한국 정부는 관원을 파견해 상사 사무를 감독하고, 지방관을 파견해 목재의 반출 등을 검열할 수 있게 했으며, 담보금 15,000루블을 받도록 하였다[※관련 문서-1]. 이에 따라 브리네르는 블라디보스토크에 조선목재상사 대신 동아목재공업주식회사(東亞木材工業株式會社)를 설립하고 1897년 1월 3일 담보금 15,000루블을 한국 정부에 납입하면서 벌목을 개시하기 위한 준비에 착수하였다.

　러시아의 삼림 채벌권 획득은 울릉도에서 도벌을 자행하고 있던 일본과 갈등을 불러일으켰다. 1880년대 초반부터 이미 울릉도에 잠입해 거주하며 도벌을 감행하고 있던 일본인에 대해 한국 정부는 퇴거와 도벌 금지를 일본 정부에 요청하였지만, 오히려 울릉도에 이주해 오는 일본인의 수는 격증하였다. 러시아가 합법적으로 울릉도 채벌권을 획득한 1897년경에는 일본인의 수가 수백 명에 육박할 정도였다. 이들의 불법 도벌에 대해 러시아 공사가 한국 정부에 항의하는 등 거센 반발이 이어지고 한국 정부에서도 재차 퇴거 요청을 해 오자, 일본은 아예 이 지역에 대한 러시아의 벌목권을 매입해서 획득하는 방안을 모색하기도 하였다. 하지만 러시아 측은 이 권리에 대해 10년간 30만 루블이라는 막대한 금액을 제시하였기 때문에 협상이 순조롭게 진행되지 못하였다.

　1900년 10월 25일 대한제국 칙령 제41호에 의해 울릉도가 울도로 개칭되고 군으로 승격되면서 울릉도에 군수가 파견되었다. 일본인의 진출을 막고 울릉도민 보호와 삼림·수산자원 사수에 적극적으로 나선 것이다. 이에 대해 일본은 울릉도에 영사관 주재소를 설치해 경부를 파견함으로써 자국민의 불법을 옹호하고 나섰다. 한국은 일본의 주재소 설치에 항의하고 주재소 철폐와 일본인 퇴거를 명령했으나, 일본은 이에 응하지 않았다. 러시아는 압록강과 두만강과 함께 울릉도에 대한 삼림 채벌권을 갖고 있었지만, 삼림 벌채보다는 한국에 영향력을 행사하려는 의도를 갖고 있었기 때문에 울릉도의 일본인 불법 벌채에 대해서는 적극적으로 이의를 제기하지 않았다.

반면 압록강과 두만강 연안에 대해 러시아는 삼림 채벌권을 활용해 적극적으로 한국 진출을 꾀하였다. 1900년 의화단 사건을 계기로 만주에 군대를 파견한 러시아가 의화단 사건 해소 후에도 철병을 하지 않자, 일본은 이에 항의하며 러시아군의 만주 철병을 촉구하였다. 러시아는 1902년 4월 청과 만주 철병에 관한 협정을 체결해 철병을 약속했으나, 1903년 4월 2차 철병이 약속되어 있었음에도 이를 위반하고 오히려 압록강 연안의 국경까지 러시아군을 남하시킨 것이다. 이어 러시아는 5월에는 용암포를 점령하여 각종 포대를 설치하고 병참기지를 구축해 나갔다. 용암포는 벌목한 목재 운반에 적절한 지리적 이점이 컸으며 군사적으로도 중요한 곳이었다. 러시아는 한국인에게 명의를 빌려 비밀리에 용암포의 토지와 가옥을 매입하기 시작하였다. 갑오개혁 이후 외국인의 토지 점유와 매매를 금지했기 때문에 한국인에게 명의를 빌려 불법적으로 토지를 매매했던 것이다. 이에 위기를 느낀 일본과 한국 정부는 러시아의 불법적인 토지 매입을 중지시키고 병참기지 건설을 무력화하기 위해 러시아의 용암포 진출을 비난하며 철수를 촉구하였다. 하지만 러시아는 용암포 조차 계획을 수립해 한국 정부와 정식으로 교섭에 나섰다.

1903년 6월 말 한국 정부는 외부참서관 조성협(趙性協)을 서북변계울릉도 삼림감리에 임명해 러시아 삼림회사 대표와 용암포 지구 획정 문제를 처리하였는데, 러시아의 강요에 의해 1903년 7월 20일 러시아와 용암포 조차를 약속하였다. 하지만 곧이어 이 사실이 누설되자 일본은 이에 항의하며 조약 파기를 강요하였다. 당시 영국과 미국 등 열강은 러시아의 만주 철병에 대한 약속 불이행 때문에 반러·친일적 경향이 강했다. 이러한 상황에서 누설된 러시아의 용암포 조차 계약은 영국과 미국의 지원을 받는 일본에 의해 제대로 시행되기 어려운 상황이었다. 결국 일본의 항의에 굴복한 한국은 용암포 조차 계약을 인준하지 못했다. 그럼에도 러시아가 '가조약'안을 근거로 진지 구축과 토지 매입을 계속해 나가자 일본은 정부뿐만 아니라 민간인들도 대응책 마련에 부심하였다. 일본은 한국임업조사계획을 수립하고 다나카 기요지[田中喜代次]를 파견해 압록강 유역의 삼림 개발 가능성을 타진토록 하였다. 그는 사업 타당성을 높이 평가하고 일본의 임업자본 진출을 통한 삼림 이권 획득을 주장하였다. 이에 따라 서울에서 일본과 청의 합작기업인 일청의성공사(日淸義盛公司)를 설립하여 러시아 삼림회사에 대항하며 사업을 확장해 나갔다.

아울러 일본은 러시아의 용암포 조차 계획에 대응하기 위해 의주 개방안을 마련하여 용암포와 의주의 동시개방 문제를 본격적으로 제기하였다. 영국과 미국도 일본의 제안을 적극 수용한다는 뜻을 표명하였다. 이처럼 일본은 러시아의 한국 진출에 대한 저지 작업을 지속해 나갔음에도 양국의 갈등은 고조되어 갔다. 러시아와 일본의 교섭은 한국에 대한 독점권을 주장한 일본과 한국의 39도 선 이북에 대한 중립지대를 주장한 러시아 사이에서 해결의 실마리를 찾지 못하고 종지부를 찍고 말았다. 결국 양국의 긴장은 러일전쟁으로 이어졌다.

3. 체결 과정

일본은 러일전쟁에서 승리하면서 본격적으로 한국의 삼림 이권 획득에 나섰다. 러일전쟁이 개시되자 일본은 1904년 2월 23일 한국과 「한일의정서」를 조인하여 한국을 그들의 권한 아래 넣었다. 이후 전쟁이 점차 일본에게 우세해지자 5월 18일 한국 정부로 하여금 칙령을 반포하게 하여 한·러 간 삼림협동조약을 폐기시켰다. 이로써 1896년 9월 이후 러시아가 독점하다시피 했던 러시아의 벌목권은 폐기 처분되었다. 이와 동시에 고무라 주타로[小村壽太郎] 일본 외무대신은 한국 주재 일본 공사 하야시 곤스케[林權助]에게 훈령으로 압록강과 두만강 일대의 벌목권 획득에 나설 것을 통보하고 이를 한국 정부와 논의해 구체적인 방안을 마련하라고 지시하였다.

한편 일본은 1904년 5월 31일 각의에서 「대한방침」 및 「대한시설강령」[※V-4 중 관련 문서-3]을 결정하였는데, 그 6조 '척식을 도모할 것'에서 임업 장악을 제시하였다. 일본은 두만강과 압록강 연안의 삼림은 울창하며, 특히 압록강은 그 면적도 광대하고 운송 역시 편리하여 한국의 부의 원천 중 제일로 손꼽힌다고 보았다. 그런데 이 삼림에 대한 벌채권을 수년 전부터 러시아에게 주었으나 이제 한국 정부로 하여금 이를 폐기시켰으므로 이제 러시아를 대신해 일본인이 삼림을 경영케 할 방안을 마련해야 하며[※관련 문서-2·3], 아울러 적당한 장소를 선정하여 새롭게 식림(植林)의 길을 강구할 것을 요구하였다. 이러한 한국 삼림 장악 정책에 따라 일본은 러일전쟁 기간 중에는 군정서(軍政署)가 목재 사업 전반을 담당하도록 조치하였다.

또 러일전쟁 승리 이후에는 1905년 10월에 안동현에 군용목재창(軍用木材廠)을 설립하여 압록강 삼림 벌채를 담당하게 하였다. 목재 관련 사업을 군정서에서 담당하고 군법으로 다스릴 정도로 압록강 삼림 장악에 적극적으로 나섰던 것이다. 이후 군용목재창을 목재창으로 개칭해 민간인을 폭넓게 유치하기 위한 일련의 작업을 시행하였다. 예컨대 목재 자금에 대한 대부를 알선해 주는가 하면 한국과 중국 양국 정부에게는 벌채 업무를 지원하도록 압력을 가하였다. 또 압록강 우측 연안에 해당하는 청국 측 삼림을 벌목하기 위해 「청일합동재목회사장정」을 체결해 후일 압록강 채벌공사를 창립할 수 있는 토대를 마련하는 한편 압록강과 두만강 연안의 삼림 벌채권을 획득하기 위한 「압록강 두만강 삼림경영에 관한 협동약관」을 한국 정부와 체결하였다.

주목할 만한 사실은 일본이 이 조약을 체결하기 이전에 수차례에 걸쳐 삼림을 비롯한 한국의 자원을 면밀하게 조사하였다는 점이다. 특히 한국의 삼림자원을 조직적이고 효율적으로 수탈하기 위해 1902년부터 일본 농상무성의 주관으로 한국의 삼림에 대한 조사보고서를 작성해 임업을 통한 경제적 타당성 조사를 실시하였다. 1906년까지 대략 여섯 차례에 걸쳐 일본은 대체로 국경 지역과 한국 전체의 삼림 상황과 삼림제도 및 정책 그리고 식물 분포와 목재로 대표되는 임산물 수급 상태와 판로 및 운수에 초점을 맞추어 조사를 벌였다. 특히 압록강 연안의 벌목 사업과 지권에 대한 조사가 이뤄진 점으로 보아 이미 이 단계에서 임야에 대한 강점 야욕을 품고 있었음을 알 수 있다.

4. 내용

러일전쟁에서 승리한 일본은 한국 정부를 강박하여 가장 큰 이권이라 할 수 있는 삼림권을 빼앗았음에도 이를 합법적으로 둔갑시켜 삼림경영협동조관을 맺었다. 이 조관은 전문과 7조로 구성되었다.

전문에서 양국 정부는 압록강과 두만강 일대의 삼림이 한국과 청국의 국경에 있는 매우 풍부한 이익의 원천임을 인식하고, 이를 경영·관리하기 위해 조약을 체결한다고 명시하였다. 이처럼 일본은 겉으로 풍부한 이익의 원천인 압록강과 두만강 일대의 삼림을 경영·관리한다는 명분을 내세웠지만, 실제로는 이 일대를 장악함으로써 한국 침략을 공고히 하고 러시아의 영향력 확대를 막으려는 의도를 갖고 있었다.

제1조에서 1896년 러시아의 삼림회사에 채벌권을 부여해 벌채 독점권을 주었던 것과 달리 양국 정부가 주체가 되어 공동경영하는 형태를 취하였다. 그러나 이는 일본의 침략성을 은폐함과 동시에 러시아뿐만 아니라 영국·미국 등 열강에게 간섭의 빌미를 주지 않으려는 눈속임이었을 뿐이다.

제2조에서 일본은 삼림 경영을 위한 총 자본을 120만 원으로 상정하고 이를 각각 반으로 분배하여 출자한다고 규정하였다.

제3조에서는 경영에 따른 비용과 이익 등을 회계하고 이를 1년에 1회에 한해 각국에 보고하기로 정하였다.

제4조에서 회사 경영을 통해 발생하는 손익은 양국이 공동으로 나누기로 하였다.

제5조는 조약 체결 이후 출자금 증액이 필요할 때에는 양국이 승인을 거쳐 시행한다는 내용이다.

제6조에서는 협동조약을 시행하기 위해 필요한 세칙이 있을 경우 양국 정부가 임명한 위원이 이를 협의해 결정하고 공동으로 운영할 것을 규정하였다.

제7조에서는 삼림 경영은 양국 정부에 의해 이루어지지만, 양국 인민이 자유롭게 가입하고자 할 때에는 이를 회사 조직으로 재편할 수 있는 길을 마련해 두었다.

얼핏 보면 이 조약은 한일 양국의 공통 이익을 위해 평등하게 체결한 모양새를 취했지만, 한국의 이익이 되기보다는 일본의 이익 침탈을 명확하고 합법적으로 보장하는 것이었다. 왜냐하면 다수의 일본인이 주도적으로 삼림 벌목을 운영하는 과정에서 실제 이익과 서류상의 이익의 차이를 감사할 수 있는 권한에 대한 규정이 없는 등 적지 않은 문제가 있음에도, 이를 감추기 위해 마치 한국과 일본 두 정부가 공동으로 협동하여 경영하는 것처럼 가장하고 있기 때문이다.

5. 의의

한국의 삼림은 전국토의 73%에 달하는 광대하고 풍부한 천혜의 자원으로 개항 이후 일본뿐만 아니라 서양 열강의 수탈 대상이 되었다. 러시아가 가장 먼저 벌목권을 획득한 압록강과 두만강 그리고 울릉도의 삼림자원은 양도 많고 질도 좋은 재목이 대밀림을 형성하고 있었다. 러시아가 의화단사건을 핑계로 만주에 군대를 출병한 이후 철병하지 않고 오히려 군대를 남진시키는 등 긴장이 고조되자, 일본은 군사적 근거지로도 이용될 수 있는 삼림 이권을 획득하는 데 적극적으로 나서게 되었다. 이를 위해 일본은 러일전쟁 과정에서 한국 정부에게 러시아와 맺은 삼림 이권조약을 파기하도록 강요하는 수순을 밟았다.

결국 러일전쟁에서 승리한 일본이 「을사늑약」 이후 가장 먼저 체결한 자원 약탈 조약은 바로 「압록강 두만강 삼림경영에 관한 협동약관」이었다. 1896년 러시아와 맺은 삼림협동조약과 1906년 일본과 맺은 협동조관은 같은 사업이었지만 전혀 다른 성격을 가진다. 「한러삼림협동조약」은 러시아의 개인이 삼림회사를 설립하고 운영하는 절차와 과정을 비교적 상세히 담고 있으며 한국 정부는 별도의 출자 없이 러시아인의 삼림회사 지분 25%를 보유하고 수익금의 25%를 얻을 수 있었던 반면, 한일 간 협동약관은 동일한 액수의 출자를 기본으로 하고 같은 비율의 이익을 얻을 수 있을 뿐 삼림 벌채에 관련한 견제나 감시장치가 마련되지 못한 한계를 지니고 있다. 일본이 장부 조작을 통해 이익금 분배에 부정을 저지른다고 하더라도 한국 정부는 이를 확인할 방법이 없기 때문이다. 이처럼 「압록강 두만강 삼림경영에 관한 협동약관」은 「을사늑약」 이후 일본이 실질적으로 한국을 강점한 상황에서 불공정한 양국 관계를 잘 보여 주는 조약이었다.

6. 관련 문서

1) 「압록강안의 러시아 삼림경영에 관한 건」(1896. 8. 28.)

1896년 8월 28일 체결된 한러목재회사조직(韓露木材會社組織)에 관한 협약

조선 국왕 폐하는 유럽에서 행해지는 방법에 따라 영림(營林)과 제재업(製材業)을 조선국에서 시행하기를 바라며 다음 각 조의 협약 체결에 동의한다.

제1조

러시아국 신민 블라디보스토크 제1등 상인 유리 이바노비치 브리네르에게 조선목재회사를 조직하는 것을 윤허한다.

제2조

본 회사는 무산군(茂山郡) 두만강 상류와 이 강 우측의 모든 지류에 연하여 관유지 및 동해(東海) 다즐레섬[鬱陵島]에서 20년간 임업(영림·제재 판매를 포괄함)을 경영하는 특권을 획득한다. 본 회사는 전항의 땅에서 기업한 후 이 업에 능통한 자의 조력을 빌려 압록강 유역의 조선국 영토 내의 삼림 지적(地積)을 조사한 후 부근의 땅에 그 업무를 확장하는 권리를 보유한다. 단, 업무 시행은 두만강구와 동일 조건이어야 한다. 만약 본 회사가 본 협약 조인 후 5개년 내에 압록강 유역의 조선국 영토 내에 그 업무를 개시하지 않을 때는 본 회사는 이 지구에서 일체 권리를 상실하는 것으로 한다.

제3조

본 회사는 앞 조항에 게재한 구역 내에서 도로와 마차, 철도의 개설 및 목재 유부(流栟)에 편리하도록 하천의 개수에 필요한 일체 사업을 시행하고, 또 가옥·공장 및 제재소를 건설할 권리를 보유한다.

제4조

본 회사는 본 협약 기한 중 러시아 산림대학교를 졸업한 임업 전문기사 1명과 그 보조원으로 러시아인 몇 명을 고용하여 이를 급양(給養)할 의무를 지는 것으로 한다. 그리고 본 회사는 이들의 지도에 따라 아래의 각항과 같이 영림과 목재업을 성실히 집행한다.

(가) 연령 30세 이하의 어린 나무를 벌채하지 않는다. 이들은 적당히 보호하여 육성을 도모한다.

(나) 본 회사는 그 벌채를 행한 임적지(林跡地)에 새로이 식림(植林) 방법을 실시해야 한다. 그러므로 100그루를 벌채했을 때는 그 지구 내에 파종을 위하여 반드시 적어도 양목(良木) 1그루를 남겨 두어야 한다.

(다) 본 회사는 삼림의 화재를 예방하고 또 이것을 막기 위하여 가장 엄격한 방법을 집행한다. 이를 위해 지방청을 경유하여 임간(林間)과 삼림 부근의 원야(原野)에 '방화금령'을 발포하고, 임업 전문기사는 그 보조원 및 지방 관헌의 협력을 빌어 이 금령의 실행을 감시한다.

(라) 본 회사는 당해 연도 지정 지적(地積) 외에 함부로 다른 구역에서 벌채하지 않는다. 그러므로 매년 9월 15일 당해 연도의 벌채지구를 사정하고 성토(盛土) 또는 구멍으로 그 경계를 표시하는 것으로 한다. 그리고 본 회사는 그 선정한 삼림지를 20구(區)로 분획하여 1구 채벌 작업은 2년 6개월(두 번의 겨울, 한 번의 여름)을 경과하지 않는다. 또 채벌과 재목 운반은 9월 15일부터 다음 해 5월 14일까지의 기간에만 이를 허가한다.

제5조
본 회사는 제재를 위하여 두만강안 러시아 영토 또는 조선국 영토 내 어느 쪽이든 편리하다고 인정하는 땅에 증기제재소를 건설할 수 있다. 그 완성된 제재는 외국으로 수출하거나 또는 제재지에서 판매할 수 있다.

제6조
본 회사에서 고용하는 임업 전문기사는 임업에 관한 제 규칙 편성과 조선국에 시행상은 물론, 특히 조선인에게 영림 실습, 벌채한 임적지에 대한 파종, 신 수목 배식(培植) 방법 등의 교수에 관해서는 모두 조선국 정부의 지휘를 받아야 하는 것으로 한다. 조선국 정부는 그 관리와 도제(徒弟)로 하여금 제재 기계 및 일반 목재의 취급을 알도록 이를 본 회사의 제재소에 파견할 권리를 가진다.

제7조
조선국 정부는 본 회사에서 지방 주민과 교섭해 노동자를 고용하여 운반용 재료[차마(車馬), 인부(人夫)를 포괄함]를 조달함에 있어 일체의 조력을 본 회사에 부여한다. 또한 동 정부는 본 회사에 근무하는 외국인에게 여권을 교부하고 또 이에 일체의 보호를 부여한다.

제8조

본 회사는 작업에 주로 조선국 인민을 고용하겠지만 만약 그들이 동맹파업 할 때는 본 회사는 러시아 또는 청국 노동자로 교환할 수 있다.

제9조

본 회사는 노동자를 위해 식량품은 특히 지방 생산품을 구입해도 기아 또는 흉년을 당하여 가격이 등귀할 때는 외국에서 이를 수입하여 정제비와 운반비를 더한 실제 가격으로 노동자에게 매도한다. 임업에 필요로 하는 식량품, 기구, 재료 및 기계는 세금 없이 외국으로부터 수입할 수 있다. 따라서 본 회사에서 수득하고 또 외국에 수출하는 제재(製材)는 관세가 부과되지 않는다.

제10조

유리 브리네르는 속히 전기(前記) 회사의 사업을 실행하기 위해 필요한 자금을 조달하기로 한다.

제11조

유리 브리네르는 조선국 정부는 전혀 출자하지 않고 본 회사 재산의 4분의 1에 대한 소유자가 되므로 동 정부는 본 회사 순익금의 4분의 1을 수득할 권리가 있다는 취지의 증명서를 적당한 시기에 조선국 정부에 제출해야 한다. 이 때문에 동 정부는 본 회사가 산림을 이용하지만 동사(同社)에 대해 아무런 조세를 부과하지 않기로 한다.

제12조

본 회사는 본점을 블라디보스토크에 두고 지점을 경성(京城) 또는 인천에 설치하여 매년 1회 경성 또는 인천에서 주주 또는 그 대표자 총회를 연다. 총회에서 주권(株券) 1개는 발언권 1개를 가지며 본 협약 각 조에 게재가 없는 사건과 제 문제는 본 회사 주주의 다수결로 의정한다. 본 회사의 장부는 영업지에 최근 장소인 블라디보스토크에 보관하고 경성 또는 인천에 개설하는 총회의 감사에 대처하기 위해서는 공증인이 증명한 등본을 제출하는 것으로 한다.

제13조

조선 국왕 폐하는 1명의 관리를 임명하고 해당 관리가 가장 편리하게 인정하는 토지, 즉 벌목 유부(流桴)한 후 벌채구역 내의 목재가 모두 다 집합하게 될 지점인 제재소 또는 창고 부근에 거주시켜 조선국 정부의 이익을 감시하고 벌채·반출한 목재의 수량을 감사시킬 수 있다. 또 이 관리는 어느 때라도 장부 검사를 집행할 권능을 가진다. 또한 따로 지방에서 1명의 관리를 임명하여 그 관리가 벌채·반출할 목재에 대하여 유부표(流桴票)를 발행시킬 수 있다. 이 표에는 이 관리의 성명, 교부 일시, 교환을 받는 자의 성명, 벌채지구 지명, 벌목 수량과 크기 등을 기재한다. 만약 불가항력에 의하여 11월 15일까지 유부표가 기재된 목재로 부여되지 못할 때는 본 표를 발행한 관리에게 반환하고 이 관리는 따로 목재의 소재지 지명, 그 수량 및 유부되지 않은 원인을 기재한 증명서를 발행한다. 이 증명서에 의하여 다음 연도에 목재를 유부할 수 있다.

제14조

조선 정부가 받을 본 회사 순익의 배당금은 매년 경성에서 노청은행(露淸銀行)을 경유하여 동 정부에 지불하는 것으로 한다. 그리고 브리네르는 조선 정부가 받게 될 본 회사 순익의 배당금을 정확히 지불할 보증으로 항상 노청은행에 은화 1만 5,000루블을 예금해 두는 것으로 한다. 본 회사의 순익이 증가하는 데 따라 위 예금액도 차례로 이에 체가(遞加)한다.

제15조

본 협약은 조인일로부터 1년 내에 임업(영림 및 제재를 포괄)을 개시하지 않을 때는 그 효력을 잃는 것으로 한다. 특히 이 지연은 전쟁 또는 이에 유사하며 본 회사와는 관계없는 경우로 한다. 후단의 경우(전쟁 등의 경우)에는 조선국 정부와 앞서 게재한 회사 간 상호의 합의로 임업 개시 시기를 연장할 수 있다.

제16조

본 협약의 기한 종료 전 브리네르가 사망할 때는 본 협약의 권리는 모두 그의 상속인과 후계자에게 이전하는 것으로 한다. 그리고 동인(同人)은 본 협약을 자기가 바라는 유망한 러시아 인민 또는 동상(同上)의 회사에 양여할 수 있다.

제17조

러시아어로 기록한 특권 각 조에 정확한 청국어 번역문을 첨부한다. 하지만 의미가 불분명한 점이 생겼을 때는 러시아어로 기재한 조문을 근거로 삼는다.

1896년 8월 28일 경성
   블라디보스토크 제1등 상인 유리 이바노비치 브리네르
   농상공부대신 조병직, 외부대신 이완용

출처: 『통감부문서』 제3권, 1907년 3월 9일

2) 압록강과 두만강의 연안 삼림의 일본 정부 경영 착수 및 협정 체결 예고(1904. 12. 9.)

[발신] 일본 공사 하야시 곤스케
[수신] 외부대신 이하영
광무 8년(1904년) 12월 9일

공문 제235호

서한을 올립니다. 귀국 서북 경계의 압록강과 두만강 두 강 안에 있는 삼림은 현재 제국 출정군의 수용에 필요한 바가 있습니다. 군의 진행과 함께 이것을 벌채하여 경영에 착수해야 할 것이고, 또 장래에도 해당 지방 일대가 귀국의 국방상 관계가 있기 때문에 해당 지방 일대에서 삼림 경영은 일한의정서의 주지를 받들어 제국 정부가 이를 행하기로 결정했습니다. 또 이에 관한 여러 규정은 차츰 필요에 따라 귀국 정부와 협정할 것입니다. 이상 귀국 정부에게 공개적으로 밝힐 뜻을 제국 정부의 훈령에 따라 조회합니다.

메이지 37년 12월 9일

    특명전권공사 하야시 곤스케 ㊞

    외부대신 이하영 각하

출처: 『구한국외교문서 일안』 권7, #8409, 380쪽

3) 압록강과 두만강 연안의 삼림 채벌권에 관한 훈령의 건(1904. 5. 19.)

고무라 외무대신이 주한 하야시 공사 앞으로
전신 메이지 37년 5월 19일 오후 5시 20분 발
재한 하야시[林] 공사
고무라[小村] 외무대신

제221호

러시아인이 압록강과 두만강 연안의 삼림을 벌채하는 것에 관한 약정이 취소되었으므로 내외의 사람들 중에 이를 대신해서 이 권리를 얻으려고 기도하는 자들이 속출할 것이고, 한국 정부에서도 혹 우리에게 알려 주지 않고 이를 허가하지 않는다고 보장할 수 없으므로 이에 대해서는 귀관에게 이러한 상황에 대해 주의하고 엄히 예방책을 세우는 것은 물론이거니와 나아가 해당 권리를 우리나라가 취득해 둘 것을 희망하는 것에 대해 그 수단·방법 등에 관해 의견을 전신으로 여쭙니다.

출처: 金正明 編, 『日韓外交資料集成』 제5권, 1967, 209~210쪽

[참고 문헌]

- 『승정원일기』

- 『주한일본 공사관기록』 제13권, 1899년 10월 4일, 「울릉도 출장복명서 송부 건」.

- 『주한일본 공사관기록』 제13권, 1899년 12월 15일, 「울릉도 벌목권 취득 문제에 관한 보고」.

- 『주한일본 공사관기록』 제19권, 1903년 4월 17일, 「러시아인들의 압록강변 斫木은 계약에 의한 것이라는 해명」.

- 『주한일본 공사관기록』 제19권, 1903년 4월 28일, 「압록강 상류의 삼림 채벌권에 관한 회훈의 건」.

- 『통감부문서』 제3권, 1907년 3월 9일, 「압록강안의 러시아 삼림경영에 관한 건」.

- 고려대학교 아세아문제연구소 편(1965), 『구한국외교문서 아안』, 제1권, #800, #802, 고려대학교출판부.

- 고려대학교 아세아문제연구소 편(1967), 『구한국외교문서 일안』, 제7권, #8409, 고려대학교출판부.

- 金正明 編(1967), 『日韓外交資料集成』 第5卷, 209~210쪽, 「鴨綠江及豆滿江畔森林採伐權に関し訓令の件」

- 日本外務省 編(1959), 『日本外交文書』 39-1, #18, 「鴨綠江營林關係雜纂」

- 강영심(1988), 「구한말 러시아의 森林利權 획득과 森林會社의 採伐實態」, 『梨花史學研究』 17-18.

- 김호동(2011), 「독도와 울릉도를 둘러싼 러・일의 각축과 조선의 대응」, 『독도연구』 14.

- 이재훈(2010), 「러일전쟁 직전 러시아의 압록강 삼림 채벌권 활용을 통해 본 한・러 경제관계의 성격」, 『역사와 담론』, 56.

- 조재곤(2013), 「브리네르 삼림 이권과 일본의 대응」, 『역사와 현실』 88.

- 홍정원(2011), 「러・일의 울도군 침탈과 대한제국의 대응 연구」, 『군사』 80.

VI

경찰·사법에 관한 조약

1. 한국 사법 및 감옥 사무 위탁에 관한 각서
2. 한국 경찰 사무 위탁에 관한 각서

1
한국 사법 및 감옥 사무 위탁에 관한 각서

韓國 司法 및 監獄 事務 委託에 關한 覺書

한국 사법 및 감옥 사무 위탁에 관한 각서 | 대한제국의 사법권과 감옥 사무를 일본에 위탁하는 내용의 각서로, 그 교환을 계기로 대한제국의 사법권과 교도 행정권이 전부 박탈되었다. '기유각서'라고도 한다.

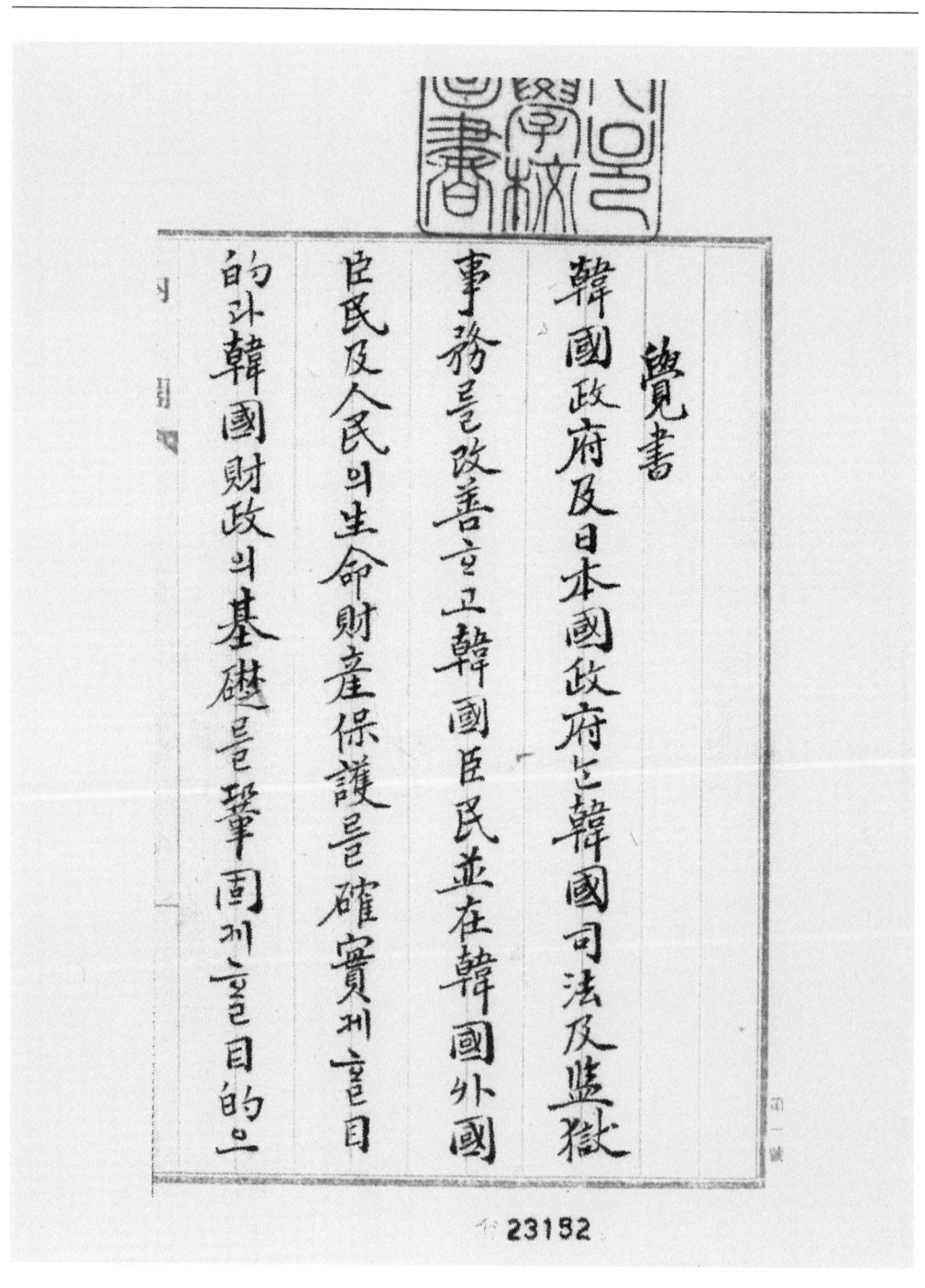

한국 사법 및 감옥 사무 위탁에 관한 각서(국한문) 출처: 奎23152

원문

覺書

韓國政府及日本政府는 韓國司法及監獄事務를 改善ᄒᆞ고 韓國臣民並在韓國外國臣民及人民의 生命財産保護를 確實케 홀 目的과 韓國財政의 基礎를 鞏固케 홀 目的으로써 左開條款을 約定홈

第一條
韓國의 司法及監獄事務가 完備홈으로 認홀 時까지는 韓國政府는 司法及監獄事務를 日本國政府에 委託홈

第二條
日本國政府는 一定혼 資格을 有혼 日本人及韓國人을 在韓國日本裁判所及監獄의 官吏에 任用홈

第三條
在韓國日本裁判所는 協約 又는 法令에 特別혼 規定이 有혼 者 外는 韓國臣民을 對ᄒᆞ야는 韓國法規를 適用홈

第四條
韓國地方官廳及公吏는 各其職務를 應ᄒᆞ야 司法及監獄事務에는 在韓國日本當該官廳의 指揮命令을 承ᄒᆞ고 又는 此를 補助홈

第五條
日本國政府는 韓國司法及監獄에 關혼 一切經費를 負擔홈

右上各其本國政府의 委任을 承호야 覺書 韓日文 各貳度를 作成호야 此를 交換호고 後日의 證據로 호기 爲호야 記名調印홈이라

隆熙三年七月十二日
　　　內閣總理大臣 李完用 ㊞
明治四十二年七月十二日
　　　統監 子爵 曾禰荒助 ㊞

출처: 奎23152

번역문

각서

한국 정부와 일본 정부는 한국의 사법 및 감옥 사무를 개선하고 한국 신민과 재한국 외국 신민 및 인민의 생명과 재산의 보호를 확실히 하려는 목적과 한국 재정의 기초를 공고히 하려는 목적으로 다음 조관을 약정함.

제1조
한국의 사법 및 감옥 사무가 완비되었다고 인정될 때까지 한국 정부는 사법 및 감옥 사무를 일본국 정부에 위탁함.

제2조
일본국 정부는 일정한 자격을 갖춘 일본인과 한국인을 재한국 일본 재판소 및 감옥의 관리에 임용함.

제3조

재한국 일본 재판소는 협약 또는 법령에 특별한 규정이 있는 경우를 제외하고 한국 신민에 대해 한국 법규를 적용함.

제4조

한국 지방관청 및 공리는 각기 직무에 따라 사법 및 감옥 사무에서 재한국 일본 해당 관청의 지휘명령을 받거나 이를 보조함.

제5조

일본국 정부는 한국의 사법 및 감옥에 관한 일체 경비를 부담함.

이상의 내용을 각기 본국 정부의 위임을 받아 한글과 일문 각서를 각각 2부씩 작성해 교환하고, 훗날 증거로 삼기 위해 기명 조인함.

융희 3년 7월 12일
　　　내각총리대신 이완용 ㊞
메이지 42년 7월 12일
　　　통감 자작 소네 아라스케 ㊞

해제

1. 개요

대한제국의 사법권과 감옥 사무를 일본에 위탁하는 내용의 각서로 1909년 7월 12일 대한제국 내각총리대신 이완용(李完用)과 제2대 통감 소네 아라스케[曾禰荒助] 간에 교환되었다. 이 협약을 계기로 대한제국의 법부(法部)와 그 산하의 재판소 및 감옥은 전부 폐지되고, 그 사무는 통감부의 사법청(司法廳)과 통감부 재판소로 이관되었다. 이는 대한제국의 병탄을 위한 준비 작업으로서 그 사법권과 교도 행정권을 전부 박탈했음을 의미한다.

1907년 이후 신규 임용된 판검사 가운데 일본인이 차지하는 비율이 급증하는 등 사법권은 사실상 이미 일제가 장악하고 있었다. 그런데도 굳이 사법권과 감옥 사무를 공식적으로 이관한 것은 1909년에 일본의 대한정책이 보호국화에서 강제병합으로 전환되면서 기존에 한국이 서양 열강에 허용한 영사재판권(치외법권)을 철폐하는 데 그 주된 목적이 있었다. 기유각서(己酉覺書)라고도 한다.

2. 배경

조선 법제사상 최초로 행정과 분리된 근대적 재판소가 설치된 것은 1895년 갑오개혁 때였다. 「재판소 구성법」이 제정된 후 몇 차례의 개정을 거쳐 특별법원(特別法院), 평리원(平理院), 순회재판소(巡廻裁判所), 한성부 및 개항시장재판소(開港市場裁判所), 지방재판소(地方裁判所) 및 그 지청(支廳) 등 다양한 재판소가 설립되었다. 하지만 지방행정의 난맥으로 인해 이들 재판소의 대부분은 명목상으로만 존재했으며, 관찰부(觀察府)나 목사청(牧使廳), 감리서(監理署) 등에 임시로 합설(合設)해서 관찰사, 목사, 감리가 판사를 겸임하는 것이 일반적이었다. 실제로 독립된 재판소로 존재한 것은 초심과 종심 재판을 담당한 한성재판소와 평리원 정도였다.

러일전쟁 이후 일본의 국권 침탈이 본격적으로 전개되면서 재판 업무에 간여하는 사례도 점차 늘어났다. 처음에는 경무고문부에서 파견한 일본인 경무보좌관과 그 위세를 등에 업은 한국인 경찰들이 재판 업무에 비공식적으로 간여하다가, 1907년 1월부터는 일본인 판검사들이 참여관과 법무보좌관의 명목으로 법부 및 각급 재판소에 고빙된 것이다.

1907년 7월 체결된 「정미조약(한일협약)」[※Ⅶ-5, 이하 「정미조약」]은 제3조와 제5조에서 각각 사법사무와 행정사무의 분리("韓國의 司法事務는 普通行政事務와 此를 區別홀 事") 및 통감이 추천한 일본인의 관직 임용을 규정했다("韓國政府는 統監의 推薦혼 日本人을 韓國官吏에 任命홀 事"). 이어서 같은 해 12월 23일 통감부는 대한제국 정부로 하여금 「재판소구성법」(법률 제8호), 「재판소구성법시행법」(제9호), 「재판소설치법」(제10호)을 공포하게 함으로써 사법 기구를 전면 개편하는 한편, 일본인 판검사들이 한국 판검사로 임용되는 길을 열었다. 이에 따라 종전의 한성재판소와 평리원은 폐지되고, 대심원(大審院, 경성 1개소), 공소원(控訴院, 경성·평양·대구 등 3개소), 지방재판소(경성·공주·함흥·평양·해주·대구·진주·광주 등 8개소), 구재판소(區裁判所, 112개소)가 신설됐다. 이와 함께 재판 심급제도 또한 종전의 5급 3심제에서 4급 3심제로 개편했다. 이와 같은 재판소의 명칭과 심급제도 등은 당시 일본의 사법 제도를 모방한 것이었다.

이때부터 관찰사·목사·군수·한성판윤·감리 등 행정관이 사법관을 겸임하는 관례는 완전히 폐지되고 전임 사법관이 임명되기 시작했다. 하지만 이와 함께 일본에서 고등고시 사법과에 합격하고 현직 판검사로 재직하던 일본인들이 대거 대한제국의 판검사로 임명되기 시작했다. 그 결과 1908년 하반기부터 1910년까지 대한제국의 신규 임용 법관 가운데 매년 일본인이 차지하는 비율은 판사 65%, 68%, 72%, 검사 72%, 89%, 90%로 급증했다. 이 기간 대한제국의 판검사로 임용된 일본인과 한국인의 수는 다음 표와 같다.

〈표 1〉 1908년 8월부터 1910년까지 신규 임용된 판검사 중 일본인과 한국인의 수

	1908년 8월			1909년			1910년		
	일본인	한국인	계	일본인	한국인	계	일본인	한국인	계
판사	81	42	123	192	87	279	183	71	254
검사	35	13	48	57	7	64	54	6	60
계	116	55	171	249	94	343	237	77	314

출처: 전봉덕, 「근대사법제도사」(8), 『대한변호사협회지』제15호, p.27

1907년 이후 대한제국의 재판소 구성은 일제의 그것과 거의 같았다. 차이라면 일본에서는 공소원이 구재판소의 제3심을 담당하는 반면 대한제국에서는 대심원만이 상고심을 관할한 것, 합의재판으로 열리는 제2심과 제3심의 판사 수 정도에 지나지 않았다. 한 가지 특기할 만한 것은 대한제국의 재판소에는 번역관과 번역관보(繙譯官補)라는 직위가 있었다는 사실이다. 이는 판검사와 재판소 직원들이 주로 일본인들로 충원된 데 따른 불가피한 결과였다.

이와 같은 재판제도의 개편과 함께 감옥 사무 또한 종래의 내부(內部) 관할에서 법부(法部) 소관으로 귀속되었다. 1907년 12월에 공포된 「감옥관제(監獄官制)」는 사옥관(司獄官)으로서 전옥(典獄) 9명 및 간수장(看守長), 감옥의(監獄醫), 통역 약간 명을 두고, 공소원 검사장이 법부대신의 명을 받아 관할 지역 내 감옥을 감독할 것을 규정했다. 감옥 소재지와 명칭은 법부대신이 정했는데, 이에 따라 1908년 1월부터 경성을 비롯하여 평양·대구·함흥·공주·광주·해주·진주 등 8개 지역에 감옥을 신설하고, 다른 지역에는 분감(分監)을 설치했다.

3. 체결 과정

1909년 7월 3일 추밀원장 이토 히로부미[伊藤博文]는 총리대신 가쓰라 다로[桂太郎]에게 서한을 보내 대한제국의 사법권 및 감옥 사무를 위탁받고, 재판소 및 감옥에 관한 제반 비용을 일본 정부가 부담하여 이를 명실상부한 일본의 재판소와 감옥으로 만들 것을 건의했다[※관련 문서-1].

1907년 이후 대한제국의 사법권은 사실상 통감부가 장악하고 있었다. 그런데도 이토가 대한제국의 사법권과 감옥 사무의 공식적 위탁을 주장한 이유는 무엇이었을까. 이는 기존에 대한제국(조선 포함)이 서양 열강과 체결한 조약에서 규정된 영사재판권(치외법권)을 철폐하기 위해서였다. 영사재판권이 유지될 경우 개인 간의 민사소송이 복잡한 국제분쟁으로 비화할 수 있고, 또 베델[Ernest Thomas Bethell, 裵說]과 같이 대한제국을 위해 활동하는 외국인의 단속에도 어려움이 있을까 우려한 것이다. 이는 「정미조약」 체결 당일인 1907년 7월 24일에 후루야 히사쓰나[古谷久綱] 한국통감 비서관이 고니시[小西] 외무대신 비서관에게 보낸 「이유서(理由書)」에서 잘 드러난다[※관련 문서-2]. 여기서 후루야는 영사재판권 철폐를 위해 한일 양국 법관으로 구성된 재판소를 신설하는 구상을 피력하는데, 실제로 1908년 이후 일본인 판검사의 비중이 절대다수를 점하였음은 앞에서 살펴본 바와 같다.

처음에 통감부는 영사재판권의 철폐를 위한 방안으로 대한제국의 독자적인 법전편찬 및 사법체계의 정비를 시도했다. 즉, 1906년부터 법전조사국(法典調査局)을 설치하고 우메 겐지로[梅謙次郞]를 비롯한 10여 명의 일본인 법률가를 고빙해서 법전 편찬 작업에 착수한 결과, 1908년 7월 『형법대전(刑法大全)』을 대대적으로 개정하고 민형사소송규칙과 관련 법률들을 반포한 것이다. 하지만 1909년부터 일본의 대한정책이 보호국화에서 강제병합으로 전환됨에 따라 이러한 방침을 포기하고, 사법권과 감옥 사무를 완전히 접수함으로써 영사재판권을 철폐하는 노선으로 급선회한 것이다.

이토의 서한이 제출된 지 사흘 뒤인 7월 6일 일본 각의에서 한국 사법과 감옥 사무의 위임, 그리고 군부 폐지에 관한 건이 가결되었다. 이날 각의에서는 「한국병합에 관한 건」과 「대한시설대강(對韓施設大綱)」[※Ⅶ-3 중 관련 문서-1]을 통해 한국병합 방침이 최초로 공식 천명되었다.

> 한국을 병합해서 제국판도의 일부로 삼는 것은 반도에서 우리 실력을 확립하기 위한 가장 확실한 방법이다. 제국이 내외의 형세에 비추어 적당한 시기에 난언코 병합을 실행해 반도를 명실공히 우리 통치하에 두고, 또 한국과 여러 외국과의 조약 관계를 소멸시키는 것은 제국 100년의 장계(長計)이다.
>
> 「한국병합에 관한 건」 중 일부

이윽고 12일 밤에 내각총리대신 이완용과 통감 소네 아라스케 간에 「한국 사법 및 감옥 사무 위탁에 관한 각서」가 조인, 교환되었다. 이보다 앞서 10일 오후 5시 소네 아라스케가 통감 관저에서 원유회(園遊會)를 마련하고 이완용 등 여러 대신 및 각 부부(府部)의 칙임(勅任)·주임관(奏任官)을 초대했다. 이 연회는 7시에 끝났는데, 소네는 다시 이완용과 박제순을 불렀다. 이미 이토 히로부미와 통감부의 총무부장(總務部長), 외무부장(外務部長) 등이 모두 모여 있었다. 이 자리에서 소네는 군부를 폐지하고 사법권을 일본에 위탁한다는 문서를 꺼내 보였다. 이완용 등은 "사안이 중대하니 내각 대신들의 의견을 모아서 회답하겠습니다"라고 답했다. 두 사람은 곧장 이완용의 사저로 가서 밀의했다.

11일 이완용의 사저에서 임시 내각회의가 열렸다. 법부대신 고영희(高永喜)와 군부대신 이병무(李秉武), 그리고 학부대신 이재곤(李載崑) 등이 반대했다. 입장이 난처해진 이완용과 박제순은 곧장 소네에게 달려갔다. 이 소식을 들은 소네는 "이 두 가지 안건은 한일 양국이 반드시 실행해야 하는 것이오!"라고 다그쳤다. 다음 날인 12일 이완용 등이 이토 히로부미, 소네 아라카와와 통감관저에서 회의를 가졌다. 그리고 이날 밤 결국 이완용이 다시 이토 히로부미, 소네 아라스케를 등을 만나 각서에 서명했던 것이다. 이상의 체결 과정은 정교(鄭喬)의 『대한계년사(大韓季年史)』의 기록에 의한 것인데, 이에 따르면 각서 교환 후 이완용은 일본 순사 5명을 불러 그 신변을 엄중히 경호하게 했다고 한다.

4. 내용

총 5개조로 구성되어 있다.

제1조는 대한제국의 사법 및 감옥 사무가 완비된 것으로 인정될 때까지 이를 일본 정부에 위탁할 것을 규정했다. 비록 '사법권 및 감옥 사무가 완비된 것으로 인정될 때까지'라고 했지만, 이를 인정하는 주체는 다름 아닌 일본 정부라는 점에서 사실상 무기한의 의미였다. 이는 「을사늑약」[※Ⅶ-4]을 통해 외교권을 박탈하면서 '한국의 부강지실(富强之實)이 인정될 때까지'라는 단서를 붙임으로써 한국민의 불만을 무마하려고 한 것과 다를 바 없었다.

제2조는 일정한 자격을 갖춘 일본인을 재판소 및 감옥의 관리에 임용한다는 내용이다. 이로써 재판소와 감옥의 관리는 본격적으로 일본인들로 충원되었고, 사법권은 완전히 통감부의 수중에 들어가게 되었다. 문서상으로도 대한제국의 재판소와 감옥은 '재한국 일본재판소와 감옥'이라는 표현으로 대체되었다.

제3조는 이른바 '재한국 일본재판소'에서 대한제국 국민을 재판할 때 대한제국의 법규를 적용한다는 내용이다.

제4조에서는 대한제국의 지방관청과 공무원들이 사법 및 감옥 사무와 관련하여 일본의 해당 관청의 지휘와 명령을 받을 것을 규정했다.

제5조는 일본 정부가 재판소 및 감옥에 관한 일체 경비를 부담한다는 내용이다. 이것이 대한제국의 재판소와 감옥을, 명실상부한 일본 재판소와 감옥으로 만들려는 의도였음은 이토 히로부미의 서한을 통해 살펴본 바와 같다.

5. 의의

본 협약의 체결을 계기로 대한제국의 법부(法部)와 재판소, 감옥은 모두 폐지되고 그 사무는 1909년 10월 23일 칙령 제242호 「통감부사법청관제」로 신설된 통감부 사법청(司法廳)과 통감부 재판소로 인계되었다. 이사청(理事廳)에서 담당하던 일본인에 관한 재판 또한 사법권의 위탁과 함께 통감부 소관으로 일원화되었다. 즉, 대한제국의 사법권과 교도 행정권이 전부 박탈당한 것이다. 이제 대한제국에 남은 국권(國權)은 경찰권이었으나, 이 또한 1910년 6월 24일 「한국 경찰 사무 위탁에 관한 각서」[※Ⅵ-2]의 교환으로 빼앗기게 된다.

통감부 재판소는 일본의 재판제도를 거의 그대로 이식한 것으로, 기존의 4급 3심제를 유지했다. 단, 최고법원의 명칭만 대심원에서 고등법원으로 바꾸었는데, 이는 조만간 병탄할 대한제국에 일본의 최고재판소인 대심원과 같은 명칭의 재판소를 둘 수 없다는 판단에 따른 것이었다. 재판 관할에서도 민족적 차별을 두었다. 즉, 한국인 판사는 민사사건의 경우 원고와 피고가 모두 한국인인 경우에만, 형사사건의 경우 피고인이 한국인인 경우에만 담당하게 한 것이나. 그리고 사법경찰관에게 예심(豫審)을 할 수 있는 권한을 부여하고, 일본인 헌병경찰에게 구류·벌금·태형·구류에 해당하는 범죄에 대해선 정식재판을 하지 않고 피고인의 진술과 증빙에만 의거해서 즉결 선고를 할 수 있는 권한을 인정했다. 헌병경찰에게 부여한 이와 같은 광범위한 권한이 한국인의 인권유린과 독립운동의 탄압으로 직결되었음은 두말할 나위가 없다.

6. 관련 문서

1) 한국 사법 및 감옥 사무 위탁에 관한 서한(1909. 7. 3.)

한국의 재정 및 경제적 상황을 깊이 살펴보건대, 완전히 제국 정부의 보조를 필요로 하지 않는 시기에 도달하는 데는 아직 수많은 세월이 걸릴 것이다. 그렇다면 양국을 위해 가장 유익하다고 인정되는 사항에 관해, 매년 상당한 보조를 하지 않을 수 없다. 즉 양국 장래의 편의를 고려하여, 저들의 입장에서 하지 않을 수 없는 사항을 우리에게 위탁하게 하고, 우리 입장에서도 저들을 보호하는 데 필요한 책무를 져야 한다. 우리 힘을 다하여 부식(扶植), 유발(誘發)하는 방도를 강구하지 않을 수 없다. 아래 이러한 견지에 기초해서 소견을 피력함과 동시에 별지 협약안을 기초하여 감히 묘의(廟議)의 채납(採納)을 구하고자 한다.

1. 사법사무의 위탁

한국 보호 정책을 관철하여 그 효력을 널리 미치게 하고자 한다면, 도저히 치외법권을 철폐하지 않을 수 없다. 그렇다면 금일의 급무는 한국의 사법사무를 개량해서, 우선 한국 신민 및 재한 외국인의 생명과 재산의 보호를 확실히 하는 방법을 강구함으로써 조약 개정의 준비에 이바지하는 것이다. 그런데 한국에서 오랫동안 정치 문란의 주요 원인이 된 법치(法治)의 결점을 보완하기 위해선 한편으로는 법관을 양성하고 다른 한편으로는 국민의 법치적 습관을 순치(馴致)해야 하지만, 이는 하루아침에 할 수 있는 바가 아니다. 적어도 일생(一生)의 세월을 기다리지 않을 수 없다. 그런데 한국 통치상의 일대 장애인 치외법권 철폐를 수십 년간 미루고 등한시한다면, 어쩌면 형세의 추이에 따라 끝내 그 목적을 달성하지 못할지도 모른다. 그러므로 차라리 오늘날 사법에 관한 사무를 모두 한국 정부로부터 제국 정부에 위탁하게 해서, 완전한 제국 정부의 책무로서 착착 그 개선을 도모하여 하루라도 빨리 조약 개정 준비를 완성하지 않을 수 없다.

2. 감옥 사무의 위탁

사법사무의 개선이 기대한 것처럼 성공했다고 해도, 감옥의 제도가 함께 완비되지 않으면 문명국 국민이 기꺼이 한국에서의 일본의 재판에 복종하지 않을 것이다. 그러므로 이른바 이른바 화룡점정을 하지 못한 유감이 없도록 하려면 감옥 사무의 위탁은 우리에게 부득이 할 뿐 아니라 오히려 당연한 요구라고 하지 않을 수 없다.

3. 사법 및 감옥 사무 비용의 부담

지난 메이지 40년(1907) 이래 제국 정부는 6개년에 걸쳐 금 1,960여만 엔(경상비에 속하는 것은 첫해에 150만 엔, 다음 해부터 매년 300만 엔, 임시비에 속하는 것 처음 3년간 합계 310여 만 엔)을 한국 정부에 무이자, 무기한으로 대여했다. 이는 한국의 재정 상황으로 볼 때 보호의 목적을 달성하기 위해 실로 부득이한 것이었으며, 대차(貸借)의 형식을 취한 것은 단순히 절차상의 편의를 위한 것으로 사실은 그 정부에 대한 교부금(交付金)이나 마찬가지였다. 그리고 이 대여금은 메이지 45년(1912)에 계약 만기가 되지만, 한국의 재정과 경제 상황은 당분간 도저히 우리 보조금을 전폐할 수 없다. 그러므로 결국 보조할 필요가 있다면, 차라리 더 나아가 본 협약에 의거하여 제국 정부에 위탁시킨 사법, 감옥에 관한 경비를 제국이 스스로 부담함으로써 한국 내의 재판소를 명실상부한 일본 재판소로 만드는 것이 낫다.

메이지 42년 7월 3일
  공작 이토 히로부미
  내각총리대신 가쓰라 후작 각하

출처: 『韓國倂合資料』 第3卷, 1248~1250쪽

2) 후루야 통감 비서관의 「재판소 구성 이유서」(1907. 7. 24.)

한국이 외국과 통상조약을 체결한 이래로 30여 년간 외교의 경과 및 외국인에 관한 사적(事績)을 조사해 보건대, 조약은 거의 유명무실하여 그 규정에 준거해서 처리한 흔적을 찾기 어렵다. 요컨대 당국자의 경질이 빈번하여 경험을 쌓지 못하고, 또 무지한 상태에 안주할 뿐이다.

국가의 통치에서 가장 중요한 것은, 법률의 제정과 재판기관의 구성이다. 이를 결여하면 국민의 생명과 재산의 보호를 확보할 수 없다. 그런데 한국의 과거와 현재를 보건대, 법률은 조령모개(朝令暮改), 작비금시(昨非今是)하여 그 준거할 바가 없고, 재판기관의 구성은 착종되고 난잡해서 향할 바를 알지 못하니, 내외국인을 보호하는 데 전혀 충분치 못하다.

그러므로 그 민사(民事)와 사적 계약에 속하는 사소한 대차(貸借)라도 왕왕 국제문제가 되는데, 재판상의 심리(審理)를 거쳐 시비를 분간하는 방법에 의하지 않고, 일반 관리 간에 상의해서 결정하는 상황에 이른다. 만약 이러한 현재 상황이 지속된다면, 영사재판제도의 특전을 향유하는 외국인들이 계속 내지에 진입해서 거주하며 각종 업무에 종사하더라도, 한국의 법권(法權)은 외국인들을 다룰 수 없다. 따라서 저들은 한국에 대한 의무를 지지 않고 그 권리만 행사하는 데 이를 것이다.

이로써 보건대, 금일의 급무는 조금이라도 빨리 법률의 제정, 재판의 개량을 도모하여 최종 목적인 영사재판권 철폐 방안을 강구하지 않을 수 없다. 그렇지만 법률 제정과 법관 양성은 하루아침에 기대할 수 없다. 그러므로 당장의 응급조치로서 한편으로는 한국 민족의 생명과 재산을 보호하고 다른 한편으로는 재판사무를 실지 연습시킨다는 목표를 갖고, 일한 양국인으로 조직된 재판소를 신설하고자 한다.

출처: 『日本外交文書』 권40-1, #530, 부속서3

[참고 문헌]

- 釋尾春芿(1926), 『朝鮮併合史』, 朝鮮及滿洲社.
- 市川正明(1986), 『韓國併合資料』, 原書房.
- 정교(鄭喬)(1957), 『大韓季年史』, 한국사료총서 제5집, 국사편찬위원회.
- 朝鮮總督府(1917), 『朝鮮の保護及併合』, 金正柱 編(1970), 『朝鮮統治史料』, 제3권, 韓國史料研究所.
- 도면회(2014), 『한국근대 형사재판제도사』, 푸른역사.
- 마쓰다 도시히코 저, 이형식, 김현 역(2020), 『일본의 조선 식민지 지배와 경찰』, 경인문화사.
- 신상준(1977), 「일제 통감부의 통치조직에 관한 연구」, 『한사대 논문집』 제7호.
- 전봉덕(1975), 「근대사법제도사(8)」, 『대한변호사협회지』 제15호.

2
한국 경찰 사무 위탁에 관한 각서
韓國 警察 事務 委託에 關한 覺書

한국 경찰 사무 위탁에 관한 각서 | 대한제국의 경찰권을 일본에 위탁하는 내용의 각서로, 이를 통해 일제는 대한제국의 경찰기구를 일원화함과 동시에 경찰권을 완전히 탈취하였으며 이른바 헌병경찰제도가 완성되었다.

覺書

韓國政府及日本國政府는 韓國警察制度를 完全히 改善하고 韓國財政의 基礎를 鞏固케 홀 目的으로써 左開條款을 約定홈

第一條 韓國의 警察制度가 完備홈으로 認喜 時까지는 韓國政府는 警察事務를 日本國政府에 委託홈

第二條 韓國皇宮警察事務에 關하야는 必要를 應하야 宮內府大臣이 當該主務官에 臨時協議하야 處理케 홈을 得

한국 경찰 사무 위탁에 관한 각서(국한문) 출처: 奎23157

원문

覺書

韓國政府及日本國政府는 韓國警察制度를 完全히 改善ᄒ고 韓國財政의 基礎를 鞏固케 홀 目的으로써 左開條款을 約定홈

第一條
韓國의 警察制度가 完備홈으로 認홀 時까지는 韓國政府는 警察事務를 日本國政府에 委託홈

第二條
韓國皇宮警察事務에 關ᄒ야는 必要를 應ᄒ야 宮內府大臣이 當該 主務官에 臨時協議ᄒ야 處理케 홈을 得홈

右上 各其 本國政府의 委任을 承ᄒ야 覺書 韓日文 各 貳度를 作成ᄒ야 此를 交換ᄒ고 後日의 證據로 ᄒ기 爲ᄒ야 記名調印ᄒ이라

隆熙四年六月二十四日
　　　內閣總理大臣臨時署理 內部大臣 朴齊純 ㊞
明治四十三年六月二十四日
　　　統監子爵 寺內正毅 ㊞

출처: 奎23157

번역문

각서

한국 정부와 일본국 정부는 한국 경찰제도를 완전히 개선하고 한국 재정의 기초를 공고히 하려는 목적으로 다음 조관을 약정함.

제1조
한국의 경찰제도가 완비되었다고 인정될 때까지 한국 정부는 경찰 사무를 일본국 정부에 위탁함.

제2조
한국 황궁의 경찰 사무에 관해서는 필요에 따라 궁내부 대신이 해당 주무관에게 임시 협의해서 처리하게 할 수 있음.

이상 각기 본국 정부의 위임을 받아 각서 한글과 일본어 문서 각 2부를 작성해서 이를 교환하고 훗날의 증거로 삼기 위해 기명 조인함.

융희 4년 6월 24일
　　　내각총리대신임시서리 내부대신 박제순 ㊞
메이지 43년 6월 24일
　　　통감 자작 데라우치 마사타케 ㊞

해제

1. 개요

대한제국의 경찰권을 일본에 위탁하는 내용의 각서로 1910년 6월 24일 대한제국의 내각 총리대신 서리 박제순(朴齊純)과 조선 통감 데라우치 마사타케[寺內正毅]의 명의로 교환되었다. 이를 통해 일제는 대한제국의 경찰기구를 일원화함과 동시에 그 경찰권을 완전히 탈취하였다. 또한 이 각서의 교환을 계기로 이른바 헌병경찰제도가 완성되었다. 조선주차 헌병은 편제상 육군에 속했지만, 치안 유지 업무와 관련해서는 총독의 지휘·감독을 받았으며, 일반 경찰 업무까지 광범위하게 수행하는 등 세계적으로 유례를 찾기 어려운 독특한 성격을 갖고 있었다. 또한 구류, 태형, 벌금형에 해당하는 범죄행위에 대해선 즉결심판을 하는 등 막강한 권한을 갖고 있었다. 이렇게 완성된 헌병 경찰은 1910년대 일제의 무단통치의 중추기구가 되었다.

2. 배경

근대 한국에는 한국 정부 경찰, 일본 영사관 경찰, 헌병대 등 3개 계통의 경찰기구가 병존했다. 1910년 대한제국의 경찰권이 탈취되고 헌병경찰제도로 일원화되기까지 그 기원과 전개, 통합 과정은 대략 다음과 같다.

조선에 서구식 문관 경찰제도가 처음 도입된 것은 갑오개혁 때였다. 1894년 7월 「의정부관제」의 개정으로 포도청이 폐지되고 내무아문 산하에 경무청(警務廳)이 신설되었다. 이후 경찰 업무가 복잡해짐에 따라 1900년 6월에 내무아문에서 독립된 경부(警部)가 되었다가 경찰권의 비대화로 인한 폐단이 드러나 이듬해 2월 다시 내무아문 직속의 경무청으로 환원되기도 했다.

러일전쟁과 함께 이른바 고문정치가 시작되자 일본은 항일의병 진압을 위해 경찰력을 증대하는 한편, 경무청 내부에 일본인 고문과 지휘관을 부식하는 방법으로 침투를 시도했다.

구체적으로는 경무고문부(警務顧問部)의 지부(支部)가 8개소에서 13개소로 증가하고, 122개소의 분견소(分遣所)가 새로 설치되었다. 이와 함께 경시 1명, 경부 1명, 순사 약간에 지나지 않던 일본인 경찰은 경시 11명, 경부 26명, 순사 520명이 추가되고, 한국인 경찰 또한 1천 명 이상 증원된 것이다.

다음으로 일본 외무성 소속의 영사 경찰관이 있었다. 이는 「조일수호조규」[※Ⅱ-1]의 영사재판권 조항에 따라 재한 일본인의 범죄 및 보호 업무를 목적으로 한 경찰로서, 1880년 4월 부산에 처음 설치되었다. 그 후 1905년 「을사늑약」[※Ⅶ-4]으로 대한제국의 외교권을 박탈한 일본은 기존 영사 업무를 승계하기 위해 통감부(統監府) 산하에 이사청(理事廳)을 설치했는데, 이 과정에서 영사 경찰관 또한 이사청으로 이관되어 통감 직속 경무총장(警務總長)의 지휘를 받게 되었다(「통감부 및 이사청 관제(統監府及理事廳官制)」, 1905. 12. 18). 이로써 영사 경찰관은 철폐되고, 대한제국의 경무청 경찰과 통감부 이사청 경찰만이 남게 되었다.

1907년 7월 24일 「정미조약(한일협약)」[※Ⅶ-5]에 따라 일본인이 한국 정부의 차관이나 지방관에 직접 임용하는 길이 열리자, 일본은 고문경찰제도를 폐지하고 일본인 경찰관을 통해 한국 경찰을 직접 장악하는 수단을 취했다. 그로부터 사흘 뒤인 27일에 통감부는 대한제국에 압력을 가해 일본의 경시청제도에 따라 경무청을 경시청, 경무사를 경시총감으로 개칭하는 한편, 경무고문 마루야마 시게토시[丸山重俊]를 경시총감에 임명하게 했다.

이어서 10월 29일 내각총리대신 이완용과 통감 이토 히로부미 간에 「재한국 일본인의 경찰 사무에 관한 협정」[※관련 문서-1]이 체결됐다. 그 내용은 재한 일본인에 대한 경찰 사무 집행과정에서 한국 경찰관은 일본 관헌의 지휘와 명령을 받아야 한다는 것으로, 양자 간의 직무상 상하 관계를 처음 명시한 점에서 중대한 의미가 있다. 그리고 이사청 경찰이 폐지되고 그 소속 경찰관(경시 5명, 경부 42명, 순사 500명)이 모두 한국 정부에 고용됨으로써 양자는 사실상 통합되어 통감부 수중에 들어가게 되었다.

한편, 1909년 3월 15일에는 「재한국 외국인의 경찰 사무에 관한 협정」[※관련 문서-2]이 체결됐다. 이전에도 외국인에 대한 경찰 사무는 일본인의 경우와 마찬가지로 한국 경찰관이 일본 관헌의 지휘, 감독을 받아 집행하고 있었다. 그런데도 굳이 추가로 협정을 맺은 것은 청국 거류지 내 경찰 및 위생 사무 때문이었다[※관련 문서-3]. 덧붙이자면, 이 협정은 부통감 소네 아라스케[曾禰荒助]와 내각총리대신 이완용 간에 문서 왕복 형식으로 체결되었으나 그 실물은 아직 발견되지 않고, 내각 고시 제12호(1909. 4. 9)와 통감부 고시 제30호(1909. 4. 10)로 이를 포고한 사실만 확인된다.

마지막으로 일본 헌병대가 있었다. 한국에 일본헌병대가 주둔한 것은, 1896년 1월 25일 경성-부산 간 군용전신선의 수비를 위해 창설된 임시헌병대가 그 효시가 된다. 이 전신선은 「부산구설해저전선조관속약」[※Ⅴ-3]에 따라 1888년에 완공된 것으로, 일본은 「잠정합동조관」[※Ⅶ-1] 제3조에 따라 그 방비를 명목으로 조선 정부에 별도의 통고 없이 헌병대를 설치한 것이다.

1903년 말에 이르러 러일 관계가 긴박해지자 일본은 헌병대를 한국주차헌병대(韓國駐箚憲兵隊)로 개칭하고 한국주차군사령관(韓國駐箚軍司令官) 휘하에 편입시켰다. 이와 함께 한국주차헌병대는 종래의 군용전신 보호 업무를 넘어 불법적으로 일반 경찰 업무까지 다루기 시작했다. 1906년에는 그 명칭을 제14헌병대로 변경했다.

1907년 헤이그밀사사건을 계기로 한국 병탄 시도가 노골화되면서 이에 항거하는 조선 민중의 무장투쟁이 전국적으로 전개됐다. 그러자 일본은 같은 해 10월 8일 칙령 제323호로 「한국에 주차하는 헌병에 관한 건(韓国ニ駐箚スル憲兵ニ関スル件)」[※관련 문서-4]을 공포하고 제14헌병대를 다시 한국주차헌병대로 개칭하는 한편, 치안 유지를 그 주요 임무로 명시하고 통감의 명에 따라 경찰을 통제하는 권한까지 부여했다. 다시 말해서 그 본연의 임무인 군사경찰 기능은 오히려 부수적인 것이 되고, 치안의 유지라는 사법경찰의 임무를 위주로 하는 기형적 모습의 헌병대가 만들어진 것이다. 이는 보통경찰로는 조선 민중의 격렬한 무장투쟁에 대응하기 어렵다고 본 일본 정부의 판단에 따른 것이었다.

이후 한국주차헌병대는 치안 유지의 명목을 내세워 사실상 한국의 경찰권을 장악했다. 그 규모 또한 크게 증가하여 1908년 이후로는 2,000명을 넘었다. 특히 한국주차헌병대장 아카시 모토지로[明石元二郎]가 고안한 헌병 보조원제도는 악명이 높았다. 이는 군대 해산으로 실직한 군인과 의병 투항자, 부랑자 등을 모집해서 일본인 헌병 1인당 3~4명을 붙여 의병 토벌과 독립운동 탄압의 밀정으로 활용한 것이었다. 아카시는 헌병 보조원들의 강도나 강간 등 범죄행위를 묵인해 주면서 이 무뢰배들을 동족 탄압의 앞잡이로 이용했다.

다음 표는 1904~1911년까지 한국 정부 경찰, 영사관 경찰, 헌병의 규모 변화를 나타낸 것이다.

<표 2> 각 경찰기구의 인원 증가(1904~1911)

연도		1904	1905	1906	1907	1908	1909	1910	1911
한국 경찰	일본인	-	109	667	1,513	1,656	2,016	2,266	2,305
	조선인	2,250	1,728	2,737	2,242	2,731	3,299	3,428	3,702
	합계	2,250	1,837	3,404	3,755	4,387	5,315	5,694	6,007
영사관 경찰	일본인	254	268	499	-	-	-	-	-
헌병	헌병(일본인)	311	318	284	797	2,398	2,431	1,007	3,296
	헌병 보조원(조선인)	-	-	-	-	4,234	4,392	1,012	4,453
	합계	311	318	284	797	6,632	6,823	2,019	7,749

출처: 마쓰다 도시히코 저, 이형식, 김현 역, 『일본의 조선 식민지 지배와 경찰』, p.36. <표2> 갑오개혁기 경찰관 인원수의 추이

3. 체결 과정

1910년 6월 15일 아카시 모토지로의 주차헌병대 사령관 부임과 함께 한국 경찰권의 탈취, 그리고 주차헌병과 경찰의 일원화 작업이 본격적으로 추진되었다. 두 기관 간의 알력과 업무 중복으로 인한 비효율을 이유로 이를 통합하고, 한국 주차군사령관이 이를 통솔해야 한다는 것이 그의 오랜 지론이었다.[※관련 문서-5] 아카시 모토지로의 전기 『아카시 모토지로(明石元二郞)』(1928)의 서술에 기초하여 「한국 경찰 사무 위탁에 관한 각서」의 체결 과정을 재구성하면 다음과 같다.

1910년 5월 23일 육군대신 데라우치 마사타케[寺內正毅]가 조선 통감에 임명됐다. 강경한 조선병합론자인 데라우치의 통감 임명은 강제병합이 멀지 않음을 대내외에 천명한 것과 다를 바 없었다. 이와 동시에 아카시는 도쿄에서 데라우치를 함께 한국병합의 선결 과제로 여긴 경찰권 탈취 방안을 숙의하고, ① 대한제국 내각총리대신서리 박제순에게 보낼 조회문, ② 협의 안건, ③ 임시통감부총무장관사무취급(臨時統監府總務長官事務取扱) 이시즈카 에이조[石塚英藏]에게 부여하는 협상 위임 문안 등 3개의 문서를 작성했다. 이들 문서에는 한국의 경찰권 위임, 헌병대 사령관을 정점으로 하는 경찰기구와 헌병대의 일원화, 경찰 예산의 한

국 정부 부담 등의 내용이 담겨 있었다[※관련 문서-6]. 이 문안이 완성되자 6월 16일 아카시는 이를 갖고 도쿄를 출발, 20일에 경성에 부임했다. 그리고 21일 새벽에 이를 이시즈카에게 전달했다.

이시즈카는 22일에 박제순 및 농상 조중응(趙重應)을 비롯한 각료들을 관저로 소환해서 위임 문서와 조회문을 제시했다. 한국 대신들은 즉답을 피하고 각의에서 이 문제를 논의하게 해 줄 것을 청했다. 이시즈카는 일단 이를 수락하고, 온양온천에서 부상을 치료 중이던 수상 이완용에게 사람을 보내 상황을 설명하고 협조를 구했다.

23일 오전 11시 각의가 열렸다. 하지만 탁지부대신 고영희(高永喜)와 학부대신 이용식(李容植)의 반대로 쉽게 결론이 나지 않았다. 이를 들은 이시즈카는 다시 대신들을 관저로 불러서 반대하는 이유를 힐문했다. 그것은 첫째, 경찰권의 위탁은 사법권의 위탁만큼이나 중대한 사안인데, 직접 협약을 맺은 후자와 달리 외교문서의 교환으로 결정하는 것은 형식상 문제가 있다는 것, 둘째, 경찰권을 상실할 경우 대한제국의 행정 운용은 도저히 불가능하다는 것, 셋째, 황궁 경비와 같은 문제에서 일일이 통감부의 지휘를 받는 것은 용인하기 어렵다는 것이었다. 이에 대해 이시즈카는 첫째, 직접 협약이 아니라 문서 형식을 취하는 것은 오히려 일을 간편하게 해서 여러 대신의 편의를 봐주려는 것이며, 둘째, 경찰권을 위임받더라도 경찰관들에게 엄중히 타일러 대한제국의 행정 운용을 저해하는 일은 없게 할 것이며, 셋째, 황궁 경찰 문제는 궁내부 대신과 수시로 교섭해서 문제가 없게 하겠다고 대꾸했다.

결국 24일 오후 8시에 총리대신서리 박제순과 신임 통감 데라우치 마사타케의 명의로 각서가 교환되었다. 데라우치는 아직 서울에 오지 않았으므로 대필로 서명이 이루어졌다. 말하자면 경찰권 위탁과 같은 중대한 사안이 이틀 만에 그것도 대리인에 의해 졸속으로 체결된 것이다. 이와 함께 일본 측의 강요에 따라 한국 정부는 1910년도 경찰 예산 250만 엔을 지급했는데, 이는 일제의 침략에 저항하는 민중운동을 탄압하는 데 사용됐다.

경찰권을 총괄하기 위해 신설된 경무총장(警務總長) 직위에는 아카시 모토지로 본인이 부임했다. 이어서 6월부터 8월까지 약 1,000명의 헌병이 증원되고, 기존의 헌병 보조원이 순사보(巡査補) 등의 명목으로 헌병대에 편입됐다. 이로써 악명 높은 헌병경찰제도의 근간이 완성되었다.

4. 내용

2개 조항으로 구성된 간략한 각서이다.

제1조는 한국의 경찰제도가 완비된 것으로 인정될 때까지 한국 정부의 경찰 사무를 일본 정부에 위탁한다는 내용이다. 이미 고문정치와 차관정치를 통해 형해화된 대한제국은 이 조항으로 경찰권이 완전히 탈취되었다.

제2조는 황궁 경비와 관련해서 궁내부 대신은 필요할 때마다 수시로 해당 주무관과 협의해서 처리할 수 있음을 규정했다. 이는 원래 이시즈카에게 부여된 「위임 문안」이나 「협의 안건」에 포함된 사항은 아니었지만, 한국 대신들로부터 문제 제기가 있었고 또 백성의 반감을 고려해서 각서에 삽입한 것으로 보인다.

이 각서는 내각총리대신서리 박제순과 신임 통감 데라우치 마사타케가 서명·날인한 것으로 되어 있다. 하지만 당시 데라우치는 도쿄에 체재 중이어서 그 서명을 대필했다는 것은 앞에서 설명한 바와 같다. 이는 이 각서의 교환이 대한제국을 완전 병합하기 위한 일종의 요식행위였음을 의미한다.

5. 의의

이 각서의 의의는 ① 대한제국의 경찰권 탈취, ② 조선 내 경찰기구 일원화, ③ 헌병경찰제도 완성에서 찾을 수 있다. 이 가운데 ①, ②는 이미 앞에서 설명했으므로 ③에 관해서만 부연한다.

각서가 교환된 지 얼마 지나지 않아 「통감부경찰관서관제(統監府警察官署官制)」(칙령 제296호, 1910.6.29.)[※관련 문서-7]와 「조선주차헌병조례(朝鮮駐箚憲兵條例)」(칙령 제343호, 1910. 9. 10)[※관련 문서-8]가 공포되었다. 이들 칙령에 따라 한국 내 모든 경찰 사무는 총독 직속의 경무총감부에서 관할하고, 그 장관인 경무총장은 주차헌병대 사령관이 겸임하게 되었다. 그리고 각 도(道)에는 경무부(警務部)를 설치했는데, 경무부장은 해당 도의 좌관(佐官: 영관급) 헌병대장(憲兵隊長)이 겸임했다. 그리고 위관(尉官)과 하사관은 각각 경시와 경부에 겸임되어 경찰의 중추적 역할을 담당했다.

조선주차 헌병은 편제상으로는 육군에 속하지만, 치안 유지 업무와 관련해서는 총독의 지휘·감독을 받도록 했다. 하지만 실제로는 첩보 수집과 '폭도' 토벌 같은 치안 유지 업무 외에도 장교, 하사(경시, 경부)의 검사 사무 대리, 범죄의 즉결, 민사소송 조정, 국경세관 업무, 산림 감시, 민적(民籍) 사무, 외국 여권, 우편물 보호, 여행자 보호, 각종 위생사업, 수량 관측, 측량, 해적 및 밀어선 수출입 단속, 묘지 단속, 노동자 단속, 재류 금지자 단속 등 일반 경찰 업무까지 광범위하게 수행했다. 이는 당시 일본이나 다른 국가의 헌병에게선 유례를 찾아보기 어려운 것이었다.

헌병 경찰은 구류, 태형, 벌금형에 해당하는 범법 행위에 대해선 재판 없이 즉결심판하는 등 막강한 권한을 갖고 있었으며, 지방에서 식민 통치에 필요한 기밀정보를 수집하여 중앙에 보고하는 경찰 정보 체계의 중추 역할을 담당했다. 헌병 경찰은 1910년대 일제 무단통치의 핵심 기관이 되었다.

6. 관련 문서

1) 재한국 일본인의 경찰 사무에 관한 협정(1907. 10. 29.)

협정서

한국 정부와 통감부는 일본국 정부가 메이지 40년 7월 24일에 체결한 한일협약 제5조에 의해 임명한 한국 경찰관에게 해당 일본 관헌의 지휘·감독을 받아 재한국 일본 신민에 대한 경찰 사무를 집행케 할 것을 약정함.

융희 원년 10월 29일
    내각총리대신 이완용 ㊞
메이지 40년 10월 29일
    통감 공작 이토 히로부미 ㊞

출처: 奎23057

2) 재한국 외국인의 경찰 사무에 관한 협정(1909. 4. 9, 내각 고시 제12호)

재한국 외국인민에 대한 경찰 사무에 관해서 융희 3년 3월 15일에 제국 정부와 통감부에서 다음과 같이 협정함.

융희 3년 4월 9일

재한국 외국인민에 대한 경찰 사무에 관해서 한국 경찰관은 해당 일본국 관헌의 지휘, 감독을 받는다.

출처: 『관보』 융희 3년 4월 10일

3) 소네 아라스케 부통감이 가쓰라 다로 총리대신에게 보낸 기밀신(1909. 3. 18.)

재한국 일본 신민에 대한 경찰 사무는 메이지 40년 10월 29일 조인된 협약(取極書)에 따라 해당 제국 관헌의 지휘, 감독하에 한국 경찰관이 집행하는 것으로 되었는데, 일본 신민 이외의 외국인에 대한 경우에도 그동안 사실상 이와 마찬가지로 다루어 왔습니다. 또 현재 협의 중인 청국 거류지 규정과 관련하여, 거류지 내의 경찰 및 위생 사무는 해당 이사관 및 청국 영사관의 협의를 거쳐 일정한 범위에서 한국 경찰관으로 하여금 이를 집행하게 하는 조항도 있습니다. 그런데 이 경우 한국 경찰관에게 해당 이사관의 지휘, 감독을 받게 할 필요가 있습니다. 어쨌든 외국인에 대한 경찰권의 집행과 관련하여 이번에 본 통감부 및 한국 정부가 다음과 같이 협정을 맺었으므로 참고를 위해 이상과 같이 통고합니다.

메이지 42년 3월 18일
   통감대리
   부통감 자작 소네 아라스케[曾禰荒助]
   외무대신 백작 고무라 주타로[小村壽太郎] 전(殿)

기(記)

재한국 외국인민에 대한 경찰 사무에 관해서, 한국 경찰관은 해당 일본국 관헌의 지휘, 감독을 받을 것.

출처: 市川正明, 『韓國倂合資料』第3卷, 東京: 原書房, 1986. 1197~1198쪽

4) 한국에 주차하는 헌병에 관한 건(1907. 10. 7.)

칙령 제323호

제1조 한국에 주차하는 헌병은 주로 치안 유지에 관한 경찰을 담당하며, 그 직무의 집행에 관해 통감부에 예속된다. 또 한국주차군사령관의 지휘를 받아 군사경찰을 겸하여 맡는다.
제2조 헌병대 본부의 위치 및 분대의 배치, 그 관구(管區)는 통감이 정한다.
제3조 통감은 필요시 일시적으로 헌병대의 일부를 그 관구(管區) 밖으로 파견할 수 있다.
제4조 헌병의 복무에 관한 규정은 통감이 정한다. 단, 그 군사경찰에 관한 것은 한국주차군사령관이 정한다.
제5조 이상 조항의 규정 외에 한국에 주차하는 헌병에 관해서는 헌병조례에 따른다.

부칙
본 칙령은 공포일로부터 시행함.

출처: JACAR Ref. A03020733800

5) 아카시 모토지로가 육군대신 데라우치 마사타케에게 보낸 서한(1910. 1. 19.)

한국에서의 헌병의 성적이 양호한 것, 보조헌병 또한 대단히 필요하며 성적이 우수하다는

것은 제가 단언하는 바입니다. 만약 한국 전역 오백 수십 개소에 바둑돌처럼 조밀하게 배치된[碁布星散] 헌병이 없다면 한국의 치안은 결코 담보할 수 없는 것으로, 금일까지 적도(賊徒) 토벌의 공적은 실로 위대한 것입니다. 폭도와 관련한 충돌, 포로, 병기의 노획 등 헌병의 공적은 폭도 토벌 보고의 기록을 통해서도 분명합니다. 세인(世人)들도 그 성과는 신문 등을 통해 잘 알고 있을 터인데, 왕왕 헌병 특히 헌병 보조원에 관해 이것저것 말들이 많다고 하니 참으로 분개를 금할 수 없습니다. 만약 한국에서 헌병과 보조 헌병을 철수시킨다면 어떻게 그 치안을 유지할 수 있겠습니까? 참으로 한심한 지경입니다.

원래 헌병과 경찰의 세력평형(勢力平衡)은 대단히 적절치 않은 것이라고 생각합니다. 각하께서 참고하실 수 있도록 솔직히 말씀드리겠습니다.

제가 헌병대장(憲兵隊長)이 되었을 때는 전 통감 이토 공의 시대로서, 공은 헌병대장이 전 경찰관을 지휘하는 것은 허락하지 않으셨지만, 각하의 추천을 신뢰하시어 저를 대하신 것이 경무국장이나 경시총감에 비할 바가 아니었습니다. 저는 적어도 매일 또는 격일로 공을 뵙고 지시를 직접 받는 영광을 누렸습니다. 그러므로 참여관(參與官)이 아니었음에도 행정 방침, 통감의 의견에 관해서는 항상 대략 알 수 있었으므로, 경찰 사무에 관해선 적지 않은 편리를 얻었습니다. 공이 한국을 떠나시기 전 마지막 연회에서도 저와 마쓰이[松井] 경무국장, 와카바야시[若林] 경시총감을 특별히 소환하셔서, 한국에서 경찰 사무의 협력이 필요함과 경찰은 헌병의 힘에 주로 기대지 않을 수 없음을 간곡히 지시하셨습니다. 설령 경찰 전부를 헌병에 맡긴 것은 아니더라도, 대체로 우월권을 충분히 인정하셨습니다. 이에 따라 통감 신변의 호위 등은 항상 헌병에 맡기시고, 또 관찰사의 회의 등은 특히 저를 소환해서 참석하게 하시고, 중요한 행정상의 모임에 경찰에서는 제가 항상 참석하는 영광을 누렸습니다. 그러므로 경찰 사무의 집행상 편리했습니다. 각하께서 추천하신 은혜에 사의를 표하며, 아울러 공의 각별한 대우에 실로 감사드리는 바입니다.

(중략)

요컨대 헌병의 활동은 법률상으로는 거의 유감이 없을 만큼 규정되었지만, 한국에서 이를 실제로 사용하는 방법에 이르러선 유감스러운 점이 매우 많습니다. 이 때문에 경찰관과 중복으로 배치되거나, 또는 같은 근무를 하는 일이 있습니다. 이러한 사용상의 불합리는 큰 비효율을 낳으며, 또 왕왕 하급 관료 간의 암투를 빚기도 합니다.

저 간도(間島)에서 사이토[齋藤] 대좌(大佐) 휘하의 헌병과 소수의 경찰관이 어떠한 장애와 알력도 없이 완전하게 운용된 것은 그 사용자 사이토가 적당하게 이들을 통일해서 사용했기 때문입니다.

헌병 보조원에 관해선 예로부터 다소의 비난이 있습니다. 하지만 그 원인은, 첫 번째는 헌병 보조원이 그 향당(鄕黨, 태어난 시골 마을)에서 역인(役人, 심부름꾼)으로 간주돼서 질투를 받기 쉽고, 두 번째는 헌병 보조원은 다소 나대는 바가 없지 않기 때문입니다. 하지만 이러한 폐해는 그 후 점차 교정되었습니다. 세 번째는 군수나 관찰사의 부하가 아니라서 이들을 좋아하지 않는다는 것입니다. 그래서 항상 이들을 비방하는 괴벽이 있습니다. 또 특히 일찍이 내부대신이 헌병 보조원의 비행을 적발해야 한다고 죄악적(罪惡的) 훈령을 내린 것은 참으로 【중간에 문맥이 이어지지 않는 듯함-원주】 헌병 보조원은 폭도의 진정에 매우 큰 효과가 있습니다. 그 상황은 토벌 보고를 통해 대략 살펴주시기 바랍니다.

요컨대 헌병 경찰의 통일은 항상 필요하며, 또 앞으로 한층 더 필요하다고 생각합니다. 그러므로 솔직히 말씀드리면, 저는 헌병과 경찰을 통일하는 하나의 관직이 있어서, 한국 주둔군의 우두머리인 군사령관이 그것을 겸임하게 한다면, 3종의 기관이 서로 밀접하게 연락하며 활동할 수 있을 것이라고 생각합니다. 헌병과 경찰관을 1명의 부통감이 통할(統轄)하는 것도 하나의 방안이지만, 그렇게 해서는 군대와의 연락에 차질을 빚기 쉬워 오히려 또 다른 혼란을 빚을 것입니다. 그러므로 한국의 상태에 적합하게 하려면, 헌병과 경찰관을 하나로 합치고, 군사령관이 이를 모두 관할케 하는 것이 가장 바람직하다고 생각합니다.

만약 오늘날처럼 헌병과 경찰관을 양립, 경쟁시키는 방법으로 사용한다면, 그 비효율성과 다른 폐해는 도저히 제거하기 어려울 것입니다.

그러므로 만일 이와 같다면, 헌병과 헌병 보조원으로 군사령관 휘하에 하나의 경비병단(警備兵團)을 만들어서 차라리 통감의 손에서 떨어뜨린다면 경찰관과의 중복을 피할 수 있을 것으로 생각됩니다. 하지만 이 방안대로라면 행정 경찰과는 거의 관계가 단절될 것이므로, 저는 가장 절충의 여지가 없는 최후의 방법이라고 생각합니다.

(후략)

메이지 43년 1월 19일

아카시 모토지로

데라우치 대신 각하 집사

출처: 小森德治 編, 『明石元二郎』 上卷, 臺灣: 日日新報社, 1928. 440~442쪽

6) 한국 경찰권 탈취에 관한 3건의 문안

「이시즈카 에이조에게 보낸 위임권 문안」

한국의 현재 상황에 비추어 볼 때, 본국 정부는 헌병 1,000명을 증파해서 경찰력의 부족을 보충함과 동시에 치안을 완전하게 유지하기 위해 한국 정부의 경찰기관을 통감부에 이속시키고, 헌병과 합쳐 한국에서의 경찰 사무의 통일을 도모하고자 함.

이 목적에 따라 한국 정부로 하여금 그 사무를 모두 일본 정부에 위탁하는 절차를 실행시키고 그 경비는 당분간 한국 정부에 지출시키는 것에 관해, 별지 안건에 기초하여 아카시 소장과 협의한 후 한국 내각총리대신에게 통감의 훈령에 의거하여 협의하는 것임을 명언하고, 결국 이를 승낙시키기 위한 충분한 조치를 취할 것. 또한 본건의 경과 및 한국 정부의 의향 등에 관해서는 일일이 전보로 통감에게 보고하고, 중요한 문제는 다시 통감의 지위를 받을 것.

통감 자작 데라우치 마사타케
임시통감부총무장관사무취급(臨時統監府總務長官事務取扱) 통감부참여관(統監府參與官)
이시즈카 에이조 전(殿)

「한국수상 협의안건」

한국에서는 경찰관과 헌병이 서로 보완, 원조하면서 공동으로 경찰 사무를 집행해야 하는데, 그 소속이 다르기 때문에 간혹 연락에 차질을 빚거나 기의(機宜)를 잃을 우려가 없지 않

다. 따라서 그 집무의 통일을 기하기 위해 경찰관 및 헌병에 관한 제도를 다음과 같이 전부 개편한다.

① 경찰 사무를 모두 일본 정부에 위탁시킬 것. 단, 그 경비는 금년도 경찰비 예산액을 한도로 하여 한국 정부가 지출함.
② 통감부에 경무총감(警務總監)을 신설하고, 헌병사령관을 그 자리에 임명하여 통감의 지휘감독을 받아 전국의 경찰 사무를 통할(統轄)하게 할 것.
③ 경시청 및 경무국을 폐지하고, 관할하던 사무는 경무총감부(警務總監部)에서 취급할 것.
④ 각 도의 헌병대장(憲兵隊長)을 도경무부장(道警務部長)에 임명할 것.
⑤ 경찰서, 분서(分署) 또는 순사주재소가 없는 지역에는 헌병분대(憲兵分隊) 또는 분견소에서 그 사무를 집행할 것.
⑥ 경찰에 관련된 비용은 당분간 한국 정부가 부담하고 경리(經理)하게 할 것.
⑦ 종전의 헌병 보조원은 헌병대의 부속원(附屬員)으로 할 것.
⑧ 재한국 제국신민에 대한 경찰 사무의 집행에 관한 메이지 40년 10월 29일의 협정문(取極書)은 당연히 폐지시킬 것.
⑨ 새로 순사보(巡査補)를 두고 헌병 보조원과 같은 취급을 할 것.
⑩ 종래 한국의 경찰관서에서 사용한 토지와 건물은 모두 그대로 일본 정부가 사용하게 할 것. 한국 정부에서 경찰관서에 사용하려는 목적으로 건축 중인 건물, 또 아직 건축에 착수하지 않은 건물도 그 예산이 성립된 것은 모두 그 건축이 끝나는 대로 일본 정부가 사용하게 할 것.

「내각총리대신서리 박제순에게 보낸 조회문」

지난번 사법권 위임 당시 사법경찰권(司法警察權)은 이미 제국 정부에 위임을 마쳤지만, 다른 경찰권은 여전히 귀국 정부에 있어서 일반 경찰 사무의 집행상 불편함이 적지 않음은 잘 알고 계시는 바와 같습니다. 따라서 경찰기관을 통일함으로써 그 효용을 완성하기 위해 귀국 정부는 이번에 나머지 각종 경찰권을 모두 제국 정부에 위탁하시길 바랍니다. 이러한 사유로 조회합니다.

덧붙이자면, 본문의 경찰권 시행에 관한 경비는 귀국 금년도 경찰서 예산액을 한도로 하여 당분간 귀국 정부에서 지출하는 것으로 아시기 바랍니다.

통감 데라우치 마사타케
내각총리대신임시서리 박제순 전(殿)

출처: 小森德治 編, 『明石元二郞』上卷, 臺灣: 日日新報社, 1928. 443~446쪽

7) 통감부경찰관서관제(統監府警察官署官制) (1910. 6. 29.)

칙령 제296호

제1조 통감부 경찰관서는 통감의 관리에 소속되어 한국에서의 경찰 사무를 관장한다.
제2조 통감부 경찰관서는 경무총감부(警務總監部), 경무부(警務部) 및 경찰서(警察署)로 한다.
제3조 경무총감부는 경성에 두며, 한국에서의 경찰 사무를 총괄하고 아울러 황궁 및 경성의 경찰 사무를 관장한다.
제4조 경무부는 각 도(道)에 두며, 도내의 경찰 사무 및 관내 경찰서의 감독을 관장한다.
　　　경찰서는 필요한 지역에 두며, 관내 경찰 사무를 관장한다.
　　　경무부 및 경찰서의 위치와 관할구역은 통감이 정한다.
제5조 통감부 경찰관서에 다음의 직원을 둔다.

·경무총장(警務總長)　　　칙임(勅任)
·경무관(警務官)　　　　　전임(專任) 2명, 주임(奏任) 【그 중 1인을 칙임으로 할 수 있음】
·경무부장(警務部長)　　　주임(奏任)
·경시(警視)　　　　　　　전임(專任) 52명, 주임(奏任)
·경찰서장(警察署長)
·통역관(通譯官)　　　　　전임(專任) 3명, 주임(奏任)

- 기사(技士)　　　　　　전임(專任) 1명
- 경찰의(警察醫)　　　　전임(專任) 68명, 주임(奏任) 또는 판임(判任)
- 속(屬)
- 경부(警部)
- 기수(技手)　　　　　　전임(專任) 357명, 판임(判任)
- 통역생(通譯生)

제6조 경무총장은 한국주차헌병의 책임자인 육군장관(陸軍將官)으로 임명한다.

경무총장은 경무총장부의 책임자인 되며, 통감의 명을 받아 부(部)의 업무를 총괄하고 경찰관서의 직원을 지휘, 감독한다.

제7조 경무관은 상관의 명을 받아 부(部)의 업무를 관장한다.

제8조 경무부장은 각 도의 헌병의 책임자인 헌병 좌관(佐官)으로 임명하며, 경무총장의 명을 받아 부(部)의 업무를 관장하고 부하 직원 및 관내 경찰서 직원을 지휘, 감독한다.

제9조 경무총장은 경성에, 경무부장은 그 관내에 효력을 갖는 명령을 각기 직권 또는 위임에 따라 내릴 수 있다.

제10조 경찰서장은 경시 또는 경부로 임명하며, 상관의 명을 받아 서(署)의 업무를 관장하고 부하 직원을 지휘, 감독한다.

제11조 경시는 상관의 명을 받아 경찰 사무를 관장하며, 부하 직원을 지휘, 감독한다.

제12조 통역관은 상관의 명을 받아 번역 및 통역을 담당한다.

제13조 기사는 상관의 명을 받아 기술을 담당한다.

제14조 경찰의는 상관의 명을 받아 경찰에 관한 의무(醫務)를 담당한다.

제15조 속(屬)은 상관의 지휘를 받아 서무(庶務)에 종사한다.

경부는 상관의 지휘를 받아 경찰 사무에 종사하고, 부하 직원을 지휘, 감독한다.

기수(技手)는 상관의 지휘를 받아 기술에 종사한다.

통역생은 상관의 지휘를 받아 번역 및 통역에 종사한다.

제16조 경찰관서에 순사 및 순사보(巡査補)를 두며, 순사는 판임관(判任官)으로 대우하고 순사보의 처우는 헌병 보조원에 준한다.

순사 및 순사부에 관한 규정은 통감이 정한다.

부칙

본 칙령은 메이지 43년 7월 1일부터 시행한다.

통감부 사법경찰관 관제는 폐지한다.

본 칙령의 시행시 통감부 경시 또는 경부 직에 있는 자들은 같은 등급의 봉급으로 통감부 경시 또는 경부에 임명한다.

출처: JACAR Ref. A03020860900

8) 조선주차헌병조례(朝鮮駐箚憲兵條例, 1910. 9. 10.)

칙령 제343호

제1조 조선주차헌병은 치안 유지에 관한 경찰 및 군사경찰을 담당한다.

제2조 조선주차헌병은 육군대신의 관할에 속하며, 그 직무의 집행과 관련해서는 조선총독의 지휘, 감독을 받고, 군사경찰과 관련해서는 육군대신 및 해군대신의 지휘를 받는다.

제3조 헌병장교, 준사관(准士官), 하사(下士), 상등병(上等兵)에게는 조선총독이 정한 바에 따라 재직 상태에서 경찰관의 집무를 집행시킬 수 있다.

제4조 전조(前條)의 규정에 따라 경찰관의 직무를 집행하는 자가 그 경찰 사무와 관련하여 직권(職權)을 가진 상관으로부터 명령를 받았을 때는 바로 이를 이행해야 한다.

제5조 헌병은 그 직무와 관련하여 정당한 직권을 가진 자로부터 요구가 있을 때는 바로 응해야 한다.

제6조 헌병은 다음 기재된 경우가 아니라면 병기를 사용할 수 없다.

첫째, 폭행을 받았을 때 또는 병기를 사용하지 않으면 그 직무를 집행할 수 없을 때

둘째, 사람 또는 토지 및 기타 물건을 보호하는 데 병기를 사용하지 않으면 다른 방법이 없을 때

제7조 경성에 헌병대 사령부를 두고 각 헌병대 관구(管區)에 1개 헌병대를 배치한다.

전 항의 헌병대는 본부 및 분대로 나눈다.

제8조 헌병대의 관구 및 본부와 분대의 배치는 조선총독이 정한다.

제9조 헌병대 사령부에 다음의 직원을 둔다.

    헌병대 사령관

    헌병대 사령부 부관

    헌병대 사령부 부(附) 좌위관(佐尉官)

    헌병 하사

    헌병대에 다음의 직원을 둔다

    헌병대장

    헌병대 부관

    헌병분대장

    헌병 준사관, 하사, 상등병

    헌병대 사령부 및 헌병대에는 경리부, 위생부 및 수의부, 장교상당관(將校相當官), 준사관, 하사, 제철공장(蹄鐵工長) 및 고등문관, 판임문관을 부속시킬 수 있다.

    헌병장교, 준사관, 하사, 상등병은 예비역, 후비역으로 충원할 수 있다.

제10조 헌병대 사령관은 각 헌병대를 통할(統轄)하며 사령부의 사무를 총리(總理)한다.

제11조 헌병대 사령관은 헌병대의 군기, 풍기, 훈련, 교육 및 직무이행을 검열할 수 있다.

제12조 헌병대 사령관은 조선총독의 인가를 받아 일시적으로 헌병대 일부를 그 관구 밖으로 파견할 수 있다. 단, 시급한 경우에는 인가를 받지 않고 파견할 수 있다. 이 경우에는 곧바로 그 내용을 조선총독에게 보고해야 한다.

제13조 헌병대장은 각 분대를 통할하며 그 근무 방법을 지정하고, 헌병대 내의 사무를 관리한다.

제14조 헌병대 사령부 부(附) 좌위관(佐尉官)은 사령관의 명을 받아 복무한다.

제15조 헌병대 사령부 부관은 사령관, 헌병대 부관은 대장의 명을 받아 복무한다.

제16조 헌병 분대장은 부하를 지휘·감독하며 그 근무방법을 지정하고 분대의 사무를 처리한다.

제17조 헌병대에 헌병 보조원을 부속한다. 헌병 보조원의 처우는 그 직무에 따라 헌병 상등병(上等兵) 또는 육군 일등졸(一等卒)과 이등졸(二等卒)에 준한다.

제18조 헌병의 복무 및 헌병 보조원에 관한 규정은 조선총독이 정한다.

부칙

본 칙령은 공포일로부터 시행함.

메이지 40년 칙령 제323호는 폐지함.

출처: JACAR Ref. A03020865600

[참고 문헌]

- 釋尾春芿(1926), 『朝鮮倂合史』, 朝鮮及滿洲社.

- 小森德治 編(1928), 『明石元二郞』, 臺灣: 日日新報社.

- 송병기 편(1973), 『통감부법령자료집』, 대한민국 국회도서관.

- 마쓰다 도시히코 저, 이형식, 김현 역(2020), 『일본의 조선 식민지 지배와 경찰』, 경인문화사.

- 山邊健太郞(1966), 『日本の韓國倂合』, 太平出版社.

- 신상준(1977), 「일제 통감부의 통치조직에 관한 연구」, 『한사대 논문집』 제7호.

VII

국권 침탈에 관한 기본조약

1. 잠정합동조관 및 조일양국맹약
2. 한일의정서
3. 고문 용빙에 관한 협정서
4. 을사늑약
5. 정미조약(한일협약)
6. 강제 병합조약

1
잠정합동조관 및 조일양국맹약
暫定合同條款 및 朝日兩國盟約

잠정합동조관 | 청일전쟁 초기 조선 정부의 내정 개혁에 개입하고, 전쟁 수행을 위해 필요한 이권을 시정 개선이라는 명목으로 탈취하였다.

조일양국맹약 | 이 조약으로 조선은 청일전쟁을 도발한 일본과 전시군사동맹국이 되었다.

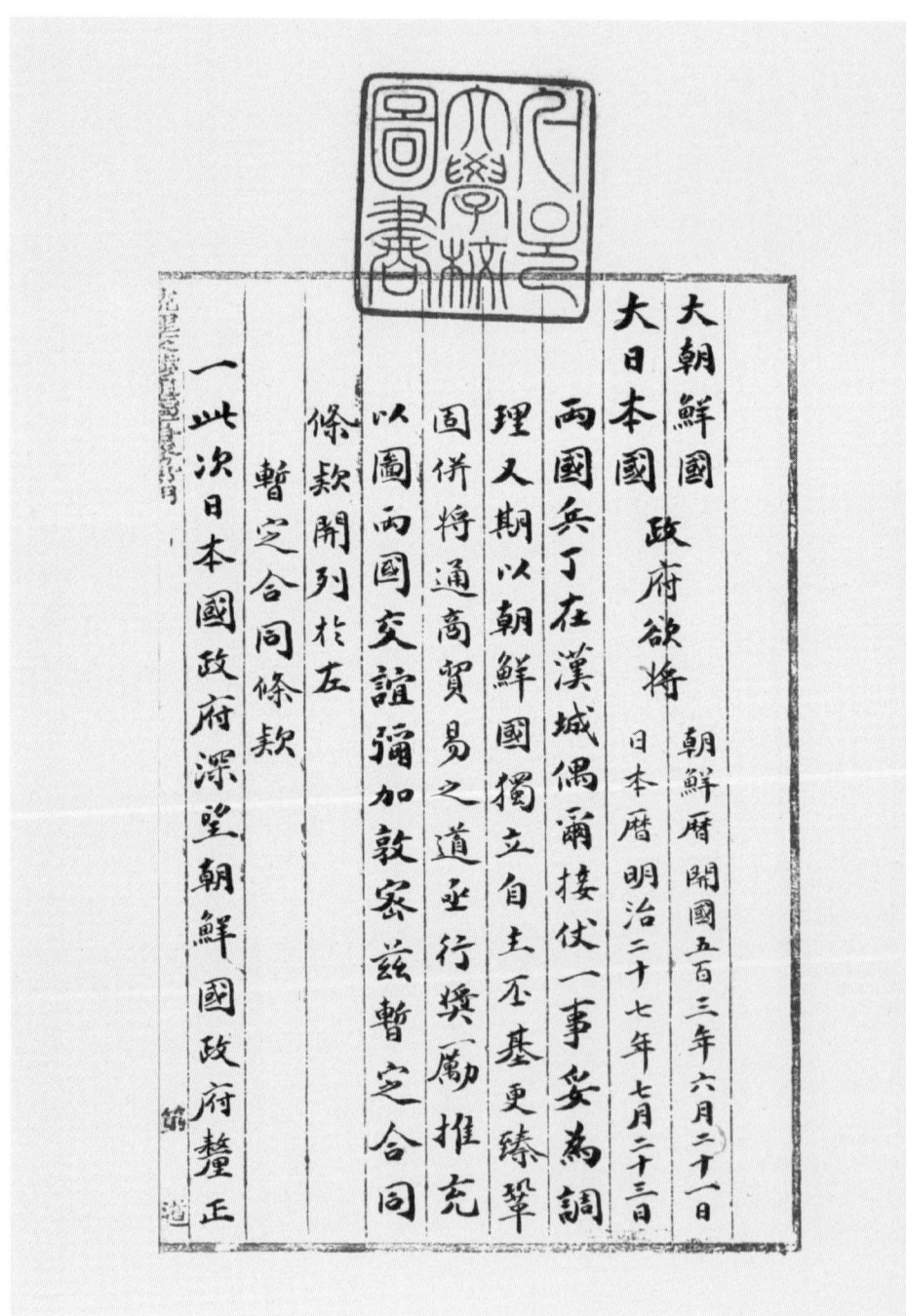

잠정합동조관(한문)

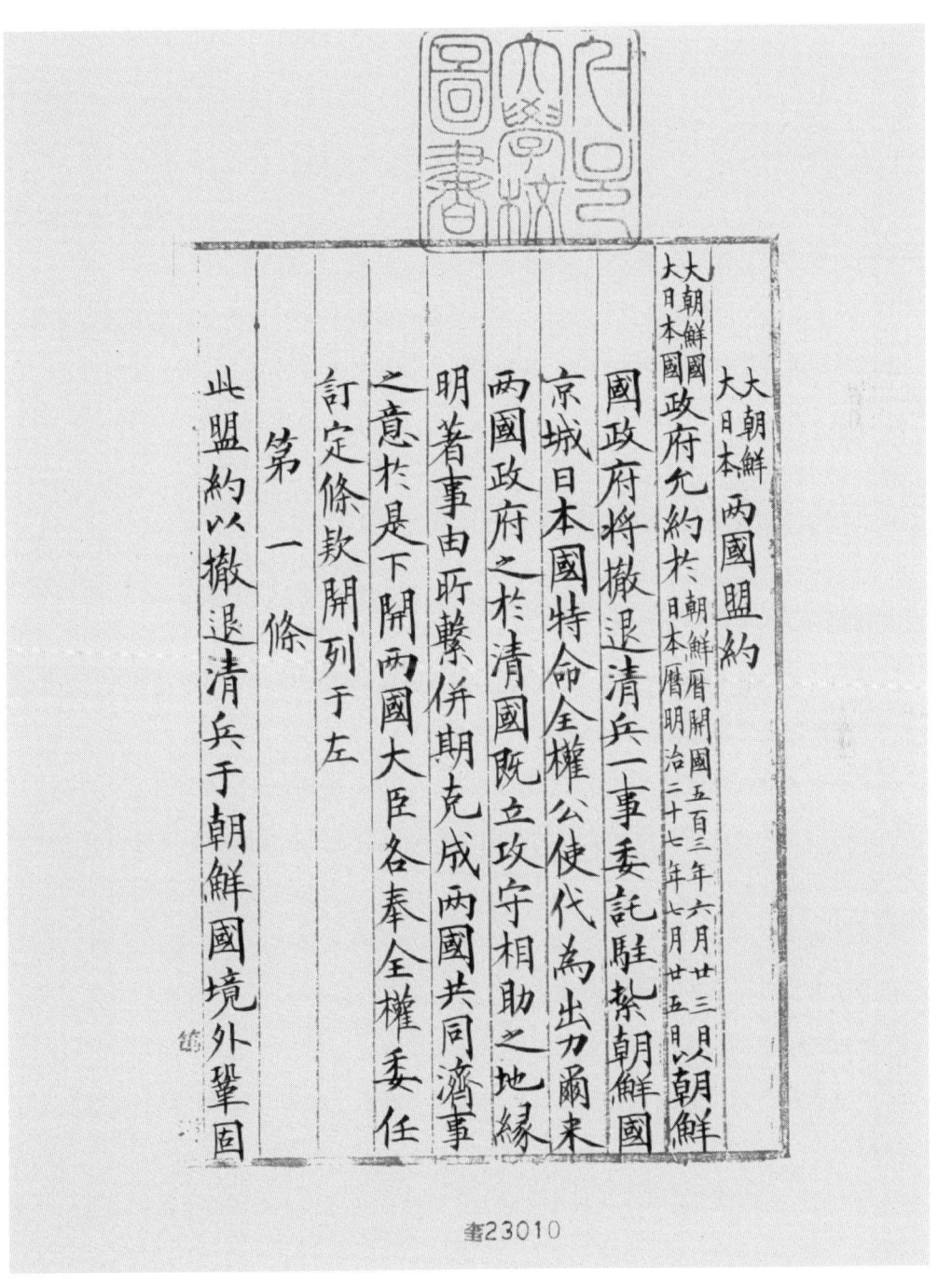

大朝鮮大日本兩國盟約

大朝鮮國大日本國政府允約於朝鮮曆開國五百三年六月廿三日以朝鮮
大日本國政府允約於日本曆明治二十七年七月廿五日以朝鮮
國政府將撤退清兵一事委託駐紮朝鮮國
京城日本國特命全權公使代為出力爾來
兩國政府之於清國既立攻守相助之地緣
明著事由昕肇併期克成兩國共同濟事
之意於是下開兩國大臣各奉全權委任
訂定條款開列于左

　第一條

此盟約以撤退清兵于朝鮮國境外鞏固

조일양국맹약(한문)

원문

1. 잠정합동조관

【大朝鮮國大日本國】政府欲將【朝鮮曆開國五百三年六月二十一日 日本曆明治二十七年七月二十三日】兩國兵丁在漢城偶爾接仗一事妥爲調理又期以朝鮮國獨立自主丕基更臻鞏固併將通商貿易之道亟行獎勵推充以圖兩國交誼彌加敦密玆暫定合同條款開列於左

暫定合同條款
一 此次日本國政府深望朝鮮國政府釐正內治朝鮮國政府亦知其寔屬急要之務至允依勸勉勵行各節須明保取次認眞施行
一 釐正內治節目中京釜兩地以及京仁兩地剏修鐵路一事朝鮮政府顧此時庫款未裕本願與日本國政府若或日本國公司約訂合同及時興工祗因朝鮮政府現有委曲情節礙難照辦但仍須妥籌良法務速克成所期爲要
一 在京釜兩地以及京仁兩地由日本國政府已設軍務電綫酌量時宜妥訂條款仍可存留
一 因念將來兩國交誼務俾輯睦以及獎勵商務起見朝鮮國政府允在全羅道沿海之地開通商口岸一處
一 本年七月二十三日在大闕相近之地兩國兵丁偶爾接仗言明彼此各願不必追究
一 日本國政府素願襄助朝鮮國俾其克成獨立自主之業故於將來與鞏固朝鮮國之獨立自主相關事宜另當由兩國政府派員會同妥議定擬
一 以上所開暫定條款經畫押蓋印訂定後酌量時宜方可將在大闕護衛之日本國兵一律撤退

以上暫定合同條款內其可永遠循守者須日後更作條約遵行爲此兩國大臣記名蓋印以昭憑信

大朝鮮國開國五百三年七月二十日

　　　　外務大臣 金允植 ㊞
大日本國明治二十七年八月二十日
　　　　特命全權公使 大鳥圭介 ㊞

출처: 奎26179-v.1-2

2. 조일양국맹약

【大朝鮮大日本】兩國盟約

【大朝鮮國大日本國】政府允約於【朝鮮曆開國五百三年六月廿三日 日本曆明治二十七年七月廿五日】以朝鮮國政府將撤退淸兵一事委託駐紮朝鮮國京城日本國特命全權公使代爲出力爾來兩國政府之於淸國旣立攻守相助之地緣明著事由所繫倂期克成兩國共同濟事之意於是下開兩國大臣各奉全權委任訂定條款開列于左

第一條
此盟約以撤退淸兵于朝鮮國境外鞏固朝鮮國獨立自主而推充朝日兩國所享利益爲本

第二條
日本國旣允擔承與淸國攻守爭戰朝鮮國則於日本隊伍以時進退以及預籌糧餉等諸項事宜必須襄助予便不遺餘力

第三條
此盟約俟與淸國和約成日作爲罷約爲比兩國全權大臣記名蓋印以昭憑信

大朝鮮國開國五百三年七月二十六日

外務大臣 金允植 ㊞
大日本國明治二十七年八月二十六日
　　　特命全權公使 大鳥圭介 ㊞

출처: 奎23010

번역문

1. 잠정합동조관

【대조선국과 대일본국】 정부는 【조선력으로 개국 503년 6월 21일, 일본력 메이지 27년 7월 23일】, 양국 병사가 한성(漢城)에서 우연히 충돌한 사건을 타당하게 처리함과 아울러 조선의 자주독립의 큰 터전을 더욱 공고히 할 것을 기약하며, 또한 양국의 통상무역을 장려하여 두 나라의 우의를 더욱 돈독하고 친밀하게 할 것을 도모한다. 이에 「잠정합동조관」을 아래와 같이 열거한다.

잠정합동조관

하나, 이번에 일본 정부는 조선 정부가 내치를 바로잡을 것을 절실히 바랐고, 조선 정부 또한 그것이 진실로 급하고 중요한 일이라는 것을 인식하고서 권고에 따라 힘써 시행하게 되었다. 각 조항을 분명히 지키고 성실하게 시행한다.

하나, 내치를 바로잡을 조항 중 경성-부산, 경성-인천 사이에 철도를 건설하는 것은 조선 정부 재정이 넉넉하지 못함을 고려하여 본래 일본 정부 또는 일본 회사와 합동할 것을 약속하고 적절한 시기에 공사를 시작하려고 하였으나, 조선 정부의 현재 복잡한 사정으로 처리하기 어렵다. 다만 좋은 방법을 계획하여 될수록 빨리 기약한 바를 성취시킨다.

하나, 경성-부산, 경성-인천 사이에 일본 정부는 이미 군용전신선을 설치하였다. 지금의 형편을 참고하여 조항을 협의, 결정하고 그대로 유지할 수 있도록 한다.

하나, 앞으로 두 나라 사이의 관계를 더욱 화목하게 하고 통상 업무를 장려할 것을 고려하여 조선 정부는 전라도 연해 지방에 통상 항구 한 곳을 열 것을 승인한다.

하나, 올해 7월 23일 대궐 부근에서 양국 군사가 우연히 충돌한 일에 대해 피차 추궁할 필요가 없음을 명확히 한다.

하나, 일본 정부는 평소 조선이 독립 자주의 업을 성취하게 할 것을 희망하고 도왔다. 그러므로 앞으로 조선의 자주독립을 견고히 하는 문제와 관련된 일은 마땅히 따로 두 나라 정부에서 관리를 파견하고 협의하여 정하도록 한다.

하나, 이상에 열거한 잠정조항에 조인하고, 적당한 시기에 대궐을 호위하는 일본 군사를 모두 철수한다.

이상의 잠정합동조관 중 영원히 지킬 것은 뒷날 다시 조약을 맺고 준수한다. 이를 위하여 두 나라 대신은 조인하고 증빙으로 삼는다.

대조선국 개국 503년 7월 20일
  외무대신 김윤식 ㊞
대일본국 메이지 27년 8월 20일
  특명전권공사 오토리 게이스케 ㊞

2. 조일양국맹약

【대조선대일본】양국맹약

【대조선국과 대일본국】 정부는 【조선력으로 개국 503년 6월 23일, 일본력 메이지 27년 7

월 25일】, 조선 정부가 주찰조선국 경성 일본국 특명전권공사(駐紮朝鮮國京城日本國特命全權公使)에게 청국 군대를 대신 철퇴시켜 줄 것을 위탁하여, 양국 정부는 청국에 대하여 이미 공수동맹의 터를 세웠다. 동맹의 사유를 명확히 함과 아울러 양국이 공동의 목적을 달성하기 위해 양국 대신이 각각 전권위임을 받들어 결정한 조약을 다음과 같이 열거한다.

제1조
이 맹약은 청국병을 조선국의 국경 밖으로 철퇴시켜 조선국의 자주독립을 공고히 하고 조일 양국의 이익을 증진할 것을 목적으로 한다.

제2조
일본국은 청국에 대하여 공수의 전쟁을 담당하고, 조선국은 일본 군대의 진퇴와 그 양식 준비 등의 사항을 위하여 반드시 협조하여 편의를 제공할 것이다.

제3조
이 맹약은 청국과 화약이 이루어지는 날을 기다려 파약한다. 이를 위하여 양국 전권대신은 조인하여 이를 증빙한다.

대조선국 개국 503년 7월 26일
    외무대신 김윤식 ㊞
대일본국 메이지 27년 8월 26일
    특명전권공사 오토리 게이스케 ㊞

해제

1. 개요

1894년 5월 31일 조선에서는 동학농민군이 전주성을 점령하였고, 같은 날 일본 중의원은 이토 히로부미[伊藤博文]가 이끄는 내각에 대한 탄핵안을 가결하였다. 6월 2일 일본 정부는 파병과 동시에 의회 해산을 결정하였고, 사흘 뒤 대본영을 설치(6월 5일)함으로써 국내 정국을 전시체제로 전환하였다. 6월 11일 청일 양군의 파병 상황을 지켜본 농민군이 정부와 화약을 맺고 해산하자 일본은 조선에 대한 공동 내정 개혁을 제안하였고, 청국이 6월 22일 거부하자 단독으로 내정 개혁을 추진하였다. 6월 25일 이후 러시아와 영국 등 열강이 청국과 조선 정부의 요청을 받아들여 철병을 제안하였다. 조선의 자주독립과 내정 개혁을 명분으로 청국과 전쟁을 도발한 일본은 효과적인 전쟁 수행과 열강의 간섭을 배제하기 위해 조선 정부와 전시 동맹체제 구축을 시도하였다. 일본은 「잠정합동조관」과 「조일양국맹약」의 체결을 강요하였다. 「잠정합동조관」을 통해 내정 개혁에 개입하였고, 「조일양국맹약」으로 조선을 대청전쟁에 끌어들였으며, 재봉기한 동학농민군에 대한 학살을 정당화하였다.

2. 배경

1894년 6월 3일 조선 정부는 조선 주재 청국 공사 위안스카이[袁世凱]의 요청을 받아들여 청병 파병을 요청하는 공문을 발송하였다. 이에 앞서 조선 내의 상황을 파악하고 있던 일본 정부는 6월 2일 중의원의 해산 결정과 동시에 거류민 보호를 명분으로 대규모 파병을 결정하였다. 일본군 선발부대 약 4,000명은 6월 9일 인천에 상륙한 뒤 다음 날 서울로 들어왔고, 청군은 9일 아산만에 도착하였다. 청일 양군이 출병하자 6월 11일 농민군은 정부군과 화약을 맺고 해산하였다.

출병 명분이 없어진 상황에서 일본 정부는 농민군의 재발을 막으려면 조선의 내정 개혁이 이루어져야 한다며 15일 청국에게 조선 내정공동개혁안을 제시하였다. 청국 정부는 6월 22일 1차로 거부하였고, 7월 12일 재차 이를 거부하였다. 청국의 공동개혁안 거부는 일본 정부도 예상하고 있었다. 청국 정부는 일본 정부의 내정공동개혁안 제안 이후 러시아와 영국에 대해 공동 철병을 위한 중재를 요청하였었다.

혼성여단이 서울을 점령하였던 시기 미국 주재 조선공사 이승수는 그레셤 미국 국무장관을 방문하여 「조미수호통상조약」 제1관의 거중조정에 따른 미국의 개입을 요청하였다. 6월 25일 러시아는 청국의 요청에 응하여 주일 러시아 공사 히트로보를 통해 조선에서 철병할 것을 요구하였다. 같은 날 주청 영국 공사 오코너도 청국 주재 프랑스·독일·러시아·미국 공사에게 공동으로 간섭할 것을 제안하였다. 일본 정부는 러시아와 영국의 제안을 7월 2일 거부하였다. 청국에서의 자국의 정치·경제적 우위를 유지하기 위해 영국은 7월 22일 제2차 중재안을 제시하였으나 일본은 이것 또한 거부하였다. 2차 중재안은 조선 국내 변란 진압과 청일 양국의 내정 개혁 공동위원 임명, 조선 내 청일 양국의 통상상의 동일 권리와 속방론 철회 등이 포함되어 있었다. 특히 양국 간의 군사적인 충돌을 방지하기 위해 조선을 남북으로 분할하여 지배하는 안이 포함되어 있었다. 조선 국왕은 서울 지역만 통치하고, 남북으로 나누어 청국과 일본이 지배한다는 한반도 분단론이었다.

그러나 거의 같은 시기에 영국은 일본과 새로운 「영일통상항해조약」을 체결(7월 16일)하였다. 일본 정부로서는 정부 수립 이후 대열강외교의 최대 과제였던 치외법권을 해결한 최초의 조약안이었다. 일본 정부는 「영일통상항해조약」 체결을 대청 강경정책에 대한 영국의 묵시적 동의로 받아들였고, 7월 20일 조선 정부에 대해 속방 파기와 철병에 대한 최후통첩을 전달하였다.

3. 체결 과정

일본 측의 내정 개혁 요구에 대해 조선 정부는 자주적으로 개혁을 추진하고자 하였다. 조선 정부는 7월 13일 교정청을 설치하고 개혁 작업에 착수했으나, 일본은 「영일통상항해조약」 직후인 7월 23일 새벽에 경복궁을 무력으로 점령하고 김홍집을 수반으로 하는 새로운 정권을 수립하였다. 청일전쟁 시기 외무대신은 무쓰 무네미쓰[陸奧宗光]였고, 주한 공사는 오토리 게이스케[大鳥圭介]였다. 외무대신 무쓰의 훈령에 따라 주한 일본 공사 오토리는 김홍집 정권을 상대로 단독 내정 개혁과 대청전쟁 효과적 수행을 위한 조약 체결을 요구하였다. 조선 측에서는 외무대신 김윤식(金允植)을 대신하여 서리독판(署理督辦) 김가진(金嘉鎭)이 협의에 나섰다. 조약 체결을 위한 일본 측의 움직임은 7월 초부터 있었으나, 오토리 공사는 7월 30일 일본 측의 요구를 9개 항으로 정리한 「가조약안」을 제시하였다.

「가조약안」의 주요내용은 조선 정부가 일본 정부의 내정 개혁 권고를 채택해 순서대로 시행할 것(1항)을 비롯하여, 일본 정부 또는 일본 회사와 경부 및 경인 철도 부설 협약 체결과 공사착수(2항), 일본이 부설한 경부 및 경인 간 전신선 존속(3항), 전라도에 무역항 개설 등 이권과 관련된 내용이 우선 제시되었다. 다음으로 내정 개혁을 위한 정무 법률부분 고문(4항) 및 군무교사(5항), 일본인 초빙과 이후 조선의 독립과 내정 개혁에 대한 양국 위원의 협의 결정(8항) 등이었다. 「가조약안」의 주요 내용은 내정 개혁에 관한 조항이었고, 그 외 2개 항이 첨가되었다. 나머지 2개 항은 일본군의 경복궁 점령 이후 서울의 상황과 관련된 조항이었다. 8항에서는 경복군 점령 당시 조선군과의 교전을 문제 삼지 않을 것과 「가조약안」 체결 이후 경복궁 주둔 일본군의 철수 등이었다.

이 「가조약안」 중 쟁점이 된 조항은 제4·5조와 8조였다. 4조와 5조는 일본인 고문 초빙에 관한 것으로, 조선 측은 이전 청국 정부와 유사한 밀약(密約)이 있으므로 거부하고, '외국인을 고용할 것'으로 수정 제안하였다. 결국 협의 끝에 이 조항을 삭제하고, 그 대신 조선 정부 측에서 일본 공사에게 정무·군사 고문을 요청하는 공문 2통을 작성하였다. 그리고 조선의 '독립 보호'와 관련하여 양국 위원이 회동한다는 제8조에 대해 조선 측은 이의를 제기하였다. 향후 일본에게 조선의 내정에 대한 직접적인 보호와 간섭이 보장되는 조약상의 근거를 차단하고자 '보호'라는 글자를 '견고(鞏固)'라는 말로 개정하였다.

일본 측은 협상 과정에서 특히 철도와 전신선 부설 문제를 집중적으로 거론하였다. 구체적으로 일본 측은 '경부 및 경인 간 철도 부설은 조선 정부의 재정이 충족될 때까지 일본 정부 또는 일본 회사와 협약을 체결하고 조건을 정하여 공사에 착수할 것'이라고 규정했다. 일본 정부나 일본 회사가 직접 철도를 부설하고 관장하려고 한 것이었다. 또한 '경부 및 경인 간에서 일본 정부가 이미 가설한 전신을 마땅한 시설인가를 헤아려서 조건을 정하여 존속 시킬 것'이라고 규정하여 기존에 가설한 전신의 관할권도 보장받고자 하였던 것이다. 그렇지만 철도 부설 문제는 이미 영국과 조선 사이에 체결된 내약에 제한을 받아 추진하기 어려운 상황이었다. 결국 가능한 한 계약을 빨리 체결하여 공사를 추진하도록 함이 긴요하다는 선으로 후퇴했다. 전신선 설치도 조선 정부의 청구에 의해 군용전신을 설치할 수 있다고 하여 그 적용 범위를 제한하였다. 양측은 「가조약안」에 대해 여러 차례 협상을 거쳐 8월 20일 '조선의 독립과 내치를 바로잡기 위한다'는 명목하에 철도, 전신, 개항장과 같은 경제적 이권을 일본에 승인하는 내용의 「잠정합동조관」을 체결하였다.

한편 일본으로서는 전쟁의 명분을 획득하고 서구 열강의 간섭을 방지하기 위해서 조선 정부의 전쟁에 대한 '지원'과 동맹이 확보되어야 했다. 전쟁 도발 이전부터 청국과의 국교 단절을 요구한 일본은 7월 25일 아산만에서 청군을 선제 공격한 직후 조청 간 체결한 장정들을 모두 폐기하도록 요청하였다. 그러나 조선 정부는 일본 정부의 강요에 비협조적인 태도로 대응하며 청과의 개전에 직접적으로 개입하지 않고자 했다. 비밀리에 경성 주재 구미 열강 대표들과 접촉하거나 청국에 밀사를 파견하여 청군의 지원을 요청하는 등 일본군을 철수시키기 위한 외교적 노력을 기울였다. 한편 지방 관민들은 일본 군대의 주둔에 의구심을 품고 식량, 인부 징발을 회피하며 전쟁에 협조하지 않았다.

이와 같이 열강의 개입 가능성과 조선 관민의 비협조적 태도는 일본 정부가 전쟁을 수행하는 데 장애가 되었다. 일본은 조약의 형태로 조선을 전쟁에 끌어들였다. 8월 26일 일본은 청국과의 전쟁을 담당하고 조선은 일본이 청국과 전쟁을 수행하는 데 필요한 인적, 물적 지원을 약속한 군사동맹조약인 「조일양국맹약」을 체결하였다. 「조일양국맹약」은 군사동맹이라는 중요한 사안임에도 불구하고, 조선 측 전권위임의 임명 절차 및 비준 절차 없이, 조인에 앞서 조선 측 외무대신 김윤식의 승낙을 받는 형식으로 체결되었다.

조선 정부는 청국을 의식하여 「조일양국맹약」의 공포를 망설였다. 그러나 일본 정부는 조선 측의 의사와 관계없이 일본 관보에 게재하고, 구미 언론을 이용하여 해외에 유포하였다. 구리노 신이치로[栗野慎一郎] 주미 일본 공사는 「유나이티드 프레스(United Press)」와의 인터뷰를 통해 동맹조약은 한국에게 있어 중국의 속박으로부터 벗어나 독립을 선포하게 한 것이며, 일본에게 있어서는 자국이 한국을 침략하려는 것이 아님을 세계에 분명히 밝힐 수 있는 것이었다고 하며 서구 열강의 의심을 불식시키고자 하였다.

4. 내용

　일주일 간격으로 체결되었던「잠정합동조관」은 7개조로,「조일양국맹약」은 3개조로 구성되어 있다.「잠정합동조관」은 전문에서 청일전쟁의 실질적 발화점이었던 일본군의 경복궁 점령 사건을 "한성(漢城)에서 우연히 충돌한 사건"으로 규정하고 이의 해결을 모색하면서, "조선의 자주독립의 큰 터전을 더욱 공고히 할 것"을 제시하고 있다. 전쟁 초기 체결되었던「잠정합동조관」과「조일양국맹약」의 전문과 본 조약문에서는 조선의 '자주와 독립'을 여러 차례 강조하고 있다. 조선의 '자주와 독립'이란 표현이 조일 양국의 관계 조약에서 처음 등장한 것이었다. '자주와 독립'은「잠정합동조관」의 전문과 본 조약문 5항에서,「조일양국맹약」에서는 3개항 중 첫 번째 조관에서 다시 강조되고 있다. 조선의 '자주와 독립'은 청국과의 관계 단절과 열강의 개입에 대한 대응 전략이었다.

　「잠정합동조관」1항과 6항에서는 일본의 조선 내정 개혁에 대한 일본과 조선의 위상과 추진에 대한 전반적인 사항을 규정하고 있다. 즉 1항에서 "일본 정부는 조선 정부가 내치를 바로 잡을 것을 절실히 바랐고, 조선 정부 또한 그것이 신실로 급하고 중요한 일이라는 것을 인식"하고 있다고 전제하였다. 그리하여 일본의 '권고'에 따라 '성실하게 시행'할 것을 약속하였다. 6항은 내정 개혁의 추진을 양국의 위원들이 상의하여 결정하는 것으로 규정하고 있다. 10년 뒤 러일전쟁 초기 한일 간에 체결하였던「한일의정서」[※Ⅶ-2]에서는 일본 정부의 '권고'를 '수용'하는 것으로 강화되었다.

　「잠정합동조관」에서 일본이 주목하였던 조선 내 이권은 철도 부설(제2조), 군용전신선(제3조), 개항장(제4조) 등이었다. 제2조는 서울-부산, 서울-인천 사이에 철도를 부설한다는 것이었다. 단, 조선 정부의 재정 상황이 넉넉하지 못하고, '복잡한 사정'으로 인하여 현재는 일본과의 합동이 어렵기 때문에 이후 가능하면 빨리 시행하도록 한다고 규정하고 있다. 체결 당시 일본 측이 곧바로 철도 부설을 시행할 수 없었던 이유는 영국과 조선 정부의 철도 부설권에 관한 내약(內約)과 일본 자본의 준비 부족 때문이었다. 이러한 '복잡한 사정'으로 인해 일본은 가능한 한 계약을 빨리 체결해 두고 이후에 공사를 추진한다는 내용을 삽입한 것이었다.

　제3조는 군용전신선에 관한 것으로, 일본 정부가 파병을 빌미로 이미 설치한 경성-부산, 경성-인천 사이의 군용전신선을 그대로 유지할 수 있다고 하였다. 일본군은 조선 정부의 반

대를 무릅쓰고 7월 8일 경인 간 군용전신선을 착공하여 12일에 개통시켰다. 타국의 영토에 허가 없이 전선을 가설하는 행위는 불법이었으므로 조선 정부는 강력하게 항의했다. 결국 전신 설치는 조선 정부의 요구에 의해 군용전신을 설치하되 그 적용 범위를 제한시켰다. 한편 철도와 전신에 관한 이권은 일본 측이 이권 추구를 목표로 한 방침에서 나온 것이지만, 전투 시에 가지는 철도와 전신의 기능에 주목한다면, 당시 청일전쟁이 진행되는 상황에서 「잠정합동조관」은 전시 지원 체제의 일환이기도 하였다.

제4조는 통상항 개항에 관한 것이다. 양국의 통상무역을 장려하기 위해 전라도 연해 지방에 통상 항구 한 곳을 개항한다고 규정하였다. 일본이 전라도 연안의 개항장을 추가로 개방할 것을 요구한 것은 이 지역에 대한 일본의 경제적 침탈, 특히 미곡 수입량을 확대하고 이 지역의 면포·면직 생산지에 대한 지배를 강화하려는 것이었다. 특히 청국과의 무역이 재개되기 전에 이를 미리 확보하는 것이 필요하다고 판단하였다.

이와 같이 철도, 전신, 개항장에 관한 이권들은 대체로 일본이 1894년 이전부터 오랫동안 주목해 온 것이었으나 위안스카이를 앞세운 청국의 대조선 '속방화정책' 때문에 쉽사리 획득할 수 없었던 것들이었다. 일본은 경복궁 점령을 계기로 내정간섭을 통한 이권 침탈을 감행하여 산업개발의 주도권을 확보하고자 하였다.

끝으로 제5조와 제7조는 전문에서도 언급했던 일본군의 경복궁 점령 사건에 관한 처리 조항이다. 제5조는 7월 23일 경복궁 점령 사건을 양국 군대가 우연히 충돌한 사건[조선 측 조문은 '우이접장(偶爾接仗)', 일본 측은 '우연충돌(偶然衝突)']이라고 규정하고, 이 "일에 대해 피차 추궁할 필요가 없음을 명확히 한다"는 것이었다. 조선 정부가 사건의 진상을 입 밖에 내는 것을 막음으로써, 왕궁 점령 사실을 덮어 버리려 한 것이다. 조선 왕궁 점령 사건에 대한 일본 정부의 공식 견해는 조선 병사가 먼저 발포한 것이 양국 군대의 우발적 충돌을 불러일으켰으며, 일본군은 어쩔 수 없이 응전하여 왕궁으로 들어가 국왕을 보호한 소규모 충돌 사건에 지나지 않았다는 것이었다. 일본 정부의 이 같은 견해는 지금까지도 공식적으로 바뀌지 않고 있다. 그러나 경복궁 점령 사건은 결코 '한일 양국 병사의 우연한 충돌'이 아니며, 일본 공사관과 육군의 혼성여단이 하나가 되어 사전에 주도면밀하게 준비한 작전 계획에 근거해 왕궁과 서울의 중추 지역을 전면적으로 점령한 사건이었다.

제7조는 경복궁을 포위하고 있던 일본군의 철병에 관한 것으로, 왕궁을 '호위'하는 일본 병

사를 '적당한 시기'에 철수한다고 규정하고 있다. 경복궁을 점령한 일본군은 경회루에 본부를 설치하고, 서울과 수원 등 궁성 내외의 조선 군대를 무장해제시켰다. 일본은 경복궁을 점령한 일본 군대가 조선 정부의 '요청'으로 왕궁을 '호위'한다는 명분을 내세우며 침략을 감추려 했다. 그러나 8월 24일 「잠정합동조관」을 맺고, 당일 경복궁에서 불과 몇 미터 떨어져 있는 친군장위영(親軍壯衛營)으로 철수했다. 이는 열강의 간섭을 차단하기 위해 형식적으로는 조선의 체면을 유지시키는 척하면서 실질적으로는 조선을 종속적인 지위에 두려는 방침이었다.

「조일양국맹약」은 총3개의 조항이며, 주요 내용은 대청 전쟁 수행과 전쟁 지원에 관해 양국 간의 관계를 규정한 것이다. 전문(前文)에서는 1894년 7월 25일(음력 6월 23일), 즉 「조일양국맹약」 체결 이전에 이미 조선 정부가 일본 특명전권공사에게 청국 군대를 철퇴시킬 것을 '위탁'하였으며, 이를 바탕으로 조선과 일본이 양국의 공동 이익을 위해 공수동맹을 맺는다고 규정하고 있다. 당시 일본은 아산에 있는 청군을 선제공격하고, 전쟁 물자를 원활하게 공급받기 위해서는 조선 정부의 전쟁 지원과 협조가 필수적이었다. 그러나 1894년 7월 25일 청군 철퇴를 '위탁'한 전문 내용과 그 과정에 대해서는 자세하게 밝혀진 내용이 없다. 단지 25일 오전 11시 오토리 공사가 입궐하여 대원군 앞에서 외무독판 조병목과 논의해 간신히 한 통의 위임장투의 서면을 강압적으로 받아 냈다는 것뿐이다.

제1조는 "이 맹약은 청국병을 조선국의 국경 밖으로 철퇴시켜 조선국의 자주독립을 공고히 하고 조일 양국의 이익을 증진할 것을 목적으로 한다"고 규정하였다. '조선 정부의 자주독립을 위해 청병을 조선국 국경 밖으로 철퇴한다'라는 항목을 첨가해 둠으로써 양국 정부가 청국에 대해 공수상조하는 입장이 되었으며, 양국이 전쟁 수행을 같이 추진한다고 하였다. 한편 이 조약은 대청전쟁을 수행하는 데 양국이 '공수상조'한다는 내용의 군사동맹이었음에도 불구하고, 9월 이후 일본에 반대하여 봉기한 농민군 진압에 확대 해석되어 적용되었다. 일본은 10월 초순 보병 1개 대대를 새로 파병하여 농민군 진압 작전에 투입하였다. 이 조관에 근거하여 전시동맹 체제하에서 일본군의 농민군 진압을 위한 작전[※관련 문서-1] 수행 시 조선군의 작전권은 모두 일본군이 장악하고 농민군을 진압한 것이었다.

제2조는 "일본국은 청국에 대하여 공수의 전쟁을 담당하고 조선국은 일본 군대의 진퇴와 그 양식 준비 등의 사항을 위하여 반드시 협조하여 편의를 제공할 것이다"라고 규정하고 있다. 그 협력의 중심 문제는 인부와 식량 징발이었는데, 지방에서는 일본군의 징발에 크게 반

발하고 있었다. 「조일양국맹약」이 체결되자 제2조에 따라 징발은 조선 정부의 책임하에 행해지게 되었다.

제3조는 청국과 화약이 이루어지는 날에 본 조약을 파약할 것을 규정하고 있다. 이 조항은 일본과 청국이 평화 상태에 도달하면 조선과의 동맹도 파약될 것이라고 하여, 일본의 조선 침략에 대한 서양 열강의 의심을 불식시키기 위한 의도가 있었다.

5. 의의

일본이 조선을 자신들의 세력권으로 편입하기 위해 청국과 전쟁을 도발하면서 대열강 외교의 핵심으로 삼은 것은 열강의 간섭을 차단하는 것이었다. 전쟁 초기 일본은 「잠정합동조관」과 「조일양국맹약」을 체결하여 조선의 독립을 명분으로 전시 공수동맹체제를 구축함으로써 조선 내정에 개입하는 기반을 마련하였으며 밖으로 열강의 간섭을 방지하는 장치를 만들었다. 종래 「잠정합동조관」에 대한 평가는 이 조약이 조선의 내정 개혁에 관한 것으로 주로 경제적인 측면에 주목하였다. 그러나 일주일 간격으로 체결되었던 「잠정합동조관」과 「조일양국맹약」은 전쟁 초기 전쟁 수행이라는 상황을 고려하여 이해해야 할 것이다. 「잠정합동조관」의 핵심 조항이었던 철도와 전신선 부설은 경제적 측면과 동시에 효과적인 전쟁 수행을 위한 수단이었다. 한편 「잠정합동조관」과 「조일양국맹약」은 조약문상에 조선의 '독립' 보장을 강조하고 있다. 개항 이후 줄곧 조선의 청국 종속관계를 부인해 왔던 일본은 두 조약에 조선의 '독립'을 내세우면서 청국의 영향력을 배제시키고, 열강의 개입을 차단하고자 하였다.

「잠정합동조관」과 「조일양국맹약」은 중요한 조약이었음에도 불구하고 체결권자에 대한 위임 사항과 체결 이후 비준 과정이 없었다. 임명권자의 위임 절차 없이 조선 측의 외무대신과 일본 측의 현지 공사 사이에 체결되었으며, 대외적으로 공포되지 못했고 양국 정부의 비밀문건으로 유지되었다.

6. 관련 문서

1) 동학당 진압을 위해 파견대장 훈령(1894. 11. 9.)

문서제목   후비보병(後備步兵) 제19대대에 관한 건
발신자   중좌(中佐) 이토[伊藤]
수신자   전권공사(全權公使) 이노우에[井上]

[별지 1] 동학당 진압을 위해 파견대장에게 내리는 훈령

1. 동학당은 현재 충청도 충주·괴산 및 청주 지방에 모여 있으며, 그 밖의 동학당은 전라도·충청도 각지에 출몰한다는 보고가 있으니, 그 근거지를 찾아내어 이를 초절(剿絶)하라.
2. 조선 정부의 요청에 의해 후비보병(後備步兵) 제19대대는 다음 항에서 지적하는 세 개의 길로 나누어 진격하여 조선군과 협력, 연도(沿道)에 있는 동학당을 격파하고 그 화근을 초멸함으로써 동학당이 다시 일어나 후환(後患)을 남기시 잃도록 헤야 한다. 그리고 그 우두머리로 인정되는 자는 체포하여 경성 공사관으로 보내고, 동학당 거물급 간의 왕복 문서, 혹은 정부 내부의 관리나 지방관, 또는 유력한 측과 동학당 간에 왕복한 문서는 힘을 다해 이를 수집하여 함께 공사관으로 보내라. 다만 겁에 질려 따르는 자에 대해서는 그 열성 정도를 보아 가리고 순순히 귀순하는 자에 대해서는 이를 관대히 용서하여 굳이 가혹하게 다루는 것을 피하라. 단, 이번 동학당 진압을 위해 전후로 파견된 조선군 각 부대의 진퇴 조절은 모두 우리 사관의 명령에 복종케 하며, 우리 군법을 지키게 해서 만일 군법을 위배하는 자가 있으면 군율에 따라 처리하기로 조선 정부로부터 조선군 각 부대장에게 이미 시달되어 있으니, 세 갈래 길로 이미 출발했거나, 또는 장차 출발할 조선군의 진퇴에 대해서는 모두 우리 사관으로부터 지휘·명령을 받아야 될 것임.
3. 보병 1개 중대는 서로(西路), 즉 수원·천안 및 공주를 경유, 전주부(全州府) 가도(街道)로 전진하여 그 진로에 근접한 좌우의 역읍(驛邑)을 정찰하라. 특히 은진(恩津)·여산(礪山)·함열(咸悅)·부안(扶安)·만경(萬境)·금구(金溝)·고부(古阜)·흥덕(興德) 지방을 엄밀히 수색하고 더 나아가 영광(靈光)·장성(長成)을 경유, 남원(南原)으로 나가서 그 진로의 좌우 각

역읍(驛邑)을 정찰하라. 특히 남원의 정찰은 엄밀히 하여야 한다. 보병 1개 중대는 중로(中路), 즉 용인(龍仁)·죽산(竹山) 및 청주(淸州)를 경유, 성주(星州) 가도로 전진하여 그 진로의 좌우 각 역읍을 정찰하고 특히 청안(淸安)·보은(報恩)·청산(靑山) 지방은 수색을 엄밀히 해야 한다. 보병 1개 중대는 동로(東路, 우리 병참선로), 즉 가흥(可興)·충주(忠州)·문경(聞慶) 및 낙동(洛東)을 경유, 대구부(大邱府) 가도로 전진하여 그 진로의 좌우 각 역읍을 정찰하고, 특히 좌측은 원주(原州)·청풍(淸風), 우측은 음성(陰城)·괴산(槐山)을 엄밀히 수색해야 한다. 각 중대는 될 수 있는 대로 서로 기맥을 통하고 가능한 한 합동하여 포위 초멸하는 방략을 취해 다같이 성과를 거둘 수 있도록 꾀해야 한다. 각 중대는 적의 무리를 소탕하여 그 패잔병이나 흔적을 찾아볼 수 없을 정도가 되면 경상도 낙동에 집합, 다음 명령을 기다릴 것.

대대 본부는 중로 분진대(分進隊)와 함께 행진하라.

4. 각 길로 나누어 진격하는 중대는 대략 별지와 같은 일정표를 따를 것이며, 동로(東路) 분진중대(分進中隊)를 조금 먼저 가게 해서 비도(匪徒)를 동북쪽에서 서남쪽으로, 즉 전라도 방면으로 내몰도록 힘써야 한다. 만일 비도들이 강원도와 함경도 쪽, 즉 러시아 국경에 가까운 곳으로 도피하게 하면 적지 않은 후환이 남을 것인즉 엄밀히 이를 예방해야 한다.

단, 가능한 한 서로 연락을 취해 각자의 소재를 서로 알 수 있게 해야 한다.

5. 각 분진중대에는 조선 조정으로부터 진무사(鎭撫使) 및 내무관리(內務官吏) 등을 따르게 할 것이다. 진무사에게는 각지에서 감사(監司)·부사(府使) 등을 독려, 동학당 무리에게 순역(順逆)의 도리를 설득하고 이해관계를 잘 타일러 그들로 하여금 반성·귀순시키는 일을 전담케 한다.

내무관리는 각 중대를 수행, 대장의 명을 받들어 연도(沿道) 각처에서 식량, 기타 군수품을 조달하고 인부 및 마필(馬匹)의 고용과 숙사(宿舍) 공급 등을 주선하여 각 중대의 요구를 충족시키는 일을 임무로 한다.

6. 각 중대는 3일분의 식량과 2일분의 휴대 구량(口糧) 및 취사도구를 휴대해야 한다. 이를 위해 짐 싣는 말 몇 마리를 딸리게 한다.

단, 매일매일의 식량과 각종 물품은 가능한 한 현지에서 조달하고, 혹시 휴대한 식량과 물품을 모두 소비했을 때에는 힘써 빨리 현지 물자를 매입하여 보충해야 한다.

7. 동학당 진무에 관한 보고는 대대장 및 각 분진(分進) 중대장이 때때로 본관에게 해야 한다.(본관은 인천병참사령부에 있겠음)

인천병참사령관(仁川兵站司令官) 이토 스케요시[伊藤祐義]

출처: 『주한 일본 공사관기록』 5권 「동학당 진압을 위한 제19대대 파견에 따른 훈령」

[참고 문헌]

- 왕현종 외(2009), 『청일전쟁기 한중일 삼국의 상호전략』, 동북아역사재단.
- 이태진(2016), 『일본의 한국병합강제연구』, 지식산업사.
- 서영희(2012), 『일제침략과 대한제국의 종말』, 역사비평사.
- 최덕수 외(2010), 『조약으로 본 한국근대사』, 열린책들.
- 하라 아키라 저, 김연옥 역(2015), 『청일·러일전쟁을 어떻게 볼 것인가』, 살림.
- 한국외교사편찬위원회 편(2018), 『한국의 대외 관계와 외교사-근대편』, 동북아역사재단.
- 古結諒子(2016), 『日清戦争における日本外交-東アジアをめぐる国際関係の変容』, 名古屋大学出版会.

2
한일의정서
韓日議定書

한일의정서 | 일본과 전시군사동맹국가가 되었으며, 정치적·외교적 자주권을 제한하는 조항이 포함됨으로써, 일본의 장래 조선 식민지화 정책의 출발점이 되었다.

議定書

大韓帝國

皇帝陛下의 外部大臣臨時署理陸軍參將 李址鎔

及

大日本帝國

皇帝陛下의 特命全權公使 林權助는 各相當의

委任을 受호야 左開條款을 協定홈

第一條

韓日兩帝國間에 恒久不易의 親交를 保持호고

東洋平和를 確立홈을 爲호야

大韓國 政府는

원문

議定書

大韓帝國 皇帝陛下의 外部大臣 臨時署理 陸軍參將 李址鎔 及 大日本帝國 皇帝陛下의 特命全權公使 林權助는 各相當의 委任을 受ᄒᆞ야 左開條款을 協定홈

第一條
韓日兩帝國間에 恒久不易에 親交를 保持ᄒᆞ고 東洋平和를 確立홈을 爲ᄒᆞ야 大韓帝國政府는 大日本帝國政府를 確信ᄒᆞ야 施政改善에 關ᄒᆞ야 其忠告를 容할 事

第二條
大日本帝國政府는 大韓帝國 皇室을 確實ᄒᆞᆫ 親誼로 安佺康寧케 할 事

第三條
大日本帝國政府는 大韓帝國의 獨立及領土保全을 確實히 保證할 事

第四條
第三國의 侵害에 由ᄒᆞ며 或은 內亂을 爲ᄒᆞ야 大韓帝國 皇室의 安寧과 領土의 保全에 危險이 有할 境遇에는 大日本帝國政府는 速히 臨機必要ᄒᆞᆫ 措置를 行홈이 可홈 然이 大韓帝國政府는 右 大日本帝國政府의 行動을 容易히 홈을 爲ᄒᆞ야 十分便宜를 與할 事
大日本帝國政府는 前項目的을 成就홈을 爲ᄒᆞ야 軍署上 必要ᄒᆞᆫ 地點을 隨機收用홈을 得할 事

第五條
大韓帝國政府와 大日本帝國政府는 相互間에 承認을 不經ᄒᆞ야 後來에 本協定趣意에

違反할 協約을 第三國間에 訂立흠을 得치 못할 事
第六條
本協約에 關聯ᄒᆞᄂᆞᆫ 未悉細條ᄂᆞᆫ 大日本帝國 代表者와 大韓帝國 外部大臣 間에 臨機協定할 事

光武八年二月卄三日
　　　外部大臣臨時署理陸軍參將 李址鎔 ㊞
明治三十七年二月卄三日
　　　特命全權公使 林權助 ㊞

출처: 奎23016

번역문

의정서

대한제국 황제 폐하의 외부대신 임시서리 육군 참장 이지용과 대일본제국 황제 폐하의 특명전권공사 하야시 곤스케는 각각 상당한 위임을 받아 아래의 조관을 협정한다.

제1조
한일 양국 사이의 항구적이고 변함없는 친교를 유지하고 동양의 평화를 확립하기 위해 대한제국 정부는 대일본제국 정부를 확신하고 시정 개선에 관한 충고를 받아들인다.

제2조

대일본제국 정부는 대한제국 황실을 확실한 친의(親誼)로서 안전강령(安全康寧)하게 한다.

제3조

대일본제국 정부는 대한제국의 독립과 영토 보전을 확실하게 보증한다.

제4조

제3국의 침략이나 내란으로 인하여 대한제국 황실의 안녕과 영토 보전에 위험이 있을 경우 대일본제국 정부는 속히 정황에 따라 필요한 조치를 취할 수 있다. 대한제국 정부는 앞에 말한 대일본제국의 행동이 용이하도록 충분히 편의를 제공한다. 대일본제국 정부는 앞 항의 목적을 이루기 위하여 군략상 필요한 지점을 정황에 따라 차지하여 이용할 수 있다.

제5조

대한제국 정부와 대일본제국 정부는 상호 승인을 거치지 않고는 앞으로 본 협정의 취지를 위반하는 협약을 제3국과 맺을 수 없다.

제6조

본 협약에 관련되는 미비한 세부 조항은 대일본제국 대표자와 대한제국 외부대신과의 사이에서 그때그때 협정한다.

광무 8년 2월 23일
    외부대신 임시서리 육군참장 이지용 ㊞
메이지 37년 2월 23일
    특명전권공사 하야시 곤스케 ㊞

해제

1. 개요

1904년 1월 23일 조선 정부는 러시아와 일본의 전쟁에 임박하여 대외적으로 전시 중립을 선언하였지만, 2월 9일 일본은 인천항에 정박 중이던 러시아 군함 2척에 포격을 가해 침몰시켰고, 다음 날 러시아에 대해 선전포고를 선언했다. 한 달 뒤인 2월 23일 서울에서 외부대신 이지용(李址鎔)과 일본 공사 하야시 곤스케[林權助]를 대표로 「한일의정서」(전문 6조)가 체결되었다.

일본은 「한일의정서」를 통해 조선의 내정 개혁에 대한 전반적인 개입이 가능하게 되었으며, 예속적인 전시군사동맹체제를 만들었다. 조선주둔군을 편성하여 한반도 전역에서 방대한 양의 토지를 군용지와 철도용지로 침탈하였고, 강제적으로 징발과 징용을 자행하였다. 한편 군율을 공포하여 한국 내에서 일본군의 작전 활동을 방해하는 의병운동과 의병 지원 세력에 대해 철저한 탄압을 시행하였다. 「한일의정서」는 청일전쟁 초기 한일 간에 체결되었던 「잠정합동조관」[※Ⅶ-1]과 「조일양국맹약」[※Ⅶ-1]을 확대한 것이었다.

「한일의정서」는 이후 일본이 조선을 보호국화하고, 나아가 식민지로 편입하기까지 맺은 각종의 국권 침탈 조약의 근거가 되었다. 조약명은 한국과 일본 모두 '의정서(議定書)'이다. 정식 영문 조약명은 없으며 당시 『The Times』에서 임의로 "Agreement Between Japan And Korea"라고 번역한 바 있다.

2. 배경

1902년 1월 30일 영국과 일본이 '극동의 평화'와 '청제국과 대한제국의 독립과 영토 보전', '두 나라에서 각국의 상공업의 균등한 기회' 확보를 위해 동맹조약을 체결하였다. 제국주의 열강의 앞자리를 차지하고 있는 영국과 청일전쟁의 결과 제국주의 클럽의 일원으로 겨우 첫발을 내디딘 일본이 동맹조약을 체결한 것이었다. 「영일동맹」[※관련 문서-2] 전문과 제1조에서 거듭 '청제국과 대한제국의 독립과 영토 보전'을 내세웠던 것은 이 지역에서 러시아의 영향력을 차단하기 위한 것이었다. 청일전쟁 이후 요동반도의 청국 반환을 독일, 프랑스와 더불어 주도하였던 러시아는 이후 만주와 한반도에서 영향력을 크게 확장하였다.

1898년 동아시아에서는 청국의 약체화를 틈타 삼국간섭의 일원이었던 독일이 교주만을 조차한 것을 선도로 제국주의 열강은 경쟁적으로 연해의 주요 지점을 조차지로 확보하였다. 영국과 프랑스가 홍콩과 광저우만의 조차지를 확대하였고, 러시아가 요동반도의 전략적 위치였던 뤼순과 다롄을 조차하였고, 요동반도를 관통하는 동청철도 부설권을 획득하였다. 이에 대해 영국은 뤼순, 다롄의 대안에 위치한 웨이하이를 차지하였던 것이다. 이와 같은 제국주의 열강의 침략이 확대되면서, 중국 내 반제국주의 세력의 저항은 1900년 청 정부의 지원을 받아 베이징의 열국 공사관 지역을 포위하였던 의화단 활동으로 절정에 이르렀다. 의화단 사건은 영국, 미국, 러시아, 독일, 프랑스, 오스트리아, 이탈리아, 일본 등의 연합군에 의해 진압되었다. 의화단 진압에 대규모 군대를 파견하였던 국가가 러시아와 일본이었다. 의화단이 진압된 이후에도 러시아는 만주에 주둔하였던 대규모 군대를 철수하지 않음으로써 만주와 한반도에서 세력을 유지하고자 하였다.

대한제국 출범 이후 러시아는 조선에서도 확고한 지반을 구축하였다. 삼국간섭을 주도하였던 러시아의 정치적 영향력은 민비 시해 사건을 거쳐 아관파천으로 절정에 이르렀다. 아관파천 직후 러시아와 일본은 「베베르-고무라 각서」(1896. 5. 14), 「로바노프-야마가타 의정서」(1896. 6. 9), 「로젠-니시 협정」(1898. 4. 28)을 맺으면서 조선에서 양국 관계를 이어 갔다. 아관파천 직후에 맺어진 「베베르-고무라 각서」는 파천으로 성립한 친러내각을 일본이 승인하고, 일본이 전쟁 이후 주둔하고 있던 군인 가운데 전신선 보호를 위한 헌병 1중대와 서울의 공사관 및 부산 거류지 보호를 위한 3개 중대의 병력을 유지하고 러시아도 공사관 보호를 위해 일본과 동일한 정도의 군대를 보유하는 것이었다. 아관파천으로 조선에서 위축되었던 일본 측이 현상을 인정하는 것이었다. 「로바노프-야마가타 의정서」는 조선에 차관을 제공하는 문제에 있어서 러일간의 협의와 한반도 내 일본의 전신선 유지와 러시아의 전신선 부설권 등을 규정하였다. 특히 주목할 것은 비밀조관 설정이었다. 비밀조관에는 조선 내 상황과 관련하여 러일 양국의 협의에 의한 군대 파견과 양국의 충돌 방지를 위해 비점령의 공지 설정 조항을 두었다. 양국의 군대가 한반도 내에서 대치할 경우 비무장지역을 설정하여 분단 상태를 만든다는 것이었다. 이 두 조항은 비교적 아관파천 초기에 타협한 것이었다. 끝으로 「로젠-니시 협정」은 러시아가 한국에서 일본의 상업상, 공업상의 우위를 인정한 것이었다. 「로젠-니시 협정」이 체결되었던 1898년 러시아는 중국으로부터 뤼순, 다롄을 조차하여 영향력을 굳히고 있었으나, 대한제국에서는 독립협회와 만민공동회 등이 러시아에 대한 저항 움직임도 있었던 시기였다. 러시아가 만주의 관문을 확보하여 지속적으로 영향력을 확대하는 과정에서 한반도에서 일본의 정치 분야를 제외한 상공업상의 우위를 인정하는 것으로 타협한 것이었다. 이후 만주 지역에서 러시아의 영향력 확대는 의화단 사건의 발발과 진압 과정에서 확대되었다. 의화단 진압을 위해 10만 명의 대군을 파견하였던 러시아는 의화단이 진압된 이후에도 군대 주둔을 계속하였다. 만주에서 러시아가 정치적, 군사적 우위를 바탕으로 동청철도 부설권 확보 등 세력을 확장하자 영국을 비롯한 열강이 견제에 나섰다.

러시아는 1902년 4월 8일 「러청 만주철병조약」을 체결하여 3차에 걸쳐 철병을 약속했지만 1차 철병(1902년 10월)만 이행하고, 1903년 4월에 예정되었던 2차 철병은 이행하지 않고 오히려 병력을 증파하였다. 「영일동맹」은 전통적으로 러시아의 남진정책을 견제하였던 영국과 한반도를 그들의 세력권으로 장악하려던 일본의 이익이 맞아 떨어진 것이었다. 1902년 「영일동맹」의 출현은 한반도와 동북아시아로 남진해 오는 러시아를 방어하려는 영국과 한반도에서 독자적인 세력을 구축하려던 일본이 동맹관계로 발전한 것이었다. 「영일동맹」은 한반도와 만주 지역을 두고 러시아와의 전쟁 발발을 앞두고 체결한 군사동맹이었다.

3. 체결 과정

1903년 12월 30일 일본 정부는 러시아와의 교섭이 결렬될 경우에 일본이 취해야 할 「대청한방침(對淸韓方針)」[※관련 문서-1]을 각의에서 결정하였다. 방침에서는 한반도에서 효과적인 전쟁 수행을 위해서는 청일전쟁 시기와 같이 한국과 "공수동맹(攻守同盟)이나 다른 보호적 협약 체결"을 제시하였다. 러시아의 만주와 한반도에서의 영향력 확대에 대한 견제 정책이 구체화되었던 시기인 1903년 9월 29일, 주한 일본 공사 하야시 곤스케는 외무대신 고무라 주타로[小村壽太郎]로부터 한 통의 훈령을 받았다. 훈령 내용은 "이때 한국 황제를 우리 쪽으로 끌어들이는 것은 제국의 정책상 긴요한 일이고 (중략) 일러 간에 평화의 파열을 보게 될 경우에 이르면 한국 황제의 향배는 전국의 이해상 지대한 관계를 갖게 될 것이 분명하므로 (중략) 어떤 식으로든 한일 간에 밀약을 맺어둘 필요가 있다"라는 요지였다. 러시아와 전쟁이 발발할 경우 한국을 전시에 동맹국으로 묶어 두는 것이 일차적으로 선행되어야 한다는 것이었다.

한편 러시아와 일본 간에 만주와 한반도를 둘러싼 외교적 교섭이 벽에 부딪치고 전쟁 발발 위기가 고조되면서 고종은 전시중립화 방안을 모색하였다. 고종은 중립국으로서의 가능성을 알아보기 위해 8월에 궁내관 현영운(玄暎運)과 현상건(玄尙健)을 각각 일본과 프랑스에 파견하였다. 파리에 도착한 현상건은 주불 공사 민영찬(閔泳瓚)과 프랑스 외무대신 델카세와 접촉하면서 중립화에 대한 지지를 얻고자 하였다. 현상건은 프랑스 대통령 에밀루베가 고종에게 보내는 친서를 접수하였다. 프랑스는 1902년 1월에 맺어진 「영일동맹」에 대항하여 3월 16일 「러불선언」을 선언함으로써 러시아를 지원하고 있었다. 10월 하순 현상건은 프랑스를 떠나 베를린을 거쳐 11월 14일 페테르부르크에 도착하였다. 현상건은 전 주한 러시아 공사였던 베베르의 도움을 받아 고종의 친서를 러시아 황제에게 전달하였고, 뤼순을 거쳐 1904년 1월 11일 러시아 군함을 타고 귀국하였다. 뤼순에서는 알렉세예프 극동총독과 회담하였다. 1903년 하순 러일 간에 대립이 전쟁으로 치달을 시기 한국 정부의 태도는 기본적으로 러시아의 지원을 얻어 전시중립국의 지위를 확보하는 것이었다.

1904년 2월 4일 일본 정부는 임시 각의 및 어전회의에서 러시아와의 전쟁을 최종 결정하고, 2월 6일 러시아와 국교 단절을 선언하였다. 그리고 불과 사흘 후인 2월 9일에는 뤼순항과 인천 앞바다에 정박 중이던 러시아 함정을 급습해 전쟁의 시작을 알렸다. 같은 날 오후 고종을 알현한 하야시 공사는 러일 간의 외교가 단절된 경위를 설명하는 한편, 재차 한일동맹의 필요성을 주장하며 조약 체결을 요구하였다. 동시에 같은 날 일본군 임시파견대가 서울에 입성함으로써 한국 정부의 중립 선언은 무력화되었다.

1903년 12월 일본 정부가 러일전쟁을 결정했던 시기부터 실제 주한 일본 공사 하야시가 여러 차례 고종에게 한일 간 비밀협약의 필요성을 상주했으나 이에 대해 고종은 별다른 반응을 보이지 않았다. 일본 측은 고종을 비밀조약 체결을 위한 협상 테이블로 유인하기 위해 망명자 송환 문제를 제시하였다. 고종은 도일 망명자들을 황실의 안전을 위협하는 존재로 인식하고 있었다. 망명자들을 비호하며 고종을 정치적으로 압박해 왔던 일본은 망명자 문제에 대한 기존 정책을 폐기하고, 망명자 처분에 대해 대한제국의 요구를 수용할 뜻을 밝혔다.

고종은 1903년 12월 28일 민영소(閔泳韶)와 민영환(閔泳煥) 등을 일본 공사관에 파견해 그 진의를 탐문하게 하였고, 다음 날인 29일에는 외부대신 서리 이지용을 주한 일본 공사 하야시에게 보내 자세한 내용을 알아보게 하였다. 이 자리에서 하야시는 고종이 외국 공사관으로 파천할 경우 한국의 멸망을 자초하는 것이라고 위협하며 궁중에서 세력 확장을 위해 돈이 필요하다면 이에 상응하는 원조를 공여하겠다고 제의했다. 아울러 조약안에서 다룰 세부 내용과 이를 외부대신에게 위촉하는 취지의 칙명 초안을 만들어 주면서 황제에게 상주해 줄 것을 의뢰하였다. 일본 측이 제시한 조약안에는 망명자에 대해 엄중 처분을 취할 것이며, 만일의 상황이 발생할 경우 일본이 한국의 안전을 위해 필요한 조치를 취한다는 내용이 담겨 있었다.

일본 공사 하야시는 계속해서 이지용 및 민영철(閔泳喆)과 접촉하며 조약 체결을 권유하는 한편, 종래 친러파로 알려진 이근택(李根澤)에게도 강력한 협박을 가해 결국 동맹안 지지 쪽으로 가담시켰다. 매수와 협박하에 친일 세력에 가담한 이지용·민영철·이근택 등은 고종에게 한일밀약 체결을 자신들에게 위임해 달라고 상주하였고, 1904년 1월 19일 황제의 위임장을 휴대하고 하야시 공사를 방문하였다. 이 자리에서 제시된 조약안은 1903년 12월 말 하야시 공사가 이지용에게 제시하였던 조약안과 비교할 때 "양국 정부는 상호의 승인을 거치지 아니하고서는 나중에 본 협정의 취지에 위반하는 협약을 제3국과의 사이에 정립할 수 없다"는 조항이 추가되었다. 반면 망명자 문제는 조약이 아닌 별도의 문서로 처리되어 있었다. 이지용 등은 이를 문제 삼아 조약문의 수정을 요청하였고, 여러 차례 협상 끝에 망명자 문제를 조약문에 명시하자는 한국 측의 수정안이 받아들여져 1904년 1월 20일 이지용·민영철·이근택과 하야시 사이에 조약안이 정리되었다. 비밀조약 조인은 1월 22일경으로 예정되었다. 그러나 조인을 앞둔 1월 21일 즈푸[芝罘]에서 한국 정부의 「전시중립 선언(戰時中立宣言)」이 발표되면서 조약은 예정대로 체결될 수 없었다. 이로써 1903년 9월부터 4개월여간 추진되어 온 한일 간의 비밀조약 체결 교섭은 사실상 결렬된 듯 보였다.

대러선전포고와 전쟁 초기 일본이 전세를 유리하게 끌어가는 가운데 1904년 2월 13일부터 하야시 공사와 외무대신 서리 이지용 사이에 의정서 교섭이 재개되었다. 외부대신 이지용은 조인을 앞두고 있었던 1904년 1월의 의정서를 가지고 하야시 공사를 방문하였다. 그러나 하야시는 이지용이 가지고 온 의정서를 반려하며 새로 작성된 의정서를 제시하였다. 하야시가 제시한 조약안은 전체 6개조로 이루어진 것으로, 일본의 '조언을 받아 시정 개선을 도모'하며(제1조), '제3국의 침해 혹은 내란에 의해 대한제국 황실의 안녕 및 영토 보전에 위험이 있을 경우' 일본은 '임기(臨機) 필요의 조치를 행할 수 있다'(제4조)고 명시하는 등 러일전쟁 이전 마련된 조약안과 달리 강경한 것이었다.

하야시의 조약안에 대해 일본 외무성은 아래와 같이 좀 더 강경한 어구들로 조약안의 내용을 수정하도록 지시하였다. 먼저 제1조의 '조언'은 '조언 및 조력'으로 고치도록 하였다. '조력'이란 갑오개혁 당시 고문관 파견을 통해 조선의 내정 개혁에 대해 직접적인 개입을 시도했던 경험을 살려 당시와 같은 실질적인 영향력을 행사하려는 의도였다. 또한 4조 말미에 일본 정부는 앞의 목적을 달성하기 위해 '군략상 필요한 지점을 점유할 수 있다'는 조항을 삽입하도록 하였다. 이는 러일전쟁을 빌미로 대한제국에 대한 일본의 영향력을 확장시킬 수 있는 근거를 마련하기 위한 것이었다. 러일전쟁이 예상되는 시점에서는 전쟁의 원활한 수행을 위해 일본은 한국과의 동맹 관계를 필요로 하였으나, 선전포고와 초반 전세를 유리하게 끌어가는 상황하에서 군사동맹을 넘어 한반도에 대한 전반적인 개입을 시도한 것이었다.

조약안의 내용이 알려지자 대한제국 정부 내에서는 반대 의견이 비등하였다. 특히 일본의 조력과 조언을 받아 시정 개선을 도모한다는 부분에 대하여 "이는 독립국의 체면을 손상시키는 것이며, 일찍이 청국에 예속되었던 것과 동일한 나쁜 사례를 후세에 남길 염려가 있다"는 우려를 표하였다. 이와 함께 제1조와 제4조의 문구를 수정해야 한다는 의견이 제기되었다. 제1조의 "조력 및 조언을 받아 시정의 개선을 꾀할 것"이라는 부분을 "시정 개선에 관해 그 충고를 들을 것"으로, 제4조의 "군략상 필요한 지점을 점유"한다는 부분은 "군략상 필요 지점을 임시적으로 사용"한다는 내용으로 고칠 것을 요구하였다. 한국 측의 요구는 일본안이 수정 없이 의정서에 관철될 경우 초래될 조선에 대한 일본의 간여를 막기 위한 것이었다. 그러나 일본 역시 제1조의 '충고 및 조력'이라는 내용과 제4조에 '군략상 필요 지점 수용(收用)'은 자신들의 영향력 확장을 위해 양보할 수 없는 부분이었다. 조약안의 문구에 대한 논의는 난항을 거듭한 끝에 대한제국 측이 제4조의 '군략상 필요한 지점의 수용' 조항을 받아들이는 대신 일본 측은 제1조의 '조력'이라는 단어를 삭제하는 것으로 일단락되었다.

2월 21일 어전회의를 통해 조약안 체결이 결정되었다. 그러나 이용익 등이 조약 체결에 대해 강력히 반대 입장을 표하였다. 만일 일본과 대한제국이 조약을 체결한 이후 러시아가 전쟁에서 승리를 거두게 된다면, 이로 말미암아 대한제국은 러시아에 병탄될 수 있다는 것이 그 이유였다. 그러자 조약 체결을 주장했던 이근택과 민영철마저 동요하는 상황에 이르렀다. 이에 일본 공사는 이지용의 도피를 막고 회유 및 설득한 끝에 2월 23일 한국 측 대표 외부대신 서리 이지용과 하야시 공사 사이에 「한일의정서」가 조인되었다. 이날 의정서 체결에 반대했던 이용익은 내장원경 등 모든 관직을 박탈당한 채 '유람'이라는 명목으로 일본으로 강제 압송되어 이후 약 10개월 동안 연금되었다.

4. 내용

전체 6개 조항으로 이루어진 의정서는 외형상으로는 대한제국 황실의 안전강령과 대한제국의 독립과 영토의 보전을 약속하였다. 그러나 「한일의정서」 체결은 대한제국 식민지화의 서막을 여는 중요한 계기가 되었으며, 한일 양국의 관계가 보호/피보호 관계라는 새로운 차원으로 이어지는 역할을 하였다. 일본은 「한일의정서」를 통해 청일전쟁 이래 자신들이 꿈꿔왔던 조선의 보호국화라는 구상을 한 걸음 실현할 수 있었다. 실제로 의정서의 내용은 대한제국의 정치적·군사적·외교적 자주권을 제약하는 중대한 조항들을 담고 있었다. 「한일의정서」의 구체적인 조항들을 살펴보면 다음과 같다.

제1조에서는 대한제국은 일본을 "확신하고 시정 개선에 관한 충고를 받아들인다(施政改善에 關ᄒᆞ야 其忠告를 容ᄒᆞᆯ 事)라고 규정하였다. 일본은 '시정 개선'과 '충고'라는 내정 전반에 대한 범위와 행위를 전제하고 결정적으로 '받아들인다(容ᄒᆞᆯ 事)'라고 기술함으로써 대한제국의 내정 전반에 간여할 수 있게 되었다. 청일전쟁 초기에 체결되었던 「잠정합동조관」에서는 조선국의 내정 개혁(釐正內治)에 조선 정부가 성실히 수행(勸勉勵行)하는 것으로 규정하고 있었다. 「잠정합동조관」에서는 내정 개혁을 성실히 노력하는 수준이었으나, 「한일의정서」에는 정책

적 권고를 반드시 수용하는 것으로 바뀌었다.

의정서 체결 이후 일본은 시정 개선이라는 명목으로 자신들의 이권을 적극적으로 확장하였다. 전국에 걸쳐 군용지를 수용하고, 어업권을 확장하며, 황무지 개척권을 요구하였다. 결국 일본이 말하는 '충고'라는 것은 조선의 이익을 위한 것이 아니라 자국의 이익을 증진시키려는 것이었다. 그러나 의정서 제1조의 진정한 목적은 대한제국에 대한 일본의 이권 획득에 그치지 않았다. 일본의 법학자 나카무라 신고[中村進午]는 '제1조의 내용은 의정서의 핵심으로, 다소 애매해 보이는 조항을 잘 활용한다면 대한제국을 보호국화할 수 있음은 물론 속국으로도 만들 수 있을 것'이라고 확언하였다. 나카무라의 논평은 의정서 제1조에 감추어진 영향력을 정확하게 파악한 것이었다. 의정서 제1조의 시정 개선에 관한 권고 조항은 어떻게 활용하느냐에 따라 대한제국의 이권은 물론 주권까지도 심각하게 침해할 수 있는 것이었다.

제2조에서는 "대한제국 황실을 확실한 친의(親誼)로서 안전강령(安全康寧)하게" 할 것임을 약속하였다. 러일 간의 전운이 감돌자 고종과 측근 세력들은 만일의 사태에 대비해 러시아 공사관이나 프랑스 공사관 등 외국 공사관으로 파천하거나 지방으로 피난하는 방법을 고려했다. 한반도에 외국 군대가 오가는 상황 속에서 황실에 대한 안전보장은 대한제국 황실로서는 무엇보다도 중요했다. 황실로서는 청일전쟁 당시 겪었던 경복궁 점령 사건이나 을미사변 같은 불행한 기억들을 떠올릴 수밖에 없었을 것이다. 주한 일본 공사 하야시는 개전 직전인 1903년 12월 이지용을 통해 '사변' 발생 시 경성의 안전에 대해 적절한 조치를 취하게 한다는 제안을 전달한 바 있었다. 또한 전쟁 발발 직후 고종에게 올린 상주문을 통해서도 이번 의거는 황실과 국토를 보호하고 독립을 영구히 유지하기 위한 것이며, 일본군이 입국하더라도 인민에게 해를 입히거나 궁궐을 침범하는 일이 없을 것임을 담보한다고 재차 확인했었다. 제2조에서 약속하고 있는 '황실의 안전강령'은 이러한 사정들을 반영하는 것이었다.

제3조에서는 "대한제국의 독립과 영토 보전을 확실하게 보증"할 것임을 확인하였다. 일본은 청일전쟁 이래 조선의 자주와 독립을 꾸준히 주창하여 왔다. 러일전쟁 발발 당시 '선전조칙(宣戰詔勅)'에서 내건 전쟁의 명분 역시 동양 평화와 '한국의 완전한 독립'이었다. 의정서 제3조에서 말한 대한제국의 독립과 영토 보전에 대한 약속 역시 러일전쟁의 개전에 대한 열강의 간섭을 배제하고 대한제국의 동의를 얻기 위한 것이었다. 이후 일제는 러일전쟁이 끝나고 대

한제국의 주권을 침탈하는 과정에서 한국의 자주와 독립 보장을 강조하였던 「한일의정서」 제3조의 내용을 부인하는 논리적 모순에 직면하였다.

제4조에서는 대한제국에 제3국의 침략이나 내란이 발생할 경우 일본은 정황에 따라 필요한 조치를 취할 수 있으며, 대한제국은 일본의 행동이 용이하도록 적극적으로 편의를 제공하도록 규정하였다. 또한 일본은 이 과정에서 군략상 필요한 지점을 정황에 따라 차지하여 이용할 수 있다고 규정하였다. 이미 조선과 일본은 10년 전인 청일전쟁 당시에도 「조일양국맹약」이라는 공수동맹을 맺은 바 있었다. 이 맹약을 통해 조선 정부는 한반도에서 일본군의 이동과 식량 준비 등과 같은 전쟁 수행에 필요한 협력을 약속하였다. 그러나 조선과 일본 사이의 맹약은 청국과의 전쟁이 끝남과 동시에 해지됨으로써 이를 근거로 조선에 대한 간섭이나 물리적 강제를 시도할 수는 없었다.

반면 러시아에 대한 대한제국과 일본의 공수동맹이라는 명분으로 추진된 의정서는 대한제국 영토 내에서 일본군의 군사적 행동을 허용함은 물론 군략상 필요 지점에 대한 일본군의 점령 및 수용(收用)이라는 공수동맹 본래의 성격을 넘어서는 것이었다. 더욱이 동맹국인 대한제국의 '내란'에까지 일본군을 출동할 수 있도록 규정함으로써 일본은 공수동맹의 형식을 빌려 자신들이 구상하고 있는 한반도에 대한 침략 의도를 철저하게 관철할 수 있었다. 또한 「조일양국맹약」과 달리 의정서에서는 동맹의 효력 기간에 대해서도 구체적으로 명시하지 않았음은 물론, 군용지로 수용될 지역이나 이용 면적, 이용 기간 등에 대해서도 구체적인 단서를 달지 않았다. 실제로 군용지 수용이라는 조항을 근거로 철도 부지와 군대 주둔지를 비롯한 광범위한 토지 침탈이 진행되었다.

이 조항에 의거해 러일전쟁이 발발하기 전부터 아무런 법적 근거 없이 국내에 들어와 있던 일본군의 주둔은 합법화되었고, 개전과 더불어 한국 주둔 일본군은 '한국주차군(韓國駐箚軍)'으로 확대 개편되었다. 한국주차군은 러시아군과의 직접 전투가 아닌 후방 경계와 병참을 통한 전투 지원을 주된 임무로 맡고 있었다. 따라서 한국주차군의 활동은 전투 지역이 아닌 전투 배후 지역으로서 한반도를 직접 겨냥한 것이었다. 한국주차군의 활동은 한반도 전역에서 전쟁을 실감케 했다. 우선 군대의 보급 및 연락에 중요했던 철도와 전신을 보호한다는 미명 하에 1904년 7월 전국 일원에서 군율(軍律)이 시행되었다. 군율이란 군대의 법률로서 제3국인인 한국인에게 일본 군대의 군율을 적용하는 것은 국제법적으로 근거를 갖지 못한 것이었다.

그러나 일본 정부는 「한일의정서」에 의거해 군율 시행을 공표함으로써 일본군에 대한 방해 행위뿐만 아니라 치안을 방해하는 문서·집회·신문 등과 위험물을 소지한 자를 처분하였으며 우편·전보를 검열하는 등 한국인에 대한 군사적 사찰을 강행할 수 있었다. 일본의 군사활동에 방해가 될 경우 최고 사형까지 구형할 수 있는 군율을 시행해 반일 의병운동을 탄압하였다.

이와 함께 직접적인 전투 지역이었던 함경도 일원에는 군정(軍政)이 선포되었다. 해당 지역에 군율이 적용되는 것은 물론이고 지방관의 임면과 군사 명령, 재정 등을 일본군이 간섭할 수 있게 된 것이다. 또한 한반도 전역에 걸친 방대한 토지가 군용 시설 및 군사작전과 병참을 위해 강제적으로 수용되었고 군사시설 건설을 위해 한국인에 대한 인력 동원이 자행되었다. 물론 이 모든 것을 가능케 한 물리력은 한반도에 주둔한 '한국주차군'이었고 그들의 활동은 「한일의정서」를 통해 정당성을 부여받았다.

제5조에서는 "대한제국 정부와 대일본제국 정부는 상호 승인을 거치지 않고는 앞으로 본 협정의 취지를 위반하는 협약을 제3국과 맺을 수 없다"라고 하여, 대한제국의 외교권을 제약하였다. 반면 일본은 러일전쟁 중 대한제국 정부와 상호 승인을 거치지 않고 일방적으로 「제2차 영일동맹」(1905. 8. 12)과 「가쓰라 태프트 비망록」(1905. 7. 27)을 통해 대한제국의 독립을 부인하였다. 나아가 「포츠머스조약」(1905. 9. 5)을 통해 '한국에 대한 지도, 감리 및 보호의 권리'를 인정받은 다음 조선의 독립과 자주를 박탈하는 조약을 강요하였다.

제6조는 "본 협약에 관련되는 미비한 세부 조항은 대일본제국 대표자와 대한제국 외부대신 사이에서 그때그때 협정한다"라는 단서 조항이다. 조약 체결 당시 부족한 부분에 대해 차후 따로 협정하겠다는 단서 조항은 조약문에 흔히 등장하는 일반적인 문구이다. 하지만 의정서 제1조의 시정 개선에 대한 조항과 제6조의 단서 조항을 결합한다면 일본은 대한제국에 대한 영향력을 무한히 확장시켜 나갈 수 있었다. 일본은 이후 일련의 협정들을 통해 대한제국에 대한 자신들의 정치적·경제적·군사적 영향력을 지속적으로 확장시켜 나갔다.

5. 의의

일본은 러일전쟁 도발과 거의 동시에 강요했던 「한일의정서」를 통해 조선을 예속적인 전시군사동맹국가로 편입시켰을 뿐 아니라, 한국 외교권 일부를 제한하는 것 외에 시설 개선에 대한 충고를 실시한다는 형식으로 내정에 간섭하는 근거를 마련했다. 의정서 체결 3개월 후 일본 정부는 「제국의 대한방침」과 「대한시설강령」[※Ⅶ-3 중 관련 문서-1]을 작성해 조선의 식민지화 계획의 기본방침을 만들었다. 이 두 가지 결정은 한국을 일본에 종속시키기 위해 전자는 한국의 보호국화를 일차적으로 추진할 것을 규정하고, 이러한 기본방침에 기초해 후자는 외교·군사·재정권의 장악과 경제적 권리의 확보에 관한 구체적 방책을 제시했다. 이 방침에 따라 3개월 뒤 외교와 재정 고문을 초빙하는 조약이 체결되어 고문정치를 실시하여 실질적인 보호국을 달성함으로써 「을사늑약」[※Ⅶ-4] 체결의 기반을 사전에 구축했던 것이다. 이어 시정 개선과 관련해 「정미조약(한일협약)」[※Ⅶ-5, 이하 「정미조약」]을 체결함으로써 한국의 주권을 침탈하는 획기적인 계기를 마련하였다. 또한 「강제 병합조약」의 핵심 내용이 '동양 평화'를 내세우면서 실질적으로는 '황실의 안전강령'이었는데 이 같은 내용 구조도 일찍이 「한일의정서」에서 나타난 것이었다. 1910년의 「강제 병합조약」[※Ⅶ-6]은 「한일의정서」가 그 원형이었다.

6. 관련 문서

1) 러시아와의 교섭이 결렬될 경우에 일본이 취해야 할 「대청한방침」

한국에 관해서는 어떠한 경우라도 실력으로써 이를 우리 세력 아래 두어야 함은 물론이지만 가능한 한 명의를 바르게 하는 것이 상책이다. 만일 지난날 청일전쟁의 경우와 같이 공수동맹 혹은 다른 보호적 조약을 체결할 수 있다면 가장 좋을 것이다. 그렇기 때문에 기회가 도래하면 위와 같은 조약을 체결할 수 있는 소지를 만들기 위해 지난번에 이미 필요한 훈령을 주한 공사에 내리고, 기타 여러 종류의 수단을 취하고 있다. 또한 앞으로도 한층 유효한 수단을 취하고 이로써 우리의 목적을 관철하는 데 노력해야 한다.

출처: 『日本外交文書』 권36-1

2) 제1차 영일동맹

대영제국 정부와 일본국 정부는 오로지 극동에서의 현황 및 전국(全局)의 평화를 유지할 것을 희망하고 또한 청제국(清帝國) 및 한제국(韓帝國)의 독립과 영토 보전을 유지할 것과 또 이들 두 나라에서 각국의 상공업이 균등한 기회를 얻게 하는 것에 관하여 특별히 이익관계를 가지고 있으므로 이에 아래와 같이 약정한다.

제1조
양 조약 체결국은 상호 간에 청국 및 한국의 독립을 승인하였으므로 이들 두 나라 중 어느 한쪽에서도 침략적인 경향에 전혀 영향받지 않을 것을 성명한다. 그러나 양 조약 체결국의 특별한 이익에 비추어, 즉 그 이익은 대영제국은 주로 청국에 대해, 또 일본은 그 청국에서 가지는 이익에 더하여 한국에 있어서 정치상, 상업상 및 공업상 각별한 이익을 가지고 있으므로 양 조약 체결국은 만일 위의 이익이 다른 나라의 침략적 행동으로 인하여 청국 또는 한국에서 양 조약 체결국 중 어느 한쪽이라도 그 신민(臣民)의 생명과 재산을 보호하기 위해 간섭을 필요로 하거나 소요 발생으로 인하여 침해당할 경우에는 양 조약 체결국은 해당 이익을 보호하기 위해 필요 불가결한 조치를 취할 수 있음을 승인한다.

제2조
만일 대영제국 또는 일본국 중 어느 한쪽이 상기(上記) 각자의 이익을 지키기 위해 제3국과 전쟁을 개시하게 되는 때에는 다른 한쪽의 조약 체결국은 엄정 중립을 지킴과 동시에 그 동맹국에 대하여 타국이 교전에 가담하는 것을 방지함에 노력하여야 한다.

제3조
상기 경우에 만일 다른 한 나라 또는 여러 나라가 해당 동맹국에 대하여 교전에 가담하는 때에는 조약 체결국의 다른 한쪽은 와서 원조하며 협동하여 전투에 가담하여야 한다. 강화(講和)도 역시 해당 동맹국과 상호 합의한 후에 이것을 행한다.

제4조
양 조약 체결국은 어느 쪽이든지 다른 한쪽과 협의하지 않고 타국과 상기의 이익을 침해할 별도의 조약을 체결하지 않을 것을 약정한다.

제5조
대영제국 또는 일본국에서 상기의 이익이 위험에 처했다고 인정할 때에는 양국 정부는 상호 간 충분히 그리고 격의 없이 통고한다.

제6조
본 협약은 조인한 날로부터 즉시 실시하고 해당하는 날짜로부터 5개년간 효력을 가진다. 만약 상기 5개년의 종료하기 12개월 전에 조약 체결국 중 어느 쪽이라도 본 협약을 폐지하는 의사를 통고하지 않을 때에는 본 협약은 조약 체결국의 한쪽이 이를 폐기할 의사를 표시한 당일로부터 1개년이 종료될 때까지 계속하여 효력을 가진다. 그러나 위의 종료할 날짜에 도달하여 동맹국의 한쪽이 현재 교전 중일 때에는 본 동맹은 강화가 종료될 때까지 당연히 계속된다.

위의 증거로서 아래의 이름은 각기 정부로부터 정당한 위임을 받아 이에 기명 조인한다.

1902년 1월 30일
런던에서 본서 2통을 작성한다.

대영제국황제 폐하의
    외무대신 랜스다운[Lansdowne] 인

대영제국주차일본국황제 폐하의

특명전권공사 하야시[林董] ㊞

출처: 『日本外交文書』 권36-1

[참고 문헌]

- 서영희(2005), 『대한제국 정치사연구』, 서울대출판부.
- 서영희(2012), 『일제침략과 대한제국의 종말』, 역사비평사.
- 이태진, 이상찬(2010), 『조약으로 본 한국병합』, 동북아역사재단.
- 요시노 마코토 저, 한철호 역(2005), 『동아시아 속의 한일 2천년사』, 책과함께.
- 운노 후쿠쥬 저, 정재정 역(2008), 『한국병합사연구』, 논형.
- 이태진(2016), 『한국병합강제연구』, 지식산업사.
- 신효승(2018), 『20세기 초 국제정세변동과 한인무장독립운동』, 연세대학교 대학원 박사학위논문.
- 최덕수 외(2010), 『조약으로 본 한국 근대사』, 열린책들.
- 하라 아키라 저, 김연옥 역(2015), 『청일·러일전쟁을 어떻게 볼 것인가』, 살림

3
고문 용빙에 관한 협정서
顧問傭聘에 關한 協定書

고문 용빙에 관한 협정서 | 일본은 「한일의정서」의 1조에 근거하여 외교와 재정 분야의 고문을 초빙하게 함으로써 보호국화의 기반을 구축하였다.

一、韓國政府ハ日本政府ノ推薦スル日本人一名ヲ財務顧問トシテ韓國政府ニ傭聘シ財務ニ關スル事項ハ總テ其意見ヲ詢ヒ施行スヘシ

一、韓國政府ハ日本政府ノ推薦スル外國人一名ヲ外交顧問トシテ外部ニ傭聘シ外交ニ關スル要務ハ總テ其意見ヲ詢ヒ施行スヘシ

一、韓國政府ハ外國トノ條約締結其他重要ナル外交案件即外國人ニ對スル特權讓與若ハ契約等ノ處理ニ關シテハ豫メ日本政府ト協議スヘシ

明治三十七年八月二十二日

特命全權公使　林權助

光武八年八月二十二日

外部大臣署理　尹致昊

一在韓國日本公使館

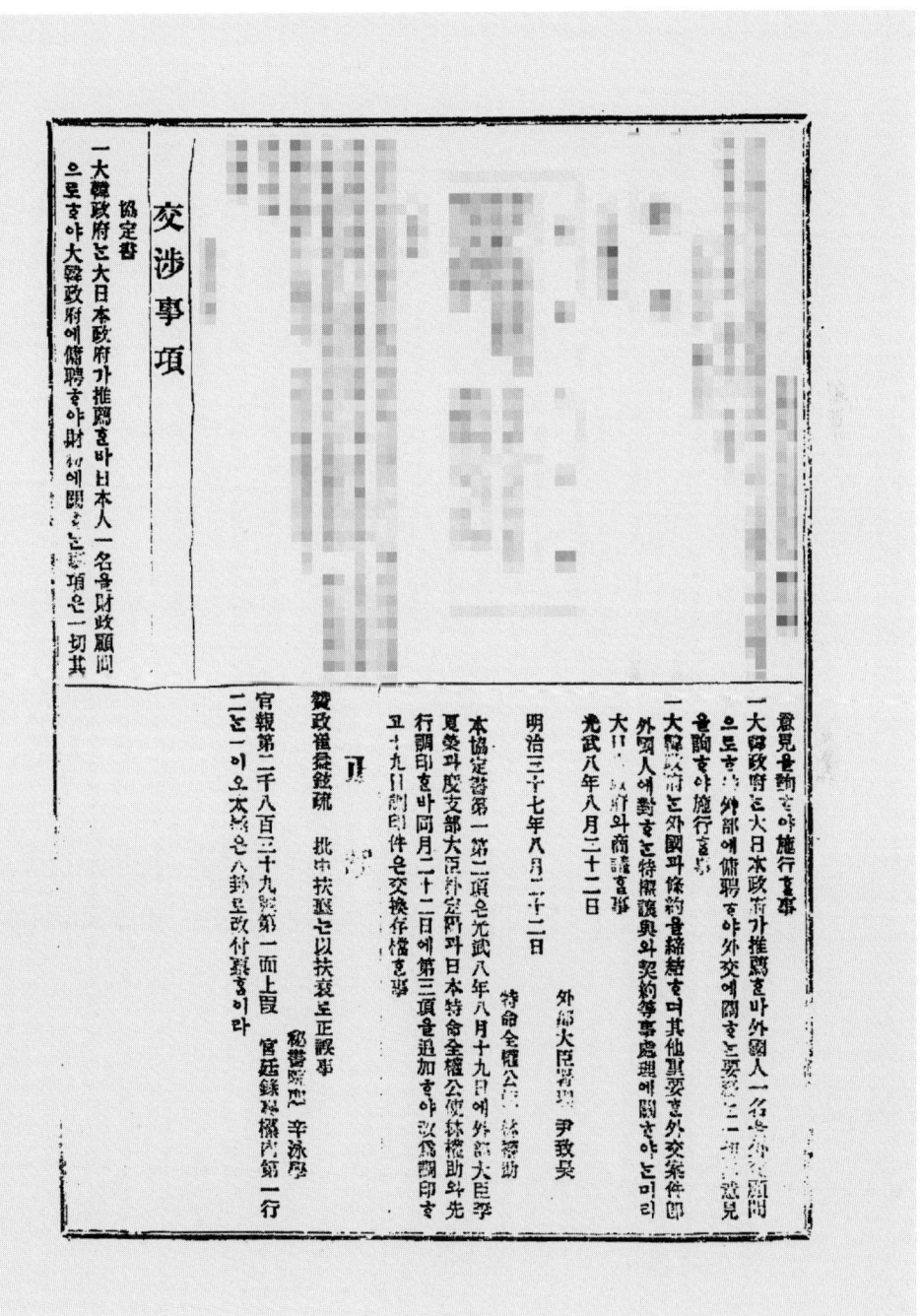
고문 용빙에 관한 협정서(국한문)　　출처: 『관보』 광무 8년 9월 9일

六 日韓協約締結ノ件 四一八

ノ如ク調印ヲ見タルモノナリ
九月五日官報彙報欄掲載

（附記二）

日韓協約ニ關スル日本政府聲明

STATEMENT OF THE JAPANESE GOVERNMENT REGARDING THE AGREEMENT OF AUGUST 22ND, 1904, BETWEEN JAPAN AND COREA.

September 5, 1904 (37th year of Meiji).

The following Agreement was signed at Seoul on the 22nd August last between the Japanese and Corean Representatives:—

(The text of the Agreement in extenso.)

This Agreement is nothing more than the natural and logical consequence of the Protocol of February 23rd, 1904. It will be remembered that in the said Protocol the Japanese Government undertook to give advice to the Corean Government in regard to improvements in administration which advice the latter Government engaged to adopt in full confidence. The financial embarrassment of the Corean Government has been, in the past, constant cause of internal trouble and the chief hindrance to the development of the foreign commerce of Corea. This serious aspect of the Corean administration has naturally attracted the first attention of the Japanese Government.

It will be further remembered that in the same Protocol it was stipulated that "in case the welfare of the Imperial House of Corea or the territorial integrity of Corea is endangered by aggression of a third power or internal disturbances, the Japanese Government shall immediately take such necessary measures as the circumstances require". This stipulation makes it incumbent upon the Japanese Government to exercise careful control respecting Corean diplomacy. In fact the responsibilities devolving upon them in consequence of the Protocol of February 23rd can only be duly discharged by their possessing a consultative voice in all important questions concerning foreign intercourse, and by their assisting Corea to secure the services of a trustworthy adviser to look, on the spot, into all questions of international concern. It shall be remarked here that these necessary measures of control over the Corean finance and foreign intercourse do not in any way interfere with the full operations or validity of Corea's existing treaties.

Article III of the above Agreement is not intended to

원문

1. 일문

一 韓國政府ハ日本政府ノ推薦スル日本人一名ヲ財務顧問トシテ韓國政府ニ傭聘シ財務ニ關スル事項ハ總テ其意見ヲ詢ヒ施行スヘシ

一 韓國政府ハ日本政府ノ推薦スル外國人一名ヲ外交顧問トシテ外部ニ傭聘シ外交ニ關スル要務ハ總テ其意見ヲ詢ヒ施行スヘシ

一 韓國政府ハ外國トノ條約締結其他重要ナル外交案件卽外國人ニ對スル特權讓與若クハ契約等ノ處理ニ關シテハ豫メ日本政府ト協議スヘシ

明治三十七年八月二十二日
　　　特命全權公使 林權助 ㊞
光武八年八月二十二日
　　　外部大臣署理 尹致昊 ㊞

출처: JACAR Ref. B13091013000

2. 국한문

協定書

一 大韓政府는 大日本政府가 推薦호 바 日本人 一名을 財政顧問으로 호야 大韓政府에 傭聘호야 財務에 關호는 事項은 一切 其意見을 詢호야 施行홀 事

一 大韓政府는 大日本政府가 推薦호 바 外國人 一名을 外交顧問으로호야 外部에 傭聘호야 外交에 關호는 要務는 一切 其意見을 詢호야 施行홀 事

一 大韓政府는 外國과 條約을 締結ᄒᆞ며 其他 重要ᄒᆞᆫ 外交案件 卽 外國人에 對ᄒᆞᄂᆞᆫ 特權讓與와 契約 等事 處理에 關ᄒᆞ야ᄂᆞᆫ 미리 大日本政府와 相議ᄒᆞᆯ 事

光武八年八月二十二日
　　　　外部大臣署理 尹致昊
明治三十七年八月二十二日
　　　　特命全權公使 林權助

本協定書 第一項第二項은 光武八年八月十九日에 外部大臣 李夏榮과 度支部大臣 朴定陽과 日本特命全權公使 林權助와 先行調印ᄒᆞᆫ 바 同月 二十二日에 第三項을 追加ᄒᆞ야 改爲調印ᄒᆞ고 十九日 調印 件은 交換存檔ᄒᆞᆯ 事

출처: 『관보』 광무 8년 9월 9일

번역문[*]

하나, 대한 정부는 대일본 정부가 추천하는 일본인 1명을 재정 고문으로 해 대한 정부에 용빙하고, 재무에 관한 사항은 일체 그 의견을 물어 시행할 것.

하나, 대한 정부는 대일본 정부가 추천하는 외국인 1명을 외교고문으로 해 외부에 용빙하고 외교에 관한 요무는 일체 그 의견을 물어 시행할 것.

하나, 대한 정부는 외국과 조약을 체결하며 기타 중요한 외교 안건, 즉 외국인에 대한 특권 양여와 계약 등의 처리에 관해서는 미리 대일본 정부와 협의할 것.

---

[*] 일문 기준

메이지 37년 8월 22일
　　　특명전권공사 하야시 곤스케 ㊞
광무 8년 8월 22일
　　　외부대신서리 윤치호 ㊞

‖ 해제

1. 개요

1904년 2월 인천항과 뤼순항에서 러시아에 대한 기습 공격 후 일본은 대러선전포고를 선언했었다. 러일 간의 전쟁은 5월 이후 만주 지역으로 확대되었다. 8월 중순 진세가 일본에게 유리하게 전개되자, 일본은 「한일의정서」[※Ⅶ-2]에 근거하여 고문 용빙을 내용으로 하는 조약 체결을 강요하였다. 재무 및 외교고문의 초빙과 외교 사안에 대해 일본 정부 대표와의 사전 협의 등을 요구하는 것이었다. 「고문 용빙에 관한 협정서」에 의해 한국 정부는 일본이 추천하는 재정 고문과 외교고문의 지도하에 내정과 외교를 꾸려 나가게 되었다. 이른바 일본의 고문정치가 시작되었다.

「고문 용빙에 관한 협정서」는 체결 당시 조약 형식으로는 협약(Agreement)이 아닌 각서(Memorandum)로 이루어진 것이었다. 각서는 어디까지나 양국 간의 약속으로 의정서(Protocol), 협약(Agreement), 조약(Treaty) 등의 외교 협정과 달리 제3국과의 외교 관계에 영향을 주는 문서가 아닌 것이다. 일본 정부는 대외적으로 공표하는 과정에서 이를 '협약'("The Agreement of August 22nd, 1904, Between Japan and Corea")으로 변조하였다.

2. 배경

일본 정부는 「한일의정서」 1조의 '시정 개선에 관한 충고'를 근거로 의정서 체결 3개월 후인 5월 30일 원로회의와 31일 내각회의에서 전쟁 종결 이후 조선 정책의 큰 틀을 확정하는 안을 의결하였다. 「대한방침(對韓方針)」과 이를 구체적으로 실행하기 위한 방안을 상세히 규정한 「대한시설강령(對韓施設綱領)」[※관련 문서-1]이었다. 「대한방침」에서는 대한제국에 대한 정치·군사상 보호의 실권을 거두고, 경제상으로는 이권의 발전을 도모할 것임을 천명하였다. 한편 「대한시설강령」에서는 ① 방비를 완전히 할 것, ② 외정(外政)을 감독할 것, ③ 재정을 감독할 것, ④ 교통기관을 장악할 것, ⑤ 통신 기관을 장악할 것, ⑥ 척식을 도모할 것 등 6개 항목에 걸쳐 구체적인 사업계획이 제시되었다.

대한제국의 시정 개선에 일본인 고문을 초빙하여 지도하는 고문정치에 대한 구상은 「한일의정서」 체결 직후 주한 일본 공사 하야시 곤스케가 제기한 바 있다. 그는 1904년 2월 27일 고무라 외무대신 앞으로 보낸 「대한제국의 시정 개선과 이권 획득에 관한 의견서」에서 급격한 개혁은 한국인들의 반발과 열강의 간섭을 초래할 수 있으므로, 우선 정부의 핵심적인 부서에 소수의 일본인 고문관을 임용하여 대한제국의 '시정 개선'을 효과적으로 수행해 나가는 것이 필요하다고 제안하였다.

조선에 고문을 파견해 직간접으로 개입하는 사태에 대해 일본 내에서도 비판이 있었다. 중의원 제2당이었던 헌정본당과 강경 여론이 고문정치를 비판하기 시작하였다. 비판의 초점은 여러 명의 고문을 보내는 고문정치로는 한국의 실권을 차지할 수 없으며, 권력 있는 1인을 보내는 최고 고문제를 실시해야 한다는 것이었다. 이 같은 주장은 「한일의정서」 체결로 한국이 이미 일본의 보호 아래 들어왔고 열강도 이를 승인했다는 판단하에 제기된 것이었다.

고문정치를 둘러싼 일본 내의 갈등은 제1 야당인 입헌정우회가 가쓰라 내각의 한국 정책에 동조하면서 해결되었다. 입헌정우회의 실력자였던 하라 다카시[原敬]는 아직 조선의 국제적 지위가 결정되지 않았기 때문에 최고 고문과 같은 거물을 파견할 경우 열강의 반대를 초래할 수 있다며 가쓰라 내각이 제기한 고문정치론에 힘을 실어 주었다. 가쓰라 내각과 입헌정우회 측이 한국 통치에 대해 의견을 같이한 것은 열강에 대한 대응 방침이 일치했기 때문이다.

선전포고로부터 6개월이 지난 시점에서 비록 일본이 유리한 전세이긴 했지만, 보호국화 정책과 강력한 1인의 최고 고문에 의한 통치보다는 주요 부분에 대한 고문 채용을 통한 정책이 지지를 받게 된 것은 청일전쟁에 대한 역사적 경험에 기인한 것이었다. 일본은 청일전쟁에서 승리하고도 전후 처리 과정에서 열강의 반발로 뜻을 이루지 못했었다. 국제적 사안에 있어서 열강의 승인이 얼마나 중요한지 잘 알고 있었다. 비록 러일전쟁에서 연승을 거두고 있지만 전쟁은 아직 끝나지 않았고 전후 열강의 이해관계가 어떻게 재편될지 모르는 상황에서 한국에 거물급 최고 고문을 파견하는 것은 열강의 반발을 초래할 수 있었다. 요컨대 고문정치는 이러한 과오를 되풀이하지 않기 위한 전략적인 접근이었다. 보호국이란 국제적 승인이 이루어져야 하므로 열강의 승인 아래 한국이 일본의 완전한 보호국으로 인정될 때까지 과도기적 단계로 고문정치가 구상되었다. 대한제국을 둘러싼 열강의 간섭을 최소화하면서도 대한제국에 대한 일본의 영향력을 부식할 수 있다는 측면에서 고문정치는 일본에게 최선책이었던 셈이다.

3. 체결 과정

고문 용빙에 관한 교섭은 8월 4일 하야시 공사에게 내려진 외교·재무고문 문제를 비롯하여 일본이 계획한 시정 개선 사업을 추진하라는 고무라 외무대신의 훈령과 함께 시작되었다. 8월 6일부터 하야시 공사와 외부대신 이하영(李夏榮) 사이에 '재정 감독 및 외교고문 고빙'에 관한 교섭이 시작되었다. 하야시는 일본 정부가 추천하는 일본인 1명을 탁지부에 재무 감독으로 고빙하고(제1조), 외국인 1명을 외교고문으로 외부에 고빙하며(제2조), 대한제국 정부는 외국과의 조약 체결이나 기타 중요한 외교 안건을 처리하기 전에 일본 정부의 대표자와 협의할 것(제3조) 등의 내용을 담은 각서 초안이 제시되었다. 이는 「대한시설강령」 중 외정(外政)을 감독할 것과 재정을 감독할 것 등의 항목에서 언급하였던 내용들을 구체화한 것이었다.

하야시가 제기한 각서 초안에 대해 대한제국 측에서 반대하였다. 처음 논란이 되었던 것은 '재무 감독'의 존재였다. 대신들은 '감독'이라는 명칭이 한국의 정부대신보다 상위에 존재한다는 오해를 불러일으킨다며 이를 '재무고문'으로 수정할 것을 주장하였다. 이어 외국과의 조약 체결이나 중요 외교 안건에 관하여 일본 정부의 대표자와 사전에 협의해야 한다는 각서 초안 제3조의 내용에 대해서도 반대가 제기되었다. 이에 대해 일본은 '감독'을 '고문'으로 수정하자는 대한제국 측의 요구를 수용하는 한편, 고문 용빙에 관한 제1조와 제2조, 난항이 예상되는 제3조를 분리하여 각기 체결하기로 계획하였다.

재정과 외교고문의 용빙에 관한 각서의 경우, 문제가 되었던 명칭을 수정한 뒤 해당 부서의 대신들이 기명 조인하는 형식으로 진행되었다. 8월 19일 주무 대신인 외부대신 이하영과 탁지부대신 박정양(朴定陽)이 고문 용빙을 약속하는 각서에 기명 조인한 후 다음 날인 8월 20일 하야시에게 송부하는 것으로 마무리되었다. 남은 것은 제3항의 중요 외교 안건에 관한 사전 협의에 관한 처리였다. 이를 해결하기 위해 하야시 공사는 8월 22일 공사관 서기관과 공사관 부속 무관 사이토 리키사부로[齋藤力三郎]를 대동하고 입궐하여, 고종에게 제3항의 필요성을 거듭 말한 끝에 고종의 재가를 얻어 냈다. 다음 날인 8월 23일 외무대신서리 윤치호(尹致昊)는 제3항의 '일본 정부의 대표자와 협의할 것'이라는 구절 중 '대표자'라는 단어의 삭제를 요구한 뒤, 앞서 조인한 2개 항의 각서와 함께 동의할 것임을 전달하였다. 하야시는 대한제국 측의 요구대로 제3항의 문구를 수정한 뒤, 8월 19일 자로 조인된 2개 항의 내용과 마지막 제3항의 내용을 병기하고 날짜를 8월 22일 자로 하는 조인서를 작성하였다. 이것이 바로 「고문 용빙에 관한 협정서」이다. 일본 정부는 제3조의 외교권 제한 조항은 공공연한 방법으로 발표하는 것이 제3국에 효력을 강하게 발휘할 것이라는 하야시 공사의 조언에 따라 9월 5일 자로 「협약에 관한 일본 정부의 성명」을 각국에 통첩하였다. 한편 대한제국에서는 9월 9일 자 『관보』의 교섭 사항란에 '협정서'라는 표제 아래 공표함으로써 협정서 체결이 공식적으로 알려지게 되었다.

4. 내용

전체 3개 조항으로 이루어진 「고문 용빙에 관한 협정서」는 「대한방침」과 「대한시설강령」을 통해 드러난 대한제국 보호국화의 구상을 충실하게 반영하고 있다. 대한제국의 재정과 외교를 장악해 대한제국의 보호국화를 한층 진전시키려는 일본의 의도가 철저하게 관철되고 있다.

제1조는 재정 고문에 관한 내용이다. 대한제국 정부는 일본이 추천하는 일본인 재정 고문을 용빙하고, 재정에 관한 모든 사항을 그의 의견을 물어 시행한다고 규정하였다. 처음 하야시가 제시한 각서안에서는 '일본인 1명을 재무 감독으로 탁지부에 용빙'한다는 것이었다. '재무 감독'이라는 명칭이 정부대신보다 상위에 위치한 것처럼 오해될 소지가 있다는 이유로 대한제국이 반대하자 일본은 대한제국의 요구대로 재무 감독을 '재무고문'으로 바꾸었다. 그러나 이와 함께 고문을 초빙하는 주체를 탁지부가 아닌 대한제국 정부로 변경하였다. 재무고문의 위상을 재정 담당 주무부서인 '탁지부'의 고문이라는 의미를 뛰어넘어 대한제국의 '정부' 고문으로 탈바꿈시킨 것이었다. 재무고문의 영향력은 결국 탁지부라는 일개 부서에 국한된 것이 아니라 대한제국 전체의 재정은 물론 이와 연관된 행정 전반에까지 미칠 수 있는 것이었다.

이는 재정 고문으로 용빙된 메가타 다네타로[目賀田種太郎]의 재정 고문 용빙 계약서 내용을 통해 보다 확연히 드러난다. 메가타에게는 대한제국 재정 전반에 대한 정리와 감독은 물론 재정에 관한 정책을 심의하고 기안할 수 있는 권한이 주어졌다. 대한제국 정부는 재정에 관한 일체의 사무는 메가타의 동의를 거친 후에 시행할 수 있었다. 결국 메가타의 허락 없이는 재정상의 어떤 일도 한국 정부가 결정할 수 없음을 의미했다. 또한 의정부 및 각부의 사무로서 재정에 관계있는 것은 상주 전에 메가타의 동의를 얻도록 해 사실상 재정 고문이 행정 전반에 걸친 광범위한 영향력을 행사할 수 있는 여지를 만들어 주었다.

일본 정부에서는 재정 고문으로 부임하는 메가타에게 일종의 업무 지침인 「재정 감독 및 정리 등에 관한 표준」을 내려 집행해야 할 일들을 지시하였다. 그에게 부여된 업무는 일본 화폐의 유통을 공인하는 일로부터 한국의 군대를 감원하고, 재외 한국 공사관을 철수하며, 대한제국이 용빙한 외국인들의 인원을 감축하는 일까지 대한제국의 보호국화를 위해 필요한 초석을 마련하는 작업들이었다. 또한 이 같은 일본 정부의 지시사항들은 주한 일본 공사와 협의하여 실행을 도모하는 한편, 한국 정부의 재정 상황을 주한 일본 공사를 통해 일본 외무대신에게 보고해야 했다. 재정 고문 메가타는 한국 정부의 재정에 대한 고문의 역할을 맡고 부임한 인물이라기보다는 대한제국의 보호국화라는 사명을 띠고 파견된 일본 관리였다고 할 수 있다. 1904년 10월 재정 고문으로 부임한 메가타는 「정미조약」으로 고문직에서 물러

날 때까지 3년 동안 대한제국의 보호국화에 필요한 기본적인 제도 정비에 주력하였다.

제2조는 외교고문에 관한 내용이다. 일본이 추천하는 외국인을 외부(外部)에 외교고문으로 용빙하고, 외교에 관한 모든 사항에 대해 외교고문의 의견을 물어 시행하도록 규정하고 있다. 일본은 「대한시설강령」 가운데 '외정을 감독할 것'이라는 항목에서 외국인을 외부의 고문으로 삼아 일본 공사의 감독 아래 직무를 집행하도록 한다면 내외에 대해 원만하게 목적을 달성할 수 있을 것이라고 분석한 바 있다. 일본은 자신들의 목적을 달성하고자 외교고문 용빙에 관한 당위성을 찾아야 했다. 「한일의정서」에서 말한 대한제국 황실의 안녕과 영토 보전에 대한 책임을 다하기 위해 한국 정부의 외교를 신중히 관리해야 할 의무가 자신들에게 있다고 주장하였다. 이러한 의무를 이행하려고 대한제국 외교에 관한 중요한 문제를 자문하고 믿을 만한 외교고문을 확보한다는 것이었다. 일제는 협정서 제2조를 통해 「대한시설강령」에서부터 구상해 오던 외교고문의 용빙을 달성하는 동시에 이로 인해 빚어질 수 있는 열강의 외교적 반발도 사전에 차단할 수 있는 장치를 마련해 두었다. 즉 '외국인'을 외교고문에 용빙함으로써 대한제국의 외교를 감독하려던 일본의 일차적인 목표를 달성하며, 아울러 '외국인'이라는 점을 부각시킴으로써 열강의 반발을 최대한 누그러트리도록 한 것이다.

외교고문으로는 스티븐스[Durham White Stevens]가 취임하였다. 그는 미국인이었지만 1883년 이래 일본의 관료로 일해 온 인물이었다. 외교고문에게는 대한제국 정부와 타국 정부 및 타국 인민 사이에 발생하는 모든 외교 및 기타 안건에 대해 심의·기안할 수 있는 권한이 주어졌다. 대한제국은 외교에 관한 모든 안건을 반드시 외교고문의 동의를 얻은 뒤 처리해야 했으며, 외부대신은 일체의 왕복문서를 외교고문에게 보여 주어야만 했다. 또한 외교고문은 의정부회의에 참석하여 외교에 관한 의견을 제출할 수 있었다. 외교고문으로서 스티븐스의 역할은 일본 외무대신 고무라가 스티븐스에 보낸 내훈을 통해 확인할 수 있다. 고무라는 스티븐스에게 외교상의 모든 중요 안건은 주한 일본 공사와 협의한 후에 동의를 얻어 처리하고, 일본 정부의 대한방침에 배치되는 일이 없도록 주의하며, 한국 외교상의 중요한 관계가 있는 사항은 주한 일본 공사에게 통보하도록 하였다. 요컨대 일본은 자신들이 '추천'한 외교고문의 배후에서 정무를 지휘·감독함으로써 대한제국 외교권의 실질적 장악을 꾀하고 있었던 것이다.

제3조는 중요 외교 안건에 대해 사전 협의를 요한다는 내용이다. 대한제국의 외교권을 직

접적으로 제한하고 있는 조항이었다. 여기서는 대한제국이 외국과 조약을 체결하거나 외국인에 대한 특권 양여나 계약 등을 처리하기에 앞서 일본 정부와 협의해야 한다고 규정하였다. 일본은 1904년 2월 체결된 「한일의정서」를 통해 "대한제국 정부와 대일본제국 정부는 상호 승인을 거치지 않고는 앞으로 본 협정의 취지를 위반하는 협약을 제3국과 맺을 수 없다"(제5조)라고 규정함으로써 이미 상당 부분 대한제국의 외교권 행사를 제약하고 있었다. 그러나 의정서 내용만으로는 대한제국과 다른 국가들 사이에 조약 체결이나 이권 양여에 대한 가능성을 원천적으로 봉쇄할 수는 없었다. 이러한 가능성을 차단하기 위해 일본은 의정서에서 규정한 외교권 제한의 외연을 확장시켜 '제3조'로 명문화한 것이었다. 제3조의 내용은 이후 열강이 대한제국에 대한 일본의 보호를 쉽게 인정할 수 있는 근거가 되었다.

5. 의의

「고문 용빙에 관한 협정서」에서 규정하고 있는 내용은 사실상 보호소약과 다름없는 것이었다. 일본은 이 협정서를 통해 대한제국의 가장 중요한 축이라 할 수 있는 재정권과 외교권을 심각하게 침해하였다. 대한제국의 주권은 「한일의정서」 조인 당시보다 한층 가중한 제약 아래 놓이게 되었다. 1904년 8월 협정서를 체결한 이후 일본은 재정과 외교 분야 이외에도 대한제국의 각부에 초청 형식을 통해 일본인 고문과 참여관들을 진출시킴으로써 대한제국의 정국 전반에 걸쳐 실제적인 지배력을 행사하고 있었다. 대한제국은 실제로 일본의 내정간섭을 용인하고, 독자적인 외교 활동을 수행할 수 없었다. 대한제국은 러일전쟁이 일본의 승리로 끝나고 불과 2달 뒤 체결을 강요당했던 「을사늑약」[*Ⅶ-4]의 체결 이전에 이미 보호국과 같은 상태에 직면하였던 것이다.

6. 관련 문서

1)「대한시설강령」

제국 정부의 한국에 대한 대체적인 방침이 결정된 이상 이에 따라 시정할 강령을 정해 일의 완급과 시기의 당부(當否)를 판단하여 이것을 실행에 착수하기로 한다. 하지만 한국에 대한 경영은 장래 피아(彼我)의 관계 여하를 고려하여 시설할 것이 아니라, 그 사항도 역시 미리 정해 놓기 어렵다 하더라도, 국방과 외정(外政) 및 경제는 대단히 긴요한 문제에 속하며, 또한 지금 착수해야 하기 때문에 아래에 대강을 기록하여 결정을 기대한다.

1. 방비(防備)를 완수할 것

한국 내에 우리 군대를 주둔케 함은 다만 우리 국방에만 필요할 뿐 아니라, 제국 정부는 일한의정서(日韓議定書) 제3조에 의하여 한국의 방어 및 안녕 유지의 책임을 부담한 까닭에 평화 극복 후라 하여도 상당한 군대를 그 나라의 중요 지역에 주둔시켜 내외 불의의 변(變)에 대비하는 것이 필요하며 평상시에도 한국의 위아래 국민들에 대해 우리의 세력을 유지하기 위해서도 매우 유용한 것이다.

다음으로 한국 내지 및 해안에서 군사 전략상 필요한 지역을 수용하는 것은 국방에서 결코 빼놓을 수 없는 일로써, 일한협약(日韓協約)에 의하여 이미 한국의 독립 및 영토 보전을 보증한 이상 이것을 시행하는 것은 제국 정부의 당연하고도 또 필요한 권리이다.

2. 외정(外政)을 감독할 것

한국 정부는 일한의정서 제5조에 의하여 해당 협약의 취지에 위반되는 협약을 제3국과 정립할 수 없다. 하지만 그 이외의 사항에 관해서는 마음대로 다른 여러 나라들과 조약을 체결하든지 또는 각국 인민에 대해 각종 특권 양여를 할 수 있다. 그런데 한국 당국자는 성심성의껏 국가를 위해 걱정하는 자가 없고, 또 금과 은, 다시 말하여 돈을 위해서 또는 자기 집안의 권세를 유지하기 위해서는 어떠한 약속도 감히 하며, 특히 궁중(宮中)은 음모와 술수의 소굴이기 때문에, 만일 외정(外政)을 그들이 하는 대로 놔두면 암암리에 어떠한 위험한 사태가 발생할지도 모르기 때문에 적당한 가장 가까운 기회에 한국 정부로 하여금 외국과의 조약 체결, 기타 중요한 외교 안건의 처리에 관해서는 미리 일본 정부의 동의를 요한다는 취지로 약속해야 할 것이다.

위의 기획을 수행하기 전이라 할지라도 다음과 같은 수단으로 외정을 감독해야 할 것이다.

갑. 외국과의 조약 또는 외국인에 대한 특권 양여는 모두 외부아문(外部衙門)을 경유하게 함으로써 은밀한 운동을 두절시킬 것.

을. 외부아문에 한 명의 고문관(顧問官)을 두고, 뒤에서 그 정무(政務)를 감독·지휘할 것. 그리고 그 고문은 차라리 외국인으로 충당하고, 제국 공사의 감독 아래 그 직무를 맡게 하면 내외에 대하여 원활하게 우리의 목적을 달성하기 쉬울 것임.

3. 재정(財政)을 감독할 것

한국 행정은 하나 같이 개선을 필요로 하지 않는 일이 없지만, 만일 급격히 개혁을 진행할 때는 상하 일반의 반항을 불러와 실패로 돌아갈 것이기 때문에 시기를 봐서 서서히 손을 대야 하지만, 특히 재정은 하루도 이것을 등한시할 수가 없다. 왜냐하면 한국 재정은 지금 이미 문란함이 극심하여 내외 인민 모두 이런 폐해로 고통을 당할 뿐 아니라, 애초 재정이란 모든 행정의 기초이기 때문에, 이것을 정리함으로써 행정 각부의 폐해를 바로잡아야 하는 일은 시정 개선의 결실을 거두는 데 있어 가장 편하고 쉬운 방법이기 때문에, 가능한 신속히 우리나라 사람 중에서 적당한 고문관을 투입하여 적어도 지금보다 더 이상 재정이 문란해지는 것을 막고, 나아가 징세법의 개량, 화폐제도의 개혁 등에 착수하여 마침내 한국 재무의 실권이 우리 수중에 들어올 수 있게 할 것.

한국 재정 문란의 원인은 말할 것도 없이 한 가지로서, 부족함에도 불구하고 군대를 위하여 과도한 비용이 요구되는 것이 제일 주된 요인임. 지금 작년도의 예산을 보니, 경상세출(經常歲出) 총계 969만 7천 원 가운데 412만 3천 원은 군대의 비용에 속하며, 그리고 그 병력 수는 1만 6천 명에 달한다고 함. 그러나 장래 한국의 방비(防備)는 우리나라 스스로가 이것을 맡아야 할 것이며, 한국 군대는 친위대를 제외하고 점차로 그 수를 줄여야 함.

한국을 위하여 새로 재원(財源)을 확보하고 아울러 우리 이권 확장의 목적을 갖고 제국 정부 관리하에 한국에서 식염·담배 등의 전매를 시작해야 하고, 그리고 그 방법은 직접 한국 정부로 하여금 이것을 실행하게 할 것인가 혹은 한 개인의 명의로 특약을 체결하여 이를 실행할 것인가에 대하여는 더욱 강구할 필요가 있음.

4. 교통기관을 장악할 것

교통 및 통신 기관의 중요 부(部)를 우리 쪽에서 장악하는 것은 정치·군사 및 경제적으로 제반 사항보다 매우 긴요한 것으로서, 그중 교통기관인 철도사업은 한국 경영에 골자라고 말할 수 있기 때문에 아래와 같이 순서에 따라 이것을 실행하는 것이 간절히 요구됨.

갑. 경부철도(京釜鐵道)

본 철도는 한국 남도(南道)를 종(縱)으로 관통하는 것으로서, 가장 중요한 선로이기 때문에 이미 정해진 계획대로 속히 완성하는 것이 요구됨.

을. 경의철도(京義鐵道)

본 철도는 황해(黃海) 방면에서 한국 북도(北道)를 종(縱)으로 관통하여 경부선로와 연결되어 한반도를 하나로 관통하고, 마침내는 나아가 동청철도(東淸鐵道) 및 관외철도(關外鐵道)와 접속하여 대륙 간선(幹線)의 일부를 형성할 중요한 선로로서, 지금 이미 군사상의 필요에 따라 군대에서 그 건설에 착수하였음. 그리고 평화 극복 후 본 철도의 경영 방법에 대해서는 이 시기를 맞이하면 한국 정부와 협의할 것임.

병. 경원(京元) 및 원산(元山)으로부터 웅기만(雄基灣)에 이르는 철도

본 철도는 앞에서 말한 한국 종관선(縱貫線)을 중앙에서 일본해(日本海) 방면과 연결하고, 나아가 두만강(豆滿江) 부근에 이르는 것으로, 북쪽 변방의 방비에 필요한 선로에 속함. 더욱이 본선은 급히 부설에 착수할 필요는 없지만, 권리만은 국방상 필요하다는 명분으로 전쟁 중에 이것을 획득하여 다른 나라가 그 권리를 얻을 것을 예방해 두는 것이 편리할 것임.

정. 마산(馬山)·삼랑진(三浪津) 철도

마산포(馬山浦)는 진해만(鎭海灣)에 인접하여 한국 남단의 가장 좋은 항만으로서 경부철도(京釜鐵道)로부터 지선(支線)을 놓아 그곳에 연결하면 군사 및 경제상으로 매우 유용할 것임. 그러므로 작년 한국철도회사(韓國鐵道會社)와 은밀히 계약을 체결하여 본 선로 부설과 함께 영업 권리를 간접적으로 취득했지만, 아직도 완전하다고 말할 수 없음. 그래

서 이번에 그 권리를 확실하게 할 수단을 취하고, 또 정거장 부지 같은 것을 오늘부터 측정해 두어 경부(京釜) 선로의 완성을 기다려 본 선(線) 경영의 수단을 연구해 두어야 할 것임.

5. 통신 기관을 장악할 것

통신 기관 중 가장 중요한 전신선(電信線)을 우리 쪽에서 소유하고, 또 우리 관리 아래에 두는 것은 절대적으로 필요하며, 우편 사업도 역시 우리 이익 발달에 따라 앞으로 점차 확장하지 않으면 안 됨. 그러나 어떻게 하여 이것을 한국 고유의 통신 기관과 조화시킬 것인가, 이것을 함께 강구할 필요가 있는 문제임. 확실히 한국 고유의 통신 기관은 매우 불완전한 상태에 있어 수지(收支)도 맞지 않아, 현재 해마다 30만 원 정도의 손실을 보고 있기 때문에 만일 이대로 방치해 두면 공연히 재정상의 곤란을 증대시킬 뿐이고, 일반 공중의 편리에 기여할 수 없으며, 만일 또 이것을 개선하여 일반의 희망을 충족시키려면 자연히 우리 기관과의 충돌을 피할 수 없음. 이것을 요약하면, 한 나라 내에 같은 종류의 기관 두 개가 독립하여 존재한다는 것은 경제 및 사무상으로 둘 다 모두 불편·불리를 느낄 것은 당연할 것이므로, 이 문제를 해결하는 가장 좋은 방법은 한국 정부로 하여금 우편·전신 및 전화 사업의 관리를 제국 정부에 위탁시켜 제국 정부는 우리나라의 통신사업과 합동 경리하여 양국 공통의 하나의 조직을 만드는 데 있음. 이와 같이 할 때 한국에서 쌍방의 기관도 통일되어 그 나라 정부도 다행히 거액의 손실을 면할 수 있을 것임. 만일 또 이와 같은 기도를 도저히 행할 수 없게 되면, 제국 정부는 부득이 중요한 노선을 선택한 뒤 독립하여 스스로 경영할 수밖에 없음.

6. 척식(拓殖)을 도모할 것

갑. 농업

한국에 있는 우리나라 사람의 기업 가운데 가장 유망한 것은 농업임. 원래 한국은 농산국으로서, 전적으로 식량 및 원료품을 우리나라에 공급하고, 우리나라로부터는 공예품을 그들에게 공급하여 왔음. 생각건대 지금부터라도 양국의 경제적 관계는 이 원칙에서 발달시켜 가지 않으면 안 됨. 또 한국은 토지의 면적에 비하여 인구가 적어 충분히 많은 우리나라 이민을 받아들일 수 있으므로, 만일 우리 농민 다수가 한국 내지에 들어갈 수 있다면, 한편으로는 우리의 초과 인구를 위한 이식지(移殖地)를 얻고, 다른 한편으로는 우리의 부족한 식량 공급을 증대시키는, 소위 일거양득이 될 것임. 그러나 현재는 조약상 거류지 외 1리 이내에 있지 않으면 토지를 임차 또는 소유할 수가 없으므로, 사실상 내지에서 논밭을 소유하고 있다 하더라도 그 권리가 명확하지 않아, 자본가는 불안한 생각을 갖고 투자에 주저하는 것이 일반적인 생각이기 때문에, 우리 농업가를 위하여 한국 내지를 개방하는 수단으로써 다음 두 가지 방책을 취해야 할 것임.

(1) 관유(官有) 황무지

관유 황무지에 대해서는 한 개인의 명의로 경작 및 목축의 특허, 혹은 위탁을 받아 제국 정부의 관리 아래에 상당한 자격 있는 우리나라 인민으로 하여금 이것을 경영하게 할 것.

(2) 민유지(民有地)

민유지에 대해서는 거류지로부터 1리 이외라 할지라도 경작 또는 목축 등의 목적으로 이것을 매매 또는 임차할 수 있게 할 것. 즉 한국 정부로 하여금 내지에 있는 일본인의 토지 소유권을 인정하든가, 영구 임대·임차권 또는 사용권을 인정하여 경작·목축 등에 지장이 없도록 할 것.

을. 임업

두만강 및 압록강안은 삼림이 울창하고, 특히 후자는 그 면적도 넓고 운수도 역시 편리하여 한국 부원(富源) 중 제일로 손꼽힐 만한 곳임. 이와 같은 삼림의 벌절권(伐截權)은 수년 전 러시아인에게 주어진 것이나, 한국 정부로 하여금 이 기회에 이것을 폐기시켜 우리나라 사람으로 하여금 대신 이것을 경영하게 하는 수단을 취할 것. 그리하여 한편으로는 적당한 장소를 선택하여 새로운 숲을 가꿀 방도를 강구해야 할 것임.

병. 광업

한국 광산은 명성이 높은 만큼 실제로는 그다지 유망하지 않은 것 같음. 그렇지만 오늘날까지 아직 충분한 조사를 한 것이 없기 때문에, 속히 조사에 착수하고, 그중 특히 유망한 것은 우리 쪽에서 수용하도록 하고, 나머지는 일정 부분을 외국인에게도 이익권을 향유하게 하면 농단(壟斷)한다는 비난을 피하고, 그들의 좋은 감정을 유지하는 데 이로

울 것임.

정. 어업

어업은 농업 다음으로 한국의 제일 유리한 사업임. 그러므로 지금 우리나라 사람이 어업권을 가진 것은 8도 중 5도이며, 충청(忠淸)·황해(黃海)·평안(平安)의 3도는 더구나 구역 외에 있어서 이는 이번에 이것을 위 3도까지 확장해야 하며, 또 한편으로는 남획을 금하고 어류의 보호를 도모하기 위해 추가로 상당한 단속을 할 필요가 있음.

출처: 『日本外交文書竝主要文書』, 225~230쪽

[참고 문헌]

- 이태진, 이상찬(2010), 『조약으로 본 한국병합』, 동북아역사재단.
- 이태진(2016), 『한국병합강제연구』, 지식산업사.
- 서영희(2005), 『대한제국 정치사연구』, 서울대출판부.
- 서영희(2012), 『일제침략과 대한제국의 종말』, 역사비평사.
- 운노 후쿠쥬 저, 정재정 역(2008), 『한국병합사연구』, 논형.
- 최덕수 외(2010), 『조약으로 본 한국 근대사』, 열린책들.
- 한철호(2016), 『근대일본은 한국을 어떻게 병탄했나』, 독립기념관 한국독립운동사연구소.
- 강성은 저, 한철호 역(2008), 『1905년 한국보호조약과 식민지 지배책임』, 선인.

4
을사늑약
乙巳勒約

을사늑약 | 러일전쟁 중 조선 보호국화 정책에 대한 영국과 미국의 동의를 획득한 뒤, 외교권을 박탈함으로써 대한제국은 대외적으로 주권국가의 위상을 상실하였다.

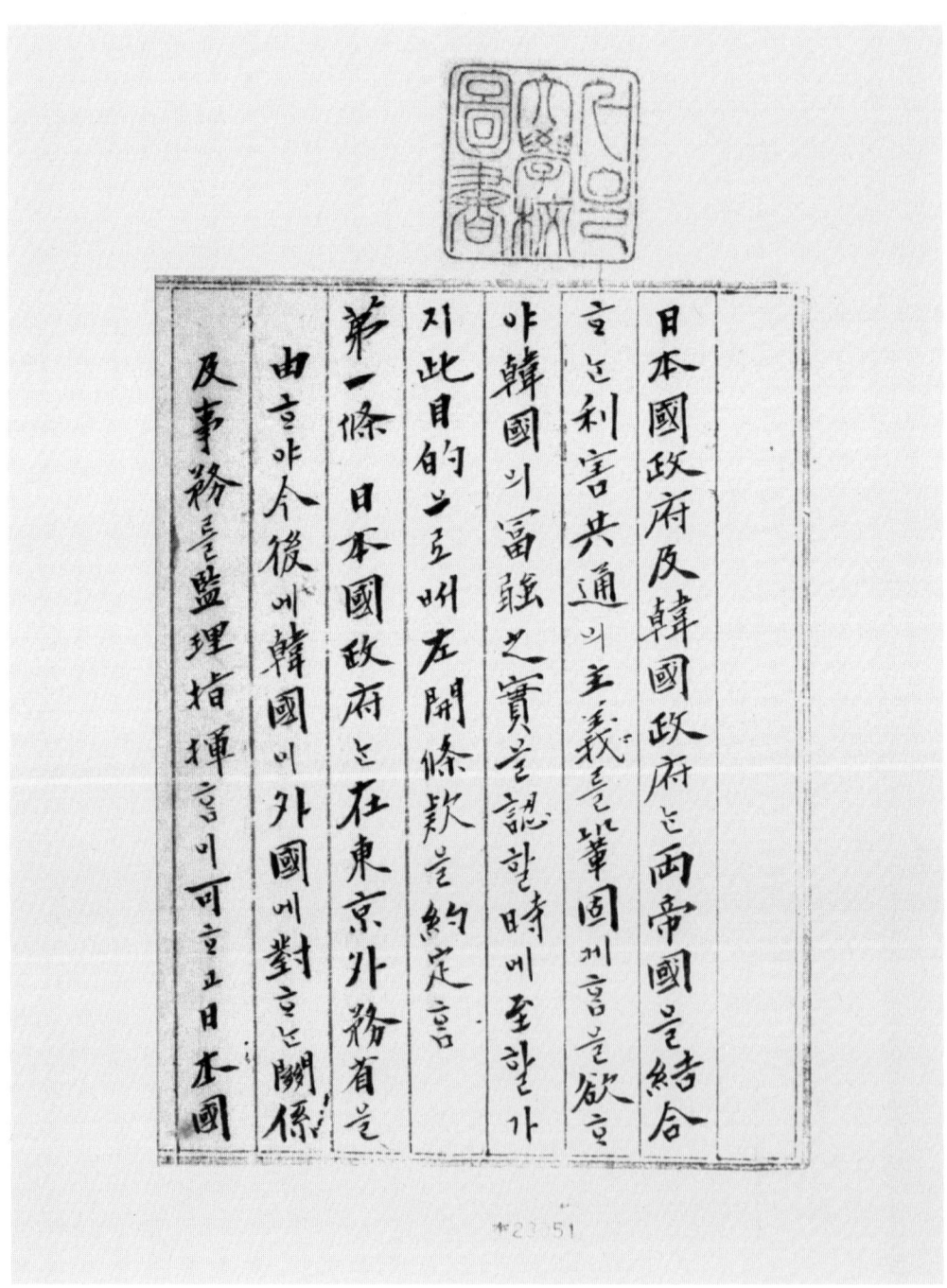

을사늑약(국한문)

원문

日本國政府及韓國政府는 兩帝國을 結合ᄒᆞ는 利害共通의 主義를 鞏固케흠을 欲ᄒᆞ야 韓國의 富強之實을 認흘 時에 至할가지 此目的으로써 左開條款을 約定흠

第一條
日本國政府는 在東京外務省을 由ᄒᆞ야 今後에 韓國이 外國에 對ᄒᆞ는 關係及事務를 監理指揮흠이 可ᄒᆞ고 日本國의 外交代表者及領事는 外國에 在ᄒᆞ는 韓國의 臣民及利益을 保護흠이 可흠

第二條
日本國政府는 韓國과 他國 間에 現存ᄒᆞ는 條約의 實行을 完全히 ᄒᆞ는 任에 當ᄒᆞ고 韓國政府는 今後에 日本國政府의 仲介에 由지 아니ᄒᆞ고 國際的 性質을 有ᄒᆞ는 下等條約이나 又 約束을 아니흠을 約흠

第三條
日本國政府는 其 代表者로 ᄒᆞ야 韓國 皇帝陛下의 闕下에 一名의 統監을 置ᄒᆞᄃᆡ 統監은 專혀 外交에 關ᄒᆞ는 事項을 管理흠을 爲ᄒᆞ야 京城에 駐在ᄒᆞ고 親히 韓國 皇帝陛下에게 內謁ᄒᆞ는 權利를 有흠 日本國政府는 又 韓國의 各開港場 及 其他 日本國政府가 必要로 認ᄒᆞ는 地에 理事官을 置ᄒᆞ는 權利를 有ᄒᆞᄃᆡ 理事官은 統監의 指揮之下에 從來 在韓國 日本領事에게 屬ᄒᆞ든 一切職權을 執行ᄒᆞ고 幷ᄒᆞ야 本協約의 條款을 完全히 實行흠을 爲ᄒᆞ야 必要로 ᄒᆞ는 一切事務를 掌理흠이 可흠

第四條
日本國과 韓國 間에 現存ᄒᆞ는 條約 及 約束은 本協約 條款에 抵觸ᄒᆞ는 者를 除ᄒᆞ는 外에 總히 其效力을 繼續ᄒᆞ는 者로 흠

第五條
日本國政府는 韓國 皇室의 安寧과 尊嚴을 維持함을 保證함

右證據로 ᄒᆞ야 下名은 各本國政府에서 相當ᄒᆞᆫ 委任을 受ᄒᆞ야 本協約에 記名調印함

光武九年十一月十七日
　　　外部大臣 朴齊純 ㊞
明治三十八年十一月十七日
　　　特命全權公使 林權助 ㊞

출처: 奎23051

번역문

일본 정부와 한국 정부는 두 제국을 결합하는 공동의 이익을 공고히 하기 위해 한국이 실제로 부강해졌다고 인정할 수 있을 때까지 이 목적을 위해 아래에 열거한 조목들을 약정한다.

제1조
일본국 정부는 도쿄에 있는 외무성을 통해 금후에 한국의 외국과의 관계 및 사무를 감독·지휘하며, 일본국의 외교 대표자와 영사는 외국에 재류하는 한국의 관리와 백성 및 그 이익을 보호한다.

제2조
일본국 정부는 한국과 다른 나라 사이에 현존하는 조약의 실행을 완전히 책임지며, 한국

정부는 이후 일본국 정부의 중개를 거치지 않고는 국제적 성격을 띤 어떤 조약이나 약속도 하지 않을 것을 약속한다.

제3조
일본국 정부는 그 대표자로 하여금 한국 황제 폐하의 아래에 1명의 통감을 두되, 통감은 전적으로 외교에 관한 사항을 관리하기 위해 서울에 주재하며 직접 한국 황제 폐하를 만나 볼 수 있는 권리를 갖는다. 일본국 정부는 또한 한국의 각 개항장 및 기타 일본국 정부가 필요하다고 인정하는 곳에 이사관을 둘 권리를 가지되, 이사관은 통감의 지휘 아래 종래 재한국 일본 영사에게 속하던 일체의 직권을 행사하며 아울러 본 협약의 조항을 완전히 실행하는 데 필요한 일체의 사무를 맡아서 처리할 것이다.

제4조
일본국과 한국 사이에 현존하는 조약과 약속은 본 협약의 조항에 저촉되는 것을 제외하고는 모두 그 효력이 계속되는 것으로 한다.

제5조
일본국 정부는 한국 황실의 안녕과 존엄을 유지할 것을 보증한다.

이상의 증거로 아래의 사람들은 각기 본국 정부에서 해당 권한을 위임받아 본 협약에 기명 조인한다.

광무 9년 11월 17일
    외부대신 박제순 ㊞
메이지 38년 11월 17일
    특명전권공사 하야시 곤스케 ㊞

해제

1. 개요

「을사늑약」은 1905년 11월 17일 서울에서 한국의 외부대신 박제순과 주한 특명전권공사 하야시 곤스케[林權助] 사이에 체결되었다. 전문 5조의 조약은 대한제국 황제 밑에 외교를 담당하는 통감을 두고, 향후 한국의 대외 관계를 동경의 일본 외무성이 지휘·감독하고, 일본의 중개를 거치지 않고 외국과 어떠한 조약도 체결하지 않을 것을 약속하였다. 이로써 대한제국은 대외적인 주권 행사를 할 수 없는 보호국이 되었다. 이 조약은 그 전해 체결하였던 「한일의정서」와 청일전쟁 이래 자신들이 대내외적으로 선전하였던 '조선의 자주와 독립을 보장'한다는 약속을 부인하는 것이었다.

「을사늑약」은 조약의 형식상 주권국가의 외교권을 이양하는 협정이기 때문에 위임, 조인, 비준의 단계를 거쳐 성립하는 조약(Treaty)이어야 할 것이다. 그런데 「을사늑약」은 위의 요건을 갖추지 못했을 뿐만 아니라 조약의 정식 명칭도 조약문에 기재되어 있지 않았다. 또한 체결 당시 군대를 동원한 상황하에서 주권자와 조약 체결에 임하는 정부 대신들에 대한 무력을 앞세워 강압적으로 조약을 체결함으로써 내적인 자격도 갖추지 못한 것이었다.

2. 배경

1905년 2월 일본군은 뤼순항을 점령하고 3월 펑톈회전에서 승리했다. 전장에서의 우세한 상황을 배경으로 4월 8일 일본 내각은 「한국 보호권 확립의 건」을 결의하고 같은 날 천황의 재가를 받았다. 「한국 보호권 확립의 건」[※관련 문서-1]은 "한국의 대외 관계와 해외 한국 신민의 보호를 제국이 담당하고 한국은 외국과 직접 조약을 체결할 수 없고, 한국과 열국과의 현행 조약의 실행은 일본이 책임을 지며, 한국에 주차관을 두고 대한제국의 시정을 감독하고 일본인의 보호를 맡게 한다"는 것이었다. 공식적으로 대한제국을 일본의 보호국으로 편입시킨다는 정책 선언이었다.

일본은 한국을 보호국화하는 명분으로 종래 한국을 둘러싼 대외 관계가 동양 평화를 교란시키는 원인이었으므로 이를 해결하기 위해 일본이 한국의 외교를 담당하는 것이 근본적인 해결책이라고 내세웠다. 한국에 대한 보호권을 획득하기 위해서 "러일전쟁 개전 이래 일본과 조선 사이에 맺어진 조약(한일의정서와 고문 용빙에 관한 협정서)은 어느 것도 한국과 열국 사이의 조약 관계에 영향을 끼치지 않는 범위의 것이었으나, 보호권 확립에 관한 조약은 공사관 철수 등 열국의 승인이 필요한 것"이라는 것을 예의주시하고 있었다. 이를 위해 "보호권 실행을 위해서는 면밀하게 열강의 태도를 검토하여 장애를 초래하지 않을 수단을 강구한 뒤에 적당한 시기에 이를 실행하여야 한다"고 강조하였다.

그동안 일본은 한국이 러시아·일본과 맺었던 조약과 협약에서 동양 평화를 위해 "한국의 독립과 영토를 보증한다"는 선언을 여러 차례 공언했었다. 그런데도 대한제국에 대한 보호국 선언은 1904년 2월 23일 체결한 「한일의정서」[※Ⅶ-2] 제3조 "대일본제국 정부는 대한제국의 독립과 영토 보전을 확실하게 보증한다"를 정면으로 부인하는 것이었다. 일본 정부는 조선과 조약 관계, 특히 최혜국대우 조관이 포함된 조약을 맺고 있는 열강들로부터 보호국 추진에 대한 승인과 동의를 얻기 위한 외교 공작에 돌입하였다. 일차적으로 영국과 미국 등을 상대로 보호국화에 대한 승인을 이끌어 내기 위해 협상을 추진하였다. 일본의 계획은 러일전쟁을 종결짓기 위한 강화회담을 추진하였던 시기 전후로 적극적으로 추진되었다. 1905년 7월 「가쓰라 태프트 비망록」[※관련 문서-4]을 교환해 미국의 승인을 얻었고, 이어 8월에는 「제2차 영일동맹」[※관련 문서-3]을 체결해 영국으로부터도 대한제국의 보호국화에 대한 지지를 획득했다. 그리고 9월에는 「포츠머스조약」 체결로 러시아의 동의를 확보하였다. 이처럼 열강 외교에 집착했던 것은 청일전쟁에서 승리하고도 삼국간섭에 맞닥뜨렸던 외교적 실패를 되풀이하지 않으려는 것이었다.

3. 체결 과정

포츠머스조약 타결로부터 1개월이 조금 지난 10월 27일 일본 정부는 한국을 보호국화하기 위한 구체적인 실행 계획을 각의에서 의결하였다. 「한국 보호권 확립 실행에 관한 각의 결정」[※관련 문서-2]을 내각이 의결한 당일 천황의 재가도 얻었다. 한국의 보호국화를 정부 정책으로 공식 의결하였던 「한국 보호권 확립의 건」으로부터 6개월이 지난 시점이었다. 「한국 보호권 확립 실행에 관한 건」은 보호국 실행을 위한 계획을 모두 8개 항으로 제시한 뒤 별지로 한국 정부에 요청할 '보호조약안'을 첨부하였다.

실행안의 제1항에서 '별지와 같은 조약을 한국 정부와 체결하여 한국의 외교 관계를 우리 수중에 넣을 것'이라고 제시하였다. 제2항은 '조약이 성립하였을 때에는 발표 전에 영국과 미국은 물론 프랑스와 독일 정부에 대해서도 은밀히 통지하여 발표와 동시에 공개적으로 선언함으로써 제국이 한국에 대하여 보호권을 확립하게 된 이유를 설명하고, 더불어 한국과 열국과의 조약을 유지하고 한국에 있어서 열국의 상공상의 이익을 손상하지 않는다는 것을 설명할 것'이었다. 한국을 보호국으로 만들기 위한 실행 작업에서 일본 정부가 최우선적으로 고려한 사항은 열강의 동의를 얻는 것이었다. 한국에서 열강의 상공업상 이익을 보장함으로써 열강의 간섭을 배제하고자 한 것이다. 제3항은 보호국화 실행의 시기에 관한 것이었다. '실행 시기는 11월 초순으로 할 것'이었다. 앞서 선언한 「한국 보호권 확립의 건」에서는 실행 시기를 '적당한 시기'라고 제시하였었다. 그 '적당한 시기'를 11월 초순이라고 명시한 것이다. 제4항은 조약 체결의 전권에 관한 것으로 주한 공사 하야시에게 전권을 위임한다는 것이었다. 제5항에서는 '특사 파견 시 한국 황제에게 일본 천황의 친서를 보낼 것'이었고, 제6항은 '한국 주차군 하세가와 사령관에게 하야시 공사의 필요에 적극적으로 지원하여 조약을 체결하도록 명령을 내릴 것'이었다. 이어서 제7항에서는 '서울 주둔을 목적으로 현재 수송 중인 일본 군대를 최대한 본건 착수 이전에 모두 서울로 진입시킬 것'이었다. 끝으로 제8항은 '조약 체결 시 한국 정부의 동의를 얻는 것이 어려울 경우 최후 수단으로 한국에 대하여 일방적으로 보호권을 확립하였다는 뜻을 통고하고 열국에 대해서는 일본제국 정부가 위와 같은 조치를 취할 수밖에 없었던 이유를 설명하고 더불어 한국과 열국과의 조약을 유지하고 한국에 있어서 열국의 상공업상의 이익을 손상하지 않는다는 뜻을 설명할 것'이었다. 실행 계획에 가장 핵심적인 사항은 보호조약 체결 시기를 11월 초순으로 하고, 전권공사에 천황의 친서를 휴대케하여 협상을 진행하지만, 협상이 계획대로 추진되지 않을 경우에는 서울에 주둔하는 군대를 동원하여 한국 정부에 일방적으로 통지하고, 열국의 동의를 얻는다는 것이었다.

「한국 보호권 확립 실행에 관한 건」에서 제시한 실행 계획에 따라 일본 측의 행동이 시작되었다. 일본 정부는 조약 체결을 위한 특사로 이토 히로부미를 선정하였다. 11월 2일 체결 전권을 위임받은 주한 일본 공사 하야시는 조약 체결을 위해 특파대사로 임명된 이토가 내한하기에 앞서 임지인 서울로 돌아왔다. 곧바로 보호조약 체결을 찬성하는 취지의 일진회 선언서가 발표되었고 고종의 의사를 확인하는 한편, 이완용 등에 대한 매수 작업도 진행되었다. 이와 더불어 현지에서 증원 병력을 받아 하세가와 사령관의 지휘하에 궁궐 주변과 서울 일원에 대규모 병력을 배치했다.

11월 9일 특파대사 이토가 일본 천황의 친서를 가지고 서울에 도착하였다. 이튿날인 11월 10일 수행원을 대동하고 입궐해 고종을 알현하고 일본 천황의 친서를 전달했다. 천황의 친서는 일본이 지난해 대한제국과 협약을 맺고 대한제국 방위의 책무를 담당하며 동아시아의 평화를 회복했으나 항구히 동양 평화를 유지하고 장래의 분란을 방지하기 위해 두 나라의 결합을 보다 공고히 할 필요가 있다는 내용이었다. 이는 러일전쟁을 전후해 일본이 강제했던 「한일의정서」[※Ⅶ-2]나 「고문 용빙에 관한 협정서」[※Ⅶ-3]를 뛰어넘는 강도 높은 조약의 체결이 임박해 있음을 예고하는 것이었다.

친서를 전달한 이토는 곧바로 보호조약 체결에 착수하려 했으나, 고종의 병환을 이유로 면담을 미루었다. 11월 15일이 되어서야 고종을 알현한 이토는 대한제국의 외부를 폐지하고 대한제국의 모든 외교권을 일본 정부에 위임할 것을 골자로 하는 「조약안」을 제시하며 체결을 강요했다. 고종은 이토의 요구에 대외 관계의 위임을 완전히 거부하는 것은 아니나 외교권을 행사하는 독립국이라는 '형식'만은 존치시켜 줄 것을 요청했다. 즉 대한제국의 외교 사무에 대해 일본의 감독을 받는 한이 있더라도 독립국가로서의 외교 권한만은 그대로 유지하는 안이었다. 만일 이러한 형식을 유지할 수 없다면 오스트리아에 병합된 헝가리나 열강의 식민지가 된 아프리카와 같은 처지에 놓이는 것이 아니냐고 반문했다. 이에 대해 이토는 한일 양국의 관계를 헝가리나 아프리카와 비교하는 것은 지나친 망상이라며 고종의 주장을 일축했다. 대한제국의 외교권을 유지할 수 있도록 해 달라는 고종의 요구에 이토는 이번 사안은 조금도 변통할 여지가 없는 확정안이라고 단언하며, 대한제국이 이를 거절한다면 조약을 체결하는 것보다 더욱 곤란한 처지에 놓이게 될 것이라고 협박했다. 이에 대해 고종은 사안이 중대한 만큼 정부 신료에게 자문하고 일반 인민의 의향도 살펴보아야 한다고 거부하였다. 이토는 전제군주 국가의 국왕이 백성들의 뜻을 살피겠다는 것은 인민을 선동해 일본에 저항하려는 뜻일 뿐이라고 반박하며 대신들의 의향을 묻는 것만을 용인했다.

11월 16일 오후 이토는 참정 이하 각 대신과 경리원경 심상훈 등을 자신의 숙소로 불러 협약안의 필요성을 역설하며 조약 체결에 찬성할 것을 요구했다. 여러 시간 동안 계속된 협의에도 일본이 제시한 보호조약 체결에 찬성을 표하는 이는 없었다. 한편 이날 하야시 공사 역시 외부대신 박제순에게 대한제국의 대외 교섭 일체를 일본 정부에 위임하는 조약의 체결을 원한다는 일본 정부의 조회문과 조약안을 건네는 것을 시작으로 조약 체결을 위한 본격적인 작업에 착수했다.

11월 17일 오전 하야시 공사는 대한제국 대신들을 일본 공사관으로 초청하여 논의를 진행하였으나 대신은 중대한 사안이므로 국왕에게 상주해 의견을 듣는 것으로 결정하였다. 일본군이 궁궐을 에워싼 가운데 오후 4시경 시작된 어전회의는 7시가 되도록 결론을 내리지 못하고 계속되었다. 대신들은 그 사이 두 차례에 걸쳐 고종에게 조약안을 거절할 것을 상주했다. 오후 8시경 고종은 궁내부대신 이재극을 이토에게 보내 대신들이 조약에 반대 의견을 표한다며 협의 확정을 잠시 유예해 달라고 전했다. 이 소식을 들은 이토는 하세가와 대장과 사토 마쓰타로[佐藤松太郞] 헌병대장을 대동하고 급히 입궐했다. 이토는 황제 알현을 요청했으나 고종은 신병을 이유로 거부했다. 그러자 이토는 어전회의가 열리고 있는 곳으로 가서 대신들에게 일일이 조약 체결에 대한 찬성과 반대 여부를 묻기 시작했다. 조약 체결에 극력 반대한 참정대신 한규설은 일본 헌병들에게 끌려 나가 회의장 밖의 별실에 감금당했다. 참정대신이 빠진 회의석상에서 탁지부대신 민영기와 법부대신 이하영이 다시 반대 의사를 표시했지만, 학부대신 이완용, 내부대신 이지용, 외부대신 박제순, 군부대신 이근택, 농상공부대신 권중현 등이 강압적인 분위기 속에서 동의하였다. 이토는 참정대신과 일부 대신들이 반대했지만 8명의 대신 중 5명이 찬성했기 때문에 다수결에 의해 조약안이 가결되었다고 일방적으로 선언했다. 회의가 종결되자 이토는 즉시 고종의 재가도 받지 않은 채 일본 공사관의 통역 마에마 교사쿠[前間恭作]와 외부 보좌원 누마노[沼野] 등에게 명해 군대를 이끌고 외부대신 직인을 탈취하게 해 조약에 날인했다. 한국의 외교권을 박탈하는 조약의 협상과 조인은 특파대신이 일본 천황의 친서를 대한제국의 황제 고종에게 전달한 시점으로부터 1주일을 넘기지 않고 강압적으로 체결되었다. 조약 체결 과정을 돌아보면 일본의 '보호권 실행에 관한 각의 결정'에서 제시했던 대로, 그리고 예상했던 수순으로 진행되었다. 체결 시기가 각의 결정에서는 11월 초순이라 하였으나, 중순으로 지연된 것뿐이었다.

일본 정부는 11월 20일과 21일 영국, 미국, 독일, 프랑스에 주재한 자국 공사에게 「을사늑약」의 조인을 해당 정부에 알리도록 훈령했다. 22일에는 청국, 오스트리아, 이탈리아, 벨기에, 덴마크 주재 공사에게 협약 전문과 체결에 이른 이유 및 각국이 한국과 맺고 있는 조약의 존중, 한국에서 각국의 정당한 상공업상의 이익을 보장한다는 선언을 통고하라고 지시했다. 뒤이어 23일에는 『관보』 호외에 외무성 고시로 「을사늑약」 체결 사실을 고시했고, 한국에 「통감부 및 이사청을 설치하는 건」을 칙령 240호로 공포했다. 반면 대한제국에서는 12월 16일에 가서야 『관보』 교섭 사항란에 「한일협상조약(韓日協商條約)」이라는 표제하에 「을사늑약」 체결이 공표되었다.

4. 내용

「을사늑약」의 본문은 '보호권 실행에 관한 각의 결정'의 '별지'에서 제시한 것과 완벽하게 일치했다. 다만 각의 결정의 별지안이 4개 항이었던 데 반해 을사늑약안은 5개 항으로 1개 항이 추가되었다. 5조, 즉 대한제국 황실의 안녕과 존엄을 유지할 것을 보증한다는 조관이 추가되었을 뿐 다른 조항은 10월 27일 일본 각의 결정을 그대로 옮긴 것이었다.

제1조는 대한제국의 외교권 이양에 관한 조항이었다. 향후 한국과 외국과의 관계 및 사무는 일본 외무성을 통해 감독·지휘할 것이며, 해외에 거주하고 있는 한국인들과 그 이익에 대해서는 일본의 외교 대표와 영사가 보호할 것임을 규정했다. 외교권 박탈이 외부 세계와의 고립·단절을 노린 것이었던 만큼, 「을사늑약」 체결로 한국과 외교 관계를 맺고 있던 각국을 대표하는 공사관 철수가 이어졌다. 조약 체결 직후인 11월 19일 주한 영국·미국 공사로부터 조약 체결을 축하하는 전문이 도착했고, 11월 24일 미국이 공사관 철수 의사를 밝힌 것을 시작으로 12월 초까지 대부분의 주한 외교사절이 한국을 떠났다. 또한 「한일의정서」 체결 이래 재정 부족을 빌미로 진행된 해외 한국 공관의 철수 작업도 빠른 속도로 진행되었다. 주러시아 공사 등 일부 외교관들이 철수를 거부하기도 했지만 12월 14일 보유기록과 재산을 일본

대표에게 이전하고 철수하라는 외부대신 명의의 훈령이 전달되었고, 16일 『관보』를 통해 조약 체결이 공식적으로 발표되었다.

재외 공관이 철수됨으로써 해외 한인들이 외교권을 상실한 조국의 위상을 가장 먼저 체감하게 되었다. 미주 한인의 경우를 보면, 「을사늑약」 체결 결과 1906년 2월 워싱턴 주재 대리공사가 주미 일본 공사에게 업무를 이관하고 귀국하였다. 그 결과 1906년 4월 샌프란시스코 대지진 당시 피해 한인을 위해 국내에서 모금한 구휼금마저 샌프란시스코 일본 영사관을 통해 지급되었다.

제2조에서는 한국과 열국 사이의 조약에 관한 실행을 약속함과 동시에 한국 정부는 일본의 중개 없이는 국제적 성질의 조약이나 약속을 체결할 수 없음을 명시했다. 반면 대한제국이 기존에 체결한 조약은 그 실행을 보장하며, 열강이 대한제국에서 누리고 있었던 상공업상의 이익도 유지될 것임을 확인했다. '일본의 중개 없이는 국제적 조약이나 약속을 체결할 수 없다'고 못박음으로써 대한제국의 조약 체결권을 박탈한 것이었다. 이로써 대한제국은 주권국가로서의 위상을 상실하였다.

제3조는 한국 황제하에 통감 및 이사관 설치에 관한 것이었다. 대한제국 황제하에 일본 정부를 대표하는 통감을 두고, 통감은 '전적으로' 외교에 관한 사항을 관장한다고 규정했다. 이사관은 각 개항장 및 일본 정부가 필요하다고 인정하는 곳에 배치해 통감의 지휘하에 종래 주한 일본 영사에게 주어졌던 일체의 직권 및 본 협약의 실행에 필요한 사무를 담당하게 했다. 일본 칙령 제267호 「통감부 및 이사청 관제」에서 통감은 일본 천황에게 직접 예속하는 친임관(親任官)으로서 일본 정부를 대표하며, 필요하다면 언제나 한국 황제를 알현해 의견을 개진할 수 있었고 한국에서 외교를 대행해 외국 관계 사무를 총괄하였다. 또한 일본 관리들이 수행하는 모든 정무를 감독하며 필요 시 한국에 주둔한 일본군 사령관에게 병력 사용을 명할 권한이 부여되어 있었다. 통감은 '전적으로' 외교에 관한 사항만 관리한다고 했으나 사실상 보호국 체제 운영에 핵심 역할을 담당했던 것이다. 한편 이사관은 통감의 지휘·감독을 받아 종래 한국 주재 영사가 수행하던 사무와 조약 및 법령에 의해 사무를 관장하며 통감과 마찬가지로 군대 사용권·사법권을 갖는 동시에 지방관청에 대한 사무 처리 위임권까지 가지고 있었다.

제4조는 한일 간에 현존하는 조약 및 약속은 본 협약에 저촉되지 않는 한 효력을 계속 갖는다는 것이었다. 이미 대한제국은 「한일의정서」의 시정 개선에 관한 권고 조항과 「고문 용

빙에 관한 협정서」를 통해 일본의 내정간섭을 받고 있었다. 결과적으로 을사늑약 본안에는 제4조를 통해 선행 협약들의 유효성을 확인하면서 대한제국에 대한 내정간섭 권한을 유지하였다.

제5조는 대한제국 황실의 안녕과 존엄을 유지할 것을 보증한다는 내용이다. 이 조관은 일본 정부의 실행에 관한 각의 결정의 별지 조약안에는 없었던 조항이었다. 이 조항은 특파대사 이토가 전달한 일본 천황의 친서에 언급한 것을 인용한 것이었다.

5. 의의

「을사늑약」을 통해 일본은 청일전쟁과 러일전쟁의 목표였던 대한제국의 보호국화를 실현하였다. 대한제국은 대외적으로 주권국가의 위상을 상실하고 보호국 체제로 전락하고 말았다. 「을사늑약」은 주권국가의 권리를 박탈하는 중대한 조약임에도 불구하고 국제법상 조약으로서의 내적·외적인 형식을 갖추지 못한 조약이었다. 대한제국의 외무대신과 현지 공사 사이에 조인된 조약이었을 뿐, 대한제국 정부는 조약 체결에 대한 전권을 외무대신에게 위임하지 않았었다. 조약 체결 이후에도 조약의 비준 과정이 생략되어 있었다. 조약문에도 주권자인 고종 황제의 서명이 없었고, 조약 명칭도 없는 것이었다. 일본 정부는 「고문 용빙에 관한 협정서」에 이어 「을사늑약」에서도 국제사회를 상대로 조약의 명칭을 변조하여 공포하였다. 대한제국 정부에 대해서는 전권대신 위임과 비준이 필요 없는 '협약'의 형식으로 조약 체결을 진행하였으나, 국제적으로는 한 등급 위인 'Convention'으로 공포하였다

6. 관련 문서

1) 「한국 보호 확립의 건」(1905. 4.)

제1조 한국의 대외 관계는 전연 제국(일본)에서 이를 맡고 재외 한국 신민은 제국의 보호 아

래 둘 것.

제2조 한국은 직접 외국과 조약을 체결하지 못할 것.

제3조 한국과 열국과의 조약 실행은 제국이 그 책무를 맡을 것.

제4조 제국은 한국에 주차관(駐箚官)을 두고 한국 시정(施政)의 감독과 제국 신민의 보호에 임하게 할 것.

출처: 『日本外交文書』 권38-1, 519~520쪽

2) 「한국 보호권 확립 실행에 관한 각의 결정」

한국에 대한 우리의 보호권을 확립하는 것은 이미 정부에서 결정한 것으로, 이를 실행하는 데 지금이 가장 좋은 시기라고 한다면 이에 대해 영국과 미국 양국은 이미 동의하였을 뿐 아니라 이외의 여러 나라도 또한 일한 양국의 특수한 관계와 전쟁 결과를 돌아보고 최근에 발표된 일영동맹 및 일러강화조약의 조문에 비추어 볼 때 한국이 일본의 보호국이라는 것은 피할 수 없는 결과라는 것을 묵인하고 특히 이번 강화에 있어서 우리가 행한 양보는 열국도 인정하는 일대 영단이다. 따라서 열국은 일본이 지금까지 양보하여 정국을 평화롭게 정리한 이상 얻어야 하는 권리와 이익은 어디까지나 확보하여 확실히 지키고 활용할 결심이라는 것을 믿고 있으므로 다음과 같은 방법과 순서에 의하여 이를 결행함으로써 원래 우리의 희망을 관철하여야 할 것.

출처: 『日本年表竝主要文書』(上), 250~251쪽.

3) 제2차 영일동맹

일본국 정부 및 대영제국 정부는 1902년 1월 30일 양국 정부 간에 체결한 협약을 신조관(新約款)으로 대치(代置)하기를 희망한다.

1. 동아시아 및 인도 지역에서 전국(全局)의 평화를 공고히 하고 유지할 것.
2. 청제국의 독립과 영토 보전 및 청국에서 열강의 상공업에 대한 기회균등주의를 확실히 하여 청국에서 열강의 공통 이익을 보존할 것.
3. 동아시아 및 인도 지역에서 양 조약 체결국의 영토권을 보존하며, 해당 지역에서 양 조약 체결국의 특별 이익을 방어할 것을 목적으로 하여 아래의 각 조항을 약정한다.

제1조
일본국 또는 대영제국에서 본 협약 전문에 기술한 권리 및 이익 중 어느 것이라도 위기에 처했다고 인정할 때에는 양국 정부는 상호 간 충분히 그리고 격의 없이 통고하고 그 침해당한 권리와 이익을 보호하기 위해 취할 조치를 공동으로 고려한다.

제2조
양 조약 체결국 중 어느 한쪽이 도발하지 않았음에도 한 국가 또는 여러 국가로부터 공격을 받거나 또는 한 국가 혹은 여러 국가의 침략적 행동으로 인하여 해당 조약 체결국이 본 협약의 전문에 기술한 영토권 또는 특별 이익을 방어하기 위하여 교전에 이르게 되었을 때에는 앞에서 말한 공격 또는 침략적 행동이 어느 곳에서 발생하든지 간에 다른 한쪽의 체약국은 즉시 그 동맹국에 와서 원조하여 협동하여 전투에 가담하여야 한다. 강화 역시 쌍방이 합의한 후에 행한다.

제3조
일본국은 한국에서 정치상·군사상 및 경제상의 탁월한 이익을 가지므로, 영국은 일본이 이 이익을 보호하고 증진하기 위하여 정당하며 필요하다고 인정하는 지도, 감리 및 보호의 조치를 한국에서 취할 권리를 승인한다. 단 해당 조치는 항상 여러 나라들의 상공업에 대한 기회균등주의에 반하지 않을 것을 요한다.

제4조
대영제국은 인도 국경의 안전에 관계되는 일체의 사항에 관하여 특수 이익을 가지고 있으므로 일본국은 전기(前記)의 국경 부근에서 대영제국이 인도 영지를 방호하기 위하여 필요하다고 인정하는 조치를 행할 권리를 승인한다.

제5조
양 조약 체결국은 다른 한편과 협의하지 않고 타국과 본 협약 전문에 기술한 목적을 방해할 다른 조약을 체결하지 않을 것을 약정한다.

제6조
현재의 러일전쟁에 대해 대영제국은 계속하여 엄정 중립을 유지하고 만약 다른 일개국 또는 수개국이 일본국에 대하여 교전에 참가할 때에는 대영제국은 일본국을 와서 원조하며 협동하여 전투에 가담한다. 강화 역시 쌍방이 합의한 후에 이것을 행한다.

제7조
양 조약 체결국은 한편이 본 협약 중 규정하는 경우에 다른 한편에게 병력 원조를 하는 조건 및 해당 원조의 실행 방법은 양 조약 체결국 육해군 당국자가 협정할 것이며, 또 해당 당국자는 상호 이해의 문제에 관해 상호 간에 충분히 그리고 격의 없이 수시로 협의하여야 한다.

제8조
본 협약은 제6조의 규정과 저촉되지 않는 한 조인한 날부터 즉시 실시하여 10년간 효력을 가진다. 10개 년이 종료에 이르기 12개월 전에 양 조약 체결국의 어느 쪽에서라도 본 협약을 파기하려는 의사를 통고하지 않는 때에는 본 협약은 양 조약 체결국의 한편이 폐기 의사를 표시한 당일로부터 1개 년 종료될 때까지 계속하여 효력을 가진다. 그러나 만약 각 종료 기일에 도달하여 양 조약 체결국 중 어느 한편이 현재 교전 중일 때에는 본 동맹은 강화가 성립될 때까지 당연히 계속된다.

위의 증거로서 아래의 이름은 각자 정부의 위임을 받아 본 협약에 기명 조인한다.
1905년 8월 12일 런던에서 본서 2통을 작성한다.

대영제국주차일본국 황제 폐하의 특명전권공사 하야시[林董]

대영제국 황제 폐하의 외무대신 랜스다운[Lansdowne]

4) 가쓰라 태프트 비망록(1905. 7. 29.)

첫째, 미국의 대중들로 하여금 일본의 승리가 일본의 필리핀에 대한 침략의 어떠한 전조라는 것을 확신시키려는 미국 내 친러주의자에 대해 언급하면서, 태프트 장관은 자신의 생각으로는 일본이 필리핀에서 가지는 유일한 이익은 그 섬이 미국과 같이 우호적이고 강력한 국가에 의하여 통치되는 것에 있다고 말했다. 가쓰라 백작은 그러한 태프트의 견해가 옳다는 점을 강력한 어조로 수긍하고 일본은 필리핀에 대해 어떠한 침략적 의도도 품고 있지 않다는 것을 명확하게 언급하였다. (하략)

둘째, 가쓰라 백작은 극동에서의 평화를 유지하는 것이 일본의 국제 정책의 기본 방침이라고 말하였다. 그러므로 (중략) 이상의 목적을 달성하기 위한 최선의, 그리고 사실상 유일한 방책은 일본·미국·영국 삼국 정부 간에 상호 이해를 형성하는 것이다. (하략)

셋째, 조선 문제에 관하여 가쓰라 백작은 조선은 일본이 러시아와 전쟁을 일으키게 된 직접적 원인이므로 전쟁의 논리적 결과로서 조선 문제가 완전히 해결되는 것이 일본에게는 절대적으로 중요하다는 것이다. 전쟁 후에도 조선을 그대로 둔다면 조선은 분명 그 부주의한 습성대로 다시 다른 열강들과 협약 또는 조약을 체결하려 들 것이며, 그렇게 된다면 전쟁 이전에 존재했던 것과 마찬가지의 국제분쟁을 다시 일으킬 것이다. 이러한 사정에 비추어 볼 때, 일본은 조선이 이전의 상태로 돌아가서 일본이 다시 또 다른 나라와 전쟁을 일으키게 할 가능성을 방지한다는 입장에서 확실한 조치를 취해야 한다는 생각에 완전히 사로잡혀 있다. 태프트 장관은 가쓰라 백작의 의견이 옳다는 것을 전적으로 인정하고, 자신의 사적인 의견으로는 조선이 일본의 동의 없이 대외 조약을 체결할 수 없다고 요구할 수 있는 정도의 권한을 일본 군대가 가지는 것은 현 전쟁의 논리적 결과이며, 극동에서의 항구적 평화에 공헌할 것이라고 말하였다. 비록 그는 이에 대해 어떠한 보장을 해 줄 수 있는 권한은 없지만 그의 판단으로는 루스벨트 대통령 역시 이 점에 대해서는 그의 의견에 동의할 것이라는 것이었다. (하략)

국무성 서신류, 7월, part Ⅲ, 1905

[참고 문헌]

- 이태진, 이상찬(2010), 『조약으로 본 한국병합』, 동북아역사재단.
- 서영희(2012), 『일제침략과 대한제국의 종말』, 역사비평사..
- 서영희(2005), 『대한제국 정치사연구』, 서울대출판부.
- 운노 후쿠쥬 저, 정재정 역(2008), 『한국병합사연구』, 논형.
- 이태진(1995), 『일본의 대한제국 강점』, 까치.
- 이태진(2016), 『한국병합강제연구』, 지식산업사.
- 최덕수 외(2010), 『조약으로 본 한국 근대사』, 열린책들.
- 한명근(2006), 『한말 한일합방론 연구』, 국학자료원.
- 도시환(2010. 12), 「1910년 한일병합조약 체결 강제의 역사적 진실규명과 국제법적 조명」, 『국제법학회논총』 55(4).
- 한철호(2016), 『근대일본은 한국을 어떻게 병탄했나』, 독립기념관 한국독립운동사연구소.
- 강성은 저, 한철호 역(2008), 『1905년 한국보호조약과 식민지 지배책임』, 선인.

5
정미조약(한일협약)
丁未條約(韓日協約)

정미조약(한일협약) | 일본은 헤이그밀사사건의 책임을 물어 고종을 강제 퇴위시킨 뒤, 통감에게 관리 임명권 등 내정 전반에 지배를 인정하고 군대를 해산함으로써 실질적인 최고 통치권자가 되었다.

韓日協約

日本國政府及韓國政府는 速히 韓國의 富強을 圖호고 韓國民의 幸福을 增進호고져 호는 目的으로 左開條款을 約定홈

第一條 韓國政府는 施政改善에 關호야 統監의 指導를 受홀事

第二條 韓國政府의 法令의 制定及重要혼 行政上의 處分은 預히 統監의 承認을

원문

韓日協約

日本國政府及韓國政府는 速히 韓國의 富强을 圖ᄒᆞ고 韓國民의 幸福을 增進ᄒᆞ고져ᄒᆞ는 目的으로 左開條款을 約定홈

第一條
韓國政府는 施政改善에 關ᄒᆞ야 統監의 指揮를 受홀 事

第二條
韓國政府의 法令의 制定及重要ᄒᆞᆫ 行政上의 處分은 預히 統監의 承認을 經홀 事

第三條
韓國의 司法事務는 普通行政事務와 此를 區別홀 事

第四條
韓國高等官吏의 任免은 統監의 同意로뻐 此를 行홀 事

第五條
韓國政府는 統監의 推薦ᄒᆞᆫ 日本人을 韓國官吏에 任命홀 事

第六條
韓國政府는 統監의 同意업시 外國人을 傭聘아니홀 事

第七條

明治三十七年八月二十二日調印호 日韓協約 第一項을 廢止홀 事

右爲證據홈으로 下名은 各本國政府에셔 相當호 委任을 受호야 本協約에 記名調印홈이라

光武十一年七月二十四日
　　　內閣總理大臣勳二等 李完用 ㊞
明治四拾年七月二十四日
　　　統監侯爵 伊藤博文 ㊞

출처: 奎23056

번역문

한일협약

일본국 정부와 한국 정부는 속히 한국의 부강을 도모하고 한국민의 행복을 증진하고자 하는 목적으로 다음의 조항을 약정한다.

제1조
한국 정부는 시정 개선에 관해 통감의 지도를 받을 것

제2조
한국 정부의 법령 제정 및 중요한 행정상의 처분은 미리 통감의 승인을 거칠 것

제3조

한국의 사법 사무는 보통 행정사무와 이를 구별할 것

제4조

한국 고등 관리의 임면은 통감의 동의에 의해 이를 집행할 것

제5조

한국 정부는 통감이 추천하는 일본인을 한국 관리에 임명할 것

제6조

한국 정부는 통감의 동의 없이 외국인을 용빙하지 말 것

제7조

메이지 37년 8월 22일 조인한 일한협약 제1항을 폐지할 것

이상의 증거로 아래 이름의 사람들은 각기 본국 정부에서 해당 권한을 위임받아 본 협약에 기명 조인한다.

광무11년 7월 24일

　　　내각총리대신 훈2등 이완용 ㊞

메이지 40년 7월 24일

　　　통감후작 이토 히로부미 ㊞

해제

1. 개요

「을사늑약」[※Ⅶ-4] 체결 후 고종은 조약 체결이 강압적으로 이루어진 것으로, 열강으로부터 조약이 무효임을 인정받기 위한 외교적 노력을 다방면으로 전개하였다. 대한제국과 조약을 체결한 9개국의 통치권자에게 주재 공사와 외교고문을 통한 친서 전달과 해외 언론 등을 통해 조약의 불법성을 알렸다. 1907년 6월 말 네덜란드의 헤이그에서 열리는 제2차 만국평화회의는 절호의 기회였다. 만국평화회의가 개최되고 황제의 전권위임장을 소지한 이준(李儁) 등 세 사람의 대표가 나타나 회의 참석을 요구하였으나 참석을 거절당하였다. 대표들은 회의에 참석한 언론인 모임에서 「을사늑약」의 불법성과 일제의 폭압성을 폭로하였다. 일본 정부는 이 사건이 「을사늑약」을 위배한 것이라며 조약 위반 책임을 물어 고종을 강제로 퇴위시키고 내정 전반에 대한 지배를 시도하였다.

고종의 강제 퇴위를 반대하는 운동이 확대되는 가운데 통감부는 한국 정부에 대해 신문지법, 보안법 등을 제정하게 하여 집회와 시위 활동에 대한 탄압 체제를 강화하는 한편 일본군 일개 여단을 증파해 무력을 배경으로 조약 체결을 압박하였다. 이 같은 상황하에 「정미조약(한일협약)」[이하 「정미조약」]이 체결되었다(1907. 7. 24). 조약의 결과 일본은 「고문 용빙에 관한 협정서」[※Ⅶ-3] 아래의 '고문정치(顧問政治)'를 '차관정치(次官政治)'로 바꾸고 고등관리 임면(任免)에 대한 통감의 동의권, 한국 사법권의 통감부 장악 등이 가능하게 되었고, 부수각서(附隨覺書)에서 한국 군대의 해산을 결정했다. 통감이 한국 내정을 전반적으로 지도 감독함으로써 대한제국의 공권력은 해체되고 통감이 실질적으로 최고 통치권자가 되었다. 「정미조약」도 「을사늑약」과 마찬가지로 협정 대표의 위임장과 비준서는 없었다.

2. 배경

1898년 제위에 오른 러시아 황제 니콜라이 2세가 주창하여 개최되었던 만국평화회의는 1899년 헤이그에서 처음 개최되었다. 26개국이 모인 1차 회의에서는 중재재판소의 설치와 유럽 지역 내 전장에서 대량 살상 무기의 사용 제한 등을 의결하였다. 2차 회의는 원래 5년 뒤에 개최할 예정이었으나 러일전쟁이 발발하여 연기된 뒤 1907년 6월에 개최되었다. 「을사늑약」이 체결되기 직전인 1905년 10월 9일 러시아 정부는 주러 한국 공사 이범진에게 2차 헤이그 평화회의에 초청한다고 통고하였다. 최종적으로 2차 회의에는 총 44개국이 참가하였다. 2차 회의에 참가국이 크게 늘어난 것은 중남미 지역에서 독립한 신생국가가 미국의 주도로 참가하였기 때문이었다. 2차 헤이그 평화회의는 그때까지 개최되었던 국제회의로서는 가장 많은 국가가 참여한 것이었다. 1차 회의의 성과물인 중재재판소는 재판 관련국의 동의에 의해 중재 재판이 열려 그간 200여 건에 달하는 중재 재판을 처리하는 성과를 거두고 있었다.

1905년 이후 고종의 외교 전략은 헤이그 평화회의 정식 참가와 「국제분쟁 평화적 처리 조약」의 가맹, 농(同) 조약의 체약국으로서 상설 중재재판소에 대해 「을사늑약」 불법성을 근거로 일본을 제소하는 것이었다. 대한제국의 입장에서 일본의 「을사늑약」에 의한 한국 외교권 박탈은 직전에 체결하였던 「한일의정서」[※Ⅶ-2] 3조 '대일본제국 정부는 대한제국의 독립과 영토 보전을 확실하게 보증한다'를 위배한 것이었다. '대한제국의 독립과 영토의 보전'에 대해서 일본은 「한일의정서」 이전에 체결하였던 「잠정합동조관」[※Ⅶ-1]과 「조일양국맹약」[※Ⅶ-1], 청일강화조약이었던 「시모노세키조약」에서도 일관되게 약속한 사항이었다. 헤이그 평화회의에 대한 고종의 방침은 「을사늑약」이 「한일의정서」의 내용에 정면으로 위배되며 강압적으로 체결된 불법 조약임을 알리는 것이었다. 「포츠머스조약」에는 한국의 주권 상실 내지 독립을 부정하는 조문이 없었고, 주최국인 러시아의 초청장을 접수하였기에 평화회의 참석을 통해 「을사늑약」의 불법성과 무력에 의한 살상 등을 알림으로써 중재 재판에 의한 한국의 독립을 인정받고자 하였던 것이다.

2차 평화회의 개최를 앞두고 「포츠머스조약」 이후에도 한국을 포기하지 않으려는 러시아에 대해 「을사늑약」으로 외교권 상실을 주장하는 일본 정부는 대립하였다. 요컨대 한반도를 둘러싸고 전쟁까지 벌였지만 러일 양국에게 한국의 독립 문제는 여전히 풀리지 않은 문제로 남아 있었다. 그러나 1906년 10월 9일 주일 러시아 공사 바흐메찌예프는 일본 외상 하야시 다다스[林董]를 만나 헤이그 평화회의에 한국 참가가 불가능하다고 통고하였다. 이는 러시아 신임 외상 이즈볼스키[A.P. Izvolskii]의 동아시아 정책 변화와 관련된 것이었다. 패전과 혁명의 소용돌이 속에서 국내 개혁을 성공적으로 완수하기 위해 장기간 평화가 필요하다고 보았던 이즈볼스키 외상은 일본 및 영국과의 적대 관계에 기초한 기존의 대외 정책을 청산해야 한다고 생각했다. 우선 동아시아에서 교착상태에 빠진 대일 관계의 개선이 시급했다. 이를 위해 전임 람즈도르프[V. N. Lamzdorf] 외상 시절 한국에 통보한 헤이그 평화회의 참석 문제를 교착 상태에 빠진 대일 관계를 개선하는 카드로 활용하였다.

일본의 입장에서도 「한일의정서」에 입각한 대한제국의 「을사늑약」 체결의 불법성을 방어하기 위해 다각적인 외교 활동을 전개하였다. 이미 러일전쟁 중 영국과는 「제2차 영일동맹」[※Ⅶ-4 중 관련 문서-3]을, 미국과는 「가쓰라 태프트 비망록」[※Ⅶ-4 중 관련 문서-4]을 통해 한국에 대한 지배권을 인정받았지만, 그 외 열강으로부터 조선에 대한 지배권을 획득하기 위한 작업이 필요했다. 일본은 2차 평화회의를 전후해 대열강외교를 적극적으로 펼쳐 성과를 거두었다. 1907년 6월 10일에는 파리에서 「일불협약」[※관련 문서-1]을, 러시아와는 「일러어업협약」(1907. 7. 28), 「일러제1차협약」(1907. 7. 30)[※관련 문서-2]을 체결하였다. 「일불협약」에서 일본과 프랑스는 "청국의 영토 보전과 더불어 청국에 있어서 각국의 상업과 신민 인민에 대한 기회균등주의에 대해 뜻을 같이하고 또 양국의 주권 보호권 및 점유권에 대한 상호 간의 지위와 영토권을 상호 지지한다"라고 하였다. 대한제국을 직접 지칭하지는 않으나, 양국의 주권 보호권 또는 보호권을 가진 영역으로 청제국에 가까운 제지방에 내용적으로 한국을 포함하고 있었다.

일본은 헤이그 특사 파견의 책임을 물어 고종을 퇴위시키고 「정미조약」을 강요하였던 시기에 한편으로 러시아와 외교적 협상을 마무리 지었다. 러일전쟁 이후 영토 획정에 따른 양국 어민의 어업에 관한 협정과 「포츠머스조약」에서 확정 짓지 못했던 청국과 만주, 그리고 대한제국과 관련된 조항에 대한 타결이었다. 「정미조약」 엿새 뒤 조인하였던 「일러제1차협약」은 본문 2조와 비밀조약 3항으로 구성되어 있다. 본문은 상대국의 영토 존중과 청국에 있어서 독립과 영토 보전, 여러 나라의 상공업의 기회균등주의의 승인 등이었다. 대외적으로 공표하기 어려웠던 중요 조항은 비밀협약 3항으로 약정하였다. 이 비밀조약의 2조는 '러시아는 일본과 한국 사이에 있어서 존속하는 제조약과 협약(일본국으로부터 러시아 정부에 등본을 교부한 것)에 기초하여 존재하는 정치상 이해공통의 관계를 승인하고 이 관계를 더욱 발전시키기를 기원하여 이것을 방해하거나 또는 이것을 간섭하지 않을 것을 약속'하고 상대국의 인민에게 최혜국대우를 부여할 것을 약속하였다. 러시아가 「포츠머스조약」 제2조에서 일본의 한국에서의 지도 보호 및 감리 조치를 승인했지만, 일본의 한국 보호국화를 총체적으로 인정한 것은 아니었다. 한국도 열강과의 조약 관계를 공식적으로 폐기하지 않고 있었다. 일본은 「정미조약」 전후로 프랑스, 러시아와 한국과 만주에서의 관계를 분명히 하고자 한 것이었다. 특히 비밀조약 2조의 후반부에서 언급한 관계의 '발전'의 의미를 협약의 조인을 맡았던 주러 일본 공사는 러시아 외무대신과의 개인적인 대화에서 러시아가 '한국병합'으로 이해하고 있다고 본국에 전달하였다.

3. 체결 과정

헤이그 밀사 사건은 일본의 대조선 정책을 강경 국면으로 전환시키는 중요한 계기가 되었다. 7월 12일 일본 정부는 통감 이토에게 대한처리방침을 알려왔다. 각의에서는 '제국 정부는 이번 기회를 놓치지 말고 한국 내정에 관한 전권(全權)을 장악할 것을 희망하며, 만약 이것이 어렵다면 적어도 내각대신 이하 중요 관헌의 임명은 통감의 동의로 행하고, 통감이 추천하는 일본인을 내각대신 이하 중요 관헌에 임명하도록 한다'는 것이었다. 아울러 내정 장악의 실행은 이토 통감에게 일임하고, 협정은 정부 간의 협약으로 체결하도록 하며, 사안의 중요성을 고려해 외무대신 하야시 다다스를 직접 한국에 파견해 통감에게 설명하도록 하였다.

조약 체결을 위해 하야시가 파견된다는 소식을 접하자 이완용 내각은 7월 16일 고종을 알현하고 「을사늑약」에 어새를 찍을 것과 황제의 섭정을 추천할 것, 황제가 직접 일본에 가서 일본 황제에게 사과할 것 등 세 가지 수습 방안을 상주했지만 고종은 이를 모두 거부했다. 그러나 7월 18일 하야시가 서울에 도착해 고종을 알현한 이후 이완용 등 내각대신들이 밤새도록 양위를 강요하자 고종은 결국 7월 19일 황태자로 하여금 '군국대사(軍國大事)를 대리'하게 한다는 조칙을 내렸다. 고종이 발표한 조칙은 양위가 아닌 일시적 대리(代理)를 밝힌 것이었으나, 일제는 7월 20일 이를 양위식으로 바꾸어 거행하고 각국에 이를 알려 고종의 퇴위를 기정사실화했다.

이에 대해 당시 궁내부 대신이었던 박영효는 '황태자는 다만 명령을 받아 대리하는 것'이기 때문에 일본 황제의 전보에 회답할 수 없다며 강경한 태도를 보였다. 그러나 이완용 내각에서는 황태자의 대리가 시작된 것과 동시에 조령(詔勅)을 빌려 헤이그 밀사 사건과 관련한 이상설, 이위종, 이준의 처벌을 결정했고, 서둘러 고종의 존호를 태황제로 격상시키고, 고종의 양위에 끝까지 반대했던 궁내 대신 박영효 등을 탄핵하여 제거하였다.

일제는 고종을 퇴위시킨 여세를 몰아 「정미조약」 체결을 요구했다. 한국이 헤이그 밀사 파견으로 일본의 보호권에 모욕을 주었기 때문에 「을사늑약」을 근본적으로 개정하는 조약 체결을 강요하였다. 고종을 격리시키고 치안 유지를 명목으로 일본의 혼성 1여단이 급파되는 등 시종일관 강압적 분위기 가운데 7월 24일 일본 측의 요구는 별다른 수정 없이 가결되었다. 내각총리 이완용과 통감 이토 사이에 체결된 「정미조약」은 다음 날인 7월 25일 『관보』에 '한일협약(韓日協約)'으로 공표되었고 각국 주재 일본 대표들을 통해 열강에 통보되었다.

4. 내용

1907년 7월 24일 내각총리 이완용과 통감 이토 히로부미는 전체 7개조로 이루어진 「정미조약」을 조인했다. 그리고 이를 실행하기 위한 각서도 함께 교환했다. 「정미조약」 본문 7조는 한일의정서 이래 일제가 추진하였던 '시정 개선'의 추진과 관련하여 통감의 역할을 구체적으로 확약한 것이었다. 1조에서는 '시정 개선'에 관해 통감의 '지도'를, 2조에서는 중요 법령 제정과 행정에 앞서 통감의 '승인'을 4조와 6조에서는 통감의 '동의'를 5조에서는 통감의 '추천'에 의해 시행할 것을 선언하였다. 일찍이 '시정 개선'에 대해 「잠정합동조관」에서는 '근면여행'으로, 「한일의정서」에서 '충고를 받아들인다'라고 서술했고, 「을사늑약」에서는 외교권만을 행사했던 통감의 권한을 단번에 내정의 최고 통치자로 격상한 것이었다. 본문이 향후 한국에서 시행하는 통감체제의 전반적인 상황을 규정했다면, 전체 5개조로 구성된 「한일협약에 관한 실행각서」(이하 「각서」)는 조약 체결을 통해 실행하고자 하는 구체적인 정책 방침을 담고 있다. 「정미조약」 본문과 「각서」에서 규정한 내용을 검토하면 다음과 같다.

본문 제1조는 "대한제국은 시정 개선에 관해 통감의 지도를 받을 것"이다. 1905년 「을사늑약」에 따르면 통감에게 부여된 공식적인 권한은 외교에 관한 것뿐이었다. 각부 고문에 대한 지휘·감독권을 통해 내정에 간섭하더라도 형식상 한국 정부에 협조를 요청하거나 권고하는 절차를 밟아야 했다. 일본은 「정미조약」을 통해 '시정 개선에 관한 지도'라는 명목으로 통감의 직권을 광범위하게 확장시켜 대한제국 내정의 실권을 장악할 수 있었다. 통감의 권한 확장은 1907년 9월 19일 공포된 일본 칙령 295호 「통감부 및 이사청 관제 개정」에도 반영되었다. 통감은 한국에서 일본 정부를 대표하고 조약 및 법령에 기초해 제반 정무를 통괄한다고 했다. 이는 통감에게 대한제국의 외교뿐만 아니라 내정 일반도 관장할 수 있는 권한이 공식적으로 부여되었음을 보여 준다.

제2조는 "한국 정부의 법령 제정 및 중요한 행정상의 처분은 미리 통감의 승인을 거칠 것"으로 되어 있다. 이는 「대한국국제」에서 명시하고 있는 대한제국 황제의 법률 제정 및 행정상 권한을 정면으로 부정하는 것이었다. 통감의 동의를 얻지 않은 법률 제정이나 행정 작용은 사실상 불가능했다. 입법권과 행정권에 대한 중대한 제약이 가해지면서 대한제국의 주권은 심각한 타격을 입게 되었다.

제3조에서는 "한국의 사법 사무는 보통 행정사무와 이를 구분할 것"을 규정하였다. 이것은 행정사무의 일부로 재판이 이루어지던 종래의 방식을 폐지하고, 재판 업무만을 담당하는 독립된 사법기관을 설치한다는 것을 의미한다. 일본은 종래 행정관에 의해 이루어지던 사법사무를 독립시켜 새로운 재판기구를 설치한다는 구실 아래 대한제국의 사법권을 장악한 것이었다. 「각서」에는 사법권 침탈을 위한 구체적 계획이 명시되어 있다. 대심원·공소원·지방재판소·구(區)재판소 등 재판기관을 설치하고, 각 재판기관의 장·검사장·판사·서기 등에 일본인을 임명하도록 했다(「각서」 제1조). 이는 1907년 12월 공포된 「재판소구성법」·「재판소구성시행법」·「재판소설치법」으로 법제화되었고, 1908년 8월 1일 대심원, 공소원과 서울 외 7개 지방재판소, 서울 외 15개 구재판소가 1차로 개청했다. 1908년 6월 말 현재 이들 기관의 직원 274명 가운데 일본인 직원 비율은 81.8%에 달했다. 일제는 「정미조약」과 「각서」를 통해 통치권 행사를 뒷받침해 주는 국가적 강제기구인 사법기관을 정비하고 일본인을 배치해 대한제국의 사법권을 자신들의 수중에 넣었다. 이와 함께 행형사무(行刑事務)를 담당하는 감옥

에 대한 재편도 추진되었다. 지방재판소 소재지 및 도서 지역에 9개소의 감옥을 설치하고, 일본인을 전옥(典獄)·간수장·이원(吏員)에 임명하도록 했다(「각서」 제2조). 7월 20일 내부령 4호로 종래 각 부군(府郡)에서 관장하던 감옥 사무를 내부의 경무서에 인계하도록 했다. 12월 13일 「감옥관제」가 제정됨에 따라 감옥 사무가 경무청에서 독립·확장되었고 법부의 관할 아래에 놓이게 되었다. 12월 27일 법부령 제1호로 「경성감옥서를 설치하는 건」을 포고한 데 이어 1908년 4월 11일 법부령 제2호로 전국 8개 감옥의 명칭과 위치를 정해 반포했다. 이후 감옥은 통감부의 정책에 저항하는 의병전쟁에 참가했던 한국인들을 억압하는 탄압기구로 기능했다.

제4조는 "한국 고등 관리의 임면은 통감의 동의에 의해 이를 집행할 것"이다. 관리의 임면권은 대한제국 황제에게 부여된 권한이었다. 따라서 통감의 동의를 얻어 고등 관리를 임면한다는 것은 곧 황제의 통치권 행사에 대한 근본적인 제한이었다. 반면 일본의 입장에서는 자신들의 정치적 입장에 부합하는 인물들을 고위 관료로 임명해 한층 수월하게 침략 기반을 마련할 수 있었다.

제5조는 "한국 정부는 통감이 추천하는 일본인을 한국 관리에 임명할 것"이다. 대한제국의 공직을 일본인들에게 전면적으로 개방하도록 한 조치였다. 「각서」에는 일본인 관리들의 배치 계획이 상세하게 기술되어 있다. 우선 중앙정부에는 각부의 차관, 내부의 경무국장, 경무사 및 부경무사, 내각 서기관 및 서기랑, 각부 서기관 및 서기랑 등의 자리에 일본인을 임명하도록 했다(「각서」 제5조). 지방 각 도에도 사무관, 경무관, 주사 등의 직위에 일본인을 임명하도록 했다. 각부 차관, 서기관 등 요직에 일본인 관리를 배치해 정책 결정과 집행 과정을 장악할 수 있었다. 또한 각 지방에 있어서도 사무관은 물론 주사까지 일본인을 임명하도록 해 말단 행정 분야에까지 일본인을 진출시켰다. 특히 한국인들의 저항을 차단하기 위해 치안 업무를 담당하는 경무국장, 경무사, 부경무사는 물론 지방 각 도의 경무관 등에 일본인을 임명하도록 한 점이 주목된다.

이러한 방침에 따라 1908년 8월 2일 경무고문 마루야마 시게토시[丸山重俊]가 경시총감에 임명된 것을 시작으로 8월 8일 궁내부 차관 쓰루하라 사다키치[鶴原定吉], 내부 차관 기우치 주시로[木內重四郞], 학부 차관 다와라 마고이치[俵孫一]가 임명되고, 8월 13일 내부 경무국장에 마쓰이 시게루[松井茂]가 임명되었다. 이들은 대부분 통감부에서 자리를 옮기거나 그동안 고문직으로 한국 정부에 간접적으로 참여하다가 한국 내각에 직접 참여하여 활동하였다.

제6조는 "한국 정부는 통감의 동의 없이 외국인을 용빙하지 말 것"이었다. 일본의 침략이 가시화되자 대한제국 정부는 프랑스어 교사 마르텔[Emile. Martel]이나 관립중학교 교사이자 『Korea Review』의 주필을 맡고 있었던 헐버트[H. B. Hulbert] 등을 통해 국제사회에 일본의 부당한 침략으로 위기에 처한 대한제국의 상황을 알리려 했다. 제6조의 내용은 용빙된 외국인들을 통해 국제사회에 반일 여론을 형성하려 했던 대한제국의 시도를 차단하기 위한 조처였다고 볼 수 있다.

제7조는 '1904년 8월 22일 조인한 일한협약 1항을 폐지할 것'이었다. 「고문 용빙에 관한 협정서」의 제1항은 '일본인 재정 고문의 고빙'에 관한 조항으로 이를 폐지할 것을 요구한 것이다. 이 조항은 부수 「각서」의 4조를 통해 그동안 고문·참여관 자격으로 정부에 고빙된 사람들을 모두 해임하도록 한 것이다. 앞의 제5조에서 일본인들이 본격적으로 한국 정부에 진출할 수 있게 됨에 따라 고문 용빙에 관한 내용은 자연스럽게 사문화되었다고 할 것이다. 이 외에도 협약문상에는 언급하지 않았으나 「각서」를 통해 실행을 약속한 사항이 있었다. 바로 국가를 지탱하는 가장 중요한 물리적 기반인 군대의 해산에 대한 내용이었다.

「각서」 제3조에는 대한제국 군대에 대한 정리 계획이 명시되어 있었다. 육군 1개 대대를 두어 황궁 수비 임무를 담당하게 하고 나머지는 해산하며, 교육을 받은 사관(士官)은 한국 군대에 잔류할 필요가 있는 사람을 제외하고 일본 군대에 부속시켜 실지연습(實地練習)하게 하고, 일본에서 한국의 사관 양성을 위해 상당한 설비를 한다는 등 3개 항에 걸쳐 구체적 방침이 제시되었다. 일본은 군대 해산으로 초래될 만일의 사태에 대비해 시위대 병력의 이동을 금지시키고 주요 탄약고를 장악하는 등 조치를 취했다. 7월 30일 일본군 사령관 하세가와는 총리대신 이완용과 군부대신 이병무를 앞세우고 창덕궁에 입궐해 순종에게 미리 준비해 간 「군대해산조칙(軍隊解散詔勅)」을 재가하도록 강박했다. 7월 31일 군대해산조칙과 함께 군대해산으로 인해 야기될 수 있는 폭동 진압의 임무를 통감에게 위임한다는 내용의 조칙이 발표되었다. 8월 1일 중앙군인 시위대의 해산을 시작으로 대한제국 군대에 대한 강제 해산이 실시되었다. 이로써 사실상 국가를 구성하는 기본적인 물리력을 모두 일제에게 넘겨주게 되었다.

5. 의의

「을사늑약」 3조는 통감의 권한을 "통감은 전적으로 외교에 관한 사항을 관리"한다고 규정하였으나, 「정미조약」 체결로 통감은 황제권을 넘어 최고 통치권자가 되었다. 통감은 한국 정부의 시정 개선을 '지도'하는 위치에서 법령의 제정 및 중요한 행정상의 처분 등 일체의 사무에 대한 승인권을 가졌다. 또한 행정기구를 실질적으로 담당하는 관리의 임명과 해임권을 행사함으로써 일본인이 정식으로 대한제국 관리로 임명되었다. 각서에 의해 정부 부처의 최고 실무직인 차관직에 일본인을 임명하였고, 행정사무와 사법사무를 분리하고 신설된 사법기구의 최고위직인 대심원장과 검사총장에 일본인을 채용하였다. 지방의 공소원이나 지방재판소 등에도 일본인 판검사를 대거 채용하여 의병전쟁 참여자에 대한 재판을 담당하게 하였다. 나아가 황궁 수비를 담당하는 1개 대대 정도의 병력을 남기고 한국군을 해산함으로써 국가의 공권력과 무력적 기반을 해체하였다. 대한제국은 「정미조약」으로 종래 외교권을 상실하였던 보호국 체제의 단계를 넘어 실질적으로 식민 통치를 받는 차원으로 진입하였다.

6. 관련 문서

1) 일불협약

명치40년(1907년) 6월 10일 파리에서 서명
명치40년(1907년) 6월 17일 관보 게재

일본국 황제 폐하의 정부와 프랑스 공화국 정부는 양국 간에 존재하는 우호 관계를 공고히 하고 또 장래 오해의 원인을 양국 관계에서 확실히 제거하기를 희망하여 다음과 같은 협약을 체결할 것을 결정하였다. 일본국 정부와 프랑스 정부는 청국의 독립과 영토 보전, 더불어 청국에 있어서 각국의 상업 신민 및 인민에 대한 기회를 균등하게 하는 주의를 존중할 것에 동의함으로써 양 체약국의 주권, 보호권 또는 점유권을 가진 영역에 가까운 청제국의 여러 지방에 있어서 질서와 평화로운 사태를 확보할 것을 특히 고려하여 양 체약국의 아세아 대륙에 있어서 상호 지위 및 영토권을 지키기 위해 전기 여러 지방에 있어서 평화와 안녕을 확보할 목적에 대해 상호 지지할 것을 약속한다. 증거로 프랑스 주재 제국특명전권대사 구리노 신이치로(栗野愼一郞) 및 외무대신 원로의원 스테판뷔숀은 각기 그 정부로부터 정당한 위임을 받아 다음에 기명 조인하였다.

출처: 『日本外交文書 竝 主要文書』 274쪽

2) 「일러제1차협약」

일본국 황제 폐하의 정부 및 전러시아황제 폐하의 정부는 다행스럽게도 일본국 및 러시아 사이에 극복되어진 평화와 선린관계를 공고히 하는 것을 희망하고, 또 장래 양국 관계에 있어서 모든의 오해의 원인을 제거하기를 희망하여 다음과 같이 조관을 협정함. (중략)

비밀협약

일본국 황제 폐하의 정부 및 전러시아황제 폐하의 정부는 만주 한국 및 몽고에 관한 일체의 분쟁과 오해의 원인을 제거하기를 희망하여 다음과 같은 조항을 협정함.

제1조 일본국은 만주에 있어서 정치상 경제상의 이익 및 활동의 집중하는 자연적인 추세를 돌아보고 또 경쟁의 결과로서 발생할 수 있는 분쟁을 피할 것을 희망하여 본협정 추가조약에 정해진 분계선 이북의 만주에 있어서 자국 또는 자국 신민 혹은 하등의 철도 전신에 관한 권리의 양여를 구하지 않고 또 동 지역에서 러시아 정부가 가지는 권리의 양여를 청구를 직접 간접으로 모두 방해하지 않을 것을 약속한다. 러시아 정부는 또한 같은 평화적 뜻에 근거하여 전기 분계선 이남의 만주에 있어서 자국 또는 기타 하등의 철도 또는 전신에 관한 권리의 양여를 청구하지 않고 또 동 지역에 있어서 일본국 정부가 가지는 권리 양여의 청구를 직접 간접으로 모두 방해하지 않을 것을 약속한다. (하략)

제2조 '러시아는 일본과 한국 사이에 있어서 존속하는 제조약과 협약(일본국으로부터 러시아 정부에 등본을 교부한 것)에 기초하여 존재하는 정치상 이해공통의 관계를 승인하고 이 관계를 더욱 발전하기를 기원하여 이것을 방해하거나 또는 이것을 간섭하지 않을 것을 약속'하여 상대국의 인민에게 최혜국대우를 부여할 것을 약속하였다. 일본국은 한국에 있어서 러시아국의 정부 영사관 신민 상업 공업 및 항해업에 대하여 특히 이것에 관한 조약을 체결할 때까지 일체 최혜국대우를 부여할 것을 약속함.

출처: 『日本外交文書 竝 主要文書』 280~281쪽

[참고 문헌]

- 이태진·이상찬(2010), 『조약으로 본 한국병합』, 동북아역사재단.
- 이태진(2016), 『한국병합강제연구』, 지식산업사.
- 서영희(2005), 『대한제국 정치사연구』, 서울대출판부
- 서영희(2012), 『일제침략과 대한제국의 종말』, 역사비평사.
- 하라 아키라 저, 김연옥 역(2015), 『청일·러일전쟁을 어떻게 볼 것인가』, 살림.
- 운노 후쿠쥬 저, 정재정 역(2008), 『한국병합사연구』, 논형.
- 요시노 마코토 저, 한철호 역(2005), 『동아시아 속의 한일 2천년사』, 책과함께.
- 한철호(2016), 『근대일본은 한국을 어떻게 병탄했나』, 독립기념관 한국독립운동사연구소.
- 한상일(2015), 『이토히로부미와 대한제국』, 까치.
- 최덕수 외, 2010, 『조약으로 본 한국 근대사』, 열린책들.

6
강제 병합조약

強制 倂合條約

강제 병합조약 | 대한제국의 일체의 통치권을 '양여'함으로써 일본에 병합되어 식민지가 되었다. 조약 체결 권자의 자격과 비준 단계의 결함으로 법적효력을 가질 수 없었다.

韓國皇帝陛下及日本國皇帝陛下는 兩國間의 特殊히 親密흔 關係를 顧호야 互相幸福을 增進호며 東洋平和를 永久히 確保호기爲호야此目的을達코자호면韓國을日本國에倂合홈에 不如혼者로 確信호야 玆에 兩國間에 倂合條約을 締結홈으로 決定호니 爲此 韓國皇帝陛下는 內閣總理大臣 李完用을 日本國皇帝陛下는 統監子爵 寺內正毅를 各其 全權委員에 任命홈

원문

韓國皇帝陛下及日本國皇帝陛下는 兩國間의 特殊히 親密호 關係를 顧ᄒ야 互相幸福을 增進ᄒ며 東洋平和를 永久히 確保ᄒ기 爲ᄒ야 此 目的을 達코쟈 ᄒ면 韓國을 日本國에 倂合ᄒ에 不如호 者로 確信ᄒ야 玆에 兩國間에 倂合條約을 締結홈으로 決定ᄒ니 爲此 韓國皇帝陛下는 內閣總理大臣 李完用을 日本國 皇帝陛下는 統監子爵 寺內正毅를 各 其 全權委員에 任命홈 仍ᄒ야 右 全權委員은 會同協議ᄒ야 左開諸條를 協定홈

第一條
韓國 皇帝陛下는 韓國 全部에 關호 一切 統治權을 完全 且 永久히 日本國 皇帝陛下에게 讓與홈

第二條
日本國 皇帝陛下는 前條에 揭載호 讓與를 受諾ᄒ고 且 全然 韓國을 日本帝國에 倂合홈을 承諾홈

第三條
日本國 皇帝陛下는 韓國 皇帝陛下 太皇帝陛下 皇太子殿下 並 其 后妃 及 後裔를 ᄒ야곰 各其 地位를 應ᄒ야 相當호 尊稱 威嚴과 及 名譽를 享有케 ᄒ고 且 此를 保持홈에 十分호 歲費를 供給홈을 約홈

第四條
日本國 皇帝陛下는 前條 以外의 韓國皇族 及 其 後裔에 對ᄒ야 各 相當호 名譽 及 待遇를 享有케ᄒ고 且 此를 維持ᄒ기에 必要호 資金을 供與홈을 約홈

第五條
日本國 皇帝陛下는 勳功이 有혼 韓人으로 特히 表彰홈을 適當혼 줄로 認혼 者에 對ᄒ야 榮爵을 授ᄒ고 且 恩金을 與홈

第六條
日本國政府는 前記 倂合의 結果로 全然 韓國의 施政을 擔任ᄒ야 該地에 施行홀 法規를 遵守ᄒ는 韓人의 身體 及 財産에 對ᄒ야 十分혼 保護를 與ᄒ고 且 其福利의 增進을 圖홈

第七條
日本國政府는 誠意忠實히 新制度를 尊重ᄒ는 韓人으로 相當혼 資格이 有혼 者를 事情이 許홀 範圍에서 韓國에 在혼 帝國官吏에 登用홈

第八條
本條約은 韓國皇帝陛下 及 日本國皇帝陛下의 裁可를 經혼 者ㅣ니 公布日로부터 此를 施行홈

右證據로 삼아 兩全權委員은 本條約에 記名調印홈이라

隆熙四年八月二十二日
　　　內閣總理大臣 李完用 ㊞
明治四十三年八月廿二日
　　　統監子爵 寺內正毅 ㊞

출처: 奎23018

번역문

한국 황제 폐하 및 일본국 황제 폐하는 양국 간의 특수하게 친밀한 관계를 고려해 서로의 행복을 증진하며 동양의 평화를 영구히 확보하고자 한다. 이 목적을 달성하기 위해서는 한국을 일본국에 병합하는 수밖에 없음을 확신해 이에 양국 간에 병합조약을 체결하기로 결정한다. 이를 위해 한국 황제 폐하는 내각총리대신 이완용을, 일본국 황제 폐하는 통감 자작 데라우치 마사타케를 각기 전권위원으로 임명한다. 이에 따라 전권위원은 회동 협의하여 다음과 같은 제 조항을 협정한다.

제1조
한국 황제 폐하는 한국의 모든 일에 관한 일체의 통치권을 완전하고 영구히 일본국 황제 폐하에게 양여한다.

제2조
일본국 황제 폐하는 앞 조항에 게재한 양여를 수락하고 한국을 완전히 일본제국에 병합할 것을 승낙한다.

제3조
일본국 황제 폐하는 한국 황제 폐하, 태황제 폐하, 황태자 전하, 그 황후, 왕비, 후예로 하여금 각기 지위에 걸맞은 존칭, 위엄, 명예를 향유하게 하고 이를 유지하는 데 충분한 세비를 공급할 것을 약속한다.

제4조
일본국 황제 폐하는 앞의 조항 이외에 한국의 황족과 그 후예에 대해 각기 걸맞은 명예와 대우를 향유하게 하고 이를 유지하는 데 필요한 자금을 공여할 것을 약속한다.

제5조

일본국 황제 폐하는 훈공이 있는 한인 중 특히 표창하는 것이 적당하다고 인정되는 자에 대해 영작을 수여하고 은금을 준다.

제6조

일본국 정부는 앞의 병합의 결과로서 완전히 한국의 시정을 담임하고 그곳에서 시행하는 법규를 준수하는 한인의 신체와 재산에 대해 충분한 보호를 베풀어 복리 증진을 도모한다.

제7조

일본국 정부는 성의껏 충실하게 신제도를 존중하는 한인 중 상당한 자격을 가진 자를 사정이 허락하는 범위에서 재한국 제국 관리로 등용한다.

제8조

본 조약은 한국 황제 폐하 및 일본국 황제 폐하의 재가를 받은 것으로 공포일로부터 이를 시행한다.

이상의 증거로 양국의 전권위원은 본 조약에 기명 조인한다.

융희 4년 8월 22일
　　　　내각총리대신 이완용 ㊞
메이지 43년 8월 22일
　　　　통감 자작 데라우치 마사타케 ㊞

해제

1. 개요

1910년 8월 22일 대한제국 정부 내각총리대신 이완용(李完用)과 조선통감 데라우치 마사타케[寺內正毅] 사이에 8개조의 「강제 병합조약」이 체결되고 29일 공포되었다. 이로써 대한제국은 일본의 완전 식민지로 전락하였다. 조약은 "한국 전부에 관한 일체의 통치권을 완전히 그리고 영구히 일본 천황에게 양여"하는 대신, 한국의 황제와 그 가족들의 존칭 및 명예 유지와 충분한 세비(歲費) 지급, '합방'에 공이 있는 조선인에 대한 작위(爵位) 수여와 '은사금(恩賜金)' 지급, 식민 지배를 존중하는 조선인의 식민지 관리로의 등용, 식민지 지배 법규를 준수하는 조선인에 대한 신체 및 재산의 보호 등을 규정하고 있었다. 대한제국의 주권과 영토와 국민을 완전히 그리고 영구히 일본제국에게 넘겨주는 대가는 황실 및 친일파의 영예와 생활 보장이었다. 이로써 한국은 국권을 박탈당하고 일본에 병합되어 일본의 식민지가 되었다.

「강제 병합조약」은 일제가 전권 위임 등 조약의 외형적인 형식 절차를 갖추고자 하였으나, 서명자의 자격 결여와 비준 단계에서 '황제 칙유'의 훼조라는 결정적 결함을 가지는 것이었다. 즉 「강제 병합조약」의 서명자인 통감 데라우치와 내각총리대신 이완용은 각자 자국을 대표해서 조약에 서명할 수 있는 권한이 없는 대리인이었다. 따라서 이들에 의한 조약 조인은 법적 효력을 갖지 않는다. 또한 황제의 '칙유'가 전권위임장의 사전 승인이라는 전제로, 비준의 전제가 되는 황제의 서명이 누락됨으로써 법적 효력을 가질 수 없는 것이었다.

2. 배경

일본 정부 내에서는 1909년 3월 3일 총리에게 제출되었던 「한국병합에 관한 건」을 7월 6일 각의에서 결정하고 같은 날 천황의 재결을 받았다. 이 문서의 서두에서 "일러 전역 개시 이래 한국에 대한 우리의 권력은 점차 확대되었고, 특히 재작년 일한협약(정미조약)의 체결과 함께 이 나라에서 시설은 크게 면목을 바꾸었지만 아직 십분 충실한 것이 아니다. 그리하여 제국은 금후 이 나라에 실력을 증진하고 그 근저를 깊게 하여 내외에 대하여 저항할 수 없는 세력을 수립하는 것이 필요하다. 이 목적을 달성하기 위해 이제 제국은 다음과 같은 대방침을 확립하고 이에 기초해 제반 계획을 실행하는 것이 필요하다"고 전제하고 2개 항을 제시하였다. 이 문서를 통해 일본 정부 내에서 한국병합에 관한 결정은 1909년 3월경 제안되어 7월에 합의를 이룬 것으로 판단할 수 있다. 일본 정부 최초의 공식적인 한국병합 선언이었다.

「한국병합에 관한 건」은 실행 계획을 2개 항으로 제시하였다. 첫 번째 조관은 '적당한 시기에 한국병합을 단행할 것'이었다. 일본 정부가 「정미조약(한일협약)」[※Ⅶ-5, 이하 「정미조약」]을 통해 한국에 대해 실질적인 지배력을 확보하였으나, 아직 완전 병합을 위해서는 해결해야 할 과제가 있다고 전제하고 '적당한 시기'를 '한국과 제 외국 사이의 조약 관계가 소멸하는 시기'라고 하였다. 「정미조약」 체결 이후 대한정책의 최종적인 목표는 대한제국을 병합하는 것이지만 현재의 여건으로는 곧바로 병합을 단행할 수 없으므로 대한제국에 대한 실권을 확보해 나가면서 적당한 시기에 목적을 달성하자는 것이었다. 제2관에서는 「대한시설대강」을 첨부하여 병합을 위한 구체적인 정책 과제를 제시하였다. 4개 항의 「대한시설대강」은 첫째 한국의 방어와 질서 유지를 담당하기 위해서 필요한 군대를 동국에 주둔하고 또 가능한 많은 수의 헌병 및 경찰관을 증파하여 질서 유지의 목적을 달성할 것을 강조하였다. 일차적으로 질서 유지를 위한 무력 장치로 군대 주둔 및 헌병의 증파를 제시하고 다음으로 한국에 관한 외국과의 교섭을 장악할 것과 한국 철도의 일본 이관, 일본인의 한국 이주, 재한 일본인 관리의 권한 확장 등이 제시되었다.

「정미조약」 이후 한국 내정에 대한 지배력을 확보하고 병합을 공식적으로 선언한 단계에서도 일본이 한국을 병합하기 위한 '적당한 시기'는 한국과 열강 간의 외교 관계 단절과 열강의 한국병합에 대한 동의가 성립하는 시기였다. 「정미조약」 전후 일본은 만주와 한국에 대해 프랑스, 러시아, 청국과 외교적 협상을 타결지었으나, 1907년 이후 만주를 포함한 동아시아 지역에 대한 미국의 관심과 맞물리면서 새로운 상황에 직면하고 있었다. 일본 정부로서는 청일전쟁 이래 한국의 독립 보호를 대한정책의 주요 명분으로 내세워 왔기 때문에 일본의 완전한 한국병합은 대내외적으로 해결해야 할 과제를 남겨 두고 있었다. 일본이 「을사늑약」의 외교권 박탈에서 한 발 더 나아가 한국을 완전 병합하는 정책을 실행하려는 것은 청일전쟁과 러일전쟁 이후 대외적으로 조선의 자주와 독립을 선언하였던 정책과는 모순되는 것이었다. 한국병합을 획득하기 위한 대열강 외교는 러시아와 영국 그리고 동아시아 지역에서 진출을 시작한 미국과의 관계 조정이 요구되었다.

러시아와 일본은 러일전쟁 종결 이후에도 만주 문제를 둘러싸고 갈등해 왔지만 미국의 이익균점 요구와 청(淸)의 이권 회수 요구도 해결하여야 했다. 일본은 미국과 「태평양 방면에 관한 일미교환공문-루터 다카히라 협정」(1908. 11. 30)을 통하여, 러시아와는 「일러제2차협약」(1910. 7. 4)을 통하여 상호 이익을 보장하면서 타결하였다.

3. 체결 과정

「한국병합에 관한 건」에서 '장래 적당한 시기'에 대한제국을 병합하기로 결정하였던 일본 정부는 1년 가까이 지난 1910년 6월 3일 「병합 이후의 한국에 대한 시정방침」을 결정함으로써 정책을 실행에 옮겼다. 전체 13개 조항으로 이루어진 「시정방침」은 병합 이후 조선은 '천황의 대권'에 의해 통치하며, 총독은 천황에 직속하고 법률을 발표할 권한이 부여되며, 통치 기구는 가능한 간단히 하고, 관리는 가능한 다수의 조선인을 채용하도록 한다는 등의 내용으로 병합 이후 한국 통치 방향을 담은 것이었다.

1910년 7월 23일 제3대 통감으로 데라우치가 부임했다. 열강과의 대외 관계를 타협한 뒤 남은 과제는 「정미조약」 이후 전국적으로 확대되었던 의병운동 등 국내 저항 세력에 대한 정책이었다. 1908년 일제는 증강된 조선주차군을 동원한 '남한대토벌작전'을 통해 의병 진압에 나섰다. 주차군을 동원하여 의병을 진압하는 한편 한국인의 저항을 제도적으로 통제하기 위한 장치를 강화하였다.

1910년 6월 24일 「한국경찰 사무 위탁에 관한 각서」[※Ⅵ-2]를 체결해 대한제국의 경찰권을 일본에 위임하도록 했다. 이에 따라 경찰 업무를 담당해 온 내부 경시청 및 경무국, 각 도의 경찰부(警察部) 및 경찰서는 6월 30일 자로 폐지되었다. 이와 함께 강력한 물리적 장치로서 '헌병경찰'이라는 새로운 제도를 창출했다. 경찰의 최고 책임자인 경무총장(警務總長)은 한국 주둔 헌병 사령관이 맡고, 각 도의 경찰 책임자인 경무부장(警務部長)은 각 도의 헌병대장으로 충원하도록 했다. 한편 이와 함께 1,000여 명에 달하는 헌병이 증파되었다. 그 결과 1910년의 조선주차헌병대 숫자는 7,582명으로 일본 전체의 헌병 총인원 9,144명의 82.9%에 달할 정도로 늘어났다.

　데라우치는 8월 16일 내각총리대신 이완용을 통감 관저로 불러 「강제 병합조약」의 내용을 담고 있는 각서를 전달했다. 이완용은 데라우치가 제시한 내용에 대해 별다른 이의를 제기하지 않았다. 다만 병합 이후에도 국호를 존속할 수 있도록 해 줄 것과 황실의 존칭에 있어서 왕의 칭호를 보존할 수 있도록 해 줄 것을 요청하였다. 8월 18일 한국 정부의 대신들이 모여 이완용과 데라우치가 논의한 「강제 병합조약」안을 수락할 것인지에 대해 내각회의를 개최했으나 결론을 얻지 못했다. 8월 22일 어전회의에서 순종 황제는 대한제국의 통치권을 일본 황제에게 양위한다는 내용의 조령을 발표하고 이완용을 전권위원으로 임명해 「강제 병합조약」을 체결할 것임을 밝혔다. 오후 이완용과 데라우치 통감 사이에 「강제 병합조약」이 조인되어 대한제국은 일체의 통치권을 일본제국에 넘겨주게 되었다. 데라우치 총독의 서울 도착으로부터 한 달이 지난 시점이었으며, 데라우치가 이완용에게 조약안을 제시하고 일주일을 넘기지 않고 조약은 체결되었다. 조약 체결 사실은 8월 29일 양국 관보에 동시에 공포하고 당일 발표하도록 했다. 「강제 병합조약」 공포와 동시에 일본 정부는 조선과 최혜국대우 조관이 포함되었던 조약을 체결하였던 11개국과 기타 교역이 있었던 14개국 정부 앞으로 「한국병합에 관한 선언」[※관련 문서-1]을 통지했다.

4. 내용

　「강제 병합조약」은 전문과 본문 8조로 이루어져 있다. 전문에서는 '동양 평화 영구 확보'를 조약 체결의 명분으로 제시한 뒤 전권 임명에 관한 사항을 제시하였다. 전문에서 강조하고 있는 '동양 평화'는 청일전쟁과 러일전쟁 선전포고문, 그리고 「한일의정서」[※Ⅶ-2] 등에서 강조되었던 것이다.

　제1조와 제2조는 주권 이양에 관한 조항이다. 대한제국의 주권자인 황제가 일본 황제에게 '일체의 통치권을 완전히 또 영구적으로 양여'하고 일본 황제는 이를 '승락'하는 것이었다. 양

국의 최고 통치자 간의 '양여'와 '수락'의 형태로 대한제국을 식민지로 편입시킨 것이었다. 제3조와 제4조는 황제와 황실 가족, 황족의 병합 이후 처우에 관한 조항이었다. 제5조는 병합에 기여한 친일 인사에 대한 재정적 지원과 예우 및 신분 보장 규정으로 채워져 있다. 「강제 병합조약」의 내용이 주권 이양 과정에 예상되는 정치·경제·물리적 충돌에 대한 해결 규정을 담고 있지 않았다. 이와 같은 현상은 통감부가 러일전쟁 이후 추진하였던 보호국화 과정에서 이미 외교 문제를 넘어서 내정 전반에까지 통치권을 확보하고 있었기 때문이다. 1907년 이후에는 군대와 경찰권 및 사법권이라는 물리적 통치수단까지 법적으로 장악한 상황이었다.

각 조문의 내용을 구체적으로 살펴보면 다음과 같다.

제1조는 대한제국 황제의 통치권 양여에 관한 내용을 담고 있다. 대한제국 황제는 일본 황제에게 '한국 전부에 관한 일체의 통치권을 완전하고 영구히 양여'한다고 했다. 일본은 이 조약이 강압에 의한 것임을 은폐하기 위해 대한제국 정부가 스스로 통치권을 넘겨주는 형식을 취했다. 이 조항은 1898년 미국이 하와이왕국을 병합할 당시 체결한 조약과 구조가 같았다.

제2조에서는 일본국 황제가 대한제국 황제의 양여를 수락하고 한국을 완전히 일본제국에 병합하는 것을 승낙한다고 했다. 대한제국 황제의 자발적 양여와 일본국 황제의 수락이라는 형식적 절차를 통해 주권 이양 과정이 강박에 의한 것이 아니었다는 것을 강조한 것이었다.

제3조와 제4조는 대한제국 황제와 황실 그리고 황족에 대한 예우를 규정하고 있다. 대한제국 황실원들에게 각기 그 지위에 따라 상당한 존칭과 위엄 및 명예를 향유하게 하고 이를 유지할 수 있는 충분한 세비를 공급한다고 했다. 주권을 빼앗긴 대신 황제와 황실 그리고 황족에 대해 품위 유지와 경제적 지원을 약속한 셈이었다. 일본은 '한국 황실의 지위에 관한 조서'를 통해 대한제국의 황제를 왕으로, 태황제를 태왕으로, 황태자를 왕세자로 칭하고 이들을 황족으로 예우하며 전하의 경칭(敬稱)을 허락했다. 왕과 전하라는 호칭은 「강제 병합조약」을 체결하는 과정에서 제기되었던 한국 측의 요구 가운데 유일하게 받아들여진 것이었다. 일본은 대한제국의 황실에 대해 황족의 예로써 예우한다고 했지만, 조선에만 존재하는 왕족이라는 특수한 신분을 부여한 것일 뿐 일본 황족과는 엄연히 구별되는 존재였다.

제3조의 내용이 황실 구성원들의 예우에 관한 것이었다면 제4조는 황실의 종친들에 대한 예우를 규정하였다. 황족들과 그 후예에 대해 황실과 마찬가지로 상당한 명예와 대우를 향

유하게 하고 이를 유지하기 위해 필요한 자금을 공여한다고 했다. 우선 고종의 아들인 의친왕 이강(李堈)과 고종의 형인 흥친왕 이희(李熹·이재면)에게는 '공(公)'의 지위와 함께 황족의 예우를 받을 수 있도록 했다. 이 밖에 '이왕'의 혈족으로 황족의 예우를 누리지 않는 자들에게는 「조선귀족령」에 따라 작위를 받고 일본 화족에 상응하는 예우를 제공하였다. 이 조항으로 황족의 병합에 대한 동의와 식민 통치에 대한 지지를 유도한 것이었다.

제5조는 한국인으로서 국권 침탈에 크게 기여한 인물들에 대한 포상 규정이었다. 훈공(勳功)이 있는 한국인으로 특히 표창에 적당하다고 인정된 자에게는 영작(榮爵)을 수여하고 또 은금(恩金)을 부여한다고 명시했다. 일제는 1910년 8월 29일 황실령 제14호로 「조선귀족령」을 공포해 조선 귀족 형성의 법제적 근거를 마련했다. 조선귀족령에서는 ① '이왕'의 혈족으로 황족의 예우를 받지 않는 왕족들과 ② 문벌과 공로가 있는 조선인, ③ 그리고 강점에 기여한 인물들에게 작위를 주어 조선 귀족이라 칭하고 일본의 화족령에 따라 작위를 받은 자와 동일한 예우를 한다고 규정했다. 「조선귀족령」에 근거해 일제는 곧바로 조선 귀족의 선발 작업에 착수했다. 「조선귀족령」에서 밝힌 세 가지 선정 기준에 의해 가장 우선적으로 고려된 인사들은 대한제국 시기의 내각대신들이었다. 1910년 10월 7일 76명의 조선인들에게 작위가 수여되었다.

이상의 조항들이 대한제국 상층부를 포섭하기 위한 조처였다면 제6조와 제7조는 한국인 일반을 일제의 지배정책에 순응하도록 유도하는 장치였다. 제6조에서는 일제의 식민 통치를 지탱하는 법규를 존중하고 따르는 한국인에 한해 신체와 재산을 보호하며 복리 증진을 도모하고, '국민'으로서 자격을 갖춘 한국인들에 대한 보호를 약속했다. 제7조는 조선인의 관료 임용에 관한 규정으로, '신제도를 존중하는 한국인' 가운데 '상당한 자격이 있는 자'에 대해 '사정이 허락하는 범위 내' 관리로 등용한다고 했다. 이것은 식민 지배에 필요한 친일 정치 세력을 육성하고 한국인 관료 집단의 저항을 회유하기 위한 조항이었다. 제8조는 조약 시행에 관한 것으로 「강제 병합조약」이 한일 양국 황제의 재가를 받은 것이며 공포일로부터 시행한다고 밝히고 있다.

5. 의의

대한제국은 1882년 「조미수호통상조약」 체결 이후 영국(1883년), 러시아(1884), 독일(1884)을 필두로 프랑스(1886), 오스트리아(1892) 등과 평등한 권리를 가진 자주국으로서 수호통상조약을 체결하였던 주권국가였다. 또한 일본은 청일전쟁의 강화조약인 「시모노세키조약」의 제1조를 비롯하여 「한일의정서」에 이르기까지 숱한 국제 협약에서 '조선의 자주와 독립 보장'을 선언하고 있었다. 러일전쟁 이후 일본이 한국의 완전 식민지화를 추진하였을 때 최대의 난관은 고종의 주권 수호 외교 활동과 의병을 비롯한 반일 민중세력의 저항을 차단하고, 한국과 대등한 조약 관계를 유지하고 있는 열강으로부터 식민지 편입을 승인받거나 동의를 끌어내는 것이었다.

「을사늑약」 이후 고종의 자주권 수호를 위한 외교 활동은 제1관에서 '반드시 서로 도와주며 중간에서 잘 조정해 두터운 우의와 관심을 보여 준다'고 약속했던 미국을 중심으로 전개되었다. 그러나 고종의 기대와 달리 미국은 러일전쟁 강화조약이 성립하기 전에 일본의 한국 지배에 동의하였고, 「을사늑약」 체결(1905. 11. 17) 후 열강 가운데 가장 먼저 공사관 철수를 통고하였다.(1905. 11. 28) 일본은 헤이그 밀사 사건 이후 프랑스와 「일불협약」(1907. 6. 10)을, 미국과는 「태평양 방면에 관한 일미교환공문-루터 다카히라 협정」(1908. 11. 30)을, 그리고 최종적으로 러시아와 「일러제2차협약」(1910. 7. 4)을 체결하여 병합에 대한 걸림돌을 제거하였다. 1910년 8월 29일 통감부는 22일에 조인하였던 「강제 병합조약」을 29일 관보에 게재하고, 같은 날 한국과 최혜우대우 조관을 포함한 조약관계를 맺고 있던 독일·미국·오스트리아·벨기에·청국·덴마크·프랑스·영국·이탈리아·러시아 정부에 대하여 '한국병합에 관한 선언'*을 통지하여 대외적으로 병합을 공식화하였다.

한국이 일본의 완전 식민지로 병합되는 과정에서 한국과 수호통상조약을 맺고 있었던 국가 가운데 한국과의 조약을 공식적으로 폐기했던 국가는 존재하지 않았다. 주권국가 한국의 폐멸에 직면하여 그간 항일 저항운동을 전개하였던 민중세력은 국외로 근거지를 옮겨 주권 회복의 그날까지 치열한 저항을 전개하였다. 1917년 상하이에서 민족대표들이 발표한 「대동단결선언」은 「강제 병합조약」에 대한 동시대인의 인식을 보여 주는 것이었다.

"대한이 문서로 망할 때 눈물을 뿌린 사람들은 대한이 정말 망해 가는 것에 피가 솟구칠 것이다. 융희 황제가 삼보(三寶)를 포기한 경술년(1910) 8월 29일은 곧 우리 동지가 삼보를 계승한 날이니, 그 사이 대한의 삼보는 한 순간도 빼앗기거나 쉰 적이 없다. 우리 동지들이 대한국을 완전히 상속한 사람들이다. 저 황제권이 소멸한 때가 바로 민권이 발생한 때다.

구한국이 끝나는 날은 곧 신한국이 시작하는 날이니 무엇 때문인가. 우리 한국은 오랜 옛날부터 한인(韓人)의 한(韓)이고 비한인(非韓人)의 한(韓)이 아니다. 한인(韓人)끼리 서로 주권을 주고받음은 역사 이래 불문법으로 이어 온 국헌이다. 따라서 한인(韓人)이 아닌 사람에게 주권을 넘겨주는 것은 그 근본부터가 무효다. 이는 한국민(韓國民) 천성이 절대 허락하지 않는다.

1910년 8월 29일 융희 황제가 주권을 포기하는 순간 그 주권은 우리 국민과 동지들이 돌려받은 것이다. 우리 동지는 당연히 삼보(三寶)를 계승하여 통치할 특권이 있고 또한 대통(大統)을 상속할 의무가 있다. 2천만 생령(生靈)과 삼천리 국토와 4천 년 주권은 우리 동지들이 상속하였으니 우리 동지는 이에 대하여 절대로 피할 수 없는 무한책임을 지게 된 것이다"

6. 관련 문서

1)「한국병합에 관한 선언」(1910. 8. 29.)

한국병합의 건에 관하여 제국 정부는 한국과의 사이에 조약을 가지고 있고, 또 한국에서 최혜국대우(最惠國待遇)를 받기로 되어 있는 독일국·미합중국·오지리국(墺地利國, 오스트리아-헝가리)·홍아리국(洪牙利國, 헝가리)·백이의국(白耳義國, 벨기에)·청국(淸國)·정말국(丁抹國, 덴마크)·불란서국(佛蘭西國, 프랑스)·대부리텐국(大「부리텐」國, 영국)·이태리국(伊太利國) 및 노서아국(露西亞國, 러시아)의 각 정부에 대하여 다음의 선언을 하였다.

메이지(明治) 38년 한일협약이 체결되고, 이에 4년 유여(有餘), 그동안 한일 양국 정부는 예의 한국 시정의 개선에 종사하여 왔다 할지라도 동국(同國) 현재의 통치제도는 아직도 충분히 공공의 안녕질서를 보지(保持)할 수 없을뿐더러 중민(衆民)은 의구의 마음을 품고 적귀

(適歸)할 바를 모르는 형편에 처하고 있으며 한국의 정밀(靜謐)을 유지하고 한국민의 복리를 증진하며 아울러 한국에 있어서의 외국인들의 안녕을 도모하기 위하여서는 이때 현 제도에 대하여 근본적 개선을 가할 필요가 있음이 요연(瞭然)하게 되었다.

한일 양국 정부는 전기(前記)의 필요에 응하여 현재의 사태를 개량하고 또 장래의 안고(安固)에 대하여 완전한 보장을 주는 것이 급무임을 인정하여 일본국 황제 폐하 및 한국 황제 폐하의 승인을 거쳐 양국 전권위원으로 하여금 한 개의 조약을 체결하게 하였으며 전연 한국을 일본제국에 합병하기로 하였다.

해(該) 조약은 8월 29일부로 이를 공포하여 동일(同日)부터 시행할 것이며, 일본제국 정부는 동 조약의 결과, 한국에 관한 통치 전부를 담당하기로 되었으므로 이에 다음의 방침에 의하여 외국인 및 외국무역에 관한 사항을 처리할 것을 표명한다.

1. 한국과 열국(列國)과의 조약은 당연히 무효로 돌아가게 되고 일본국과 열국과의 현행 조약은 그를 적용할 수 있는 한, 한국에 적용한다. 한국에 재류하는 제 외국인은 일본 법 권하에 있어서 사정이 허하는 한 일본 내지에 있어서와 동일한 권리 및 특권을 향유하며 그 적법의 기득권의 보호를 받는다.

   일본제국 정부는 합병조약 시행 당시 한국에서의 외국 영사재판소에 계속되는 사건은 최종 결정에 이르기까지 그 재판을 속행시킬 것을 승인한다.

2. 일본제국 정부는 종래의 조약에는 관계없이 금후 10년간 한국에서 외국으로 수출하며 또는 외국에서 한국으로 수입하는 화물 및 한국 개항으로 들어오는 외국 선박에 대하여는 현재와 동률의 수출입세 및 톤세를 부과한다.

   한국에서 일본으로 이출(移出)하거나 또는 일본에서 한국으로 이입하는 화물 및 한국 개항에 들어오는 일본 선박에도 역시 금후 10년간 전항(前項)의 화물 및 선박에 대한 것과 동률의 세를 부과한다.

3. 일본제국 정부는 금후 10년간 일본국과의 조약을 맺은 국가의 선박에 대하여 한국 개항 간(間) 및 한국 개항과 일본 개항 사이의 연안무역에 종사함을 허한다.

4. 종내의 개항장은 마산포 외는 종전대로 이를 개항장으로 하며 다시 신의주도 개항장

으로 하여 내외국 선박의 출입 및 이에 의한 화물의 수출입을 허한다. 제국 정부는 또 「아르헨티나」국, 「브라질」국, 「치리」국, 「콜럼비아」국, 「서반아」국(西班牙國, 스페인), 희랍국(希臘國, 그리스), 「멕시코」국, 「노르웨이」국, 「화란」국(和蘭國, 네덜란드), 「페루」국, 「포도국」(葡萄國), 「샴」국(태국), 「서전국」(瑞典國, 스웨덴) 및 「서서국」(瑞西國, 스위스)의 각 정부에 대하여 좌(左)의 선언을 하였다.

메이지 43년 8월 22일 일본국과 한국 사이에 체결된 조약에 의하여 한국은 일본국에 병합되어 본일부터 일본제국의 일부를 형성하게 되었다. 금후 일본과 열국과의 현행 조약은 그를 적용할 수 있는 한, 한국에 적용할 것이며 해(該) 현행 조약을 가진 열국의 신민 또는 인민은 한국에 있어서 사정이 허하는 한 일본 내지에 있어서와 동일한 권리 및 특전을 향유한다.

출처: 『日本外交年表竝主要文書』(上), 341쪽)(출처: 『日本外交年表竝主要文書』(上), 341쪽

[참고 문헌]

- 윤대원(2011), 『데라우치마사타케 통감의 강제병합공작과 한국병합의불법성』, 소명출판.
- 서영희(2012), 『일제침략과 대한제국의 종말』, 역사비평사.
- 운노 후쿠쥬 저, 정재정 역(2008), 『한국병합사연구』, 논형.
- 이태진(2016), 『한국병합강제연구』, 지식산업사.
- 이태진, 사사가와 노리가쓰(2009), 『한국병합과 현대』, 태학사.
- 이태진, 이상찬(2010), 『조약으로 본 한국병합』, 동북아역사재단.
- 최덕수 외(2010), 『조약으로 본 한국 근대사』, 열린책들.
- 한명근(2006), 『한말 한일합방론 연구』, 국학자료원.
- 한철호(2016), 『근대일본은 한국을 어떻게 병탄했나』, 독립기념관 한국독립운동사연구소.

- 도시환(2010. 12), 「1910년 한일병합조약 체결 강제의 역사적 진실규명과 국제법적 조명」, 『국제법학회논총』 55(4).
- 이상찬(1995.11), 「을사늑약과 병합조약은 성립하지 않았다」, 『역사비평』.
- 이윤상(2007), 「일제하〈조선왕실〉의 지위와 이왕직의 기능」, 『한국문화』 40.
- 이장희(2010. 11), 「1910년 한일강제 병탄조약의 불법성, 무효성의 고찰」, 『외법논집』 34권 4호.
- 최정수(2015. 8), 「한일병합조약의 국제법적 기원과 국제적 승인문제」, 『한일관계사연구』 51.
- 新城道彦(2011), 『天皇の 韓國併合』, 法政大學出版局.

조약 출처 일람

*한국 측 조약문 기준

No.	날짜	조약명 / 체결일	출처
1	1876. 2. 26.	조일수호조규	JACAR Ref. B13091001400
2	1876. 8. 24.	조일수호조규부록	JACAR Ref. B13091002200
3	1876. 8. 24.	조일통상장정	JACAR Ref. B13091002400
4	1877. 1. 30.	부산구조계조약	JACAR Ref. B13091003000
5	1877. 7. 3.	관리표류선척장정	JACAR Ref. B13091003400
6	1877. 12. 20.	석탄 저장과 운반 약정.	JACAR Ref. B13091003600
7	1879. 8. 30.	원산진개항예약	JACAR Ref. B13091004000
8	1881. 8. 4.	원산진거류지지조약서	JACAR Ref. B13091004600
9	1882. 8. 30.	조일수호조규속약	JACAR Ref. B13091005000
10	1882. 8. 30.	제물포조약	JACAR Ref. B13091006000
11	1883. 3. 3.	부산구설해저전선조관	JACAR Ref. B13091007000
12	1883. 7. 25.	조일통상장정	奎23024
13	1883. 7. 25.	의정조선국한행리정조약	JACAR Ref. B13091008400
14	1883. 7. 25.	조일통상장정속약	JACAR Ref. B13091009600
15	1883. 7. 25.	처판일본인민재약정조선국해안어채범죄조규	JACAR Ref. B13091008800
16	1883. 9. 30.	조선국인천구조계약조	JACAR Ref. B13091010200
17	1884. 10. 3.	인천제물포각국조계장정	古貴0234-2-1
18	1884. 11. 29.	조선국한행리정약조부록	JACAR Ref. B13091008600
19	1885. 1. 9.	한성조약	JACAR Ref. B13091006600
20	1885. 12. 21.	부산구설해저전선조관속약	JACAR Ref. B13091008000
21	1886. 1. 31.	조차절영도지기약단	JACAR Ref. B13091010400
22	1889. 11. 12.	조일양국통어장정	JACAR Ref. B13091010800
23	1889. 11. 12.	조일통상장정속약	奎23036
24	1891. 1. 21.	조차월미도지기약단	JACAR Ref. B13091011200
25	1894. 8. 20.	잠정합동조관	奎26179-v.1-2
26	1894. 8. 26.	조일양국맹약	奎23010
27	1897. 10. 16.	진남포목포각국조계장정	『舊條約彙纂』제3권, 101~118쪽
28	1897. 11. 26.	인천 일본거류지 확장에 관한 주한각국사신 의정서	『舊條約彙纂』제3권, 95~96쪽
29	1899. 6. 2.	군산포마산포성진각국조계장정	『舊條約彙纂』제3권, 120~140쪽

30	1902. 5. 17.	마산포전관일본거류지협정서	JACAR Ref. B13091012200
31	1904. 2. 23.	한일의정서	奎23016
32	1904. 6. 9.	한일양국인민어채구역조례	『관보』 광무 8년 6월 16일
33	1904. 8. 22.	고문 용빙에 관한 협정서	(일문) JACAR Ref. B13091013000 (국한문) 『관보』 광무 8년 9월 9일
34	1905. 4. 1.	한국 통신기관 위탁에 관한 협정	奎23047
35	1905. 8. 13.	한국 연해 및 내하의 항행에 관한 약정서	奎23050
36	1905. 11. 17.	을사늑약	奎23051
37	1906. 10. 19.	압록강 두만강 삼림경영에 관한 협동약관	『실록』 47권, 고종 43년 10월 19일
38	1907. 7. 24.	정미조약(한일협약)	奎23056
39	1907. 10. 29.	재한국 일본인의 경찰 사무에 관한 협정	奎23057
40	1908. 3. 20.	일시대부금에 관한 계약	『실록』 2권, 순종 1년 3월 20일
41	1908. 3. 30.	청진 토지관리에 관한 협정서	『舊條約彙纂』 제3권, 143~144쪽
42	1908. 10. 31.	어업에 관한 협정	『관보』 융희 2년 11월 13일
43	1909. 3. 15.	재한국 외국인의 경찰 사무에 관한 협정	『관보』 융희 3년 4월 10일
44	1909. 7. 12.	한국 사법 및 감옥 사무 위탁에 관한 각서	奎23152
45	1909. 7. 26.	한국 중앙은행에 관한 각서	JACAR Ref. B13091014800
46	1910. 6. 24.	한국 경찰 사무 위탁에 관한 각서	奎23157
47	1910. 8. 22.	강제 병합조약	奎23018

찾아보기

ㄱ

가쓰라 다로[桂太郞] 20, 411, 414, 440, 558, 595, 655, 668, 687, 697, 706
가쓰라 태프트 비망록 655, 687, 697, 706
가이즈 미쓰오[海津三雄] 314
가지야마 데이스케[梶山鼎介] 206
가토 마스오[加藤增雄] 213, 218, 252, 263, 550, 558
감옥관제 590, 710
갑신정변 15, 19, 20, 83, 94, 96, 98~101, 103, 487, 501, 502, 506, 507, 537, 545, 549, 556, 632~634, 685, 692, 729
갑오개혁 569, 588, 601, 651
강제 병합조약 21, 22, 486, 656, 179, 721, 724~727, 733
개시대청 63, 113, 116
개항장 16, 17, 44, 45, 58, 60, 61, 63~67, 82~84, 118, 120, 128~132, 151~160, 170, 172, 173, 189, 191, 194, 208, 216, 223, 262~264, 284~287, 300~304, 313~316, 348~351, 381, 395, 398, 463, 480, 482, 488, 545, 549, 556, 632~634, 685, 692, 729
거문도 205, 312, 314, 315, 317, 319

검역 351
경무청 601, 602, 710
경부 601, 602, 607, 315, 616
경찰권 20, 21, 439, 593, 597, 601, 603, 604~606, 608, 612~614, 723, 725
고무라 주타로[小村寿太郞] 219, 410~412, 414, 434, 435, 438, 440, 535, 537, 550, 551, 554, 555, 557, 570, 579, 608, 647, 648, 668, 669, 672
고문 용빙에 관한 협정서 21, 422, 528, 530, 535, 661~663, 667, 670, 673, 687
고영희(高永喜) 420, 421, 423, 591, 605
곤도 마스키[近藤眞鋤] 77, 78, 111, 112, 115, 200, 203, 207, 214, 215, 364~368, 372, 391, 393, 394, 397, 460, 461
공사주경 58, 61, 78
관세 262, 300, 301, 304, 335, 337~339, 348, 356, 363~366, 576
구로다 기요타카[黑田清] 29, 33, 39~42, 46, 55, 59, 114, 300
구리노 신이치로[栗野愼一郞] 513, 632, 713
구폐 34, 35, 41
국고금 446, 448, 450, 452
국제전신조약 480
국채보상운동 422
권중현(權重顯) 532, 550, 555, 565, 566, 690
근대 국제법 16, 38, 41~43, 46
기우치 주시로[木內重四郞] 438, 439, 710
기유각서 588
김가진(金嘉鎭) 631
김기수(金綺秀) 59, 77, 128, 133
김보현(金輔鉉) 346
김옥균(金玉均) 78, 97~99, 371, 567
김윤식(金允植) 79, 97, 199, 202, 396, 482, 499,

500, 501, 510, 512, 515, 627, 628, 631, 632
김학우(金鶴羽) 483, 501
김홍집(金弘集) 75~78, 81, 94~100, 150, 171, 188, 344~346, 352, 365, 482, 630, 631
김희정(金義正) 396

ㄴ

나카무라 다카시[中村巍] 273, 275
나카무라 신고[中村進午] 653
내장원 448, 652
내지 여행 62, 69, 77, 82~84, 154~159, 371
내지통상 58, 61, 154, 155, 347, 356, 366
노즈 시즈타케[野津鎭武] 558
농상무성 396, 571
니콜라이2세 705

ㄷ

다나카 기요지[田中喜代次] 569
다와라 마고이치[俵孫一] 710
다이니테이보[第二丁卯]호 39, 313
다카오마루[高雄丸] 314
다카히라 고고로[高平小五郎] 199, 202, 499~501, 510, 512, 518, 723, 727
다케조에 신이치로[竹添進一郎] 82, 97~100, 149, 150, 152, 169, 170, 172, 343, 344, 346, 347, 353, 363~366, 368, 370, 379, 380, 383, 479, 483, 491, 512
대동단결선언 727
대부금 18, 451
대북부전신회사 20, 477, 480, 484, 487, 490, 503, 506, 511
대청한방침 648, 656
대한국국제 709
대한시설강령 529, 538, 570, 656, 668~670, 672, 674
대한시설대강 591, 722
대한시설세목 529, 530
대한제국 칙령 제41호 568
대한천일은행 448
대항쟁리 19, 20, 483, 501, 505, 511, 512
데라우치 마사타케[寺內正毅] 600, 601, 604~606, 609, 612, 614, 719, 721, 723, 724
독립협회 648
동래부 35, 36, 38, 39, 44, 45, 49, 56, 59, 61, 63, 78, 111, 112, 127, 152, 460, 465, 466, 467
동아목재공업주식회사 568
동학당 637~639
두모진 302, 345
딩루창[丁汝昌] 79

ㄹ

람즈도르프[V. N. Lamzdorf] 706
러·청만주 철병조약 648
로바노프-야마가타 의정서 647
로젠-니시 협정 647, 648

루시우스 푸트[Lucius H. Foote] 347, 366
루터 다카히라 협정 723, 727
르젠드르[Charles W. Legendre 李仙得] 394, 400
리홍장[李鴻章] 79, 99, 345, 349

ㅁ

마루야마 시게토시[丸山重俊] 602, 710
마르텔[Emile. Martel] 711
마쓰가타 마사요시[松方正義] 401
마쓰다 마사히사[松田正久] 423, 426, 427
마에다 겐키치[前田獻吉] 78, 128, 131, 134, 153, 202
마에지마 히소카[前島密] 482
마젠중[馬建忠] 79~81
마쓰이 시게루[松井茂] 610, 710
만국공법 88, 351, 463, 468
만국전신연합 480
만국평화회의 704, 705
메가타 다네타로[目賀田種太郎] 422, 448, 451, 530, 550, 558, 671
멕시코 은화 342, 349
명호의 문제 40~42
모리야마 시게루[森山茂] 37~41, 47, 48, 300
묄렌도르프[Paul Georg von Mllendorff] 99, 100, 344, 346, 366, 483
무단통치 20, 601, 607
무쓰 무네미쓰[陸奧宗光] 631
미곡 45, 263, 300, 301, 303, 304, 342, 345, 353, 634
미야모토 오카즈[宮本小一] 41, 45, 55, 58~63, 66, 77, 83, 115, 127, 151, 152, 299, 300, 301, 306, 345, 460
민상호(閔商鎬) 531
민영기(閔泳綺) 565, 566, 690
민영목(閔泳穆) 97, 98, 149, 152, 169, 170, 172, 177, 343, 344, 347, 363, 364
민영소(閔泳韶) 650
민영익(閔泳翊) 97, 101, 102
민영찬(閔泳瓚) 649
민영철(閔泳喆) 550, 558, 650, 652
민영환(閔泳煥) 532, 550, 650
민종묵(閔種默) 200, 203, 215, 251, 263, 364~368, 372, 391, 393, 397, 400

ㅂ

박영효(朴泳孝) 78, 83, 96~98, 100, 708
박정양(朴定陽) 670
박제순(朴齊純) 266, 273, 551, 565, 566, 591, 601, 604~606, 613, 614, 685, 686, 690
방곡령 215, 344, 348, 349, 351, 400
백동화 448
백완혁(白完爀) 450
백철용(白喆鏞) 483
베베르-고무라 각서 647
벽파정 201, 312, 314, 319
부산구설해저전선조관 19, 96, 477, 479, 482~484, 500, 732
부산구설해저전선조관속약 19, 499, 500, 505, 603, 732
부산구조계조약 17, 112, 113, 115, 732

브라운[John McLeavy Brown] 264

ㅅ

사가의 난 41
사법권 436, 437, 588~593, 605, 613, 692, 704, 709, 725
사법청 588, 593
사사키 다카유키[佐佐木高行] 502
사의조선책략 78
사이고 다카모리[西鄕隆盛] 47
사이온지 긴모치[西園寺公望] 427
사이토 슈이치로[齋藤修一郎] 347, 611
산조 사네토미[三條實美] 47, 119, 300, 304, 502
삼국간섭 263, 273, 647, 687
상무위원 380
서로전선 20, 501, 502, 504, 505~507
서상우(徐相雨) 99, 100, 510
석탄 17, 79, 201~207, 311~319, 732
성신지교 34, 35
세견선 30, 35, 36, 42, 62, 63
세무사 264, 332, 334, 336, 338, 340, 348, 350
소에다 세쓰[副田節] 466
소 요시아키라[宗義達] 35, 38
소네 아라스케[曾禰荒助] 423, 426, 428, 433~435, 438, 439, 441, 447, 449, 450, 452, 587, 588, 591, 592, 602, 608
소코프[S. Sokoff] 273
쇄어장 400, 403
쇼다 가즈에[勝田主計] 449, 451
수신사 42, 29, 60, 77, 78, 83, 96, 97, 101, 133, 344~346, 352, 482
슈펠트[Robert W. Shufeldt] 78, 79
스기무라 후카시[杉村濬] 153, 396, 397, 401, 402
스즈키 미쓰요시[鈴木充美] 202
스티븐스[Durham White Stevens] 672
시데하라 기주로[幣原喜重] 219
시모노세키조약 705, 727
시부사와 에이치[澁澤榮一] 449
시오다 사부로[鹽田三郎] 491
시정 개선 410, 420~428, 644, 651~653, 655, 656, 668, 669, 675, 692, 702, 708, 709, 712
신동공사 186, 189, 191, 214, 246, 247~251, 264, 265
신사척사운동 345
신헌(申櫶) 32, 33, 151, 300
심상훈(沈相薰) 413, 550, 551, 555, 557~559, 690
심순택(沈舜澤) 130
쓰루하라 사다키치[鶴原定吉] 710

ㅇ

아라이 겐타로[荒井賢太郎] 449, 451
아오키 슈조[靑木周藏] 206, 275
아카시 모토지로[明石元二郎] 20, 603~605, 609, 612
아편 45, 47, 186, 249, 259, 299~301, 303, 337, 342, 348
애스턴[W. G. Aston] 190
야마가타 아리토모[山縣有朋] 33, 647
양화진 76, 77, 80, 82, 83

어세 343, 349, 381, 395~397, 402
어업령 437
어업법 398, 409, 433~438
어업세 348, 380, 391, 393, 394, 398, 401
어윤중(魚允中) 96
어채론 400
연안 측량 45, 314, 463
영남만인소 79
영사재판권 20, 45, 47, 154, 191, 286, 397, 399, 485, 588, 590, 591, 596, 602
영선사 78, 79, 482
영일통상항해조약 630
오이시 마사미[大石正己] 349
오쿠보 도시미치[大久保利通] 37
오토리 게이스케[大鳥圭介] 215, 627, 628, 631, 635
왜관 18, 36~39, 42~45, 58, 59, 61~65, 77
외국영해수산조합법 409
요네하나 요시타로[米花芳太郎] 437
우다청[吳大澂] 501
우메 겐지로[梅謙次郎] 591
우용택(禹龍澤) 551
우정사 478, 482, 501, 504, 511
우정총국 482, 501
우편선 135, 137, 298, 340, 348, 479
운요호사건 39, 40, 47, 114, 463
울릉도 351, 567, 568, 573
원양어업장려법 412
웨이드[Thomas F. Wade] 37
위안스카이[袁世凱] 501, 506, 514~518, 629, 634
유길준(俞吉濬) 400, 403
유보 규정 115, 151, 154, 156, 304
육로통상장정 365
윤자승(尹滋承) 30, 32, 33, 40, 41, 55, 61

윤치호(尹致昊) 667, 670
윤치화(尹致和) 202
율리 이바노비치 브리네르[Юлий Иванович Бринер] 567
을사늑약 21, 44, 566, 573, 592, 602, 656, 673, 686, 691~693, 704~709, 712, 722, 727, 733
의주전선합동 20, 501
의화단 569, 573, 647, 648
이규원(李奎遠) 395, 396, 567
이근택(李根澤) 550, 558, 650, 652, 690
이노우에 가오루[井上馨] 30, 33, 55, 94~96, 99, 100, 345, 346, 347, 352, 353, 365, 366, 368, 370, 401, 402, 471, 637
이동인(李東仁) 78
이만손(李晚孫) 79
이병무(李秉武) 591, 711
이사청(理事廳) 434, 439, 593, 602, 691, 692, 709
이시이 기쿠지로[石井菊次郎] 215, 216, 219
이시이 다다아키라[石井忠亮] 490, 502
이시즈카 에이조[石塚英藏] 453, 604, 605, 606, 612
이완용(李完用) 423, 426~428, 432, 433, 435, 441, 447, 449, 452, 567, 578, 587, 588, 591, 592, 602, 605, 607, 689, 690, 703, 707, 708, 711, 719~721, 724
이용식(李容植) 605
이용익(李容翊) 448, 550, 559, 652
이유원(李裕元) 75~77, 80, 81
이재곤(李載崑) 591
이전(李㻋) 395
이조연(李祖淵) 345
이중과세 350, 351
이즈볼스키[A.P. Izvolskii] 706

이지용(李址鎔) 410, 551, 558, 644~646, 650, 653, 654, 690
이치하라 모리히로[市原盛宏] 450
이토 637
이토 스케요시[伊藤祐義] 639
이토 히로부미[伊藤博文] 20, 119, 287, 421~423, 426, 434, 435, 438, 440, 449, 450, 528, 529, 565, 566, 590, 591, 610, 689, 693, 707, 708
이하영(李夏榮) 408~410, 525, 527, 528, 532, 538, 545, 547, 550, 551, 556, 558, 578, 579, 669, 670, 690
인삼 348
일러어업협약 706
일러제1차협약 706, 713
일러제2차협약 723, 727
일본 공관 30, 44, 66, 95, 100, 348
일본 영사관 78, 116, 148, 167, 169, 173, 202, 265, 27, 332, 338, 341, 342, 348~351, 378, 383, 392, 393, 398~400, 411, 556, 601, 692
일불협약 706, 712, 727
일청의성공사(日淸義盛公司) 569
임오군란 15, 19, 20, 63, 77, 80, 81, 83, 84, 97, 100, 151, 152, 172, 202, 344, 346, 365, 482, 483, 487, 502, 507

ㅈ

자주와 종속 80, 81
잠수기 395
잠정합동조관 21, 22, 263, 603, 624, 626, 627, 629, 632~636, 646, 652, 705, 708, 732

재한국 외국인의 경찰 사무에 관한 협정 602, 608
재한국 일본인의 경찰 사무에 관한 협정 602, 607, 733
저탄소 315, 316
적례 41, 42, 47
전신기조약서 480, 485, 488
절영도 171, 199~204, 206, 207, 400
접대소 44, 62, 65
정미조약(한일협약) 20, 21, 421, 423, 434, 589, 590, 602, 656, 671, 704, 706~709, 712, 721~723, 733
제1차 영일동맹 657
제2차 영일동맹 655, 687, 694, 706
제국의 대한방침 656
제국의회 409, 422, 423, 426, 427
제물포조약 16, 72, 74, 77, 80, 82, 83, 101, 732
제일은행 214, 446, 448~452
제주도 263, 395~397, 400, 403
조러육로통상장정 366, 369
조미수호통상조약 21, 79, 84, 485, 630, 727
조병식(趙秉式) 366, 369, 410, 412, 413, 415, 530~532, 550
조병직(趙秉稷) 400, 567, 578
조병호(趙秉鎬) 344~346, 365
조사시찰단 78, 79, 345, 482
조선 후기 한일 관계 시스템 36
조선국인민표착시처분규칙 469
조선국표류인취급규칙 464
조선귀족령 726
조선목재상사 567, 568
조선은행 448, 451
조선책략 78, 345
조성협(趙性協) 569
조영조약 190, 349, 351

조영하(趙寧夏) 38, 96, 98, 483, 512
조인희(趙寅熙) 55, 58, 60, 61, 115, 151, 152, 299, 301, 306, 345, 460
조일수호조규 15~18, 33, 41, 42, 46, 47, 58, 59, 61, 62, 65, 77, 82, 83, 112~116, 129, 151, 170, 299, 300, 303, 313, 315, 344, 349, 462, 463~465, 467, 602, 732
조일수호조규부록 16, 34, 44, 46, 47, 58, 61, 65, 77, 83, 112, 113, 115, 116, 151, 152, 154, 301, 732
조일수호조규속약 16, 59, 73, 76, 77, 80, 82, 83, 151, 152, 153, 732
조일양국맹약 21, 625, 627, 629, 632, 633, 635, 636, 646, 654, 705, 732
조일양국통어장정 18, 367, 382, 394, 396, 397, 400, 403, 433, 435~437, 732
조일통상장정(1876) 16~18, 34, 44, 46, 58, 61, 77, 300, 301, 302, 305
조일통상장정(1883) 344~351, 355
조일통상장정속약(1883) 365~369
조일통상장정속약(1889) 367, 369
조일통상장정속약(1883, 1889) 17
조청상민수륙무역장정 18, 80, 96, 97, 346, 349, 364, 365, 368~370, 380, 381, 394
조청전선조약 501~504, 507
주식 447, 448, 450, 452, 453
중국대판조선육로전선속관합동 506
중동화약 345, 353
지방관 264, 546, 552, 556, 637
지방재판소 355, 399, 400, 588, 589, 709, 710

ㅊ

차입금 216, 423, 424, 426, 427
척사상소 79
척사윤음 79
철도 218, 284, 286, 574, 626, 631~636, 654, 676, 713, 722
청일합동재목회사장정 571
초사태서기 345
최하영 274
최혜국대우 46, 47, 49, 96, 344, 349, 350, 366, 368, 369, 371, 687, 707, 714, 724, 728
측량 115, 170, 174, 264, 311~317, 318, 607
측량선 57, 64, 67, 312
치외법권 20, 355, 393, 485, 588, 590, 594, 630

ㅋ

카를 베베르[Karl Ivanovich Wber] 366
콜레라 201, 202, 351

ㅌ

타이완 침공 37
탄껑야오[譚賡] 506, 516, 518
톈진조약[天津條約] 101, 501
통감부 283~285, 398, 424, 433, 435~437,

448~450, 535, 588, 593, 602, 603, 608, 614, 616, 691, 704, 709
통감부사법청관제 593
통리군국아문 97
통리기무아문 78, 79
통어 18, 396, 402, 409, 411

ㅍ

파브로프[Alexandr Ivanovich Pavloff] 273
판무사(辦務使) 400
페번치현 35, 36, 113, 468
포츠머스조약 655, 687, 705~707
표류민 36, 44, 49, 315, 461, 462, 464, 466, 468, 470
표류민 구조 44
표민영래선 35, 44

ㅎ

하나부사 요시모토[花房義質] 36, 75~83, 114, 115, 127, 129~132, 171, 172, 302, 312, 314~318, 344~346, 365, 482
하라 다카시[原敬] 668
하야시 곤스케[林權助] 214, 266, 272, 274, 409, 410, 412, 414, 415, 525, 527~532, 535, 537, 538, 545, 547, 549~551, 554, 557, 558, 570, 578, 579, 646, 648~653

하야시 다다스[林董] 287, 697, 707, 706, 707
한국 경찰 사무 위탁에 관한 각서 20, 593, 604, 733
한국 보호 확립의 건 693
한국 보호권 확립 실행에 관한 건 688, 689
한국 보호권 확립의 건 686, 688
한국병합에 관한 건 591, 721, 728
한국병합에 관한 선언 724, 727, 728
한국에 주차하는 헌병에 관한 건 603, 609
한국은행 18, 446, 447~453
한국은행조례 448~450
한국주차군 654, 655, 688
한국주차헌병대 603
한러삼림협동조약 567, 573
한상룡(韓相龍) 450
한성은행 448
한성조약 16, 98~101
한일양국인민어채구역조례 18, 408, 411, 433, 733
한일의정서 21, 22, 410, 528, 529, 566, 633, 646, 652, 654~656, 667, 668, 672, 673, 686, 687, 689, 691, 692, 705, 706, 708, 724, 727, 733
한행리정 17, 76, 81, 82, 130, 147, 151~155, 201
항세 298, 300, 301, 303, 305, 337~339
해관 세칙 97
해도 45, 201, 313
해리 파크스[Harry S. Parkes] 346
허루장[何如璋] 345
헌병 보조원 603~605, 610, 611, 613, 615, 617, 618
헌병경찰 20, 593, 723
헌병경찰제도 20, 601, 605, 606

헌병대 601, 603~605, 613, 616, 617
헐버트[H. B. Hulbert] 711
헤이그밀사사건 603
현상건(玄尙健) 649
현석운(玄昔運) 37, 38, 115
현영운(玄映運) 649
현제순(玄濟舜) 37
형법대전 591
호리모토 레이조[堀本禮造] 79
홍삼 350, 368, 370
홍순목(洪淳穆) 80, 81
홍영식(洪英植) 479, 482, 483, 501
홍우창(洪祐昌) 78, 111, 112, 115, 129, 130, 312,
　　314, 315, 317~320, 460, 461
화폐정리사업 422, 448, 451
황종현(黃鍾顯) 301
회심 248, 258, 259
후루야 히사쓰나[古谷久綱] 20, 590, 595
히로쓰 히로노부[広津弘信] 40, 44, 48, 114

일제침탈사 자료총서 01
한일 조약 자료집(1876~1910)
- 근대외교로 포장된 침략

초판 1쇄 인쇄 2020년 8월 20일
초판 1쇄 발행 2020년 8월 29일

엮은이 | 동북아역사재단
펴낸이 | 김도형
펴낸곳 | 동북아역사재단

등록 | 제312-2004-050호(2004년 10월 18일)
주소 | 서울시 서대문구 통일로 81 NH농협생명빌딩
전화 | 02-2012-6065
팩스 | 02-2012-6189
홈페이지 | www.nahf.or.kr
제작·인쇄 | 청아출판사

ⓒ 동북아역사재단, 2020

ISBN 978-89-6187-552-3 93910

* 이 책의 출판권 및 저작권은 동북아역사재단이 가지고 있습니다.
* 책값은 뒤표지에 있습니다. 잘못된 책은 바꾸어 드립니다.
* 이 도서의 국립중앙도서관 출판예정도서목록(CIP)은 서지정보유통지원시스템 홈페이지(http://seoji.nl.go.kr)와 국가자료종합목록시스템(http://www.nl.go.kr/kolisnet)에서 이용하실 수 있습니다. (CIP제어번호 : CIP2020036464)